Ukrainische Literaturgeschichte

Ulrich Schmid
Hrsg.

Ukrainische Literaturgeschichte

 J.B. METZLER

Hrsg.
Ulrich Schmid
Osteuropastudien
Universität St. Gallen
St. Gallen, Schweiz

ISBN 978-3-662-70636-7   ISBN 978-3-662-70637-4 (eBook)
https://doi.org/10.1007/978-3-662-70637-4

Die Deutsche Nationalbibliothek verzeichnet diese Publikation in der Deutschen Nationalbibliografie; detaillierte bibliografische Daten sind im Internet über https://portal.dnb.de abrufbar.

© Der/die Herausgeber bzw. der/die Autor(en), exklusiv lizenziert an Springer-Verlag GmbH, DE, ein Teil von Springer Nature 2025

Das Werk einschließlich aller seiner Teile ist urheberrechtlich geschützt. Jede Verwertung, die nicht ausdrücklich vom Urheberrechtsgesetz zugelassen ist, bedarf der vorherigen Zustimmung des Verlags. Das gilt insbesondere für Vervielfältigungen, Bearbeitungen, Übersetzungen, Mikroverfilmungen und die Einspeicherung und Verarbeitung in elektronischen Systemen.
Die Wiedergabe von allgemein beschreibenden Bezeichnungen, Marken, Unternehmensnamen etc. in diesem Werk bedeutet nicht, dass diese frei durch jede Person benutzt werden dürfen. Die Berechtigung zur Benutzung unterliegt, auch ohne gesonderten Hinweis hierzu, den Regeln des Markenrechts. Die Rechte des/der jeweiligen Zeicheninhaber*in sind zu beachten.
Der Verlag, die Autor*innen und die Herausgeber*innen gehen davon aus, dass die Angaben und Informationen in diesem Werk zum Zeitpunkt der Veröffentlichung vollständig und korrekt sind. Weder der Verlag noch die Autor*innen oder die Herausgeber*innen übernehmen, ausdrücklich oder implizit, Gewähr für den Inhalt des Werkes, etwaige Fehler oder Äußerungen. Der Verlag bleibt im Hinblick auf geografische Zuordnungen und Gebietsbezeichnungen in veröffentlichten Karten und Institutionsadressen neutral.

Einbandabbildung: Ivan Franko, Taras Ševčenko und Lesja Ukrajinka als Wandmalerei am Ufer des Dnipro in Kyjiv. Foto: Roman Pilipey. European Press Agency/Roman Pilipey

Planung/Lektorat: Oliver Schuetze
J.B. Metzler ist ein Imprint der eingetragenen Gesellschaft Springer-Verlag GmbH, DE und ist ein Teil von Springer Nature.
Die Anschrift der Gesellschaft ist: Heidelberger Platz 3, 14197 Berlin, Germany

Wenn Sie dieses Produkt entsorgen, geben Sie das Papier bitte zum Recycling.

Inhaltsverzeichnis

1 **Einleitung** 1
   Ulrich Schmid
   Bestandsaufnahme 2
   Zugänge... 6

2 **Die Literatur in der Kyjiver Rus'** 9
   Giovanna Brogi
   Die Konstruktion eines mittelalterlichen Kyjiver Literaturkanons 13
   Besonderheiten der Literatur der Kyjiver Rus'......................... 16
   Ilarion und die Tradition der homiletischen Literatur 18
   Das Genre der Hagiographie 21
   Geschichte als Thema mündlicher und schriftlicher Überlieferungen 25
   Pilgerreisen und Reiseberichte 28
   Das Rätsel des Igorlieds 29
   Dumy und folkloristische Genres 31

3 **Das „Schweigen" der ukrainischen Literatur in der frühen Neuzeit**...... 35
   Giovanna Brogi
   Nachwirken der mittelalterlichen Tradition 38

4 **Ukrainische Literatur in der polnisch-litauischen Adelsrepublik** 41
   Giovanna Brogi
   Von der Renaissance zum Frühbarock 44
   Polemische Literatur: Gelehrsamkeit versus Askese 46
   Exegetische und panegyrische Literatur............................... 49
   Das Mohyla-Kolleg und die neue Lehre............................... 51
   Polnisch-ukrainische Poesie 53

5 **Literatur im Kosaken-Hetmanat** 57
   Giovanna Brogi
   Didaktische und religiöse Literatur 60
   Emblematische Dichtung 62
   Mazepa als Staatsmann und Mäzen der Wissenschaften und der Künste 66

6 Die „longue durée" des Barocks und neue Strömungen 71
Maria Grazia Bartolini
Die geistliche und politische Karriere des Teofan Prokopovyč 72
Religiöse Literatur in der Westukraine 77
Schuldrama und Theaterkultur 78
Die Entstehung einer Volksliteratur 82
Geschichtsschreibung und Kosakenchroniken 83
Außerhalb der staatlichen und religiösen Institutionen:
Hryhorij Skovoroda 84

7 Ukrainische Literatur als Herausforderung der russischen imperialen Kultur 91
Ulrich Schmid
Der Beginn der neueren ukrainischen Literatur: Ivan Kotljarėvs'kyj 92
Die Erfindung des ukrainischen Sentimentalismus:
Hryhorij Kvitka-Osnov'janenko 94
Die ironische Spiegelung des imperialen Blicks auf die Ukraine:
Petro Hulak-Artemovs'kyj 95
Der Beginn einer ukrainischen Romantik:
Jevhen Hrebinka und Levko Borovykovs'kyj 96
Die russische Karriere eines ukrainischen Weltautors: Nikolaj Gogol'
(Mykola Hohol') 97
Der dichterische Protest gegen die Zarenherrschaft: der frühe Ševčenko 100

8 Die Konstruktion eines Nationaldichters und die Institutionalisierung der ukrainischen Literatur im Zarenreich 109
Ulrich Schmid
Die Kyrill-Methodius-Bruderschaft: Kostomarov, Kuliš und Ševčenko 111
Die Institutionalisierung der ukrainischen Literatur..................... 112
Die Kanonisierung des späten Ševčenko 113
Die Erschaffung einer ukrainischen George Sand: Marko Vovčok 120

9 Ukrainische Literatur im Habsburgerreich 123
Alois Woldan
Die „ruthenische Dreifaltigkeit": Šaškevyč, Holovac'kyj und Vahylevyč 125
Ukrainisch-polnische Wechselwirkungen 128
Revolution und Reaktion 130
Ukrainische Literatur in der Bukowina:
Jurij Fed'kovyč und Ol'ha Kobyljans'ka 132
Ivan Franko als selbsternannter Erschaffer einer ukrainischen Nationalkultur ... 140

10	**Die ukrainischen Realisten zwischen Selbsterfindung und Camouflage**	147
	Ulrich Schmid	
	Von der Romantik zum Realismus: Anatolij Svydnyc'kyj	150
	Literatur als Ethnographie: Ivan Nečuj-Levyc'kyj	150
	Staatskarriere und literarische Laufbahn: Panas Myrnyj	153
	Gesellschaftskritik und ukrainische Selbstbehauptung:	
	Ivan Karpenko-Karyj	155
	Ukrainische Geschichte auf der Bühne:	
	Mychajlo Staryc'kyj und Marko Kropyvnyc'kyj	157
11	**Politische Diskussionen um die ukrainische Nationalkultur**	161
	Ulrich Schmid	
	Der Entwurf einer ukrainisch-russischen Föderation:	
	Mychajlo Drahomanov...	161
	Die Taras-Bruderschaft: Borys Hrinčenko, Ivan Lypa, Mychajlo	
	Michnovs'kyj, Mychajlo Kocjubyns'kyj	165
	Neoromantischer Patriotismus: Mykola Voronyj und Hryc'ko Čuprynka	167
	Ukrainische Wahlidentitäten:	
	Volodymyr Bačyns'kyj und V'jačeslav Lypyns'kyj	168
12	**Die Moderne und die Entstehung einer gemeinsamen ukrainischen**	
	Literatur	171
	Alexander Kratochvil und Alois Woldan	
	Impressionismus und Psychologismus: Mychajlo Kocjubyns'kyj	173
	Die literarische Moderne in Galizien	177
	Die Meister der kleinen Form: die „Pokutische Trias" Stefanyk,	
	Čeremšyna und Martovyč	178
	Die Entdeckung der Huzulen: Hnat Chotkevyč	187
	Die ukrainische Variante einer mitteleuropäischen Moderne:	
	Die junge Muse...	189
	Emanzipation und Nation: Das innovative Projekt der Lesja Ukrajinka	191
13	**Literarische Paradoxien des Aufbaus einer sozialistischen**	
	ukrainischen Nation	199
	Vera Faber, Alexander Kratochvil und Ulrich Schmid	
	Moralisch begründete literarische und politische Phantasien:	
	Volodymyr Vynnyčenko	201
	Der ukrainische Futurismus als permanente Revolution	205
	Literatur für Bauern und Proletarier	210
	Europa oder Kleinrussentum: VAPLITE, Literaturnyj Jarmarok,	
	PROLITFRONT	212
	Ein fatales Engagement für die Revolution: Mykola Chvyl'ovyj...........	214

Von der Literaturtheorie zum literarischen Experiment: Majk Johansen 217
Zwischen Moderne und Sozrealismus: Pavlo Tyčyna und Mykola Bažan 218
Die europäische Erneuerung des ukrainischen Theaters: Mykola Kuliš
und Les' Kurbas 221
Die Neoklassiker als Verfechter einer alternativen Moderne 223
Spione, Abenteurer, Ganoven und sozialistischer Aufbau: Trivial- und
Massenliteratur in der frühen Sowjetzeit 227
Autofiktion und Urbanismus: Valer'jan Pidmohyl'nyj 229
Hryhorij Kosynka: Der literarische Gestalter des ukrainischen
Widerstands gegen die Sowjetmacht 232
Repressionen gegen die ukrainische Literatur:
„Die erschossene Renaissance" 234
Hollywood am Schwarzen Meer: Jurij Janovs'kyj 239

14 Ukrainische Literatur im Polen der Zwischenkriegszeit 243
Ulrich Schmid und Alois Woldan
Zwischen den Welten: Bohdan-Ihor Antonyč 246
Vom Rechtsradikalismus zur Esoterik: Dmytro Doncov 249

15 Die Exilliteratur 253
Maria Grazia Bartolini, Alexander Kratochvil und Alois Woldan
Die Prager Schule 255
Literatur in den Vertriebenenlagern in Deutschland
(amerikanische Zone): MUR 262
Eine Biographie am Abgrund: Ivan Bahrjanyj 263
Ulas Samčuk: Chronist der ukrainischen Regionen und des Holodomor 265
Vasyl' Barka – Mystiker und Augenzeuge des Holodomor 268
Der Dichter aus der Hölle: Todos' Osmačka 271
Die New Yorker Gruppe 275

16 Literatur in der Sowjetukraine 281
Alessandro Achilli und Vera Faber
Der sozialistische Realismus und die Verstaatlichung der Literatur 283
Das Tauwetter: eine vorübergehende Liberalisierungsphase 286
Aufbegehren und Anpassung: die „Sechziger" 287
Nach dem Tauwetter 292
Vasyl' Stus und die Wiederentdeckung der Moderne 295
Die Kyjiver Schule 298
Die ersten Zeichen der Postmoderne: die „Achtziger" 301

17 Neue literarische Freiheit in der unabhängigen Ukraine: Die „Post-Čornobyl'-Bibliothek" 305
Alessandro Achilli, Alexander Kratochvil und Alois Woldan

BuBaBu (Burlesque-Balahan-Bufonada) 309
Der „Patriarch der Postmoderne" Jurij Andruchovyč 310
Die prophetischen Geschichtsvisionen des Oleksandr Irvanec' 312
Izdryk, Ješkiljev, Taras Prochas'ko und das Stanislauer Phänomen 314
Vom Underground zur Postmoderne: Jurij Vynnyčuk 316
Feminismus und Antikolonialismus: Oksana Zabužko 318
Oles' Ul'janenko: Punk und Ketzer 322
Ostukrainische Trümmerromantik: der frühe Serhij Žadan 324
Neubeginn der ukrainischen Lyrik um 2000 326
Popliteratur: Irena Karpa, Ljubko Dereš, Markijan Kamyš 326
Geschichte und Geschichten: Maria Matios, Jevhenija Kononenko, Sofija Andruchovyč, Tanja Maljarčuk, Natalka Snjadanko, Halyna Petrosanjak, Andrij Ljubka, Bohdan Kolomijčuk 330
Literarische Experimente mit der ukrainisch-russischen Mischsprache Suržyk 335
Russischsprachige Literatur in der Ukraine 336

18 Der Euromaidan, der russische Krieg gegen die Ukraine und die Literatur 343
Alessandro Achilli, Alexander Kratochvil und Ulrich Schmid

Literarische Reaktionen auf den russischen Krieg gegen die Ukraine seit 2014 345
Serhij Žadan als ukrainischer Nationaldichter des 21. Jahrhunderts 346
Prosa im Krieg und Kriegsprosa: Artem Čech, Oleksij Čupa, Tamara Horicha Zernja, Has'ka Šyjan, Halyna Petrosanjak, Sofija Andruchovyč, Oleksandr Myched 350
Sprachwechsel von Russisch nach Ukrainisch: Volodymyr Rafejenko und Olena Stjažkina 356
Andrej Kurkovs Blick auf den Krieg als russischsprachiger Ukrainer 357
Die neue Lagerliteratur 358
Das neue ukrainische Theater 360
Ukrainische Lyrik in Zeiten des Krieges 362

Personen- und Werkregister 367

Autorinnen und Autoren

Alessandro Achilli ist Professor für Slavistik an der Universität Cagliari. Er forscht zur Literatur in der Ukraine und Belarus. Seine Schwerpunkte liegen auf der Lyrik und der vergleichenden Literatur- und Kulturgeschichte in Osteuropa.

Maria Grazia Bartolini ist Professorin für slavische Mediävistik und slavische Linguistik an der Universität Mailand. Sie forscht zur religiösen Kultur in der frühmodernen Ukraine.

Giovanna Brogi ist Professorin emerita für Slavistik an der Universität Mailand. Sie forscht zur Literatur des Kyjiver Mittelalters. Darüber hinaus arbeitet sie über literarische und kulturelle Beziehungen der Ukraine zu Polen und Russland im 17. Jahrhundert.

Vera Faber ist wissenschaftliche Mitarbeiterin an der Universität Oslo sowie Professorin für Border Studies an der Universität Tromsø. Sie forscht zu Literatur und visuellen Medien in der Ukraine und der Sowjetunion.

Alexander Kratochvil ist Dozent an der Universität München und Professor an der Ukrainischen Freien Universität München. Er forscht zur modernen ukrainischen und tschechischen Literatur. Er ist auch Literaturübersetzer aus dem Ukrainischen und Tschechischen.

Ulrich Schmid ist Professor für Osteuropastudien an der Universität St.Gallen. Er forscht zur Kultur und Gesellschaft in der Ukraine, zur Geschichtspolitik in Polen sowie zu Medien und Politik in Russland.

Alois Woldan ist Professor emeritus für slavische Literaturen an der Universität Wien. Er forscht zur polnischen und ukrainischen Literatur, zur slavischen Komparatistik sowie zum literarischen System im österreichischen Galizien.

Einleitung

Ulrich Schmid

Die ukrainische Literaturgeschichte spielt sich seit ihren ostslavischen Anfängen in verschiedenen Räumen ab. Vielsprachigkeit und kulturelle Überlappungen waren stets konstitutive Merkmale des literarischen Schaffens auf dem heutigen Territorium der Ukraine. Besonders prägend war der sich über Jahrhunderte hinziehende Dualismus zwischen der Adelsrepublik und dem Zarenreich, der Donaumonarchie und dem Romanov-Imperium sowie der Zweiten Polnischen Republik und der Sowjetunion. Außerdem gab es im 19. Jahrhundert immer wieder Versuche, die ukrainische Literatur im imperialen Zentrum St. Petersburg zu positionieren. Zwei Fragen standen dabei für die ukrainische Literatur im Vordergrund: die Anerkennung durch die Staatsmacht und die kulturelle Einheit über politische Grenzen hinweg. Für die ukrainische Literatur gilt daher, was für viele europäische Nationalliteraturen zutrifft: Schriftsteller und kulturpolitische Akteure bauten bewusst ein literarisches System auf und Literaturhistoriker projizierten diese Konstruktion in die Vergangenheit. Die Unterdrückung, die ukrainische Schriftsteller als Teil der Nationalbewegung im Zarenreich und in der Sowjetunion immer wieder erfuhren, hat dazu geführt, dass das Verhältnis zu Staat und Nation bis heute den literarischen Prozess in der Ukraine definiert. Dies zeigt sich an der gesellschaftlichen Bedeutung der Schriftsteller während der russischen Aggression gegen die Ukraine, die 2014 begonnen hat und 2022 zu einem offenen Krieg eskaliert ist.

1995 fragte der amerikanische Historiker Mark von Hagen in einem einflussreichen Essay, ob die Ukraine eine Geschichte habe. Natürlich war dieser Titel eine Provokation, die sich gegen herkömmliche Vorstellungen einer Nationalgeschichte richtete. Von Hagen beklagte, dass es kaum akademische Zentren gebe, in denen die ukrainische Geschichts-

---

U. Schmid (✉)
Osteuropastudien, Universität St.Gallen, St. Gallen, Schweiz
E-Mail: ulrich.schmid@unisg.ch

© Der/die Autor(en), exklusiv lizenziert an Springer-Verlag GmbH, DE, ein Teil von Springer Nature 2025
U. Schmid (Hrsg.), *Ukrainische Literaturgeschichte*,
https://doi.org/10.1007/978-3-662-70637-4_1

wissenschaft als Disziplin institutionalisiert ist. Gleichzeitig verwies er darauf, dass man bei der Beschäftigung mit der ukrainischen Geschichte die „konzeptuelle Hegemonie des Nationalstaates" überwinden und wichtige Aspekte wie Identitätsbildung, kulturelle Konstruktionen und koloniale Institutionen studieren könne. Im Anschluss an von Hagen lässt sich auch die Frage stellen, ob die Ukraine eine Literaturgeschichte habe. Auch hier fällt die Antwort ähnlich aus. Die ukrainische Literaturgeschichte ist unter den europäischen Literaturen kein Sonderfall, sondern zeigt nur besonders augenfällig, dass literarische Prozesse sich in bestimmten politischen, gesellschaftlichen und kulturellen Rahmenbedingungen abspielen und auch auf diese zurückwirken.

Bestandsaufnahme

Wenn man die existierenden Überblicksdarstellungen betrachtet, dann entsteht schnell der Eindruck, dass die wenigen vorhandenen Literaturgeschichten die Vorstellungen und politischen Ideen ihrer Zeit in sich tragen.

Serhij Jefremov (1876–1939) baute seine Literaturgeschichte aus dem Jahr 1911 auf einem hegelianischen Verständnis auf. Hegel hatte in seinen *Vorlesungen zur Ästhetik* die Auffassung vertreten, dass sich der Volksgeist in epischen Texten objektiviere. So werde ein Bild der Totalität des sittlichen Lebens, der Familie und des Volkes als ganzer Nation in Krieg und Frieden gezeichnet. Jefremov schloss sich dieser Auffassung an: „Auf diese Weise behandle ich die Literatur als Erscheinung des Lebens unseres Volkes, als Indikator der gesellschaftlichen Entwicklung in ihm, als deutlich vernehmbaren Ausdruck der Interessen der breiten Volksmassen. Ich versuche einen historischen Überblick über die ukrainische Literatur zu geben als eine im breitesten Sinne emanzipatorische Bewegung, die das ukrainische Volk in jeglicher Hinsicht erfasst hat und ihm den Weg zu einer besseren Zukunft weist."

Jefremov betrachtete seine Literaturgeschichte nicht einfach als Inventarisierung des historischen Schrifttums in der Ukraine. Er war selbst von einem emanzipatorischen Impetus getragen. Gerade weil es noch keinen ukrainischen Staat gab, war für ihn klar, dass die Literatur und die Sprache das entscheidende Ausdrucksmedium der ukrainischen Nation seien. Damit gingen auch einschlägige Stilpräferenzen einher: Jefremov war ein Anhänger des Realismus und wandte sich gegen modernistische Strömungen. Literatur war für ihn kein Elitenprojekt, sondern sollte Breitenwirkung entfalten.

Umgekehrt begann der Dichter Mykola Zerov in den zwanziger Jahren mit der Niederschrift einer ukrainischen Literaturgeschichte, die sich von den Zwängen der Nationsbildung bereits befreit hatte. Seinen „historischen Überblick" über die *Neue ukrainische Literatur* (Nove ukrajins'ke pys'menstvo, 1924) begann Zerov mit der Analyse von Kotljarevs'kyjs *Enejida* aus dem Jahr 1798. Im Vorwort verwendete Zerov eine formalistische Nomenklatur, die er aber mit sozialgeschichtlichen Begriffen untermauerte. Besonderes Augenmerk legte Zerov auf die „verspäteten Autoren", die wegen der institutionellen Beschränkungen im Zarenreich buchstäblich aus ihrer Zeit in der ukrainischen Literatur-

1 Einleitung

geschichte gefallen waren. Zerov unterschied vier Epochen: Die „Zeit der Überreste des Klassizismus und des Sentimentalismus" von 1798 bis in die 1830er-Jahre, die Romantik vom Ende der 1820er-Jahre bis zum Ende der 1860er-Jahre, die „Zeit des naiven Realismus" vom Ende der 1860er-Jahre bis zur Mitte der 1890er-Jahre und die „Zeit des Neorealismus und der Neoromantik" von der Mitte der 1890er-Jahre bis in die Gegenwart. Erhalten sind jedoch nur Zerovs Aufzeichnungen für die erste Epoche.

In ähnlicher Absicht versuchte Ahapij Šamraj (1896–1952), eine ukrainische Literaturgeschichte auf der Grundlage der Erkenntnisse der formalen Schule zu schreiben. 1927 erschien sein Handbuch *Ukrainische Literatur. Ein prägnanter Überblick* (Ukrajins'ka literatura. Styslyj ohljad), in dem Šamraj – auch auf der Grundlage der vergleichenden Stilanalysen von Oskar Walzel und Heinrich Wölfflin – sowohl der künstlerischen Faktur als auch den sozioökonomischen Entstehungsbedingungen literarischer Texte Rechnung trug. Das Handbuch war explizit Teil der Ukrainisierungsstrategie, mit der die Sowjetführung in den zwanziger Jahren den Bolschewismus in der Ukraine „einwurzeln" wollte.

Allerdings konnten in der Sowjetukraine alternative Entwürfe der ukrainischen Literaturgeschichte kaum öffentlich rezipiert werden. Ivan Frankos *Überblick über die ukrainische Literaturgeschichte* (Narys istorii ukrajins'koji literatury, 1910) oder Mychajlo Voznjaks dreibändige *Geschichte der ukrainischen Literatur* (Istorija ukrajins'koji literatury), die zu Beginn der zwanziger Jahre im polnischen L'viv erschienen war, wurden totgeschwiegen.

Nach dem zweiten Weltkrieg wurde auch die Literaturwissenschaft zur Sowjetisierung der Westukraine eingesetzt. Eine zweibändige ukrainische Literaturgeschichte aus den Jahren 1954–1956 verschrieb sich offen der Aufgabe, eine „von der kommunistischen Ideologie durchtränkte, kämpferische, angriffige" Darstellung zu geben, die „gegen alle feindlichen Ideologien in der Literatur" gerichtet sei.

Weniger plakativ, aber immer noch stramm auf Parteilinie war eine achtbändige Literaturgeschichte, die in den Jahren 1967–1971 erschien. Selbstverständlich wurde die Kyjiver Rus' als Teil der gemeinsamen Geschichte der „ostslavischen Brudervölker" abgehandelt. Für die Bände, die das 20. Jahrhundert abdeckten, galt eine strikt marxistische Gliederung. Die Literaturgeschichte wurde nicht nach literarischen Kriterien strukturiert, sondern folgte dem „Aufbau einer sozialistischen Gesellschaft". Tabuthemen wie die „erschossene Renaissance" wurden selbstverständlich nicht erwähnt.

Eine weitere zweibändige Literaturgeschichte aus den Jahren 1987–1988 stellte zwar einen „Schritt nach vorne" (Tamara Hundorova) dar, behandelte aber die ukrainische Literatur nach wie vor als eine Art Heilsgeschichte, in der erst das Erscheinen des sozialistischen Messias ein neues Reich der Aufhebung aller dialektischen Widersprüche eröffnet. Der erste Band ist der Zeit vor der Revolution gewidmet, der zweite behandelt die Zeit danach. Allen sowjetischen Literaturgeschichten ist gemeinsam, dass aufgrund des aufoktroyierten marxistischen Geschichtsverständnisses keine adäquate systematische Struktur gefunden werden konnte. Im Wesentlichen zerfallen die sowjetischen Literaturgeschichten in Sammlungen von Einzelporträts.

Während die sowjetukrainische Literaturwissenschaft damit beschäftigt war, ihren Gegenstand in eine sachfremde Chronologie zu pressen, dominierte im Exil eine andere Agenda. Es ging darum, das kulturelle Überleben der ukrainischen Nation zu sichern.

1947 erschien in Regensburg auf Deutsch die Broschüre *Ukrainische Literatur der Gegenwart*. Ihr Verfasser Jurij Kosač (1908–1990) war ein Neffe von Lesja Ukrajinka und ein Mitbegründer der Vereinigung *MUR* im Nachkriegsdeutschland. Auf knappen Raum stellte er die Entwicklung der ukrainischen Literatur dar. Dabei blendete er die ukrainische Sowjetliteratur ganz aus und konzentrierte sich auf die vorrevolutionäre Epoche und die Exilliteratur. Für Kosač war die ukrainische Literatur weit mehr als ein ästhetisches Phänomen: Sie bewahrte die „nationale Energie" des ukrainischen Volkes und letztlich seine Existenz unter den prekären Bedingungen der andauernden Fremdherrschaft.

Eine ähnliche Funktion – jedoch mit einer unterschiedlichen ideologischen Grundlage – hatte eine *Geschichte der ukrainischen Literatur*, die Leonid Bilec'kyj (1882–1955) in Augsburg veröffentlichte. Allerdings kam Bilec'kyj mit seinem ambitionierten Projekt nie über den ersten Band hinaus, in dem er sich mit der „Volksdichtung" beschäftigte. Diese Beschränkung war in Bilec'kyjs Ansatz begründet. Er vertrat ein neoromantisches Literaturverständnis, in dem individuelle literarische Leistungen ausschließlich auf der Grundlage der „Weltanschauung des Volkes" erbracht werden können. Diese „Weltanschauung" äußert sich in Bilec'kyjs Deutung in den verschiedenen Genres der „Volksdichtung", die gewissermaßen als kollektive künstlerische Leistung der Nation entstanden ist.

Dmytro Čyževs'kyj (1894–1977) nahm verschiedene Anläufe für seine literaturgeschichtlichen Projekte. Im deutsch besetzten Prag veröffentlichte er 1942 einen schmalen Band unter dem Titel *Geschichte der ukrainischen Literatur* (Istorija ukrajins'koji literatury), in dem er sich allerdings im Wesentlichen nur mit dem 17. Jahrhundert befasste. Bereits 1941 war ein erster Band aus der Feder von Mykola Hnatyšak (1902–1940) veröffentlicht worden, der die ukrainische Literaturgeschichte von den Anfängen bis zum 16. Jahrhundert abdeckte. Im einleitenden Kapitel schrieb Hnatyšak, er wolle sowohl formale als auch inhaltliche Aspekte berücksichtigen. Er untersuche deshalb „den künstlerischen Stil, den ukrainischen Nationalismus und die christliche Ethik" der betrachteten Werke. Die frühe ukrainische Literatur unterteilte Hnatyšak in drei Epochen: Die folkloristischen Genres behandelte er im Kapitel „Altukrainischer Stil", die frühe religiöse Literatur stellte er unter den Titel „Byzantinischer Stil" und die weitere Entwicklung beschrieb er unter der wenig aussagekräftigen Überschrift „Spätbyzantinischer Übergangsstil". Čyževs'kyj war mit dem Ansatz seines Vorgängers wenig einverstanden und hob stärker den literarischen Prozess hervor. Im Vorwort distanzierte er sich explizit von Hnatyšak und berief sich auf das strukturalistische Literaturverständnis von Jan Mukařovský (1891–1975). Čyževs'kyj unterschied in seinem Band die Epochen „Renaissance und Reformation" und „Barock". Bereits im München der Nachkriegszeit überzeugte der Schriftsteller Viktor Petrov – wie Andrij Portnov in seiner Publikation des Briefwechsels gezeigt hat – Čyževs'kyj, diese literaturgeschichtliche Darstellung auf das 19. Jahrhundert auszudehnen. 1952 erschien ein Handbuch zur *Geschichte der ukrainischen Literatur* für die Studierenden der Ukrainischen Freien Universität in München, zu dem Petrov ein methodisches Einleitungskapitel beigesteuert hatte. Petrov warnte dort vor einem nationalen Zugang zur Literaturgeschichte. Schließlich legte Čyževs'kyj 1956 eine *Ukrainische Literaturgeschichte* vor, die mit der Oktoberrevolution endet. Im Vorwort schrieb er warnend, dass man es in fast allen Epochen mit „Fragmenten und Bruchstücken" zu tun habe. Die ukrainische Literatur sei vor allem durch ihre „Unvollständigkeit" charakterisiert, da in kaum einem Zeitalter ein vollständiges Gattungssystem entstanden sei. George Grabowicz verwies in seiner Kritik von Čyževs'kyjs Ansatz zu Recht darauf, dass literarische Systeme per se offen seien und die ukrainische Literatur mithin gar nicht „unvollständig" sein könne. In seiner Gliederung der ukrainischen Literaturgeschichte folgte Čyževs'kyj den großen europäischen Stilepochen: Barock, Klassizismus, Romantik, Realismus, Symbolismus. Der Vorteil dieses Ansatzes besteht darin, dass die ukrainische Literatur als Teil der europäischen Literatur begriffen wird. Der Nachteil liegt einem ständigen Schielen auf die großen Nationalliteraturen, die sich jedoch unter ganz anderen Rahmenbedingungen als die ukrainische Literatur entfalten konnten. In Frankreich und Deutschland entfaltete sich der literarische Prozess als Teil der jeweiligen nationalen Projekte, während die ukrainische Literatur oft unter einen politischen Generalverdacht gestellt wurde.

George S.N. Luckyj veröffentlichte 1992 mit einem *Reader's Guide* für die ukrainische Literatur des 20. Jahrhunderts eine Art Fortsetzung von Čyževs'kyjs Literaturgeschichte. Auslöser war die Entstehung eines ukrainischen Nationalstaats, der einen Rückblick auf die ukrainische Literaturgeschichte in der Sowjetunion, im Zwischenkriegspolen und in der Emigration nahelegte. Allerdings hielt Luckyj bereits im Vorwort explizit fest, dass es sich bei seinem knappen Überblick nicht um eine Literaturgeschichte handle, sondern um eine „altmodische" Darstellung der wichtigsten Strömungen in der ukrainischen Literatur. Die Gliederung orientiert sich überwiegend an politischen Zäsuren.

Von 1993 bis 1995 erschien in der unabhängigen Ukraine eine zweibändige *Geschichte der ukrainischen Literatur des 20. Jahrhunderts* (Istorija ukrajins'koji literatury XX stolittja) unter der Redaktion von Vitalij Dončyk (1932–2017), der bereits an den sowjetukrainischen Literaturgeschichten von 1967 und 1988 mitgearbeitet hatte. Taras Koznarsky kritisierte dieses Werk als hybride Konzeption, in der „der sowjetische Kanon durch das neue ideologische Gerüst" schimmere.

1998 veröffentlichte Oxana Pachlovska in Italien eine umfassende Übersicht über die *Literatur und Gesellschaft der Ukraine* (Civiltà letteraria ucraina). Der Titel ist programmatisch: Oxana Pachlovska begreift Literatur als zentralen Faktor in der kulturhistorischen Genese der ukrainischen Nation innerhalb eines größeren europäischen Kontexts. Dabei ergänzen sich religiöse, philosophische und politische Aspekte und führen schließlich zu einer „literarischen Gemeinschaft".

Seit 2008 arbeitet die ukrainische Akademie der Wissenschaften, erneut unter der Leitung von Vitalij Dončyk, an einem magistralen Projekt. Die *Geschichte der ukrainischen Literatur* soll in zwölf Bänden präsentiert werden. Allein das Leben und Schaffen des Nationaldichters Taras Ševčenko füllt Band 4, der von Ivan Dzjuba (1931–2022) verfasst wurde. Das monumentale Format dieser Literaturgeschichte ist nicht auf Lesbarkeit angelegt. Es geht um die Durchsetzung eines institutionellen Anspruchs. Das Akademieprojekt soll die Existenz einer ukrainischen Nationalliteratur bezeugen, die eng mit dem ukrainischen Nationalprojekt verbunden ist.

Einem dokumentarischen Impetus folgt Jurij Kovaliv (geb. 1949), der seit 2013 im Alleingang eine zehnbändige Literaturgeschichte veröffentlicht, die vom Ende des 19. Jahrhunderts bis zur Gegenwart reicht. Seine Darstellung erschöpft sich im Wesentlichen in der Aneinanderreihung von Autorenporträts. Die Erforschung der ukrainischen Literaturgeschichte hat bislang kaum das Interesse von Wissenschaftlern außerhalb der Ukraine oder der ukrainischen Emigration auf sich gezogen. Es gibt bisher keine Überblicksdarstellungen nicht-ukrainischer Literaturwissenschaftler. Einzelne ukrainische Autoren wurden allenfalls im Kontext der russischen oder polnischen Literaturgeschichte behandelt. In der jüngeren Vergangenheit spielte auch die Skepsis gegenüber dem wissenschaftlichen Genre der Literaturgeschichte eine Rolle bei der fehlenden Neukonzeptualisierung der ukrainischen Literatur.

Zugänge

Die Dominanz des Strukturalismus und des Dekonstruktivismus in der Literaturwissenschaft führte gegen Ende des 20. Jahrhunderts zu einer Krise der historischen Betrachtungsweise der Literatur, vor allem in einem nationalstaatlichen oder ethnolinguistischen Rahmen. 1992 stellte David Perkins mit Nachdruck die Frage, ob Literaturgeschichte überhaupt möglich sei. Die theoretische Debatte konzentriert sich seither zu Recht auf transnationale Ansätze. Eine Vordenkerin der neueren Theorie der Literaturgeschichte war Pascale Casanova (1959–2018). In ihrem Buch *Die literarische Weltrepublik* (La République mondiale des lettres) versteht sie die Nationalliteratur nicht als Emanation einer nationalen Identität, sondern als Ergebnis der Rivalität unter den einzelnen Literaturen. Sie geht im Anschluss an Pierre Bourdieu davon aus, dass der Status einer Nationalliteratur immer wieder neu ausgehandelt und definiert werde. Mit der Zeit emanzipiere sich die Literatur allerdings von der Nationsbildung. Deshalb sei auch die politische Landkarte der Welt nicht deckungsgleich mit der Karte der literarischen Räume. Jeder Vertreter einer Nationalliteratur trete in den Wettbewerb der „Internationalisierung" ein. Diese sei das Gegenteil von „Globalisierung" im herkömmlichen Sinne des Wortes, denn „Globalisierung" meine die Durchsetzung universeller Modelle auf der ganzen Welt. Unter „Internationalisierung" versteht Casanova hingegen die Erfahrungstatsache, dass einzelne Literaturen mit ganz unterschiedlichen Mitteln um Anerkennung kämpfen. Gleichzeitig komme es aber auch zu einer „Denationalisierung" der großen Literaturen, die eben gerade nicht mehr ausschließlich auf eine Kulturnation bezogen seien.

Mit Blick auf die ukrainische Literaturgeschichte muss man gegen Casanova auf die Gleichzeitigkeit des Ungleichzeitigen hinweisen: Während etablierte Staaten sich zunehmend entnationalisieren, kann man in der Ukraine – zumal während der existenziellen Bedrohung durch den russischen Angriffskrieg – klassische Prozesse der Nationsbildung beobachten. Sogar Phänomene aus dem 19. Jahrhundert wie die Verehrung eines

Nationaldichters finden sich heute ansatzweise wieder, etwa in der öffentlichen Bewunderung und Unterstützung für Serhij Žadan.

Bereits 1993 hatte Denis Hollier (geb. 1942) in seiner *New History of French Literature* mit allen Konventionen gebrochen. Er reiht nicht Autorenporträts aneinander, sondern nimmt die Chronologie ernst. Seine Literaturgeschichte besteht aus 199 Datumsangaben, die mit literarischen Ereignissen verbunden werden. Die Kategorien Genre, Kanon und Stil spielen hier keine Rolle mehr. Er relativiert auch den Begriff der Nationalliteratur. In einem Essay, der sich in der französischen Ausgabe findet, fragt Hollier, ob es überhaupt möglich sei, ein „französischer" Autor zu sein. Gleichzeitig zeigt er, dass das Französische als Literatursprache eine globale Relevanz haben kann.

Marcel Cornis-Pope (geb. 1946) und John Neubauer (1933–2015) lösen in ihrer *History of the Literary Cultures of East-Central Europe* den nationalen Bezugsrahmen ganz auf und konzentrieren sich auf sogenannte Knotenpunkte, also besonders signifikante Jahre wie etwa 1848 oder 1918. In diesen Knoten verdichten sich literarische und philosophische Entwicklungen, die zu einem historischen Ereignis werden und dann wiederum literarisch verarbeitet werden. Allerdings gelingt es Cornis-Pope und Neubauer nicht, den transnationalen Anspruch dieser literarischen Kulturgeschichte über den ersten Band hinaus einzulösen. In den späteren Bänden finden sich vor allem Einzelaufsätze, die ein bestimmtes Thema aus der Perspektive einer Nationalliteratur beschreiben.

Tamara Trojanowska, Joanna Niżyńska und Przemysław Czapliński konzentrieren sich in ihrer *New History of Polish Literature and Culture* mit dem Obertitel *Being Poland* auf kanonisierende, emanzipatorische, transgressive und kompensatorische Strategien in der polnischen Literaturgeschichte. Damit soll der dynamische Charakter des literarischen Prozesses deutlich gemacht werden. Auch hier folgen dann aber exemplarische Darstellungen verschiedener Stilepochen, die anhand des Werkes einer Autorin oder eines Autors beschrieben werden.

Simon Franklin, Rebecca Reich und Emma Widdis widmen nur das erste Viertel ihrer *New Cambridge History of Russian Literature* den traditionellen Literaturepochen. Eben soviel Platz erhalten auch Genres wie die Satire oder die Kinderliteratur, literarische Institutionen wie die Verlage oder die Zensur, Orte wie das Straflager oder das Dorf, Formen wie die Autobiographie oder die elektronische Plattform und schließlich Helden wie der Heilige oder die Frau. Außerdem gibt es Boxen mit Einzelinterpretationen oder Erklärungen zu theoretischen Zugängen.

Ein Überblick über die ukrainische Literaturgeschichte muss solche theoretische Entwicklungen im Auge behalten. Ähnlich wie die ukrainische Geschichte im Allgemeinen hat sich auch die ukrainische Literaturgeschichte unter komplexen politischen, sozialen und kulturellen Bedingungen abgespielt. Allerdings verbietet sich genau deshalb bei der Darstellung der ukrainischen Literatur ein naiver Ansatz, der eine Entwicklung innerhalb eines nationalstaatlichen Paradigmas annimmt. Die ukrainische Literaturgeschichte ist von einer Kontinuität von Diskontinuitäten geprägt. Damit steht sie aber nicht außerhalb der europäischen Literaturgeschichten, sondern zeigt nur besonders anschaulich, wie sich literarische Prozesse in einem dynamischen institutionellen System abspielen.

Die europäische Literaturgeschichtsschreibung erlebte eine Blüte im 19. Jahrhundert. Vor allem die Schaffung der deutschen und italienischen staatlichen Einheit brachte das Bedürfnis hervor, den neugegründeten Nationalstaat mit einem eigenen kulturellen Erbe auszustatten. Aber auch anderswo interessierten sich national gesinnte Autoren für die literarischen Wurzeln ihrer Nation. Sie suchten Barden, die ähnliche Werke wie das französische *Rolandslied* oder das deutsche *Hildebrandslied* verfasst hatten. Wenn man nicht fündig wurde, half man der Überlieferung nach und erstellte literarische Fälschungen, die oft großen Erfolg hatten. So begeisterte man sich in Schottland für Ossians *Gesänge*, in Russland für das *Igorlied* oder in Böhmen für die *Königinhofer Handschrift*.

Es gibt eine Reihe von Fragen, der sich eine ukrainische Literaturgeschichte stellen muss. Wann und mit welchen Texten beginnt die Geschichte der ukrainischen Literatur? In welchen Sprachen und in welchem Raum vollzieht sie sich? Welche regionalen Besonderheiten sind zu beachten? Welche institutionellen Bedingungen ermöglichen und behindern den literarischen Prozess in der Ukraine? Schließlich ist noch auf ein wichtiges Spezifikum hinzuweisen. Eine ukrainische Literaturgeschichte kann keine Darstellung eines literarischen Prozesses sein, der unabhängig von seiner Selbstreflexion, Historisierung und Institutionalisierung abläuft. Mit anderen Worten: Die ukrainische Literaturgeschichte „entstand" nicht einfach, sondern sie wurde über weite Strecken als gewollte kulturelle Ordnung konstruiert.

Weiterführende Literatur

George Grabowicz: Towards a History of Ukrainian Literature. Cambridge, Mass. 1981.

Die Literatur in der Kyjiver Rus'

Giovanna Brogi

Die früheste Periode der ukrainischen Geschichte ist nicht einfach abzugrenzen. Den Beginn kann man mit der Taufe der Rus' (9.–10. Jahrhundert) ansetzen. In der *Nestorchronik* (Povĕst' vremjannych lĕt) wird die Legende des Apostels Andreas wiedergegeben, der den Ort der künftigen Stadt Kyjiv besuchte und segnete. Im 4. Jahrhundert nahmen auch die auf der Halbinsel Krym ansässigen Ostgoten das Christentum an. Prinzessin Ol'ha wurde Mitte des 10. Jahrhunderts in Konstantinopel getauft, aber erst 988 konvertierte Fürst Volodymyr (ca. 956–1015) offiziell zum Christentum und ließ die Bevölkerung im Fluss Dnipro taufen. Als Ehefrau erhielt er Anna, die Schwester des byzantinischen Kaisers. Diese außergewöhnliche Ehre steigerte das Ansehen des Kyjiver Fürstentums erheblich (der westliche Kaiser Otto I. hatte noch vergebens für seinen Sohn um Annas Hand angehalten). Im 11. Jahrhundert war die Rus', die an der Kreuzung der Handelswege zwischen der Ostsee und dem Schwarzen Meer sowie dem fränkischen Königreich und Asien lag, eines der größten und am besten entwickelten Staatsgebilde Europas. Griechische Mönche schufen eine kirchliche Organisation und einen Metropolitansitz, einheimische Mönche und Schriftgelehrte begannen Kirchenslavisch zu schreiben, wodurch eine anspruchsvolle Kultur entstand. Der erste Teil der mittelalterlichen Periode der sogenannten „Kyjiver Rus'" (der Begriff stammt allerdings aus dem 19. Jahrhundert), die bis etwa 1132 dauerte, war eine Zeit des Wachstums und der Macht, die durch die Herrschaft dreier charismatischer Fürsten gekennzeichnet war: Volodymyr „der Große", Jaroslav „der Weise" (978–1054) und Volodymyr Monomach (1053–1125). Zwischen 1132 und 1240 schwächten interne Streitigkeiten den Staat, behinderten jedoch nicht das geistige und literarische Leben. Die mongolische Invasion von 1237–1240 und die Plünderung von Kyjiv 1240 setzten dem ersten ostslavischen Staatsgebilde ein Ende.

G. Brogi (✉)
Slavistik, Università di Milano, Mailand, Italien

In der soziopolitischen und kulturellen Sphäre lassen der Kyjiver Staat und sein Erbe immer noch grundlegende wissenschaftliche Fragen offen. Wie war die ursprüngliche Rus' organisiert, wer war die militärisch-politische Elite der Kyjiver Rus'? Seit dem 18. Jahrhundert vertraten Gelehrte der Kaiserlichen Akademie der Wissenschaften zwei unterschiedliche Narrative über das Volk und den Staat der Rus': Im sogenannten „Normannismusstreit" stellte sich der Russe Michail Lomonosov (1711–1765) dem in Deutschland geborenen Historiker Gerhard Friedrich Müller (1705–1783) entgegen, der behauptete, dass der Staat der Rus' von skandinavischen Wikingern (in der *Nestorchronik*: Waräger) gegründet wurde. Die „antinormannische" patriotische Theorie betrachtete die Rus' hingegen als ein slavisches Gemeinwesen. Es ist kein Zufall, dass Vladimir Putin ständig auf die alte Kyjiver Rus' verweist und obsessiv die Einheit der ostslavischen Völker beschwört und sogar einen langen, grausamen Krieg zur „Rückeroberung" des Kyjiver Erbes führt. Denn die „normannische Frage" ist in der Tat mit der nicht weniger wichtigen Frage des Kyjiver Erbes verbunden. Die russische Aneignung dieser Geschichtsepoche begann ebenfalls im späten 18. Jahrhundert. Auch wenn die Ansprüche auf eine direkte dynastische Übertragung der Kyjiver Macht auf die moskovitischen Zaren bereits im 16. und 17. Jahrhundert begannen, war es Nikolaj Karamzin (1766–1826), der in seiner *Geschichte des russischen Staates* (Istorija gosudarstva Rossijskogo, 1818–1829) die gesamte ostslavische Geschichte und Kultur zum russischen Erbe erklärte. Dieses Narrativ wurde von der sowjetischen Geschichtsschreibung übernommen, die zwar die frührussische Periode als „Wiege" aller drei slavischen Völker – Russen, Belarussen und Ukrainer – betrachtete, aber tatsächlich Karamzins Narrativ weiterführte, die gesamte ukrainische intellektuelle Klasse ausschaltete und eine unvoreingenommene Forschung in Belarus und der Ukraine behinderte. Die Interpretation der mittelalterlichen ukrainischen Geschichte und Kultur durch die russischen Gelehrten als eine erste Phase der Geschichte und Literatur Russlands dominierte auch die westliche Wissenschaft. Erst im 20. Jahrhundert erhob Jaroslaw Pelenski den „Streit um das Kyjiver Erbe" zu einem wichtigen wissenschaftlichen Thema. Aus dieser Perspektive wird die ukrainische Geschichte und Literatur und ihr Verhältnis zu Russland seit 1991 radikal überdacht und „entkolonialisiert".

Der Streit um das Kyjiver Erbe ist eng mit der Frage nach der Einheit oder Vielfalt der russischen und ukrainischen Geschichte, Kultur, Literatur und Sprache verbunden. Dabei müssen verschiedene Aspekte beachtet werden. Seit dem 8. Jahrhundert waren die nördlichen und südwestlichen Gebiete des Kyjiver Fürstentums relativ dicht von den slavischen Stämmen der Slovjanen, Severjanen, Poljanen, Derevljanen, Duleben, Kryviken, Wolhynier und anderen besiedelt. Die Bevölkerung wurde von skandinavischen „Königen" und ihren Gefolgsleuten regiert, die ziemlich schnell von der slavischen Bevölkerung absorbiert wurden, wie die Namen der Herrscher bezeugen: Helga wurde zu Ol'ha, Ingvar zu Ihor, Valdemar zu Volodymyr. Die ausgedehnten nordöstlichen, oft unbesiedelten Gebiete wurden hauptsächlich von nomadischen Ugro-Finnen, Qipčāq (Kumanen), Tataren und anderen Stämmen bewohnt und nach und nach von Slaven kolonisiert. Das 11. und das 12. Jahrhundert markieren den Höhepunkt der politischen und kulturellen Entwicklung des Kyjiver Fürstentums, zu dem auch Novgorod gehörte. Ein erster Angriff auf die

2 Die Literatur in der Kyjiver Rus'

Zentralmacht erfolgte durch Andrej Bogoljubskij. Anstatt um den Kyjiver Thron zu kämpfen, griff er 1169 die Stadt an. Er plünderte sie und übertrug die „heilige Macht" der Ikonen und die politische Macht auf sein Patrimonialfürstentum Vladimir-Suzdal'. Nach dem Einfall der Tataren in die Kyjiver Gebiete (13. Jahrhundert) verlegte der wolhynische Bischof Petro von Rata 1322 den Metropolitansitz nach Moskau. 1415 stieg Hryhorij Camblak zum Metropoliten von Kyjiv auf, das 1362 dem litauischen Fürstentum einverleibt worden war. Die eigentliche kirchliche Macht der orthodoxen Kirche blieb jedoch in Moskau, das 1589 zum russischen Patriarchat wurde. Ein anderer Zweig der Kyjiver Rjurikiden-Fürsten gründete ein Fürstentum in Galizien. Es wurde 1253 zum Königreich und unterstand seit 1349 dem polnischen König. Vom 15. bis zum 17. Jahrhundert blieben die ukrainischen Gebiete unter der politischen und kulturellen Kontrolle der polnisch-litauischen Adelsrepublik.

Die politische Trennung der ukrainischen (und belarussischen) von den moskovitischen Gebieten wird im 14. Jahrhundert recht deutlich. Die Frage ihrer kulturellen Entwicklung ist jedoch komplexer. Der gemeinsame orthodoxe Glaube war ein starkes Bindeglied zwischen den ostslavischen Völkern. Die Institution des Metropoliten von Moskau und der gesamten Rus' war das wichtigste Argument, das den russischen Anspruch auf das Kyjiver Erbe begründete. Der Großteil der literarischen Texte des Kyjiver Mittelalters wurde in den klösterlichen Zentren des Moskauer Staates aufbewahrt und transkribiert. Auch dies deutet auf eine Kontinuität zwischen der alten Kyjiver und der russischen literarischen Tradition hin, die sich in einer hybriden kirchenslavischen Sprache ausdrückt. Viele Texte, die in allen ostslavischen Gebieten zirkulieren, stellen eine kulturelle und literarische Gesamtheit dar, der als gemeinsames Erbe sowohl der russischen als auch der ukrainischen (und belarussischen) Geschichte betrachtet werden muss. Die Chronikschreibung zeigt oft die Kluft zwischen dem Kyjiver und dem Moskauer Kulturraum, ist aber in vielen Fällen ein gemeinsames Gut aller Ostslaven. Die hagiografische Literatur unterscheidet nur in wenigen Aspekten zwischen der Kyjiver und der Moskauer Tradition: Die absolute Mehrheit der Heiligenleben gehört zum gemeinsamen Bereich der slavisch-byzantinischen oder sogar der universellen christlichen Kirche. Die Übersetzungen von Predigten der Kirchenväter oder lehrhaften Schriften haben sich im Laufe der Jahrhunderte verändert, wurden aber von der Kyjiver und Moskauer Kirche oft in der gleichen Form überliefert.

Auf der anderen Seite erlebte das ukrainische Volk unter polnischer Herrschaft grundlegende kulturelle, soziale und sprachliche Veränderungen. Der Kontakt mit westlichen Bildungstraditionen in Schulen und Universitäten (in Italien, später in Polen und Deutschland); die Entstehung einer Bürgerschicht; der Einfluss des Polnischen, Lateinischen und Deutschen auf die Sprache; die Verstädterung und die Verleihung des Magdeburger Rechts an viele Städte; der zunehmende Einfluss der polnischen Dichtung, des westlichen philosophischen Denkens, des Buchdrucks und des Handelsaustauschs – all dies markierte einen Bruch zwischen der gelehrten literarischen Tradition der mittelalterlichen Kyjiver Rus' und der neuen Kultur und den Institutionen, die sich in den Städten und an den Höfen der Magnaten und Hetmanen unter polnischer Herrschaft entwickelten.

Ein offensichtliches Unterscheidungsmerkmal liegt in der Entwicklung der Sprache: Während die Sprache der moskovitischen Literatur bis zum Ende des 17. Jahrhunderts überwiegend (wenn auch hybridisiert) kirchenslavisch war, wurde die alte Kyjiver Kanzleisprache in den Schreibstuben des litauischen Großfürstentums und der Regionen, in denen die ostslavische Bevölkerung unter polnischer Herrschaft lebte, weiterverwendet. Seit dem 14. Jahrhundert, als die Ukraine unter die Herrschaft des Großfürstentums Litauen und des Königreichs Polens geriet, wurde diese Schriftsprache stark vom Polnischen beeinflusst – mit syntaktischen und lexikalischen Elementen aus dem Latein und Deutschen. Gleichzeitig näherte sie sich auch der Umgangssprache an. Obwohl es keine gedruckte Grammatik dieser „einfachen Sprache" gab, wurde sie durch den breiten Gebrauch vereinheitlicht und in Wörterbüchern beschrieben. Sie wurde zunächst in Verwaltungs- und Rechtsdokumenten verwendet (maßgebend war das sogenannte *Litauische Statut*, gedruckt 1529 und 1566). Im 16. Jahrhundert bildete sich eine mehr oder weniger kodifizierte Sprache heraus, die schon in Texten des 17. Jahrhunderts „rus'ka" oder „prosta mova" genannt wurde. Diese „einfache Sprache" hob sich vom Kirchenslavischen ab, das unverständlich geworden war. Im Grunde war es eine *lingua vulgaris* im Sinne der italienischen Tradition des Humanismus. Regionale Unterschiede – besonders zwischen den ukrainischen und den belarussischen Gebieten – waren nicht sehr stark ausgeprägt, aber es gab viele Varianten, die auf unterschiedlich starke polnische oder kirchenslavische Einflüsse zurückgingen. Eine Trennung zwischen den westlichen Regionen (besonders Galizien), in denen schon im 14. Jahrhundert der polnische Einfluss stark war, und dem Gebiet um Kyjiv, das erst im 17. Jahrhundert polonisiert wurde, ist bis heute erkennbar. Ein interessanter Fall ist das Fürstentum Ostrih, das wichtigste Zentrum der orthodoxen Kultur zwischen Ende 16. und Anfang 17. Jahrhundert unter dem Fürsten-Hetman Vasyl' Kostjantyn. An seinem Hof gab es eine Akademie und eine Druckerei. Allerdings wurde die erste vollständige Bibel nicht in der neuen Sprache, sondern in archaisierendem Kirchenslavisch gedruckt (1581). Die Polemik um die unierte (griechisch-katholische) Kirche, die 1596 gegründet worden war, förderte die Entwicklung der *prosta mova* stark. Im 17. Jahrhundert wurden in der neuen Schriftsprache religiöse Traktate, historische Abhandlungen, Predigten und Gedichte verfasst und gedruckt. Dazu kamen Übersetzungen aus dem Polnischen, Lateinischen, sogar aus dem Kirchenslavischen. Die *prosta mova* wurde so zu einer Literatursprache, die Belange aller Lebensbereiche ausdrücken konnte. Mit dem Fall von Mazepa endete diese Tradition. Wie Michael Moser unterstreicht, war die *prosta mova* nicht die unmittelbare Vorgängerin des modernen Ukrainischen (und Belarussischen), aber ohne ihre Vorleistung wären die heutigen Sprachen undenkbar. Die weitere Entwicklung der *prosta mova* wurde durch die aggressive russifizierende Sprachpolitik Peters I. und Katharinas II. stark behindert, aber nicht ganz unterbrochen.

Im Gegensatz dazu brach die Entwicklung einer „Vulgärsprache" in Moskau im 17. Jahrhundert ab. Als die Russische Akademie der Wissenschaften im 18. Jahrhundert versuchte, die moderne russische Sprache zu kodifizieren, übernahmen Gelehrte und Schriftsteller so zahlreiche grammatikalische, lexikalische und syntaktische Merkmale des Kirchenslavischen, dass man von einer Kontinuität zwischen dem mittelalterlichen Kirchenslavischen und dem Russischen sprechen kann.

Unterschiede zwischen Russland und der Ukraine zeigen sich auch in der Beziehung zwischen Staat und Religion. Beginnend mit der Verlegung des Metropolitansitzes von Kyjiv nach Moskau (14. Jh.) wurde die russische Kirche rasch zu einem Machtinstrument des regierenden Großfürsten oder Zaren: Von Ivan III. bis zu den letzten Romanovs (und wieder mit „Zar" Putin) lassen sich viele Beispiele anführen. In der mittelalterlichen Kyjiver Rus' und später im nach westlichem (meist polnischen) Modell entstandenen Kosaken-Hetmanat tendierten die kirchliche und die politische Macht dazu, „symphonisch" zusammen zu arbeiten, wobei beide als unabhängige Einheiten bestehen blieben. Kyjiv strebte danach, als „Neues Jerusalem" und nicht als „Neues Konstantinopel" (oder gar als „Drittes Rom") zu gelten. Ähnlich verhält es sich mit der kulturellen Bedeutung einiger der wichtigsten Heiligen, die sowohl in der Kyjiver Rus' als auch in Moskau verehrt wurden. In der Kyjiver Tradition waren lokale Heilige (beginnend mit den Märtyrern Borys und Hlib) identitätsstiftend für das Volk. Sie blieben aber geistliche Führer und Beispiele christlicher Tugend, wurden also nicht zu Verkündern der Staatsideologie, wie es in Moskau bei den beiden Märtyrerbrüdern und bei „neuen" Heiligen wie Aleksandr Nevskij oder Dmitrij Donskoj, aber auch bei den Metropoliten Petrus, Kiprian und Iona der Fall war. Volodymyr der Täufer wurde erst im 14. Jahrhundert unter moskovitischer Schirmherrschaft aus politischen Gründen heiliggesprochen. Nach dem 16. Jahrhundert wurde er in Kyjiv mit einer antikatholischen Stoßrichtung zum identitätsstiftenden Symbol für die orthodoxe Kosakentradition. Mitte des 19. Jahrhunderts wurde die monumentale Kathedrale des Heiligen Vladimir im Zentrum von Kyjiv eindeutig als imperiales Symbol errichtet. Auch die gigantische Vladimir-Statue, die Putin 2016 in Moskau errichten ließ, zeugt von der russischen propagandistischen Vereinnahmung der Kyjiver Vergangenheit.

Die ukrainische Geschichtsinterpretation wurde über weite Strecken von der russischen oder polnischen Perspektive dominiert. Als die westliche moderne Wissenschaft in der zweiten Hälfte des 20. Jahrhunderts begann, sich mit der ukrainischen Literatur zu befassen, wurde diese immer noch hauptsächlich als „Brücke" zwischen der polnischen und der russischen Kultur oder als Ausdruck einer regionalen Kultur betrachtet, von der man glaubte, sie sei in die höher entwickelte russische Kultur eingebettet. Es gilt nun, die ukrainische Literatur als ein System anzuerkennen, das zwar mit den anderen literarischen Systemen Europas, insbesondere dem polnischen und dem russischen, verbunden ist, aber einen autonomen Status beanspruchen kann.

Die Konstruktion eines mittelalterlichen Kyjiver Literaturkanons

Als die Literaturwissenschaftler im 19. Jahrhundert begannen, die ersten schriftlichen Denkmäler der Kyjiver Rus' zu veröffentlichen und auszuwerten, war die Auswahl der Texte von der Notwendigkeit inspiriert, eine literarische Vergangenheit für die wachsende Macht des russischen Reiches zu schaffen. In den erhaltenen Manuskripten suchten die

Philologen nach „echt russischen" Merkmalen und nach den glorreichen Wurzeln des kaiserlichen Staates. Die Taufe des Volkes der Rus' (988) durch Volodymyr wurde als himmlisch inspirierter Akt betrachtet, der die glorreiche Geschichte der russisch-orthodoxen Kirche und des moskovitischen (später russischen) Staates unter der Herrschaft der Romanovs begründete – einer Dynastie, die sich über einen Seitenzweig aus den ersten Kyjiver Rjurikiden entwickelte. Die sowjetische Wissenschaft übernahm die verherrlichende Absicht und konzentrierte sich gleichzeitig auf soziopolitische Aspekte der Literaturgeschichte. Sie wählte Passagen der Werke in einer Art „Kanon" aus, der sich nach dem Geschmack des zeitgenössischen Lesers richtete. Ein konkretes Beispiel ist die so genannte *Nestorchronik* (oder *Erzählung der vergangenen Jahre*). Sie wurde von der Mitte des 11. Jahrhunderts bis zum Jahr 1116 in mehreren Redaktionen aus zahlreichen Quellen (byzantinische Chroniken, skandinavische Erzählungen, lokale mündliche Überlieferungen, Memoiren klösterlichen Ursprungs) verfasst und ist die wichtigste historiographische Quelle für die frühe Geschichte der Ostslaven. Die Chronikeinträge werden durch Texte ergänzt oder unterbrochen, die eine eigene strukturelle Einheit bilden und als eigenständige Werke mit literarischem Wert gelesen werden können. Zu diesen Texten gehören die *Erzählung von der Ermordung von Borys und Hlib*, die *Laudatio* auf Jaroslav, die *Belehrung an seine Kinder* von Volodymyr Monomach. Im 20. Jahrhundert wurden diese und andere ähnliche Werke aus der ursprünglichen *Chronik* oder anderen Manuskripten extrapoliert, in Sammelbänden veröffentlicht und als eigenständige Werke der Literatur analysiert. Eine literarische und ästhetische Bewertung der wertvollsten mittelalterlichen Werke ist legitim und für den modernen Leser sogar notwendig. Dennoch sollten die allgemeinen Umstände der Entstehung und Verbreitung der Texte nicht außer Acht gelassen werden.

Wie Roland Marti nachgewiesen hat, enthalten 85 Prozent der überlieferten Handschriften aus dem 11. bis 14. Jahrhundert kirchliche Literatur (39 Prozent davon sind biblische Bücher). Die Texte, die Laien zugeschrieben werden, kann man an zwei Händen abzählen. Die absolute Mehrheit wurde für und von Mönchen für den klösterlichen Bedarf geschrieben. Selbst die Werke, die Laienautoren wie Volodymyr Monomach zugeschrieben werden, folgen den von der Klosterliteratur vorgegebenen Mustern. Danylo der Verbannte, angeblich der Verfasser einer bemerkenswerten *Bittschrift* (Molenie), die angeblich im 12. oder 13. Jahrhundert an einen ungenannten Fürsten gerichtet war, wurde mit einem Mitglied eines fürstlichen Gefolges identifiziert, das mit der mündlichen Scherztradition vertraut war. Wie Riccardo Picchio gezeigt hat, handelt es sich bei dem Text, auch wenn er witzige und ironische (auch selbstironische) Passagen enthält, um eine geschickte Collage aus Sprichwörtern und allgemeinen Weisheiten, mit über hundert direkten Zitaten aus den Psalmen, dem Buch der Weisheit und anderen biblischen Schriften.

Auch die Zahl der erhaltenen mittelalterlichen Kyjiver Manuskripte ist äußerst spärlich: Sie schwankt zwischen weniger als 30 im 11. und weniger als 200 im 13. Jahrhundert. Dem „Vater" der ukrainischen Geschichtsschreibung Mychajlo Hruševs'kyj (1866–1934) zufolge brachten vertriebene Mönche nach der Plünderung von 1240 viele Manuskripte von Kyjiv in die nordöstlichen Gebiete. Ihr Inhalt wurde in den Klöstern der

2 Die Literatur in der Kyjiver Rus'

wachsenden „moskovitischen" Länder abgeschrieben. Wahrscheinlich waren die Manuskripte jedoch nicht sehr zahlreich, was vor allem am Material lag. Pergament war extrem teuer (Papier wurde erst nach dem 14. Jh. verwendet). Die meisten Klöster und Kirchen besaßen nur eine Abschrift des Evangeliars und der wichtigsten liturgischen Texte. Das berühmte *Ostromir-Evangelium* (1056) wurde für einen bedeutenden Novgoroder angefertigt. Der prächtige *Izbornik* von 1073 war eine Anthologie, die auf der Grundlage eines bulgarischen Manuskripts für den Fürsten Svjatoslav Jaroslavyč erstellt wurde. Beide sind erhalten, weil sie selten benutzt wurden. Handschriften in Kirchen und Klöstern hingegen wurden durch häufigen Gebrauch oder durch Feuer zerstört oder von den Mönchen selbst vernichtet, als überarbeitete Texte und neue Abschriften erschienen. Außerdem sind Spuren der klösterlichen Zensur seit dem 11. Jahrhundert bezeugt, und laizistische Scherzliteratur wurde wahrscheinlich für den Tagesgebrauch geschrieben und danach vernichtet.

Zwei weitere Umstände erschweren eine echte Bewertung der Literatur der frühen Rus'. Die im 11. bis 13. Jahrhundert geschriebenen Werke sind meist anonym und in vielen Fällen nur in Manuskripten aus dem 15. bis 16. Jahrhundert überliefert, die oft aus Moskau oder Serbien stammen. Dies lässt immer wieder Zweifel an der Echtheit eines Werkes aufkommen und erschwert die Rekonstruktion des ursprünglichen Texts, der eigentlichen Urheber und des Milieus eines Autors oder eines Textes.

In der *Nestorchronik* wird erwähnt, dass Volodymyr die Söhne adliger Familien verpflichtete, das Schreiben zu erlernen. Eine andere, unklare Passage legt nahe, dass Jaroslav viele Bücher „aus dem Griechischen ins Slavische" übersetzen ließ. In der Kyjiver Rus' entstanden bereits in der ersten Hälfte des 11. Jahrhunderts, unmittelbar nach der Taufe, wertvolle kirchenslavische Texte. Diese rasche Entwicklung ist erstaunlich, wenn man bedenkt, dass es in der Rus' keine Spur von schriftlichen Überlieferungen einer slavischen Sprache vor der Verbreitung des Christentums gibt. Es besteht kein Zweifel, dass die absolute Mehrheit der in der frühen Rus' zirkulierenden Texte Übersetzungen aus der byzantinischen Literatur waren. Griechische Mönche arbeiteten in Kyjiver Klöstern, ostslavische Mönche lernten möglicherweise Griechisch in Klöstern auf dem Athos oder in Konstantinopel. Mehrere Übersetzungen wurden in ostslavischen Skriptorien aus altbulgarischen Handschriften kopiert.

Die überlieferten Manuskripte belegen, dass die Mönche in der Rus' nur Zugang zu wenigen byzantinischen Werken hatten. Insbesondere war den Ostslaven die byzantinische Überlieferung der klassischen Rhetorik und Poetik unbekannt. Es bleibt unklar, ob die begrenzte Textauswahl von den griechischen Mönchen getroffen wurde, die es für notwendig hielten, nur einige grundlegende religiöse Werke für die neu konvertierten „Barbaren" zu übersetzen, oder ob es die Ostslaven selbst waren, die nicht nach weiteren Texten suchten. Tatsache bleibt, dass die übersetzten Werke nicht das Beste der byzantinischen Literatur jener Zeit repräsentierten. Liturgie, Hymnographie, Kommentare zu einigen Büchern der Heiligen Schrift, Predigten (ausgewählte und gekürzte Werke von Gregor dem Großen, Basilius, Gregor von Nyssa, Predigten gegen die Häretiker), einige Sammlungen von *Paterika* (Geschichten und Leben von Mönchen), einige veraltete historische Werke und eine

Sammlung des kanonischen Rechts (*Nomokanon*) – dies oder wenig mehr umfasst die Auswahl der byzantinischen Literatur, die einem Gelehrten in der Kyjiver Rus' zur Verfügung stand. Philosophische oder theologische Abhandlungen waren nur in Auszügen und Florilegien bekannt (*Zlatostruj, Margarit, Izmaragd, Pčela, Paleii*). Letztere vermittelten auch Grundkenntnisse in Geschichte, Geographie und Naturwissenschaften, meist mit symbolischer religiöser Deutung. Übersetzungen apokrypher Texte betrafen lebhafte Erzählungen über biblische Themen und Gestalten und verbreiteten eschatologische Motive (Adam und Eva, Moses, Abraham, Salomo, Propheten, die Mutter Gottes, Jesus, das Jüngste Gericht, die Hölle, Ostern). Sie trugen letztlich zur Schaffung einer reichen Bilderwelt bei, die bis in die Neuzeit sowohl die höhere als auch die Volksliteratur durchdrang und der ukrainischen Literatur oft originelle Züge verlieh, die in anderen Literaturen durch den „klassischen" Rhetorikapparat verdrängt wurden. Allerdings wurde kein Buch der Poetik, der Grammatik oder Rhetorik übersetzt. Historische Übersetzungen beschränkten sich auf Werke mit einer typisch klösterlicher Ausrichtung auf die göttliche Vorsehung (*Chronographia* von Johannes Malalas, *Chronicon syntomon* von Georgios Hamartolos). Die philologische und literarische Renaissance des 9. bis 10. Jahrhunderts sowie die der byzantinischen Literatur innewohnende klassische Tradition blieben außerhalb des Interesses der Leser und Schriftsteller in der Rus', ebenso wie die weltliche Poesie und die alten Romane (die einzigen Ausnahmen sind wohl die *Alexandriade*, eine frühe umstrittene Übersetzung von *Digenis Akritas* sowie die *Geschichte von Varlaam und Iosaphat*, die aber rein religiöse und moralische Ziele verfolgte). Die Länder der Rus' waren nie Teil des Römischen Reiches gewesen, und anders als die Eliten Konstantinopels kannten die ostslavischen Eliten die antike Kultur nicht oder verdammten sie als „heidnisch".

Besonderheiten der Literatur der Kyjiver Rus'

Einige Wissenschaftler haben versucht, in Übersetzungen oder in der Originalliteratur Anzeichen für die Kenntnis des klassischen und westlichen Erbes zu finden. Paradigmatisch mag der Fall der Mitte des 12. Jahrhunderts verfassten Epistel sein, in dem Klim Smoljatyč die Anschuldigungen eines gewissen Presbyters Foma zurückweist, der ihn beschuldigte, ein „Philosoph" zu sein und Homer, Aristoteles und Platon gegenüber der Heiligen Schrift zu bevorzugen. Die bloße Erwähnung der antiken Namen ist jedoch kein Beweis für eine direkte Kenntnis der griechischen Philosophie oder Literatur oder für Klims unorthodoxe, „pantheistische" oder „rationalistische" Neigungen (wie von einigen sowjetischen Forschern behauptet). Aus seiner *Epistel* (Poslanie) kann man ableiten, dass Klim einige griechische Wörter kannte und eine metaphorische Interpretation solch seltsamer Begriffe und mythischer Wesen wie „Diktator", „Halkyon", „Greif" oder „Salamander Probana" gab. Von größter Bedeutung ist jedoch, dass alle von Klim vorgebrachten Argumente buchstäblich aus verschiedenen lehrhaften Florilegien und exegetischen Sammlungen kopiert wurden, die bereits im Kirchenslavischen existierten. Es gibt keine Spur einer direkten Kenntnis der klassischen Philosophie oder einer intellektuellen Anlehnung an sie.

Selbst wenn also einige herausragende Intellektuelle der Kyjiver Rus' wie Klim und Kirill von Turov oder vor ihnen Ilarion Teile der byzantinischen Literatur kannten, handelte es sich immer nur um kirchliche Literatur.

Nicht minder auffallend ist das Fehlen eines poetischen metrischen Systems. Die rhythmische Prosa erzeugt zwar manchmal lyrikähnliche Effekte (grammatikalische Reime, Wiederholung syntaktischer Strukturen, Anaphern, rhetorische Fragen), aber die einzige existierende Art von Poesie wird durch liturgische Hymnen repräsentiert, die aus dem Griechischen übersetzt oder durch die altbulgarische Literatur überliefert wurden. Klassische lyrische, epische, elegische oder pastorale Literatur fehlt völlig. Es gibt auch keine Persönlichkeiten wie Thomas von Aquin oder Johannes Duns Scotus, keine gotischen Kathedralen, keine erzählenden Romane für Laien, keine ritterlichen Gedichte, keine Troubadourdichtung. Jeder Versuch, Ähnlichkeiten zwischen den Troubadouren oder der Chanson de geste und mündlicher Sage (bylyna) oder dem *Igorlied* zu finden, führt auf einen Holzweg. Das literarische System der Kyjiver Rus' ist nur in einer begrenzten Anzahl von Elementen sowohl mit der westlichen als auch mit der byzantinischen Literatur des Mittelalters vergleichbar. Dazu gehören die dominierende Rolle des Mönchtums, einige ritterliche Bräuche, der supranationale Charakter der politischen Organisation, der grundsätzlich zweidimensionale Ausdruck in der Malerei. Das bedeutet nicht, dass die Kyjiver Rus' keine Texte von hohem literarischem Wert hervorgebracht hätte. Ganz im Gegenteil. Allerdings sollte man sie nach ihren eigenen Konstruktionsprinzipien bewerten. Die Literatur der Kyjiver Rus' zeichnet sich durch eine originelle Mischung aus religiös inspiriertem Denken und erzählerischen Motiven der mündlichen Tradition aus, durch die ausdrucksvolle Kombination von kirchenslavischer und ostslavischer Sprache, aber auch der Kanzleisprache, durch die naiven und dramatischen hagiographischen Kompositionen, durch die lebendigen Bilder, in denen das Gold des heiligen Raums und das Blau des ewigen Himmels auf die Flammen der Hölle treffen, durch die drastischen Erzählungen von Mord und Krieg, manchmal mit urkomischen Witzen versetzt. Die ästhetische Bewertung war für die Kyjiver mittelalterlichen Schriftsteller, ob Mönche oder Laien, nicht von Belang. Die Literatur war funktional und diente pragmatischen liturgischen oder dynastischen Zwecken.

Das mittelalterliche Kyjiver Literatursystem orientierte sich im Wesentlichen an der byzantinischen Tradition. Wegen des Fehlens gelehrter Abhandlungen waren die rhetorischen Mittel jedoch limitiert. Die Kyjiver Literatur ist formelhaft. Sie setzt Zitate und vorgefertigte Formulierungen wie die Steine eines Mosaiks zusammen. Wunderbare Bilder mögen den Leser dazu verleiten, sich an himmlischer Schönheit zu erfreuen, behindern aber logisches Denken und rationales Argumentieren. Die lose Unterscheidung der Gattungen verwischt die Grenzen zwischen den Texten, die oft in verschiedenen Handschriften überliefert wurden, in denen die Genres austauschbar waren. Der Begriff *slovo* (Wort, Erzählung) kann auf ganz unterschiedliche Texte angewandt werden; umgekehrt können *žytie*, *povest'*, *skazanie*, *čtenie*, *poučenie*, *chožženie* (wörtlich Leben, Erzählung, Bericht, Lesung, Lehre, Reisebericht) für ganz ähnliche Textsorten verwendet werden. Die liturgische und klösterliche Literatur ahmte die byzantinischen Gattungen nach (Hymnographie, Hagiographie, Predigten). Historische und erzählende Texte hatten eine lockerere Struktur und waren offen für Einflüsse der mündlichen Tradition und der lokalen Sprache.

Rechtstexte wie die schriftliche Fassung des ersten Kodex des Vormundschaftsrechts (*Rus'ka pravda*) oder Briefe, die von den fürstlichen Kanzleien verfasst wurden, sind wichtige Kultur- und Sprachdokumente, gehören aber eher zum dokumentarischen Schreiben (pys'mennist') als zur Literatur. Das berühmteste Beispiel ist die *Gramota* (Urkunde), die 1130 von Mstislav Volodymyrovyč verfasst wurde und einem Kloster in der Nähe von Novgorod Privilegien einräumt. Während die ersten bulgarischen Zaren in der Staatskanzlei Kirchenslavisch verwendeten, wurden die Dokumente der Rus' in einer der ostslavischen Mundart ähnlichen Schriftsprache verfasst: zwar formelhaft, aber nicht kirchenslavisch. Der Klerus war anscheinend nicht an der Verwaltung beteiligt, was es schwierig macht, die Ausdehnung und Art der ostslavischen Kanzleischrift genau zu rekonstruieren.

Ilarion und die Tradition der homiletischen Literatur

Die absolute Mehrheit der uns überlieferten Texte ist anonym, und sogar bei den namentlich bekannten Autoren bleibt die Biografie meist im Dunkeln. Eine seltene Ausnahme stellt Ilarion dar, der erste „einheimische" Metropolit von Kyjiv (in den ersten drei Jahrhunderten waren fast alle Metropoliten Griechen). Laut der *Nestorchronik* wurde er 1051 von Jaroslav dem Weisen zum Metropoliten ernannt, aber nach 1054 verschwindet er spurlos aus der Geschichte. Er war Mönch und Priester in der Kirche von Berestovo, der Lieblingsresidenz des Fürsten. Er war zweifellos an Jaroslavs Projekt beteiligt, die Stadt und die Kirche von Kyjiv zu einem politischen, kulturellen und religiösen Zentrum nach dem Vorbild Konstantinopels zu machen. Ilarions *Predigt über Gesetz und Gnade* (Slovo o zakone i blagodati) muss vor 1050 verfasst worden sein, dem Todesjahr von Jaroslavs Frau Iryna, die als lebend erwähnt wird. Sie ist eines der besten Beispiele für den Mangel an Gewissheit über frühukrainische Texte. Der erste überlieferte Codex stammt aus der zweiten Hälfte des 15. Jahrhunderts. Er präsentiert die *Predigt* als einheitliches Werk, aber es ist unklar, ob sie vom Autor so konzipiert wurde oder ob es sich um eine späte Zusammenstellung dreier verschiedener Werke handelt.

Mit theologischen Argumenten, welche die Überlegenheit des neuen Zeitalters der Gnade gegenüber dem Zeitalter des Gesetzes bekräftigen, vergleicht Ilarion die neu getaufte Rus' mit Jakob, der den Segen des Vaters erhält. So empfängt das „neue Volk" das „Sonnenlicht" durch Christi Opfertod und Auferstehung und tritt in die Welt des Heils ein.

Die emotionalsten Passagen gehören zum dritten Teil, wo der Prediger seine Perspektive verengt und sich auf Volodymyr konzentriert, der mit den Aposteln verglichen wird. Die Geschichte der Rus' ist eingebettet in die gesamte Geschichte der Christenheit: „Rom lobt Petrus und Paulus. Asien, Ephesus und Patmos loben Johannes den Theologen. Indien lobt Thomas, Ägypten lobt Markus. Lasst uns mit unserem bescheidenen Lob denjenigen preisen, dessen Taten wundersam und groß waren, den großen Herrscher unseres Landes, Volodymyr, den Enkel des alten Ihor' und den Sohn des ruhmreichen Svjatoslav." Im

17. Jahrhundert tauchen diese nach byzantinischem Vorbild geschriebenen Zeilen mehrmals in poetischen und historischen Texten auf, was offensichtlich mit einem gesteigerten ukrainischen Bewusstsein im Kosaken-Hetmanat zusammenhängt. Darüber hinaus bezieht Ilarion die heidnischen Fürsten in die Erlösungspläne Gottes ein, preist Volodymyrs „Ähnlichkeit mit Konstantin dem Großen" und unterstützt damit Jaroslavs dynastische Bestrebungen und Zentralisierungspläne. Mit der Darstellung des idealen Fürsten warb der Prediger wahrscheinlich für die Heiligsprechung Volodymyrs anlässlich seines Todestages (15. Juli) in der Kyjiver Zehnten-Kirche, die der Täufer gegründet hatte und in der sein Marmorsarg stand. Die *Predigt* entsprach dem Bedürfnis des neuen Staates nach autochthonen Heiligen und Wundern, die vom Grab des Herrschers ausgingen. Freudiger Optimismus schimmert aus jeder Zeile.

In Ilarions religiösem und patriotischem Porträt des neu bekehrten Volodymyr verschmelzen christliche Heilspläne, politischer Pragmatismus und warägische Tradition. Der Stolz, einem „auserwählten Volk" anzugehören, findet seine Aktualisierung in der Geschichte des Volkes der Rus', das es nun verdient, in der Heilsgeschichte und auf der abendländischen Landkarte, die von Rom bis Asien, Indien und Ägypten reicht, erwähnt zu werden. Die *Predigt* ist ein raffiniertes Produkt der byzantinischen Rhetorik und des theologischen Universalismus, verweist aber auch auf westliche Traditionen und skandinavische Gewohnheiten. Ilarions Erwähnung der alten Reichshauptstadt Rom und die Übersetzung der Formel „Christus vincit, Christus regnat, Christus imperat", die aus der lateinischen Liturgie stammt, zeugen von der Vertrautheit mit dem westlichen Christentum. Ilarion war möglicherweise an den Verhandlungen über die Heirat von Jaroslavs Tochter Anna mit Heinrich I., dem König von Frankreich, beteiligt. Der mit einer skandinavischen Prinzessin verheiratete Kyjiver Herrscher vermählte eine Tochter mit dem Warägerkönig Harald sowie eine weitere mit Andreas von Ungarn. Im 11. Jahrhundert trennte Kyjiv seine Verbindungen zum westlichen Flügel der noch immer geeinten christlichen Weltkirche nicht. Das Große Schisma von 1054 beeinflusste das kirchliche und politische Leben der Rus' erst einige Jahrzehnte später. Skandinavische Gewohnheiten waren in den Kyjiver Gebieten noch immer lebendig. Die *Nestorchronik* liefert Beweise dafür, dass der Fürst priesterliche und politische Funktionen vereinte (Volodymyrs Vorfahre Oleh soll ein „Wissender" sein, der mit der „jenseitigen Welt" kommunizieren kann), und deutet darauf hin, dass auf liturgische Feiern prächtige Bankette folgten, an denen die Mönche nicht teilnahmen. Die alte mündliche Dichtung bestätigt ähnliche Erzählungen über Volodymyr und sein Gefolge, obwohl sie erst in Sammlungen aus dem 17. Jahrhundert überliefert ist.

Die Wissenschaft betrachtete Ilarions Meisterwerk lange Zeit als Ausdruck antibyzantinischer Absichten oder von Judäophobie. Beide Interpretationen sind irreführend. Laut Simon Franklin „feiert Ilarions Lobrede auf Volodymyr den Triumph über das Heidentum". In einem erst kürzlich christianisierten Land, in dem es noch viele Heiden gab, war dies selbstverständlich das Hauptanliegen des Predigers. Es ist ein Werk von echtem literarischem Wert. Ilarions geschickter Einsatz byzantinischer rhetorischer Mittel schafft eine rhythmische Prosa, die der Poesie ähnelt. Die feierlichen, aber formbaren Modulationen der stark flektierenden kirchenslavischen Sprache, die Anaphern und rhetorischen Fragen gehören zu den „affektiven und effektiven Mitteln der Überredungskunst". Ähnliche grammatikalische Endungen erzeugen hypnotische Effekte des Erhabenen. Parallelismus oder Antithese in Lexik und Syntax drücken symbolische Bedeutungen aus und verstärken den lobpreisenden Modus.

Die Homiletik ist eine der am besten vertretenen Gattungen der Kyjiver Literatur. Wenn Ilarions *Predigt* eine Hymne des Jubels über die Aufnahme der Rus' in die Geschichte der Vorsehung ist, so sind die *Erzählungen* und *Predigten* von Kirill von Turov wichtige Beispiele für exegetische Gleichnisse und Predigten, die für den liturgischen Kalender geschrieben wurden. Kirill von Turov lebte im 12. Jahrhundert, war sicherlich ein Mönch und wahrscheinlich ein Bischof. Die Vermutung, dass er ein Gegner von Andrej Bogoljubskij war, findet in den urkundlichen oder historischen Quellen keine Bekräftigung. Es bleibt das literarische Korpus, das eine überraschende Individualität in Methode und Stil aufweist. Das Verhältnis zwischen Vergangenheit und Gegenwart, Zeitlichem und Ewigem, Irdischem und Himmlischem kann je nach Blickwinkel variieren. In der *Palmsonntagspredigt* erscheint die Passion Christi als Geschehen „an diesem Tag". Die Formel „An diesem Tag" leitet jede Episode der Ereignisse vom Einzug in Jerusalem bis zur Kreuzigung ein, während das Ende des Textes die Zuhörer in die Kirche zurückführt, in der das liturgische Ereignis stattfindet: „Deshalb, Brüder, lasst uns die heilige Kirche mit Liedern wie mit Blumen krönen und so das Fest schmücken". In anderen Fällen entführt Kirill die Zuhörer an den Ort und in die Zeit des Lebens und der Auferstehung Jesu („Lasst uns nun in Gedanken zum Ölberg reisen"). Der Prediger erreicht den Höhepunkt der Dramatisierung, wenn die Reden den Teilnehmern der heiligen Handlung zugeschrieben werden. Die berühmte Marienklage weist zahlreiche Repetitionen und Parallelismen auf, die mehr als zwei Seiten des Textes einnehmen: „Die ganze Schöpfung teilt mein Leiden. O mein Sohn, wenn ich sehe, wie Du zu Unrecht zu Tode gebracht wirst. O mein Kind, o Licht und Schöpfer der Schöpfung! Wie soll ich jetzt um Dich klagen? Wie soll ich jetzt klagen über die Schläge auf Dein Haupt, über das Schlagen auf Deine Wangen." Die *Predigt der Lahmen und Blinden* vermischt lange Fragmente des Evangeliums mit exegetischen Kommentaren und einer Fülle von Zitaten aus der Heiligen Schrift und den Kirchenvätern (Johannes Chrysostomos, Gregor von Nazianz, Theophilakt von Ohrid, Ephrem der Syrer), die dem Autor alle in kirchenslavischer Übersetzung vorliegen. Kirill beherrscht die Grundregeln der rhetorischen Kommunikation intuitiv. Er verpackt ausgefeilte symbolische Interpretationen in lebendige Dialoge zwischen „Schauspielern" einer „dramatischen Handlung". Die Lebendigkeit der gesamten Struktur wird durch häufige Einsprengsel des Predigers selbst verstärkt, der die zitierten Fragmente vorträgt oder kommentiert.

Die Homiletik entsprach dem Bedürfnis, das christliche Glaubensbekenntnis zu verbreiten, die Kultur umzusetzen und die politische Macht zu stärken. Predigten wurden auch dann noch gehalten und geschrieben, als die vertraute Welt der Kyjiver Rus' im 13. Jahrhundert zu zerfallen begann. Der Archimandrit des Kyjiver Höhlenklosters und Bischof von Vladimir Serapion (gest. 1275) erlebte die katastrophalen Auswirkungen der Kriege zwischen den Fürstentümern und war Zeuge der Mongoleninvasion von 1240.

Krankheiten, Erdbeben und die Verdunkelung des Himmels sind nur göttliche Zeichen für den Zorn Gottes gegen die, die keine Reue zeigen: „Ein grausames Volk ist über uns hergefallen, hat unsere Städte erobert, unsere heiligen Kirchen zerstört, unsere Mütter und Schwestern entehrt. Wer hat uns das angetan? Unsere eigene Gesetzlosigkeit, unsere eigenen Sünden, unser eigener Ungehorsam, unsere eigene Weigerung, Buße zu tun." Bemerkenswert ist der klare Tadel des Aberglaubens, der die Menschen dazu bringt, unschuldige Frauen zu verbrennen, die beschuldigt werden, Unzucht zu treiben, oder die Leichen von Ertrunkenen zu entweihen. Obwohl der Prediger sich gegen die noch immer lebendigen heidnischen Bräuche wendet, zeigt er Mitleid für die Opfer, und seine Warnungen sind von aufrichtiger menschlicher Anteilnahme getragen.

Die Gattung der Predigt war zeitlich beständig und relativ stabil in ihrer Form. Im 15. Jahrhundert gebrauchte Hrihoryj Camblak, ein (wahrscheinlich) bulgarischer Mönch, der von 1415 bis 1420 Metropolit in Kyjiv unter polnisch-litauischer Herrschaft war, im blühenden Stil der „Wortverflechtung" dieselben rhetorischen Mittel und moralischen Tropen wie Ilarion und Kirill. Seine Lobreden oder Leichenpredigten sind Meisterwerke der Redekunst und zeugen von seiner tiefen Kenntnis der byzantinischen Kultur, aber auch von beträchtlicher Originalität. Camblak blieb den traditionellen slavisch-byzantinischen Predigtmustern treu, doch die Kontinuität der Predigtgewohnheiten begünstigte die rasche Verbreitung von mittelukrainisch abgefassten Homiliar-Evangelien im 16. Jahrhundert und förderte die Entwicklung moderner, westlicher Predigtformen im 17. Jahrhundert. Die Predigt wurde zu Mohylas Zeiten zu einer beliebten Gattung, zu einem Forum für die Ausübung der neuen „einfachen Sprache" (*prosta mova*) und zu einem wertvollen Mittel, um wichtige identitäre Parameter der frühneuzeitlichen Ukraine zum Ausdruck zu bringen.

Im moskovitischen Russland wurden nur alte Predigten von Kirchenvätern gelesen. Predigten tauchten erst in den letzten Jahrzehnten des 17. Jahrhunderts im exklusiven Milieu des Zarenhofs wieder auf und wurden von Predigern verfasst, die aus Belarus oder der Ukraine kamen. In der Homiletik zeigt sich die Kontinuität zwischen der alten und der frühneuzeitlichen ukrainischen Literatur sowie die Diskontinuität zwischen der Kyjiver und der moskovitischen Tradition.

Das Genre der Hagiographie

Die Hagiographie ist die am stärksten vertretene und auch die konservativste und langlebigste Gattung der ukrainischen Literatur. Die absolute Mehrheit waren kirchenslavische Übersetzungen aus dem Griechischen von Heiligenviten der Universalkirche (hauptsächlich von Metaphrastes und seinen Anhängern). Bulgarische oder ostslavische Übersetzungen wurden in Menologia kopiert und in Synaxaria oder in anderen Sammlungen von Erbauungsprosa gekürzt. Die *Vita* des tschechischen Heiligen Václav gelangte von Böhmen aus in die Rus', wo Reliquien der Kyjiver Borys und Hlib verehrt wurden. Die Viten waren tägliche Pflichtlektüre für Mönche und beliebte Hauslektüre für gläubige Christen. Heilige wie Nikolaus, Theodor Studites, Andreas der Gottesnarr, Georg, Barbara und viele andere wurden in Hunderten von Manuskripten in allen Gebieten der Rus' verbreitet. Der Gottesmann Aleksij erfreute sich seit dem 12. Jahrhundert besonderer Beliebtheit. Im 17. Jahrhundert wurde er als Beschützer der Romanov-Zaren zu einer „dynastischen Ikone" Russlands. Russische Philologen des 19. Jahrhunderts bezeichneten die Hagiographien der Rus' als Dokumente von hohem kulturellem Niveau und erachteten sie als historische Quellen für das mittelalterliche Russland. Die zeitgenössische Forschung hat die Vorbildfunktion der byzantinischen Hagiographie aufgezeigt. Sowohl in der orthodoxen als auch in der griechisch-katholischen Kirche werden auch heute noch *Viten* für neue Heilige verfasst.

Die Bemühungen des Fürsten Jaroslav und des Metropoliten Ilarion um die Heiligsprechung von Volodymyr hatten keinen unmittelbaren Erfolg, aber die durch dynastische und kirchliche Ziele getriebene Nachfrage nach ostslavischen Heiligen wurde in der Kyjiver Rus' schnell durch den Kult der Märtyrerfürsten Borys und Hlib und des Gründers des Kyjiver Höhlenklosters, Theodosius, befriedigt.

Nach altem skandinavischem Brauch besaßen alle Söhne der Fürsten in der Rus' nach Maßgabe ihres Alters das Recht auf die Erbfolge. Als Volodymyrs Sohn Svjatopolk seine Brüder Borys und Hlib tötete, beging er eine schwere Sünde, die nicht nur gegen die christliche Ethik, sondern auch gegen das Gesetz der Linie verstieß. Im Jahr 1072 sprach die Kirche die beiden Brüder heilig. 1115 erlangte der Kult mit der Überführung der Reliquien in eine neue Steinkirche in der fürstlichen Residenz Vyšhorod auch politische Bedeutung. Die beiden Brüder, die in der Legende den bewaffneten Widerstand verweigerten und sich für christliche Demut entschieden, wurden zu Prototypen religiöser Tugenden und zu einem dringend benötigten Symbol für die von Jaroslav und seinen Anhängern bis zu Volodymyr Monomach (gest. 1125) verfolgte Politik der Einheit.

Die hagiographischen Erzählungen schöpften aus mehreren Quellen. Wahrscheinlich existierten mündliche Erzählungen oder Sagen über Borys und Hlib, und beeinflussten die drei Einträge in der *Nestorchronik* ebenso wie die hochliterarischen Klostertexte, die durch liturgische Hymnen, eine *Erzählung und Passion und Enkomium von Borys und Hlib* (Skazanie) sowie eine *Lektion über das Leben und die Ermordung der seligen Leidensgenossen Borys und Hlib* (Čtenie) repräsentiert werden. Die anonyme *Erzählung* vermischt traditionelle hagiographische Beschreibungen mit historischen Fakten, pathetische Reden mit Reminiszenzen an heidnische Begräbniszeremonien und volkstümliche Elemente. So dringt der Satan selbst sofort in das Herz von Svjatopolk ein. Emotionale Meditationen, Zweifel und Gebete verleihen den hagiographischen Topoi eine unerwartete psychologische Glaubwürdigkeit. Ein Wunder hindert die Mörder daran, die goldene Halskette des enthaupteten jungen Gefolgsmannes Heorhij zu ergreifen, den Borys „über alle Maßen" liebte. Die Hagiographie vermittelt die erste bewegende literarische Darstellung geistiger und menschlicher Freundschaft in der Alten Rus'.

Die *Lektion* ist eine hochentwickelte enkomiastische Erzählung, die den vorherrschenden hagiographischen Regeln entspricht. Es handelt sich um einen seltenen Fall, in dem Nestor, ein Mönch des Höhlenklosters, die Urheberschaft dieses und eines anderen grundlegenden hagiographischen Werks, der *Vita des Theodosius im Höhlenkloster* (Žitie

Feodosija Pečerskogo) erklärt. Beide Texte sind im *Uspenskij zbornik* (12. Jahrhundert) überliefert, einer der ältesten und bedeutendsten handschriftlichen Sammlungen von Monatslesungen für den Mai. Die historischen Daten erlauben eine relativ genaue Zuordnung der Schriften Nestors zwischen 1070 und 1090.

Den hagiographischen Konventionen folgend werden Borys und Hlib in der *Lektion* mit den traditionellen Begriffen „Kinder an Leib, aber Männer an Verstand" beschrieben. Borys wird die Unwilligkeit zu heiraten zugeschrieben, die Fakten werden in biblische Bilder gehüllt. Die offensichtliche Parallele zur Passion Christi beeinträchtigt die dramatische Ausdruckskraft des Mordes nicht, aber die geistige Stärke der beiden Märtyrer vor dem Tod versetzt sie in eine höhere, himmlische Sphäre. Das eigentliche Leben nimmt nur die Hälfte des Textes ein, der Rest ist der Beschreibung der wunderbaren Freilegung der Reliquien Hlibs, der Anbetung und den vielen Wundern der beiden Heiligen gewidmet. Kompositorische und stilistische Perfektion, ein stark individualisierter Schreibstil und eine lebendige Bildsprache kompensieren die abstrakte und verknappte Stimmung. Der „Sitz im Leben" ergibt sich aus der Feier des Friedens, den Jaroslav nach Svjatopolks Verbrechen endlich wiederhergestellt hat. Die beiden ermordeten Fürsten wurden zu den wichtigsten symbolischen Beschützern der Einheit der Rus'. Der Kult um Borys und Hlib verbreitete sich rasch von Novgorod bis Halyč und von Rostov bis Grodno, eine ihnen geweihte Kirche wurde in Konstantinopel errichtet. Die tiefe Bedeutung des Kultes lag wohl in der doppelten „Treue" der beiden Heiligen zum christlichen Glauben und zur Familie. Später wurde das warägische Konzept der Machteroberung mittels blutiger Kämpfe allmählich durch das von der kirchlichen Autorität und den politischen Erfordernissen propagierte Ideal der christlichen Brüderlichkeit verdrängt. Im 15. Jahrhundert symbolisierten Borys und Hlib die vereinigten Kräfte Moskaus gegen die Tataren, denen die Russen Tribut zollten. Im Kyjiv des 17. Jahrhunderts waren die beiden Heiligen sowohl ein Symbol der Einheit bei der Verteidigung der Orthodoxie als auch Teil eines begrenzten Pantheons Kyjiver Heiliger, die Schutzpatrone des Kosaken-Hetmanats waren.

In der *Vita des Theodosius* feiert Nestor die Aufwertung der klösterlichen Einrichtungen im Kyjiver Fürstentum zur Zeit der Söhne und Neffen von Jaroslav. Theodosius (gest. 1074) überführte die ersten Höhlenbewohner in die Kyjiver Höhlenklostergemeinschaft. Er führte die Regel des Studiosklosters aus Konstantinopel ein, baute Zellen, eine Kirche für die gemeinsame Liturgie und Räume für Lager und Küche, organisierte Disziplin und Ordnung. Nestor zeichnet sich dadurch aus, dass er die Szenen aus dem Leben sowie die Taten des Protagonisten und seiner Mitbrüder in eine raffinierte rhythmische Prosa kleidet, in der rhetorische Einfälle und Bibelzitate das sakrale Interpretationsraster bilden, aber nie die Lebendigkeit der Erzählung und die emotionale Beteiligung des Autors überschatten. Innerhalb der Konventionen der byzantinischen Klosterbiographie stellt die *Vita* die heilige Geschichte in die Gegenwart des realen Lebens. „Väter, die älter sind als ich" und ein Kellermeister Feodosij – so Nestor – haben ihm „viele Dinge über den glorreichen Mann" erzählt. Solche Erklärungen gehören zu den hagiographischen Gemeinplätzen, scheinen sich aber auf reale Informationsquellen für den Schreiber zu beziehen. Am auffälligsten ist die Schilderung der Kindheit und Berufung des Heiligen. Die traditionellen Tugenden werden beschrieben: fromme Eltern, Verachtung kindlicher Aktivitäten und ständiges Beten, schnelles Lernen, Kleidung in härenem Hemd, Tragen von Ketten, abenteuerliche Flucht von zu Hause, um sich dem klösterlichen Leben anzuschließen. Aus diesen Motiven ergibt sich ein dramatischer Kampf zwischen dem spirituellen Krieger und seiner besitzergreifenden Mutter, die den flüchtigen Jüngling in das reiche Elternhaus zurückbringt. Nicht nur Reichtum und irdische Macht, sondern auch Familie und mütterliche Liebe sind Hindernisse für asketische Tugend. Die Gewalt der Worte und der Strafen macht aus der Mutter die teuflische Figur eines Psychodramas, das eine unerwartet realistische Ausdruckskraft erhält. Die Episode ist nur eine Variante der hagiographischen Topoi, die auf die ersten Märtyrerleben zurückgehen. Ein anderer, ähnlicher Konflikt erscheint in derselben *Vita*, wo Ioann, der erste unter den Bojaren, seinen Sohn aus der Höhle holt und versucht, ihn ins weltliche Leben zurückzurufen. In dieser Episode ist jedoch alles in der traditionellen Erzählweise gehalten. Die Episode von Theodosius' Konflikt mit der Mutter war für die Leser des Mittelalters wahrscheinlich eine fromme Ermahnung, die klösterliche Vollkommenheit zu erreichen, aber für den modernen Leser ist sie eine der attraktivsten Seiten der alten Kyjiver Literatur.

Die *Vita des Theodosius* markiert die Institutionalisierung der christlichen Ideologie und Ethik in der Kyjiver Rus': Der Heilige ist der „gute Hirte" eines neuen, originellen kulturellen Systems, das die Werte der byzantinischen Ökumene und der warägischen und slavischen Tradition erfolgreich miteinander verband. Die Erinnerung an das skandinavische Erbe verblasste im 12. Jahrhundert. Konflikte zwischen weltlichen und kirchlichen Autoritäten sind in den Chroniken bezeugt, aber die christlichen Werte wurden zur Grundlage des sozialen und intellektuellen Lebens des Kyjiver Fürstentums.

Die frühe Rus' hat zwei grundlegende hagiographische Modelle entwickelt: die *Vita* der Mönche und die der Fürsten. Im Laufe der Zeit bilden sich für beide Spielarten regionale Varianten aus. Borys und Hlib und „neue" Heilige wie Andrej Bogoljubskij, Aleksandr Nevskij, Michail von Tver' oder Dmitrij Donskoj wurden zu Ikonen der wachsenden Macht der nordöstlichen, später auch der Moskauer Fürstentümer. In Kyjiv und in Halyč blieben Borys und Hlib zwar Beschützer in den Kriegen gegen die Muslime, aber aufgrund der labilen Staatlichkeit erhielt sich der grundsätzlich klösterliche Charakter der Kyjiver Hagiographie. Dmitrij Donskoj und die Schlacht von Kulikovo (1380), das erste bedeutende Ereignis in der Entwicklung der moskovitischen Identität, werden in der Kyjiver Überlieferung erst in den 1680er-Jahren erwähnt, als die umstrittene *Synopse*, die Inokentij Gizel' zugeschrieben wird, die Kyjiver Geschichte bewusst in die Erzählung über das russische Zarenreich einfügt.

Eng mit der Hagiographie verbunden sind die Erzählungen über Ereignisse und Taten der Mönche, die an frühchristliche Vorbilder wie die *Lausitzer Geschichte* oder das *Pratum spirituale* anknüpfen. Der *Paterik des Kyjiver Höhlenklosters* ist eine erstaunlich originelle Ausarbeitung des Genres, das in der Kyjiver Rus' seit dem 12. Jahrhundert durch kirchenslavische Übersetzungen und Ausarbeitungen byzantinischer Texte vertreten ist. In den erhaltenen Manuskripten besteht der *Paterik* aus „Diskursen", die in thematische Einheiten gegliedert und der Gründung, dem Bau und der Ausschmückung der Mariä-

Entschlafens-Kirche gewidmet sind. Des Weiteren besteht es aus dem „Bericht, warum das Höhlenkloster so genannt wird", dem Leben des Theodosius und einem langen Brief, in dem Bischof Simeon den Mönch Polikarp wegen seines Ehrgeizes und seines Machthungers tadelt. Um seine Ermahnungen zu untermauern, erzählt Simeon neun beispielhafte Geschichten, welche die Tugenden der seligen Väter des Klosters und die Sünden und Versuchungen illustrieren, denen sie ausgesetzt sind. Er spricht von Wundern und außergewöhnlichen Ereignissen, von der Zusammenarbeit und den Auseinandersetzungen mit den örtlichen Fürsten. Seltsamerweise schreibt Polikarp auch einen Brief, der eine ähnliche Geschichtensammlung einleitet, aber er ist an einen anderen Oberen, den Archimandriten Akindin, gerichtet.

Historische Quellen bezeugen, dass die Teile, aus denen sich der Text zusammensetzt, im 12. und 13. Jahrhundert geschrieben wurden. Unbestritten bleibt der Wert des Textes als historisches und literarisches Dokument, das orthodoxe Spiritualität mit Berichten aus Erinnerungen, die auf persönlicher Erfahrung und mündlicher Überlieferung beruhen, verbindet. Die Erzählung über die Überführung der Reliquien des Theodosius trägt die typischen Zeichen des inspirierten und erhabenen Modus von Nestor. Simeons Epistel entspricht den besten Beispielen asketischer Didaktik, wobei die Sehnsucht des Bischofs nach Frieden und geistiger Vollkommenheit von tiefer Lyrik durchdrungen ist. Die ständige Anwesenheit und das wunderbare Eingreifen der Mutter Gottes durchdringt die verschiedenen Erzählungen und verleiht dem endgültigen Text eine geistige Einheit.

Die Geschichtensammlung zeugt auch von der Diversität der alten Kyjiver Gesellschaft und Kultur. Gefangene Mönche werden mit schrecklichen Schmerzen gequält und ertragen das Martyrium mit Freude. Die lüsternen Versuchungen einer mächtigen Frau machen aus Mojsej dem Ungarn ein perfektes Bild der sanften, aber unbesiegbaren Standhaftigkeit. Das alltägliche Leben schimmert durch die Geschichte von Prochor, der aus Asche Salz macht. Gefallene Frauen, gottlose Muslime und nicht minder verfluchte Juden gehören zum üblichen Repertoire negativer Helden. Der Mönch Marko ist ein bescheidener, erstaunlicher Höhlenbewohner, der mit besonderen Kräften ausgestattet ist. Er lässt Leichen von einer Höhle in die andere wandern, prophezeit einem arroganten Bürger den Tod und überzeugt ihn zur Umkehr. Wunder gehörten zum Leben, und ihre Erzählung widerspiegelte sowohl das Verständnis für das menschliche Elend, die Notwendigkeit der Suche nach moralischer Besserung als auch den Glauben an die Hilfe Gottes und der Heiligen. Der *Paterik* wurde in mehr als hundert Manuskripten überliefert und im 17. Jahrhundert mehrfach überarbeitet und gedruckt.

Geschichte als Thema mündlicher und schriftlicher Überlieferungen

Die *Nestorchronik*, die als Kopie aus dem Lavrentij-Manuskript von 1377 überliefert ist, enthält neben einfachen jährlichen Einträgen viele Seiten von hohem literarischem Wert und mehrere eigenständige Werke. Die Erzählung beginnt mit der Erschaffung der Welt und endet mit dem Jahr 1118. Die *Nestorchronik* wurde in verschiedenen entscheidenden

Momenten der kulturellen und politischen Entwicklung der Rus' in mehreren Klöstern von unterschiedlichen Autoren ausgearbeitet, wobei sich auch der politische Druck der jeweiligen Fürsten widerspiegelt. Anders als im Mittelalter wird die Chronik heute nicht mehr dem Mönch Nestor aus dem Kyjiver Höhlenkloster zugeschrieben, trotzdem wird der geläufige Name *Nestorchronik* weiter verwendet. Sie vermischt mythische und historische Erzählungen, die aus der mündlichen Überlieferung, der klösterlichen Gelehrsamkeit, den byzantinischen historischen Quellen (Hamartolos und andere) und früheren lokalen Berichten stammen. Dies spiegelt sich auch in der sprachlichen Abwechslung von Kirchenslavisch und volkstümlichem Ostslavisch wider, einem hybriden System mit einer großen Variabilität der Register. Diese Vielfalt unterscheidet die *Nestorchronik* von allen anderen byzantinischen oder ostslavischen literarischen Werken. Ihre innere Einheit macht sie zu einem einzigartigen Produkt des geistigen und kulturellen Lebens im mittelalterlichen Europa.

Die *Nestorchronik* legt Zeugnis ab von den ideologischen Tendenzen und den Stimmungen in allen Teilen der Kyjiver Gesellschaft. Die Stimmung im Volk kann über die Wahl des Fürsten entscheiden, Unruhen widerspiegeln ein manchmal turbulentes Stadtleben. Die griechische Klosterideologie erfindet eine lange Rede eines „Philosophen", der den Fürsten Volodymyr über das christliche Glaubensbekenntnis belehrt und ihn auffordert, „die Gelehrsamkeit der Lateiner nicht anzunehmen, weil ihre Gelehrsamkeit verdorben ist". Die Kombination verschiedener Quellen macht die Erzählung widersprüchlich: Die griechische Erzählung, die Volodymyrs Taufe in Chersones während eines Kriegszuges ansiedelt, widerspricht der „Kyjiver Erzählung", die den Fürsten vor dem Feldzug in der Nähe der Hauptstadt taufen lässt. Griechischen Ursprungs ist die Legende von der Schifffahrt des Apostels Andreas auf dem Fluss Dnipro und seiner Prophezeiung, dass dort eine große christliche Stadt entstehen werde. Das Kyjiver Kirchenkonzil von 1621 anerkannte den Heiligen Andreas als „Apostel der Rus'", und diese „erste Taufe" wurde zu einem Gründungsmythos der frühneuzeitlichen Ukraine im 16. und 17. Jahrhundert.

Aus der mündlichen Überlieferung, die wahrscheinlich auch mit den skandinavischen Sagen verbunden ist, stammen die Erzählungen über Ol'ha. Sie reformierte die Verwaltung und das Steuerwesen und führte eine mutige internationale Politik sowohl mit dem Heiligen Römischen Reich Kaiser Ottos I. als auch mit Byzanz. Die geistreichen Dialoge und die dreifache Tötung von Botschaftern in einem Boot, in einem Dampfbad und während eines Banketts (wahrscheinlich Symbole für Begräbniszeremonien mit Reinigungswaschung) gehören zu den brillantesten Seiten der *Nestorchronik*. Ol'ha geistreiche Antworten an den byzantinischen Kaiser zeugen von Gelehrsamkeit. Als sie beschließt, sich taufen zu lassen, weist sie die Angebote des Kaisers, ihn zu heiraten, mit dem Hinweis zurück, dass er ihr Patenonkel sei und die Religion eine solche Heirat verbiete. Ol'has Taufe bleibt eine persönliche Entscheidung, aber indem sie den Namen von Kaiser Konstantins Mutter Helena annimmt, deutet sie die Ausrichtung des Christentums der Rus' nach Osten an.

Es ist nicht immer einfach, die Geschichten der mündlichen Überlieferung von den biblischen Erzählungen zu unterscheiden. Episoden, die sowohl zur politisch-militärischen als auch zur kirchlichen Erzählung gehören, erinnern an antike oder biblische Geschichten. Volodymyrs Suche nach dem besten Glauben hat eine Vorgeschichte in der Schilderung der Bekehrung des Chasaren-Khans zum Judentum. Die Opposition gegen die zentralisierende Politik von Volodymyr erscheint in der fragmentarischen, aber realistisch-dramatischen Darstellung der Eroberung von Poloc'k durch den Fürsten, der brutalen Entführung der Prinzessin Rohnida und der Ermordung ihres Vaters Rohvolod. Der Mönch, der den Eintrag unter der Jahreszahl 980 (vor der Taufe) einfügte, sorgte sich um Volodymyrs Ruf und ordnete deshalb den Bericht vor seiner Bekehrung ein. Was dem modernen Leser jedoch erhalten bleibt, ist die expressionistische Abfolge hektischer Dialoge und Fakten sowie der starke Wille des adligen Mädchens, das „dem Sohn einer Sklavin nicht die Schuhe auszieht".

In der *Nestorchronik* finden sich einige der wertvollsten eigenständigen Werke des damaligen Schrifttums. Neben der *Laudatio* (Pochvala) auf Jaroslav (1037) stellt Volodymyr Monomachs *Belehrung an seine Kinder* (Poučenie) (1096) ein literarisches Werk dar, das aus der Feder eines Laien stammt. Als Fürst bestätigte Jaroslavs Neffe den Kult von Borys und Hlib und gründete die Kirche, in die im Jahr 1115 die Reliquien überführt wurden. Er baute das Kloster von Vydubyči wieder auf und befahl den Mönchen, die *Nestorchronik* neu zu schreiben. Er erneuerte das Rechtssystem und schuf das so genannte *Statut von Monomach*, eine aktualisierte und erweiterte Version der alten *Rus'ka Pravda*. Ein Brief an seinen Cousin Oleh Svjatoslavyč ist ein elegantes Beispiel einer Epistel, die ein politisches Programm zur Versöhnung und christlichen Brüderlichkeit enthält.

Die *Belehrung* besteht aus drei Teilen: den eigentlichen Anweisungen an die Söhne, einer Autobiographie und einer religiösen Meditation. Die Sprache schwankt zwischen einem kirchenslavisch-religiösen, einem meditativ-hybriden und einem faktographisch-ostslavischen Code. Die *Belehrung* ist ein „geistliches Testament", eine biographische Erzählung, aber auch eine Art „Fürstenspiegel", der vom Monarchen selbst verfasst wurde. Volodymyr ist ein Krieger, liebt die Jagd und ist stolz darauf, von den Hörnern zweier Stiere in die Luft gehoben zu werden, er zollt seinem Gefolge und seiner Armee Respekt. Die Empfehlungen an seine Söhne, sich gegen die Heiden zu verbünden und die Witwen und Waisen zu schützen, gehören zu den Gemeinplätzen der mittelalterlichen Ethik. Die lyrische Betrachtung der Schönheit der göttlichen Schöpfung wird von Basilius dem Großen sowohl direkt als auch durch Vermittlung von Sammlungen der Weisheitsliteratur wie dem *Izmaragd* oder dem *Izbornik* von Svjatoslav (1076) inspiriert. Als Sohn von Jaroslav dem Weisen und einer Prinzessin aus Konstantinopel stellt Monomach die perfekte Synthese zwischen der byzantinischen christlichen Tradition und dem ritterlichen Erbe der Waräger und Slaven dar. Literarische Vorläufer seiner *Belehrung* lassen sich in den väterlichen Ratschlägen des byzantinischen Feldherrn Kekaumenos, in den Ermahnungen des Patriarchen Photius an Kaiser Basilius und in einem angelsächsischen Vertrag aus dem 8. Jahrhundert erkennen, den Volodymyr möglicherweise durch seine Frau Gita, die Tochter des letzten angelsächsischen Königs Harold, kannte.

Andere Chroniken sind sowohl unter literarischen als auch unter ideologischen Gesichtspunkten von Bedeutung. Die *Kyjiver Chronik*, eine bis ins Jahr 1200 reichende Fortsetzung der *Nestorchronik*, zeugt vom internationalen Kontext der frühen Kyjiver Kultur. Engel, die mit dem christlichen Volk gegen die Ungläubigen kämpfen, machen den Ruhm der Rus' bei Griechen, Ungarn, Polen und Tschechen, ja sogar in Rom bekannt, schreibt der Autor. Die *Kyjiver Chronik* spiegelt die Idee der Hauptstadt und der dynastischen und religiösen Kontinuität unter den Rurikiden. In dieser Hinsicht steht sie im Gegensatz zur *Suzdal'-Vladimir-Chronik*, welche die Interessen von Andrej Bogoljubskij vertritt. Die *Galizisch-Wolhynische Chronik* ist eine heterogene Sammlung, in der sich unterschiedliche ideologische und politische Zielsetzungen widerspiegeln. Die Quellen reichen von früheren Chroniken über Kanzleidokumente, Kriegsberichte und diplomatische Missionen, Erzählungen über Mongoleneinfälle bis hin zu religiöser Literatur. Die Ereignisse stehen hauptsächlich im Zusammenhang mit der Geschichte und den Herrschern von Halyč und Volodymyr von 1201 bis 1292. Die Ereignisse der Tatareninvasion oder die Grabreden auf die galizischen Fürsten Roman, Danylo und Volodymyr nehmen einen dramatischen Charakter an. Die Grabrede des letzteren erinnert an die *Laudatio* auf Jaroslav, doch die Beschreibung glitzernder Goldgefäße und „in Silber gebundener und mit Perlen besetzter Bücher, die er selbst kopiert hatte", zeugen von einer neuen ästhetischen Sensibilität. Der lexikalische Reichtum und die raffinierte literarische Kunstfertigkeit deuten auf eine gut organisierte Kanzlei hin. Die hybride kirchenslavisch-ruthenische Grundsprache enthält regionale Besonderheiten, volkstümliche Formulierungen und Sprichwörter, ungarische und polnische Lexeme, die in der früheren Kyjiver Literatur unbekannt waren. Die Erzählung gibt die annalistische Ordnung auf und entwickelt sich zu modernen Formen, die teilweise in thematischen Einheiten organisiert sind. Die *Galizisch-Wolhynische Chronik* betont die historische und politische Kontinuität zwischen der Kyjiver und der Galizischen Rus'. Die spätere *Chronik des Großfürstentums Litauen* (Chronika Bychovcja, 15.–16. Jahrhundert) stellt die dynastische Kontinuität zwischen den Kyjiver und den litauischen Fürsten her und errichtet damit eine Verbindung zur späteren frühneuzeitlichen Geschichtsschreibung. Für den ersten polnischen Renaissance-Historiker Jan Długosz (1415–1480) wurde die *Galizisch-Wolhynische Chronik* zur wichtigsten Informationsquelle über die Rus'.

Pilgerreisen und Reiseberichte

Eine der faszinierendsten Errungenschaften der mittelalterlichen Kyjiver Erzählkunst ist Danylos *Pilgerreise ins Heilige Land* (Žitie i choženie Daniila, rus'kija igumena, 1106–1108). Danylo, wahrscheinlich ein Vertreter der führenden Schichten des Fürstentums Černihiv, nennt sich selbst „Hegumenos der Rus'". Die Begegnung mit dem Kreuzzugsführer und dem König von Jerusalem Baldwin I., der den Pilger ehrenvoll behandelte, lässt vermuten, dass die Reise nicht nur religiöse, sondern auch diplomatische Ziele verfolgte. Wie in der mittelalterlichen Pilgerliteratur üblich, widmet sich Danylo ausführlich der Geografie, den Entfernungen, der Lage und den Dimensionen der besuchten Orte und Denkmäler sowie den Produkten der lokalen Landwirtschaft und des Handels: Bienen, Olivenbäume, Feigen, Äpfel, Kirschen und alle Arten von Getreide sind reichlich vertreten. Aber natürlich sind es die religiösen Themen, welche die Struktur der *Pilgerreise* dominieren und bestimmen. In der Tat folgt der Text einer Art liturgischem Schema. Bibelzitate im Prolog und Epilog bringen die Dankbarkeit des Pilgers dafür zum Ausdruck, dass er von Gott die Erlaubnis erhalten hat, durch den Besuch des Heiligen Landes an der Heilsgeschichte teilzunehmen. Von Jerusalem aus, dem Zentrum der heiligen Stätten, folgt der Pilger zwei Routen, die jeweils eine thematische Einheit bilden. Tod und Auferstehung Christi in Jerusalem, Taufe und Buße am Jordan und in Jericho, Menschwerdung und Dreifaltigkeit Christi an Abrahams Stätten Mamre und Hebron, die Orte des Wirkens Jesu als Prediger und „Begründer" des sakramentalen Lebens. Danylo gibt sich nie einem abstrakten Spiritualismus hin. Die Beschreibung der Gebäude und Landschaften zeigt den Lesern die Realität der heiligen Stätten auf. Die mystische Teilhabe am Lichtstrahl auf das Grab des Erlösers zeugt von der Treue des Autors zur orthodoxen Kirche und von seiner Liebe zum Land der Rus'. Die Öllampe, die er mit Baldwins Erlaubnis zu Füßen des Grabes aufstellen durfte, wurde auf wundersame Weise zusammen mit der „griechischen Lampe" entzündet, während „keine der fränkischen Lampen, die darüber hingen, Licht empfing". Er bittet die Mönche des Klosters Mar Saba, die Namen der Fürsten der Rus' in der Liturgie zu erwähnen. Bemerkenswert ist, dass einige Jahrzehnte später auch die *Kyjiver Chronik* die Kreuzzüge von 1188 und 1190 unter der Führung des „deutschen Königs" Friedrich Barbarossa gegen die „gottlosen Türken" sehr schätzt.

Die Reiseliteratur hatte eine bescheidene, aber kontinuierliche Tradition bis zum 18. Jahrhundert. Im 16. und 17. Jahrhundert bieten Reiseberichte von Ukrainern im Heiligen Land und von Ausländern in der Ukraine interessantes historisches und anthropologisches Material. Studenten ukrainischer oder belarussischer Herkunft reisten gemeinsam mit polnischen Jugendlichen nach Italien und berichteten über ihre Erfahrungen. Meletij Smotryc'kyj und Ivan Vyšens'kyj schrieben in einigen ihrer polemischen Schriften über ihre Pilgerreisen. Der bemerkenswerteste Bericht ist die Pilgerreise von Vasyl' Hryhorovyč Bars'kyj nach Italien, Palästina und Nordafrika von 1724 bis 1747. Bars'kyjs Abenteuer und seine Erzählkunst machten diesen Bericht zu einer beispiellosen Informationsquelle und zu einer beliebten Lektüre im ganzen russischen Reich bis ins 19. Jahrhundert.

Das Rätsel des Igorlieds

Die erste Information über das umstrittenste Werk der mittelalterlichen Kyjiver Literatur erschien im Oktober 1797 in der deutschen Zeitschrift *Spectateur du Nord*. Graf Aleksandr Musin-Puškin teilte mit, dass das mittelalterliche „Russland" auch Dichter besaß, die es mit Berühmtheiten wie Ossian aufnehmen konnten. Als einen solchen Dichter bezeichnete er Bojan, den mythischen Autor eines „Lieds", das Musin-Puškin in einem „alten", in der „alten Sprache" verfassten Manuskript entdeckt haben wollte. Eine Kopie wurde in Moskau angefertigt und der Text 1800 mit einer russischen Übersetzung abgedruckt. Das Manuskript fiel angeblich dem Brand von Moskau 1812 unter Napoleons Besatzung zum Opfer.

Es stellt sich zunächst die Frage: Wie konnte das geschehen? Graf Musin-Puškin besaß eine große Sammlung von Manuskripten, die er sich angeeignet hatte, nachdem Katharina II. Tausende von Klöstern und deren Bibliotheken säkularisiert hatte. Edward Keenan weist darauf hin, dass es dem russischen Aristokraten 1812 gelang, zwölf große Truhen mit Wertgegenständen und Büchern aus der Stadt zu transportieren und vor dem Feuer zu retten. Dass es ihm nicht gelungen sei, das Manuskript des wertvollen *Igorlieds* (Slovo o pŭlku Igoreve) zu sichern, erscheint sehr unwahrscheinlich. Die Folgen dieser dramatischen Unachtsamkeit (oder absichtlichen Unterlassung?) machen eine zuverlässige Rekonstruktion der Geschichte des *Igorlieds* unmöglich.

Nach anfänglichem Zögern erklärte die wichtigste Autorität für die Geschichte Russlands, August Schlözer (1735–1809), den neu entdeckten Text für authentisch, und Nikolaj Karamzin (1766–1826) wollte das Manuskript selbst gesehen haben. Schon bald wurden misstrauische Stimmen laut, die meinten, dass das *Igorlied* eine Fälschung aus dem späten 18. Jahrhundert sei. Trotz dieser Gerüchte wurde es zu einem Stück identitären Stolzes für Russland. Auch die Ukraine reklamierte das *Igorlied* für sich. Mychajlo Huševs'kyj lobte seine „impressionistische" Modernität und machte es zu einem Eckstein der mittelalterlichen ukrainischen Kultur und des modernen Patriotismus. Das *Igorlied* wurde in ganz Europa berühmt. Die deutsche Übersetzung von Rainer Maria Rilke aus dem Jahr 1902 mag zu seiner Popularität im 20. Jahrhundert beigetragen haben. Der französische Philologe André Mazon erklärte das *Igorlied* bereits 1940 zu einer Fälschung. Auch in der Sowjetunion gehörte es zu den wichtigsten Kulturgütern. In den 1960er-Jahren wagte es unter den sowjetischen Wissenschaftlern nur Aleksandr Zimin, an der Echtheit des *Igorlieds* zu zweifeln. Der Autor geriet unter Druck, seine Publikationen wurden eingestampft. 1963 erklärte Dmitrij Lichačev die Echtheit zu einer Frage von „nationaler Bedeutung". Eine endlose Liste von Büchern und eine Enzyklopädie wurden veröffentlicht, aber die Frage bleibt offen. Skeptiker betonen den eigenwilligen Charakter der *Erzählung*, die in der alten Kyjiver Literatur keine Parallele hat. Außerdem verweisen sie auf Ähnlichkeiten mit der *Zadonščina* (einer Erzählung aus dem 15. und 16. Jahrhundert über die ersten moskovitischen Feldzüge „über den Don" und Siege gegen die Mongolen) und argumentieren, dass Textpassagen aus der *Zadonščina* als Rohmaterial für die Fälschung gedient habe. Keenans jüngste Vermutung, dass Josef Dobrovský (1753–1829) das *Igorlied* verfasst habe, ist nicht der Weisheit letzter Schluss. Vergleiche mit der französischen *Chanson de Roland* oder der isländischen *Edda* sind nicht überzeugend. Tatsächlich verfügt das *Igorlied* über zahlreiche Alleinstellungsmerkmale, die man entweder als literarische Innovationen oder als Anzeichen für eine spätere Fälschung deuten kann.

Dennoch gab es den Fürsten Ihor wirklich: Die *Hypatius-Chronik* berichtet unter dem Jahr 1185 von einer Koalition gegen die Polovcer, in der ein Fürst namens Ihor Svjatoslavyč auf eigene Faust in den Krieg zog, von den Feinden besiegt und gefangen genommen wurde, dann aber dank der Hilfe eines treuen Gefolgsmannes entkommen konnte.

Der Text besteht aus einer Reihe von „Fragmenten" oder „Liedern", einer Art „Tableaux", die durch Ihors Abenteuer lose miteinander verbunden sind. Die einzelnen Abschnitte heben sich oft von den sie umgebenden Teilen des Textes ab, als ob sie als eigenständige Gedichte aufgeführt werden könnten. Der mythische Barde Bojan, unheilvolle Zeichen (eine Sonnenfinsternis) und Namen geheimnisvoller heidnischer Götter, der Zaubererfürst Vseslav, Personifikationen von Naturelementen verleihen den erzählten Tatsachen und den historischen Personen einen Hauch von Mystik. Der alte Ruhm Jaroslavs und das „goldene Wort" Svjatoslavs, das die innerstaatlichen Kriege beklagt, verbinden das *Igorlied* mit den ideologischen Traditionen der alten Kyjiver Rus', können aber auch Teil des Materials sein, das möglicherweise die Fälscher im 18. Jahrhundert verwendeten.

Die überlieferte *Erzählung* sieht aus wie eine Collage aus Formeln, die aus alten Liedern, Teilen von Chroniken und Kriegsberichten gesammelt wurden. Ähnlichkeiten mit der *Zadonščina* und Verbindungen mit der *Hypatius-Chronik* sind unbestreitbar, aber wie und wann die Entlehnungen und Ausarbeitungen erfolgten, bleibt unklar. Das *Igorlied* enthält eine Fülle von *hapax legomena* und obskuren Wörtern, die in der Kyjiver Zeit ihresgleichen suchen. Im Gegensatz zu ukrainischen historischen Liedern (*dumy*) oder russischen *bylyny* weist dieser Text keine Spuren von Reimen auf und ähnelt eher der rhythmischen Prosa von Kriegsberichten. Die lyrische „Klage der Jaroslava" erinnert an folkloristisches Liedgut. Sie mag ein Überbleibsel von Volksüberlieferungen sein, passt aber perfekt zum Sentimentalismus der 1790er-Jahre. Es bleibt ein Rätsel, warum eine bittere Niederlage gegen die Polovcer und warum ein so niederer Apanagenfürst wie Ihor zum Helden eines „epischen" Gedichts werden sollte. Auf der anderen Seite finden sich reichlich vertretene Anklänge an Kirchengesänge und die kirchenslavische Sprache in der Feierlichkeit der komplexen hypotaktischen Syntax, dem grammatikalischen Parallelismus und der archaischen Morphologie. Riccardo Picchio wies auf zahlreiche biblische Reminiszenzen hin. Die Echtheit der Anspielungen auf Troja (oder Kaiser Trajan?), Venedig, die Deutschen, die Ungarn, die Litauer ist an sich nicht unmöglich, auch wenn es schwierig ist, sie sich in die Gedankenwelt eines geheimnisvollen Barden aus dem 12. Jahrhundert hineinzudenken. Der Text des *Igorlieds* ist vielfach beschrieben und in alle Sprachen übersetzt worden. Er fasziniert durch die unerwarteten Kombinationen von Bildern und Formulierungen, durch die Vermischung von mündlicher und kirchenslavischer Tradition und durch die schöpferische Phantasie.

Dumy und folkloristische Genres

Wissenschaftler haben auf mögliche Verbindungen des Igorlieds mit der epischen und scherzhaften Literatur hingewiesen, die angeblich an den Höfen der Kriegsfürsten in der niederen literarischen Tradition vertreten war. Wandernde Schauspieler (skomorochy), die in den Städten mit Liedern und Theater aktiv waren, wurden von der Kirche und der klösterlichen Bildung heftig bekämpft. Volkslieder waren Ausdruck des bäuerlichen Lebens und besangen in der Sprache und im Stil des Volkes die Zyklen der Natur und der

Landwirtschaft, die Riten des Übergangs, die Schmerzen und Freuden der analphabetischen Massen. Epische Lieder und Berichte über Heldentaten und militärische Ereignisse in ungeraden Versen mit musikalischer Untermalung gab es sicherlich seit den Anfängen der Kyjiver Kultur. Teile der mündlich überlieferten mythischen oder historischen Erzählungen wurden manchmal in Chroniken oder literarische Werke eingefügt und ausgearbeitet. Als im 15. und 16. Jahrhundert die Kosakenheere begannen, über die riesigen Gebiete der Steppen (dike pole) zwischen dem Fluss Dnister und dem Schwarzen Meer zu reiten und auf den Dnipro-Inseln ihre Festung, die Sič, errichteten, bereicherten Kosakenerzählungen und -lieder (dumy) die reiche literarische Tradition. Sie wurden zu einer Quelle des Wissens und der Inspiration sowohl für die ukrainische als auch für die polnische Literatur, vor allem in der Romantik. Seit dem 16. Jahrhundert nahmen die Volkssänger (kobzary) und Banduraspieler eine wichtige Rolle in der ukrainischen Gesellschaft ein und bildeten Vereinigungen. In der Sowjetunion gab es ein tragisches Nachspiel dieser Tradition: Kobza-Spieler wurden in den 1930er-Jahren von Stalin grausam verfolgt. Sie wurden zu einer „Versammlung" in Charkiv eingeladen, aber brutal ermordet.

Anders als die Folklore waren die *Dumy* Teil des literarischen Systems, wenn auch in dessen unterem Bereich. Sie verarbeiteten Mythen warägischen oder slavischen Ursprungs, und gestalteten religiöse Wahrheiten und moralische Lehren, Duelle und Schlachten, Kosakenkriege gegen Konstantinopel, Katholiken oder Muslime, das tragische Schicksal oder die Befreiung von Gefangenen aus den Kerkern der „ungläubigen" Tataren. Pathetische Sentimentalität, aber auch Humor und Satire sind grundlegende Elemente dieser Tradition. Die berühmte *Duma über den Kosaken Holota* (Duma pro Kozaka Holotu) (der Name bedeutet „Nacktheit" und ist ein Metonym für die unteren Ränge der Kosaken) erzählt von einem epischen Zweikampf zwischen einem armen, landlosen Bauernkosaken und einem Tataren. Andere feiern die Taten von Atamanen wie Samijlo Kiška (16./17. Jahrhundert), der angeblich mit 350 anderen Gefangenen von einer türkischen Galeere entkam, oder die Schlacht unter polnischer Fahne zur Befreiung Wiens (1683). Die berühmteste Duma ist wohl *Marusja Bohuslavka*, die sentimentale Geschichte einer schönen Popentochter, die als Gefangene zur Heirat und zur Konversion zum Islam gezwungen wurde, ihre Herkunft nicht vergaß und eine Reihe von Kosakengefangenen befreite, obwohl sie in ihrer muslimischen Umgebung blieb.

Die ersten schriftlichen Aufzeichnungen von Liedern und *Dumy* stammen erst aus dem 17. Jahrhundert, aber die Texte überliefern auch älteres Material. Volkslieder wurden seit Mitte des 19. Jahrhunderts in Moskau veröffentlicht, wurden aber als Erbe des „russischen Volkes" und der russischen Literatur betrachtet.

Die sprachliche, metrische und strophische Vielfalt der Volksliteratur und die dramatischen Schilderungen der *Dumy* folgten ihren eigenen Regeln und Mustern. Sie beeinflussten die ukrainische Literatur bis in die Moderne. Ševčenkos hochliterarische Poesie ist nur verständlich, wenn man die volkstümliche Tradition berücksichtigt, die er in seinen frühen Jahren kennenlernte. Lesja Ukrajinkas anspruchsvolle Poesie fußt sowohl auf dem klassischen als auch auf dem volkstümlichen Erbe. *Marusja Bohuslavka* inspirierte führende Dichter des 19. und 20. Jahrhunderts. Auch der republikanisch orientierte, russische

Dekabrist Kondratij Ryleev (1795–1826) veröffentlichte 1825 zwei epische Gedichte über ukrainische Hetmane (*Vojnarovskij* und *Nalivajko*) und lyrische *Dumy* (Gedanken). Seine romantische Vision der Ukraine hatte wenig mit den historischen Tatsachen, aber viel mit seinem eigenen politischen Programm zu tun.

Weiterführende Literatur

Simon Franklin: Writing, Society and Culture in Early Rus, c.950–1300. Cambridge 2002.
Gail Lenhoff: The Martyred Princes Boris and Gleb: A Socio-cultural Study of the Cult and the Texts. Columbus 1998.
Roland Marti: Handschrift: Text, Textgruppe, Literatur. Untersuchungen zur inneren Gliederung der frühen Literatur aus dem ostslavischen Sprachbereich in den Handschriften des 11–14 Jh. Wiesbaden 1989.
Ludolf Müller: Des Metropoliten Ilarion Lobrede auf Vladimir den Heiligen und das Glaubensbekenntnis. Wiesbaden 1962.
Yulia Mykhailova: Property, Power, and Authority in Rus and Latin Europe, ca. 1000–1236. Leeds 2018.
Jaroslaw Pelenski: The Contest for the Legacy of Kievan Rus'. Boulder, New York 1998.
Serhii Plokhii: Unmaking Imperial Russia. Mykhailo Hrushevsky and the Writing of Ukrainian History. Toronto 2005.
Gerhard Podskalsky: Christentum und theologische Literatur in der Kiever Rus' (988–1237), München 1982.
Christian Raffensperger: Ties of Kinship Genealogy and Dynastic Marriage in Kyivan Rus'. Cambridge, Mass. 2016.
Hans Rothe: Slavia Latina in the Middle Ages between Slavia Orthodoxa and the Roman Empire (the Pope and the Emperor). In: Ricerche Slavistiche, 42 (1995), S. 75–87.
Stephen Velychenko: Nationalizing and Denationalizing the Past. Ukraine and Russia in Comparative Context. In: Ab Imperio 1 (2007), S. 477–494.
Monica White: Military Saints in Byzantium and Rus, 900–1200. Cambridge 2013.

Das „Schweigen" der ukrainischen Literatur in der frühen Neuzeit

Giovanna Brogi

Das Trauma der Mongoleninvasion von 1240 brachte die Kyjiver Literatur vom Ende des 13. bis zum 16. Jahrhundert zum Schweigen. Die Kontinuität der ukrainischen Literatur scheint unterbrochen. In der Westukraine bestand das galizisch-wolhynische Königreich fast 150 Jahre länger, wurde dann aber von Polen inkorporiert.

Es handelt sich um eine Periode geringer kultureller Entwicklung und literarischer Kreativität. Manche Fachleute sprechen von einer fast „ungebrochenen Stille". Manuskripte wurden weiterhin kopiert, einige Chroniken wurden geschrieben, das liturgische Leben und die liturgische Musik wurden praktiziert, aber es gab keine bemerkenswerten Texte und kein kohärentes literarisches System mehr. Neben dem Mongoleneinfall ist diese Situation auf den relativ geringen kulturellen Entwicklungsstand der litauischen Elite zurückzuführen, doch das Problem ist komplexer.

In Byzanz blühte im 10. und 11. Jahrhundert ein lebhaftes Interesse an der klassischen Vergangenheit auf: Wissenschaft, Philologie und Literatur entwickelten sich, man schrieb Poesie und Romane, religiöse und teilweise weltliche Geschichte. Die Kyjiver Rus' übernahm nur einen kleinen Teil der byzantinischen Literatur, hauptsächlich liturgische und klösterliche Schriften. Das alte Kirchenslavisch, das teilweise vom bulgarischen Staat übernommen und vom byzantinischen Griechisch geprägt wurde, war eine „heilige" Sprache, die sich nicht zu einer modernen Literatursprache entwickelte. Die Verbreitung des Hesychasmus im östlichen Mönchtum vom 14. bis zum 16. Jahrhundert betonte die Kontemplation und die Nichtbeteiligung an weltlichen Angelegenheiten. Dadurch wurde eine Modernisierung behindert. Die Versuche russischer und sowjetischer Gelehrter (insbesondere Dmitrij Lichačevs), das hohe Niveau des byzantinischen Erbes in der Rus' zu betonen, sind nicht überzeugend. Die ukrainische Wissenschaft wollte oder konnte sich nicht

G. Brogi (✉)
Slavistik, Università di Milano, Mailand, Italien

gegen den Hauptstrom stellen. Das Ergebnis war oft eine Politik der Verleugnung und des kompensatorischen Triumphalismus. Verschiedene Historiker halten fest, das kirchenslavische und byzantinische Erbe sei zum Hindernis für eine Entwicklung in Richtung Moderne geworden.

Die ukrainische Kultur befand sich in einem Raum ohne klar definierte Grenzen. Das Fehlen dauerhafter politischer Machtzentren behinderte die Entwicklung eines strukturierten Literatursystems. Die Ausdrucksformen änderten sich, und neue Ideen verbreiteten sich nur langsam. Es dauerte lange, bis ein geeigneter Modus gefunden wurde, um die aus dem Mittelalter übernommene kirchenslavisch-byzantinische Tradition mit den neuen Impulsen des Humanismus und den innovativen Bewegungen in der Kirche zu verbinden. Dieser Prozess erforderte die Übernahme neuer Spielregeln, Theorien der Versifikation und Rhetorik sowie die Fähigkeit, die geistigen Prozesse verschiedener Gemeinschaften, die im selben geographischen und politischen Raum lebten, zu berücksichtigen.

Die Bewohner der litauischen und polnischen Gebiete zeichneten sich durch eine eher „offene Gesellschaft" aus. Die (kirchlichen und weltlichen) Autoren wechselten häufig ihren Wohnsitz. Die Mönche lebten in verschiedenen orthodoxen Ländern und waren mit der orthodoxen religiösen, didaktischen und literarischen Tradition von Konstantinopel, dem Berg Athos, Serbien und Bulgarien verbunden. Seit dem 16. Jahrhundert studierten die Söhne ukrainischer und belarussischer Familien an italienischen, deutschen oder polnischen Universitäten. Ukrainische und belarussische Literaten wie Jepyfanij Slavynec'kyj, Arsenij Satanovs'kyj, oder – am berühmtesten von allen – Simiaon Polacki arbeiteten in Moskau und verbreiteten ihr Wissen in Klöstern und am Hof des Zaren. Einige der führenden Persönlichkeiten an den ukrainischen Fürstenhöfen waren ausländischer Herkunft. Fürst Andrej Kurbskij (1528–1583) war ein Anhänger der Lehre von Maksim dem Griechen. Kurbskij war aus dem Russland Ivans des Schrecklichen geflohen, lebte im Fürstentum Ostroh und war 1581 an der Herstellung der ersten gedruckten Ausgabe der gesamten kirchenslavischen Bibel beteiligt. Petro Mohyla (1596–1647), der Gründer der Kyjiver Akademie, war ursprünglich Fürst in der Moldau gewesen. Inokentij Gizel' (i.e. Innozenz Giesel, 1600–1683), ein einflussreicher kirchlicher Führer und Schriftsteller in der orthodoxen Lehr- und Geschichtsschreibung, war ein konvertierter deutscher Lutheraner aus Ostpreußen (Königsberg, polnisch Królewiec, heute Kaliningrad). Der Architekt der Kyjiver Verteidigungsmauern aus der Zeit Mazepas, Adam Zernikov (1652–1691), war ebenfalls ein Deutscher aus Königsberg. Pylyp Orlyk (1672–1742), der Sekretär und brillante Panegyriker Mazepas von 1690 bis 1709, war tschechischer Herkunft. Später lebte er als Hetman im Exil und verfasste ein beeindruckendes *Tagebuch* (Diariusz, auf polnisch und französisch) und eine so genannte *Verfassung* (Pacta et constitutiones legum libertatumque Exercitus Zaporoviensis, 1710), ein juristisches Dokument, das auf eine Regelung des sozialen und politischen Lebens abzielte, die Macht des Hetmans einschränkte, ein Parlament und eine Gewaltentrennung vorsah. Wandermönche und halbgebildete Schreiber waren in der Ukraine jahrhundertelang ein weit verbreitetes Phänomen und wurden von den russischen Zaren als Bedrohung empfunden. Peter I. erließ Dekrete, um diese freiheitliche Lebensweise zu unterbinden. Hryhorij Skovoroda, der größte Schriftsteller des 18. Jahrhunderts und erste Philosoph der Ostslaven, gilt als der Wandergelehrte schlechthin. Unter diesen sozialen Bedingungen dauerte es lange, bis sich neue sprachliche und literarische Ausdrucksformen für eine orthodoxe Gemeinschaft herauskristallisierten, die im 17. Jahrhundert unter Chmel'nyc'kyj und Mazepa nur wenige Jahrzehnte lang einen Staat besaß und durch das dominierende polnische Sprach- und Literatursystem herausgefordert wurde.

Der Polyzentrismus kann als ein Grund für den Stillstand der literarischen Produktion angesehen werden. Auch die meisten westeuropäischen Literaturen waren polyzentrisch, aber in der ukrainischen Literatur war das Phänomen noch relevanter und vielfältiger. Jede Region erlebte eine Periode der Kreativität und Anziehungskraft, die in etwa einer geographischen und chronologischen Entwicklungslinie folgte: vom Fürstentum Ostroh und den L'viver Gemeinden von Bürgern und Geistlichen über Städte wie Luc'k bis schließlich zum Kyjiver Zentrum des Höhlenklosters und dem Erzbistum Černihiv. Der Höhepunkt dieser Entwicklung war der Fürstenhof von Hetman Ivan Mazepa im späten 17. Jahrhundert. Die Blüte der politischen und kulturellen Macht eines dieser Zentren dauerte jedoch nicht länger als ein oder zwei Jahrzehnte und reichte nicht aus, um einen zentralisierten Staat mit einer homogenen literarischen Kultur entstehen zu lassen. Erst im 17. Jahrhundert bildete sich eine kritische Textmasse heraus, die sich über das gesamte ukrainische Land ausbreiten konnte und so die Blüte der frühneuzeitlichen ukrainischen Literatur ermöglichte.

Die ukrainische Literatur war mehrsprachig. Im 14. und 15. Jahrhundert beschränkten sich die Sprachvariationen nicht auf eine Skala, die vom Kirchenslavischen bis zu hybriden oder volkstümlichen Ausdrücken reichte (wie in der Kyjiver Rus'), sondern sie bauten auf den Bildungssprachen Latein und Polnisch auf. Im 16. und 17. Jahrhundert schrieben Kirchenmänner und Laien in der „einfachen Sprache" (*prosta mova*), Polnisch, Latein und Kirchenslavisch. Griechisch wurde an der Wende vom 16. zum 17. Jahrhundert in Ostroh und L'viv verwendet und hatte dort eine Vorbildfunktion. Die Zwei- oder Dreisprachigkeit war ein gängiges Phänomen in allen europäischen Ländern, aber die Ukraine hatte ein besonders komplexes und vielfältiges vielsprachiges System. Es gab zahlreiche Faktoren, die für die Wahl der Sprache ausschlaggebend waren: die Schulbildung und die soziale Herkunft der Autoren, der Adressat und der Zweck des Werks sowie die Kommunikationssituation. Inhalt, Genre und Religion waren von untergeordneter Bedeutung, konnten aber bisweilen relevant werden. Die Kriterien für die Wahl der Sprache variierten mit der Zeit und dem Raum. Keine Sprache wurde in allen Bereichen der Kommunikation dominant: Von 1580 bis 1630 dominierten im Ostroh-Kolleg und in L'viv ruthenisiertes Kirchenslavisch und *prosta mova*, aber auch Polnisch wurde verwendet. In den Kyjiver Milieu zwischen 1630 und 1709 herrschte Latein im Unterricht vor, *prosta mova* in der homiletischen, didaktischen und Geschichtsschreibung. Polnisch wurde in der panegyrischen Literatur mit *prosta mova* und Latein verwendet. Die Druckerei von Černihiv verwendete sowohl Polnisch als auch ruthenisiertes Kirchenslavisch. Nach 1709 wurde die *prosta mova* durch die Politik von Zar Peter I. in allen kirchlichen Bereichen verboten, überlebte aber in der Geschichtsschreibung und in niederen Gattungen. In Galizien wurde die *prosta mova* bis zum Ende des 18. Jahrhunderts vom niederen Klerus in offiziellen kirchlichen Angelegenheiten und in Dokumenten, die an die Gemeinde gerichtet waren, weiterverwendet. Der Gebrauch und die Bedeutung des Griechischen verblassten nach den 1620er-Jahren, um in der russisch beherrschten Ukraine wieder an Bedeutung zu gewinnen, und zwar nach den 1730er-Jahren mit der veränderten Funktion der Gelehrtensprache für biblische und philosophische Studien in den kirchlichen Akademien von Kyjiv, Charkiv und St. Petersburg.

Ein weiterer Grund dafür, dass die ukrainische Literatur im 14. und 15. Jahrhundert unterbrochen erscheint, liegt darin, dass die Wissenschaft des 19. und 20. Jahrhunderts erst spät und zögerlich begann, die in den ukrainischen Gebieten geschriebenen Werke als eine kohärente Struktur zu betrachten. Aus ideologischen und politischen Gründen wurden die ruthenischen (ukrainischen und belarussischen) Schriftsteller meist ignoriert oder als Teil des polnischen oder russischen literarischen Erbes betrachtet. Nach den 1920er-Jahren vermittelte die sowjetische Wissenschaft ein ideologisch verzerrtes Bild der ukrainischen Literatur. Eine korrekte Bewertung der frühneuzeitlichen ukrainischen Literatur als eines eigenständigen Systems begann erst in den 1980er-Jahren und ist auch heute noch im Gange.

Nachwirken der mittelalterlichen Tradition

Als sich das Großfürstentum Litauen einen Großteil des Gebiets der heutigen Ukraine einverleibte (14. bis Mitte 16. Jahrhundert), nahm es eine tolerante Haltung gegenüber dem Staatswesen und der Religion der Rus' ein. Das Gewohnheitsrecht, die Rechte der Bojaren und die orthodoxe Religion blieben in Gebrauch. Die Staatskanzlei wurde von ruthenischen Schreibern in ihrer Sprache geführt, so dass die Kontinuität der staatlichen Verwaltung und der kulturellen Formen zwischen der Kyjiver Rus' und der ruthenischen (ukrainischen und belarussischen) Bevölkerung des Großherzogtums gewährleistet war. Schriftgelehrte und Mönche übersetzten und kopierten weiterhin alte und neue Texte. Zu den wenigen relevanten literarischen Erzeugnissen gehört das erste Fragment einer *Erzählung über den Untergang der Rus'* (Slovo o pogibeli rus'koj zemli), die auf die 1240er-Jahre datiert wird und von den Verwüstungen durch den Mongolensturm berichtet und die nostalgische Trauer über den vergangenen Ruhm, die Angst vor der Gegenwart und das Erstarken der orthodoxen Religion als Hauptmerkmal der kollektiven Identität des ruthenischen Volkes zum Ausdruck bringt.

Andere Texte repräsentieren vor allem das Nachwirken der mittelalterlichen Kultur. In den 1410er-Jahren nahm Hryhorij Camblak in Kyjiv die rhetorischen Entwürfe Ilarions und die Traditionen Bulgariens und Serbiens wieder auf und erweiterte sie. Eng mit der ukrainischen Tradition verbunden ist die *Erzählung von der Liebe Christi*, ein didaktisches Pamphlet gegen die Verderbnis des christlichen Lebens und den überlebenden heidnischen Glauben. Apokryphe Erzählungen galten als ebenso „wahr" wie die kanonischen religiösen Schriften und inspirierten einige der populärsten Texte, wie z. B. die *Erzählung von der Auferstehung des Lazarus* (13.–14. Jh.), in der berichtet wird, wie Adam Lazarus zu Jesus schickt, um ihn zu bitten, die in der Hölle schmachtenden Propheten zu befreien. Im 17. Jh. wurde die Geschichte im Schauspiel unter dem Namen *Lied von der Zerstörung der Hölle* (Slovo pro zburennja pekla) neu interpretiert.

Seit dem 14. Jahrhundert verbreiteten Sammlungen alter und neuer Übersetzungen aus der byzantinischen oder römisch-deutschen Kultur rudimentäre Vorstellungen von Metaphysik (*Die Tore des Aristoteles*), von Kosmogonie (*Sechs Flügel*), von enzyklopädischem Wissen (*Lucidarius*). Zu einem utopischen *Indischen Reich* gehörte die apokryphe Geschichte des heiligen Thomas, der in Indien predigte. Übersetzungen aus den *Gesta Romanorum* und dem *Magnum speculum* boten den Autoren und ihrem Publikum anziehende Handlungen und moralische Belehrungen. Eine dramatische Erzählung der *Passion Christi* und apokryphe „Träume" oder „Briefe" der Jungfrau oder Jesu zogen die Leser ebenso an wie pseudohistorische Romane. Die irische *Geschichte des Ritters Taudal* wurde aus einer tschechischen Version übertragen. Wandernde Motive von Troja, Alexander dem Großen, Attila, Tristan oder Beves von Hantoun kamen aus Italien, Serbien, Ungarn oder Polen. Die *Legende der Heiligen Drei Könige* war ebenso beliebt wie das *Leben des Heiligen Alexis* oder des *Heiligen Nikolaus*. Einige Philologen sind der Ansicht, dass auch die Übersetzungen, die im 15. Jahrhundert unter den Novgoroder „Sabbatianern" zirkulierten, aus dem Kyjiver Milieu stammen.

Diese Schichten der Literatur bilden eine Art *basso continuo*, der den Übergang der frühneuzeitlichen ukrainischen Literatur vom mittelalterlichen formelhaften System und Sprachkodex (Kirchenslavisch) zu einem neuen System begleitete, das nach und nach die Regeln der westlichen Rhetorik und Poetik übernahm. Die moralische Didaktik, aber auch die lebendige Erzählweise, die phantastischen und exotischen Schauplätze und die Dynamik der Handlungen zogen einen größeren Leserkreis an. Die Entwicklung des kulturellen und literarischen Codes nach der Mongoleninvasion von 1240 verlief langsam und war mit politischen Veränderungen verbunden. Die Fortführung des Erbes der Kyjiver Rus' blieb spürbar, aber der westliche Einfluss wurde stärker und dominierte gegen Ende des 16. Jahrhunderts.

Ukrainische Literatur in der polnisch-litauischen Adelsrepublik

Giovanna Brogi

Als die Union von Lublin (1569) Litauen und Polen in einer Föderation vereinigte, die einem gewählten König unterstellt war, wurden die ukrainischen Gebiete Teil dieses Staates. Der Einfluss der polnischen Sprache, Kultur, Literatur und Politik nahm stark zu. Kosaken wurden zu einem grundlegenden Bestandteil des Verteidigungssystems der Adelsrepublik und prägten vermehrt das soziale und religiöse Leben der ukrainischen Bevölkerung. Die Gründung von orthodoxen Laienbruderschaften nach dem Vorbild ähnlicher westlicher Institutionen war Ausdruck eines neuen Bewusstseins der Gemeinschaften des „griechischen Glaubens". Sie förderten die aktive Teilnahme am gesellschaftlichen Leben und gründeten Schulen, Druckereien und Kirchen. Durch die starke Präsenz protestantischer Gemeinden und die Nähe zur europäischen humanistischen Bildung wurden biblische Texte in die neue Volkssprache übersetzt, die sich im Laufe des 14. bis 16. Jahrhunderts entwickelte. Berühmt sind das mit Miniaturen illustrierte *Evangelium von Peresopnicja* und das gedruckte kommentierte *Evangeliar von Zabludov* (1569). Der erste Druck der kirchenslavischen *Ostroh-Bibel* (1581) wurde zur Grundlage aller orthodoxen Ausgaben der Heiligen Schrift. Die orthodoxe Renaissance wurde durch die Kirchenunion von Brest (1596) herausgefordert: Der polnische König bewegte den Kyjiver Metropoliten und fast alle Bischöfe dazu, den Papst als Oberhaupt der Kirche und die wichtigsten römisch-katholischen Dogmen anzuerkennen. Im Gegenzug durfte die unierte Kirche den ostkirchlichen Ritus, den julianischen Kalender, die Ehe für Geistliche und die Verwaltungsautonomie beibehalten. Zwischen 1600 und 1620 konvertierten unter dem Druck der katholischen Gegenreformation und unter dem Einfluss der polnischen Kultur viele Adelsfamilien und Mitglieder der kirchlichen Hierarchie. Die neue unierte Kirche (heute griechisch-katholisch genannt) war von den politischen Veränderungen abhängig,

G. Brogi (✉)
Slavistik, Università di Milano, Mailand, Italien

entwickelte sich aber zu einem starken Impulsgeber für die ukrainische Kultur. Die unierte Kirche wurde später im Zarenreich und in der Sowjetunion verfolgt, im polnischen und österreichischen Galizien jedoch geschützt; dort wurde sie aber polonisiert und eingeschränkt. Die Spaltung der Kirche hatte bis ins 20. Jahrhundert hinein dramatische Folgen für die Gesellschaft. Erst in jüngster Zeit haben die unierte und die orthodoxe Kirche in der Ukraine eine friedliche Koexistenz erreicht.

Die wichtigsten Ereignisse des 17. Jahrhunderts sind die Gründung der Kyjiver Akademie und der Chmel'nyc'kyj-Aufstand. Das erste war eine Folge der Wiederherstellung der Kyjiver orthodoxen Hierarchie (1620) und der Ernennung des moldauischen Aristokraten Petro Mohyla (1596–1647) zum Metropoliten. Sein Hauptverdienst war die Einsicht, dass die Verteidigung der Ostkirche nur durch eine intellektuelle Reform der Orthodoxie und die Modernisierung des Bildungssystems möglich war. Im Jahr 1632 gründete er eine Akademie, die später nach ihm benannt wurde. Dort wurde eine Hochschulbildung angeboten, welche die Methoden und Lehrpläne der fortschrittlichsten westlichen Tradition der damaligen Zeit, nämlich der Jesuitenschulen, übernahm. Das Mohyla-Kolleg blieb mehr als ein Jahrhundert lang das Zentrum des ukrainischen Geisteslebens und strahlte bis nach Moskovien und Serbien aus (Abb. 4.1).

Das zweite entscheidende Ereignis in der ukrainischen Geschichte war die Revolution von Bohdan Chmel'nyc'kyj (1648–1654). Nach mehreren erfolglosen Kosakenaufständen im späten 16. und frühen 17. Jahrhundert gelang es Chmel'nyc'kyj, die höheren und niedrigeren Stände der Kosakenverbände, die Stadtbürger und die aufständischen Bauern zu vereinen. Der Aufstand von 1648, der sich nicht wesentlich von den europäischen Bürgerkriegen jener Zeit unterschied, blieb sowohl dem ukrainischen als auch dem polnischen Volk als eines der blutigsten Ereignisse ihrer Geschichte in Erinnerung. Zehntausende wurden getötet: Juden, katholische und unierte Priester, Mönche und Gläubige, Frauen und Kinder. Die traumatischen Ereignisse wirkten sich auf die polnische Literatur aus, von Gedichten und Erzählungen des 17. Jahrhunderts bis hin zu Henryk Sienkiewiczs patriotischem Romanepos *Mit Feuer und Schwert* (Ogniem i mieczem, 1884). Jüdische Dichter

Abb. 4.1 Das alte akademische Korpus der Mohyla-Akademie, das zu Beginn des 18. Jahrhunderts um eine Etage aufgestockt wurde. Projektskizze aus dem Jahr 1731 von Gottfried Schädel (1680–1752)

schrieben lyrische Klagelieder. Nathan Hannovers *Jawen Mezulah* (Schilderung des polnisch-kosakischen Krieges), 1653 in Venedig veröffentlicht, ist eine bemerkenswerte Chronik der Chmel'nyc'kyj-Revolution, in der die tragischen Berichte über die Massaker an Juden auch eine ukrainische Perspektive auf das Geschehen nicht ausblenden. Merkwürdigerweise war das Echo in der ukrainischen Literatur spärlich. Historische Berichte über die Ereignisse stammen erst aus dem späten 17. und 18. Jahrhundert. Es besteht jedoch kein Zweifel, dass Chmel'nyc'kyj und sein Krieg einen entscheidenden Wendepunkt in der ukrainischen Geschichte markieren. Der Hetman wurde zu einem Helden der ukrainischen Identität stilisiert, der sich sowohl dem polnischen als auch dem russischen Assimilationsdruck widersetzte. In seiner Opposition gegen die österreichische Herrschaft eignete sich sogar Galizien im 19. Jahrhundert den Kosakenmythos an.

Die historischen Ereignisse zeigen sowohl die Bedeutung als auch die Ambivalenzen von Chmel'nyc'kyj. Nach dem Sieg über die polnischen Armeen wurde er zum „neuen Moses" erklärt und vom Metropoliten Syl'vestr Kosov in der Kyjiver Kathedrale zum Hetman eines neuen Staates geweiht (1649). Kurz darauf brachten militärische Niederlagen Chmel'nyc'kyj in eine Sackgasse: Er sah sich gezwungen, ausländischen Schutz zu suchen, und hielt den orthodoxen Zaren für die beste Wahl zur Verteidigung der religiösen und sozialen Identität der Kosaken. Der Vertrag von Perejaslav aus dem Jahr 1654 beruht auf einem prekären Missverständnis: Nach polnischer und westlicher Tradition betrachtete der Kosakenführer ihn als Vertrag, der beide Seiten gegenseitige Verpflichtungen auferlegte; für Russland bedeutete er hingegen eine bedingungslose Unterordnung, die später als „Wiedervereinigung" künstlich getrennter „Brüder" bezeichnet wurde. So wurde Chmel'nyc'kyjs Revolution gegen die Polen einerseits zu einem Ausgangspunkt für die Begründung einer ukrainischen Autonomie und andererseits zum Symbol für die Abhängigkeit von Russland, ja für die zunehmende Assimilation an die russische Kultur. Der neue Hetman Ivan Vyhovs'kyj wollte sich aus der Umarmung Russlands befreien, indem er 1658 im Vertrag von Hadjač versuchte, die polnisch-litauische Adelsrepublik mit dem Hetmanat der Rus' um einen dritten Bestandteil zu erweitern. Der Versuch scheiterte sowohl an der mangelnden Bereitschaft des polnischen Adels, sich an die Vereinbarungen zu halten, als auch am Widerstand der ukrainischen Stadtbürger und der unteren Ränge der Kosaken.

Nach der verheerenden Periode der internen Kriege, die in den Chroniken als „Ruin" bezeichnet werden (und die parallel zur polnischen „Sintflut" verliefen), erlebte das Hetmanat in den letzten Jahrzehnten des 17. Jahrhunderts eine gesellschaftliche und kulturelle Blüte, wurde jedoch zerschlagen, als Mazepa versuchte, die Perejaslav-Verpflichtungen zu brechen. Peters Sieg in der Schlacht von Poltava (1709) besiegelte die Abhängigkeit der Ukraine von Russland für die kommenden Jahrhunderte.

Der literarische Prozess dieser Zeit wurde nur teilweise von den politischen und militärischen Ereignissen beeinflusst. Er entwickelte sich vor allem im Kontext städtischer oder kirchlicher Institutionen (Bruderschaften, Schulen und Akademien, Bistümer), an Adelshöfen oder in klösterlichen Zentren. Zwar wurde die kulturelle Tätigkeit immer wieder unterbrochen, aber es bildete sich doch eine erkennbare Struktur heraus. Trotz des

Sprachwandels und der sozio-politischen Fluktuation zeugen bewusste Bezüge auf das Kyjiver Erbe von einer Kontinuität zwischen dem Alten und dem Neuen in der ukrainischen Literatur.

Von der Renaissance zum Frühbarock

In den ukrainischen Gebieten entstand zwar keine vollwertige Renaissance-Literatur, aber das Eindringen wichtiger Elemente des westlichen Humanismus trug zur Herausbildung eines literarischen Systems bei, das sich von den vorherrschenden Merkmalen des Moskauer Systems unterschied und teilweise in die westliche *respublica litterarum* integriert wurde. Werke von Plutarch, Homer, Cicero, Ovid, Horaz, Vergil, Martial und anderen Klassikern wurden sowohl über polnische Vermittler als auch direkt in lateinischen Ausgaben oder Anthologien gelesen. Die Bürger in den Städten, die über das Magdeburger Recht verfügten, und die zahlreichen protestantischen Gemeinden förderten die Verwendung der Volkssprache und eine neue Herangehensweise an die Exegese der Heiligen Schrift und an die Philologie. Die Kenntnis rhetorischer und poetischer Fähigkeiten sowie der Philosophie (Dialektik und Logik) veränderte die Parameter des Denkens nach dem Niedergang der Kyjiver Rus' grundlegend. Unter den Kosaken entstand ein neues ritterliches Ideal, das sich an der polnischen Tradition orientierte: Der Lycar (Ritter, polnisch rycerz) verteidigte sowohl das Vaterland als auch die Religion und verfügte gleichermaßen über kriegerische wie literarische Fähigkeiten.

Seit der Mitte des 16. Jahrhunderts förderten neue Bildungseinrichtungen, die mit regionalen Mächten oder kirchlichen Zentren verbunden waren, die zivile, intellektuelle und literarische Entwicklung in der Ukraine. In den 1570er-Jahren stiftete der Fürst von Ostroh eine bedeutende Akademie und eine Druckerei, um die Jugend in „unserer slavischen" Sprache zu unterrichten und um den orthodoxen Glauben gegenüber dem Druck der katholischen Kirche zu fördern. Das Lehrprogramm der Schule umfasste die sieben Künste, Griechisch, Kirchenslavisch und Latein. In seiner *Palinodija* (1622) vergleicht Zacharija Kopysten'skyj (gest. 1627) Fürst Vasyl' Kostjantyn Ostroz'kyj mit antiken Helden wie Pompeius, Belisarius, Themistokles, Hannibal oder Basileios dem Makedonier – Namen, die dem Leser sowohl aus der mittelalterlichen byzantinischen als auch aus der polnischen humanistischen Tradition bekannt waren. Die gelehrten Mönche des Ostroh-Zentrums kannten gleichzeitig den Klostertraditionalismus von Athos wie auch das griechischlateinische „neue" Wissen, das an den Universitäten von Padua und Venedig gelehrt wurde. Adelige und reiche Bürger studierten auch an protestantischen Universitäten wie Wittenberg und Nürnberg. An der Wende vom 16. zum 17. Jahrhundert konnten Protestanten als mögliche Verbündete gegen die „päpstliche Aggression" wahrgenommen werden, was den russischen Flüchtling Ivan Kurbskij (gest. 1553, er war der jüngere Bruder von Andrej Kurbskij) zu einer scharfen Kritik veranlasste: Er tadelte Fürst Kostjantyn Ostroz'kyj, weil er „ketzerische Protestanten" in seiner Druckerei arbeiten ließ.

Die Ostroh-Akademie bildete angesehene Polemiker aus, so Herasym Smotryc'kyj und seinen Sohn Meletij, Vasyl' Suraz'kyj, den so genannten Klyryk Ostroz'kyj und Chrystofor Filalet (angeblich der ehemalige polnische Protestant Marcin Broniewski). Sie schufen eine brennende polemische Literatur gegen die unierte Kirche und den neuen (gregorianischen) Kalender. Dies war ein Kampf um die Verteidigung der traditionellen Auffassung von Zeit und Raum, in dem eine immer noch metaphysische Vision vorherrschte, aber auch ein mächtiger Katalysator für die Entwicklung einer ukrainischen Identität.

Demian Nalyvajko (gest. 1627), der orthodoxe Privatpriester des Fürsten Vasyl' Kostjantyn, nahm 1595 an dem von seinem Bruder Severyn organisierten Kosakenaufstand teil, übersetzte die Predigten von Johannes Chrysostomus und trug zum Druck mehrerer Bücher bei. Er schrieb bemerkenswerte Gedichte, die von einem modernen Humanismus getragen sind. Das Gewissen ist der einzige „echte Richter", das wahre „Fegefeuer im Inneren des Menschen" – der Dichter schreibt hier polemisch gegen das katholische Fegefeuer an. Anders als die polnische „republikanische" Tradition drückt Demian in seinen Versen *Hüte dich vor den Italienern* (Chranisja Italian) keine politischen Ideen, sondern religiöse Gefühle aus: Er warnt vor dem katholischen Einfluss.

Um dem beleidigenden Vorwurf des polnischen Jesuiten Piotr Skarga (1536–1612) entgegenzuwirken, dass die „slavische Sprache" nicht in der Lage sei, theologische Inhalte auszudrücken, kodifizierten orthodoxe Bruderschaften und gelehrte Mönche das ruthenische Kirchenslavisch. Die berühmte *Grammatik* (1619) von Meletij Smotryc'kyj (1577–1633) blieb (wenn auch stark russifiziert) das verbindliche Sprachlehrwerk in Russland und auf dem orthodoxen Balkan bis Mitte des 18. Jahrhunderts. Die kodifizierte und gediegene Sprache war immer noch die heilige Sprache, aber allein die Tatsache, dass Kategorien der klassischen Grammatik verwendet wurden, bedeutete eine Revolution im geistigen und literarischen System der Ukraine zu jener Zeit. Die Vitalität und der hohe Grad der empirischen Kodifizierung der „einfachen Sprache" (*prosta mova*) wird durch eine Reihe von Wörterbüchern (das berühmteste ist Pamvo Beryndas *Leksykon*, 1627) und die vielen in der neuen Sprache verfassten Werke dokumentiert.

Seit den 1580er-Jahren wurden den Ausgaben der Heiligen Schrift oder der panegyrischen Literatur Widmungs- oder Lobgedichte in *prosta mova* oder ruthenisiertem Kirchenslavisch vorangestellt. Religiöse Inspirationen dominierten, wichen aber irdischen Themen und klassischen Bildern in Lobversen für Adelige, Stifter oder Städte (berühmt ist ein Gedicht, das L'viv gewidmet ist). Die Versifikation folgte dem polnischen syllabischen System mit Zäsur und kürzerem, meist weiblichem Reim. Nach den 1620er-Jahren wurde es durch die theoretischen Abhandlungen von Maciej Sarbiewski (1595–1640) und anderen polnischen und europäischen Jesuiten geprägt. Die Dichter wichen oft von den polnischen Regeln ab, sei es aus Unzulänglichkeit, sei es aus dem freiwilligen Wunsch, den lokalen rhythmischen Traditionen und Mustern zu folgen. Die frühe Verwendung von regelmäßigen Versformen brachte die ukrainische Kultur näher an den polnischen und westeuropäischen Kulturkreis heran und unterschied sie deutlich von der moskovitischen Tradition.

Als die Fürstin Anna-Alojza den Jesuitenorden in Ostroh einführte, gerieten Orthodoxe und Katholiken aneinander. In der *Klage über das unglückliche Geschehnis* (Ljament pro neščasnu pryhodu, 1636) beklagt ein anonymer Laiendichter den tödlichen bewaffneten Konflikt zwischen Bürgern in Ostroh. Die treffenden Verse vermitteln die tiefe Trauer über das Ende des Traums, dass katholische Polen und orthodoxe Ukrainer in Frieden zusammenleben könnten.

In L'viv spielte die Dormitio-Bruderschaft bis Mitte des 17. Jahrhunderts eine führende Rolle. Sie organisierte eine Schule und eine Druckerei. Tausende von Büchern zirkulierten in allen orthodoxen Gemeinden der Adelsrepublik, Moldawiens, Serbiens und Bulgariens. Eine frühe Errungenschaft ist die Sammlung von Lobgedichten *Prosphonima* (1591), welche die Schüler der Schule in L'viv dem Metropoliten Michajlo Rohoza überreichten. Einige Verse wurden auf Griechisch verfasst (und rezitiert), was für die Jahre von 1580 bis 1610 als Zeichen für die Ausrichtung der religiösen Kultur der Orthodoxen Galiziens auf Konstantinopel angesehen wird. Die meisten Gedichte dieser Sammlung, die sich wahrscheinlich mit Chorgesängen abwechselten, wurden jedoch in Kirchenslavisch oder *prosta mova* verfasst. Metaphorische Bilder von der Sonne, von Europa, den Dioskuren und anderem finden sich verstreut in diesen Gedichten. Weltliche Themen oder Bilder erscheinen in der heraldischen Dichtung, wobei aber der griechisch-orthodoxe Kaiser Konstantin der Große das obligatorische Ideal in den *Widmungen* an die Ostroh-Fürsten war.

Polemische Literatur: Gelehrsamkeit versus Askese

Im großen und vielfältigen Feld der religiösen Polemik und der gegenseitigen Anschuldigungen zwischen Orthodoxen, Katholiken und Unierten repräsentieren Meletij Smotryc'kyj (um 1577–1633) und Ivan Vyšens'kyj (um 1550–nach 1620) von ungefähr 1547 bis nach 1620 die Heterogenität der ukrainischen Kultur jener Zeit und erweisen sich als die gelehrtesten, rätselhaftesten und geschicktesten Schriftsteller der orthodoxen Wiedergeburt. Ihre Positionen waren denkbar unterschiedlich, sie waren sich aber im Hass auf den polnischen Jesuiten Piotr Skarga einig.

Beide erhielten ihre Ausbildung an der Ostroh-Akademie, aber Meletij Smotryc'kyj studierte auch an polnischen Jesuitenkollegs und deutschen protestantischen Universitäten. Als Mitglied der Bruderschaft von Vilnius veröffentlichte er seinen berühmtesten *Thrēnos* (Klagerede, 1610) unter dem Pseudonym Teofil Ortholog, einem „wahrheitsliebenden Gottesverehrer". 1620 wurde er Bischof von Polack, schrieb Traktate gegen die Union, nahm aber auch an Versammlungen teil, die der Versöhnung zwischen der katholischen und der orthodoxen Kirche dienten. Zurückgekehrt von Reisen nach Deutschland und Konstantinopel konvertierte er schließlich zum Uniatismus, korrespondierte mit dem Papst und erblickte in der griechisch-katholischen Kirche die einzige Möglichkeit für die Ruthenen, eine politische Nation zu werden. Alle seine Werke wurden gedruckt und lösten heftige Diskussionen aus. Er starb 1633 im unierten Kloster von Derman'. Er wurde von

Katholiken verehrt, obwohl er die fortschreitende Polonisierung der ukrainischen Eliten beklagte und der einzige Intellektuelle war, der von einer „Einheit des Blutes" für die Ruthenen ausging.

Der in Wolhynien geborene Ivan Vyšens'kyj schrieb stolz, dass er die scharfsinnige Rhetorik und Poetik der klassisch-antiken „Heiden" nie gelernt habe. Dennoch zeigen seine Werke, dass er die rhetorischen Mittel der polnischen Gegenreformation hervorragend beherrschte. In den 1570er-Jahren reiste er auf den Berg Athos und blieb dort bis zu seinem Tod. Während eines Aufenthalts in L'viv (1604–6) griff er die dortige Bruderschaft vehement an. Nur ein an Fürst Vasyl' gerichteter *Brief* wurde als Teil einer *Knyžyca* veröffentlicht (Büchlein, Ostroh, 1598). Vyšens'kyj verwendete das Pseudonym Theodul („Diener Gottes"). Als konservativster Traditionalist der frühneuzeitlichen ukrainischen Literatur wurde er oft als „orthodoxer Savonarola" bezeichnet – eine Definition, die nicht unangebracht ist, da er sicherlich die Schriften von Maksim dem Griechen kannte, in denen die Bewunderung für den florentinischen Prediger zum Ausdruck kam. Bekannt wurde Vyšens'kyj allerdings erst gegen Ende des 19. Jahrhunderts.

Smotryc'kyj präsentierte seinen *Thrēnos* als eine Übersetzung aus dem „heiligen" Griechisch in die „heilige" slavische Sprache und schließlich ins Polnische „zum leichteren Verständnis aller Menschen". Alle seine polemischen Werke schrieb er auf Polnisch. Seine Adressaten waren die politischen, kirchlichen und intellektuellen Eliten der polnisch-litauischen Adelsrepublik, Deutschlands und Konstantinopels. Er diskutierte seinen *Katechismus* mit dem Patriarchen Cyrill Lukaris und wurde der calvinistischen Häresie bezichtigt, eine Anschuldigung, die er in späteren, zwischen 1628 und 1629 verfassten Pamphleten (*Apologie*, *Protestation*, *Paränese*) zurückwies. Nach einem erschütternden Besuch auf Golgatha schrieb er 1627 einen Brief an Papst Urban VIII., in dem er „der schismatischen Häresie abschwören" wollte. Allerdings bat er später um die Erlaubnis, ein „verdeckter Unierter" zu bleiben, in der Hoffnung, eine Union der Kirchen zu erreichen, welche die katholischen Regeln lockerer anwendet, wie es in Südamerika geschah. Er bat darum, während der Liturgie nicht nur des Papstes, sondern auch des Patriarchen von Konstantinopel gedenken zu dürfen, während er Gott in der Stille für seine Bekehrung anrief.

Smotryc'kyjs typisch jesuitische Technik der Verstellung (*reservatio mentalis*) brachte ihn in Konflikt mit König Sigismund III., der anordnete, seinen *Thrēnos* zu verbrennen. Später wurde er von den Orthodoxen als abtrünniger Judas gebrandmarkt. Er war auch verantwortlich für den Mord am griechisch-katholischen Bischof Josafat Kuncevyč. In der Tat verbarg Smotryc'kyj seine Gedanken in einem Spiegelkabinett aus Bildern und Abbildern.

Vyšens'kyj schrieb in der ukrainischen *prosta mova*. Er lebte als Erwachsener auf dem Athos, doch seine Adressaten waren die westukrainischen Bürger, Adligen und Geistlichen. Er prangerte nicht nur die unierte Kirche an, sondern auch die Dekadenz der orthodoxen Oberschicht und die Korruption der Bischöfe und weltlichen Herren. In seinen Briefen, Dialogen und Schmähschriften verurteilte er sowohl die weltliche „heidnische" Bildung als auch die vorchristlichen slavischen Volkstraditionen und forderte Mönche und Laien auf, zur alten christlichen Einfachheit zurückzukehren. Er berief sich auf die byzantinische Askese, setzte sich aber auch für die ausgebeuteten Bauern ein. Wahrscheinlich hatte er eine bewegte Jugend durchlebt, war aber als Mönch unnachgiebig in seinem orthodoxen Glauben und seinen strengen asketischen Praktiken.

Vyšens'kyj machte nie einen Hehl aus seiner Radikalität, vertrat die konservativen geistlichen Strömungen des Ostens und das hesychastische Mönchtum, das auch starke asketische Elemente aufwies. Er schleuderte seine Pfeile gegen seine Mitbrüder, er grenzte sich von seinen Landsleuten ab, blieb aber im Grunde ohne Einfluss auf die Gesellschaft.

Smotryc'kyj und Vyšens'kyj waren mit denselben rhetorischen und poetischen Regeln vertraut und gehörten derselben literarischen Bewegung an, die von der Spätrenaissance zum Barock führte. Doch war das Resultat ihrer schöpferischen Kunst tief verschieden. In seiner erhabenen und vollmundigen Prosa schwelgte Smotryc'kyj in endlosen, höchst pathetischen Reihen von Argumenten, Epitheta, Verstärkungen, Ausrufen, rhetorischen Fragen, Anaphern und Hyperbeln, um bei den Lesern Emotionen und Verwunderung zu erzeugen. Seine Kunst stützt sich auf eine tiefe Kenntnis der alten und neuen theoretischen Traktate sowie auf die klassische Gelehrsamkeit. Vyšens'kyj kannte dieselben Regeln der Rhetorik, ließ sich aber eher von der lebendigen und phantasievollen Prosa polnischer Polemiker der Spätrenaissance inspirieren: Reminiszenzen an den Calvinisten Mikołaj Rej sind offensichtlich, er kannte sicherlich andere polnische protestantische Schriftsteller sowie Stanisław Orzechowskis farbenfrohe und provokative Reden und Pamphlete.

Was Smotryc'kyjs *Thrēnos* außergewöhnlich macht, ist die Kraft der allegorischen Figuren, mit denen er die gesamte Struktur untermauert. Das archetypische Bild der Mutter verkörpert die Kirche, die ihren bemitleidenswerten Zustand im gegenwärtigen Ruin des ruthenischen Volkes beklagt. In der Abfolge der rhetorischen Mittel, der biblischen Bilder und der formelhaften Sprache der trauernden Mutter wechseln sich theologische Wahrheiten mit dramatischen Beschreibungen der erfahrenen Kränkungen sowie mit liebevollen und pathetischen Appellen an ihre Kinder. Die literarische Ausdruckskraft des *Thrēnos* liegt in den konkreten Bildern und in der überzeugenden Rhetorik. Bei der Aufzählung der adligen Familien, die den wahren Glauben und die ruthenische Identität aufgegeben haben, stellt die Mutter Kirche ihren nackten Körper zur Schau. Diese Nacktheit wurde durch den brutalen Angriff des Volkes auf sie hervorgerufen. Der wahre orthodoxe Glauben wird im Text mit den mit Perlen besetzten Kleidern der Mutter Kirche gleichgesetzt.

Die Personen und Gegenstände, die Vyšens'kyj darstellt, sind dem konkreten Alltagsleben entnommen, aber sie erhalten die metaphorische Kraft von Symbolen. In einem *Brief* an seine Landsleute, in dem er sich gegen die Vorwürfe der Katholiken wendet, die orthodoxen Mönche trügen unanständige und hässliche Kleider, stellt Vyšens'kyj sarkastisch die heilige Symbolik der Mönchskutte der Eitelkeit der Hutträger gegenüber. Wie in einer Theaterszene führt er eine Stimme aus dem Himmel ein, die dem Teufel sagt: „Du, Teufel, versuchst vergeblich, mich zu modischen Hüten zu bekehren. Du, Teufel, wirst mich nie dazu bringen, einen Hut auf diese oder jene Seite zu setzen und meinen Hals wie ein Puter aufzuplustern". Vyšens'kyjs Verwendung literarischer Mittel erinnert an die kirchenslavische Poetik, doch die für die Hagiographie und die geistliche Literatur typischen

Wortspiele werden von ihm für satirische Bilder und die hyperrealistische Anprangerung von Sünden eingesetzt. Die abstrakten Komposita, die Hryhorij Camblaks erhabene religiöse Prosa charakterisieren, wurden zu spöttischen Epitheta für sehr irdische, gierige Vielfraße: „Du bist ein Blutfresser, ein Fleischfresser, ein Bestienfresser, ein Wildfresser, ein Taubenfresser, ein Hühnerfresser, ein Gänsefresser, ein Vogelfresser, ein Rohfleischfresser, ein Süßfresser, ein Butterfresser, ein Backwarenfresser! Und ein Daunenschläfer, ein Sofaschläfer, ein Kissenschläfer", wettert Vyšens'kyj gegen reiche Leute oder sündige Mönche. Die eher schlichten, lehrhaften Aussagen des Athos-Mönchs gewinnen an Überzeugungskraft, weil sie den orthodoxen Gläubigen konkrete Lebensanweisungen geben. Die Invektiven gegen die lateinische Lehre des *filioque* (der Ursprung des Geistes aus Vater *und* Sohn) werden durch eine plastische Theatralisierung des Verhaltens der Gegner echt und greifbar gemacht. Der katholische Gegner, warnt Vyšens'kyj, „wird schreien und springen und dir sagen: Halt den Mund, du Unwissender, du weißt nichts, denn du hast nie Latein gelernt, du hast nur das Evangelium gelesen! Du kennst die Komödie und die Maskerade der Jesuiten nicht. Er wird dir vorwerfen, dass du Platon und Aristoteles ignorierst". Vyšens'kyj führt mehrere Autorstimmen ein und entwirft verschiedene Erzählschemata, in denen die Theatralik durch Ironie bis hin zu Sarkasmus gesteigert wird. Der unkonventionelle Gebrauch der ukrainischen Sprache und die Fähigkeit, die alte Tradition mit modernen rhetorischen Mitteln zu verbinden, machen Vyšens'kyj zu einem der originellsten Vertreter der frühneuzeitlichen ukrainischen Literatur.

Sowohl Vyšens'kyjs als auch Smotryc'kyjs direkter Einfluss blieb begrenzt, aber beide stehen für die Fähigkeit der ukrainischen Schriftsteller des frühen 17. Jahrhunderts, ein neues, facettenreiches, vielschichtiges und originelles literarisches System zu schaffen. Smotryc'kyjs Allegorie der klagenden Mutter-Kirche verbindet ihn mit der modernen ukrainischen Literatur: Im *Thrēnos* war die Mutter die Kirche, Taras Ševčenko vollzog den nächsten Schritt mit der Identifizierung der trauernden Mutter mit der Ukraine, dem Land und dem Volk, mit der gesamten sozialen, intellektuellen und geistigen Tradition. Vyšens'kyjs Sprache und Bildsprache zeugen davon, dass Groteske und Ironie grundlegende Bestandteile der ukrainischen Literatur sind, die bis ins 21. Jahrhundert hineinreichen. Sie zeugen auch vom Erfindungsreichtum und von der Vitalität ihrer sprachlichen Widerstandsfähigkeit.

Exegetische und panegyrische Literatur

Auch neben den Polemikern zeugen mehrere andere Schriftsteller von den rasch wachsenden Ausdrucksmöglichkeiten der ukrainischen Literatur. Kyrylo Trankvilion Stavrovec'kyj (1581–1646) erhielt seine Ausbildung höchstwahrscheinlich in einer Schule der ukrainischen Bruderschaft und später in einem Jesuitenkolleg. In seinen *Kommentaren zu den Evangelien* und zwei Predigtsammlungen (*Spiegel der Theologie*, 1618, und *Die unbezahlbare Perle*, 1646) wandte er westliche rhetorische Mittel auf die orthodoxe Lehre und homiletische Tradition an und versuchte, „die Rus' mit der Rus' zu vereinen", indem er aufzeigte, dass keine theologischen oder rituellen Unterschiede die Trennung der orthodoxen und unierten Kirchen rechtfertigen können. Er schrieb Prosa und Verse mit unregelmäßiger Silbenzahl, aber mit regelmäßigen Reimen. Rhetorische Mittel und lateinische Zitate – in kyrillischen Buchstaben! – machen seine westliche Orientierung sichtbar. Seine Meditationen über die Wunden und die Passion Christi, die Klagen der Jungfrau Maria und andere ähnliche Werke erinnern an die lateinische religiöse Poesie der Katholiken. Er gründete Druckereien in Počajiv, Univ und Černihiv, wo er seine Werke druckte. Seine Werke wurden von seinen orthodoxen Mitstreitern kritisiert und in Moskau zum Feuer verdammt (1627). In der Folge konvertierte er zur unierten Kirche.

Auch andere kleinere Genres waren vertreten. Ein reicher Kyjiver Kaufmann, Boz'ko Balyka, hinterließ eine Beschreibung der katastrophalen Zustände im 1612 von Polen belagerten Moskau: Die Szenen von Hunger und Kannibalismus entsprechen ähnlichen Horrorberichten aus dem 20. Jahrhundert. Satirische Verse zirkulierten auf beiden Seiten: Polnische Katholiken spotteten über den „wilden" orthodoxen Frommen, der „eine Schafspelzjacke ohne Gürtel trägt, sich nie kämmt, nie Nase und Hintern putzt. Aber er hält die sechs Wochen des Fastens durch". Orthodoxe Ukrainer beklagten sich über die polnisch-litauische Regierung. Ein Brief, den der „Burgherr" Meleško an den König und die „Senatorenbrüder" geschrieben haben soll, spottet über altmodische Menschen, die keine fremden Speisen und Getränke zu sich nehmen.

Die wachsende Reife der ukrainischen Gesellschaft und Kultur wird am besten durch Hetman Petro Sahajdačnyj (1570–1622) repräsentiert. Ausgebildet in der Ostroh-Schule, wurde der scharfsinnige und weitsichtige Diplomat Befehlshaber des Kosakenheeres und machte aus ihm eine organisierte Militärmacht, die zu einer wichtigen Stütze der polnisch-litauischen Adelsrepublik wurde. Für die „Nation der Rus'" (narod rus'ki) erwirkte er das Recht der Kosaken, den Hetman zu wählen und „Rechte und Freiheiten" zu genießen. Außerdem erreichte er die Anerkennung der orthodoxen Kirche mit neuen Bischöfen. Sahajdačnyj blieb dem polnischen König gegenüber loyal und starb an den Wunden, die er auf der Festung Chotyn von den Osmanen erhalten hatte. 1622 gab Kasian Sakovyč (1578–1647), ein Absolvent der Krakauer Universität und der Zamoyski-Akademie, eine mit schönen Stichen versehene Gedichtsammlung heraus, die von Nachkommen prominenter Bürger verfasst wurde. Die regelmäßigen Verse und häufigen Reminiszenzen an die Antike sind von der polnischen und europäischen Renaissancekultur geprägt. Wie der ideale polnische Ritter lebt der tote Hetman für die „goldene Freiheit". Kriegstugenden entsprechen seinem religiösen Eifer für die Verteidigung des „wahren orthodoxen Glaubens" gegen „heidnische Ungläubige". Er vertritt ein pragmatisches ziviles und politisches Denken, in dem der orthodoxe Glaube und die Loyalität zum polnischen König konfliktfrei nebeneinander bestehen können. Vergleiche mit Kodros (dem athenischen Helden, der den Tod in Kauf nahm, um das Vaterland zu retten) und Leonidas (dem Helden der Thermopylen) unterstreichen die ideale „Freiheit" der zivilisierten Völker gegenüber der Unfreiheit der „Barbaren" (hier der Osmanen). Ähnlich wie Jan Zamoyski wusste auch Sahajdačnyj „mit dem Schwert und der Feder umzugehen". Bei seiner Verherrlichung spielt die historische Erinnerung eine wesentliche Rolle: Die Vorfahren des Hetmans er-

4 Ukrainische Literatur in der polnisch-litauischen Adelsrepublik

oberten Konstantinopel unter der Herrschaft des „Rus'-Monarchen Oleh" und wurden in derselben Zeit wie Volodymyr getauft. Die Panegyrik, die polnischen Vorbildern nachempfunden ist, lässt ihre ukrainisches Selbstbewusstsein unzweifelhaft erkennen – sowohl in der Wahl der *prosta mova* als auch in der lebendigen Bildsprache, die auf die Kyjiver Vergangenheit und den Kosakenstolz verweist.

Einige Jahre später konvertierte Kasian Sakovyč zur unierten Kirche, später zum lateinischen Katholizismus. Als Mitarbeiter von Meletij Smotryc'kyj schrieb er polemische Traktate zur Verteidigung des neuen gregorianischen Kalenders, lehnte aber die innovativen Reformen von Petro Mohyla ab. In diesen Komplikationen spiegeln sich die Herausforderungen, vor denen die intellektuellen Vertreter der „Nation der Rus'" standen.

Das Mohyla-Kolleg und die neue Lehre

In den ersten Jahrzehnten des 17. Jahrhunderts erlangte Kyjiv allmählich wieder jene zentrale Stellung, die es nach dem Einfall der Mongolen verloren hatte. Religiöse Polemik und Doktrin wurden immer offener nach westlichen Mustern gestaltet. Neue literarische Gattungen entstanden und steigerten die Ausdruckskraft der „einfachen Sprache". Zwar bildete die Renaissance in der Ukraine keine eigene Stilepoche, doch inspirierte sie die allgemeine Denkweise eines beträchtlichen Teils der Elite.

Die politischen und kulturellen Veränderungen begannen in den 1620er-Jahren. Petro Mohyla (1596–1647), der eine Generation jünger als Smotryc'kyj war, verzichtete auf die Utopie einer Wiedervereinigung der katholischen und der orthodoxen Kirche und zielte darauf ab, die Ukrainer und Belarussen in den Schoß des „einzig wahren" orthodoxen Glaubens zu holen und gleichzeitig die orthodoxe Kultur auf das gleiche Niveau wie die polnische und europäische zu heben. Seine Reformpläne nahmen die Form einer orthodoxen Gegenreformation an, die alle anderen Konfessionen scharf ablehnte.

Mohyla war Absolvent der polnischen Akademie von Zamość und französischer Bildungsinstitutionen. 1633 wurde er Metropolit von Kyjiv. Er verfügte über eine große Gelehrsamkeit und außergewöhnliche organisatorische Fähigkeiten. Aus seiner Sicht bestand die einzige Möglichkeit, der gelehrten und aggressiven Propaganda der Jesuiten etwas entgegenzusetzen, darin, eine orthodoxe Schule zu gründen, die es mit dem katholischen Bildungssystem aufnehmen konnte. Er stellte die Macht der Bruderschaften und ihrer Schulen einander gegenüber und organisierte sein neues *Collegium* nach dem Vorbild der *ratio studiorum* der Jesuitenakademien. Mohyla führte Latein als Unterrichtssprache ein, Rhetorik und Poetik als Grundkenntnisse für Mönche und Laien (Adlige, Kosakensöhne, Bürger, sogar Bauernkinder), sowie Dialektik, Logik und aristotelische Philosophie für gelehrte Polemiker, Prediger und Literaten, die sowohl politische als auch kirchliche Führungsaufgaben übernehmen sollten. Orthodoxe Bildungsinhalte wurden zum innersten Kern der ukrainischen Kultur.

Die Panegyrik blieb ein wesentlicher Bestandteil der literarischen Tätigkeit. Zur Feier der Gründung des *Kollegs* rezitierten die Schüler das *Eucharisterion*, eine von Sofronij Počas'kyj (gest. nach 1642) herausgegebene Sammlung von Lobgedichten. Die Personifikation der Künste und der Musen stellt den Parnass der Bildung dar, der direkt von Gott und der Jungfrau Maria geschützt und inspiriert wird. In Anlehnung an die synkretistische Doktrin der europäischen Barockkultur bringt die christlich-symbolische Interpretation klassischer allegorischer Figuren die Kyjiver Kulturelite in direkten Kontakt mit den dominierenden westlichen literarischen und philosophischen Strömungen. Mohylas Bildungsprogramm hatte eine wissenschaftliche und poetische Elite geformt, die das hohe Niveau der orthodoxen Kultur bekräftigte und eine eigene Identität ausbildete.

Die Erinnerung und das Bewusstsein für die historische Vergangenheit unterstützten Mohylas Pläne für den Wiederaufbau der Ruinen der Sophienkathedrale und der Zehnten-Kirche (benannt nach der Finanzierungsmethode), in der sich das Grab des heiligen Volodymyr befand. Die architektonische und institutionelle Modernisierung veränderte das Höhlenkloster und seine Druckerei. Der Rektor des Kollegs, Syl'vestr Kosov (um 1600–1657), verfasste ein erlesenes *Paterikon* (gedruckt im Höhlenkloster, 1635), eine Ausarbeitung der Sammlung von Lebensbeschreibungen heiliger Kyjiver Mönche aus dem 13. Jahrhundert. Das Werk wurde später vom lutheranischen Gelehrten Johannes Herbinius (polnisch: Kapusta) ins Lateinische übersetzt und in Jena (1675) veröffentlicht. Auf das *Paterikon* folgte Atanasij Kalnofojs'kyjs *Teraturgima*, ein gemischtes Werk, das hagiografische, didaktische und historische Schriften vereint. Beide Werke wurden in polnischer Sprache (1638) gedruckt, zusammen mit kunstvollen Stichen von Karten und Grabinschriften, auf halbem Weg zwischen Renaissance und Barock. Die Verwendung der polnischen Sprache machte sie für das Establishment der Adelsrepublik verständlich und zielte darauf ab, es vom geistigen und historischen Wert der orthodoxen Tradition zu überzeugen.

Mohylas lehrhafte Dissertationen und Kirchenbücher bilden die Grundlage der zeitgenössischen orthodoxen Theologie und Liturgie (*Trebnik*, 1646). Sie hatten enormen Einfluss auf das politische und intellektuelle Leben in der Ukraine (später auch in Serbien und Russland). Mohyla war auch bestrebt, die orthodoxe Kirche zu einen und den sozialen Zusammenhalt in der Ukraine zu stärken, indem er die Bekehrung von „Häretikern" (Protestanten) und „Ungläubigen" (Juden, Muslimen) förderte und gleichzeitig versuchte, eine friedliche Koexistenz auch mit der polnischen katholischen Macht auszuhandeln. Die Versöhnung von Unierten und Orthodoxen gehörte ebenfalls zu seinen ursprünglichen Plänen. Der ausschließliche Kulturanspruch des polnischen Adels, die Habgier verschiedener gesellschaftlicher Akteure, die Einmischung ausländischer Mächte (vor allem Russlands) sowie viele Fehler auf allen Seiten machten diese Pläne unmöglich, aber Mohylas Wirken wird auch heute noch anerkannt. 1996 erklärte ihn die ukrainisch-orthodoxe Kirche zum Heiligen.

Der Tod des Metropoliten (1647) kann als symbolisches Datum betrachtet werden, mit dem die erste Phase der Entwicklung der ukrainischen Literatur und Identität der frühen Neuzeit abgeschlossen wurde. Zwei Jahre später schuf Bohdan Chmel'nyc'kyj die erste autonome politische Einheit der Ukraine, doch der frühe Tod des Hetmans (1657) führte in zwei Jahrzehnte innerukrainischer Kriege und eine wachsende Abhängigkeit vom Zarenreich.

Polnisch-ukrainische Poesie

Die kulturelle Vielfalt von Völkern, Sprachen und Religionen in der polnisch-litauischen Adelsrepublik führte zur Entstehung literarischer Werke, die unterschiedlichen Literaturgeschichten angehören. Polnischsprachige Werke, die von ruthenischen Schriftstellern im Hetmanat verfasst wurden, können als Teil der belarussischen, polnischen oder ukrainischen Literaturgeschichte wahrgenommen werden, in anderen Fällen ist eine „nationale" Zugehörigkeit der polnisch schreibenden Ukrainer nicht offensichtlich. Mehrere Schriftsteller der Spätrenaissance und des Barocks ruthenischer Abstammung, die nur auf Polnisch oder Latein schrieben, werden im Allgemeinen nicht nur dem polnischen, sondern auch dem ukrainischen, belarussischen oder litauischen Kanon zugeschrieben. Die Sprache war nur einer der vielen Identitätsmarker jener Zeit. Deshalb ist es manchmal schwer zu entscheiden, warum ein Dichter hauptsächlich oder ausschließlich der ukrainischen oder der polnischen Literatur zugerechnet werden sollte. In der Westukraine ist das Problem noch deutlicher zu erkennen.

Bekannt ist der Fall von Stanisław Orzechowski (ukrainisch Orichovs'kyj, 1513–1566), der sich selbst als „gente ruthenus, natione polonus" bezeichnete, als gebürtiger, „ethnischer" Ruthene, der die polnische Staatsbürgerschaft besaß. Geboren in der ukrainisch-belarussischen Mischregion Peremyšl', erzogen im Katholizismus und in der lateinischen Kultur, erbte er von der orthodoxen Mutter ein lebhaftes Einfühlungsvermögen für den östlichen Glauben und die Rituale, war aber gleichzeitig vom Luthertum beeinflusst. Er befürwortete die Ehe der Geistlichen, unterstützte die reformierte Idee des Abendmahls unter beiderlei Gestalt, feierte den Mythos der „ersten apostolischen Taufe" der Rus', die angeblich vom Apostel Andreas im Jahr 44 n. Chr. gespendet wurde. Seine lateinischen oder polnischen Werke gehören zum literarischen und intellektuellen System des polnischen Adels und zur europäischen *respublica litterarum*. Einige typisch ruthenische Merkmale machen diesen Schriftsteller zu einem guten Beispiel für die Vielfalt der Identitäten und die doppelte Loyalität eines beträchtlichen Teils des polnischen Adels der Renaissance.

Sebastian Fabian Klonowic (um 1545–1602) druckte seine *Roxolania* von 1584 in Krakau. Diese lateinische „descriptio gentium" ist den Ukrainern, Armeniern und Juden der Stadt L'viv gewidmet. Sie ist mit hochpoetischen, von Vergils und Horaz' Dichtung inspirierten Szenen ausgestattet und unterscheidet sich durch die persönliche Beobachtung des realen ukrainischen Lebens und der ukrainischen Kultur von der typischen polnischen Idylle. Der in Westpolen geborene Dichter wurde in L'viv ein reicher Bürger. Er hebt die Rus' deutlich vom „ungehobelten Moskovien" (deserta Boreae regna) ab und beschreibt mit Sympathie den ukrainischen Glauben, die Arbeit auf dem Feld und das Kunsthandwerk. Der von ihm beschriebene Gegensatz zwischen den reichen katholischen Bürgern und dem orthodoxen Volk markiert jedoch eine tiefe kulturelle Kluft zwischen den dominierenden Polen und den dominierten Ukrainern. Kyjivs Ruhm sei verschwunden, schreibt Klonowic, L'viv sei ein angemessener Musensitz, ein Bollwerk gegen Ketzer, während die ukrainischen orthodoxen Kleriker und Gläubigen sanftmütig und traditionsbewusst, aber unwissend und abergläubisch seien. In *Roxolania* findet sich eher der Ausdruck einer polnischen als einer ukrainischen Werteordnung. Der Text mag seinen Platz im heterogenen Kanon der ukrainischen Literatur haben, nimmt dort aber eher eine Randposition ein.

Sehr viel differenzierter ist der Fall der Brüder Józef Bartłomiej (1597–1677) und Szymon (1608–1629) Zimorowic. Sie waren Söhne eines ukrainischen Handwerkers und wurden reiche Bürger in L'viv. In ihren Gedichten vermischen sich Vergils Vorbild und polnische Idylle mit ukrainischen Realien und Personennamen. Józef Bartłomiej Zimorowic veröffentlichte das Werk *Roksolanki abo panny ruskie* seines früh verstorbenen Bruders unter seinem eigenen Namen.

Seine *Neuen ruthenischen Idyllen* (Sielanki nowe ruskie, 1663) repräsentieren das Ideal der friedlichen Koexistenz von Polen und Ukrainern in der Adelsrepublik. Die Kosakenrevolution von 1648 war ein Schock für Józef Bartłomiej Zimorowic, der seine ukrainische Identität nicht vergaß, sich aber in der polnischen Hochkultur und Oberschicht assimiliert fühlte. In seinen Versen erschien das einst „glückliche ruthenische Land, in dem Honig und Milch flossen", nun „von bitteren Tränen und Blut durchtränkt". Die doppelte Identität eines ukrainischen reichen Bürgers des 17. Jahrhunderts und seine traumatische Situation, als Chmel'nyc'kyjs Heer L'viv angriff, werden am besten in der Idylle *Die Händel der Kosaken* (Burda ruska) dargestellt: Als der Verteidiger Ostafi an den gesunden Menschenverstand eines Kosaken appelliert und erklärt, dass auch er ein Ukrainer sei, beschuldigt der Angreifer Ostafi, nur ein „Halb-Ukrainer" zu sein, der ukrainische Knochen, aber polnisches Fleisch habe, und dieses müsse weggeschnitten werden.

Von Kosakenthemen und -kriegen inspirierte Gedichte, sowohl in polnischer als auch in ukrainischer Sprache, waren voll von groben Gewaltbeschreibungen, verächtlichen Beschimpfungen, Klagen, manchmal auch mit dem traurigen Eingeständnis, dass dies die göttliche Strafe für die Sünden der Polen sein muss. Stil und Wert variieren von hoch und heroisch erhaben bis hin zu volkstümlichen und grob realistischen, satirischen Tönen. Ähnliche Werke sind auch in der ukrainischsprachigen Literatur zu finden. Sie wurden später zu Quellen für bekannte Historiker wie Samijlo Velyčko (1670–nach 1728). Es ist kein Zufall, dass Samuel Twardowskis berühmtes polnisches Poem *Der Bürgerkrieg* (Wojna domowa, 1681) mehrmals ins Ukrainische übersetzt und adaptiert wurde.

Typisch für diese Zeit sind die Biografie und die Dichtung von Danylo Bratkowski (ukr. Bratkovs'kyj, gest. 1702), der ausschließlich auf Polnisch schrieb. Er war ein orthodoxer Adliger, der hohe öffentliche Ämter in der polnischen Verwaltung bekleidete. Als der polnische Staat die ukrainischen Rechte beschnitt und die Kosakengemeinschaft am rechten Ufer des Dnipro auflöste (1699), beteiligte er sich an den Aufstandsplänen von Semen Palij, wurde verhaftet und von den Polen öffentlich hingerichtet. Seine Poesie wiederholt typische barocke Tropen und Gemeinplätze, ist aber voller Humor, epigrammatischem Witz und Mitgefühl für die unterdrückten Gesellschaftsschichten.

Weiterführende Literatur

David A. Frick: Meletij Smotryc'kyj. Cambridge, Mass. 1995.
Harvey Goldblatt: The Ukrainian Language in the Context of the Study of Sacred and Vulgar Tongues in Orthodox Slavdom. In : Harvard Ukrainian Studies 29 (2007). S. 149–192.
George Grabowicz: „Mylost' Bozhiia, Ukraynu ... svobodyvshaia... " and Ukrainian Literature after (and before) Poltava: The Missing Link. In: Harvard Ukrainian studies 31 (2009–10), S. 535–552.
Ihor Isichenko: Sylvester Kosov's Exegesis (1635): A Manifesto of the Kyiv-Mohyla Counter-Reformation. In: Kyiv-Mohyla Humanities Journal 2 (2015), S. 65–82.
Zenon E. Kohut, Volodymyr Sklokin and Frank E. Sysyn (Hg.): Eighteenth-Century Ukraine. New Perspectives on Social, Cultural, and Intellectual History. Montreal 2023.
Zenon E. Kohut: Cossack Ukraine: Early-Modern Political Thought, Culture, and Identity Formation, 1569–1714. Montreal 2025.
Michael Moser: New Contributions to the History of the Ukrainian Language. Edmonton 2016.
Serhii Plokhy: The Cossacks and Religion in Early Modern Ukraine. Oxford 2002.
Natalia Pylypiuk: Eucharisterion. Albo, Vdjac[h]nost'. The First Panegyric of the Kyiv Mohyla School: Its Content and Historical Context. In: Harvard Ukrainian Studies, 8 (1984), S. 45–70.
Natalia Pylypiuk: Poetry as Milk: A Seventeenth-Century Metaphor and its Pedagogical Context. In: Journal of Ukrainian Studies 17 (1992), S. 189–203.
Hans Rothe (Hg.): Die älteste ostslavische Kunstdichtung (1575–1647). Gießen 1977.
Ihor Shevchenko: Ukraine Between East and West. Edmonton, Toronto 1996.
Giovanna Siedina: Horace in the Kyiv Mohylanian Poetics (17th-First Half of the 18th Century): Poetic Theory, Metrics, Lyric Poetry. Firenze 2017.
Mychajlo Vozniak: Geschichte der ukrainischen Literatur. 16. bis 18. Jahrhundert. Gießen 1975.
Mychajlo Vozniak: Die Geschichte der ukrainischen Literatur im 17. und 18. Jahrhundert. Köln, Weimar, Wien 2001.
Natalia Yakovenko: Choice of Name versus Choice of Path: The Names of Ukrainian Territories from the Late Sixteenth to the Late Seventeenth Century. In: Georgiy Kasianov, Philipp Ther (Hg.): A Laboratory of Transnational History: Ukraine and Recent Ukrainian Historiography. Budapest 2008, S. 115–148.
Maksym Yaremenko: The Sacralisation of the Battle of Poltava in the Eighteenth-Century Russian Empire. In: Studi Slavistici 2 (2021), S. 33–55.

Literatur im Kosaken-Hetmanat

Giovanna Brogi

Literaturgeschichtliche Periodisierungen stützen sich oft eher auf historische als auf literarische Fakten. So betrachtet man gemeinhin die Chmel'nyc'kyj-Revolution und die folgenden Jahrzehnte des Ruins (ruïna) als eine Zäsur zwischen der Epoche des Wiederauflebens der Orthodoxie und der Rezeption der Spätrenaissance einerseits und der Barock-Epoche, die durch Mazepa verkörpert wird, andererseits.

Die politischen Veränderungen und die führende Rolle von Mazepa legen es nahe, seine Niederlage bei Poltava im Jahr 1709 als radikalen Wendepunkt der ukrainischen Kultur zu betrachten. Die brutale Unterdrückung der Kosakenarmee und der Gesellschaft durch Peter I., die Einschränkung der traditionellen Kosakenfreiheiten und der Autonomie des Hetmanats können in der Tat als Endpunkt der erfolgreichsten Periode der frühneuzeitlichen Ukraine angesehen werden. Nach dem Höhepunkt der sozialen, kulturellen und literarischen Blüte zwischen 1670 und 1708 erscheint das 18. Jahrhundert als eine Zeit der Dekadenz, die auf den Druck des russischen Imperiums zurückzuführen ist. Tatsächlich wurde eine harmonische Entwicklung der ukrainischen Literatur hin zur Moderne behindert. Trotzdem entwickelte sich das literarische und kulturelle Leben weiter, bis zur rechtlichen Abschaffung des Hetmanats durch Katharina II. in den 1770er-Jahren. Aus diesem Grund schließen die meisten ukrainischen Literaturgeschichten die frühneuzeitliche Epoche mit dem Dichter und Philosophen Hryhorij Skovoroda am Ende des 18. Jahrhunderts. Beide Perspektiven – Zäsur im Jahr 1709 oder *longue durée* des Barocks bis in die 1770er-Jahre – haben Vorteile und Aporien. Sie werden in der folgenden Darstellung behandelt.

Infolge der andauernden Kriege nach dem Tod von Chmel'nyc'kyj verringerten sich die Gegensätze zwischen der Land besitzenden „Šljachta" und den Dnipro-Kosaken. Der russische Einfluss im Hetmanat in der zweiten Hälfte des 17. Jahrhunderts verstärkte sich.

G. Brogi (✉)
Slavistik, Università di Milano, Mailand, Italien

Der „ewige Frieden" zwischen Russland und Polen (1686) trennte die Ukraine entlang des Flusses Dnipro in zwei Teile. Die Stagnation im rechtsufrigen polnischen Teil führte dazu, dass viele orthodoxe Ukrainer in die linksufrige Ukraine auswanderten. In den letzten Jahrzehnten des 17. Jahrhunderts gelang es politischen und kirchlichen Zentren wie Kyjiv, Černihiv, Perejaslav und Baturyn, die administrative Kontrolle des Hetmanats aufrechtzuerhalten, eine militärische Elite (die *Staršyna* der Kosaken) zu etablieren und in der ganzen Bevölkerung eine Reihe von kulturellen Werten zu verbreiten. Das Bildungs-, Kultur- und Literatursystem war immer noch auf die Kirche ausgerichtet, aber die Tätigkeit des Höhlenklosters und der Mohyla-Akademie garantierte ein hohes Niveau der Lehre, der Dichtung, des Schreibens, des Druckens und des Predigens bis weit ins 18. Jahrhundert hinein. Mazepas kluge Regierungsführung sowie weitsichtige wirtschaftliche, soziale und militärische Maßnahmen garantierten Stabilität und kulturelles Wachstum. Das ukrainische Kulturmodell übte grossen Einfluss auf den russischen Zarenhof aus. In Moskau wurde eine Akademie nach dem Vorbild der Mohyla-Akademie gegründet. Die führenden Positionen in der russischen Kirche wurden von ukrainischen und belarussischen Mönchen und Gelehrten besetzt. Erst nach 1704 setzte Peter I. radikale Reformen durch. Weitreichende Änderungen in den kirchlichen und politischen Organisationen wurden von Teofan Prokopovyč vorgeschlagen und vorangetrieben. Prokopovyč wurde so zum Hauptgestalter des zaristischen Regierungssystems für Peter und Anna Ioannovna. Die von Peter I. geplanten Reformen zur Einschränkung der politischen und kirchlichen Privilegien und zur Eingliederung der Kosakenheere in die russische Armee veranlassten Mazepa, seine Chancen beim neuen schwedischen König zu versuchen. Nachdem er zuvor der angesehenste und treueste Berater des Zaren gewesen war, wurde der Hetman nach Poltava zum Inbegriff des verräterischen Teufels. „Mazepist" ist seither in Russland bis in die Ära Putin hinein ein Synonym für „Verräter".

Peters Repressionen gegen die Ukraine waren gnadenlos und entfalteten ihre Wirksamkeit auf lange Sicht. Obwohl die ukrainische Kultur, Sprache und Identität in der Zeit von Danylo Apostol (1727–1734) und Zarin Elisabeth (1741–1762) wieder eine gewisse Sichtbarkeit erlangte, wurden die ukrainischen Länder als Verwaltungsprovinzen in das imperiale Herrschaftssystem integriert. Die Tätigkeit der Druckereien wurde drastisch eingeschränkt und nur unter strenger Kontrolle für den kirchlichen Gebrauch zugelassen. Als Sprachen waren nur noch Russisch oder ein stark russifiziertes Kirchenslavisch erlaubt. Das Höhlenkloster war nicht mehr dem Patriarchen in Konstantinopel unterstellt und verlor damit auch die Entscheidungsbefugnis über den Druck (Stavropigia), es gehörte nun zum Moskauer Patriarchat. Das ukrainische Schrifttum wurde in einigen Gattungen weitergeführt, aber seine Überlieferung war nur noch in Handschriften möglich.

Im 18. Jahrhundert wurden die ukrainischen Bauern der Leibeigenschaft unterworfen – damit teilten sie das Schicksal der russischen *Mužiki*, die seit dem 16. Jahrhundert unfrei waren. Viele Leibeigene flohen in die Sloboda oder in die südlichen Steppen. Die Kluft zwischen dem „konservativen" Kosaken-Establishment und dem demokratischeren (aber auch anarchischen) Zaporižžja-Heer wuchs im 18. Jahrhundert. Die zaristischen Behörden mischten sich geschickt in die inneren Angelegenheiten des Hetmanats ein, was zu

5 Literatur im Kosaken-Hetmanat

Konflikten zwischen der *Staršyna* und den einfachen Kosaken führte. Diese Konflikte wichen im 19. Jahrhundert einem romantischen Kosakenmythos, der zu einem Eckpfeiler der modernen nationalen Identität wurde. Entscheidenden Anteil daran hatten die Kyrill-Methodius Bruderschaft, die Dichtung von Taras Ševčenko und der Roman *Der Schwarze Rat* von Pantelejmon Kuliš.

Im 18. Jahrhundert wurden die reichsten und einflussreichsten Familien Teil der russischen Aristokratie. Adlige mit klingenden Namen wie Rozumovs'kyj, Kočubej, Zavadovs'kyj, Bezborod'ko und viele andere vollzogen diese Aufstiegsassimilation. Die Erinnerung an ihre kosakische Vergangenheit, die sie manchmal bewahrten, wurde auf Folklore oder Familientradition reduziert. Viele Kosaken aus dem Kleinadel assimilierten sich an den russischen Adel (dvorjanstvo). Die Zeit Katharinas II. war besonders effizient bei der Assimilierung der ukrainischen Oberschicht. Als 1805 das russische Gymnasium in Nižyn gegründet wurde, kam es zu einer schnellen und vollständigen sprachlichen und kulturellen Russifizierung. Der berühmteste Vertreter ist Mykola Hohol', der zu Nikolaj Gogol' wurde, aber auch Schriftsteller wie Orest Somov oder Vasyl' Narežnyj fallen in diese Kategorie.

Die Abwanderung ukrainischer Intellektueller nach Russland begann im 17. Jahrhundert, doch im 18. Jahrhundert nahm sie massive Ausmasse an. Ursprünglich war es der Wunsch der Mönche, in einem Land zu leben, das als Hochburg der orthodoxen Religion galt. Doch die Emigration war auch für Geistliche ein Mittel, um eine glänzende Karriere zu machen und zu Reichtum zu gelangen. In einigen Fällen war es unmöglich, eine Einladung des Zaren abzulehnen (so für Stefan Javors'kyj und Dmytro Tuptalo). Das beste Beispiel für einen Intellektuellen, der von Mazepa zu Peter I. wechselte und ein ebenso brillanter wie machtbesessener Erneuerer der imperialen russischen Kultur wurde, war Teofan Prokopovyč. Für fähige und unternehmungslustige Menschen bot das zaristische Russland Möglichkeiten, die im provinziellen „Kleinrussland" unvorstellbar waren.

Dieser Begriff, der jahrhundertelang auf den ursprünglichen Metropolitansitz und die ruhmreiche alte Kyjiver Tradition verwies, wurde zum offiziellen Namen der ukrainischen Länder und Völker unter russischer Herrschaft. Der ursprünglich neutrale Begriff „Kleinrussland" (Malorossija) erhielt im 19. Jahrhundert für national gesinnte Ukrainer eine verunglimpfende Konnotation. In einem seiner letzten und bittersten Gedichte bezeichnete Taras Ševčenko solche assimilierten Oberschichten als „Kindermädchen und Onkel eines fremden Vaterlandes" (njan'ky, djad'ky otečestva chužoho).

Äußere historische Umstände beeinflussten die politische und kulturelle Entwicklung der ukrainischen Gebiete stark. Die tiefgreifendsten Folgen hatten die Teilungen Polens (1772–1795). Die rechtsufrige Ukraine wurde Teil des Russischen Reiches, das Habsburgerreich nahm die galizische Ukraine in Besitz. Der polnische Einfluss verschwand nie, nahm aber in der Zentral- und Südukraine ab, während er in der Westukraine zunahm. Dies ist auch dann zu bedenken, wenn der russische Einfluss in allen politischen, sprachlichen und kulturellen Aspekten überwiegt. Die Bedeutung der historischen Zugehörigkeit bestimmter ukrainischer Gebiete zu Polen zeigt sich bis heute deutlich.

In literarischer Hinsicht wies das 18. Jahrhundert verschiedene, sogar widersprüchliche Aspekte auf. Die Maßnahmen gegen die Druckmöglichkeiten und den Gebrauch der ukrainischen Sprache unterbrachen die Entwicklung zu neuen literarischen Formen, die in einer unabhängigen Gesellschaft hätten entstehen können. Die wachsende Abhängigkeit der Kirche vom Moskauer Patriarchat und die Verfolgung der Unierten Kirche drängten das Ursprüngliche der ukrainischen religiösen Tradition in den Schatten. Maksym Jaremenko hat jedoch kürzlich gezeigt, wie lange sich der verborgene Widerstand in der Mohyla-Akademie und in der gebildeten Gesellschaft hielt. Einige typische Gattungen der Barockdichtung blieben bestehen, passten sich den neuen sozialen und politischen Bedingungen an und entsprachen teilweise den vom Neoklassizismus und dem russifizierten deutschen Rationalismus inspirierten Trends. In mancher Hinsicht brachte die Eingliederung in das imperiale System einige ukrainische Intellektuelle näher an europäische Entwicklungen heran, wenn auch in „russifizierter" Form. Auf der anderen Seite drückten sich die wesentlichen Quellen der ukrainischen Literatur in nicht-kanonischen Formen aus, die nur in Manuskripten überliefert sind, wie etwa in Theatertexten, Dialogen und satirischen Darstellungen. Diese niedere Literatur war weniger an akademische Regeln gebunden und zeugt von einer äußerst lebendigen und weit verbreiteten kulturellen Aktivität. Das auffälligste Phänomen ist Hryhorij Skovoroda, der eine glänzende akademische Karriere ablehnte. Er wurde zu einem der bedeutendsten ukrainischen Dichter und lebte als „Wanderdjak" in den Häusern wohlhabender, über die ganze Ukraine verstreuter Freunde.

Didaktische und religiöse Literatur

Nach der Kosakenrevolution setzte die literarische und kulturelle Tätigkeit in der Ukraine nicht aus. Gut ausgebildete Literaten schrieben und druckten sogar während der ständigen Kriege Bücher. Sie dienten vor allem der Verteidigung der Interessen des Höhlenklosters, trugen aber auch zur Festigung des religiösen Lebens und zur Kontrolle des sozialen Verhaltens bei. Die Koexistenz mehrerer Sprachen blieb einige Jahrzehnte lang unverändert, aber das literarische System verstärkte seine Kohärenz.

Zu den renommiertesten Büchern, die in der Druckerei des Höhlenklosters veröffentlicht wurden, gehörte *Gottes Frieden für den Menschen* (Mir s Bohom čelovĕku, 1666) von Inokentij Gizel', einem ehemaligen lutherischen Gelehrten aus Ostpreußen. Das Buch ist eine lehrreiche Abhandlung über das Sakrament der Buße, die in der Tradition von Petro Mohyla verfasst wurde. Es blieb ein Eckpfeiler der orthodoxen Lehre, bis Peter I. das Patriarchat auflöste und den Heiligen Synod (1721) schuf. Gizel' soll auch der Autor (oder Herausgeber) eines umstrittenen historischen Werks, der *Synopsis* (1674), gewesen sein. Darin wird versucht, zwischen der Verteidigung der Autonomie des Höhlenklosters und dem wachsenden Druck der russischen Autorität zu vermitteln. In den zahlreichen Neuauflagen wurden grundlegende Begriffe eingeführt, die das Kyjiver Erbe mit dem russischen Zarenreich verbanden. Die *Synopsis* blieb bis zu Vasilij Tatiščevs (1686–1750) *Russischer Geschichte seit den ältesten Zeiten* (1768) das zentrale Handbuch der Geschichte in Russland.

Ioanykij Galjatovs'kyj (1620–1688) schuf ein umfassendes Ideengebäude, das als moralische und kulturelle Grundlage für das Hetmanat und die gesamte slavisch-orthodoxe Gemeinschaft dienen sollte. In seinem berühmten *Schlüssel des Verstands* (Ključ rozumenija) fasste er die grundlegenden rhetorischen Regeln für das Verfassen von Predigten zusammen. In *Der neue Himmel* (Nebo novoe) sammelte er Geschichten und Legenden von Wundern. Die Quellen stammten meist aus westlichen Sammlungen wie den Werken des Deutschen Laurentius Surius und des Italieners Aloysius Lipomanus aus dem 16. Jahrhundert. Galjatovs'kyjs Bücher gegen Muslime, Juden und das Heidentum (*Der wahre Messias* [Mesia pravdyvyj], *Der Schwan* [Lebed'], *Die heidnischen Götter* [Bohi pohanskie]), die sowohl auf Polnisch als auch in der *prosta mova* veröffentlicht wurden, zielten darauf ab, die orthodoxe Lehre zu erklären und zu preisen und die kirchliche und politische Einheit innerhalb des Hetmanats zu fördern. Wie seine Schriftstellerkollegen bezog er seine Informationen nicht nur aus polnischen Zwischenquellen, sondern auch direkt aus im Westen gedruckten philosophischen, historischen, theologischen und literarischen Werken.

Das Predigen gehörte zu den wichtigsten Tätigkeiten sowohl für kirchliche als auch für soziale und politische Zwecke. Die ukrainischen Prediger integrierten sich in das System des westlichen Barocks. Antonij Radyvylovs'kyj veröffentlichte zwei dicke Bände mit Predigten: *Der Garten der Jungfrau Maria* (Ohorodok Marii Bohorodicy, 1676) und *Der Kranz Christi* (Venec Christov, 1688). Er wandte sich an alle Gesellschaftsschichten (Mönche und Priester, Kosaken und Bürger, Adlige und einfache Leute), feierte die Heiligen und Feste der Kyjiver Kirche, war aber empfänglich für soziale Probleme und lud zu korrektem Verhalten im Alltag ein. Sein lebendiger Stil und seine harmonische Erzählweise, die Kombination von klassischen Zitaten und Alltagsweisheiten machen Radyvylovs'kyj zu einem der besten ukrainischen Schriftsteller der frühen Neuzeit.

Die Tradition des Predigens war im mittelalterlichen Kyjiver Fürstentum tief verwurzelt. Sie wurde in den ukrainischen Gebieten nie unterbrochen, auch wenn es zu Veränderungen im literarischen und sprachlichen Code kam. Hingegen praktizierten nach dem 13. Jahrhundert die nordostslavischen Gemeinschaften (Novgorod und Moskovien) keine homiletischen Traditionen mehr. Erst im späten 17. Jahrhundert führten dort gelehrte Mönche aus der Ukraine und Belarus die systematisch-rhetorische Tradition der Predigt und des logischen Denkens ein. Lazar Baranovyč versuchte in den 1660er- und 1670er-Jahren erfolglos, seine Predigten in Moskau veröffentlichen zu lassen, aber erst seinem Schüler Simiaon Polacki gelang es, der erste Hofprediger zu werden. Seine Predigten wurden in Moskau postum gedruckt (*Das geistige Gastmahl* [Obed duševnyj, 1681]; *Das geistige Abendbrot* [Večerja duševnaja, 1683]).

Die Grundlage dessen, was man als Mohyla-Modell des Lernens und der Literatur bezeichnen könnte, war die Lehre der Poetik und Rhetorik. Diese Traktate wurden in lateinischer Sprache von berühmten Schriftstellern wie Stefan Javors'kyj und Teofan Prokopovyč mit bedeutungsschweren Titeln verfasst, wie *Camoena in Parnasso* (1686), *Fons Castalius* (1685), *Rosa inter spinas* (1696–1697) oder *Arctos in Parnasso* (1705). Bisweilen erschienen sie anonym. Ähnliche Texte zirkulierten in der 1685 in Moskau gegründeten slavisch-griechisch-lateinischen Akademie, die dem Mohyla Modell folgte. Sie beeinflussten die russische Rhetorik- und Poetikliteratur, die sich in Richtung Klassizismus entwickelte und ihren Höhepunkt in den theoretischen Werken von Tredjakovskij, Sumarokov und Lomonosov fand. Ciceronische rhetorische Kategorien und aristotelische Prinzipien der Nachahmung waren vorherrschend, aber Horaz' Idee einer Harmonisierung der *ars* mit der *natura* war nicht weniger wichtig, und die ursprünglich platonische Idee der „göttlichen Inspiration" und des „Witzes" war einigen Autoren nicht fremd.

Emblematische Dichtung

Poetische Formen sowohl im Polnischen als auch im Ukrainischen illustrierten soziale und historische Ereignisse, Ideen und Ängste, ironischen Skeptizismus und religiöse Meditationen. Die panegyrische Literatur bot einige echte Perlen: Elegante rhetorische Prosa wechselte sich mit Poesie ab. Raffinierte Wendungen, phonetische Effekte und die Variabilität der Versifikation und des stilistischen Registers bildeten ein organisches Ganzes, das sich perfekt in das europäische Barocksystem einfügte. Nicht alle Gattungen waren in der Ukraine vertreten: Das epische Gedicht, die Liebesdichtung, idyllische und elegische Verse waren selten oder fehlten ganz. Die religiöse Inspiration blieb vorherrschend. Eine laizistische oder wissenschaftliche Literatur gab es kaum. Mehrere ukrainische Schriftsteller, die vom polnischen oder russischen Literaturkanon vereinnahmt wurden, verdienen es, in ihrem Wert und ihrem ukrainischen Kontext untersucht zu werden.

Lazar Baranovyč (1620–1693) war einer der produktivsten und faszinierendsten Dichter. Er war mit der polnischen Sprache und dem polnischen Literatursystem bestens vertraut. Als Schüler der polnischen Akademien kannte er Maciej Sarbiewskis Theorie des „Scharfsinns" und die Poetik des „Wunders". In den 1640er-Jahren war er zunächst Lehrer, dann Rektor des Mohyla-Kollegs. Er hatte enormen Einfluss auf zwei Generationen führender Schriftsteller, darunter Dmytro Tuptalo, Stefan Javors'kyj und Simiaon Polacki. Als Erzbischof von Černihiv, der sich in der Politik engagierte, schuf er ein Zentrum der orthodoxen Kultur und eine Druckerei, die mit dem Kyjiver kirchlichen Milieu rivalisierte. Zeitweise suchte er die Unterstützung Russlands, widersetzte sich aber auch der Unterordnung des Kyjiver Metropolitansitzes unter das Moskauer Patriarchat. Er unterstützte die Utopie, den Zaren in eine gesamtchristliche Koalition gegen die Ottomanen einzubinden. An den Zaren richtete er zwei in Kyjiv gedruckte Predigtbände, *Geistliches Schwert* (Meč duchovnyj, 1666) und *Des Predigers Trompeten* (Truby sloves propovednych, 1674). Sie waren in Kirchenslavisch verfasst und erinnerten an den blumigen Stil des polnischen Predigers Młodzianowski.

Der Höhepunkt von Baranovyčs literarischem Schaffen liegt in der Lyrik, die er ausschließlich auf Polnisch verfasste. In *Apollos Laute* (Lutnia apollinowa, 1671) sammelte er Hunderte von Gedichten, die der christlichen Ethik und Moraldidaktik gewidmet sind. Er verwendet kühne Denk- und Sprachfiguren, die auf Antithesen, Paradoxien, polysemischem Gebrauch von Begriffen, Anaphern und Epiphern, Paronomasie, Alliterationen, Reimen und phonetischen Spielen beruhen. Seine Verse folgen dem polnischen Metrum und dem Strophensystem, wobei er zahlreiche Formen der figürlichen Poesie und „sonderbare Verse" wie etwa Krebsgang- oder leoninische Verse verwendet. *Apollos Laute* hat eine feste Struktur: Der erste Teil enthält Variationen von Gebeten und Meditationen über Gottvater und Jesus, der zweite ist der Jungfrau Maria gewidmet, gefolgt von den Aposteln, den Kirchenvätern, Märtyrern und Heiligen. Anschließend beschreibt der Dichter die kosmische Ordnung, seine Vorstellung von Chronologie und Raum. So wird das Werk zu einer Art Enzyklopädie der Weisheit, in der die Zeichen des Horoskops, die Monate des Jahres, Sünden und Tugenden der Raster sind, das das menschliche Leben begleitet und regelt.

Baranovyč liebte figurale Kryptogramme. Die vier lateinischen Buchstaben des Wortes PONS (Brücke) umgeben ein Kreuz und enthalten eine ganze metaphorische Welt:

```
  P
O ✝ N
  S
```

Krzyż – MOST do nieba – świat ten morze macie,
Toniecie, gdy tym mostem nie chadzacie.
[Das Kreuz ist eine BRÜCKE zum Himmel, die Welt ist ein Meer,
überquert ihr sie nicht, ertrinkt ihr, lebt ihr nicht mehr.]

In Übereinstimmung mit der konzeptuellen Poetik verwebt Baranovyč krude, uralte Realien, ja sogar Horror, mit spiritueller Bedeutung. Das polnische Gedicht „RYBA" (Fisch), im Titel dem traditionellen Akronym aus dem Griechischen „Ichthys" folgend (Jesus Christus, Gottes Sohn und Erlöser; dabei stehen die Buchstaben „Ichthys" für: I = Jesus, CH = Christus, TH = Gottes, Y = Sohn, S = Erlöser), wird zur materiellen Inkarnation des am Kreuz gemarterten Christus, nachdem er Essig getrunken hat. Der gebratene Fisch entfaltet den Duft der Erlösung:

Ryba pieczona jak na rożen jaki
Na Krzyż wetkniona smak w Oney wszelaki,
Ryba pieczona Cristus umęczony
Piekł się na Krzyżu octem pomaszczony
Jak słodki JEZUS kosztujcie co żywo
Dla was pieczony dosyć wielkie dziwo.

[Wie ein gebratener Fisch am Spieß / Am Kreuz fixiert hat er alle Arten von Geschmack / Ein gebratener Fisch ist der gemarterte Christus / Am Kreuz gebacken, mit Essig gewürzt / Wie süß JESUS ist – Kostet doch alle wie lebendig / Für euch Er gebraten wurde – das ist das große Wunder]

Baranovyč fängt den Leser mit der Frische naiver Alltagsbilder ein, die in eine theologisch übergeordnete Weltsicht eingebettet sind. Die Vision des Jesuskindes in den Armen der Jungfrau erinnert den Dichter an seine eigene Kindheit, aber er lädt den kleinen Jesus ein, mit seinem Herzen wie mit einem Kreisel zu spielen. Die Titel der Gedichte, die die Anagramme des Namens der Jungfrau MARIA enthalten, lehren theologische Wahrheiten: *Maria Miara* (Maria ist das Mass), *Maria, i Rama* (Maria ist der Rahmen), *Maria Mi Ara* (Maria ist mein Altar) und andere.

Trotz seiner Sympathien für Russland war Baranovyč seiner Heimat tief verbunden und bedauerte die blutigen Kriege zutiefst. Er beschwört seine Landsleute, „gemeinsam mit Lech [sc. den Polen] zu den Waffen zu greifen", um die christlichen Gefangenen von den Türken zu befreien. Die Bemühungen des Dichters, Polen, Ukrainer und Russen zu vereinen, waren zum Scheitern verurteilt, aber sie drückten den Wunsch nach Frieden aus, der in den kirchlichen Kreisen der Ukraine im 17. Jahrhundert weit verbreitet war.

Die Frage der Sprache war ihm nicht gleichgültig. Er wählte Polnisch wegen seiner Schulbildung und weil es die prestigeträchtigste Art war, die Versöhnung zwischen Polen und Ukrainern zu fördern. Er lädt aber auch Polen ein, für ihn etwas auf Ukrainisch zu schreiben, so wie er Polnisch benutzt, um mit ihnen zu kommunizieren. Seine Verbundenheit mit dem Vaterland und der Religion zeigt Baranovyč auch in den *Heiligenleben* (Żywoty świętych, 1670), in dem Kyjiver Heilige eine große Rolle spielen. Das prächtig illustrierte Buch sollte in der angesehenen und hoch entwickelten polnischen Sprache eine „rein orthodoxe" Lektüre bieten, so dass orthodoxe Gläubige nicht zu den sehr populären, aber „häretischen" (d. h. katholischen) *Heiligenleben* des polnischen Jesuiten Piotr Skarga greifen mussten.

Baranovyč soll auch an der Schaffung von der *Säule der Tugenden* (Stolp cnot, 1658) beteiligt gewesen sein, einer wunderschönen Grabpanegyrik, die anlässlich des Todes des Metropoliten Syl'vestr Kosov gedruckt wurde. Die erstaunlichen Stiche sind prächtige Beispiele für den barocken Synkretismus der Künste (Abb. 5.1).

Auf der Titelseite des Werks zeigt das zentrale N das Wappen der Familie Kosov. Im unteren Teil stehen drei Stufen für die drei theologischen Tugenden (Glaube, Hoffnung, Liebe), die zu einem geflügelten Herzen führen, das den Wunsch der Seele symbolisiert, in den Himmel zu fliegen. Zwei Löwen stützen zwei Säulen mit der Inschrift „unbeweglich", wie sie in der Bibel für den Salomon-Tempel geschrieben steht. Auf der schrägen Säule des N kämpft ein Löwe mit einem Skelett, dazu erscheinen ein Pfeil und die Aufschrift: „Wenn der Mensch endet, beginnt er zu leben." An der Spitze der Säulen befindet sich eine Bischofs-Tiara, die sowohl in der byzantinischen als auch in der westlichen Form dargestellt ist: Dies könnte ein wichtiges Symbol in dem Jahr sein, als Hetman Vyhos'kyj mit Polen das Hadjač-Abkommen (1658) unterzeichnete, um ein Fürstentum Rus' als dritten Bestandteil der Adelsrepublik mit gleichen Rechten wie Polen und Litauen zu schaf-

Abb. 5.1 Aus dem Funeralpanegyrikus von: Syl'vestr Kosov: *Die Säule der Tugenden* (Stolp cnot), Kyjiv: Druckerei des Höhlenklosters, 1658, S. 1

fen. Über dem Dreieck des Daches bedeuten drei Pfeile (links) und die Hydra (rechts), Tod, Körper und Welt und deren Überwindung. Weitere drei Pfeile bilden wiederum ein N und stehen für Unsterblichkeit, Reinheit und Integrität. Gottes Liebe und Dreifaltigkeit dominieren in den Höhen. Der Rest der Panegyrik besteht aus der Illustration der Tugenden von Kosov (die Säulen des Titels) mit langen, erhabenen Erklärungen zu jedem Detail, Symbol und theologischen Konzept.

Unter den anderen Dichtern, die im gleichen Milieu ausgebildet wurden, ist Ivan Velyčkovs'kyj (1650?–1701), der Hauptorganisator der Druckerei von Baranovyč, zu erwähnen. Für ihn gab er die *Lucubratiuncula* heraus, ein panegyrisches Werk in polnischen sapphischen Strophen mit eingefügten lateinischen Versen. Zwei handschriftliche Gedichtsammlungen in *prosta mova*, *Stunden und Halbstunden* (Zegar z poluzegarkom, 1690) und *Milch* (Mleko, 1691), sind Themen wie der Nichtigkeit irdischer Güter, der vergehenden Zeit und dem bevorstehenden Tod gewidmet. Mit ihnen reiht sich Velyčkovs'kyj in den Mainstream des europäischen Barocks ein. Die erste Sammlung wünschte dem Lehrer und Gönner des Autors, Varlaam Jasyns'kyj, „glückliche Stunden und Halbstunden", die zweite bietet dem „Hirten", seinem Meister und Wohltäter, die „Milch" gehorsamer Schafe. Velyčkovs'kyj war kein Mönch, sondern ein Priester, der in der Welt agierte. Im Vorwort zu *Milch* fordert er die Menschen in der Rus' auf, Gedichte in ihrer eigenen Sprache zu schreiben und dabei die konzeptuelle Poesie zu imitieren, die in anderen Sprachen in Gebrauch war. Seine „Stücke" – fügt er hinzu – sind keine Übersetzungen, sie imitieren ausländische Vorbilder, aber sie „erfinden auch ukrainische Formen, um Dinge auszudrücken, die [für uns] in einer anderen Sprache nicht ausgedrückt werden können". Seine Wiederaufnahme klassischer und europäischer neolateinischer Dichter wie Martial und John Owen zeugen von seiner modernen Sprachauffassung und einer wachsenden protonationalen Identität.

Klymentij Zinoviïv (gest. 1717?) ist ein typischer Vertreter der „Wandermönche". Er erhielt eine mittlere Ausbildung in der Mohyla-Akademie, lebte und arbeitete wahrscheinlich an verschiedenen Orten (u. a. in Polen und Russland), wurde dann Mönch und zog von einem Dorf und Kloster zum anderen, um Almosen zu sammeln. Seine Poesie ist naiv, schmucklos, aber geistreich und beobachtet die Welt um ihn herum mit Einfühlungsvermögen und Humor. Er schreibt Gedichte über Intellektuelle und Handwerker, Lehrer und Soldaten, Musiker, Drucker und Holzfäller, Pflüger und Schuhmacher. Für Kosaken zeigt er Bewunderung und erzählt eine surrealistische Episode von einem Pfeil, der so hoch geschossen wurde, dass er völlig nass auf die Erde zurückkam, weil er eine mit Eis gefüllte Wolke durchquert hatte. Wie fast jeder Schriftsteller seiner Zeit dachte Zinoviïv über den Tod nach: „Der Tod ist schrecklich, selbst in Gedanken und in der Erinnerung, aber er macht alle Menschen gleich und bringt so Gerechtigkeit."

Tiefe Sympathie und gute Kenntnisse über ihre Arbeit gehen aus einem Gedicht hervor, das den Druckern gewidmet ist, „glorreichen Handwerkern, die Bücher für das orthodoxe Volk herstellen", den korrekten Text der liturgischen Bücher garantieren und so hart arbeiten, dass „die Haare nass vom Schweiß stehen". Der Realismus dieser Darstellung lässt vermuten, dass er persönlich als Drucker arbeitete. Traditioneller sind die Klagen gegen die Frauen (denn, wie Salomo sagte, „eine streitsüchtige Frau ist eine Verdammnis für den Mann") und die Ratschläge an die Eltern, sich um die Erziehung der Kinder zu kümmern.

Diese Art von Dichtung drang tief in die Volksschichten ein. Umherziehende „Djaky", wandernde Laien oder Mönche, die als Kantoren, Kirchenlehrer, Lehrer in reichen Familien oder in anderen niederen Funktionen tätig waren, verfassten ähnliche Verse, in denen sie ihr armes Schicksal beklagten. Mychajlo Voznjak veröffentlichte in den 1920er-Jahren viele belehrende, aber auch witzige Verse mit lebhaften Szenen, Volksweisheiten und tief ironischen Wendungen. Ein Schüler beklagt sich über die Schikanen, die er von Lehrern erdulden muss, denen es egal ist, ob er Stiefel hat oder nicht. Ein anderer Dichter macht sich über die Unterrichtsmethoden lustig, indem er einen Schüler zeigt, der mit seinem Wissen prahlt, aber die kirchenslavischen Wörter verdreht.

Mazepa als Staatsmann und Mäzen der Wissenschaften und der Künste

Das Hetmanat (1687–1708) von Ivan Mazepa (1639–1709) war die reichste und fruchtbarste Epoche für den Barock als dominierende Strömung in der ukrainischen Literatur. Weltliche und kirchliche Dichter, Beamte, Vertreter des Kosakenadels, Prediger und Künstler bildeten eine soziale Elite, die ihre Ausbildung an der Mohyla-Akademie und an den besten polnischen und westlichen Universitäten erhalten hatte. Ihr intellektuelles Leben hatte zwei Pole: das Hofleben um den Hetman und den Kreis um den Metropoliten. Kirche und Staat agierten im traditionellen Geist der „symphonischen" Zusammenarbeit zwischen der politischen Macht (der Titel Hetman kann mit „Fürst", lateinisch: *Dux*, verglichen werden) und der orthodoxen kirchlichen Elite. Mazepa förderte Architektur und die Buchkultur in der Mohyla-Akademie auf großzügige Weise. Er investierte seine immensen Reichtümer in Kirchen und Gebäude für die Akademie, die zivile und militärische

5 Literatur im Kosaken-Hetmanat

Verwaltung, den Buchdruck und die Förderung von Kunst und Literatur. Er modernisierte das Rechts- und Wirtschaftssystem und steigerte den allgemeinen Wohlstand. Dichter und Redner versäumten es nicht, einen angemessenen literarischen Rahmen für die Verherrlichung des Hetmanats und seines „Herrschers" zu schaffen. In der langen Panegyrik *Echo der Stimme des einsamen Rufers in der Wüste* (Echo głosu wołającego na puszczy, 1689) verglich Javors'kyj das Hetmanat Mazepas im Zarenreich mit der friedlichen Blüte der Kultur unter Kaiser Augustus, was wiederum einen wenig bescheidenen Vergleich seiner selbst mit Vergil oder dem Hofdichter Horaz nahelegt. Und es ist kein Zufall, dass der Autor eines Traktats über Rhetorik mit dem Titel *Concha* (1698) die Dichter aufforderte, Mazepa „pater patriae" zu nennen. Wenige Jahre später wurde dieser lobpreisende Titel zur Verherrlichung des russischen Zaren Peter I. eingesetzt.

Panegyrik wurde zu offiziellen Anlässen verfasst, z. B. zu Kriegen gegen die Osmanen, zu Hochzeiten, zur Wahl eines Archimandriten und eines Metropoliten oder zu Besuchen der russischen Behörden. Eine Widmung an den Zaren war obligatorisch, aber die Hauptadressaten waren Mazepa, der die Druckerei des Höhlenklosters finanziell und politisch unterstützte, und Metropolit Varlaam Jasyns'kyj, der die Einhaltung von Religion und Ethik garantierte. Die von Jan Ornovs'kyj, Stefan Javors'kyj und Pylyp Orlyk zwischen 1685 und 1705 verfassten Panegyriken waren sehr lange Kompositionen, die an die Tradition der Beerdigungsdichtungen oder Laudationes für Petro Sahajdačnyj oder Petro Mohyla in den 1620er bis 1630er-Jahren anknüpften, oder an Werke wie Teodozy Bajevs'kyjs *Tentoria venienti Kioviam*, das in lateinischer Sprache für den Kyjiver Kastellan Adam Kisiel (1646) geschrieben wurde. Dennoch gab es wichtige Veränderungen. Die Verherrlichung des Hetmans und seiner Verdienste um den Ruhm des Zaren trat an die Stelle der Loyalität gegenüber dem polnischen König und der Appelle zur friedlichen Zusammenarbeit zwischen der Rus' und Polen. In seinem *Echo* stellt Javors'kyj durch die Metaphern der Sterne, des Titanen, der Sonne und des Mondes gekonnt die Hierarchie der Macht dar, die von Gott und den Heiligen, zum Sonnen-Zar und zum Mond-Hetman reicht. Damit brachte Javors'kyjs eine schillernde politische Doppelidentität zum Ausdruck: Ohne Furcht thematisierte er die vergangene Loyalität der ukrainischen Eliten zu Polen, unterstrich aber gleichzeitig die glänzende Karriere Mazepas in dem Land, in dem „die Sonne des Zaren" die Ukraine und ihren Führer erleuchtet. Der Dichter zollte zwar „der Sonne des Zaren" Tribut, unterstrich aber gleichzeitig die herausragende Stellung von Mazepa, der als Mond dargestellt wurde (Mazepas Wappen enthielt einen Mond). In der Tat erfreuten sich die Dichter in den frühen 1690er-Jahren an dem Wachstum und der Pracht von Mazepas Macht und nährten die Illusion, dass die Autonomie und das Prestige des Hetmanats in den nächsten Jahrzehnten fortbestünden.

Die Panegyrik zielte nicht mehr darauf ab, das Existenzrecht der orthodoxen Kirche zu verteidigen, sondern feierte den Triumph der Ostkirche, die alle „Häresien" (also katholische, protestantische und „heidnische" Religionen [muslimische und jüdische]) besiegt hatte. Die Panegyrik wurde von einzelnen Autoren verfasst, bei staatlichen und religiösen Festen rezitiert und hatte starke theatralische Aspekte. Erstaunlicherweise wurden trotz des wachsenden Drucks der Moskauer Kirche zugunsten des russifizierten Kirchenslavi-

Abb. 5.2 Ivan Mazepa auf dem Triumphwagen. Aus dem Panegyrikus von: Stefan Javors'kyj: *Echo der Stimme des einsamen Rufers in der Wüste* (Echo głosu wołającego na puszczy). Kyjiv: Druckerei des Höhlenklosters, 1689

schen Javors'kyjs *Echo* oder *Arctos caeli Rossiaci* (1690), Jan Ornovs'kyjs *Bogata drogich kamieni speza* (1693) oder Pylyp Orlyks *Alcides Rossyiski* (1695) und *Hippomenus Sarmacki* (1698) in polnischer und lateinischer Sprache verfasst, manchmal mit Prosaabschnitten in gemischter Sprache. Das Polnische bot eine große Anzahl geläufiger Ausdrücke, Metaphern und Symbole, die im Ukrainischen erst noch geschaffen werden mussten. Javors'kyj (wie auch Ornovs'kyj, Orlyk und andere) benutzte eine Vielzahl poetischer Strukturen: von der beliebten sapphischen Strophe, zum Vier- oder Zweizeiler, zur Sestine bis zur schwierigen Oktava. Für Orlyks *Alcides* kann man sich leicht eine musikalische Begleitung vorstellen. Neuere Forschungen zeigen, dass die Empfehlungen von Sarbiewski sowie Zitate oder Anklänge an Jan Kochanowski und Samuel Twardowski weiterhin präsent sind. Der Zar wurde durch Jupiter oder die Sonne dargestellt, Mazepa durch Mars und den Mond (Abb. 5.2).

Die Hauptbotschaft dieser Kompositionen bestand jedoch in der religiösen und politischen Loyalität gegenüber der orthodoxen Kyjiver Tradition und der Autonomie des Kosakenhetmanats, das durch Mazepa verkörpert wurde.

Stefan Javors'kyj (1658–1722) gehörte zu den produktivsten Schriftstellern seiner Zeit. Neben Lehrschriften, Abhandlungen über Poetik und Rhetorik, dem ersten theologischen Buch in der ostslavischen Tradition (*Kamen' very* [Der Felsen des Glaubens, 1728]), schrieb er mehrere Hundert Predigten, die meisten davon nach 1700, als er von Peter I. gezwungen wurde, als Metropolit von Rjazan' in Russland zu bleiben. Aus seiner ukrainischen Zeit (1691–1700) sind einige Dutzend Predigten als Manuskript erhalten geblieben, die erst jetzt veröffentlicht werden sollen. Die Predigten folgen der besten westlichen Tradition der „geistlichen Beredsamkeit". Die Gliederung in Exordium, Erzählung, Demonstration und Epilog ist nicht immer streng, aber sie liegt allen zugrunde. Die schönsten Texte sind den am meisten verehrten Heiligen der Kyjiver Kirche gewidmet (Johannes der Täufer, dem Schutzpatron von Mazepa, der heiligen Barbara, dem heiligen Nikolaus) und den wichtigsten Festen der Gottesmutter und Jesu. Obwohl sich Javors'kyj auf die Bibel stützt und oft die Kirchenväter zitiert, stammen die grundlegenden Quellen von westlichen, hauptsächlich jesuitischen Autoren der Gegenreformation: Cornelius a Lapide, Bellarmino, Baronius, Herman Hugo, Drexelius, Skarga, Bzowski, Birkowski, Młodzianowski und viele andere. Edelsteine, Perlen, Tiere, Pflanzen, Instrumente wie Kompass, Brillen, Sonnenuhren, Sanduhren, Tierkreiszeichen, Sterne, alle Arten von Gegenständen bieten die Gelegenheit für kühne Metaphern für religiöse oder moralische Lehren. Historische Personen oder Ereignisse ermöglichen eine Veranschaulichung von Verhaltens- und Denkweisen. Eine Predigt, die 1693 in der Hauptstadt Baturyn vor dem Hetman und „dem gesamten Russländischen Senat" gehalten wurde, fußt auf demselben Zitat (Johannes 1,23), das dem *Echo* den Titel gibt. Der Prediger bietet dann sechs theologische Erklärungen zur Frage, warum die Kirche die Stimme des Johannes braucht: Das Jesuskind brauchte eine Stimme, bevor es selbst sprechen und predigen konnte; Jesus, das Wort, braucht eine Stimme, die für ihn streitet; wir sündige Wesen, die Kirche selbst, Johannes' Vater Zacharia – alle brauchen die Stimme des Heiligen, um die verlorene Gabe der Gnade wiederzuerlangen. Javors'kyjs unerschöpfliche Bildersprache und seine Fähigkeit, sich auf das Publikum einzustellen und neue Kompositionen „vorzutragen" (eine Fähigkeit, die in jedem Handbuch der Rhetorik beschrieben wird), müssen zu seinem Erfolg in Moskau beigetragen haben, wohin er 1700 von Peter I. berufen wurde. Er wurde der Lieblingsprediger des Zaren und zwei Jahrzehnte lang das Oberhaupt der russischen Kirche. Ein eindrucksvolles Bild seiner zwiespältigen Persönlichkeit und seines traurigen Schicksals vermittelt die Predigt, die er am 8. November 1708 in St. Petersburg hielt, als Peter befahl, das „Anathema" gegen den „verräterischen Judas" Mazepa auszusprechen, nachdem dieser sich mit dem schwedischen König verbündet hatte: Mazepa, der ein „Olivenbaum" und „eine Eiche und Zeder war, erscheint als Schilfrohr" und wurde zum Verräter des Zaren und seines Volkes, schreibt Javors'kyj in der Predigt, die den Fluch begleitete. Nicht minder interessant ist Javors'kyjs Sprache in seiner Kyjiver Zeit. In den Predigten wechselt Kirchenslavisch mit verschiedenen Registern der *prosta mova*; lateinische Wendungen und griechische Wörter fügen Klänge und Farben hinzu, Etymologien appellieren an die Vernunft oder einfache Neugier, direkte Ansprachen rufen die Gläubigen in die Kommunikationssituation zurück; in den *Panegyrici* wechselt Latein mit Polnisch, Vorworte sind auch in gemischter Sprache geschrieben.

Eine herausragende Stellung nahm auch der beste Freund von Javors'kyj, Dmytro Tuptalo (1651–1709), ein. Der Kosakensohn, der an der Mohyla-Akademie studierte, schuf einige der Perlen der ukrainischen Barockliteratur. Er druckte die erste orthodoxe Sammlung von *Heiligenleben* (Žitija svjatych, 4 Bände, 1689–1705). Er wurde vom russischen Patriarchen scharf kritisiert und war gezwungen, einige Seiten zu ändern, aber die Kombination aus slavisch-byzantinischer hagiographischer Tradition mit barocker westlicher Empfindsamkeit und ihrer Bildsprache (der Einfluss der *Acta Sanctorum* und anderer Meisterwerke der jesuitischen Gegenreformation ist offensichtlich) machte dieses Werk zu einer beliebten Lektüre für die gesamte *Slavia orthodoxa*. Bis heute ist es in ukrainischer, russischer, bulgarischer und rumänischer Übersetzung greifbar. Tuptalo blieb auch bei seinen Predigten in Russland strikt der Kirche verbunden. Anders als er war Javors'kyj aufgrund seiner Position gezwungen, eine ganze Reihe von Predigten zu den offiziellen liturgischen Feiern zu Peters Feldzügen und siegreichen Schlachten zu halten. Die große Mehrheit seiner Predigten war jedoch den Festen des liturgischen Kalenders gewidmet. Sowohl bei Tuptalo als auch bei Javors'kyj entstanden aus biblischen Figuren und Darstellungen neue symbolische Bilder, indem Worte und Bedeutungen ohne offensichtlichen logischen Zusammenhang miteinander verbunden wurden. Beide schufen komplexe Konstruktionen von Denkfiguren und Wörtern, die ineinander übergehen und beim Zuhörer eher einen Effekt des Staunens als des rationalen Denkens hervorrufen. Die Unterschiede sind jedoch offensichtlich: Tuptalo appellierte an das Gefühl und wurde von einem tiefen religiösen Glauben getragen, während Javors'kyj vom Kampf der Jesuiten gegen Ketzerei, menschliche Zerbrechlichkeit und ein zwanghaftes Schuldbewusstsein geprägt wurde. Besonders deutlich zeigt sich dies in den Predigten aus der russischen Zeit nach dem Sturz Mazepas. Javors'kyjs Ruhm wurde durch die von Klarheit und Optimismus inspirierten Leistungen von Prokopovyč und Todors'kyj überlagert. Tuptalos Einfluss dauerte lange an und war tiefgreifend, er stimulierte sogar das kreative Genie von Nikolaj Gogol' und Taras Ševčenko. Tuptalo schrieb neben anderen Lehrwerken auch *Das goldene Vlies* (Runo orošennoe), eine der besten Sammlungen der Wunder der Jungfrau Maria.

In Mazepas Ukraine war das Theater ein grundlegender Bestandteil des kulturellen Lebens. Die Theatralik war fester Bestandteil der Deklamation panegyrischer Gedichte, der philosophischen Disputationen (lat. *controversiae*) in der Mohyla Akademie, des religiösen und staatlichen Zeremoniells und der Volkstradition. Nach dem Vorbild der Jesuitenakademien gehörte das regelmäßige Schultheater zum Lehrprogramm. Bühnenbild und Handlung waren sehr ausdrucksstark. In Tuptalos *Bußfertigem Sünder* (Kajuščejsja grešnik), aufgeführt 1702 in Rostov, trägt der Protagonist ein schwarzes Kleid mit großen Inschriften der Todsünden. Als er Buße tut, fallen die Inschriften herunter und die Farbe des Kleides wechselt von schwarz zu weiß. Die Figur des Gewissens, die einen Blumenkranz und einen Spiegel trägt, der zum Nachdenken und zur Selbstbetrachtung einlädt, folgt den Vorschlägen von Handbüchern wie der *Iconologia* von Cesare Ripa. Teofan Prokopovyč widmete sein Drama *Vladymyr* (1706) Ivan Mazepa. Halbprofessionelle Wanderbühnen führten Stücke auf, die von ehemaligen Schülern der Mohyla-Akademie verfasst worden waren und in denen sich wandernde klassische, westeuropäische oder polnische Elemente mit volkstümlicher Tradition und Alltagsleben vermischten. Das interessanteste Stück dieser halbpopulären Tradition ist das Osterdrama über die *Zerstörung der Hölle* (Slovo o zburennju pekla), die in einem Manuskript aus dem späten 17. Jahrhundert überliefert ist. Das Stück folgt nicht der von der Dichtungstheorie vorgesehenen Struktur, aber die dramatische Handlung ist kohärent und ergibt sich anschaulich aus den Dialogen. Die Geschichte entstammt einem apokryphen Evangelium. Geschildert wird Luzifers Kampf um die Eroberung der Welt. Johannes den Täufer, der die Ankunft Jesu ankündigt, stellt Vernunft und Glauben einander gegenüber. Das Drama endet damit, dass Jesus die Hölle betritt, sie mit Dutzenden von Kerzen erleuchtet und alle Heiligen befreit. Jesus zerstört das Reich der Hölle, tröstet aber den König Hades, er soll bald wieder genug Sünder als Untertanen haben. Das Theater in seinen verschiedenen Formen und Ausprägungen blieb ein wesentlicher Bestandteil der Entwicklung der ukrainischen Literatur und Kultur während des gesamten 18. Jahrhunderts. Die Tradition des Theaters verbindet das 16. Jahrhundert direkt mit dem Ende des 18. Jahrhunderts und wird emblematisch durch den Dramatiker Vasyl' Hohol' (1777–1825), den Vater des berühmten Nikolaj Gogol', repräsentiert.

Die „longue durée" des Barocks und neue Strömungen

Maria Grazia Bartolini

Die von Zar Peter I. auferlegte neue politische Ordnung und die anschließenden administrativen Veränderungen brachten keine unmittelbaren radikalen Neuerungen in den literarischen Formen. Die Mohyla-Akademie setzte ihre Lehrtätigkeit fort, verlor aber zunehmend ihre intellektuelle Autonomie. Das Themenspektrum wurde von den imperialen Institutionen eingeschränkt und kontrolliert. Zahlreiche Intellektuelle, unter ihnen Teofan Prokopovyč, Iosif Turobojs'kyj, Gavriil Bužyns'kyj, verdienten ihr Geld mit dem Verfassen von Oden für die Zaren und stellten sich in den Dienst der imperialen Kultur. Hunderte von Absolventen der Mohyla-Akademie und des Kollegs von Charkiv (gegründet 1734) unterrichteten jedoch weiterhin in wohlhabenden Häusern und Dörfern, schufen Theaterstücke, verfassten Gedichte und schrieben Erzählungen. Ihre Werke zirkulierten in Handschriften und schwankten oft zwischen der Unterwerfung unter Russland, der nostalgischen Erinnerung an die glorreiche Kosakenvergangenheit und der Bewahrung der eigenen Identität. Der Grad der Anpassung und Assimilierung war sehr unterschiedlich. Bis zur Mitte des 18. Jahrhunderts waren die meisten hohen Positionen in der Kirche mit Ukrainern oder Belarussen besetzt. Dies änderte sich in der zweiten Hälfte des Jahrhunderts, als Russen alle hohen kirchlichen Ämter besetzten. Gleichzeitig waren für Angehörige der ukrainischen Eliten auch blendende Karrieren innerhalb des Zarenreichs möglich, selbstverständlich um den Preis ideologischer Anpassung.

M. G. Bartolini (✉)
Dipartimento di Lingue, Letterature, Culture e Mediazioni, Università degli Studi di Milano, Mailand, Italien
E-Mail: maria.bartolini@unimi.it

© Der/die Autor(en), exklusiv lizenziert an Springer-Verlag GmbH, DE, ein Teil von Springer Nature 2025
U. Schmid (Hrsg.), *Ukrainische Literaturgeschichte*,
https://doi.org/10.1007/978-3-662-70637-4_6

Die geistliche und politische Karriere des Teofan Prokopovyč

Der Geistliche, Theologe, Dichter und Berater des Zaren Peter I. Teofan Prokopovyč (1677 oder 1681–1736) ist wie viele seiner an der Mohyla-Akademie ausgebildeten Zeitgenossen ein Mann „aus vielen Welten". Als Kulturträger fand er eine komplexe Synthese zwischen den rhetorischen Regeln der alten ruthenischen Barocktradition und der neuen petrinischen Kultur. Er schrieb über Theologie, Politik, Geschichte, Poetik, Rhetorik und Mathematik, die er als erster in die *ratio studiorum* der Mohyla-Akademie einführte. Obwohl er die petrinische Herrschaft akzeptierte und deren ideologische Grundlagen aktiv mittrug, unterschieden ihn seine klassische Bildung und sein multikonfessioneller Hintergrund von seinen russischen Zeitgenossen. Prokopovyč besaß eine der größten Bibliotheken seiner Zeit, die drei- bis viertausend Bände umfasste: über 75 griechische und lateinische Autoren, westliche und östliche Patristik, die Werke Luthers, viele pietistische Traktate. Dies war die Bibliothek eines gebildeten Europäers, auch wenn sie, wie Max Okenfuss feststellt, einige „Lücken im westeuropäischen Schrifttum seit der Renaissance" aufwies. Als gläubiger Orthodoxer mit Interesse am Sozinianismus und Protestantismus darf er als Vertreter einer ost- und mitteleuropäischen „Frühaufklärung" (Eduard Winter) gelten. Er übte auch einen erheblichen Einfluss auf die nächste Generation russischer Schriftsteller aus (Antioch Kantemir, Aleksandr Sumarokov und Michail Lomonosov).

Den vielen Rollen und Überzeugungen des Gottesmannes entsprachen zahlreiche Identitäten. Getauft wurde er nach orthodoxem Ritus als Eleazar. Nach seinem Studium an der Mohyla-Akademie zog Prokopovyč 1694 in die Westukraine, wo er an einer unierten Schule unterrichtete und, wie viele andere seiner Generation, unter dem Namen Samuil selbst der griechisch-katholischen Kirche beitrat. 1698 zog er nach Rom und schrieb sich im St. Athanasius-Kolleg unter dem Namen Samuil Cerejs'kyj ein, der wahrscheinlich sein richtiger Familienname war. Das Kolleg war als Ausbildungsstätte für die Unierten konzipiert und damit Teil der umfassenden römisch-katholischen Offensive gegen die Reformation in Osteuropa. Nach drei Jahren, in denen er höchstwahrscheinlich das gesamte Studium der scholastischen Theologie absolvierte, verließ er das Kolleg aus Gründen, die unbekannt bleiben. Sein späterer Hass auf den Katholizismus und das Papsttum deutet darauf hin, dass diese Erfahrung zutiefst verstörend gewesen sein muss. 1702 bekannte er sich wieder zu seinem orthodoxen Glauben und kehrte 1704 nach Kyjiv zurück, wo er unter dem Namen Teofan Prokopovyč orthodoxer Mönch wurde.

Im Jahr 1705 begann er seine akademische Laufbahn an der Kyjiver Akademie: Er lehrte Poetik (1705), Rhetorik (1706) und Philosophie (1707–1709). In seiner Eigenschaft als Rhetoriklehrer verfasste er das Handbuch *De arte rhetorica* (1706), in dem er die „polnische Beredsamkeit", also den extravaganten Stil des polnischen Spätbarocks, anprangerte und gleichzeitig sein Engagement für die ciceronische Klarheit und Prägnanz betonte. Mit seiner Orientierung am deutschen Rationalismus und am Klassizismus der Renaissance sowie seiner pragmatischen Herangehensweise bei der Auswahl von Beispielen schuf er einen Predigtstil, der auf ganz anderen ideologischen Mustern beruhte als etwa bei Stefan Javors'kyj oder Dmytro Tuptalo. Im Hinblick auf seine spätere Rolle als Hauptarchitekt der petrinischen Herrschaftsrhetorik ist diese Betonung des „Handelns mit Worten" sicherlich von entscheidender Bedeutung für das richtige Verständnis der Rolle, die Prokopovyčs Kyjiver Zeit bei der Gestaltung seiner späteren, imperialen Hypostase spielte.

In der Tradition des jesuitischen Schuldramas schrieb er 1705 eine fünfaktige Tragikomödie in Versen über die Christianisierung der Rus' mit dem Titel *Vladymyr*. Petr Morozov erblickt das Hauptthema des Stücks im Konflikt „zwischen der neuen und der alten Ordnung, zwischen Fortschritt und Obskurantismus", während die Figur des weisen Reformers Fürst Volodymyr an Peter I. erinnere. *Vladymyr* wurde jedoch bereits 1705 geschrieben, als Peter I. gerade erst mit der Durchführung seiner Reformen begonnen hatte. 1920 formulierte Jaroslav Hordyns'kyj die Hypothese, dass der implizite Hauptheld des Werkes Mazepa sei, in dessen Anwesenheit das Stück im Juli 1705, während der so genannten „Sommer-Erholung", aufgeführt wurde. Eine Widmung an den Hetman – der mit einem „zweiten Samson" verglichen wird – wurde in das Frontispiz eingefügt, obwohl dies, wie Jurij Ševel'ov betont, höchstwahrscheinlich „in letzter Minute" geschah, nachdem Prokopovyč über die Anwesenheit des Hetmans bei dem Stück informiert wurde. Das gesamte Stück kann auch als Psychomachie verstanden werden, die sich mit ethischen Dilemmata wie dem Schwanken zwischen Glauben und Unglauben, Religion und fehlender Moral befasst.

Als Mazepa 1708 auf die schwedische Seite wechselte, schlug sich Prokopovyč schnell auf die Seite von Peter I. Am 24. Juli 1709, kurz nach dem russischen Sieg bei Poltava, begrüßte er Peter in der Sophienkathedrale in Kyjiv mit einer *Lobrede auf den Sieg des Zaren* (Slovo pochval'noe o preslavnoj nad vojskami švedskimi pobědě), in der sich eine grundlegende Verschiebung der politischen Loyalitäten im Hetmanat äußerte. Peter wurde als neuer David gepriesen, der Goliath besiegt, und als Samson, der sich aus dem Rachen des Löwen, also Schwedens, befreit.

Im Jahr 1713 erreichte Prokopovyč den Höhepunkt seines Kyjiver *cursus honorum*, als er Igumen des Kyjiver Bruderschaftsklosters, Rektor der Akademie und Lehrer der Theologie wurde. In diesen Jahren wurden seine Interessen immer weltlicher und politischer und seine theologischen Neigungen immer protestantischer. Bei der Entwicklung seines eigenen theologischen Systems stützte er sich stark auf zwei protestantische Theologen, Johann Gerhard (1582–1637) und Johann Andreas Quenstedt (1617–1688).

1716 wurde er von Peter I. mit der Aussicht auf ein Bischofsamt nach St. Petersburg berufen. Am 9. August 1716 schrieb er in einem Brief an seinen langjährigen Freund Jakiv Markovyč, dass diese Aussicht ihn sowohl anziehe als auch abstoße: „Um Bischof zu sein, muss man sich der Theatralik hingeben." Trotzdem reiste er einen Monat später nach St. Petersburg, wo ihm die Rolle des Hofpredigers zugewiesen wurde. Am 27. Juni 1717, dem achten Jahrestag von Peters Sieg bei Poltava, hielt er in der Dreifaltigkeitskathedrale eine „Lobpredigt über die Schlacht bei Poltava", in der er Mazepa (diesmal ausdrücklich) als „zweiten Judas" verurteilte.

Am Palmsonntag 1718 hielt er eine bemerkenswerte Predigt „über die Ehre und Macht des Zaren", der „Russland eine neue Geburt geschenkt" habe. Die Predigt markiert Prokopovyčs Debüt als einer der einflussreichsten „Bildermacher" (Serhii Plokhy) des neuen Russlands, das der Zar Peter I. „hölzern fand und golden machte". Peter erscheint als gottähnlicher Demiurg, der die Rolle und die erlösenden Kräfte Christi teilt. Die Predigt stellt dieser lichten Vision den Obskurantismus von Peters Feinden entgegen. Damit legt Teofan „eine starke geopolitische Sensibilität" an den Tag und ordnet Peters Reich in einen europäischen Kontext ein.

Vor der Predigt über die „Macht und Ehre des Zaren" – und insbesondere im Drama *Vladymyr* von 1705 – pries Prokopovyč Peter als Fortsetzer der Tradition des alten Kyjiv, des „zweiten Jerusalem" und des einzigen Zentrums der Orthodoxie. Nach 1718, als Teofan zu Peters engstem Helfer aufstieg, wurde der Zar nicht mehr als orthodoxer Herrscher gefeiert, sondern als Verkörperung der Staatlichkeit. Damit entsteht eine neue „politische Loyalität" (Serhii Plokhy), die sich nicht allein auf den Herrscher als Verkörperung eines heiligen Prinzips und eines Ideals der Heiligkeit bezieht, sondern auf einer „protonationalen Identität" beruht. In dieser Hinsicht formte Prokopovyč die rationalistischen Ideale Samuel von Pufendorfs (1632–1694) und anderer westlicher Naturrechtstheoretiker zu einer Ideologie, die den Kaiser zur Verkörperung der „weltlichen Tugend" machte und sich sowohl von den Kyjiver Traditionen als auch von der moskovitischen politischen Theologie des 17. Jahrhunderts distanzierte. Prokopovyč verfasste auch zahlreiche Predigten, Verträge und Lehrbücher, die ebenfalls den neuen ideologischen Diskurs des Reiches mitprägten.

Im Jahr 1721 wurde er Vizepräsident des Heiligen Synods, des neuen Leitungsgremiums der geistlichen Hierarchie, in dem er eine entscheidende Rolle bei der Reform der orthodoxen Kirche spielte. Die *Kirchenordnung* (Duchovnyj reglament, eine Anlehnung an die lutherische *Kirchenordnung*), die am 23. Februar 1722 in Moskau veröffentlicht wurde, ist wahrscheinlich Prokopovyčs größte theologische Leistung. Das Werk richtete sich an den höheren, gebildeten Klerus, was seine slavisierte Prosa und die gelehrten Anspielungen auf Kirchengeschichte und Theologie erklärt. Teofan wandte die Grundsätze der lutherischen Kirchenorganisation an, indem er die Kirche in die Struktur des Staates einbezog. Dort betonte er auch die Notwendigkeit, den „Aberglauben" durch das Studium der „weltlichen Kultur" zu bekämpfen. Prokopovyčs eigener Hintergrund und seine Ansichten (d. h. die Betonung der Bedeutung der „weltlichen Bildung" und seine protestantisch anmutende Skepsis gegenüber „Fabeln", „Zeremonien" und „heiligen Reliquien") trugen somit entscheidend zur Gestaltung der Kirchenreformen von Peter I. bei.

1722 veröffentlichte er einen Aufsatz mit dem Titel *Die Wahrheit des monarchischen Willens* (Pravda voli monaršej), in dem er die vollständige Jurisdiktion des Zaren über die Kirche rechtfertigte, denn seit Konstantin hatten die christlichen Kaiser Bischöfe ernannt. Während der Patriarchalismus als „Papalismus" abgetan wurde, rechtfertigte die utilitaristische Argumentation von Thomas Hobbes (1588–1679) und Samuel von Pufendorf die Unterwerfung der Kirche durch den Zaren sowie das Recht des Zaren, Kirchenreformen durchzuführen.

Im Jahr 1725 wurde er Erzbischof von Novgorod und erreichte damit den Höhepunkt seiner kirchlichen Karriere. Nach dem Tod Peters I. im selben Jahr wurde er zum wichtigsten Hüter des politischen Erbes des verstorbenen Zaren. In seiner Trauerrede verglich er Peter mit Samson, Japhet, Moses, Salomon, David und Konstantin und betonte, wie tief Russland seinem Herrscher verpflichtet war: „Russland ist ganz dein Standbild, von dir umgestaltet." Der Geist Peters I. taucht auch in Prokopovyčs Leichenrede für Peters Frau Katharina (1727) auf, wobei die Hauptleistung der verstorbenen Zarin in der Fortführung von Peters Werk besteht: „Vieles, was Petrus beabsichtigte, hast du in die Tat umgesetzt, vieles, was er begonnen hatte, hast du vollendet." Auch die Regierung der Zarin Anna Ioannovna ist durch eine eigentümliche *imitatio Petri* gekennzeichnet: „Die glorreichen Taten Peters des Großen hast du vollendet". Petrus wird zu einem „zweiten Spiegel", zu einem christologischen Vorbild für seine Nachfolgerinnen. Aus dieser Perspektive betrachtet, entpuppt sich die *Geschichte der frühen Jahre Peters des Großen* (Istorija Petra Velikogo ot roždenija ego do Poltavskoj bitvy), erst 1773 von Fürst Michail Ščerbatov gedruckt, als eine Art „weltlicher Hagiografie", welche die Tradition des mittelalterlichen *Lebens von Aleksandr Nevskij* (Žitie Aleksandra Nevskogo) weiterführt.

Die *Geschichte der frühen Jahre Peters* stellt auch einen brauchbaren Ausgangspunkt für die Untersuchung der ebenso komplexen Frage der „nationalen Identität" von Prokopovyč dar. In diesem Werk wird die offene Verurteilung von Mazepa mit einer Neuartikulierung der Kosakenfreiheiten gepaart, was wahrscheinlich als Versuch verstanden werden kann, Teofans „zwei Loyalitäten" – die ukrainische und die russische – neu zusammenzusetzen. Mazepa ist der „zweite Judas", der Petrus/Christus verraten hat, doch die ukrainischen Kosakeneliten haben sich an dieser großen Sünde nicht beteiligt.

Es stimmt zwar, dass Prokopovyč mehr als eine Loyalität hatte, aber es ist dennoch wichtig zu fragen, ob er es wirklich nötig hatte, sie „neu zu komponieren". Denn der Drang, etwas „neu zusammenzusetzen", setzt die Existenz von zwei „Hälften" voraus, d. h. eine scharfe vertikale Trennung zwischen den Zeiträumen, die er in Kyjiv und St. Petersburg verbrachte, wobei das Jahr 1716 die wichtigste chronologische Zäsur darstellt. Die intellektuelle Biographie Teofans scheint dagegen das Bild eines Mannes zu zeichnen, der es gewohnt war, mehr oder weniger routinemäßig „politische und kulturelle Grenzen zu überschreiten" (Serhii Plokhy). Man sollte nicht vergessen, dass er, noch bevor er Kyjiv verließ, um „Hauptsprecher" des Russischen Reiches zu werden, drei Jahre als unierter Mönch in Rom verbrachte, wo er höchstwahrscheinlich den inhärent supranationalen Charakter (eine Form der „Globalisierung" *avant la lettre*) des kulturellen und politischen Projekts der Jesuiten zu verstehen lernte.

Diese „extreme Fluidität" lässt sich am besten verstehen, wenn man sie als „horizontales" System begreift. Aus ideologischen und (geo-)politischen Gründen haben es die meisten Literaturhistoriker vorgezogen, nur die „neue Realitätsschicht" zu betrachten, die Teofans „russische imperiale Hypostase" darstellt, während sie die Bedeutung seiner Kyjiver Periode als vernachlässigbares Intermezzo vor dem anschließenden und wesentlicheren Kapitel seiner „russischen" Karriere abtun. Andererseits wird er für die ukrainische Kulturgeschichte nach 1716 für tot erklärt, als der russische Schriftsteller Feofan

Prokopovič auf wundersame Weise aus der Asche des ukrainischen Teofan Prokopovyč geboren wird. Doch sein Beitrag zur Konstruktion des „Diskurses des Reiches" wäre ohne die „Vorgängerstücke", d. h. ohne seine Kyjiver sowie seine polnischen und römischen Hypostasen vor 1716, kaum zu verstehen. Möglicherweise hat Prokopovyč im renovierten petrinischen Imperium eine tragfähige Verkörperung des Kyjiver Staatsideals gefunden. Prokopovyčs „nationale Identität mit Bindestrich" – ein Begriff, der erstmals von Edyta Bojanowska formuliert wurde, um Gogol's ebenfalls „gespaltene Loyalitäten" zu erklären – kann daher nur im Rahmen eines imperialen (transnationalen und supranationalen) Diskurses angemessen bewertet werden.

Prokopovyč repräsentiert die Ambivalenz zwischen den vorherrschenden barocken Tendenzen des Mazepa-Zeitalters und dem kontinuierlichen Strom des Klassizismus, der im Zarenreich des 18. Jahrhunderts an Dynamik gewann und sich durchsetzte. Er steht auch für die Vielfalt der Gattungen, die in der höheren Literatur weiterhin geschrieben und praktiziert wurden.

Die Mohyla-Akademie brachte Theologen, Prediger, Dichter und Polemiker hervor, die sich manchmal auch in Mathematik und Physik auszeichneten oder Ethnographen wurden. Die Beschreibung der sibirischen Ostjaken durch den Kosakenoberst Hryhorij Novyc'kyj (gest. 1727) wurde ins Deutsche übersetzt. Vasyl' Ruban (1742–1795) schrieb über russische und ukrainische Geschichte und Geographie. Zu den herausragenden Persönlichkeiten gehörte Heorhij Konys'kyj (1717–1795). Seine enzyklopädische Bildung nahm die Impulse des deutschen Rationalismus auf, der die „neue" Kultur des Russischen Reiches prägte. Er wurde Erzbischof von Mscislav, Mogilev und Orša in Belarus, wo er ein theologisches Seminar gründete. Seine Schriften sind alle auf die Verteidigung der orthodoxen Kirche und die Beseitigung der unierten Kirche ausgerichtet. In 1773 dankte er Katharina II., dass sie Belarus von der polnischen Herrschaft befreit und ins russische Imperium zurückgeführt hatte. Am bemerkenswertesten sind seine Predigten. Sie zeichnen sich durch eine klassizistische Harmonie der Struktur aus und enthalten komplexe, aber transparente Allegorien und Bilder. Die Beschreibung des gequälten Körpers der heiligen Barbara ist von einer neuen Sensibilität geprägt, während die Klarheit der Linien und Farben die Erzählung zu einer noch nie dagewesenen literarischen Leistung erhebt. Die militärische Symbolik dominiert das *Leben des Heiligen Georg* (Žitie svjatago Georgija), prägt aber auch die meisten seiner Schriften. So wird Barbaras Leben als eine Arena dargestellt, in der die zarte, aber furchtlose Jungfrau gegen äußere (heidnische Verfolger) und innere (Jugend, Adel und körperliche Schönheit) Feinde kämpft. Der Poesie des Kontrasts folgend, bedecken schreckliche Wunden ihren schönen Körper, die Folter widersetzt sich den Leidenschaften, und die Schande, nackt durch die Straßen getragen zu werden, kränkt ihre Bescheidenheit. Von besonderem Interesse ist der Vergleich von theologischen Wahrheiten mit staatlichen Institutionen, wie etwa die Beschreibung des göttlichen Gerichts als Justizbehörde.

Ein Gegenspieler von Konys'kyj in Ideologie und literarischem Stil ist der Wolhynier Arsenij Macejevyč (1697–1772), der vom Uniatismus zur Orthodoxie konvertierte. Im Jahr 1741 wurde er Erzbischof von Sibirien. In seinen Pamphleten und Predigten verurteilte er Altgläubige und Häretiker, trat aber für eine Rückkehr zu russisch-orthodoxen Traditionen und gegen „latinistische" Neuerungen ein. Seine ständigen Auseinandersetzungen mit Katharina II. zur Verteidigung der kirchlichen Traditionen und Besitztümer führten zu seiner Inhaftierung im baltischen Reval (Tallinn), wo er als Märtyrer starb. Die veröffentlichten Predigten (von denen die meisten in Manuskriptform erhalten sind) spiegeln seinen polemischen Geist und seinen Sprach- und Bildwitz wider.

Die Hagiographie war weiterhin eine beliebte Lektüre in allen Gesellschaftsschichten, aber nur vier neue Heilige (drei davon Ukrainer) wurden im Russischen Reich während des 18. Jahrhunderts heiliggesprochen – eine klare Folge der von Peter I. eingeleiteten und von Teofan Prokopovyč und seinen Anhängern energisch umgesetzten Säkularisierungspolitik. Arsenij Macejevyč schrieb das *Leben des heiligen Dimitrij Rostovskij* (Žitie svjatogo Dimitrija Rostovskogo, 1758). Hier wurde der Kosakensohn Dmytro Tuptalo, der gezwungen war, als Metropolit in Rostov zu dienen, und 1709, wenige Monate nach der Schlacht von Poltava, im russischen Exil starb, zu einem rein russischen Heiligen, der jeglicher ukrainischer Identitätsmerkmale beraubt war.

Die Mohyla-Akademie blieb eine Ausbildungsstätte führender Intellektueller, die in den meisten Fällen sich an die russische imperiale Kultur assimilierten. Die brillanteste Ausnahme war Hryhorij Skovoroda, der sich der Integration verweigerte und zu einem Wanderphilosophen wurde. Die vielleicht bedeutendste Persönlichkeit des akademischen Milieus war Symon Todors'kyj (1701–1754). Er stammte aus einer Kosakenfamilie in der Nähe von Čerkasy und wurde zu einem Spezialisten für biblische, hebräische und griechische Studien. Nachdem er zehn Jahre an der Universität Halle gelehrt hatte, nahm er den lutherischen Glauben an und übersetzte Johann Arndts *Vom wahren Christentum* und August Frankes *Reform des Erziehungs- und Bildungswesens* ins Russisch-Kirchenslavische. Diese beiden umfangreichen Bände, die unter der Schirmherrschaft von Teofan Prokopovyč veröffentlicht wurden, verbreiteten pietistische Ideen im Russischen Reich. Als Todors'kyj 1738 nach Kyjiv zurückkehrte, konvertierte er zur Orthodoxie zurück und beeinflusste einige der besten Vertreter der ukrainischen Kultur, darunter Varlaam Ljaševs'kyj (1704–1774), der eine griechische Grammatik ins Lateinische übersetzte, und Hryhorij Skovoroda, den er in Hebräisch und Griechisch unterrichtete. 1742 wurde Todors'kyj nach Sankt Petersburg berufen, um an der Übersetzung der revidierten *Elisabeth-Bibel* (1751) zu arbeiten, die auf der *Ostroh-Bibel* (1581) basierte, aber sorgfältig mit dem griechischen Text der Septuaginta, der Vulgata und den hebräischen Schriften abgeglichen wurde. Sie wurde in den Jahren 1756, 1757 und 1759 neu aufgelegt und wurde die von der Russischen Orthodoxen Kirche verwendete autorisierte Version der Bibel.

Religiöse Literatur in der Westukraine

In der rechtsufrigen Ukraine, welche die Gebiete westlich des Flusses Dnipro umfasst und bis in die 1780er-Jahre nominell unter polnischer Kontrolle stand, und in Galizien, nachdem es Teil der Habsburger Monarchie geworden war, diente die Literatur vor allem didaktischen und religiösen Zwecken. Der orthodoxe Bischof von Lemberg Arsenij Želybors'kyj schrieb eine *Lehre für geweihte Priester* (1642) und gründete eine sehr aktive Druckerei. Die bedeutendste Persönlichkeit war Josyf Šumljans'kyj (1643–1708), ein ehrgeiziger und zwiespältiger Adelsspross, ein Krieger und Kirchenmann, der auf das Metropolitenamt in Kyjiv aspirierte, dann Bischof in Lemberg wurde und schließlich zum Uniatismus konvertierte. Er agierte mehrmals als Diplomat zwischen der Kosaken-Ukraine, dem rechtsufrigen Hetmanat und Polen, und kämpfte mit der polnischen Armee in der Schlacht um Wien 1683. Ihm wird die Autorschaft für ein Poem über den Sieg in dieser Schlacht zugeschrieben, aber sein größtes literarisches Verdienst liegt in der Zusammenstellung einer *Metryka* und eines *Spiegels* (Zercalo), zwei Handbüchern zur Unterweisung der niederen Priester auf dem Lande in den Grundlagen der christlichen Lehre. Die beiden Bücher spiegelten die allgemeinen Tendenzen der katholischen Gegenreformation und der orthodoxen Mohyla-Tradition wider, einige allgemein akzeptierte Regeln für Geistliche aufzustellen und das kulturelle Niveau und das christliche Bewusstsein der ukrainischen Pfarrer zu heben. Diese Handbücher waren in einer ziemlich regelmäßigen und klaren mittelukrainischen Sprache verfasst. Nach den Teilungen Polens (1772–1795), als die rechtsufrige Ukraine Teil des Russischen Reiches und Ostgalizien Teil des Habsburger Monarchie wurde, nahm der Einfluss der polnischen Aristokratie auf die Ukraine immer mehr zu. Die Ausbreitung der griechisch-katholischen Kirche, die von der Habsburger Regierung gefördert wurde, begünstigte die Polonisierung der höheren Ränge in Gesellschaft und Kirche. Die Tätigkeit des niederen Klerus war jedoch von grundlegender Bedeutung für die Aufrechterhaltung des Gebrauchs der ukrainischen Sprache in der Landbevölkerung und in den armen Stadtvierteln. Die meisten Schriftsteller waren Geistliche und neigten dazu, kirchenslavische und russische Elemente in die ukrainische Schriftsprache einzuführen. Dies war eine Folge ihrer Ausbildung und eine Reaktion auf die Polonisierung und Germanisierung unter österreichischer Herrschaft. Die unterschiedlichen Ursprünge des ukrainischen lexikalischen Erbes sind einer der Gründe für den Reichtum und die Variabilität der heutigen ukrainischen Literatursprache.

Schuldrama und Theaterkultur

In der Ukraine des 18. Jahrhunderts folgte das Theater immer noch den Mustern der Barockzeit und war im Wesentlichen orthodoxes Schuldrama. Es war geprägt durch eine starke didaktische Ausrichtung, eine Fülle von visuellen Effekten, die intellektuelle Bedeutung und sinnliche Wirkung miteinander verbanden, eine ausgefeilte allegorische Darstellung der christlichen Geschichte und eine enge Bindung an die orthodoxe Liturgie. Selbst ein politisches Drama wie Teofan Prokopovyčs *Vladymyr* (1705) ist tief in der orthodoxen Theologie verwurzelt. Das ukrainische Theater konzentrierte sich weiterhin fast ausschließlich auf biblische Motive und Moralvorstellungen, dies im Gegensatz zum Jesuitendrama, dessen Themen vielschichtig waren; sie reichten von biblischen Geschichten über die Nacherzählung klassischer Mythen, das Leben von Heiligen und Märtyrern, historische Figuren wie Julius Cäsar und Alexander der Große bis hin zu säkularen oder häretischen politischen Theorien. Beeinflusst von den Jesuitenschulen und ihrem militanten Einsatz des Theaters als Hauptwaffe im konfessionellen Wettstreit – was René Fülöp-Miller als „theatralische Gegenreformation" bezeichnet – ist das ukrainische Schuldrama aber auch ein originäres Phänomen, das rhetorische Traditionen westlicher Prägung in den Dienst der orthodoxen Theologie stellt.

Der Schwerpunkt liegt auf dem *Fabula docet*, während die Figuren entweder christliche Tugenden oder deren Gegensätze verkörpern. Die Stücke zeichnen sich durch die für den Barock so charakteristische komplexe Verschmelzung von Geistigem und Materiellem aus. Die antithetische Mentalität der sich vorfindenden Elemente führt zu einer spannungsreichen Gegenüberstellung von Körper und Seele, Realität und Schein, Erlösung und Verdammnis. Im antiklassischen Stil war der verschlungene theatralische Raum dieser Stücke nicht der Einheit von Raum und Zeit unterworfen und erlaubte die Koexistenz von abstrakten Figuren (Natur, Sünde, Tugend, Seele), Heiligen, Aposteln, Teufeln, heidnischen Helden und Christus. Nicht aristotelisch ist auch die Mischung aus Komödie und Tragödie in den Intermedien – kurzen komischen Stücken, die nach jesuitischer Theaterpraxis zwischen den Akten aufgeführt wurden. Das aristotelische Konzept der Tragödie, in dem Mitleid und Angst zur Katharsis führen sollten, ist dem frühen modernen ukrainischen Drama fremd. Das Ziel des ukrainischen Schuldramas ist nicht Katharsis, sondern Erbauung. Das Publikum soll durch eine Rhetorik des Staunens, die das Psychologische und Emotionale mit dem Intellektuellen verbindet, zum Nachdenken über die christlichen Lehren angeregt werden. Die Bühne wurde als ein besonderer „kognitiver Raum" konzipiert, der durch eine subtile Wechselbeziehung zwischen dem Abstrakten und dem Sinnlichen, dem Verbalen und dem Visuellen das Publikum lehren konnte, die Realität zu beobachten, moralische Urteile zu fällen und das eigene Verhalten zu steuern.

Die meisten Theaterstücke, die in der ersten Hälfte des 18. Jahrhunderts an ukrainisch-orthodoxen Schulen aufgeführt wurden, standen im Zusammenhang mit der Karwoche und Ostern. Sie behandelten mit Hilfe von ausgefeilten biblischen Geschichten das Thema der Erlösung des Menschen. Auch die Weihnachtsspiele beschäftigten sich mit den Themen Sünde und Erlösung, und es ist möglich, dass das Weihnachtsfest in der Ukraine durch die Nähe zum katholischen Polen noch an Bedeutung gewann. Die meisten Akteure – Schauspieler, Dramaturgen und Regisseure – waren keine Profis, sondern Lehrer und Schüler der Schule, welche die Aufführungen nutzten, um ihre Ohren auf das Kirchenslavische einzustimmen und ihre Fähigkeiten zum öffentlichen Sprechen, ihre Körpersprache, ihr Gedächtnis und ihr moralisches Urteilsvermögen zu schulen. Zu bestimmten Aufführungen, die den Höhepunkt der Schulfeierlichkeiten darstellten, wurden auch Eltern, Mäzene und wichtige Persönlichkeiten eingeladen.

Mit der einzigen Ausnahme von Mytrofan Dovhalevs'kyjs *Wirkmächtigem Bild der göttlichen Liebe zum Menschen* (Vlastotvornyj obraz Čelovikoljubija Božija, 1737) sind die Osterspiele des 18. Jahrhunderts meist anonym. *Die Freiheit, nach der sich die menschliche Natur jahrhundertelang gesehnt hat* (Svoboda ot vikov voždelinnaja nature ljudskoj, 1701), ein Text, der in Form einer detaillierten Zusammenfassung aller Akte und Szenen überliefert ist, stellt die Tragödie des Sündenfalls dar und zeigt den geistigen Kampf der menschlichen Natur, die zwischen der Gnade Gottes und den weltlichen Eitelkeiten hin- und hergerissen ist. *Die vorweltliche Weisheit, die im Garten Eden die vernünftige Seele schuf* (Mudrost' predvičnaja, vo edomskom dušu razumnuju vertohrade nazdavšaja..., 1703) erforscht die Idee von Gottes Plan zur Erlösung des Menschen, während Luzifer, der Erzengel Michael und die allegorischen Figuren der Hoffnung, der Vernunft, der Welt, des Willens und der sieben Todsünden sich auf der Bühne abwechseln. Mit spektakulären Effekten und komplexen Szenenwechseln wird die Passion Christi nachgezeichnet, ein seltenes Ereignis in der orthodoxen ostslavischen Tradition. Der Sündenfall und der gewaltsame Gegensatz zwischen bösen und guten Kräften, zwischen Licht und Dunkelheit, stehen auch im Mittelpunkt von *Der Triumph der menschlichen Natur, die zuvor von der Frucht vom verbotenen Baum verdorben* war (Toržestvo estestva čelovičeskaho, prežde snidyju zaviščanaho dreva umorennaho, 1706), dem längsten und aufwendigsten der erhaltenen östlichen Theaterstücke.

Obwohl die Weihnachtsspiele für die slavisch-orthodoxe Tradition weniger typisch als die Osterspiele waren, spielten sie eine wichtige Rolle in der frühmodernen ukrainischen Literatur. Einflussreiche Autoren wie Dmytro Tuptalo und Hryhorij Skovoroda griffen Weihnachtsmotive in ihrem Werk auf. So zeigte Tuptalo in seinem Drama *Die Wechselhaftigkeit dieser unbeständigen Welt* (Premena nepostojannaho myra seho, 1702) die Weihnachtsgeschichte vor dem Kampf zwischen Tod und Ewigkeit. Skovoroda übersetzte 1750 das Poem „in Natali Domini" des französischen Humanisten Marc Antoine Muret (1526–1585) in die ukrainische Volkssprache.

Eines der wenigen Schultheaterstücke, die nicht zu Ostern oder Weihnachten geschrieben wurden, ist das Pfingstdrama *Joseph der Patriarch* (Iozyf patriarcha), das 1708 uraufgeführt wurde. Sein Autor ist höchstwahrscheinlich Lavrentij Horka (1671–1737), Lehrer für Poetik und Rhetorik an der Kyjiver Akademie, wo er Teofan Prokopovyč ablöste. Die Form und der ideologische Hintergrund des Pfingstdramas folgen den rhetorischen Konventionen der Oster- und Weihnachtsdramen, da die Geschichte Josephs – ein gemeinsames Thema im katholischen und lutherischen didaktischen Theater – als eine Vorwegnahme des von den Toten auferstandenen und auf dem Thron des Herrn sitzenden Christus behandelt wird.

Einige religiöse Stücke wurden außerhalb des engen Bereichs der Schulen von Wanderschauspielertruppen aufgeführt, die von Studenten oder Absolventen orthodoxer Schulen gebildet wurden. Die von den Mitgliedern dieser wandernden Theatertruppen geschaffenen Werke weisen eine charakteristische Mischung aus literarischen und volkstümlichen Elementen auf und richteten sich an ein breites Publikum. Die Heilige Schrift und westliche literarische Formen koexistierten mit Figuren und sprachlichen Mitteln, welche die Studenten auf ihren Reisen beobachtet hatten. Diese Aufführungen waren fast ausschließlich mit religiösen Festtagen verbunden, insbesondere mit der Feier von Ostern und der Karwoche. Das sogenannte *Derniv-Manuskript* enthält ein Bühnenrepertoire aus der Wende zum 18. Jahrhundert, das die symbiotische Beziehung zwischen religiösem Drama und populärem weltlichem Theater veranschaulicht. Das Manuskript gehörte wahrscheinlich dem Direktor eines halbprofessionellen Ensembles, wie die große Zahl der darin enthaltenen Regieanweisungen beweist. Die Texte des Manuskripts sind eine Kombination aus einem Osterspiel, einem Drama über die Erscheinung Christi in Emmaus und deklamatorischen Dialogen, die von einem „Rhetor" (krasnomovec) vorgetragen werden, dessen Monologe die Gelehrsamkeit des Bildungsprogramms der Mohyla-Akademie verraten, wobei die antike heidnische Kultur (Zerberus, Tartarus, Fortuna) für religiöse und somit höhere Zwecke genutzt wird. Das Emmaus-Drama zeigt einen Schauspieler in der Rolle Christi, was im orthodoxen Schultheater nicht erlaubt gewesen wäre. Dort wurden Ikonen zur Verkörperung der heiligsten Figuren wie Christus, der Jungfrau Maria und Gott verwendet. Das *Derniv-Manuskript* enthält auch Weihnachtsverse, eine Auswahl rhetorisch anspruchsvoller Monologe, deren Dialektmerkmale die galizische Herkunft der Handschrift verraten.

Populäre Elemente überwogen in den Intermedien, den komischen Einlagen, die sowohl im Rahmen des Schuldramas als auch des Volkstheaters aufgeführt wurden. Durch die Jesuitenschulen der polnisch-litauischen Adelsrepublik assimiliert, spiegelte diese *poesis jocosa* (spielerische Poesie) das lokale Leben und weltliche Themen. Gleichzeitig stellte sie eine kontrastierende komische Nebenhandlung dar, die – im Geiste der barocken *concordia discors* – die „Ewigkeit" und „Universalität" umkehrte, für die das Schuldrama und sein hoher Stil standen. Unter Umgehung der strengen aristotelischen Trennung von Komik und Tragik dienten die Intermedien als farbenfrohe komische *Exempla*, die das Publikum in seiner eigenen Zeit und seinem eigenen Raum erziehen sollten. Durch diese zeitliche Dimension unterscheiden sich die burlesken Einlagen von den Dramen und ihren übernatürlichen Stoffen. Die Regieanweisungen machen deutlich, dass die Rollen der Schauspieler Mimik, Körpereinsatz, Gesang und Tanz erforderten. Die Umkehrung war auch sprachlich, denn die *Lingua rustica* der Zwischenspiele bildete ein ideales Gegenstück zum hochtrabenden Kirchenslavisch der dramatischen Haupthandlung. In den Intermedien des *Derniv-Manuskripts* sind alle Regieanweisungen auf Ukrainisch, während die nicht-ukrainischen Figuren (Polen, Zigeuner, Tataren, Juden und Deutsche) in ihren Sprachen oder in Parodien davon sprechen.

Bald entwickelten sich die Intermedien von unterhaltsamen Zwischenspielen, welche die religiöse Botschaft des Dramas für die vielen Zuschauer, die das Kirchenslavische nicht beherrschten, attraktiv machen sollten, zu miteinander verbundenen Teilen eines kompositorischen Ganzen. Diese Aufführungen konzentrieren sich auf eine humorvolle und doch realistische Darstellung des Alltagslebens in der Ukraine. Das Zusammenleben verschiedener ethnischer, sozialer, sprachlicher und religiöser Gruppen bot die Grundlage für die komische Handlung. Ein polnischer Herr (Pan) befiehlt, seine „litauischen" (also belarussischen) Bauern zu geißeln, während ein Kosake und ein Moskauer sich zusammentun, um ihn mit Knüppeln und Stöcken zu vertreiben; ein Jude wird das Opfer sowohl des Teufels als auch eines Zigeuners, der ihn zwingt, Speck und Wurst zu essen; ein Kosake bestraft einen Juden und einen Polen für die Belästigung ukrainischer Bauern. Leichte rationalistische Untertöne tauchen im Bild eines Bauern auf, der sich über einen Polen lustig macht, der sich als Astronom ausgibt und erklärt, er könne den günstigsten Zeitpunkt zum Pflügen eines Feldes vorhersagen. In den komödiantischen Einlagen, in denen aktuelle Themen aufgespießt wurden, zeugen die Intermedien auch von einem wachsenden Bewusstsein für zeitgenössische soziale und politische Fragen. Die Zwischenspiele von Dovhalevs'kyj und Konysk'yj beeinflussten die an den orthodoxen Akademien in Russland aufgeführten Dramen wie Inokentij Odrowąż-Migałewiczs *Stephanotokos* (1742) sowie die späteren Stücke von Ivan Kotljarevs'kyj und Hryhorij Kvitka-Osnov'janenko.

Die Entstehung einer Volksliteratur

Als Beispiel für die Volksliteratur des 18. Jahrhunderts kann das Werk des Priesters Ivan Nekraševyč (1742–1796) gelten. Er studierte an der Mohyla-Akademie und schrieb in teilweise syllabischen, teilweise „neueren" Versen einen *Dialog zwischen Seele und Leib* (Spor duši i tela, 1781). Er verwendete ein ukrainisch-kirchenslavisches Gemisch, das wohl einem allgemeinen Usus entsprach. Erst Ivan Kotljarevs'kyj normierte das Ukrainische zu einer Literatursprache.

Anderseits trifft man in dieser Zeit des Übergangs gleichzeitig auf Erscheinungen, die auf eine Modernisierung deuten, allerdings durch die Vermittlung des russischen Klassizismus. Als Sohn einer alten Kosakenfamilie studierte Opanas Lobysevyč (1732–1805) in Kyjiv und St. Petersburg, wo er wichtige Zeitgenossen (Poletyka, Dyvovyč, Sumarokov u. a.) kennenlernte. 1761 wurde er Sekretär des Hetmans Kyrylo Rozumovs'kyj in Hluchiv und reiste mit ihm nach Europa. Er wurde durch seine Übersetzung von Vergils *Georgica* bekannt. Er soll auch eine (verschollene) Travestie der *Bucolica* auf Ukrainisch geschrieben haben. Er kann als typisches Beispiel der ukrainischen Ober- und Mittelschicht gelten, die sich zwar der imperialen Ordnung anpassten, aber ein ukrainisches Bewusstsein behielten.

Eine faszinierende Kombination aus Poesie und historischer Erzählung ist ein Text, den der Schreiber und Übersetzer in der Kosakenkanzlei in Hluchiv Semen Divovyč verfasste. *Das Gespräch Großrusslands mit der Ukraine* (Razgovor Velykorosiji s Malorosijeju, 1762) lässt sich der Gattung der Dialoge zuordnen, die in den Jesuitenschulen als grundlegendes Unterrichtsfach praktiziert wurde. Das *Gespräch* zählt 1278 Verse und hat eine wichtige historische und politische Bedeutung. Die Fragen und Antworten kreisen um die Autonomie der ukrainischen Kosaken im imperialen Russland. Großrussland sind nur sehr wenige, kurze Zeilen gewidmet, die aggressiv um folgende Fragen kreisen: Wer bist du? Was hast du geleistet, um meine Aufmerksamkeit zu verdienen? Bist du nicht immer noch eine Brutstätte des Verrats? Die langen Antworten der Ukraine sollen ihre lange Abstammung (so alt wie die Russlands!), ihren tapferen Dienst und ihre Hingabe an eine gemeinsame Sache beweisen. Am auffälligsten ist jedoch die Behauptung, dass Groß- und Kleinrussland unter der dynastischen Krone der Romanovs gleichberechtigt seien. Beide hätten die gleiche Abstammung, die gleichen Verdienste und Verpflichtungen. Niemand sei befugt, auf den anderen herabzusehen. Diese Überzeugung, die auf der Vorstellung eines Vielvölkerreichs beruht, ist eindeutig der politischen Erfahrung der polnisch-litauischen

Adelsrepublik entlehnt. Das *Gespräch* hatte jedoch keinen Einfluss auf die zeitgenössischen Ereignisse. Seine indirekten intellektuellen und politischen Auswirkungen wurden erst im 19. Jahrhundert deutlich sichtbar, als sich der Kern des Nationalbewusstseins von der Kosakenelite auf eine viel breitere, nationale Basis verlagerte.

Geschichtsschreibung und Kosakenchroniken

Die Geschichtsschreibung war eine grundlegende Tätigkeit für Mönche und Laien vom 16. bis zum Ende des 18. Jahrhunderts. Als Bindeglied zwischen den mittelalterlichen Kyjiver Chroniken und der frühneuzeitlichen Geschichte verdient die *Hustyn-Chronik* nicht nur wegen ihres literarischen Wertes Aufmerksamkeit, sondern auch wegen der kontinuierlichen Darstellung des Kyjiver Staates, des galizisch-wolhynischen Fürstentums (13.–14. Jahrhundert), des litauischen Großfürstentums und des Kosaken-Hetmanats.

Neben den Mönchen entstand eine neue Klasse weltlicher Geschichtsschreiber. Mitglieder des Kosakenadels (staršyna) reflektierten ihre eigene Perspektive auf die Ereignisse der Vergangenheit und der Gegenwart. Ihre Kosaken-Chroniken (litopysy) wurden nicht nur zu einer wertvollen Aufzeichnung historischer Ereignisse und Haltungen, sondern auch zu einer proto-nationalen Erzählung des ukrainischen Lebens. Die wichtigsten dieser Chroniken – die *Chronik* (Litopys) von Samijlo Velyčko, die den Zeitraum von 1648 bis 1700 behandelt, die anonyme *Augenzeugenchronik* (Litopys samovydcja) und die *Chronik* von Hrabjanka, die den Zeitraum von den Anfängen des Kosakentums bis 1709 abdeckt – wurden in vielen Redaktionen kopiert und relativ weit verbreitet. Die *Augenzeugenchronik* ist eine der zuverlässigsten Quellen über die Zeit des Chmel'nyc'kyj-Aufstandes, den Untergang seines Hetmanats und die Ereignisse bis zur Zeit Mazepas. Der Generalmilitärkanzler des Hetmanats Samijlo Velyčko (1670–1726) wurde zu seiner Chronik durch Samuel Twardowskis episches Poem *Bürgerkrieg* (Wojna domowa, 1681) inspiriert. Der Kosakenoffizier Hryhorij Hrabjanka (1670–1738) schuf eine Erzählung der ukrainischen Geschichte aus der alten, halbmythischen Vergangenheit, die sich hauptsächlich auf die Kosakenkriege gegen Polen konzentriert (*Geschichte des größten und blutigsten seit den Anfängen Polens nicht dagewesenen Krieges des Zaporoger Hetmans Bohdan Chmel'nyc'kyj gegen die Polen* [Dejstvija prezel'noi i ot načala poljakov krvavšoi nebyvaloi brani Bohdana Chmel'nyckoho],1710). Die wichtigsten Quellen für diese Chroniken waren neben der lokalen Überlieferung die polnischen Geschichtsdarstellungen von Marcin Bielski und Maciej Stryjkowski, das Chotin-Epos von Wacław Potocki (1621–1696) und die Geschichtswerke von Samuel von Pufendorf (1632–1694). Hrabjanka und Velyčko entwarfen einen Gründungsmythos, der die Ursprünge des Kosakentums mit den alten Sarmaten und den Chasaren in Verbindung brachte. Inspiriert von der polnischen Geschichtsschreibung der Spätrenaissance (wahrscheinlich vermittelt durch Ioanykij Galjatovs'kyj und Dmytro Tuptalo) zielten sie darauf ab, den antiken Ursprung des „kleinrussischen Kosakenvolkes" zu beweisen und es anderen Kulturvölkern wie den Polen gleichzustellen. Solche Geschichtskonstruktionen rückten nach der Mitte des 18. Jahrhunderts in den Hintergrund, tauchten aber in der zweiten Hälfte des 19. Jahrhunderts bei Kostomarov, Antonovyč und Hruševs'kyj wieder auf. Genremäßig sind die Kosakenchroniken tendenziell synkretistisch. Sie sind nicht nur historische Erzählungen, sondern Kompendien, die recht heterogenes Material wie eingefügte Dokumente oder Erzählungen enthalten.

Das letzte und faszinierendste Geschichtswerk aus dieser Zeit ist die anonyme *Geschichte der Ruthenen oder Kleinrusslands* (Istorija rusov ili Maloj Rossii), die zu Beginn des 19. Jahrhunderts geschrieben und 1828 erstmals erwähnt wurde, etwa zur gleichen Zeit wie die berühmte *Geschichte des russischen Staates* (1816–1826) von Nikolaj Karamzin. 1846 erschien eine gedruckte Ausgabe der *Geschichte der Ruthenen* in Moskau. Sie ist eine Mischung aus traditionellem Kosakendenken und patriotischer Romantik, hält sich jedoch mehr oder weniger an die traditionelle Form der Chronik und erzählt auf faszinierende Weise von den Ängsten und Erwartungen des Kosaken-Adels unter den Bedingungen der zaristischen Vorherrschaft und des russischen Assimilationsdrucks. Sie bringt den Lokalpatriotismus, die Loyalität gegenüber den russischen Herrschern und die Verbundenheit mit der Tradition des aus Polen stammenden aristokratischen Mythos der „goldenen Freiheit" zum Ausdruck. In erster Linie zielt sie darauf ab, den Wunsch des Kosakenadels nach Anerkennung seiner „alten Freiheit" durch die zaristische Verwaltung zu verdeutlichen, um in die Reihen des russischen Adels (dvorjanstvo) aufgenommen zu werden. Die *Geschichte der Ruthenen* ist in einer slavisierten russischen Sprache mit häufigen Ukrainismen geschrieben und stellt eine symbolische Verbindung zwischen der frühneuzeitlichen und der modernen ukrainischen Geschichtsschreibung dar. Sie markiert auch einen Neubeginn zu den früheren Chroniken, die in mittelukrainischer Sprache verfasst waren, manchmal mit starkem polnischem Einfluss oder mit Abschnitten auf Polnisch. Die *Geschichte der Ruthenen* beeinflusste die Entwicklung der ukrainischen Literatur des 19. Jahrhunderts stark. Gogol' und Ševčenko lasen sie eifrig, beide schöpften aus ihren Ideen und ihrem Material.

Außerhalb der staatlichen und religiösen Institutionen: Hryhorij Skovoroda

Der Philosoph, Theologe, Schriftsteller und Übersetzer Hryhorij Skovoroda (1722–1794) ist der bedeutendste Dichter und spirituelle Denker der frühneuzeitlichen Ukraine. Er ist einer der schöpferischsten Intellektuellen des ukrainischen Barocks und wurde als „ukrainischer Sokrates", „Philosoph ohne System", „Idealist", „Materialist", „Demokrat" und „philosophischer Gottesnarr" beschrieben. Seine literaturgeschichtliche Position am Ende der ukrainischen Barockzeit – zu einer Zeit, als das Russische Reich eine stetige Europäisierung durchlief, während die Ukraine immer provinzieller wurde – ließ sein literarisches Werk und sein religiöses Denken in den Augen der meisten seiner späteren Kritiker als ein fremdes und schwer fassbares Phänomen erscheinen. Er wurde von Taras Ševčenko, der die meisten seiner „Psalmen" und Lieder kannte und abgeschrieben hat, sowie von den russischen Slavophilen verehrt und von den ukrainischen Modernisten (Pavlo Tyčyna, Valer'jan Poliščuk, Jurij Klen und Vasyl' Barka) wiederentdeckt.

Die Komplexität Skovorodas – vor allem sein allegorischer Stil und seine obskure, verschlungene Sprache – machen eine ausgewogene Bewertung seines Werks schwierig. Auch wenn sein Leben mit dem Übergang vom Barock zur Säkularisierung des Zarenreichs zusammenfällt, gehörte er intellektuell und geografisch zu beiden Welten. Als Absolvent der Mohyla-Akademie kannte er ein breites Spektrum religiöser und weltlicher Quellen und schöpfte dabei vor allem aus der Bibel, dem christianisierten Platonismus der Kirchenväter, der byzantinischen asketischen Tradition und dem Neuplatonismus der Renaissance.

Leider verweist nur sein Biograph und lebenslanger Freund Mychajlo Kovalyns'kyj auf Skovorodas Lieblingslektüren und erwähnt Plutarch, Philon von Alexandria, Cicero, Horaz, Origenes, Lukian, Clemens von Alexandria, Nilus (höchstwahrscheinlich Evagrius Ponticus, dessen asketische Werke in griechischen Manuskripten überlebt haben, die oft Nilus von Ancyra zugeschrieben werden); des weiteren nennt er Dyonisius Pseudo-Areopagita, Maximus den Bekenner und „die moderneren, die diesen entsprechen". Diese eigentümliche Mischung aus byzantinisch-slavischem Erbe, klassischer Kultur und westlicher Philosophie macht Skovoroda zum reifsten Vertreter der barocken Gelehrsamkeit und zu einem der letzten Literaten des orthodoxen Slaventums.

Die biografischen Daten und der Lebensstil Skovorodas lassen sich hauptsächlich aus dem aus erster Hand stammenden– und dennoch oft unzuverlässigen – Bericht rekonstruieren, den Mychajlo Kovalyns'kyj kurz nach dem Tod des Philosophen in seinem *Leben des Hryhorij Skovoroda* (Žizn' Hryhorija Skovorody, 1794) niederschrieb. Skovoroda wurde 1722 in einer verarmten Kosakenfamilie in der Stadt Čornuchy in der Provinz Poltava geboren. Nach dem Besuch einer der Dorfschulen schrieb er sich 1734, im Alter von 12 Jahren, an der Mohyla-Akademie ein. Im Dezember 1741 wurde er an einen Hofchor in St. Petersburg geschickt, wo er drei Jahre als Chorsänger der Zarin Elisabeth diente. Nach seiner Rückkehr nach Kyjiv nahm er seine Studien an der Akademie wieder auf. Bereits im August 1745 nahm er die Stelle eines Kirchenlektors bei einer russischen Mission im ungarischen Tokaj an, die er fünf Jahre lang innehatte. Möglicherweise besuchte er in dieser Zeit auch Wien, Budapest und Halle. Nach seiner Rückkehr aus dem Ausland wurde er 1750 zum Dozenten für Poesie am Seminar in Perejaslav ernannt, verlor diese Stelle jedoch im Juni 1751, da er wegen seiner unkonventionellen Ideen in Bezug auf die Versifikation in Konflikt mit dem örtlichen Bischof Nikodym Srebnyc'kyj geriet. 1751 kehrte Skovoroda an die Mohyla-Akademie zurück und schrieb sich in den Theologiekurs von Heorhji Konys'kyj ein. Da nur die Studenten, die eine geistliche Berufung anstrebten, das Studium abschlossen, beendete Skovoroda das vierjährige Theologiestudium nicht. Im Jahr 1753 fand er eine Anstellung im Haushalt des reichen Gutsbesitzers Stepan Tomara im Dorf Kovraj, nicht weit von Perejaslav entfernt. Dort arbeitete er bis 1759 als Hauslehrer für Tomaras Sohn.

Im Jahr 1759 wurde er vom Bischof von Belgorod Ioasaf Mytkevyč als Poetik-Professor an das Kollegium von Charkiv berufen. Skovoroda, der einzige Laie unter den Lehrkräften, verließ diese Stelle nach nur einem Jahr, da er den Vorschlag ablehnte, in den Mönchsorden einzutreten. Zwei Jahre später kehrte er an das Kollegium zurück, wo er von 1762 bis 1764 als Griechischlehrer tätig war und wo er seinen späteren Biographen und engsten Freund Mychajlo Kovalyns'kyj kennenlernte, der zu dieser Zeit Student am Kollegium war. 1768 wurde Skovoroda vom Gouverneur von Charkiv, Evdokij Ščerbinin, an der „Schule für die Adelskinder" eingestellt, um einen Kurs in Ethik zu halten. Dieser Kurs ist als *Die erste Tür zur christlichen Ethik* (Načal'naja dver' ko christians'komu dobronraviju) überliefert. 1769 verließ Skovoroda wegen einer Meinungsverschiedenheit mit Mytkevyčs Nachfolger Samuil Myslavs'kyj das Kollegium. Als Absolvent der Kyjiv-Mohyla-Akademie und eifriger Verfechter der Russifizierungspolitik Katharinas II. war Myslavs'kyj verärgert darüber, dass Skovoroda sein eigenes Handbuch verwendete, anstatt ein in Moskau veröffentlichtes Lehrbuch zu übernehmen (höchstwahrscheinlich den *Katechismus* von Platon Levšin, der 1757 in Moskau veröffentlicht wurde).

In den nächsten 25 Jahren führte Skovoroda ein Wanderleben, schweifte bis nach Taganrog und arbeitete an seinen Schriften, die sich nach 1769 hauptsächlich auf philosophische Prosa beschränkten. Trotz des populistischen Mythos über seine Liebe zum „gemeinen Volk" und seine Ablehnung der Reichen fand er Unterkunft bei verschiedenen gut situierten Freunden aus den Familien von Landbesitzern und Kaufleuten, die er durch seine Arbeit als Hauslehrer kannte. Skovorodas Rückzug aus der Welt lässt sich am besten als eine Form des „inneren Mönchtums" beschreiben, als eine persönliche Suche nach den asketischen Idealen der Einsamkeit und Selbstbeobachtung des frühen christlichen Lebens.

Skovoroda starb 1794 auf dem Gut seines Freundes Andrij Kovalevs'kyj in Ivanovka, nicht weit von Charkiv. Auf seinem Grabstein steht die legendäre Inschrift: „Die Welt hat versucht, mich zu fangen, aber es ist ihr nicht gelungen."

Skovorodas Werk umfasst Gedichte, Fabeln, Dialoge, Abhandlungen und private Korrespondenz. Sein schriftlicher Nachlass besteht aus 126 Briefen (die meisten Briefe sind an Mychajlo Kovalyns'kyj gerichtet), die Hälfte davon in Latein. Durch die Verschmelzung von Latein, Slavisch und Griechisch fügen sich diese Briefe perfekt in die mehrsprachige Tradition der ukrainischen Barockliteratur ein. Skovoroda übersetzte auch Cicero (*De senectute*), Plutarch (*De tranquillitate animi*) und ein Werk des flämischen Jesuiten Sidronius Hosschius (*Oda*) ins Ukrainische.

Skovoroda begann seine Tätigkeit als Dichter in den frühen 1750er-Jahren. Die meisten seiner Werke entstanden in den 1750er- und 1760er-Jahren, als er als Lehrer an verschiedenen Bildungseinrichtungen tätig war. Seine Gedichte variieren in Bezug auf Genre (Epigramme, Elegien, Panegyrik, geistliche und weltliche Oden und emblematische Verse) und Sprache. *Der Garten der göttlichen Lieder* (Sad božestvennych pesnej) ist ein Zyklus von 30 Gedichten, die zwischen 1753 und 1780 entstanden und auf biblischen und liturgischen Themen basieren. Das bekannteste Gedicht des *Gartens*, „Jedem Garten seine Gebräuche und Rechte" (Vsjakomu horodu nrav i prava), verbindet biblische und klassische Motive. Es bietet dem Leser eine spirituelle Meditation über verschiedene Lebenswege, die später auch Taras Ševčenkos Poem „Traum" (Son, 1844) beeinflussen sollte.

Zur ersten Periode seines literarischen Schaffens gehören auch *Die Charkiv-Fabeln* (Basni Charkovs'ki), die zwischen 1769 und 1774 entstanden sind. Obwohl die Fabel als Genre in der ukrainischen Barockliteratur gut bekannt war (der Prediger Antonij Radyvylovs'kyj machte in seinen Werken *Der Garten der Gottesmutter Maria* [Ohorodok Mariji Bohorodyci, 1676] und *Der Christuskranz* [Venec' Chrystov, 1688] ausgiebig Gebrauch von Fabeln), ist Skovoroda der erste, der Fabeln mit einem philosophischen Ziel verwendet.

Alle seine philosophischen Schriften stammen aus der Zeit, in der er ein Leben auf Reisen führte. *Der Narziss. Eine Betrachtung über das Thema: Erkenne dich selbst* (Narkiss. Razglagol o tom: Uznaj Tebe, 1769–1771) ist Skovorodas erster Versuch eines philosophischen Dialogs. Kurz vor seinem Tod (1794) fügte Skovoroda dem, was er als seinen „erstgeborenen Sohn" bezeichnete, einen *Prolog* bei.

In seiner Darstellung der christlichen Ethik folgt Skovoroda dem ursprünglich von den Stoikern formulierten und später von Clemens von Alexandria christianisierten Grundsatz, dass der weise Mensch nicht mehr als die Tugend braucht, um glücklich zu sein. In der Abhandlung *Ein kleines Buch, genannt Silenus Alcibiadis* (Knižečka, nazyvaemaja Silenus Alcibiadis, 1775–1776) kehrt Skovoroda von der dialogischen Gattung zur Prosa zurück, wobei er sich mit der richtigen Auslegung der Bibel befasst. In Anlehnung an die allegorischen Prinzipien der Alexandriner wird die Kluft zwischen dem buchstäblichen und dem symbolischen Sinn der Bibel mit einem Silen verglichen, der, obwohl er der trunkenste unter den Anhängern des Dionysos war, die Gabe der Weissagung besaß. Die biblische Hermeneutik ist auch das Hauptthema des Traktats *Ein kleines Buch über die Lektüre der Heiligen Schrift, genannt Lots Frau* (Knižečka o čtenii Svjaščennago pisanija, narečenna Žena Lotova, 1780–1788).

Ein Streit zwischen dem Archistrat Michael und Satan (Bran' Archistratiga Michaila so Satanoju, 1783), ein Dialog zwischen Satan und fünf Erzengeln, markiert eine scharfe Distanzierung von den konkreten Schauplätzen all seiner früheren Dialoge und stellt gleichzeitig einen kosmischen Kampf zwischen Gut und Böse dar, der in der apokryphen und slavisch-orthodoxen Literaturtradition nachklingt. Die slavisierte Sprache des Dialogs ist auch symptomatisch für Skovorodas bewusste (Wieder-)Verwendung der mittelalterlichen Schreibtradition. *Der Streit des Teufels mit Barsabba* (Prja besu so Varsavoju, 1783) ist ein Dialog zwischen Skovorodas *Alter Ego* Barsabba und einem Dämon und stellt eine weitere Ausarbeitung der metaphysischen Themen dar, die bereits im *Streit des Archistraten* zu finden sind, mit dem es auch die Verwendung von überwiegend kirchenslavischen Sprachformen teilt. *Der dankbare Erodius* (Blagodarnyj Erodij, 1787) ist dagegen ein Experiment mit humorvollen Dialogen, ganz im Sinne seiner früheren *Charkiver Fabeln*.

Skovoroda beschrieb im Widmungsbrief des *Dialogs, oder Erörterung über die antike Welt* (Dialog, ili razglagol o drevnem mire, 1772) seinen Lebensstil als *zabava*, als frommes Vergnügen, im Geiste der klassischen Tradition des kontemplativen *otium*. Er liebte ständige Experimente mit Gattungen, Stilformen und Sprachen. Die Unterschiede in der Form haben jedoch keinen Einfluss auf den Inhalt. Skovoroda war in erster Linie Philosoph und Theologe, und der Großteil seiner Schriften spiegelt diese Interessen wider.

Seine Philosophie hat einen ausgeprägt religiösen Charakter. Leonid Uškalov hat vorgeschlagen, Skovorodas philosophisches Denken als eine *Christusphilosophie* (ein Begriff, der sich mit der *philosophia Christi* oder *pia philosophia* der Neuplatoniker der Renaissance überschneidet) zu beschreiben, deren Ziel die Erkenntnis Gottes und die Vereinigung mit ihm ist. Für Skovoroda, wie auch für die Neuplatoniker im Allgemeinen und die ukrainischen Barocktheologen im Besonderen, gibt es keine wirkliche Unterscheidung zwischen Philosophie und Religion, da beide zum selben Ziel führen.

Skovorodas Weltanschauung lässt sich wie folgt zusammenfassen: Gott steht über der Welt und ist zugleich eine lebendige Kraft, die sie durchdringt. Die gesamte Natur geht von Gott aus, kämpft gegen Sünde und Versuchung und kehrt dann durch Christus zu Gott zurück. Die drei Etappen dieses Wegs zur geistigen Vollkommenheit befinden sich innerhalb der Grenzen des christianisierten Neuplatonismus. In Anlehnung an die pseudo-dionysische Tradition, welche die christliche Offenbarung mit der triadischen Struktur des neuplatonischen Universums verband, kann die Beziehung zwischen Gott, dem Menschen und der materiellen Welt als ein dynamischer „spiritueller Kreislauf" beschrieben werden, der zwischen den Stufen der *unitas* und der *alteritas* wechselt. Auf der einen Seite steigt Gott durch seinen *Logos* (Christus) in die materielle Welt hinab. Auf der anderen Seite steigt die materielle Welt zu Gott auf und nimmt durch die Inkarnation des *Logos-Christus* an seinem Wesen teil.

Obwohl Skovorodas Weltanschauung im Kern neuplatonisch ist, betont er die Wichtigkeit des freien Willens der Christen, von einem Zustand der Trennung von Gott (d. h. Sünde und Versuchung) zu einem Zustand der mystischen Vereinigung mit Gott (d. h. Erkenntnis Gottes) zu gelangen. Die Tugend muss aus freien Stücken gewollt werden. In Anlehnung an die byzantinische asketische Tradition vermittelt Skovoroda ein überzeugendes Bild des Christen als jemand, der darum kämpft, die Einheit seiner Identität zu bewahren und zu Gott aufzusteigen, während er den Verlockungen der Welt zur Spaltung widersteht.

Die notwendige Voraussetzung, um zur Erkenntnis Gottes zu gelangen, ist die Selbsterkenntnis: Als Ebenbild Gottes enthält der Mensch eine Spur des Göttlichen, während er in seinem Inneren die Ordnung des Makrokosmos spiegelt. Der Mensch ist somit das wahre Bindeglied zwischen dem Irdischen und dem Göttlichen. Skovorodas häufige Aufforderungen, „sich selbst zu messen", anstatt „zwischen den Sternen und Planeten zu wandern", verweisen auf eine symbolische Spannung zwischen dem „Innen" und dem „Außen". Weit davon entfernt, eine Form des philosophischen Skeptizismus zu sein, wie es bei solchen frühneuzeitlichen ukrainischen Denkern wie Ivan Vyšens'kyj der Fall ist, muss Skovorodas offensichtliche Ablehnung des Wissens über die Außenwelt als Teil jener breiteren Bewegung gesehen werden, die seit dem Mittelalter als „christlicher Sokratismus" bekannt ist. Skovoroda lehnt nicht die Wissenschaft *an sich* ab, sondern die Idee ihrer ontologischen Priorität gegenüber der Selbsterkenntnis. Es ist daher notwendig, von der sinnlichen zur geistigen Erkenntnis überzugehen und „zuerst das Fleisch" zu betrachten, um „die göttlichen Spuren zu finden, die eine unbekannte und geheime Weisheit offenbaren". Da die Welt durch den göttlichen *Logos* geschaffen wurde, kann sie durch das Wort zu ihrem göttlichen Ursprung zurückkehren. Daher verweist Skovoroda häufig auf das Zusammentreffen von Philosophie und Poesie in einer Sprache, die an die Terminologie Platons und Philons über die Inspiration der Dichter und den „nüchternen Rausch" der Seele bei der Kontemplation der Ideen anknüpft. Indem er die Tätigkeit des *Christus-Logos*, der zwischen den Menschen und Gott vermittelt, nachahmt, vermittelt der Dichter-Philosoph Skovoroda zwischen dem göttlichen und dem menschlichen *Logos* und verbirgt unter dem Gewand verschiedener Symbole und Bilder die Geheimnisse, die er in seiner philosophischen Suche nach Gott gesehen hat. Was Dmytro Čyževs'kyj als Skovorodas „Rückkehr von der begrifflichen Form des Philosophierens zu einer lebendigen symbolischen Form" definiert hat – seine lebenslange Vorliebe für Symbole, Embleme, Fabeln und kühne Metaphern – ist somit fest in der neuplatonischen Ontologie des Schriftstellers verortet.

Die zahlreichen Bibelzitate machen seine philosophischen Texte zu einem Spiegelbild des Makrokosmos, indem auch sie aktiv am göttlichen *Logos* teilhaben. Die oft skurrile Verteilung der Bibelzitate, ihre komplizierte Verknüpfung untereinander und die häufigen Abweichungen vom Synodaltext sind eindeutig symptomatisch für die relative Freiheit, welche die ukrainische Barocktradition genoss. Innerhalb dieser komplexen metaphysischen Textarchitektur ist die Kraft, die alle Menschen zu Gott hinführt und das Universum zusammenhält, die Liebe. Wie in Platons *Symposion* und im Neuplatonismus der Renaissance besteht eine der zentralen Lehren von Skovorodas Philosophie darin, dass die Welt eine Einheit besitzt, die über die scheinbare Vielfalt der phänomenalen Dinge hinausgeht.

Obwohl Skovoroda in erster Linie ein religiöser Philosoph war, der sich mit spirituellen Fragen und ewigen Realitäten beschäftigte, ist die eigentümliche Mischung seiner Werke aus verschiedenen sprachlichen Elementen (Kirchenslavisch, Mittelukrainisch, Russisch, Latein und Griechisch) in der Tat ein Produkt seines sozialen und kulturellen Umfelds und zeugt gleichzeitig von der Assimilation der ukrainischen Intellektuellen an die russische imperiale Mentalität. Einerseits ist diese „gemischte Sprache" ein charakteristisches Merkmal der ruthenischen Schrifttradition, in der die einzelnen Sprachen (Kirchenslavisch, *prosta mova*, Polnisch und Latein) nicht einfach in verschiedenen Zirkulationssphären eingesetzt wurden, sondern oft in ein und demselben Text nebeneinander existierten und interagierten. In dieser Hinsicht zeugt gerade Skovorodas Wechsel zwischen „kirchenslavischen Höhen und volkssprachlichen Tiefen" von den engen Beziehungen zwischen dem Schriftsteller und der barocken Ukraine.

Darüber hinaus ist die stark slavisierte Sprache von Skovorodas späteren Werken Ausdruck einer bedeutenden Verschiebung von der ruthenischen („lokalen") Besonderheit seiner frühen Werke zur slavisch-orthodoxen Färbung von Texten wie *Der Streit des Teufels mit Barsabba* (Prja besu so Varsavoju), *Der Streit des Architraten Michail* (Bran' Architratiga Michaila) oder *Die Schlangenflut* (Potop zmiin). Diese Tendenz steht in der Tat im Einklang mit den Auswirkungen des von Harvey Goldblatt als „russischer ökumenischer Imperialismus" bezeichneten Einflusses auf die ukrainische Sprachsituation. In dieser Hinsicht liegt die Annahme nahe, dass Skovorodas dreißigjähriger Aufenthalt unter den wohlhabenden Landbesitzern der Sloboda-Ukraine – deren Umgangssprache, wie Jurij

Ševel'ov hervorhebt, höchstwahrscheinlich Russisch war – einen Einfluss auf die Entwicklung seiner sprachlichen Strategien gehabt haben könnte. Als Mann „zwischen vielen Welten" markiert Skovoroda nicht nur einen Übergang zwischen der alten und der neuen Ukraine, sondern auch zwischen der „alten" ruthenischen und der „neuen" imperial-russischen Schreibtradition. Schließlich ist das „Dazwischen" vielleicht der Ort, an dem Skovoroda sein möchte, wenn er nicht von der Welt vereinnahmt werden will.

Übersetzungen

Hryhorij Skovoroda: Dialoge. Übersetzung Roland Pietsch. München 2021.
Hryhorij Skovoroda: Garten der Göttlichen Lieder. Übersetzung Guenter Kollert. Kassel 2024.

Weiterführende Literatur

Elisabeth von Erdmann: Unähnliche Ähnlichkeit. Die Onto-Poetik des ukrainischen Philosophen Hryhorij Skovoroda (1722–1794). Köln 2005.
Paulina Lewin: Ukrainian Drama and Theater in the Seventeenth and Eighteenth Centuries. Edmonton 2008.
Tetyana Hoggen-Kloubert: Grigorij Skovoroda. Ein ukrainischer Sokrates. Königsdorf 2020.
Richard H. Marshall, Thomas E. Bird (eds.): H.S. Skovoroda: An Anthology of Critical Articles. Edmonton 1994.
Max Okenfuss: The Rise and Fall of Latin Humanism in Early-Modern Russia. Leiden, New York 1995.
Serhii Plokhy: The two Russias of Feofan Prokopovič. In: Giovanna Siedina (ed.): Mazepa and his Time. History, Culture, Society. Alessandria 2004, S. 333–366.
Jurij Sherech: On Teofan Prokopovych as Writer and Preacher in his Kyiv Period. In: Harvard Slavic Studies 2 (1954), S. 211–223.
Dmitrij Tschiževskij: Skovoroda: Dichter, Denker, Mystiker. München 1974.
Leonid Ushkalov: Catching an Elusive Bird. The Life of Hryhorii Skovoroda. Stuttgart 2024.

Ukrainische Literatur als Herausforderung der russischen imperialen Kultur

Ulrich Schmid

Erst zu Beginn des 19. Jahrhunderts begann man im Zarenreich, die Ukraine als eigene Kulturlandschaft wahrzunehmen. Zunächst spiegelte sich diese neue Erfahrung im Genre des Reiseberichts. Autoren wie Vladimir Izmailov, Ivan Sbitnev, Vadim Passek oder Nikolaj Vsevoložskij berichteten von ihren Eindrücken in ein Gebiet, das bei ihnen meistens „Südrussland" oder „Kleinrussland" hieß. In diesen Texten wurde eine Rezeption der ukrainischen Kultur vorgespurt, die später den Hintergrund für den Erfolg von Gogol's Erzähldebüt bildete. Immer wieder apostrophierten die Reisenden die Ukraine als „Arkadien", „Eden" oder als „zweites Italien". Die idyllische Topographie wurde mit einer märchenhaften Idealisierung des ukrainischen Volkscharakters verbunden. Die berühmteste Aussage in dieser Tradition stammt vom russischen Nationaldichter Aleksandr Puškin, der die Ukrainer in einer sprichwörtlich gewordenen Wendung als „singendes und tanzendes Volk" bezeichnete.

Eine ganz andere Wahrnehmung der Ukraine hatte der Dekabrist Kondratij Ryleev (1795–1826). Er erzielte 1825 einen literarischen Erfolg mit seinen „ukrainischen" Verspoemen *Vojnarovskij* und *Nalivajko*. Ryleev würdigte beide Titelhelden als Patrioten, die für ihre Heimat das Schwert erheben. Allerdings stand Ryleev mit der romantischen Heroisierung der Kosakenanführer allein da – die übrigen Dekabristen interessierten sich nicht für den ukrainischen Kulturraum. Der Freiheitsdrang der Kosakenanführer präfigurierte Ryleevs eigenes republikanisches Ideal, für das er allerdings mit seinem Leben bezahlen musste: Als einer der Anführer des Dekabristenaufstandes wurde er 1826 gehenkt.

U. Schmid (✉)
Osteuropastudien, Universität St.Gallen, St.Gallen, Schweiz
E-Mail: ulrich.schmid@unisg.ch

Der Beginn der neueren ukrainischen Literatur: Ivan Kotljarevs'kyj

Im Jahr 1798 erschien in St. Petersburg eine *Kleinrussische Enejida* (Aeneis, Malorossijskaja Eneida) in drei Gesängen aus der Feder von Ivan Kotljarevs'kyj (1769–1838) (Abb. 7.1).

Diese Publikation markiert den Beginn der neueren ukrainischen Literatur. In der Vergil-Travestie treten statt der Helden von Troja Kosaken auf. Kotljarevs'kyj erreicht eine große Meisterschaft in der sowohl komischen als auch tragischen Darstellung seiner Helden. Bemerkenswert an diesem Text sind einerseits der Erscheinungsort und andererseits das 971 Einträge umfassende ukrainisch-russische Glossar am Ende des Versepos. Die *Enejida* wurde zunächst ohne Wissen des Autors veröffentlicht, der zu dieser Zeit als Offizier in der russischen Armee diente. 1809 ließ Kotljarevs'kyj eine autorisierte und um

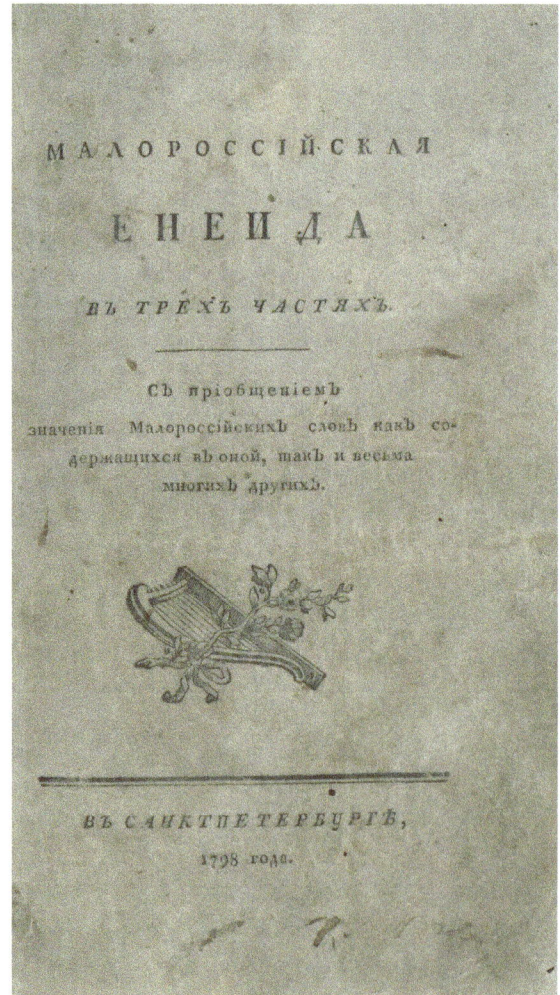

Abb. 7.1 *Die kleinrussische Eneida in drei Teilen mit der Beigabe der Bedeutung der kleinrussischen Wörter, die darin enthalten sind, wie auch vieler anderer.* St. Petersburg 1798

einen vierten Gesang erweiterte Fassung ebenfalls in St. Petersburg drucken. Später fügte er noch einen fünften und sechsten Gesang hinzu. Das vollständige Werk konnte allerdings erst postum 1842 in Charkiv erscheinen. Dass sein Versepos zunächst in der Hauptstadt des Zarenreichs erschien, zeugt vom Versuch, die ukrainische Literatur im politischen und kulturellen Machtzentrum des Imperiums zu etablieren. Das im Anhang beigefügte Wörterbuch macht deutlich, dass man auch dem russischsprachigen Publikum eine Lektüre des Werks zutraute. Kotljarevs'kyjs *Enejida* wurde allerdings von der breiten Öffentlichkeit kaum zur Kenntnis genommen.

Umso wichtiger war aber die Signalfunktion der *Enejida* für die Herausbildung eines ukrainischen Literatursystems. Kotljarevs'kyj verschränkte Innovation und Tradition auf geschickte Weise. Er beschrieb die Lebenswelt der ukrainischen Kosaken in der ukrainischen Volkssprache der Region Poltava, verwendete dabei aber das klassische Genre des Epos als Präsentationsmodus.

Die Idee einer Vergil-Travestie war allerdings nicht neu. Kotljarevs'kyj paraphrasierte teilweise fast wörtlich die russische *Umgekehrte Vergil-Eneida* von Nikolaj Osipov (1751–1799), die bereits 1791 erschienen war. Osipov selbst stützte in seiner Vergil-Parodie auf westeuropäische Vorbilder wie Paul Scarron (1610–1660) oder Aloys Blumauer (1755–1798).

1808 nahm Kotljarevs'kyj seinen Abschied bei der Armee, nachdem er am Russisch-Türkischen Krieg teilgenommen hatte. Nach Napoleons Überfall auf Russland 1812 nahm er noch einmal seine militärische Tätigkeit auf und organisierte in Poltava ein berittenes Kosakenregiment. Von 1816 bis 1821 war er Direktor des Freien Theaters in Poltava, das hauptsächlich russischsprachige Dramen aufführte. Um auch das Ukrainische auf die Bühne zu bringen, schrieb Kotljarevs'kyj 1819 zwei Stücke für das Freie Theater. *Natalka Poltavka* handelt von einem Liebesdreieck in einem ukrainischen Dorf. Die Handlung vereinigt melodramatische und komische Elemente. So tritt etwa ein Ukrainer als Regierungsbeamter auf, der sich in einem gebrochenen Russisch Respekt zu verschaffen versucht. Kotljarevs'kyj nannte das Stück eine „Oper in zwei Akten" und ließ es mit Musik und Gesang aufführen. Auch im Vaudeville *Der Moskoviter als Zauberer* (Moskal'-čarivnyk) kommen zwölf Lieder vor. Die kluge Protagonistin Tetjana organisiert ein Verwirrspiel um drei Männer, von denen einer auf komische Weise versucht, seine ukrainische Identität in einem großrussischen Gehabe zu verbergen.

Kotljarevs'kyjs literarischer Stil wurde in der zweiten Hälfte des 19. Jahrhunderts zunächst abschätzig als „Kotljarevščyna" bezeichnet. Der literarische Entrepreneur Pantelejmon Kuliš kritisierte mit diesem Begriff im Jahr 1861 die Art und Weise, wie Kotljarevs'kyj die ukrainische Bevölkerung angeblich herabsetze und verspotte. Später wurde der Begriff „Kotljarevščyna" für die prominente humoristische Tradition in der ukrainischen Literatur des frühen 19. Jahrhunderts verwendet. In der Deutung von George Grabowicz bezeichnet „Kotljarevščyna" ein neues stilistisches Register, das die ukrainische Folklore gerade nicht lächerlich machen will, sondern den imperialen Leser mit seinen eigenen Klischees über die Ukraine konfrontiert.

Die Erfindung des ukrainischen Sentimentalismus: Hryhorij Kvitka-Osnov'janenko

Kotljarevs'kyjs Literaturangebot wurde von Hryhorij Kvitka-Osnov'janenko (1778–1843) aufgegriffen und weiterentwickelt. Allerdings dominiert das Russische seine Literaturproduktion. Nur etwa einen Fünftel seines Gesamtwerks verfasste er auf Ukrainisch. Im Gegensatz zu den meisten Autoren der ukrainischen Literaturgeschichte verließ Kvitka den ukrainischen Sprachraum zeitlebens nie und blieb stets in seinem heimatlichen Charkiv. Die humoristischen ukrainischsprachigen Erzählungen entstanden erst nach 1830. Für diese Zurückhaltung gab es einen praktischen Grund: Das adlige Lesepublikum bevorzugte Russisch als Literatursprache und das einfache ukrainische Volk konnte oft nicht einmal lesen. Deshalb wendet sich der Erzähler in Kvitkas *Soldatenportrait* (Saldac'kyj patret, 1833) an sein Publikum, das dieses Buch „liest oder hört". In diesem Werk schiebt Kvitka einen fiktiven Erzähler vor, dessen ukrainische Ausdrucksweise von Mündlichkeit geprägt ist. Gleichzeitig gibt Kvitka der Erstveröffentlichung eine ebenso fiktive „Bittschrift zuhanden des Herrn Herausgeber" bei. Dort geht der Autor auf den vorweggenommenen Einwand der russischsprachigen Leser ein, der ukrainische Text sei ja etwas „Eskimoartiges" und „unverständlich". Der Autor beklagt die Dominanz der russischen Kultur, die auch auf Ignoranz beruhe, und weist auf das Existenzrecht der ukrainischen Literatur hin: „Nicht alles sollte für die Russen sein. Vielleicht sollten auch wir, wissen Sie, eine Ahnung von etwas haben … nicht von allem, aber ein bisschen … während wir in eurer Meinung nur gerade … verglichen mit euch, wer sind wir?" Noch deutlicher wurde Kvitka in einem Brief an Maksymovyč: „Wir müssen jene Menschen beschämen und zum Schweigen bringen, die aus einer sehr sonderbaren Auffassung heraus öffentlich predigen, dass man nicht in dieser Sprache schreiben soll, in der 10 Millionen sprechen und die ihre eigene Kraft, ihre eigene Schönheit besitzt, die in keiner anderen Sprache ausgedrückt werden kann, und ihre Wendungen, den Humor, die Ironie und alles, wie es in einer etablierten Sprache sein soll."

1834 veröffentlichte Kvitka die Erzählung *Marusja*, mit der er explizit beweisen wollte, dass man auch „in der kleinrussischen Sprache" tragische Gefühle hervorrufen könne. Am 2. Juni 1834 schrieb er an den russischen Kritiker Michail Pogodin: „Schade, dass Sie die kleinrussische Sprache nicht beherrschen. [Meine Erzählungen] wurden geschrieben, um den Streit zu entscheiden, dass man in unserer Sprache nichts Ernsthaftes, Zärtliches schreiben kann, sondern nur Ungehobeltes, Rohes und Lästerliches." Bereits die zeitgenössische Literaturkritik monierte die holzschnittartige Darstellung der Protagonisten in dieser melodramatischen Liebesgeschichte. Allerdings lobte der Historiker Nikolaj Kostomarov 1843 in einem Überblick über die ukrainische Literatur *Marusja* als überzeitliche Verkörperung der ukrainischen Nation: „Marusja ist eine Kleinrussin aus alter Zeit, die in der neuen lebt." Kvitka verkörpert vielleicht am deutlichsten die Problematik eines ukrainischen Provinzschriftstellers, der zwar eine herausragende Position im imperialen Literatursystem einnehmen will, aber zunächst mit seiner russischsprachigen Produktion scheitert und sich später auf eine Pionierrolle in der ukrainischen Literatur zurückzieht.

Mit diesem taktischen Zug kann der fehlende literarische Erfolg auf das noch junge Literatursystem geschoben werden. Kvitka ersparte sich damit das schmerzhafte Eingeständnis, dass sein literarisches Talent begrenzt war. Gleichzeitig übernahm er die Rolle eines Fürsprechers für die ukrainische Literatur bei den Organisatoren des imperialen Literaturbetriebs. So schrieb Kvitka am 15. März 1839 an Petr Pletnev, den Herausgeber der einflussreichen Zeitschrift *Der Zeitgenosse* (Sovremennik) in St. Petersburg, dass das Ukrainische gegenüber dem Russischen über gesteigerte Ausdrucksmöglichkeiten verfüge. Als Tatbeweis verfasste Kvitka seine Erzählung „Oksana des Herzens" (Serdešna Oksana), in der er das Motiv des „gefallenen Mädchens" aufnahm, ohne es allerdings wie Ševčenko in seiner „Kateryna" mit einer patriotischen Botschaft aufzuladen.

Die ironische Spiegelung des imperialen Blicks auf die Ukraine: Petro Hulak-Artemovs'kyj

Viel energischer als Kvitka hat Petro Hulak-Artemovs'kyj (1790–1865) die Etablierung eines ukrainischen Literatursystems vorangetrieben. Hulak stützt sich auf den parodistischen Aussagemodus der „Kotljarevščyna", den er in den Bereich der Prosa überträgt. Das nichtpathetische Sprechen wird dabei zum wichtigsten Identifikationsmerkmal der ukrainischen Literatur, die sich auf diese Weise von der dominanten klassizistisch-romantischen Tradition der russischen Literatur abhebt. Hulak setzt oft einen inkompetenten und unzuverlässigen Erzähler ein, der paradoxerweise die Verwendung des Ukrainischen als Literatursprache propagiert. Allerdings ist Hulak hier weit von einer Selbstdisqualifizierung des ukrainischen Schriftstellers entfernt: Man kann die Ignoranz, die der ukrainische Erzähler in Bezug auf Russland an den Tag legt, als ironische Verkehrung der in der Tat spärlichen russischen Kenntnisse über die Ukraine deuten. Wenn also bei Hulak durchgängig von „Pjantenburg" oder „Pjanemburch" (Saufstadt) die Rede ist, so disqualifiziert die falsche Benennung der russischen Hauptstadt nur vordergründig den Erzähler. Viel grundsätzlicher machen solche Formulierungen auf die kulturelle Inkompetenz im russisch-ukrainischen Verhältnis aufmerksam. 1818 verfasste er im Anschluss an Ignacy Krasicki seine Fabel „Herr und Hund" (Pan ta sobaka), in der er allegorisch das Verhältnis von Aristokratie und Bauernschaft beschrieb. Bald entfaltete er eine intensive Reise- und Publikationstätigkeit. Er übersetzte Horaz, Rousseau, Goethe und Mickiewicz ins Ukrainische. In einer Anmerkung zu einer dieser Übersetzungen erklärte der Redakteur, dass hier der Nachweis erbracht werden soll, dass man in der „kleinrussischen Sprache zärtliche, edle und hohe Gefühle erwecken" könne, ohne „den Leser zum Lachen zu zwingen". Bisweilen waren die Grenzen zwischen Übersetzung und Bearbeitung fließend. 1827 erschien Hulaks Ballade „Twardowski". Der Redakteur merkte auch hier an, dass es sich beim ukrainischen Text um eine „Nachahmung" des polnischen Originals „Pani Twardowska" von Mickiewicz handle. Hulaks Bedeutung für die ukrainische Literaturgeschichte liegt darin, dass er europäische romantische Modelle in die ukrainische Literatur importierte und mit einer eigenen Stilistik ausstattete.

Hulaks persönliche Biographie spielte sich aber sehr wohl innerhalb der imperialen Institutionen ab. Er wurde 1825 Professor für russische Geschichte und Literatur, daneben unterrichtete er auch polnische Sprache und Literatur. Von 1841 bis 1849 leitete er als Rektor die Universität Charkiv. 1843 erreichte er den Rang eines Wirklichen Staatsrats, der im Militär dem Rang eines Generalmajors oder Konteradmirals entsprach.

Der Beginn einer ukrainischen Romantik: Jevhen Hrebinka und Levko Borovykovs'kyj

In einem gewissen Sinn übte Jevhen Hrebinka (1812–1848) jene biographische Option aus, die Kvitka zwar für sich erträumte, aber nicht umsetzte. Hrebinka wurde als Sohn eines Landadligen im Gouvernement Poltava geboren und schlug den üblichen biographischen Weg ein: Er erhielt eine sorgfältige Bildung und diente in einem Kosakenregiment. 1834 siedelte er nach St. Petersburg über und unterrichtete russische Literatur in verschiedenen Militärschulen. 1843 reiste er in Begleitung des jungen Ševčenko auf das Landgut seines Vaters. 1846 verfasste er eine Prosaskizze mit dem programmatischen Titel *Ein Provinzler in Petersburg* (Provincial v Peterburge). In klarer autobiographischer Absicht zeigt Hrebinka hier, wie sich der Habitus des Provinzmenschen an die Hauptstadt anpasst. Für Hrebinka selbst galt dies vor allem in literarischer Hinsicht. Er veröffentlichte seine zahlreichen russischsprachigen Werke in den führenden Literaturzeitschriften und passte sie dem romantischen Zeitgeist an. Sein berühmtestes Gedicht *Schwarze Augen* (Oči černye) wurde als Lied berühmt. Eine Ausnahme bilden die *Ukrainischen Fabeln* (Malorossijskie prikazki) in Versform, die er 1836 in Petersburg veröffentlichte. Hrebinka präsentiert hier eine Auswahl von Krylov-Fabeln in einer ukrainischen Bearbeitung. Im selben Jahr erschien auch Hrebinkas ukrainische Übersetzung von Puškins Poem *Poltava*. Allein die Wahl des Stoffes ist bemerkenswert: Puškin zeichnet ein radikal negatives Bild des Verräters Mazepa, der als Verräter von Peter I. abfiel und auf die schwedische Seite wechselte. Hrebinka behält in seiner „freien Übersetzung", die er dem Verfasser des Originals widmet, den Plot bei, wechselt aber die topographische Perspektive: Wo Puškin „wir" sagt, spricht Hrebinka von den „Moskovitern". Außerdem tilgt Hrebinka das sprachliche Pathos aus Puškins Poem und verzichtet auf Kirchenslavismen. Wie Hulak-Artemovs'kyj integrierte sich Hrebinka erfolgreich in den imperialen Literatur- und Bildungsbetrieb, versuchte aber, der ukrainischen Literatur auch in der Hauptstadt eine Stimme zu geben. Dazu gehört auch das Einspielen des imperialen Leserhorizonts in russischsprachige Erzählungen. So beginnt die Erzählung *Der Vorfall* (1839) mit einem kurzen Dialog des Erzählers mit einem fiktiven Leser, der sich über die „kleinrussische Gewohnheit" beschwert, Handlungsfiguren ohne nähere Beschreibung einzuführen.

Als regelmäßiger Mitarbeiter der Zeitschrift *Vaterländische Aufzeichnungen* versuchte Hrebinka eine ukrainische Beilage zu organisieren. Als sich dieser Plan nicht realisieren ließ, publizierte er 1841 in St. Petersburg den Almanach *Die Schwalbe* (Lastivka), der dem Publikum im Zarenreich vierzehn Autoren von Kotljarevs'kyj über Kvitka bis hin zu

Ševčenko präsentierte. Unter den Lesern des Alamanachs befand sich auch der einflussreiche Literaturkritiker Vissarion Belinskij (1811–1848), der eine Rezension verfasste. Allerdings besprach er nicht die Texte des Almanachs, sondern stellte die doppelte Frage, ob es eine ukrainische Literatur gebe und ob Autoren in der Ukraine heute noch ukrainisch schreiben sollen. Die erste Frage beantwortete Belinskij mit einem bedingten Ja: Es habe in der ukrainischen Geschichte Epochen gegeben, in denen Volkslieder auf Ukrainisch entstanden seien. Allerdings seien Volkslieder noch keine Nationalliteratur. Die zweite Frage verneinte er klar. Literatur werde nur für ein gebildetes Publikum geschrieben und diese Leser läsen russische oder französische Texte. Das Ukrainische könne in der Literatur höchstes als Personenrede von Bauern oder Soldaten eingesetzt werden.

Wie Hrebinka debütierte auch Levko Borovykovs'kyj (1806–1889) mit russischsprachigen Werken. Er bediente dabei den literarischen Geschmack des Mainstreams und veröffentlichte patriotische Balladen mit Themen aus der russischen Geschichte. Unter der Anleitung von Petro Hulak-Artemovs'kyj hatte Borovykovs'kyj in Charkiv eine fundierte literarische Ausbildung erhalten. Er übersetzte Lyrik von Puškin und Mickiewicz und schulte dabei seine eigene Ausdrucksfähigkeit in einer romantisierenden ukrainischen Literatursprache. 1829 veröffentlichte er im *Boten Europas* seine Ballade „Marusja", die sich auf zwei literarische Vorbilder stützte. Wie der Redakteur in einer Fussnote anmerkte, beruhte „Marusja" auf Vasilij Žukovskijs äußerst populärer Ballade „Svetlana" (1813), die ihrerseits eine Adaption von Gottfried August Bürgers „Lenore" (1773) darstellt.

Borovykovs'kyjs Leistung besteht in der Etablierung einer ukrainischen Romantik, die sich auf russische und polnische Stilmodelle stützt. Unter Beweis stellte er diese Fähigkeit auch in seinen Fabeln, die er in Anlehnung an Vorbilder von Ivan Krylov und Ignacy Krasicki verfasste. 1852 veröffentlichte er in Kyjiv eine Sammlung von *Fabeln und Wortspielen* (Bajky j pribautky), die ihm einige Aufmerksamkeit einbrachte. Allerdings gelangt es Borovykovs'kyj nicht, seine Werke in St. Petersburg in einer zweibändigen Ausgabe herauszugeben.

Die russische Karriere eines ukrainischen Weltautors: Nikolaj Gogol' (Mykola Hohol')

Nikolaj Gogol' (1809–1852) wurde lange Zeit hauptsächlich als Autor der russischen Literatur betrachtet. Wie die Monographien von Edyta Bojanowska, Yuliya Ilchuk und Oleh Ilnytzkyj zeigen, ist nun in der Forschung seine Mittlerstellung zwischen der russischen und ukrainischen Literatur in den Vordergrund gerückt. Gogol' verbrachte seine Jugend in Nižyn, einer Kleinstadt im Gebiet Černihiv, und siedelte 1828 nach St. Petersburg über. Außer einer kurzen Notiz an seinen Diener, die er mit seinem ukrainischen Namen Mykola Hohol' unterzeichnet hat, ist von ihm kein ukrainischsprachiger Text überliefert. 1829 debütierte Gogol' unter einem Pseudonym mit dem romantischen Verspoem *Hans Küchelgarten* (Ganc Kjuchel'garten) in der russischen Literatur. Allerdings entsprach das epigonale Werk sowohl im Genre als auch im Inhalt überhaupt nicht mehr dem Publikumsgeschmack. Nach vernichtenden Kritiken kaufte Gogol' in allen Buchhandlungen der Hauptstadt die verbliebene Auflage auf und vernichtete sie. Nach diesem Autodafé machte er sich auf die Suche nach einer neuen Schreibweise. Er fand sie im dekanonisierenden Stil der sich formierenden ukrainischen Literatur. Bereits 1831 veröffentlichte er in der *Literaturzeitung* zwei Prosakapitel mit explizit ukrainischer Thematik („aus dem kleinrussischen Roman *Der schreckliche Eber*"). Außerdem erschien in Del'vigs Almanach *Nördliche Blüten* ein Kapitel aus einem geplanten historischen Roman mit dem Titel *Der Hetman* (Get'man). Gogol' gelang es hier allerdings noch nicht, einen wirklich innovativen Ton zu finden. Die beiden Erzählprojekte bedienen traditionelle romantische Genres – *Der schreckliche Eber* (Strašnyj kaban) ruft mit seinem Klischee der Liebe zwischen Hauslehrer und Adelstochter das in Russland bereits oft verarbeitete Modell der *Nouvelle Héloïse* auf und *Der Hetman* will an die Erfolgswelle der historischen Romane anschließen. Neu ist allerdings das ukrainische Kolorit, das Gogol' durch lexikalische Einsprengsel in den Dialogen hervorhebt.

Der literarische Durchbruch gelang Gogol' erst mit der Erzählband *Abende auf einem Vorwerk bei Dikan'ka* (Večera na chutore bliz Dikan'ki, 1831), einer Sammlung von Novellen, die von einem fiktiven ukrainischen Imker erzählt werden. Gogol's Kunstgriff bestand darin, dass er die „Kotljarevščyna" in das russische Literatursystem einführte. Der Anschluss an diese Schreibtradition wird durch intertextuelle Signale angezeigt: Nach dem Vorwort des Imkers folgt eine Liste von 76 ukrainischen Wörtern, die laut der Erzählerfigur „nicht jedem verständlich" seien. Die Eröffnungserzählung *Der Jahrmarkt von Soročincy* (Soročinskaja jarmarka) weist Motti aus Kotljarevs'kyjs *Enejida* und aus Hulak-Artemovs'kyjs *Herr und Hund* auf. Nach dem Erfolg von *Dikan'ka* setzte Gogol' weiter auf dieses Modell und veröffentlichte 1835 den Folgeband *Mirgorod*. In der ersten Erzählung dieses Bandes, *Gutsbesitzer aus alter Zeit* (Starosvetskie pomeščiki), porträtiert Gogol' ein ukrainisches Ehepaar, das auf einem Gutshof ein friedliches Leben führt. Die Kampfenergie des alten Kosaken, dessen Gewehr rostend an der Wand hängt, wird in einer nicht enden wollenden Ess-Orgie erstickt. Die Ehefrau bindet ihren Mann durch unablässiges Füttern an das Haus und entfremdet ihn so von seiner ursprünglichen männlich-ukrainischen Identität. Die Idylle findet ein tragisches Ende, als die beiden Eheleute kurz nacheinander wegen eines Aberglaubens sterben. Ihr Gutshof wird von einem geizigen entfernten Verwandten übernommen und verfällt. Gogol' schildert hier den endgültigen Niedergang eines bereits domestizierten Kosakentums, das sich unter den modernen ökonomischen und politischen Verhältnissen des Zarenreichs nicht mehr behaupten kann. Die zweite Erzählung, *Taras Bul'ba*, schließt an dieses Thema an und zeigt anhand einer tragischen Liebesgeschichte auf, wie das ukrainische Kosakentum zwischen den polnischen und russischen Nationalprojekten aufgerieben wird. Der Titelheld erschießt seinen Sohn, der durch seine erotische Affäre mit einer Polin die gemeinsame Sache der Kosaken verrät. In einer späteren Redaktion (1842) für die Zeitschrift *Der Zeitgenosse* hat Gogol' die großrussisch-imperialen Obertöne in dieser Erzählung deutlich verstärkt. So findet sich etwa in den letzten Worten von Taras Bul'ba, der von den Polen gefangen und hingerichtet wird, neu ein Treuebekenntnis zum russischen Zaren.

Gogol' reflektierte sein Verhältnis zur ukrainischen Kultur selten explizit. Immerhin trug er sich 1843 mit dem Plan, die „gesamte Geschichte Kleinrusslands" zu schreiben, entweder „in sechs kleinen oder vier großen Bänden". In einem Brief an Aleksandra Smirnova vom 24. Dezember 1844 gestand er: „Ich weiß selber nicht, welche Seele ich habe, eine ukrainische (chochlackaja) oder eine russische. Ich weiß nur, dass ich den Kleinrussen auf keinen Fall gegenüber dem Russen bevorzugen würde, noch den Russen gegenüber dem Kleinrussen. Beide Naturen sind von Gott reich beschenkt worden, und wie durch Absicht enthält die eine das, was der anderen fehlt. Das ist ein klares Anzeichen dafür, dass sie einander ergänzen müssen. Deswegen wurden ihnen abweichende Geschichten ihres vergangenen Daseins gegeben, damit die unterschiedlichen Charakterkräfte sich gegenseitig erziehen und schließlich, wenn sie sich vereint haben, etwas absolut Vollkommenes in der Menschheit darstellen." Yuliya Ilchuk weist aber darauf hin, dass Gogol' in seinen Briefen Kyjiv und die Ukraine als „unser" bezeichnet, während St. Petersburg und Russland sich „dort" befinde. 1846 schrieb er sich im Gästebuch von Karlsbad ein als „Nicolas de Gogol, ukrainien, établi à Moscou".

Nach *Mirgorod* wandte sich Gogol' von ukrainischen Themen ab und verfasste seine *Petersburger Erzählungen*. Allerdings gibt es auch hier eine verborgene ukrainische Bedeutungsdimension. Gogol's literarische Weltinterpretation ist deutlich von der ukrainischen Barockdichtung beeinflusst. Gogol' lebt in einer unerlösten Welt: Das irdische Dasein ist in seiner Darstellung immerzu dem drohenden Zugriff des Teufels ausgesetzt. Die diabolische – also wörtlich: durcheinander werfende – Tätigkeit des Leibhaftigen ist eine semiotische: Der Teufel verwirrt den göttlich-harmonischen Zusammenhang der Zeichen und stürzt die Menschheit auf diese Weise ins Verderben. Explizit findet sich diese Auffassung in der Erzählung *Der verfluchte Ort*: „Eine wunderbare Erde! Und die Ernte war immer reichlich. Aber am verfluchten Ort gab es nie etwas Gutes. Man säte, wie es sich gehörte, aber heraus kam etwas Unverständliches: eine Melone, die keine Melone ist; ein Kürbis, der kein Kürbis ist; eine Gurke, die keine Gurke ist … Der Teufel weiß, was hier los ist!"

Die ukrainische Sprechweise erhält damit bei Gogol' eine neue Funktion. Während die sprachliche Scheinlogik bei Kvitka noch der parodistischen Darstellung des Provinzadels und bei Hulak-Artemovs'kyj der ironisch verspiegelten Kritik am russischen Ukrainebild gedient hatte, gewinnt das Nichtzusammenpassen von Sprache und Sinn bei Gogol' eine metaphysische Dimension. Die Dinge und ihre Bedeutung streben auseinander. Der Effekt ist entweder unheimlich oder komisch. In verschlüsselter Form gestaltete Gogol' die dämonischen Gefahren, die dem Heiligen Russland drohen, schon in seinem „Poem" *Die toten Seelen* (1842): Die Handlung kann als Allegorie eines teuflischen kapitalistischen Angriffs auf die orthodoxe Spiritualität gelesen werden. In einer berühmten Abschweifung hat Gogol' den tragikomischen Charakter seines Werks beschrieben: „Und lange noch ist es mir von einer Zaubermacht bestimmt, mit meinen seltsamen Helden Hand in Hand zu gehen, das um mich herum gewaltig wogende Leben zu betrachten, es zu betrachten durch das für die Welt sichtbare Lachen und durch die für sie unsichtbaren und unbekannten Tränen." Gogol' betrachtete sein Werk als eine russische Variante von Dantes *Inferno*, dem ein neues *Purgatorium* und schließlich ein *Paradies* folgen sollten. Allerdings fühlte er sich dieser Aufgabe nicht mehr gewachsen und verbrannte in einem Autodafé den zweiten Teil der *Toten Seelen*.

Wie *Die toten Seelen* ist auch Gogol's berühmtestes Drama *Der Revisor* keine literarische Großform des Witzes. Zentral für die Poetik des Theaterstückes ist die Tatsache, dass der Protagonist Chlestakov gerade kein Hochstapler ist. Er wird von den Bewohnern der Provinzstadt für einen Revisor gehalten, ohne selbst etwas zu dieser Täuschung beizutragen. Am Ende findet sich Chlestakov in einer Konfusion wieder, die er selbst nicht durchschaut.

Letztlich sind die in einer verdammten Welt umherirrenden Helden nichts anderes als Gleichnisse für Gogol's eigenes Ich. In seinem letzten Lebensjahrzehnt beklagte Gogol' immer häufiger seine Gemütsverödung: „Ich friere und friere immer mehr …"; „Das Leben wird immer härter und trockener. Alles wird klein, flach und nur das Riesengespenst der Langeweile wächst von Tag zu Tag ins Ungeheure. Alles ist öde und ein einziges Grab. Mein Gott! Leer und schrecklich wird deine Welt!"; „Ich kann nicht begreifen, wieso diese Erstarrung über mich gekommen ist … Ich kann nichts schreiben, nichts sprechen, vielleicht bietet auch die Welt nichts Interessantes mehr …"; „Ich bin durch und durch faul und schläfrig. Wenn ich ein kurzes Billet, geschweige denn einen Brief schreiben soll, so macht es mir die größte Mühe. Was ist das eigentlich? Altersschwäche oder eine vorübergehende Erstarrung meiner Kräfte? Schlafe oder wache ich? Wenn es ein Wachen ist, so ist es schlimmer als der Schlaf." Gogol' konnte sich nicht mehr von seinen Dämonen befreien und hungerte sich in einer religiösen Askese zu Tode.

Der dichterische Protest gegen die Zarenherrschaft: der frühe Ševčenko

Fast gleichzeitig mit Gogol' betrat Taras Ševčenko (1814–1861) die literarische Bühne. Er wurde als Sohn von ukrainischen Leibeigenen geboren. Lesen und Schreiben lernte er schon in der Familie. Später diente er bei einem Priester, wo er sich mit der Bibel und der Ikonenmalerei beschäftigte. Außerdem las er die Werke von Skovoroda und Kotljarevs'kyj. Im Gefolge seines Herrn gelangte er nach Wilno, wo er Polnisch lernte und die Lyrik von Adam Mickiewicz kennenlernte. Dort muss er auch die Auswirkungen des polnischen Novemberaufstandes 1830 miterlebt haben. Allerdings stand er dieser Revolution skeptisch gegenüber und meinte später: „Polen fiel und riss uns mit in den Abgrund." In St. Petersburg gab ihn sein Herr in das Atelier des Malers und Stuckateurs Vasilij Širjaev. Der junge Ševčenko beeindruckte sein Umfeld durch sein künstlerisches Talent. Neben der lyrischen Sprachkraft verfügte Ševčenko auch über eine künstlerische Begabung, die sich später in zahlreichen Skizzen und Gemälden niederschlug. Durch die Vermittlung von Jevhen Hrebinka kam er in Kontakt mit dem berühmten Maler Karl Brjullov (1799–1852) und dem Dichter Vasilij Žukovskij (1783–1852), der als Hauslehrer die Kinder des Zaren unterrichtete. Damit hatte er Zugang zu den höchsten Gesellschaftsschichten in der russischen Hauptstadt. 1838 gelang es den beiden Künstlern, Ševčenko mit einer Benefizauktion aus der Leibeigenschaft freizukaufen. Danach konnte er die Akademie der Künste besuchen, die er mit einem Diplom abschloss. Er plante eine Europareise, die er allerdings nicht verwirklichen konnte, weil man ihm beim Abschluss die Goldmedaille verweigert hatte. Später erhielt er die Erlaubnis, in die Ukraine zu reisen. Seine weitere literarische Bildung erwarb sich Ševčenko als Autodidakt. Er las die europäische Weltliteratur in russischen Übersetzungen. Viele seiner Werke nehmen europäische romantische Traditionen auf, die er auf innovative Weise bearbeitete. Ševčenkos Werk ist auf eigentümliche Weise zweigeteilt, allerdings fallen die Trennlinien nicht genau zusammen. Den größten Teil seiner Prosa verfasste er auf Russisch, die Lyrik in der Regel auf Ukrainisch. Die poetischen Werke begründen seinen Ruhm als innovativer Autor, der die ukrainische Volkssprache in eine Literatursprache mit einem breiten stilistischen Ausdrucksvermögen verwandelte. George Grabowicz hat auf die mythopoetische Dimension in Ševčenkos Lyrik aufmerksam gemacht. Ševčenko reklamierte für sich die Rolle des Propheten, der Einsicht in die Heilsgeschichte hat und über die Gabe des „Wortes" verfügt.

1840 veröffentlichte Ševčenko in St. Petersburg den Gedichtband *Kobzar*. Die Genres der acht Gedichte in der schmalen Erstausgabe reichen von der romantischen europäischen Kunstballade („Perebendja") zur stilisierten epischen Folklore („Was sollen mir die schwarzen Brauen" [Našco meni čorni brovy]), vom poetischen „Freundschaftsbrief" („An Osnov'janenko" [Do Osnov'janenka]) über das historisierende Heldenepos („Ivan Pidkova") zum tragischen erzählenden Poem („Kateryna"). Im Gedicht „Meine Gedanken, meine Gedanken" (Dumy moji, dumy moji) formuliert Ševčenko in einer expressiven Sprache seine *condition poétique*: Er nimmt seine eigene Sprachmächtigkeit als Gabe und als Fluch wahr. Er beklagt, dass er nur „Tränen für die Ukraine" vergießen könne. Gleichzeitig beklagt er das Ende der Kosakenfreiheit und beschwört den „schwarzen Adler" des Imperiums, der über der Ukraine schwebt. Die romantische Idee der poetischen Schöpfung, der unmittelbaren Nähe des Dichters zu Gott wird in „Perebendja" in der tragischen Figur des blinden Sängers gestaltet. Ševčenko bereitete in *Kobzar* zahlreiche Motive für sein späteres Werk vor: das Grab als Schrein des Andenkens, das Wort des Poeten als Fundament der Nation, der tragische Bund von Liebe und Tod, die Theodizee, der Mythos der Kosaken, der vergangene Ruhm („Ivan Pidkova"), die Personifikation der Natur („Die Pappel" [Topolja]). Im Poem „Kateryna" beschreibt Ševčenko das Schicksal eines Bauernmädchens, das von einem Offizier verführt und dann verlassen wird. Neu ist bei Ševčenko die Überlagerung dieses traditionellen romantischen Motivs durch den Gegensatz Ukraine-Moskau. Das Poem beginnt mit dem *Fabula docet*, das die ukrainischen Frauen vor Moskau warnt: „Verliebt euch, ihr Schönheiten mit den schwarzen Brauen, aber nicht in einen Russen [Moskal]!" Der dramatische Hauptteil zeigt die von den Eltern verstoßene Kateryna, die sich mit ihrem unehelichen Baby auf den Weg nach Moskau macht. Dieser Weg wird allegorisch als Gang in die russische Kältehölle präsentiert. Als sie ihren Kindesvater endlich findet, wendet er sich ab von ihr. Darauf ertränkt sie sich in einem zugefrorenen See. Das Kind wächst in Armut auf. Die Schlussszene des Poems zeigt den Knaben als Begleiter eines Kobzar. Der russische Offizier, mittlerweile mit einer Aristokratin verheiratet, erkennt seinen Sohn, wendet sich aber erneut von ihm ab. Katerynas Tragödie lässt mehrere Lesarten zu: Zunächst richtet sich Ševčenkos Kritik gegen den russischen Offizier. Gleichzeitig prangert er aber auch die Kaltherzigkeit der Eltern und der Dorfgemeinschaft an. Diese Kritik an der ukrainischen Gleichgültigkeit äußert sich auch deutlich in einem Gemälde aus dem Jahr 1842, in dem Ševčenko seine tragische Heldin Kateryna porträtiert (Abb. 7.2).

Der Offizier reitet im Hintergrund davon, ein Hund bellt ihn an, ein Dorfbewohner schaut die schwangere Kateryna skeptisch an. Die Szene im Vordergrund ist in warmes Sonnenlicht getaucht. Im Hintergrund zeigt sich in kalten Blautönen ein gestreifter Werstpfahl, der die russische Aneignung des ukrainischen Raums symbolisiert. Ševčenko wird immer wieder auf das Thema der „Pokrytka", des „gefallenen Mädchens" zurückkommen, so etwa in den Gedichten „Die Hexe" (Vid'ma) und „Die Magd" (Najmyčka) sowie der russischsprachigen Erzählung „Varnak".

1842 veröffentlichte Ševčenko, ebenfalls in St. Petersburg, das Verspoem *Hajdamaky*. In diesem Werk beschreibt Ševčenko den Kosaken- und Bauernaufstand von 1768 gegen die polnische Oberschicht (Kolijivščyna) aus der Sicht der unterdrückten Ukrainer. *Hajda-*

Abb. 7.2 *Kateryna*. Ölgemalde von Taras Ševčenko (1842)

maky war für Ševčenko nicht einfach ein historisches Poem, sondern eine Allegorie für den bevorstehenden ukrainischen Befreiungskampf. Allerdings stand das Poem in der Kritik, weil es das Massaker von Uman' (1768) mit 2000 polnischen und jüdischen Todesopfern in einem heroischen Licht darstellt. Immerhin porträtiert Ševčenko auch den Protagonisten, den Kosaken Ivan Gonta, als tragische Figur, dessen politische Mission ihn auch seine beiden katholischen (also polnischen) Söhne töten lässt. Das ist auch ein Echo von Gogol's *Taras Bul'ba*. Ševčenko hat sein Verhältnis zu seinem „großen Freund" und „Bruder" im Gedicht „An Gogol'" (1844) beschrieben. Dort wird das gemeinsame Motiv sarkastisch umgedeutet: Heute opfere ein ukrainischer Vater seinen Sohn nicht mehr durch die eigene Hand, sondern sende ihn als Kanonenfutter in den russischen Militärdienst. Explizit fragt Ševčenko: „Wer begrüßt meine arme Sprache?" und kritisiert damit Gogol's russischsprachiges Schaffen. „Du lachst, ich weine", schreibt Ševčenko über Gogol' und beansprucht damit eine eigene ukrainische Kulturposition für sich. 1846 entwarf Ševčenko die Vision einer kulturell homogenen Ukraine „von den Ufern des stillen Dons bis zum steinernen Flussbett des schnell dahinfließenden Dnister", in der es „eine Landschaft, eine Sprache, ein Brauchtum, eine menschliche Physiognomie" gebe.

Mit seinen lyrischen Werken erwarb sich Ševčenko unter ukrainischen Intellektuellen den Ruf eines Nationaldichters. Allerdings darf nicht vergessen werden, dass Ševčenko seine romantischen Werke an einem durch die russischen Lyriker Puškin und Lermontov vermittelten Byronismus schulte. Seinen deutlichsten Niederschlag fand dieser Einfluss im russischsprachigen Poem „Die Begräbnisfeier" (Trizna, 1844), das jedoch in den wichtigsten russischen Literaturzeitschriften wegen seiner Epigonalität sehr zurückhaltend besprochen wurde. Wie schon in *Kobzar* reklamierte Ševčenko für sich das Amt eines Propheten, dessen Worte heilig sind. In den 1840er-Jahren entstand eine Reihe von Gedichten und Poemen, die Ševčenko unter dem Titel *Drei Jahre* (Tri lita) für sich selbst zu einem Album zusammenstellte. Der Titel bezieht sich auf die Jahre 1843 bis 1845, die Ševčenko reisend in der Ukraine verbrachte.

In diesem Band finden sich kurze lyrische Gedichte wie das Wiegenlied über sein eigenes „armes weinendes Herz", das vor den Schrecken der Welt die Augen schließen soll, oder die zarte Erinnerung einer kindlichen Liebe („An die kleine Mar'jana"). In einer der vielen Verarbeitungen von Volksliedern kommt der rasche tanzende Rhythmus zum traurigen Schluss, dass „es kein Paradies auf Erden gibt, und auch im Himmel nicht" („Beneide nicht den Reichen"). Oft ruft das lyrische Ich das Schicksal an, das der Ukraine die Freiheit und dem Dichter seine schöpferische Gabe geraubt hat. In Meditationen zur ukrainischen Landschaft mit ihren *kurhany* (Hügelgräbern) wird das Vermächtnis des vergangenen Kosakenruhms beschworen. Im „Brief an die Toten, die Lebendigen und die noch nicht Geborenen" (Poslanije) erhebt sich der Poet zum Seher einer künftigen Auferstehung: „Sprechen wird der Dnipro mit seinen Bergen […] und von den Ketten wird sich das gefesselte Volk befreien". Im letzten Gedicht der Sammlung, dem „Vermächtnis" (Zapovit), das Ševčenko während einer schweren Krankheit schrieb, fleht er seine Freunde an, ihn in einem hohen Grab in der Steppe beizusetzen, er will aber „von keinem Gott wissen", bevor die Wellen des Dnipro nicht „Feindesblut und Feindesleichen fort ins Meer schwemmen". Erst dann, wenn „die Ketten gesprengt" sein werden, „möget ihr mit einem stillen, / guten Worte meiner gedenken." Es ist kein Zufall, dass das „Vermächtnis" in der Ukraine noch heute als eine Art symbolische Nationalhymne rezitiert und gesungen wird. In allen Gedichten dominiert das poetische „Ich" des Schöpfers. Seine Individualität gestaltet er in unzähligen Figuren und Masken, im Zentrum steht aber immer das Gefühl der Einsamkeit und der Verlassenheit. Besonders stark sieht man das in den vielen Gedichten, die er im Gefängnis in St. Petersburg geschrieben hat (1847). Das berühmteste unter ihnen ist *Der Kirschgarten* (Sadok vyšnevyj). In drei Strophen verbindet sich die kunstvolle Verarbeitung des Reims, der Anapher und des jambischen Rhythmus mit einer maximalen Einfachheit. In der Erinnerung an eine unmögliche Liebe für eine verheiratete Frau (Hanna, „H.Z.") schwingt das Echo von Dantes Versen über das wehmütige Gedenken an eine vergangene glückliche Zeit mit.

Das Drama der Tyrannei, die Empörung gegen diejenigen Ukrainer, die sich wie Lakaien dem Zaren beugen, der Mythos des vergangenen Ruhms, das erwachende Nationalbewusstsein des Volkes, der ewige Kampf zwischen dem Bösen und dem Guten und die Abwesenheit Gottes werden in langen Poemen in immer neuen allegorischen Figuren und symbolischen Erzählungen gestaltet. Abstrakte Begriffe der Philosophie oder der Moral werden personifiziert und erinnern bisweilen an die mittelalterlichen Mysterienspiele. Wegen ihrem revolutionären Impetus und ihrem ukrainischen Nationalpathos konnten diese Gedichte nur in Handschriften zirkulieren. In der Sowjetzeit wurden die Gedichte aus *Drei Jahre* zum innersten Kern einer verengten Ševčenko-Rezeption, in der das Aufbegehren gegen die Monarchie im Zentrum stand. Im ersten Poem, dem „Traum" (Son, 1844) phantasiert sich das lyrische Ich in einen Flug über Russland, wo „vom Leibe man reißt das geflickte Gewand / dem Krüppel mitsamt seiner Haut, / man kreuzigt die Witwe der Kopfsteuer wegen, / die einzige Hoffnung, den einzigen Sohn, / verschleppt man in das Heer". In seinen Reisen über die irdische Hölle sieht der Fliegende zuerst die Not leidende Ukraine, wo eine Mutter am Rande des Kornfeldes das schwache Kind stillt, dann Sibirien, wo Tausende von Sträflingen ihre Ketten schleppen und unter der Erde für den „Schlund des unersättlichen Zaren" Gold suchen. „Nur der Allmächtige Gott weiss warum, aber vielleicht sieht er es gar nicht!", heißt es im Text verzweifelt. Bitterer Sarkasmus spricht aus der Schilderung des dritten Flugs, der das lyrische Ich an den Zarenhof in Petersburg bringt: Der Herrscher erscheint wie ein von schlauen, rauflustigen Lakaien umgegebener Trottel, die Zarin trippelt „mit dünnen, langen Beinen wie ein verdorrter kleiner Pilz". Berühmt ist die Schilderung der Statue Peters I. als eines Mannes, der „als erster die Ukraine ans Kreuz schlug." Diese dramatische, wütende Schilderung ist eine deutliche Antwort auf Puškins *Ehernen Reiter* (Mednyj vsadnik, 1833), und ist stark vom dritten Teil von Mickiewiczs *Vorväter* (Dziady, 1832) beeinflusst, wobei Ševčenko den Zaren sarkastisch „ohne Sattel auf einem Ross", mit einem Mäntelchen und ohne Hut schildert, „das Haupt von irgendeinem Laubzweig umgeben". Mickiewicz war sicher der Ausgangspunkt auch für die Szenen der Zwangsarbeit in Sibirien (zweiter Flug), obwohl in dem unterirdischen Ächzen der Sträflinge Dantes Hölle widerhallt. Selten wird Ševčenkos poetisches Wort wieder solche Wut und argwöhnische Gewalt ausdrücken. Sein revolutionäres und patriotisches Pathos findet hier seinen stärksten Ausdruck.

Das literarisch wahrscheinlich gelungenste Poem ist *Die Große Gruft* (Velykyj l'och, 1845). Wie auch in den thematisch verwandten Dichtungen *Das aufgerissene Grab* (Rozryta mohyla) und *Čyhyryn* verarbeitet Ševčenko in diesem Poem die archäologischen Grabungen, die in der Ukraine durchgeführt wurden. Ševčenko hatte den Auftrag, sie mit Zeichnungen zu dokumentieren. In seiner lyrischen Bearbeitung verändert er die Perspektive: Er schildert, wie in der Erde nicht nur materielle Güter, sondern auch andere Schätze verborgen sind, nämlich die Freiheit und das Nationalbewusstsein der Ukrainer. Zwar können die Ukrainer diesen Fund noch nicht nutzen, aber auch die Russen gehen leer aus: Das Kleinod in der „großen Gruft" bleibt ihnen unzugänglich, denn sie verstehen nicht, was Freiheit ist. Das Werk hat eine äußerst komplizierte Struktur und einen deutlich erkennbaren dramatischen Aufbau; es wird deshalb auch oft als Theateradaption aufgeführt. Der Untertitel „Mysterija" und das Motto aus Psalm 43 schaffen eine sakrale Atmosphäre. Wie in der Tradition des barocken Schuldramas hat jede Figur oder Szene drei verschiedene Auslegungsmöglichkeiten: die historische, die moralische und die symbolische. Das wird in der Handlungsführung und den *dramatis personae* deutlich. Im ersten Akt fliegen die weißen Seelen dreier Mädchen ruhelos in jenen Zwischenraum, wo laut orthodoxem und volkstümlichem Glauben die Verstorbenen warten müssen, bis sie würdig sind, vor dem Antlitz Gottes zu erscheinen. Die Farbe Weiß deutet auf ihre Unschuld, aber die drei Mädchen stehen für jene Ukrainer, die sich bewusst oder unbewusst der imperialen Ordnung gefügt haben und deswegen, wie George Grabowicz gezeigt hat, aus der ukrainischen „communitas" ausgeschieden sind. Dafür müssen sie büßen. Das erste Mädchen, jung und edel, kreuzte an einem Sonntag mit einem Eimer voll Wasser den Pfad, auf dem Chmel'nyc'kyj nach Perejaslav ritt, um sich dem Zaren zu unterwerfen – das Mädchen wünschte dem „Verräter" Glück! Das zweite Mädchen tränkte das Pferd von Peter I., als er von Poltava nach Moskau ritt. Das dritte Mädchen war zwar ein Säugling, muss aber ebenfalls umherfliegen und warten, denn es schenkte sein Lächeln Katharina II., die das Hetmanat der Kosaken vernichtete. Wichtig ist, dass hier zum ersten Mal bewusst und klar die geschichtliche Rolle Bohdan Chmel'nyc'kyjs als ruinös dargestellt wird, Mazepa tritt hingegen als Held auf. In der moralischen Deutung stellt sich die Frage über die individuelle Verantwortung im unergründlichen Gang der Geschichte. Persönlich sind die drei Seelen unschuldig, ihre Taten waren aber verheerend für die Ukraine, so wie auch die Folgen des Perejaslav-Vertrages für Chmel'nyc'kyj unvorhersehbar, aber letztlich katastrophal waren. Das Poem schließt mit den Zeilen: „Friede deiner Seele, Bohdan! / Es sollte anders kommen! / So ist die Geschichte! Du hast die arme Ukraine / Zugrunde gerichtet".

Der zweite Akt wird von dem dramatischen Gespräch dreier Krähen dominiert. Die drei Vögel verkörpern die schlimmsten Eigenschaften der Polen, Russen und Ukrainer. Die Tat Chmelnyc'kyjs wird in onomatopoetischen Versen als verbrecherischer Raub geschildert: „Krah! Krah! Krah! / Viel Kram Bohdan stahl, / Brachte nach Kyjiv, / Verkaufte an Diebe / Den Kram, den er stahl." So sprechen die drei Krähen, wobei sie wechselweise polnische und russische Ausdrücke verwenden. Die längsten Tiraden gehören jedoch der ukrainischen Krähe, dem Symbol der Eliten, die im Zarenreich ihren Eigennutz verfolgen. Sie rühmt sich, sie habe in Sibirien einem Dekabristen die Leber gefressen, sie habe Tausende von Ukrainern beim Bau der Bahnlinie Petersburg-Moskau verrecken lassen; sie habe die *staršyna*, die Elite der Kosaken ertränkt und Tausende von einfachen Kosaken in den finnischen und nordrussischen Sümpfen vernichtet. Und doch scheinen die „verfluchten" Ukrainer immer noch da zu sein – klagt die Krähe. Die Kosakenführer Mazepa und Polubotok sind zwar tot, die Russen rühmen sich, dass alles Ukrainische ihnen gehöre. Aber die Ukraine lässt sich nicht vernichten! Wie es sich für ein „Mysterium" ziemt, fehlt auch hier die eschatologische Dimension nicht: Schreiend gebärt eine Mutter Zwillinge. Beide heißen Ivan, vertreten jedoch entgegengesetzte moralische Grundsätze. Der Eine verkörpert das Gute und wird sein Volk erlösen, der Andere wird sich dem Laster hingeben und sich an die Fremden verkaufen. Wie der Kampf enden wird, bleibt offen. Die russische Krähe ruft dazu auf, den ersten Ivan zu töten, bevor er den Ukrainern, die noch blind sind, „die Augen öffnet". Ševčenko führt mit diesem Motiv die mystische Tradition der europäischen Romantik weiter. Der geheimnisvolle Erlöser taucht bereits in Mickiewiczs *Vorvätern* auf, auch Słowackis historiosophische Dramen waren Ševčenko bekannt.

Im dritten Akt erscheinen drei alte Leierspieler, die mit ihren Gesängen über Chmel'nyc'kyj Geld verdienen wollen. Sie schlafen sorglos ein. In der Nacht beginnt aber das große Werk der Ausgrabungen. Ein zorniger Beamter tritt auf die Bühne, brüllt in russischer und ukrainischer Mischsprache und lässt die Sänger verhaften. Eine alte Handschrift, die Maksymovyč wahrscheinlich Ševčenko gezeigt hat, erzählt tatsächlich von Verfolgungen der Volkssänger im Jahr 1777, aber im Poem gestaltet Ševčenko in diesem Motiv die Attacken der russischen Kritik (insbesondere Belinskijs) gegen die ukrainische Literatur. Mit Sarkasmus kommentiert das lyrische Ich die lächerlichen Bemühungen des Beamten, das „große Gewölbe" zu zerstören. Man kann zwar das „kleine Gewölbe" einreißen, aber nur Knochen, rostige Ketten und ein Schädel kommen zum Vorschein. Die Seele der Ukraine kann nicht ausgegraben werden. Im Epilog sinkt der satirische Ton zur lyrischen Meditation, von der Wut zur Hoffnung. Das Gewölbe der Gruft zerfällt, aber aus den Trümmern „wächst die Ukraine, / die Nacht der Knechtschaft wird vergehen, / Und in Freiheit werden beten / die Kinder von Sklaven".

Im Poem *Kaukasus* (Kavkaz, 1845) schildert Ševčenko das Drama der einmal stolzen und freien Bergvölker, denen die russischen Eroberer die Früchte der „Zivilisation" schenken wollen. Der „wahre christliche Glauben" soll den muslimischen „Aberglauben" im Kaukasus beseitigen; jeder Aufruhr soll dort befriedet werden, genau so wie das Zarenreich von Finnland bis zur Moldau unter der Knute leidet. Die neuen kaukasischen Knechte wurden von der zaristischen Herrschaft korrumpiert und erlernen Dieberei und Sklaverei. Die wunderbaren „von Wolken eingehüllten Berge", wo Prometheus seine ewige Qual erleidet, werden erneut zum Schauplatz einer blutigen Abrechnung. Beeindruckend ist der Kontrast zwischen der Erhabenheit der kaukasischen eingeschneiten Gipfel und dem von der fremden Macht verursachten Elend. Ševčenko variiert in seinem Poem in schneller Abfolge Rhythmus und Metrum. Er wechselt vom langatmigen elf- und zwölfsilbigen feierlichen Jambus zum raschen, von der Volksdichtung inspirierten sechs- bis achtsilbigen

Vers. Ševčenkos Kritik an der russischen Militärexpedition gipfelt in der Anrufung des „aufrichtigen Freundes Jakiv de Bal'men", eines der vielen Offiziere der russischen Armee, die im Kaukasus umgekommen waren. Sein Los war es, „nicht für die Ukraine das edle Blut zu vergießen, sondern aus dem moskovitischen Kelch das moskovitische Gift zu trinken". Mit seinem Poem Kaukasus setzt Ševčenko einen scharfen Kontrapunkt zu Alexander Puškins Poem *Der Gefangene im Kaukasus* (Kavkazskij plennik, 1822), in dessen Epilog die russischen Waffen verherrlicht werden.

In einer historischen Analogie spiegelt Ševčenko sein eigenes Schicksal im Gedicht *Der Häretiker* (Jeretyk, 1845). Die heldenhafte und tragische Figur von Jan Hus symbolisiert den wahren christlichen Glauben. Der Papst und seine Kardinäle verurteilen während des Konstanzer Konzils 1415 den böhmischen Prediger als Häretiker zum Tod, weil er die Wahrheit Gottes, nicht der kirchlichen Institutionen lehrt. Wer mehr bezahle, der komme schneller ins Paradies, so versprechen es die Papisten dem unwissenden Volk und dem korrupten Adel. Wie Schlangen zischen die Mönche im Vatikan, ebenso wie die Kardinäle, die um die päpstliche Tiara herumkriechen. Rom ist das Zentrum des verdorbenen Christentums, nicht weniger teuflisch erscheint jedoch das neue Imperium, wo hinterlistige Würdenträger und verschlagene Mönche die Religion als Machtinstrument benutzen und jedes freie Denken verfolgen. Im lodernden Scheiterhaufen erscheint die Figur des Predigers Jan Hus wie „die Zeder des Libanons", seine Worte werden wie Gottes Wort nicht vom Feuer vernichtet. Nicht nur im geistlichen Leben, sondern auch im Leben der Völker wird der Rächer kommen: Der „alte Žižka", der böhmische Revolutionär und Feldherr, wird vom Tabor herunterkommen und dem tschechischen Volk den letzten Funken aus dem Scheiterhaufen von Jan Hus bringen. Das Gedicht ist dem tschechischen Vordenker des republikanischen Panslavismus Pavel Josef Šafařík (1795–1861) gewidmet.

Weiterführende Literatur

Edyta Bojanowska: Nikolai Gogol between Ukrainian and Russian nationalism. Cambridge, Mass. 2007.
George Grabowicz: Taras Shevchenko. A portrait in four sittings. Cambridge, Mass. 2026.
Yuliya Ilchuk: Nikolai Gogol. Performing hybrid identity. Toronto 2021.
Oleh Ilnytzkyj: Nikolai Gogol. Ukrainian writer in the empire. A study in identity. Berlin 2024.

8 Die Konstruktion eines Nationaldichters und die Institutionalisierung der ukrainischen Literatur im Zarenreich

Ulrich Schmid

Bereits während seines Ukraine-Aufenthalts hatte Ševčenko den Schriftsteller und literarischen Impresario Pantelejmon Kuliš (1819–1895) und den jungen Geschichtsprofessor Nikolaj Kostomarov (1817–1875) kennengelernt. Kuliš stammte aus einer ukrainischen Kosakenfamilie. In den Jahren 1839 und 1840 hörte er Kurse an der Kyjiver Universität. Er konnte jedoch kein Studium abschließen, da seine Familie über keinen formalen Adelstitel verfügte. Dank der Protektion des Schulinspektors Michail Juzefovič (1802–1889) unterrichtete Kuliš in den Jahren 1841 bis 1845 in Luc'k russische Literatur. Eine der zahlreichen Ironien der Geschichte der ukrainischen Literatur liegt darin, dass mit Juzefovič einer der mächtigsten Russifizierer der Ukraine den aktivsten Unterstützer einer autonomen ukrainischen Literatur förderte. Juzefovič, der selbst aus einer rechtsufrigen Kosakenfamilie stammte, war später die treibende Kraft hinter dem Emser Ukas 1876.

1843 veröffentlichte Kuliš einen russischsprachigen Roman im Stil von Walter Scott. Der Titelheld Mychajlo Čarnyšenko nimmt gegen den Willen seines Vaters, eines alten Kosaken, an einem russischen Feldzug teil. Kuliš gestaltet hier den unwiderruflichen Verlust der Kosakenautonomie im Zarenreich und legt eine literarische Allegorie für die Situation der ukrainischen Nation innerhalb des Imperiums vor. Kuliš zweiter Roman *Der schwarze Rat* (Čorna rada), der ebenfalls einen historischen Hintergrund hat, weist eine komplizierte Publikationsgeschichte auf. Ein erster Teil wurde 1845 in der wichtigen russischen Literaturzeitschrift *Der Zeitgenosse* gedruckt.

U. Schmid (✉)
Osteuropastudien, Universität St.Gallen, St.Gallen, Schweiz
E-Mail: ulrich.schmid@unisg.ch

Der Redakteur Petr Pletnev, der auch Rektor der St. Petersburger Universität war, bot darauf Kuliš eine Stelle als Russischlehrer in der Hauptstadt an. Kuliš hatte seinen Roman *Der schwarze Rat* allerdings zunächst in einer ukrainischen Fassung verfasst – „con amore", wie er in einem Brief vom 1. Januar 1856 an Sergej Aksakov schrieb. Die russische Fassung sei nur für den Druck bestimmt gewesen, er habe ganze Seiten bei der Übersetzung ausgelassen. Deshalb sei sie „kraftlos" und letztlich eine „Verunstaltung des Originals". Letztlich wollte Kuliš einerseits die ukrainische Kulturgeschichte im russischen Kontext sichtbar machen, andererseits zeigte er, dass das damals führende Prosagenre des historischen Romans auch auf Ukrainisch mit einer ukrainischen Thematik produktiv sein konnte. In der Tat schuf Kuliš in der ukrainischen Romanversion ein innovatives Vokabular, das die Ausdrucksmöglichkeiten des Ukrainischen entscheidend erweiterte. In einer Gedenkausgabe für Kuliš aus dem Jahr 1903 lobten Mykola Černjavs'kyj, Mychajlo Kocjubyns'kyj und Borys Hrinčenko die „wunderbare Sprache" dieses Romans. Der russischen Ausgabe fügte Kuliš ein „Nachwort" (1857) bei, in dem er der ukrainischen Literatur mit Nachdruck ein eigenes Existenzrecht zusprach. 1863 schrieb Kuliš einen programmatischen Artikel mit dem Titel „Zwei Sprachen, eine Buchsprache und eine Volkssprache" (Dvi movy, knyžnja i narodnja). Allerdings konnte der Artikel erst postum 1914 erscheinen. Kuliš vertrat hier die Meinung, dass das Ukrainische über einen hohen und einen niederen Ursprung verfüge. In der Zukunft gelte es, eine ukrainische Literatursprache zu schaffen, die beide Traditionen weiterführe und sich an das Russische angleiche, das über denselben buchsprachlichen Ursprung verfüge. Als Beispiele für diese Entwicklung nannte Kuliš die Werke von Ševčenko und seine eigene ukrainische Version des Romans *Der schwarze Rat*.

Nikolaj Kostomarov war Sohn eines russischen Adligen und einer viel jüngeren ukrainischen Leibeigenen. Sein Vater wurde von seinem eigenen Kutscher erschlagen, als Kostomarov elf Jahre alt war. Während seines Geschichtsstudiums an der Universität Charkiv lernte Kostomarov Ukrainisch und verfasste eine Dissertation *Über die Gründe und den Charakter der Union in Westrussland*, in der er die Kirchenunion von Brest im Jahr 1596 untersuchte. Allerdings erhob der Erzbischof von Charkiv Einspruch gegen die allzu romfreundliche Darstellung. Die bereits gedruckten Exemplare wurden verbrannt, Kostomarov musste eine neue Doktorarbeit schreiben. Seine ukrainischen Anliegen verfolgte er nun in einem anderen Format. 1843 veröffentlichte er eine „Übersicht über Werke, die in der kleinrussischen Sprache" geschrieben wurden. Diese ukrainische Literaturgeschichte in nuce präsentiert Werkbiographien von Kotljarevs'kyj bis Ševčenko. Offenbar war auch Kostomarov schmerzhaft bewusst, dass er sich seine Zugehörigkeit zur ukrainischen Kultur erst erarbeiten musste. Am 2. Mai 1846 fragte Kuliš Kostomarov in einem Brief, warum er sich denn nicht als „Ukrainer" bezeichne, und fügte hinzu: „Wir geben Ihnen das Bürgerrecht, außerdem ist ja ihre liebe Mama eine Ukrainerin". Allerdings kam es 1876 zu einem Disput zwischen den beiden Autoren, nachdem Kuliš Kostomarov einen „Andersstämmigen" genannt hatte.

8 Die Konstruktion eines Nationaldichters

Die Kyrill-Methodius-Bruderschaft: Kostomarov, Kuliš und Ševčenko

Im Jahr 1846 wurde in Kyjiv die romantisch inspirierte Kyrill-Methodius-Bruderschaft ins Leben gerufen. Führende Mitglieder waren Kostomarov, Kuliš und Ševčenko. Kostomarov verfasste eine panslavistische Programmschrift *Das Göttliche Gesetz (Buch der Genesis des ukrainischen Volkes)* (Zakon Božyj. Kniha buttja ukrajins'koho narodu) und lehnte sich dabei in Diktion und Inhalt an Adam Mickiewiczs *Bücher des polnischen Volkes und der polnischen Pilgerschaft* (1832) an. Kostomarov träumte von einer Vereinigung der slavischen Völker unter der Führung der Ukraine, die sich in der Vergangenheit als besonders freiheitsliebend hervorgetan habe. Explizit hob er die Kosakentradition und ihre doppelte Unterdrückung durch die Polen und die Russen hervor. Gerade deshalb war die Ukraine prädestiniert für eine hervorragende Rolle. Kostomarov zitiert Psalm 118, 22: „Der Stein, den die Bauleute weggeworfen hatten, wurde zum Grundstein!" Seine messianistische Vision wies einen durchaus antiwestlichen Impetus auf: Er wandte sich gegen den deutschen Nationalismus, den französischen Atheismus und den englischen Merkantilismus. Die angestrebte panslavische Vereinigung dominierte sogar seinen privaten Lebensplan: Er wollte Alina Kragielska, eine Polin, heiraten. Kostomarovs Familie würde dann die visionäre Einheit der Slaven verkörpern: Die Kinder hätten – so seine Vorstellung – in sich russisches, ukrainisches und polnisches Blut vereint. Allerdings wurden Kostomarovs utopische Pläne durchkreuzt. Zwei Tage vor der geplanten Hochzeit flog die Kyrill-Methodius-Bruderschaft durch Verrat auf. Kostomarov, Kuliš und Ševčenko wurden verhaftet. Die leichteste Strafe erhielt Kuliš: Er verbüßte zwei Monate Arrest und wurde für drei Jahre nach Tula verbannt. Außerdem erhielt er ein Schreibverbot, das vom Zaren höchstpersönlich bestätigt wurde. Schon am 1. November 1847 richtete Kuliš jedoch von Tula aus einen Brief an den Chef der zaristischen Geheimpolizei Leontij Dubel't und bat ihn um die Druckerlaubnis für seine Werke. Dabei präsentierte er sich als loyaler Untertan des Zaren: „Ich möchte allen zeigen, dass mein Ideal der auf Erden möglichen Gerechtigkeit, Vernunft und praktischen Menschenliebe in der russischen Regierung ruht." Die „unordentliche ukrainische Vergangenheit", die er im überarbeiteten Roman *Der schwarze Rat* dargestellt habe, sei wie ein „schrecklicher Nachtmahr" und der „helle Tag des ruhigen Lebens" sei für Kleinrussland erst in der jüngsten Zeit angebrochen. Damit deutete er auf die romantische Darstellung einer „westeuropäischen" oder sogar „republikanischen" Ukraine in früheren eigenen historischen Schriften, die im Übrigen die russische Zensur passiert hatten. Seiner Bitte wurde allerdings nicht entsprochen. In der Verbannung schrieb Kuliš historische Prosa und versuchte damit, sich die russischen Behörden geneigt zu machen. Allerdings reagierte die Obrigkeit äußerst negativ auf diese Werke, weil Kuliš die Bauernschaft als gut und den Adel als schlecht darstelle. Außerdem monierten die Behörden, dass bei Kuliš Westeuropa als Hort des Glücks erscheine, obwohl es doch dort „weder Gottesglaube noch Respekt vor dem Staat" gebe. Kulišs Frau Oleksandra (1828–1911) erlitt nach seiner Verhaftung eine Fehlgeburt und konnte keine weiteren Kinder bekommen. Sie betätigte sich unter dem Pseudonym Hanna Barvinok selbst als Autorin und gab nach Kulišs Tod seine Werke heraus.

Kostomarov wurde wegen eines von ihm verfassten Traktats über einen zukünftigen slavischen Föderalismus angeklagt und zu einem Jahr Festungshaft verurteilt. Anschließend wurde er nach Saratov verbannt, wo er den sozialistischen Autor Nikolaj Černyševskij (1828–1889) kennenlernte. Viel später bezeichnete Černyševskij Kostomarov als geisteskranken Mann, der von seiner Idee einer slavischen Föderation besessen gewesen sei. Am härtesten traf die Verhaftung Ševčenko, dessen Gedichte aus der Sammlung *Drei Jahre* beschlagnahmt wurden. Besonders der persönliche Angriff auf die Zarenfamilie im Gedicht „Traum" wirkte sich fatal auf die Strafzumessung aus. Ševčenko wurde zum Militärdienst als einfacher Soldat für unbestimmte Zeit nach Sibirien abkommandiert. Der Zar selbst fügte handschriftlich zum Urteil hinzu: „Ohne das Recht zu schreiben oder zu zeichnen." Damit wurde Ševčenko zur Unperson und verschwand aus dem öffentlichen Diskurs. Seine Werke konnten während eines Jahrzehnts weder gedruckt noch besprochen werden. Die Zerschlagung der Kyrill-Methodius-Bruderschaft löste bei russischen Intellektuellen keinen Protest aus. Im Gegenteil: Der führende Literaturkritiker Vissarion Belinskij (1811–1848) kommentierte Ševčenkos Verurteilung in einem Brief mit galligen Worten: „Der gesunde Menschenverstand muss in Ševčenko einen Esel, einen Dummkopf und einen Fiesling, und darüber hinaus einen bitteren Saufbold, einen Liebhaber des ukrainischen Patriotismus sehen. Er tut mir nicht leid. Wäre ich sein Richter gewesen, hätte ich ihn nicht zu weniger verurteilt. Ich hege eine persönliche Feindschaft gegenüber solchen Liberalen. Mit ihren dreisten Dummheiten ärgern sie nur die Regierung und machen sie argwöhnisch."

Belinskijs privates Zeugnis zeigt deutlich, dass ein ukrainisches Nationalprojekt sogar bei russischen Oppositionellen auf wenig Verständnis stieß. Diese Ablehnung zieht sich bis ins 20. Jahrhundert hinein: Selbst eingefleischte Gegner der Sowjetmacht wie Petr Struve (1870–1944), Aleksandr Solženicyn (1918–2008) oder Joseph Brodsky (1940–1996) mochten der Ukraine keine autonome Kultur, geschweige denn einen eigenen Staat zugestehen.

Die Institutionalisierung der ukrainischen Literatur

Es wäre zu einfach, das russisch-ukrainische Verhältnis als reine Täter-Opfer-Beziehung zu verstehen. Natürlich dominierte die Repression. Allerdings gab es auch eigenartige Konstellationen, in denen russische Reaktionäre das ukrainische Nationalprojekt indirekt beförderten. Sergej Uvarov (1786–1855) begann seine Amtszeit als Volksbildungsminister mit einer Denkschrift, in der er die drei Stützen der Volksbildung als „Orthodoxie, Autokratie und Volkstümlichkeit" definierte. Zu seinen Protégés gehörten der erste Rektor der 1834 eröffneten Kyjiver Universität Mychajlo Maksymovyč (1804–1875) und der Charkiver Slavistik-Professor Izmail Sreznevskij (1812–1880). Kostomarov und Kuliš waren wiederum Schüler von Maksymovyč und Sreznevskij. Maksymovyč war ursprünglich

Botaniker, machte sich aber bald einen Namen als Sammler und Herausgeber ukrainischer Folklore. Für Uvarov war Maksymovyč der ideale Kandidat für die Führung der Kyjiver Universität, die als Ersatz für die nach dem polnischen Novemberaufstand 1830 geschlossene Universität Wilno neu gegründet wurde. Uvarov wollte durch diese akademische Auszeichnung der Ukraine ein polnisches Szenario verhindern. Er versuchte so, die „kleinrussische Volkstümlichkeit" in das imperiale Projekt zu integrieren. Maksymovyč verteidigte zwar die kulturelle Autonomie der Kyjiver Rus' und wandte sich gegen großrussische Vereinnahmungsversuche. Bereits 1829 hatte er die verbreitete Auffassung kritisiert, die ukrainische Sprache sei ein durch polnischen Einfluss verdorbener russischer Dialekt. In Analogie zur räumlichen Situation der Ukraine zwischen Polen und Russland nehme auch die ukrainische Sprache eine Mittelstellung zwischen dem Polnischen und dem Russischen ein. Allerdings führte er in einem Brief vom 22. April 1840 auch eine Hierarchisierung der drei Sprachen ein: „Bei uns, im russischen Imperium, wurde zur Sprache der Rus' die großrussische Sprache, in der wir sprechen, schreiben und denken. Diese Sprache hat auch eine breite Verwendung in der Ukraine (in der gebildeten Klasse des Volks) gefunden. Deshalb ist alles, was bei uns auf Kleinrussisch geschrieben wird, in gewisser Weise künstlich und hat nur lokale Bedeutung, wie etwa das in Deutschland auf Alemannisch Geschriebene. Wir können keine Literatur in der südrussischen Sprache haben, sondern es kann nur die einzelnen Werke von Kotljarevs'kyj, Kvitka, Hrebinka und anderer geben. Aber für die Ruthenen im österreichischen Imperium ist das Südrussische eine lebendige Sprache – die Zeit der polnischen Sprache ist schon lange vorbei, die Zeit der großrussischen Sprache ist für sie noch nicht gekommen."

Auch der gebürtige Russe Sreznevskij vertrat zunächst die Ansicht, dass das Ukrainische eine eigenständige Sprache sei, und verwendete in seinen Veröffentlichungen konsequent das Ethnonym „Ukraine". 1831 gab er in Charkiv den *Ukrainischen Almanach* (Ukrainskij almanach) heraus, der unterschiedliche Textgenres vereinigte. Zwischen 1833 und 1838 folgten sechs Bände mit dem Titel *Die alte Zeit in Zaporož'e* (Zaporožskaja starina), in denen Sreznevskij historische und folkloristische Dokumente aus der Kosakenzeit sammelte. 1847 wurde er Slavistik-Professor in St. Petersburg, 1861 amtete er als Rektor der Hauptstadtuniversität. Mit jedem Karriereschritt näherte sich Sreznevskij mehr der offiziellen Kulturpolitik an. So zählte er 1849 die Sprachvarietäten des Russischen auf, verwies aber gleichzeitig auf die „Einheit der russischen Sprache und des Volks". Gegen Ende seines Lebens vertrat Sreznevskij die loyale Position, dass das „Kleinrussische" doch ein russischer Dialekt sei, den man zwar nicht bekämpfen müsse, aber auch nicht zu einer Literatursprache entwickeln sollte.

Die Kanonisierung des späten Ševčenko

Die Zerschlagung der Kyrill-Methodius-Bruderschaft führte zu einem Vakuum in der ukrainischen Literatur, die auf ihre Anfänge zurückgeworfen wurde. In den ersten drei Jahren seiner Soldatenzeit schrieb Ševčenko heimlich ukrainischsprachige Gedichte, die er zu einem Heft zusammennähte – daher stammt der Name *Kleines Buch*. Der Dichter konnte nur selten und heimlich schreiben. Die auf kleinen Papierstücken geschriebenen Verse musste er vor den Durchsuchungen oft selbst vernichten. Später wurde er in die Festung Novopetrovsk am Ostufer des Kaspischen Meeres verlegt. Dort entstanden etwa zwanzig russischsprachige Erzählungen, von denen neun erhalten sind.

Im Poem „Die Zaren" (Cari, 1848) ruft Ševčenko zur Bestrafung der „unmenschlichen Tyrannen" auf. Als historische Beispiele dienen ihm drei historische Herrschergestalten, die als verdammenswerte Sünder dargestellt werden: König David schickte seinen treuen Offizier Urija in den Tod, nachdem er dessen Frau Batseba vergewaltigt hatte. Der israelitische Thronfolger Amnon schändete seine Schwester Tamar. Der Kyjiver Fürst Volodymyr griff Poloc'k an und hielt die Tochter Rogneda des besiegten Herrschers als Konkubine.

Während seiner zehnjährigen Verbannung zweifelte Ševčenko oft an seinen künstlerischen Fähigkeiten. Er hatte ausschließlich Russisch gesprochen. Würde er noch imstande sein, Gedichte zu verfassen? Würde er noch auf Ukrainisch schreiben können? Solche Fragen stellt er sich in den Gedichten „Die Muse" (Muza), „Das Schicksal" (Dolja) und „Der Ruhm" (Slava). Die Gedichte der letzten drei Jahre seines Lebens nach seiner Befreiung und Rückkehr nach Petersburg zeugen nicht nur von seiner innovativen Kraft, sondern auch von seiner Fähigkeit zur lyrischen Meditation. Die Bibel war während der Verbannung das einzige Buch, das er lesen durfte. Die zahlreichen Motive aus dem Alten und Neuen Testament werden in einem der letzten Poeme von Ševčenko durch eine Episode aus dem Urchristentum ergänzt: Die Hauptfigur des Poems „Neophyten" (Neofity, 1857) ist der edle Jüngling Alcides, der im antiken Rom zur Zeit von Neros Christenverfolgungen aufwächst. Er trifft Petrus, der sich in Rom kreuzigen lassen will, und wird ein eifriger Anhänger des Christentums. Wie für viele andere Christen endet Alcides' Leben als Märtyrer im Kolosseum. Die krasse Vulgarität der Orgien am römischen Kaiserhof ist eine Allegorie auf die Zustände am Hof des russischen Zaren. Mit ironischer Ablenkung beteuert das lyrische Ich, die hier beschriebenen dekadenten Szenen seien „keineswegs in unserem von Gott geliebten Land, / Unter Hetmans und Zaren" geschehen, sondern im heidnischen Rom, als „es Russland auf dieser Welt überhaupt nicht gab" und als die Mutter des Alcides fromm „den Göttern und dem Kapitol reiche Gaben opferte". Nicht weniger wichtig ist im Poem die Mutter des Alcides. Umsonst erfleht sie den „göttlichen Kaiser", der sich Jupiter nennen ließ, die Leiche ihres Sohnes. Sie wird Zeugin, wie der Märtyrer mit Hunderten anderer Christen, von geheimnisvollen „grauäugigen skythischen Sklavensöhnen" in den Tiber geworfen wird „um die Fische zu nähren / für den Tisch des Kaisers". Die Mutter wird Christin und fristet ihr Leben in Einsamkeit und Trauer, in Demut und Gebet.

Ševčenkos letzte Gedichte zeugen von Traurigkeit und Einsamkeit. Noch wenige Tage vor dem Tod fragt sich der Dichter, ob die Zeit nicht gekommen sei, sich „auf den langen Weg zur anderen Welt, zu Gott" zu machen. Diese schöne Welt sei zwar reizend, man könnte noch vieles machen, aber man solle doch zu Charon wandern, im Garten Eden verweilen und dort „der Ukraine, der heiteren Dörfer und der Grabhügel gedenken, und fröhlich ein Lied anstimmen".

8 Die Konstruktion eines Nationaldichters

Von Juni 1857 bis zu seiner Rückkehr nach St. Petersburg im Juli 1858 führte Ševčenko ein russischsprachiges Tagebuch. Allerdings verblieben ihm nur noch drei Lebensjahre. 1859 entstand sein Poem „Marija", in dem er einen wichtigen theologischen Gedanken seiner Zeit literarisch verarbeitet. Wenig bescheiden legt Ševčenko hier eine Christologie vor, die sich an seine eigene Biographie annähert: Wie bei David Friedrich Strauß (1808–1874) ist Jesus der biologische Sohn des Zimmermanns Joseph und der Magd Maria, der nicht ein Evangelium verkündet, sondern eine Lehre vom guten Leben entwickelt.

Sowohl das künstlerische als auch das literarische Werk von Ševčenko ist von einem tiefen Autobiographismus gekennzeichnet. In seinem ganzen Leben hat Ševčenko etwa 30 Selbstporträts gezeichnet oder gemalt (Abb. 8.1).

Dabei nimmt er seine eigene Gestalt oft zurück und bettet sich in eine Szenerie ein, in der eine menschliche Gemeinschaft das wichtigste Sujet bildet. Auch seine Texte umspielen in Allegorien immer wieder autobiographische Situationen, die in Mikrosujets variiert werden (Abb. 8.2).

1856 endete auch Kostomarovs Verbannung in Saratov. Im Jahr 1860, nun bereits Geschichtsprofessor an der St. Petersburger Universität, veröffentlichte er das aus seiner Sicht wichtigste Werk, eine literarisierende Darstellung des Chmel'nyc'kyj-Aufstandes. Der Vertrag von Perejaslav erschien Kostomarov als Präfiguration einer künftigen

Abb. 8.1 Selbstporträt von Taras Ševčenko (1843)

Abb. 8.2 Selbstporträt von Ševčenko mit kasachischen Bettelkindern (1853)

slavischen Föderation. Kostomarovs sämtliche Forschungen wurden von diesem Wunschbild geleitet. In einer linguistischen Untersuchung führte er sogar den Novgoroder Dialekt auf ukrainische Wurzeln zurück.

Bald entfalteten Kostomarov und Kuliš eine fieberhafte literaturpolitische Tätigkeit, um den aus der Verbannung zurückgekehrten Ševčenko als ukrainischen Nationaldichter zu kanonisieren. Die Zeit war ausgesprochen günstig. Die russische Literatur befand sich in einer Übergangsperiode. Der berühmteste Gegenwartsautor war Ivan Gončarov mit seinem Roman *Oblomov* (1859). Dostoevskij war gerade erst aus der sibirischen Verbannung zurück-gekehrt, experimentierte aber noch mit Literaturformen aus den 1840er-Jahren. Turgenev suchte eine „neue Manier" des Schreibens. Tolstoj hatte seine Karriere gerade erst mit einigen Achtungserfolgen begonnen. In dieser Situation veröffentlichte Kuliš in St. Petersburg die Almanache *Aufzeichnungen aus der südlichen Rus'* (Zapiski iz južnoj Rusi, 1856) und *Die Hütte* (Chata, 1860).

In den Jahren 1861 und 1862 rief er dann – ebenfalls in der Hauptstadt – die kurzlebige, aber enorm wichtige Zeitschrift *Osnova* (Die Grundlage) ins Leben (Abb. 8.3).

Abb. 8.3 *Osnova* (Die Grundlage). Südrussische literarisch-wissenschaftliche Zeitschrift. Januar 1861

Das wichtigste Ziel dieses Projekts bestand darin, der ukrainischen Literatur ein ähnlich gewichtiges Publikationsorgan zu geben, wie es die russische Literatur in den Zeitschriften *Der Zeitgenosse* (Sovremennik) und *Vaterländische Aufzeichnungen* (Otečestvennye zapiski) besaß. Ein zentrales Ziel der Zeitschrift *Osnova* bestand in der Kanonisierung des ukrainischen Nationaldichters Taras Ševčenko. Die erste Ausgabe von *Osnova* erschien im Januar 1861 und wurde, wie auch die folgenden Nummern, programmatisch von einer Auswahl aus Ševčenkos Gedichtband *Kobzar* eröffnet. Nachdem Ševčenko im März 1861 gestorben war, veröffentlichte *Osnova* zahlreiche Erinnerungen an Ševčenko, aber auch ausgewählte Briefwechsel und Tagebücher.

Neben der Konstruktion einer ukrainischen Nationalliteratur bediente *Osnova* ein breites Leserinteresse und publizierte Artikel über Bienenzucht, die landschaftlichen Schönheiten der Ukraine oder auch neue Administrativbestimmungen und Bürgergesetze. Bemerkenswert war die Bezeichnung des Kulturraums, die zwischen dem offiziellen „Kleinrussland" oder „Südrussland" und der „Ukraine" schwankte. Die einzelnen Nummern enthielten auch kurze Wörterbücher, in denen die russischen Bedeutungen ukrainischer Begriffe angegeben wurden. Außerdem schuf Kuliš eine eigene Orthographie für die ukrainische Literatursprache, die er erstmals in *Aufzeichnungen aus der südlichen Rus'* (Zapiski iz južnoj Rusi, 1856) einsetzte und ein Jahr später auch für seine *Grammatik* der ukrainischen Sprache verwendete. Die Hauptstoßrichtung dieser neuen Rechtschreibung bestand in der phonetisch korrekten Wiedergabe des Ukrainischen. So wurden etwa der Buchstabe ѣ (jat'), der im Russischen als „e" ausgesprochen wird, sowie das „o" in geschlossenen Silben von Kuliš neu als „i" geschrieben. Die „Kulišivka" dominierte die ukrainische Rechtschreibung bis zum Emser Ukas 1876. Auch die ukrainischen Texte in der Zeitschrift *Osnova* folgten der „Kulišivka", die später zur Grundlage der heutigen Rechtschreibung wurde.

Die Herausgeber von *Osnova* waren um politische Loyalität bemüht. So kündigte ein Editorial an, die Zeitschrift wolle im Geist der Reformen von Alexander II. „Aufklärung in einem nationalen Geist" fördern. *Osnova* war als zweisprachige Publikation konzipiert. Kuliš veröffentlichte eine russischsprachige Erzählung, in der die ukrainische direkte Rede der Protagonisten unverändert wiedergegeben wurde. Kostomarov nutzte *Osnova* als Plattform für seine Lieblingsthese eines „gemeinrussischen Föderalismus". In seinen „Gedanken über das föderative Prinzip in der Alten Rus'" (Mysli o federativnom načale v drevnej Rusi) sprach er über eine „gemeinsame Russische Erde", die historisch aus sechs Nationalitäten bestehe: der südrussischen, der nördlichen, der großrussischen, der belarussischen, der polesischen und der Novgoroder. Ihre Einheit begründe sich aus der Herkunft, den Sitten, der Sprache, dem gemeinsamen Fürstengeschlecht und der gemeinsamen christlichen Kirche. Nach diesem Rückblick auf die mittelalterliche Geschichte wandte Kostomarov seine These auch auf die Gegenwart an. Berühmt geworden ist der Essay mit dem programmatischen Titel „Zwei russische Nationalitäten" (Dve russkie narodnosti). Darin behauptete er, dass das russische und das ukrainische Volk sich gegenseitig ergänzen würden und nur zusammen einen Staat bilden könnten: Die Ukrainer stellen den gesellschaftlichen Zusammenhalt sicher, während die Russen den Staat organisieren. Damit zog sich Kostomarov den Ärger aller Seiten zu: Konservative Russen bezichtigten ihn des Separatismus, die Ukrainer warfen ihm vor, einen faulen Kompromiss schließen zu wollen. Immerhin bestand Kostomarovs Leistung darin, dass er den patriotischen Begriff der „russischen Nationalität" in den Plural setzte. Programmatisch merkte er an, dass es zwei und möglicherweise noch mehr „russische Nationalitäten" gebe. Bereits im Jahr 1860 hatte Kostomarov anonym in Aleksandr Herzens Exilzeitschrift *Die Glocke* (Kolokol) einen Aufsatz mit dem Titel „Die Ukraine" veröffentlicht, in der er für einen ukrainisch-russischen Föderalismus warb: „Jedes Volk soll seine Besonderheit bewahren können – bei allgemeiner persönlicher und gesellschaftlicher Freiheit." Er forderte die Förderung der ukrainischen Sprache in den Schulen, schloss aber einen ukrainischen Separatismus kategorisch aus.

Allerdings blieb der Kreis der *Osnova*-Leser auf etwa sechzig ukrainische Intellektuelle in St. Petersburg beschränkt. Außerdem setzte eine politische Krise Kulišs Aktivitäten ein Ende. Nach dem polnischen Januaraufstand 1863 geriet auch das ukrainische Nationalprojekt wieder ins Visier der Behörden. Der Innenminister Valuev verfasste ein Zirkular, in dem er die Positionen des Kyjiver Zensurkomitees wiedergab, darunter den oft zitierten Satz: „Eine kleinrussische Sprache gab es nie, gibt es nicht und kann es nicht geben." Fortan konnten nur noch literarische Werke auf Ukrainisch gedruckt werden, allerdings nahm die Anzahl solcher Publikationen stark ab. 1876 wurde der öffentliche Gebrauch der ukrainischen Sprache im sogenannten Emser Ukas weiter eingeschränkt. Sowohl das Valuev-Zirkular als auch der Emser Ukas waren geheime Erlasse. Zar Alexander II. wollte nach der Bauernbefreiung von 1861 sein liberales Image nicht allzu sehr beschädigen. Allerdings erhielten alle ukrainischen Kulturaktivitäten durch die beiden Erlasse den Beigeschmack der politischen Unzuverlässigkeit. 1881 wagte Kostomarov in seinem Artikel „Das kleinrussische Wort" noch einmal einen schüchternen Versuch, der ukrainischen Sprache eine Nische in der vom Russisch dominierten imperialen Kultur zuzuweisen. Er übernahm die Position des slavophilen russischen Journalisten Ivan Aksakov (1823–1886) aus den 1860er-Jahren und meinte, dass das Ukrainische „für den Hausgebrauch" eingesetzt werden könne wie das Provenzalische oder Bretonische in Frankreich, das Plattdeutsche in Deutschland oder das Walisische oder Schottische in Großbritannien. Allerdings befand sich Kostomarov mit dieser Forderung bereits auf verlorenem Posten.

In seinen letzten Lebensjahren nahm Kuliš eine immer freundlichere Position gegenüber dem Imperium ein. In den Jahren 1864 bis 1868, also unmittelbar nach der brutalen Niederschlagung des polnischen Januaraufstands, setzte er als Staatsbeamter in Warschau die Russifizierungspolitik des Zaren durch. Er gab dem polnischen Nationalismus die Schuld für die Katastrophe des Aufstands. In den Jahren 1874 bis 1876 erschien seine dreibändige *Geschichte der Wiedervereinigung der Rus'* (Istorija vossoedinenija Rusi), in der er den ukrainischen Nationalismus anprangerte und die *mission civilisatrice* der polnischen Adelsrepublik und des Zarenreichs in der Ukraine lobte. Er bewunderte sowohl Peter I. als auch Katharina II.. Er ließ sogar herablassende Bemerkungen über sein Idol Taras Ševčenko fallen. Er schrieb im Vorwort: „Wir lassen uns auf Kosten der historischen Wirklichkeit von einem kindischen Humanismus hinreißen und platzieren ‚unser Volk' zwischen ihm feindlich gesinnte Nationen, wie einen heldenhaften Märtyrer zwischen zwei Monstern." Eine solche Konzeption stieß natürlich bei der jungen Generation der Ukrainophilen auf scharfe Kritik. Außerdem zeigte der Emser Ukas 1876, dass Kulišs neuer Kuschelkurs vom Zaren nicht erwidert wurde. Der doppelt enttäuschte Kuliš zog sich alsbald von den öffentlichen Debatten zurück. Für den energischen literarischen Entrepreneur war das keine einfache Entscheidung. In seinem Leben hatte er mehr als 3000 Briefe geschrieben, in denen es ihm um die Etablierung einer ukrainischen Nationalkultur ging. Dasselbe Ziel verfolgte er mit seiner breiten Übersetzungstätigkeit, die von Teilen der Bibel über Mickiewicz, Goethe, Byron bis hin zu Shakespeare reichte. Seine Resignation verbarg er hinter einer „Bauernhofphilosophie" (chutirs'ka filosofija), in der er der kapitalistischen Stadt das Landleben mit seiner gesunden Volkskultur entgegenstellte. Allerdings erregten seine Diatriben, die er in Buchform 1879 ausgerechnet in St. Petersburg erscheinen ließ, den Ärger der Zensur. Das Buch wurde verboten, die 3000 Exemplare starke Auflage eingestampft. Kuliš schrieb resigniert, dass seine „kleinrussische oder ukrainische Feder" zerbrochen sei. 1882 setzte er sich in der Schrift „Ein Osterei für die Rusinen und die Polen" für eine Aussöhnung zwischen den Ukrainern und den Polen ein. Im selben Jahr wollte er sogar auf seine russische Staatsbürgerschaft verzichten, um in der Donaumonarchie zu bleiben. Allerdings kehrte er bald auf in die russisch beherrschte Ukraine zurück. 1929 charakterisierte Viktor Petrov Kuliš so: „Er war ein Parlamentarier ohne Parlament, ein Anführer ohne Partei, eine öffentliche Figur ohne Tribüne, ein Journalist ohne Zeitung, ein Mann mit großen Plänen ohne die materiellen Mittel für ihre Realisierung."

Die Erschaffung einer ukrainischen George Sand: Marko Vovčok

Neben der Kanonisierung von Ševčenko hatte Kuliš in *Osnova* noch eine weitere Person ins Rampenlicht gerückt: Marko Vovčok, Pseudonym für Marija Vilinskaja (1833–1907), wurde zu einer regelmäßigen Mitarbeiterin. Die Autorin hatte durch ihren intellektuellen Charme sowohl Ševčenko als auch Kuliš und Kostomarov in ihren Bann geschlagen (Abb. 8.4).

Ševčenko nannte sie seine „Patentochter" und schenkte ihr ein goldenes Armband. Kuliš war bereit, für sie seine Frau zu verlassen. Kostomarov lobte ihre Darstellung der Leibeigenschaft überschwänglich und verglich sie mit einer antiken Tragödie. Auch russische Literaten waren fasziniert: Aleksandr Herzen erblickte in ihr eine neue George Sand, während Ivan Turgenev und Nikolai Dobroljubov sie mit Harriet Beecher-Stowe verglichen. Allerdings ereigneten sich in ihrem Privatleben mehrere Tragödien. In den 1860er-Jahren verfiel sie einem *amour fou* zu Aleksandr Passek, einem entfernten Neffen von Aleksandr Herzen. Gleichzeitig verliebte sich der junge Chemiker Władysław

Abb. 8.4 Marko Vovčok (i.e. Marija Vilinskaja), Fotografie 1855

Olewiński in sie. Als sie die Liebe nicht erwiderte, nutzte Olewiński seinen Liebeskummer professionell. Er vergiftete sich im Selbstversuch und testete vergeblich die Wirkung eines Antidots. Wenig später starb Passek dreißigjährig an Tuberkulose. Vovčok ging darauf eine Affäre mit dem revolutionären Kritiker Dmitrij Pisarev (1840–1868) ein, der ein entfernter Cousin von ihr war. Allerdings ertrank Pisarev während eines Ferienaufenthaltes mit Vovčok bei einem Badeunfall in der Ostsee.

Marija Vilinskaja stammte aus einer russischen Familie, besuchte aber eine Privatschule in Charkiv, wo sie mit der ukrainischen Sprache in Kontakt kam. Ihr erster Ehemann war Opanas Markevyč (1822–1867), ein Mitglied der Kyrill-Methodius-Bruderschaft, der ukrainische Sagen und Lieder sammelte. Über ihren Mann lernte sie Kuliš kennen, der ihr half, im Jahr 1857 den Band *Volkserzählungen* (Narodni opovidannja) auf Ukrainisch in St. Petersburg zu veröffentlichen. Kuliš war es auch, der ihr männliches Pseudonym erfand. Die *Volkserzählungen* knüpften an die realistische Erzähltradition der russischen Literatur an. In der Regel wird die Handlung von einem ukrainischen Protagonisten erzählt. Vovčok wechselt zwischen weiblichen und männlichen Hauptfiguren, die aus dem ukrainischen Bauernmilieu stammen. Ihre besondere Aufmerksamkeit gilt jedoch starken Frauenfiguren, sowohl auf der Seite des Adels als auch bei den Leibeigenen. Die *Volkserzählungen* bieten eine doppelte literarische Innovation: Sie dezentrieren die imperiale Literatur sowohl in gesellschaftlicher als auch in räumlicher Hinsicht. Allerdings überlagert Vovčok die authentische Figurenrede oft mit ihrer eigenen elaborierten Sprechweise. Damit nähert sie die Erzählungen dem zeitgenössischen Literaturgeschmack an, allerdings auf Kosten der linguistischen Authentizität. Dieser Kunstgriff wurde später von anderen ukrainischen Autoren übernommen, so etwa von Fed'kovyč, Hanna Barvinok, Nečuj-Levyc'kyj und Franko. 1858 veröffentlichte *Der russische Bote* (Russkij vestnik) eine russische Übersetzung der *Volkserzählungen*, die aus der Feder der Autorin selbst stammte. Mittlerweile war auch Ivan Turgenev (1818–1881) auf die talentierte junge Frau aufmerksam geworden. Er veröffentlichte 1859 eine „weniger deutlich von der kleinrussischen Rede" geprägte Übersetzung ihrer *Volkserzählungen*. Dabei diente aber der Name des angeblichen Übersetzers Turgenev wohl nur dem Marketing. Wahrscheinlich hatte Kuliš die russischsprachige Übersetzung angefertigt. Turgenev zeichnete sich schon früh durch eine wohlwollende Haltung zur ukrainischen Literatur aus. In seinem Roman *Rudin* (1855) karikierte er die herablassende Haltung eines Russen, der sich über die Ukrainer lustig macht. Und am 22. Mai 1861 schrieb er an Marko Vovčok: „Es gibt auf der Welt nichts Höheres als die Kleinrussen. Besonders wir Großrussen sind null und nichtig. Und wir Großrussen streichen über unseren Bart, lachen und denken: Die Kinder sollen nur spielen, sie sind ja noch klein. Dabei ist Ševčenko ein so großer Dichter!" Turgenevs Ukrainophilie trug ihm sogar nach seinem Tod einen Kranz von der „ukrainischen Presse" ein, den Mychajlo Drahomanov nicht ganz uneigennützig mit großer Publikumswirkung auf dem Grab platzieren ließ.

In den 1860er-Jahren wandte sich Vovčok vermehrt der russischen Literatur zu. Möglicherweise spielte bei dieser Entscheidung ein Besuch bei Herzen 1859 in London eine Rolle. Herzen hatte die *Volkserzählungen* in seiner eigenen Exilzeitschrift *Die Glocke* sehr positiv besprochen. Er wies darauf hin, dass eine solche Darstellung „in den St. Petersburger Sümpfen oder im Moskauer Staub" unmöglich sei. Gleichwohl empfahl Herzen Vovčok, die ukrainische Thematik aufzugeben und sich allrussischen gesellschaftlichen Problemen zu widmen. Zunächst bewegte sich Vovčok noch zwischen den beiden Sprachen. Die Erzählung „Das Institutsmädchen" (Institutka) erschien 1860 auf Russisch und 1862 auf Ukrainisch in der Zeitschrift *Osnova*. Vovčok beschreibt hier aus der Sicht der Leibeigenen Ustyna die Willkürherrschaft der Aristokraten auf einem Landgut. Die adlige Großmutter gewährt den Leibeigenen kaum Freiheiten, quält sie aber nicht. Ihre verzogene Enkelin hatte ein „Institut" besucht und drangsaliert nun alle Leibeigenen mit langen Arbeitsstunden und körperlichen Strafen. Am Ende heiratet Ustyna einen Soldaten und setzt so ihrer Leibeigenschaft ein Ende, verliert aber jede ökonomische Sicherheit.

Nach dem Valuev-Zirkular von 1863 schrieb Vovčok nur noch auf Russisch, wobei nach wie vor ukrainische Themen eine wichtige Rolle spielten, etwa im Roman *Marusja*, der dann in der Bearbeitung von P.-J. Stahl (Pseudonym von Pierre-Jules Hetzel) zu einem Klassiker der französischen Jugendliteratur wurde. Sie publizierte oft in der Literaturzeitschrift *Vaterländische Aufzeichnungen*, die unter dem neuen Chefredakteur Nikolaj Nekrasov (1821–1878) eine sehr fortschrittliche Linie eingeschlagen hatte. Außerdem begann sie, literarische und wissenschaftliche Werke zu übersetzen. Sie wurde zur russischen Stimme von Jules Verne und des Bestseller-Autorenduos Erckmann-Chatrian. Sie übersetzte Darwins *Ursprung der Arten* und Brehms *Tierleben*. Allerdings ruinierte ein Plagiatsskandal ihren literarischen Ruf. Sie hatte eine russische Fassung von Andersens *Märchen* unter ihrem Namen publiziert, obwohl sie dafür andere Übersetzer engagiert hatte. 1895 erschien in Saratov eine Werkausgabe, die allerdings wenig beachtet wurde. Immerhin kehrte sie in ihren letzten Lebensjahren zur ukrainischen Literatur zurück. In ihrem Nachlass findet sich ein Roman mit dem signalhaften Titel *Die Hajdamaken*, der als russischsprachiger Entwurf mit einem ukrainischsprachigen Schlusskapitel erhalten ist.

Übersetzungen

Taras Schevtschenko: Die große Gruft. Poeme ukrainisch und deutsch. Norderstedt 2020.

Weiterführende Literatur

Jurij Bojko, Erwin Koschmieder (Hg.): Taras Ševčenko. Sein Leben und sein Werk. Wiesbaden 1965.
George Grabowicz: The poet as mythmaker. A study of symbolic meaning in Taras Ševčenko. Cambridge, Mass. 1982.
George Grabowicz: Taras Shevchenko. A Portrait in Four Sittings. Cambridge, Mass. 2027.
Walter Koschmal: Taras Ševčenko. Die vergessene Dichter-Ikone. München 2014.
George Luckyj: Panteleimon Kulish. A sketch of his life and times. Boulder 1983.
Thomas Prymak: Mykola Kostomarov. A biography. Toronto 1996.

Ukrainische Literatur im Habsburgerreich

Alois Woldan

Mit der Ersten Teilung Polens 1772 kamen beträchtliche Teile der heutigen Westukraine an Österreich und wurden mit dem Gebiet Kleinpolen zu einer neuen administrativen Einheit vereinigt, dem „Königreich Galizien und Lodomerien", das in seinem Namen noch die Erinnerung an die alten ukrainischen Fürstentümer Halyč und Volodymyr bewahrte. Ungeachtet dessen war das neugeschaffene Kronland Galizien, flächenmäßig das größte der Habsburgermonarchie, ein künstliches Gebilde, das in dieser Form nie zuvor bestanden hatte. Mit Hilfe einer zentralistischen Administration, die von den Prinzipien eines aufgeklärten Absolutismus geprägt war, versuchte die Wiener Regierung eine neue Einheit zwischen einem vorwiegend ukrainisch besiedelten Ostgalizien und einem polnisch dominierten Westgalizien zu schaffen. Hinzu kamen die Juden als drittgrößte ethnische Gruppe und die zahlenmäßig weit geringeren Österreicher und Deutschen, die sich wie die Juden gleichermaßen über West- und Ostgalizien verteilten. Diese ethnische Vielfalt – von kleineren Gruppen wie Armeniern, Karaimen und Tschechen ganz abgesehen – schlägt sich auch im literarischen Leben Galiziens nieder: die ukrainische Literatur entwickelt sich in Galizien über lange Jahre in Interaktion mit der polnischen, deutschen und auch jüdischen Literatur.

Der Einfluss der neuen österreichischen Verwaltung zeigte sich deutlich im Bereich des Schulwesens und der Wissenschaft. Die allgemeine Schulpflicht wurde eingeführt und ein System von muttersprachlichen Grundschulen errichtet, um den Analphabetismus zu bekämpfen. Die Lemberger Universität, die schon seit 1663 als Jesuitische Akademie bestand, wurde 1774 neu begründet. Für die ukrainischen Studenten, die zu wenig mit den

---

A. Woldan (✉)
Institut für Slawistik, Universität Wien, Wien, Österreich
E-Mail: alois.woldan@univie.ac.at

© Der/die Autor(en), exklusiv lizenziert an Springer-Verlag GmbH, DE, ein Teil von Springer Nature 2025
U. Schmid (Hrsg.), *Ukrainische Literaturgeschichte*,
https://doi.org/10.1007/978-3-662-70637-4_9

Unterrichtssprachen Deutsch und Latein vertraut waren, führte man ein sogenanntes „Studium Ruthenum" ein, wo vor allem zukünftige Priester auch in ihrer Muttersprache unterrichtet wurden.

Die Förderung der ukrainischen Bevölkerung Galiziens erfolgte über ihre Religion, das griechisch-katholische Bekenntnis, wie man die aus der Union von Brest hervorgegangene Kirche seit der österreichischen Zeit nannte. Ganz im Sinn des Josephinismus wurde auch diese Kirche zu einer Sache des Staates, der sich um die Ausbildung und Bezahlung der Priester, aber auch um eine eigene Hierarchie kümmerte. Das Studium an der Universität, die Einrichtung eines eigenen „Generalseminars" und schließlich die Verlegung des Metropolitensitzes von Halyč nach Lemberg (1808) begründeten ein enges Verhältnis zwischen der griechisch-katholischen Bevölkerung (als solche wurden die Ukrainer wahrgenommen), den Intellektuellen und kirchlichen Würdenträgern sowie den österreichischen Behörden in Lemberg und Wien.

Im Zusammenhang mit Bildung und Forschung stellte sich für die Ukrainer in Galizien das Problem einer modernen Literatursprache, so wie sie der polnischen oder auch der deutschen Bevölkerungsgruppe seit Jahrhunderten zur Verfügung stand. Die Sprache, in der die wenigen gebildeten Ruthenen schrieben und publizierten, ein Gemisch aus Kirchen- und Volkssprache, war weit entfernt von der Umgangssprache, der sich die ukrainische Bevölkerung im alltäglichen Leben bediente. Dazu kam die Konkurrenz des Polnischen, das sich als eine moderne Verkehrssprache anbot, weil die gebildeten Ukrainer es beherrschten. Schließlich galt es noch zu beweisen, dass die Sprache der Ruthenen nicht dieselbe war wie die der Russen – die Bezeichnung „Kleinrussen" legte ein solches Verständnis nahe. In der ersten Hälfte des 19. Jahrhunderts gab es in Ostgalizien deshalb mehrere Versuche, die Besonderheiten des Ukrainischen in Galizien wissenschaftlich zu beschreiben, zumeist allerdings in einer fremden Sprache: Ivan Mohyl'nyc'kyjs *Abhandlung über die ruthenische Sprache* (Rozprawa o ięzyku ruskim, 1829) erschien auf Polnisch, Mychajlo Lučkajs *Grammatica Slavo-ruthena* (1830) auf Latein und Joseph Lewickis *Grammatik der Ruthenischen oder Kleinrussischen Sprache* (1834) auf Deutsch. Zum Problem der adäquaten Beschreibung dieser Sprache kam eine weitere, praktische Frage, die aber von großer politischer Tragweite sein sollte: In welchem Alphabet sollten die Ukrainer in Galizien schreiben, kyrillisch oder lateinisch? In dieser Frage sprachen sich die Autoritäten aus Wien, die Slavisten Jernej Kopitar und Franz Miklosich, eindeutig für das lateinische Alphabet aus. Als Katholiken und noch dazu Untertanen des österreichischen Staates sollten die Ruthenen so wie alle anderen österreichischen Slaven lateinisch schreiben. Die ukrainischen Intellektuellen und Dichter sprachen sich jedoch für das Kyrillische aus.

Einen zweiten wichtigen Zugang zur nationalen Eigenständigkeit der Ukrainer stellten, ganz im Geiste Herders, die Texte der Folklore dar. Die ersten Sammlungen ukrainischer Volkslieder wurden allerdings von polnischen Sammlern erstellt, wie z. B. der von Walenty Chłędowski herausgegebene Almanach *Der Galizier* (Haliczanin, 1830) oder die von Wacław z Oleska vorbereitete Sammlung *Polnische und ruthenische Lieder des galizischen Volkes* (Pieśni polskie i ruskie ludu galicyjskiego, 1833) die zum größeren Teil ukrainische Lieder enthält, allerdings in lateinischer Transkription nach den Regeln der polnischen Orthographie.

Die „ruthenische Dreifaltigkeit": Šaškevyč, Holovac'kyj und Vahylevyč

Die Vertreter der jungen ukrainischen Intelligenz wollten in Galizien die Lieder ihres Volkes selbst herausgeben und vor allem in kyrillischem Alphabet drucken. Schon 1833 stellten junge Studenten des griechisch-katholischen Generalseminars in Lemberg um den späteren Dichter Markijan Šaškevyč eine erste ukrainische Anthologie mit dem Titel *Der Sohn der Rus'* (Syn Rusi) zusammen, die allerdings nie im Druck erschien. Erst ein weiterer Versuch war erfolgreich, 1837 erschien in Budapest (wo man die Zensur leichter umgehen konnte als in Lemberg oder Wien) die berühmte *Nixe vom Dnister* (Rusalka Dnistrova) (Abb. 9.1).

Diese Sammlung war von drei jungen Seminaristen in Lemberg, Markijan Šaškevyč, Jakiv Holovac'kyj und Ivan Vahylevyč, konzipiert worden und enthält echte Volkslieder, eigene Dichtung der Herausgeber und Übersetzungen aus der serbischen und tschechischen Folklore. Weil die Herausgeber weder die Erlaubnis der österreichischen Zensur noch die des Metropoliten der griechisch-katholischen Kirche, der höchsten geistlichen Instanz in Galizien, eingeholt hatten, machte die Polizei Jagd auf dieses Buch und vernichtete den Großteil der Auflage, sodass diese erste Publikation in der ukrainischen Volkssprache Galiziens ihre potentielle Leserschaft kaum erreichte.

Folklore und Geschichte, eigene und übersetzte literarische Produktion stellen also aus der Sicht der drei jungen Literaten die Basis für eine zeitgenössische ukrainische Literatur dar, die den Vergleich mit ihren älteren „slavischen Schwestern" nicht zu scheuen braucht. Im Vorwort verweisen die Herausgeber auf bereits bestehende Sammlungen ukrainischer Lieder im Zarenreich, die Liedsammlungen von Certelev (1819) und Maksymovyč (1827).

Abb. 9.1 Die Nixe vom Dnister. Ruthenische Volks-Lieder (1837)

Sie stellen damit den Zusammenhang zwischen der Literatur der Ruthenen in Galizien und der ukrainischen Literatur im Zarenreich her. Darüber hinaus vertreten sie eine deutlich panslavistische Einstellung, wenn sie sich etwa auf Jan Kollárs berühmte Schrift *Über literarische Wechselseitigkeit der Slawen* (1837) berufen oder auch Übersetzungen aus dem Serbischen und dem Tschechischen anführen.

Genauso wichtig wie die Wahl der Volkssprache war für die Herausgeber auch die Entscheidung für das Kyrillische als das einzig mögliche Alphabet für die Publikation ukrainischer Lieder. Damit stellen sich die drei jungen Lemberger Dichter eindeutig gegen alle jene Versuche, die zwar Texte in der Volkssprache fixierten, diese aber im lateinischen Alphabet druckten. Das geht aus der kritischen Rezension der von Josif Lozins'kyj herausgegeben Sammlung *Ruthenische Hochzeit* (Ruskoje Wesile, 1835) hervor, welche die *Nixe vom Dnister* beschließt. Der Hauptvorwurf gegen diese Sammlung, die einmal mehr galizisch-ukrainische Folklore enthält, besteht darin, dass der Verfasser „polnische Buchstaben verwendet, die ganz und gar nicht zu unserer Sprache passen".

Allerdings gelang es den drei jungen Dichtern der „ruthenischen Dreifaltigkeit" nicht, ein dauerhaftes Fundament für ein ukrainisches Literatursystem in Galizien zu legen. Šaškevyč vertrat eine Position des Austroslavismus, Holovac'kyj schlug sich später auf die Seite der Russophilen, Vahylevyč näherte sich dem polnischen Lager an.

Markijan Šaškevyč (1811–1843) stammt aus dem Kreis Zoločiv in Ostgalizien. Als Sohn eines Landgeistlichen war auch er für diese Rolle bestimmt und so nahm er nach dem Besuch des Gymnasiums in Berežany das Studium der Philosophie und Theologie in Lemberg auf. Im griechisch-katholischen Generalseminar sammelte Šaškevyč einen Kreis junger Leute um sich, die so wie er von den Ideen der slavischen Wiedergeburt begeistert waren. Šaškevyč und seine engsten Mitstreiter Holovac'kyj und Vahylevyč, von den Zeitgenossen spöttisch als „ruthenische Dreifaltigkeit" („Rus'ka trijc'ja") bezeichnet, erstellten drei Anthologien, von denen allerdings nur die letzte, *Die Nixe vom Dnister,* im Druck erscheinen konnte. Mit der Konfiskation dieser Publikation geriet Šaškevyč, der auch zuvor schon für mehrere Jahre aus dem Seminar ausgeschlossen worden war, ins Visier der Behörden. Er galt als „politisch unzuverlässig" und hatte deswegen Zeit seines Lebens Nachteile. 1838 wurde er endlich zum Priester geweiht, heiratete und übernahm eine Pfarrei. Der Rest seines kurzen Lebens war von materiellen Entbehrungen und einer schweren Lungenkrankheit geprägt, Šaškevyč starb 1843, im Alter von nur 32 Jahren.

Markijan Šaškevyč hat kein sehr umfangreiches Werk hinterlassen, er ist aber zweifellos der bedeutendste Dichter der Westukraine in der ersten Hälfte des 19. Jahrhunderts. Er ist vor allem Lyriker, der ganz im Sinn der slavischen Romantik seine Texte an der Folklore ausrichtet, und noch dazu konsequent in der nicht kodifizierten Sprache dieser Volksdichtung schreibt. Typisch romantisch ist auch seine Begeisterung für die nationale Geschichte, vor allem die Kosakenzeit. Für seine Gedichte über Nalyvajko und Chmel'nyc'kyj benützt der Dichter die epischen Gattungen der Folklore mit ihren typischen formalen Besonderheiten wie Wortwiederholungen, Epitheta, rhetorischen Fragen u. a. Auch in seiner Liebeslyrik greift Šaškevyč auf Konvention und Sprache der Folklore zurück und schafft damit höchst eindrucksvolle Texte (*Sehnsucht nach der Liebsten* [Tuha za myloju], *An die*

Liebste [Do myloji]). Mit der Verbindung von Natur- und Gedankenlyrik und der Reflexion über das Schicksal des lyrischen Ichs mit einer pessimistischen Grundstimmung fügt sich diese Lyrik in den Diskurs der großen romantischen Dichtung der Ostukraine ein.

Auch als Übersetzer beweist Šaškevyč seine dichterische Begabung – er hat die beiden berühmten tschechischen Handschriftenfälschungen (Königinhofer, Grünberger Handschrift) fast zur Gänze ins Ukrainische übertragen, dazu einen längeren Abschnitt aus Seweryn Goszczyńskis *Schloss von Kaniów* (Zamek Kaniowski) sowie eine Auswahl aus Vuk Karadžićs Sammlung *Serbische Lieder* (Srpske pesme). Auch Šaškevyčs Prosa weist, abgesehen von seiner Publizistik, Züge einer lyrischen Prosa auf. Das zeigt sich in seiner Erzählung *Olena*, welche die regionale Tradition der Opryšky unter dem legendären Anführer Medvedjuk aufgreift, sowie in seinen eindrucksvollen Psalmenparaphrasen *Psalmen des Ruslan* (Psalmi Ruslanovi).

Jakiv Holovac'kyj (1814–1888) wurde in der Gegend von Brody geboren, auch sein Vater war Pfarrer. Nach dem Gymnasium in Lemberg studierte er an der dortigen Universität Philosophie und Theologie und machte im griechisch-katholischen Generalseminar die Bekanntschaft von Šaškevyč. Sein Interesse galt zum einen der regionalen Folklore, die er auf langen Fußwanderungen sammelte, zum anderen aber der slavischen Altertumskunde, vor allem den kirchenslavischen Handschriften, die sich in diversen Klöstern in großer Zahl finden ließen. 1849 wurde Holovac'kyj auf den neu gegründeten Lehrstuhl für Ruthenische Sprache und Literatur an der Universität Lemberg berufen. In der Folge vertrat er in seinen Publikationen immer stärker moskophile Ansichten. Als Holovac'kyj 1867 in Moskau eine ethnographische Ausstellung besuchte und auch am sogenannten Zweiten Slavenkongress teilnahm, entzogen ihm die österreichischen Behörden den Lehrstuhl in Lemberg. Holovac'kyj wollte in Russland bleiben, erhielt aber dort keine entsprechende Anstellung an einer Universität, so dass er in Wilna (heute: Vilnius) den Vorsitz der dortigen archäographischen Kommission übernahm, den er bis zu seinem Tod im Jahr 1888 innehatte.

Als Dichter trat Holovac'kyj kaum in Erscheinung. In der *Nixe vom Dnister* findet sich nur ein einziges seiner Gedichte, dafür aber eine größere Zahl von Folkloretexten, die er auf seinen Wanderungen gesammelt hatte. In seiner Prosa greift er auf Gattungen zurück, die der Klassizismus favorisiert hatte: das Märchen und die belehrende Fabel. Seine publizistischen Arbeiten verfasste Holovac'kyj in mehreren Sprachen, er schrieb für die renommierte *Zeitschrift des Tschechischen Museums* (Časopis Českeho Museum) in tschechischer Sprache über die Huzulen (1838), schilderte dem deutschsprachigen Leser eindrücklich die bedauerliche Lage der Ruthenen in Galizien (*Über die Zustände der Russinen in Galizien*, 1846). In späteren Jahren publizierte er fast nur mehr in russischer Sprache.

Sein berühmter Vortrag *Abhandlung über die südrussische Sprache* (Rozprava o jazycij južnoruskim) aus dem Jahr 1848 markiert einen Wendepunkt in seinen Ansichten zur ukrainischen Sprache. Er zweifelt nicht an der Eigenständigkeit dieser Sprache und betont die Notwendigkeit einer Kodifizierung als Schriftsprache. Eine solche Normierung dürfe aber nie von der Volkssprache allein ausgehen, sondern müsse sich auf das reiche kirchenslavische Erbe stützen, wie es in zahlreichen Handschriften in Galizien vorhanden sei. Mit diesem Plädoyer für die kirchenslavische Grammatik vertritt Holovac'kyj eine deutlich konservativere sprachpolitische Position als in der *Nixe vom Dnister*, in der er selbst noch Texte in der Volkssprache veröffentlicht hatte. Die Sprache der Folklore blieb aber Gegenstand seiner wissenschaftlichen Interessen. 1878 veröffentlichte Holovac'kyj in Moskau eine der umfangreichsten Sammlungen der galizischen Folklore, *Volkslieder der galizischen und ungarischen Rus'* (Narodnyja pěsni Galickoj i Ugorskoj Rusi), die von einer ausführlichen ethnographischen Beschreibung dieser Länder in russischer Sprache eingeleitet wird; die gesammelten Texte sind in der Volkssprache wiedergegeben, so wie der Herausgeber sie noch in den 1830er-Jahren aufgezeichnet hatte.

Ivan Vahylevyč (1811–1866) wurde in der Nähe von Kaluš in der Familie eines Pfarrers geboren, er besuchte das Gymnasium in Stanislau und anschießend die Universität in Lemberg. Mehr als für sein Theologiestudium interessierte er sich für Literatur, Ethnographie und Archäologie und stand schon in jungen Jahren in Briefkontakt mit führenden tschechischen und russischen Gelehrten. In der Zeit des Völkerfrühlings näherte er sich dem polnischen Lager und spielte eine bedeutende Rolle in der sogenannten *Versammlung der ruthenischen Gelehrten* (Sobor rus'kych učenych). Nach dem Zusammenbruch der Revolution in Lemberg war auch dieses Engagement zu Ende. Eine Anstellung am polnischen Nationalinstitut Ossolineum brachte ihm nur für kurze Zeit materielle Sicherheit. Den größten Teil seiner letzten Jahre bis zum Tod 1866 verbrachte er in Armut, auch wenn seine Beiträge zur Folklore und Ethnographie in führenden Prager und Warschauer Zeitschriften gedruckt wurden.

Vahylevyč war einer der ersten zweisprachigen Autoren in Galizien, er verfasste mehr Werke in polnischer als in ukrainischer Sprache. Der Großteil seiner Lyrik ist polnisch, für die *Nixe vom Dnister* schrieb er zwei Balladen, die deutlich an Vorbilder aus der Folklore angelehnt sind: *Madej* gehört zum Themenkreis der Opryšky, jener huzulischen Rebellen, die gegen eine ungerechte soziale Ordnung kämpfen; die Ballade schildert den heroischen letzten Kampf des Titelhelden bis zu seiner Gefangennahme und seinem Tod. *Žulin i Kalyna*, vom Verfasser als „Märchen" bezeichnet, ist eine der für die slavische Romantik typischen Rusalka-Varianten: Dem Titelhelden erscheint seine verlassene Geliebte als Hexe und zieht ihn auf den Grund des Dnister hinunter. Vahylevyčs Interesse an literarischen Altertümern zeigt sich auch an seiner Übersetzung des Igorliedes in Prosa. Von seinen wissenschaftlichen Arbeiten sind die Einführung zur Gattung der Volkslieder, die er für die *Nixe vom Dnister* verfasst hatte, und eine längere Abhandlung, *Bemerkungen über die ruthenische Literatur* (Zamitky o ruskij literatury), zu erwähnen.

Ukrainisch-polnische Wechselwirkungen

Auf dem Hintergrund romantischer Vorstellungen kommt es vor allem in Galizien, aber auch im Pariser Exil zu einem intensiven Austausch zwischen der ukrainischen und der polnischen Literatur. Polnische Romantiker übernehmen eine Fülle von Anregungen aus der ukrainischen Geschichte und Folklore. Auf der Suche nach dem Exotischen entdecken polnische Autoren die Steppe, die Kosaken und deren Freiheitsliebe als Quelle für zahlreiche literarische Gestaltungen der Ukraine, die auch nach dem Untergang Polens immer noch als etwas Eigenes wahrgenommen wird. Man spricht von einer „Ukrainischen Schule" der polnischen Romantik, deren Vertreter aus der West- und Zentralukraine stammten, ihre Werke aber in polnischer Sprache verfassten und damit als polnische Autoren gelten. Dazu gehören Literaten wie Antoni Malczewski (1793–1826) und Seweryn Goszczyński (1801–1876), die mit ihren Versepen die polnischen Vorstellungen von der Ukraine wesentlich prägten, der Lyriker Józef Bohdan Zaleski (1802–1886), der in seinen Gedichten am meisten aus der ukrainischen Folklore schöpfte, sowie der Romancier und Abenteurer Michał Czajkowski (1816–1886), der in seinen Romanen eine utopische polnisch-ukrainische Waffenbruderschaft im Geist der Kosakentradition beschwor.

Viel weniger bekannt, für die Geschichte der ukrainischen Literatur aber nicht von geringerer Bedeutung, sind ethnische Polen, die in ukrainischer Sprache schrieben und die zumeist auch als zweisprachige, ukrainisch-polnische Autoren anzusehen sind, wie Tomasz (Tymko) Padura (1801–1871), der den Großteil seines Werks auf Ukrainisch verfasste, Kasper Cieglewicz (1807–1886), der ab Mitte der 1830er-Jahre revolutionäre Agitationsdichtung im Sinn der polnischen Freiheitsbestrebungen schrieb, und Paulin Święcicki (1841–1876), der für seine Prosa das Polnische, für seine Lyrik und seine Theaterstücke das Ukrainische wählte. Allen diesen Autoren ist gemeinsam, dass die Stoffe und Motive ihrer Werke, gleich in welcher der beiden Sprachen sie abgefasst sind, aus der Ukraine stammen, die ideologische Ausrichtung aber eine polnische ist – es geht um eine polnisch-ukrainische Annäherung und auch um eine Allianz im Kampf gegen einen größeren gemeinsamen Feind im Osten. Aufgrund ihrer Zweisprachigkeit waren diese Autoren auch als Übersetzer tätig, Padura und Święcicki haben vor allem Mickiewicz-Texte ins Ukrainische übertragen.

Der bekannteste von diesen Dichtern ist Tomasz Padura, zumeist in der ukrainischen Namensform Tymko Padurra. Er stammte aus einer polonisierten ukrainischen Adelsfamilie, in der polnische patriotische Traditionen kultiviert wurden, er besuchte ein berühmtes polnisches Lyzeum, unterhielt Kontakte mit den russischen Dekabristen und kämpfte im Novemberaufstand in einer polnischen Abteilung, die auf dem Gebiet der Ukraine agierte. Zuvor hatte er, wenn auch vergeblich, versucht, als wandernder Liedersänger die Bauern der ukrainischen Dörfer für den Novemberaufstand zu begeistern. Seine Texte konnten zu Lebzeiten nur zu einem kleinen Teil gedruckt werden, erst nach seinem Tod kam es zu größeren Ausgaben in Galizien. Padura hat vor allem Kosakenepen hinterlassen, sowohl in der Form der Duma, als auch des Liedes – beide Gattungen trug er auch selbst zum Spiel auf der Bandura vor; dazu kommen auch Lieder mit türkisch-orientalischem Kolorit. Seine wenigen polnischen Texte stehen hinter seinen ukrainischen zurück, so etwa die Prosa-Paraphrase seines Poems über Mazepa. Ungeachtet seines vorwiegend ukrainischen Werks ist Padura in der Geschichte der ukrainischen Literatur kaum zu finden, in der Geschichte der polnischen Literatur wird er nur am Rande erwähnt.

Revolution und Reaktion

Der Völkerfrühling des Jahres 1848 war auch für Galizien von großer Bedeutung. Die Märzrevolution in Wien und Budapest erreichte bald auch Lemberg, wo ein polnisch dominierter „Nationalrat" (Rada Narodowa) die Macht übernahm. Als Gegengewicht dazu bildeten die Ukrainer den „Ruthenischen Hauptrat" (Holovna Rus'ka Rada) unter dem Vorsitz des griechisch-katholischen Metropoliten Hryhorij Jachymovyč. Beide Organisationen schickten ihre Petitionen nach Wien, und es zeigte sich, dass die jeweiligen Interessen sich deutlich voneinander unterschieden. Während die Polen Mitspracherecht in allen öffentlichen Angelegenheiten und eine politische Autonomie einmahnten, beschränkten sich die Forderungen der Ukrainer auf eine kulturelle Autonomie, vor allem, was den Gebrauch der eigenen Sprache betraf. Die revolutionären Ereignisse beflügelten das kulturelle Leben der Ukrainer, es kam zur Gründung von Zeitungen, allen voran der *Galizischen Morgenröte* (Zorja Halyc'ka), des offiziellen Organs des „Ruthenischen Hauptrats". Auf der „Versammlung der ruthenischen Gelehrten" wurde auch die Frage einer neu zu schaffenden Schriftsprache diskutiert, und es kam zur Errichtung des ersten Lehrstuhls für ruthenische Sprache und Literatur an der Universität Lemberg.

Mit dem Niederschlagen der Revolution durch den österreichischen General Hammerstein, der die Hauptstadt Galiziens im November 1848 beschießen ließ, fand der nationale Aufbruch ein jähes Ende. Die galizischen Ukrainer, die im Unterschied zu den Polen während des Revolutionsjahres immer auf Seiten des Kaisers gestanden waren, durften die erworbenen kulturellen Zugeständnisse behalten. So wurde 1851 beim ersten Besuch des jungen Kaisers Franz Joseph in Lemberg das „Ruthenische Volkshaus" (Narodnyj Dim) eingeweiht. In der auf den Völkerfrühling folgenden Zeit der Reaktion machte sich bei den führenden ukrainischen Intellektuellen Enttäuschung und Resignation breit. Es kam zur Herausbildung des konservativen Lagers der Altruthenen, die zum einen eine übertriebene Loyalität zu Österreich, zum anderen aber deutliche Sympathien für Russland zeigten. Besonders nach dem sogenannten „Galizischen Ausgleich" von 1867, der eine Autonomie für die Polen, nicht aber die Ukrainer brachte, nahm die moskophile Strömung zu.

Das romantische Bemühen um die Volkssprache als Literatursprache erlitt in den Jahren der Reaktion einen deutlichen Rückschlag, der sich in der Verwendung des sogenannten „Jazyčije" zeigte. Damit ist ein Gemisch aus Kirchenslavisch, Volkssprache und vielen russischen Elementen gemeint, das in den ukrainischen Druckwerken der 1850–1870er-Jahre vorherrschte. Der archaische Charakter dieser Sprache wurde auch durch eine künstliche Druckversion, eine Zierkyrillica, unterstrichen. „Jazyčije" wurde zum Ausdruck einer ideologischen Gesinnung, der ab den 1870er-Jahren die Jungruthenen und „Volkstümler" („narodovcy") den Kampf ansagten. Sie sahen, wie zuvor schon die Romantiker, in der Sprache des einfachen Volkes die einzig sinnvolle Basis für eine Schriftsprache – eine Ansicht, die sich in Galizien erst um 1900 durchsetzte.

Die bedeutendsten ukrainischen Literaten Galiziens, darunter auch manche, die sich vor 1848 für die Volkssprache begeistert hatten, übernahmen die Norm des „Jazyčije", auch aus dem Grund, weil lange Zeit nur in dieser Form gedruckt wurde. Ivan Hulaševyč, Antin Mohyl'nyc'kyj, Antin Petruševyč, Mykola Ust'janovyč und andere heute zumeist vergessene Autoren waren mit literarischen Beiträgen in den Periodika und Almanachen präsent und prägten das ukrainische literarische Leben in Galizien über drei Jahrzehnte.

Einer der interessantesten Autoren aus diesem Kreis ist Mykola Ust'janovyč (1811–1885), der aus der näheren Umgebung von Lemberg stammte und dort das Gymnasium und die Universität besuchte. Im Unterschied zu seinen „romantischeren" Zeitgenossen trat Ust'janovyč vor 1848 kaum mit eigenen Werken hervor. Erst das Jahr der Revolution ließ ihn zum Dichter und Publizisten werden. Im Auftrag der österreichischen Regierung redigierte er die offizielle Amtszeitung, den *Galizisch-ruthenischen Boten* (Halyc'ko-Rus'kyj Věstnyk). 1861 wurde er als einer der wenigen ukrainischen Deputierten in den Galizischen Sejm gewählt, ohne aber eine eigentliche politische Tätigkeit zu entwickeln. 1870 übersiedelte Ust'janovyč auf der Suche nach besseren Lebensbedingungen für seine große Familie in die Bukowina, wo er 1885 starb.

Die Zeit der politischen Reaktion prägte auch seine Schriften; in ihnen zeigt sich ein später Klassizismus, der die romantischen Ansätze der Autoren seiner Generation überlagert. So sind seine patriotischen Aufrufe von einer pathetischen Rhetorik geprägt; auch seine panegyrischen Anlassgedichte auf Angehörige des österreichischen Herrscherhauses passen nicht in das romantische Paradigma. Umgekehrt hat Ust'janovyč mit zwei Oprysky-Gedichten, Übersetzungen von Liedern aus dem Huzulendrama *Die Karpaten-Bergbewohner* (Karpaccy gorale) des polnischen Autors Józef Korzeniowski, typisch romantische Texte im Stil der Folklore geschaffen, die zu echten Volksliedern wurden (eines davon wurde von Mykola Lysenko vertont).

Ähnlich verhält es sich mit seiner Erzählprosa. Einer seiner längsten Texte, *Der alte Efrem* (Staryj Efrem, 1849), trägt eindeutig klassizistische Züge. Es dominiert die Belehrung in Form von langen Reden des Titelhelden, eines Weisen aus dem Volk, der einem jungen Studenten all das vermitteln kann, was man an den Schulen nicht lernt. Ganz anders verhält es sich mit seinen beiden Erzählungen aus der Oprysky-Tradition, *Die Rache des Hochlandbewohners* (Mest' verchovync'ja) und *Gründonnerstag* (Strastnyj četver, 1849). Hier finden wir den Rückgriff auf die Folklore, eine spannende Handlung und ein tragisches Schicksal, das bereits im Titel mit den Leiden der Karwoche anklingt. Aber auch dieses romantische Material wird in einer für Ust'janovyč typischen moralisierenden Weise überformt, wie *Die Rache des Hochlandbewohners* zeigt. Die im Titel genannte „Rache" eines um seine Liebe betrogenen armen Burschen besteht nämlich nicht in der Abrechnung mit seinem Widersacher, sondern in der Vergebung. Von so viel Großmut beschämt, verzichtet der Widersacher auf die Heirat mit dem Mädchen und ermöglicht das Glück der beiden Liebenden. Eine solche Lösung beweist einmal mehr Ust'janovyčs Vorliebe für die Harmonisierung von Konflikten – in Zeiten einer politischen Reaktion könnte man das als Absage an politische Ambitionen deuten.

Ukrainische Literatur in der Bukowina: Jurij Fed'kovyč und Ol'ha Kobyljans'ka

Schon in die zweite Hälfte des 19. Jahrhunderts fällt das Schaffen des bedeutendsten Dichters der Bukowina, Jurij Osyp Fed'kovyč (1834–1888), der typologisch eher der Romanik als dem nach 1850 vorherrschenden Paradigma des Realismus zuzuordnen ist. Auch die Bukowina, deren größerer nördlicher Teil heute zur Ukraine gehört, kam 1774 vom Osmanischen Reich zu Österreich. Sie war ab 1848 aber ein von Galizien getrenntes eigenes Herzogtum, das sich deutlich von Galizien unterschied: in ethnischer Hinsicht durch einen rumänischen Bevölkerungsanteil, in konfessioneller durch ein Übergewicht der Orthodoxie, in kultureller durch eine starke Präsenz des Deutschen vor allem in der Hauptstadt Czernowitz im Unterschied zum Polnischen in Lemberg. Diese Besonderheiten lassen sich auch an der Biographie ihres größten Dichters zeigen – Fed'kovyč war eine Zeit lang im rumänischen Teil des Landes ansässig und sprach Rumänisch, er konvertierte als Erwachsener zur Orthodoxie und schrieb einen beträchtlichen Teil seines Werks auf Deutsch. Er ist damit auch ein Vertreter der ukrainisch-deutschen Zweisprachigkeit in Galizien und der Bukowina.

Als Sohn des adeligen polnischen Gutsverwalters Hordyński und einer huzulischen Popentocher befand sich Fed'kovyč ein Leben lang im Konflikt zwischen zwei Welten, der vom ungeliebten Vater aufgezwungenen österreichisch-polnischen, und der von der geliebten, aber früh verstorbenen Mutter verkörperten ruthenisch-huzulischen Welt, der er sich im Lauf seines Lebens immer mehr annäherte, ohne aber mit der väterlichen Welt völlig zu brechen. Der junge Fed'kovyč besuchte die deutsche Realschule in Czernowitz und schlug auf Wunsch des Vaters die Offizierslaufbahn ein. Er diente mehr als zehn Jahre in der österreichischen Armee und nahm auch am Italienfeldzug des Jahres 1859 teil. Schon in seiner Jugend begann er, angeregt durch das deutschsprachige literarische Milieu in Czernowitz sowie durch den heute vergessenen Wiener Literaten Ernst Rudolf Neubauer (1828–1890), deutsche Texte zu verfassen. Wenig später motivierten ihn ruthenische Intellektuelle und Literaten aus derselben Stadt, doch in „seiner" Sprache zu schreiben. Ab 1859 entstanden seine ersten ukrainischen Texte, die er neben Texten in deutscher Sprache in literarischen Zeitschriften der Bukowina drucken ließ.

Nachdem Fed'kovyč 1863 seinen Abschied vom Militär genommen hatte, ging er zurück in sein Heimatdorf in den bukowinischen Karpaten, wo er sich zum einen als Bauer versuchte, zum anderen aber vermehrt der literarischen Tätigkeit widmete. Mit seinen ersten, in Lemberg 1861 und 1862 in der Jazyčije-Norm herausgegeben Lyrik-Bänden wurde Fed'kovyč auch rasch in Galizien bekannt, von der Kritik sehr bald jedoch als Ševčenko-Epigone eingestuft. In der Tat war er ein großer Bewunderer Ševčenkos, in manchen seiner Gedichte finden sich Anklänge an dessen Texte. In den 1870er-Jahren lebte Fed'kovyč einige Jahre in Lemberg, schrieb Broschüren für die *Prosvita*-Gesellschaft und Theaterstücke für das damals im Entstehen begriffene ukrainische Theater, ohne aber in der Hauptstadt größere Erfolge zu erzielen. Die letzten Jahre seines Lebens verbrachte er wieder in Czernowitz, wo er sich immer mehr der Astrologie zuwandte. Er hinterließ umfangreiche, deutsch geschriebene astrologische Traktate, die bis heute nicht veröffentlicht sind.

Fed'kovyčs Werk besteht vor allem aus lyrischen Gedichten, dazu kommen Balladen und Poeme. Seine Prosa tritt dahinter zurück, mit seinen Dramen hatte er keinen Erfolg. Seit den ersten Gedichten lässt sich ein zentrales Thema ausmachen – die Leiden des jungen huzulischen Mannes, der durch die Einberufung zum österreichischen Militär aus seiner gewohnten Umgebung herausgerissen wird und an dieser Entfremdung zugrunde geht. Es ist weniger der Tod in der Schlacht, der den jungen Huzulen auf ewig von seiner Heimat trennt (vgl. die Gedichte „Bei Magenta" [Pid Madžentov], „Die Gefährten" [Tovaryši]), sondern die Gefangenschaft in der Armee, die in krassem Gegensatz zur ursprünglichen Freiheit in den Bergen steht („Im Arrest" [V Arešti], „Der Rekrut" [Novobrančyk]). Dazu kommt die Trennung von den Nächsten, sei es der Geliebten, sei es der Mutter, die ohne die Hilfe des eingezogenen Sohnes nicht überleben kann („Der Deserteur" [Dezertyr]). Alle wichtigen Motive des Frühwerks finden sich im Poem „Der Deserteur" (1868) vereint: der brutale Alltag beim Militär, die Todesangst vor der Schlacht, die Not zuhause, welche zum Desertieren verleitet, die grausame Strafe, die vom Kriegsgericht über den Deserteur verhängt wird und schließlich das Schicksal eines anderen Rekruten mit dem gleichen Namen, der sich vor der kaiserlichen Burg in Wien erschießt, weil ihm die Heimkehr verwehrt bleibt. Trotz aller bittern Worte auch an die Adresse des österreichischen Kaisers geht es in diesem Text nicht um das Anprangern höchst ungerechter gesellschaftlicher Zustände im Sinn eines literarischen Realismus, sondern um die Macht des Schicksals, dem sich der Mensch nicht zu entziehen vermag, eine Vorstellung, die an Ševčenkos frühes Poem „Kateryna" erinnert. Mit einem anderen Poem, „Luk'jan Kobylycja" (1862) greift Fed'kovyč auf eine historische Figur, den Anführer eines Bauernaufstands in der Bukowina, zurück. Hier zeigt sich eine deutliche Nähe zur epischen Folklore – nicht die Handlung steht im Vordergrund, sondern die Monologe des Protagonisten, der beim Leser um Verständnis für sein Handeln wirbt.

In seinen Balladen lehnt sich Fed'kovyč an große Vorbilder der deutschen Literatur an, er transponiert Balladen von Goethe, Schiller und Ludwig Uhland ins ukrainisch-bukowinische Milieu und schafft dabei neue und originelle Werke. Ein schönes Beispiel für seine Anleihen bei der deutschen Literatur ist sein Umgang mit Heinrich Heines berühmter „Lorelei", aus der der bukowinische Dichter eine „Fürstin von Sokil'" (Sokil'ska knjahynja) macht, wobei er die Handlung vom Rhein an den Čeremoš verlegt. Von dieser Ballade hat Fed'kovyč auch eine deutsche Fassung angefertigt, die einen charakteristischen Unterschied zwischen seinen ukrainischen und deutschen Texten deutlich werden lässt: während die ukrainische Ballade so wie bei Heine dem Volkslied nachempfunden ist, klingt die deutsche Fassung wie eine Imitation, die von übertriebenem Pathos und gekünstelter Lexik gekennzeichnet ist. Ähnliches lässt sich von vielen seiner deutschen Gedichte sagen, die der Autor 1882 in einem eigenen Band *Am Tscheremusch* herausgab. Nicht nur in sprachlich-stilistischer Hinsicht stehen die deutschen Gedichte hinter den ukrainischen zurück, sondern auch auf der Ebene der Aussage. Alle Motive vom Leiden der huzulischen Rekruten beim österreichischen Militär sind verschwunden, an ihrer Stelle finden sich Landschaftsschilderungen, Genrebilder und Klischees, die über keine große Aussagekraft verfügen.

Der für die Romantik typische Rückgriff auf die Folklore lässt sich auch in Fed'kovyčs Prosa finden, die eher arm an Handlung, aber reich an Beschreibung der regionalen bäuerlichen Welt ist. Die Handlung der Erzählung *Die Geliebte – das Verderben* (Ljuba-Zhuba, 1863) erschöpft sich in einer einfachen Dreiecksgeschichte: Ein nicht erhörter Brautwerber tötet seinen glücklicheren Rivalen am Tag der Verlobung. Leben erhält dieser Text durch die Präsentation des mündlichen Ich-Erzählers. Eine Reihe von anderen Erzählungen ist im Milieu des österreichischen Militärs angesiedelt, auch hier finden sich Genreszenen und beeindruckende Charaktere. Die Tragik des Militärdiensts ist im Vergleich zu den Gedichten mit ähnlicher Thematik aber gemildert: gute bukowinische Mitsoldaten helfen die Härten des Armeedienstes zu mindern, in manchen Fällen kommt es sogar zu einem glücklichen Ausgang (*Drei Blutsbrüder* [Try jak ridni braty], 1865).

Fed'kovyčs dramatisches Werk wird am wenigsten geschätzt. Sein Drama *Dovbuš, oder Donnerbeil und Wunderheilerkreuz* (Dovbuš, abo Hromovyj topir i znachars'kyj chrest, 1869) gilt als misslungen, seine Übersetzung der Tragödie *Mazeppa* (1865) des deutschen Dramatikers Rudolf von Gottschall wurde schon von Ivan Franko massiv kritisiert, seine Tragödie *Chmel'nyc'kyj* aus den letzten Lebensjahren erschien nie im Druck. Erst in letzter Zeit gibt es Ansätze zu einer Neubewertung dieser Stücke, die für die Entwicklung des ukrainischen Dramas in Galizien zu einer Zeit, wo es kaum ein Repertoire in dieser Sprache gab, von Bedeutung waren.

Fed'kovyč war sicher der bedeutendste Dichter der Bukowina in der zweiten Hälfte des 19. Jahrhunderts, er war aber nicht der einzige Vertreter der ukrainischen Literatur in diesem Gebiet. In Czernowitz waren auch Antin Kobyljans'kyj (1837–1910), Sydir Vorobkevyč (1836–1903), sein Bruder Hryhorij und andere Autoren tätig.

Mit Ol'ha Kobyljans'ka (1863–1942) hat die ukrainische Literatur aus der Bukowina eine weitere herausragende Vertreterin gefunden, die wie Fed'kovyč auch in zwei Sprachen, Ukrainisch und Deutsch, geschrieben hat. Kobyljans'ka, die aus einer ukrainisch-deutsch-polnischen Familie stammte, wurde in einer Kleinstadt der südlichen Bukowina geboren und besuchte eine deutsche Volksschule in Kimpolung – eine weitere Ausbildung war für das aus einer kinderreichen Familie stammende Mädchen nicht vorgesehen. Mit der Übersiedlung nach Czernowitz nahm die junge Frau, die schon seit ihrer Jugend Gedichte schrieb und auch über eine beträchtliche musikalische Begabung verfügte, regen Anteil am deutschsprachigen literarischen Leben der Stadt. Sie verfasste erste Skizzen und Novellen in deutscher Sprache, die auch in Wiener und Berliner Zeitschriften erschienen. 1902 wurden die meisten von ihnen im Band *Kleinrussische Novellen* in Minden (Westfalen) gedruckt. Der Band wurde eingeleitet durch einen literarhistorischen Überblick mit dem Titel „Ein Jahrhundert kleinrussischer Literatur". Der Verfasser der Einleitung war der deutsche slavophile Arzt Georg Adam (1874–1948), der Kobyljans'ka und Franko auch persönlich kennengelernt hatte. Die Buchgestaltung übernahm Augusta Kochanowska (1868–1927), eine enge Freundin Kobyljans'kas (Abb. 9.2).

Abb. 9.2 Vorsatz zu: Olga Kobylanska: *Kleinrussische Novellen*. Minden 1902

Parallel zu ihrer literarischen Arbeit engagierte sich Kobyljans'ka auch in der galizischen Frauenbewegung, sie arbeitete eng mit Natalja Kobryns'ka, der Pionierin der Frauenbewegung in Galizien, zusammen und publizierte Texte in den von Kobryns'ka herausgegebenen Almanachen. 1894 organisierte sie eine erste Frauenversammlung in Czernowitz, bei der sie mit einem Eröffnungsreferat zum Thema „Etwas zur Idee der Frauenbewegung" auftrat. In vielen Texten hält sie ein vehementes Plädoyer für die Emanzipation der Frau aus den Bindungen einer patriarchalischen Gesellschaft.

Im Jahr 1901 durchlebte sie eine neoromantisch aufgeladene Schwärmerei mit Lesja Ukrajinka. Beide Frauen waren durch ihre literarische Tätigkeit aufeinander aufmerksam geworden. Beide fanden ineinander eine tiefe Seelenverwandtschaft. Sie führten eine intensive Korrespondenz und verbrachten gemeinsam einen Sommer in der Bukowina (Abb. 9.3).

In der exaltierten Sprache ihrer Briefe wollten sie die irdische Liebe durchbrechen und „ins Blaue" aufsteigen, wo „nicht einmal die Adler fliegen". Sie sprechen von ihrer Liebe, verstecken sich aber hinter einem unbestimmten Personalpronomen: „Jemand liebt jemanden." Die Beziehung zwischen Lesja Ukrajinka und Kobyljans'ka wurde unterschiedlich gedeutet. Solomija Pavlyčko spricht von einer „lesbischen Phantasie", Oksana Zabužko erblickt in der Zweisamkeit nur eine „Briefliebschaft", Tamara Hundorova nennt die Beziehung „intim und erotisch". Lesja Ukrajinka gestaltete viele ihrer weiblichen empfindsamen Heldinnen nach dem Vorbild von Kobyljans'ka. Am deutlichsten ist diese literarische Verarbeitung in der Figur der Mavka aus dem *Waldlied* zu beobachten.

In Czernowitz kam Kobyljans'ka auch mit der zeitgenössischen deutschsprachigen und europäischen Literatur (in deutscher Übersetzung) in Kontakt. Sie begeisterte sich für die Vertreter der Moderne, von Gerhard Hauptmann und Hermann Bahr bis zu Henrik Ibsen, August Strindberg und Knut Hamsun. Dazu kam auch eine Vorliebe für deutsche Philosophen, allen voran Friedrich Nietzsche, dessen Kritik an der bürgerlichen Moral sie gern übernahm. Auch in manchen der von ihr gezeichneten Künstlerpersönlichkeiten lassen

Abb. 9.3 Lesja Ukrajinka und Ol'ha Kobyljans'ka in Czernowitz 1901

sich Vertreter eines dionysischen Prinzips finden, ohne dass die Autorin sie jedoch von einer moralischen Verantwortung befreien würde. Neben Nietzsche scheint auch Schopenhauer zu den von Kobyljans'ka bevorzugten Denkern gehört zu haben. Vor diesem Hintergrund der intensiven Rezeption der europäischen Literatur und Philosophie gilt Kobyljans'ka als eine der ersten Vertreterinnen der Moderne in der ganzen ukrainischen Literatur, die in ihren Texten verschiedene Spielarten wie Symbolismus, Neoromantik und Dekadenz aufgreift. Aber auch gesellschaftskritische Töne im Sinn des späten Realismus sind nicht zu überhören. In den frühen 1890er-Jahren vollzog die Autorin auch einen Wechsel vom Deutschen zum Ukrainischen, einer Sprache, die sie – wie sie in Briefen gestand – viel zu wenig beherrschte, um sich auch perfekt auszudrücken. Als überzeugte

Ukrainerin wollte sie aber in der Sprache ihres Volkes schreiben und wendete viel Mühe auf, sich diese vollständig anzueignen.

In einer ihrer ersten Novellen, „Natur" (Pryroda, 1887) finden sich zwei Elemente, die für Kobyljans'kas Schaffen typisch sind, eine junge und schöne Frau, die zwischen Heiliger (sie wird immer wieder mit einem Bild der Muttergottes verglichen) und Hexe oszilliert, und eine Natur, die sakrosankte Züge aufweist und vom Gegenspieler der Frau, einem ebenso attraktiven jungen huzulischen Bauern verkörpert wird. Die Liebesgeschichte, die sich zwischen beiden anbahnt, scheitert nicht am Unterschied der sozialen Verhältnisse, aus denen beide stammen, sondern am magischen Volksglauben des Huzulen, der in der Frau eine Hexe wähnt. Beim Fällen einer Tanne – einem symbolischen Racheakt an der Geliebten, die den Helden so bitter getäuscht hat – wird er beinahe erschlagen. Einmal mehr wird hier die Macht der Hexe deutlich. Es bleibt dem jungen Mann nur mehr die Zuflucht zu archaischen Riten, mit deren Hilfe böse Geister beschworen werden können. Die Erzählung bleibt offen, die schöne junge Frau aus der ersten Hälfte der Erzählung, die ihrerseits dem Reiz des Huzulen erlegen war, kommt nicht mehr zu Wort. Es dominiert jene Sicht der im Titel angesprochenen Natur, die hinter der eindrucksvollen Landschaft der Karpaten ein kosmisches Pandämonium sieht.

Dieses Thema wird in der Erzählung „Die Schlacht" (Bytva, 1895) wieder aufgenommen, in der vom Fällen gewaltiger Baumriesen in den südlichen Karpaten erzählt wird. Dieser Akt eines wirtschaftlichen Handelns, durch die eben erst erbaute Bahnlinie rentabel geworden, ist in den Augen der Erzählerin ein Frevel: Die Bäume sind belebte Wesen, ihr Blut fließt, wenn man sie fällt, ihre Leiber werden auf den Waggons aufgestapelt und angekettet, und die Berge, ihres Schutzmantels beraubt, sterben zusammen mit den Bäumen. Die ortsansässigen Huzulen weigern sich, solche Arbeiten zu vollführen, es sind fremde „Mietlinge", die sich gegen Bezahlung dazu anheuern lassen.

Einmal mehr in der Welt der südlichen Karpaten angesiedelt ist die Novelle „Die Unzivilisierte" (Nekul'turna, 1897/1899), in der die Autorin zwei für sie wichtige Momente verbindet – die Beschwörung einer belebten Natur, in deren Kosmos der Mensch eingebunden ist, und die Schöpfung einer starken Frauengestalt, der Huzulin Paraska, die das Ideal einer freien und selbstbestimmten Frau besser verwirklichen kann als ihre „zivilisierten" Geschlechtsgenossinnen, weil sie fern von gesellschaftlichen Zwängen aufgewachsen ist. Die Handlung dieser Erzählung erschöpft sich im Gespräch der Ich-Erzählerin mit ihrer Heldin (die Gattungsbezeichnung „Novelle" trifft nur sehr bedingt auf diesen Text zu). Es dominieren lange erzählende Passagen der Heldin, in denen diese ihr Leben Revue passieren lässt und zeigt, wie sie es verstanden hat, im Rahmen einer archaischen Kultur frei, stark, den Männern gleich und ihnen in Liebesangelegenheiten überlegen zu sein. Die stark vom huzulischen Dialekt gefärbte Sprache der Heldin korrespondiert dabei mit den impressionistischen Landschafts- und Naturschilderungen der Erzählerin.

Auch dort, wo Kobyljans'kas Erzählungen im städtischen oder kleinstädtischen Milieu der Bukowina und Galiziens spielen, sind deren Heldinnen Frauen und steht weibliches Schicksal im Zentrum der Thematik. So etwa in *Ein Mensch. Geschichte eines Frauenlebens* (Ljudyna. Povist' z žinočoho žyttja, 1891), wo die Heldin Olena, eine junge, sensible und künstlerisch veranlagte Frau auf Wunsch der Eltern mit einem viel älteren, ungeliebten Mann verheiratet werden soll, um die Familie vor dem finanziellen Ruin zu retten. Im Unterschied zu bekannten Lösungen einer solchen Konstellation weigert sich die Heldin und flieht aus dem elterlichen Haus, um wenig später aber mit aller Kraft zum Unterhalt ihrer Familie beizutragen. Auch der Ausweg aus dieser Misere, die Heirat mit einem jungen Mann, den die Heldin wirklich liebt, führt zu keinem glücklichen Ende, sie bringt keine wirkliche Befreiung der jungen Frau aus den Zwängen einer bürgerlichen Gesellschaft.

Eine mögliche Form solcher Befreiung scheint die Kunst, vor allem die Musik, welche Kobyljans'ka in zwei ihrer Erzählungen bereits im Titel anspricht. In der kurzen Erzählung „Impromptu Phantasie" (1895) verliebt sich ein kleines Mädchen unsterblich in seinen Klavierlehrer, der ihr zum Abschied Chopins „Impromptu phantasie" vorspielt, mit dem Auftrag, dass sie dieses Stück erst als Erwachsene spielen darf. Das Mädchen wird erwachsen, sie kann nach der ersten Liebe der Kindheit keine echte Beziehung mehr mit Männern eingehen, aber sie lebt in der Welt der Musik und der Kunst – das Schöne wird zum Ersatz, aber auch zum Inbegriff des Lebens.

In der als „Fragment" bezeichneten Erzählung „Valse melancholique" (1894/1897) nützt die Autorin die Gattung der Künstlernovelle, um die Anliegen ihrer Heldinnen zu gestalten. Drei junge Frauen bilden eine Wohngemeinschaft – eine Malerin, eine Lehrerin (die als Ich-Erzählerin auftritt) und eine angehende Pianistin. Sie wollen ein Leben ohne bürgerliche Ehe führen, um sich ganz ihrer Berufung und dem Dienst an der Kunst zu widmen, mit unterschiedlichem Erfolg: Die Malerin verlässt die Stadt, um in Rom ihre Studien abzuschließen; die Pianistin kann nicht nach Wien ans Konservatorium gehen, das Geld dafür ist nicht aufzubringen, und sie stirbt an einem Herzschlag, ausgelöst durch das Bersten einer Saite in ihrem geliebten Flügel.

Diese Erzählung ist auch in einer anderen Hinsicht typisch für die spätere Prosa der Autorin – in den drei weiblichen Heldinnen entwirft die Autorin komplexe Charaktere mit einer klar ausgeprägten Psyche. Diese Figuren kontrastieren untereinander und ergänzen sich, sie stehen über einer bürgerlichen Gesellschaft und leiden zugleich unter deren Zwängen. Zum programmatischen Anliegen der Befreiung der Frau tritt die psychologische Studie weiblicher Charaktere, welche die Brücke zu Kobyljans'kas späterer Prosa schlägt.

Hier ist vor allem der Roman *Die Erde* (Zemlja, 1902) zu nennen, in dem eine Familientragödie in einem Dorf der Bukowina geschildert wird. Nach der Berglandschaft der Karpaten und dem städtischen Milieu der früheren und kürzeren Prosa ist nun das bäuerliche Dorf mit seinem strengen Verhaltenskodex der Handlungsort geworden. Der Plot ist ausgebaut, durch Dreiecksbeziehungen kompliziert und mit drastischen Momenten angereichert. Die programmatischen Aspekte rund um die Emanzipation der Frau sind verschwunden. Die deutlichen Anklänge an die Motive und die Poetik der Moderne rücken in den Hintergrund. Im Zentrum der Handlung steht ein Brudermord – der jüngere von den zwei Söhnen einer Bauernfamilie erschießt den älteren aus Neid um das Erbe, jene „Erde", die dem älteren zufallen soll. Im Zentrum der Erzählung steht die Vorgeschichte dieses

Mords, und dabei spielen Frauen ein besondere Rolle: der jüngere Bruder und spätere Mörder ist einer dämonischen Zigeunerin verfallen, die über ihn an den Landbesitz seiner Eltern kommen will; der ältere Sohn liebt ein braves, aber armes Mädchen, das aber für die Mutter aufgrund ihrer Armut als Schwiegertochter nicht in Frage kommt (in diesen beiden Figuren findet sich ein Reflex zweier typischer Frauentypen der Moderne, der Frau als Hexe und der Frau als Heiliger). Auch im Motiv der Erde ist ein Rest jener mythologischen Natur erhalten. Die bäuerliche Erde ist der Grund für die Katastrophe im Leben der Protagonisten: der ältere Sohn hegt und pflegt sie, der jüngere begehrt sie; sie ernährt die Menschen, die auf ihr leben, sie kann sie aber auch verschlingen.

Noch einmal greift Kobyljans'ka in neoromantischer Manier auf die ukrainische Folklore zurück, was schon aus dem Titel einer längeren Erzählung, eines Zitats aus einem bekannten Volkslied, hervorgeht: „Am Sonntag in der Früh hat sie nach dem Kraut gegraben" (V nedilju rano zillja kopala, 1908). Eine Dreiecksbeziehung wird hier auf tragische Weise dadurch gelöst, dass der junge Mann ohne Absicht von einer der um ihn werbenden Frauen vergiftet wird, ganz wie im zitierten Volkslied. An die Stelle des Volkslieds ist die Paraphrase in Prosa und der Einsatz modernistischer Motive getreten. Gleichzeitig wird aber der tragische Kern des Lieds bestätigt.

Auch der Erste Weltkrieg, den Kobyljans'ka in ihrer Heimatstadt Czernowitz durchlebte, hat Spuren in ihrem Werk hinterlassen. Die Erzählung „Brief eines verurteilten Kriegers an seine Frau" (Lyst zasudženoho vojaka do svojej žinky, 1915) gehört zu den beeindruckendsten Texten über diesen Krieg in der ukrainischen Literatur. Ein ruthenischer Soldat an der italienischen Front hat im Schützengraben verschlafen, weshalb man ihn, als er wieder zu seiner Einheit stößt, des Verrats verdächtigt und zum Tod verurteilt. Er aber weiß nicht, warum ihm das geschieht, denn niemand kann ihm das erklären, niemand spricht seine Sprache. Dieser Abschiedsbrief an Frau und Kinder prangert nicht nur die Schrecken des Kriegs an, sondern kritisiert vor allem die Absurdität des Militärdiensts. Mit diesem Text reiht sich die Autorin ein in jene Strömung der westukrainischen Literatur, die die Unmenschlichkeit der österreichischen Armee thematisiert – die erwähnten Texte von Fed'kovyč sind nur ein Beispiel dafür.

In der Zwischenkriegszeit musste Kobyljans'ka in Czernowitz bleiben, das Teil Großrumäniens geworden war. Sie erlitt während ihres Lebens mehrere Schlaganfälle und verlor so Stück für Stück ihre Fähigkeit, selbständig zu gehen und schließlich sogar zu sitzen. Die ukrainische Sprache war unter dem rumänischen Regime verboten. Kobyljans'ka arbeitete aber eng mit ukrainischen Literaturzeitschriften sowohl im polnischen Galizien als auch in der Sowjetukraine zusammen. Die ukrainische Parteiführung wurde bald auf das propagandistische Potential der berühmten Autorin aufmerksam und richtete ihr ab 1927 sogar eine persönliche Pension aus. In den Jahren 1927–1929 erschien in der damaligen sowjetukrainischen Hauptstadt Charkiv eine sorgfältig gestaltete neunbändige Werkausgabe (Abb. 9.4).

In ihrem Spätwerk greift Kobyljans'ka auf jene Strömung einer realistischen Dorfprosa zurück, die bereits in der *Erde* angeklungen war. In der „Wölfin. Novelle aus dem Leben des Volkes" (Vovčycha. Novela z narodnoho žyttja, 1923) steht einmal mehr eine Frau im

Abb. 9.4 Ol'ha Kobyljans'ka: *Erzählungen*. Charkiv: Ruch 1929. Band 2 der Werkausgabe

Mittelpunkt, eine Bäuerin, die aufgrund ihres Geizes ihre Söhne vom Hof vertreibt und ihre Tochter in sklavischer Abhängigkeit hält. Ungeachtet dessen geht nach dem Tod ihres Mannes die einst prosperierende Wirtschaft zugrunde. Auch hier dominiert die psychologische Zeichnung einer Heldin, die vom Geiz besessen ist; die fatale Macht von Geld und Besitz, die keine Rücksicht auf das menschliche Schicksal nimmt, ist in der westukrainischen Literatur um 1900 nicht neu, sie findet sich auch im Werk von Ivan Franko.

Als die Rote Armee 1940 in der Nordbukowina einmarschierte, erneuerten die sowjetischen Behörden ihre Versuche, die Dichterin für das neue Regime zu gewinnen. Kobyljans'ka wurde in den sowjetukrainischen Schriftstellerverband aufgenommen, in Kyjiv wurde sogar eine zweibändige Werkausgabe gedruckt. In verschiedenen Periodika erschienen unter ihrem Namen vierzig Artikel mit Lobhudeleien auf die Segnungen des Lebens unter der Sowjetmacht. Als die rumänische Armee 1941 erneut Czernowitz besetzte, sollte Kobyljans'ka wegen angeblicher Kollaboration mit den Sowjetkommunisten vor ein Militärgericht gestellt werden. Allerdings starb die geschwächte Schriftstellerin, bevor sie verurteilt werden konnte.

Ivan Franko als selbsternannter Erschaffer einer ukrainischen Nationalkultur

Ivan Franko (1856–1916), Lyriker, Romancier, Dramatiker, Publizist, Historiker und Übersetzer, gehört mit Taras Ševčenko und Lesja Ukrajinka zum Parnass der ukrainischen Literatur. Franko war in allen der erwähnten Gattungen nicht nur sehr produktiv, er schrieb auch druckreif in mehreren Sprachen. Er verfasste viele seiner Romane zuerst auf Polnisch, bevor er sie dann in der Regel selbst ins Ukrainische übertrug. Seine satirische Kurzprosa und Publizistik, für deutschsprachige Zeitungen gedacht, schrieb Franko auf Deutsch, und einige wenige literaturkritische Arbeiten verfasste er auch auf Russisch. Als

Übersetzer übertrug Franko wichtige Werke der Weltliteratur ins Ukrainische. Texte in Sprachen, die er nicht kannte, übersetzte er mit Hilfe bestehender deutscher Übersetzungen. Franko war auch politisch aktiv. Als Sozialist, der aber nicht mit dem Marxismus sympathisierte, gründete er mit Gesinnungsgenossen die *Radikale Partei*, um die Interessen seines Volkes, der Ukrainer im österreichischen Galizien, zu vertreten. Jaroslav Hrycak hebt hervor, dass Franko über kein geschlossenes ideologisches System verfügte. Er schwankte zwischen Sozialismus und Nationalismus. Der Schlüsselbegriff seines politischen Denkens lautete „Fortschritt". Franko war fasziniert von den technologischen Neuerungen seiner Zeit und glaubte, dass die ukrainische Nation durch Erziehung und Kultur gebildet werden müsse. Dazu brauchte das Volk geistige Führer, zu denen Franko selbstverständlich auch sich selbst zählte. Den Marxismus lehnte er ab, weil bereits das *Kommunistische Manifest* von 1848 festgehalten hatte, dass die „Arbeiter kein Vaterland" hätten. Noch weiter ging der junge Engels. Er bezeichnete die kleinen slavischen Nationen, darunter auch die Ukrainer, als „geschichtslose" und dem Untergang geweihte Völker. Nur Russland, Polen und Ungarn seien in Osteuropa fähig, eigene Staaten zu organisieren. Systematisch kritisierte erst Roman Rozdols'kyj (1898–1970) in seiner Wiener Dissertation *Das Problem der geschichtslosen Völker bei K. Marx und Fr. Engels* von 1929 diesen blinden Fleck der marxistischen Theorie.

Für Franko war die marxistische Lehre eine „Religion, die sich auf Hass und Klassenkampf" gründet. Bereits 1899 schrieb Franko hellsichtig, dass Lenins Geheimpartei in Russland ein schlimmerer Feind für das Ukrainertum sei als die russische Zensur. Die Zarenherrschaft binde die Hände, während der Marxismus die Seele stehle. Franko selbst knüpfte Verbindungen zu ukrainischen Gesinnungsgenossen im Zarenreich und verfolgte ein nationales Integrationsprojekt, das die Ukrainer in der Donaumonarchie und im Zarenreich verbinden sollte. Er setzte dieses Ziel programmatisch in seiner eigenen Familie um. Er heiratete eine Frau aus der Ostukraine, um die künftige Verbindung Galiziens mit der „großen Ukraine" zu präfigurieren. Die Idee zu einer ideologischen Grundlage der Ehe erhielt Franko aus Nikolaj Černyševskijs Roman *Was tun?* (Čto delat'?,1863), in dem die Liebe hinter der gesellschaftspolitischen Doktrin zurückstehen muss. Zwar gingen vier Kinder aus dieser Verbindung hervor, aber Franko suchte sein persönliches Liebesglück auch nach der Heirat außerhalb der Ehe.

In seiner Studienzeit besuchte Franko psychoanalytische Seminare beim polnischen Psychiater Julian Ochorowicz, der von 1879 bis 1881 an der Lemberger Universität lehrte. Die psychologische Selbstbeobachtung wurde zu einer der wichtigsten künstlerischen Inspirationen von Frankos Werk. In seinem letzten Lebensjahrzehnt litt Franko an einer vererbten Polyarthritis. Allerdings zirkulierten in der galizischen Gesellschaft Gerüchte, Franko sei an Syphilis erkrankt. Seine Hände waren gelähmt, er litt an Schlaflosigkeit, außerdem führten seine Medikamente zu Halluzinationen (Abb. 9.5).

Lange Zeit war Franko ein politischer Weggefährte von Mychajlo Drahomanov. Tamara Hundorova hebt hervor, dass Franko unter einer „anxiety of influence" litt. Schon unmittelbar nach Drahomanovs Tod 1895 begann Franko seinen Mentor zu kritisieren, um aus dessen Schatten hervorzutreten. 1906 warf Franko ihm im Aufsatz „M. Drahomanovs

Abb. 9.5 Ivan Franko mit gelähmten Händen (1912)

gesellschaftspolitische Ansichten" vor, zwei verschiedene politische Theorien zu vermischen: auf der einen Seite die europäische Fortschrittsidee und auf der anderen Seite eine rein russische Parteinahme für die Bauern. Franko schalt Drahomanov dafür, dass er die Zukunft der Ukraine mit Russland verknüpfen wollte. Im gleichen Jahr veröffentlichte Franko zwar auch Drahomanovs Briefe an ihn selbst, beklagte aber im Vorwort, dass er das Gefühl habe, Drahomanov hätte ihn nie wirklich ernst genommen. In Frankos letzten Lebensjahren wurde Drahomanov zu einer Obsession. Franko berichtete seinen Freunden, dass Drahomanov ihm im Traum erschienen sei und mit einem goldenen Hammer seine Hände zertrümmert hätte, damit er nicht mehr schreiben könne. 1908 diktierte Franko seinem Sohn Andrij 1908 einen kurzen Text mit dem Titel „Die Geschichte meiner Krankheit", in dem er ein weiteres Mal erzählt, wie ihn der Geist des verstorbenen Mychajlo Drahomanov heimgesucht habe.

Franko wurde im Dorf Nahujevyči im Kreis Drohobycz als Sohn eines Schmieds geboren. Zum Schulbesuch musste er nach Drohobycz übersiedeln, wo er zunächst die sogenannte Normalschule der Basilianer und dann das staatliche Franz Joseph-Gymnasium absolvierte. Besonders die von Mönchen geführte Grundschule hat in Frankos Erinnerungen sehr negative Spuren hinterlassen. Erzählungen wie „Die Schönschreibstunde" (Schon Schreiben [sic!], 1879) oder „Ein Pater mit Humor" (Otec' humorist, 1903) schildern die unmenschliche Behandlung vor allem der Kinder aus den armen Bauernfamilien durch die Mönche. Im Gymnasium, in dem das Polnische Unterrichtssprache war, gab es unter den Lehrern auch einige wenige, die das Talent des jungen Franko erkannten und seine frühen literarischen Versuche förderten. Auf das Gymnasium folgte ein Lehramtsstudium an der Universität Lemberg, das allerdings 1877 von Frankos erster Verhaftung, die aufgrund seiner politischen Tätigkeit erfolgte, unterbrochen wurde. Danach galt Franko als politisch verdächtig. An eine Arbeit in einem staatlichen Gymnasium war nicht mehr zu denken. Es blieb nur der freie Beruf des Journalisten. Über lange Jahre schrieb Franko für polnische und ukrainische Zeitungen in Lemberg, später auch für deutschsprachige in Wien. Sein Doktorat erwarb Franko in Wien, wo er nicht nur seine Dissertation verfasste, sondern auch Kontakte mit führenden Vertretern der österreichischen Sozialdemokratie knüpfte und einen seiner Romane schrieb. Nach seiner Rückkehr bewarb sich Franko um eine Dozentur für ruthenische Sprache und Literatur an der Universität Lemberg, bestand das dafür nötige Habilitationskolloquium, wurde aber von den polnischen Behörden „wegen politischen Vorlebens" nicht für eine Anstellung zugelassen. Franko ließ es sich allerdings nicht nehmen, die akademische Willkür in der sarkastisch formulierten „Geschichte meiner Habilitation" anzuprangern. Es blieben einmal mehr die Zeitung und die Literatur, die nur einen bescheidenen Lebensunterhalt gewährten.

Frankos literarische Karriere beginnt mit Schilderungen aus dem Erdöl-Revier von Boryslav, das er aus eigener Anschauung kannte. Ab den später 1870 Jahren verfasste Franko die Skizzen, Erzählungen und Romane des sogenannten Boryslaver Zyklus, die vor allem die Ausbeutung und Not der einfachen Arbeiter schildern. Aber auch die Gegenseite, die Unternehmer, kommen in diesen Texten nicht zu kurz – in einem seiner ersten Romane, *Boa constrictor* (1878), zeichnet Franko ein Porträt des jüdischen Unternehmers Hermann Goldkremer, der sich vom armen Waisenkind zum steinreichen Ölmagnaten emporarbeitet – er bleibt aber letzten Endes ein Gefangener seines Reichtums, der ihn so im Griff hat wie die im Titel genannte Würgeschlage ihre Opfer. Im unvollendeten Roman *Boryslav lacht* (Boryslav smijets'ja, 1881) zeigt Franko die Gegenseite, die Arbeiter, die sich zum Streik organisieren, der allerdings von den jüdischen Zuträgern der Unternehmer sabotiert wird. Stereotype nationale Zuschreibungen finden sich nicht nur in diesem Text, sondern auch in vielen anderen Arbeiten: Die einfachen Ukrainer auf dem Land sind der Willkür der polnischen Oberschicht ausgeliefert, sie können sich aber auch nicht gegen die Machinationen jüdischer Pächter und Kleinunternehmer behaupten.

Der polnisch-ukrainische Gegensatz spielt in den meisten von Frankos Stadtromanen, die in der Regel zuerst auf Polnisch verfasst wurden, eine zentrale Rolle. In *Lel' i Polel'* (Lelum und Polelum, 1888) – der Titel spielt auf ein Drama des polnischen Romantikers

Słowacki an – wird ein Zwillingspaar geschildert, wobei jeder der beiden Brüder auf seine Weise sich für die Anliegen der eigenen ukrainischen Gruppe einsetzt, einer als Zeitungsverleger, der andere als Anwalt. Anwalt ist auch der ukrainische Protagonist der *Kreuzwege* (Perechrestni stežky, 1900), der die einfachen Bauern rings um die Stadt Drohobyč verteidigt und sich dabei mit den einflussreichen Polen in der Stadt und Umgebung anlegt. Das gespannte polnisch-ukrainische Verhältnis in Galizien ist auch in einer konstant wiederkehrenden Liebesbeziehung abgebildet: Der männliche Partner ist ein einfacher, aber strebsamer Ukrainer, sie aber eine Polin aus besserem Haus. Diese Beziehungen, gleich ob sie zu einer Ehe führen oder nicht, scheitern an den gesellschaftlichen Verhältnissen, denen die Protagonisten nicht entkommen können. Der Offizier Angarovyč aus *Für den häuslichen Herd* (Dla domašnoho ohnyšča, 1892) wird von seiner polnischen Frau, die während seiner Abwesenheit Geschäfte mit Mädchenhandel gemacht hat, in eine ausweglose Situation gebracht (die Story ist aus einem spektakulären Gerichtsprozess in Lemberg übernommen), die polnische Gräfin Tors'ka aus *Die Stützen der Gesellschaft* (Osnovy suspil'nosti, 1894) darf aus Standesgründen ihre Jugendliebe, den ukrainischen Hauslehrer Nestor, der aus Enttäuschung Priester wird, nicht heiraten und der Anwalt Rafalovyč aus den *Kreuzwegen* muss zusehen, wie seine polnische Geliebte von ihrer Tante mit einem Nichtsnutz verheiratet wird, der sie in den Selbstmord treibt.

Vielleicht überzeugender als Frankos große Romane sind seine Erzählungen und Novellen, die ähnliche Themen ansprechen, aber in kürzerer und geschlossener Form. Im Mittelpunkt der mit dem Horaz-Zitat „Odi profanum vulgus" (1899) betitelten Erzählung steht ein Journalist, der sich eigentlich als Dichter fühlt. Einen unehelichen Sohn, den er mit einem ukrainischen Dienstmädchen hat – der Held ist einmal mehr Pole – schiebt er ab, der Junge gerät auf die schiefe Bahn und verbrennt schließlich in einer Notunterkunft für Obdachlose; der Vater muss als Zeitungsreporter über diesen Fall berichten. Mit diesem Helden attackiert Franko auch den Typus des dekadenten Künstlers, der jede soziale Verantwortlichkeit von Kunst und Literatur ablehnt. Anspielungen auf die Welt der Lemberger Bohème finden sich auch in der Erzählung „Das väterliche Erbe" (Batkivščyna, 1904): Ein braver ukrainischer Student vom Land gerät in der Stadt Lemberg in die Welt des Kaffeehauses, angezogen von einer Kellnerin, die deutliche Züge einer femme fatale trägt. Sie verleitet ihn dazu, sein väterliches Erbe, eine Bauernwirtschaft, zu verkaufen und mit diesem Geld mit ihr nach Wien zu gehen, wo sie ihn sitzen lässt. Im Epilog begegnet man einem ärmlichen Dorfschullehrer in einem abgelegenen Bergdorf, der eine abgeblühte Kokotte liebevoll aufnimmt und bis zu ihrem Tod pflegt – es sind die Protagonisten vom Anfang der Erzählung.

Als 1894 in Wien die Wochenschrift *Die Zeit* begründet wird, lädt Hermann Bahr, einer der Herausgeber, Franko zur Mitarbeit ein – er soll über Galizien schreiben. Mehr als zwei Dutzend Beiträge hat Franko für diese Zeitung in deutscher Sprache verfasst, darunter auch seine bekannten Satiren, wie etwa „Das Recht des Schweins" (Svins'ka Konstytucija, 1896): Ein Bauer wird bestraft, weil er ein Schwein gebunden zum Markt führt, was dem Tierschutz widerspricht, während eng aneinandergefesselte Gefangene in aller Ruhe zum Gericht eskortiert werden dürfen. Im ukrainischen Titel klingt im Begriff „Konstytucija" die österreichische Verfassung an, was der Erzählung eine zusätzliche Pointe verleiht. In der „Geschichte einer Konfiskation" (Istorija odnoji konfiskaty, 1900) wird die Praxis der Pressezensur ad absurdum geführt: Der Statthalter von Galizien sucht in der Lemberger Zeitung nach jenen verdächtigen Artikeln, die er vorher schon bestellt hat – um sie dann umso effektvoller streichen zu lassen. „Die Galizische Schöpfungsgeschichte" (Iz Halyc'koji knyhy bytija, 1906) teilt die Bevölkerung Galiziens in Wein- und Schnapstrinker (Adel und Bauern) ein, wobei die Weintrinker das Recht auf den Verkauf des Schnapses haben – eine bissige Anspielung auf die Propination, das Recht des Adels auf den Ausschank von Alkohol. An dieser Verteilung hat sich auch nach dem Monopol des Staates auf Alkohol nichts geändert. Franko veröffentlichte in der *Zeit* aber auch polemische Beiträge, etwa einen Frontalangriff auf den polnischen Nationaldichter Adam Mickiewicz, den er als „Dichter des Verrates" schmähte. Franko kritisierte bei den Polen die subversive Verteidigung der eigenen Nation. Mickiewiczs Poem *Konrad Wallenrod* erschien ihm als Musterbeispiel einer solchen Heroisierung des Verrats. Bemerkenswert an dieser Kritik ist die sprachliche Kodierung: Der Ukrainer Franko kritisiert die polnische Nationalkultur auf Deutsch.

Franko war auch als Dichter sehr produktiv, der thematische Bogen seiner Gedichte ist weit, von Naturlyrik und Liebesgedichten über politisch engagierte Lyrik bis hin zu lyrischen Paraphrasen der ukrainischen und römischen Geschichte. Die Sammlung *Verwelkte Blätter* (Ziv'jale lystja, 1896) ist im Vorwort als lyrisches Tagebuch eines jungen Mannes ausgewiesen, der sich das Leben genommen hat; es sind Liebes- und Naturgedichte, die nicht nur mit ihrem Titel zentrale Motive der europäischen Moderne aufgreifen, die Franko paradoxerweise in seinen kritischen Schriften ablehnt. Unter dem Titel *De profundis* (1882), der an Stanisław Przybyszewskis gleichnamige dekadente Erzählung erinnert, findet sich Frankos *Hymne* (Himn, 1880) auf den „Ewigen Revolutionär" („Vičnyj revoljucioner", 1880), der aus den Tiefen der menschlichen Seele den ewigen Geist des politischen Widerstands erstehen lässt. Programmatisch ist auch sein Gedicht „Die Steinbrecher" (Kamenjari, 1878): Er präsentiert sich als „Steinbrecher", der zusammen mit Gleichgesinnten auch die mächtigsten Felsen des Widerstands sprengt. Die sowjetische Rezeption vereinnahmte Franko unter diesem Etikett als Vorkämpfer der bolschewistischen Revolution. Unter Frankos Sonetten finden sich Texte, die dem Sonett im Sinn Petrarcas als Form der Liebeslyrik gerecht werden. Der Großteil dieser Sonette, die *Gefängnissonette* (Tjuremni sonety, 1890), die an den Aufenthalt des Autors im Gefängnis anschließen, ist politisch engagiert und wendet sich mit aller Entschiedenheit gegen den österreichischen Staat als Völkerkerker, der auch mit seiner Verfassung die Rechte der Ruthenen nicht gewährleistet. Im Zyklus *Jüdische Melodien* (Żydivs'ki melodiji, 1890) zeigt Franko ein großes Einführungsvermögen für die Welt des galizischen Judentums und Anteilnahme an deren Leiden, wie auch aus einem Text über ein Pogrom hervorgeht. Die größte Nähe zur jüdischen Thematik finden sich in Frankos Poem *Moses* (Mojsej, 1905), das den großen Führer des jüdischen Volks zeigt, der allerdings von diesem Volk nicht verstanden wird – es widersetzt sich seinen Anweisungen und lässt den Führer an der eigenen Sendung zweifeln. Hier ist eine Parallele zu Frankos eigenem Schicksal als selbsternannter Führer seines Volkes nicht zu übersehen.

Frankos Stellung zum Judentum ist ambivalent. In manchen seiner Texte aus dem Boryslaver-Zyklus wie auch in seiner Publizistik finden sich Stellen, in denen Juden negativ gezeichnet und mithilfe antisemitischer Vorurteile beschrieben werden. Demgegenüber stehen jüdische Protagonisten, die positiv gezeichnet sind, wie etwa Icyk Šubert, der frühe Mentor des Herman Goldkremer aus *Boa constrictor* oder der Kapitalist Vahman aus den *Kreuzwegen*, der eine jüdisch-ukrainische Allianz gegen die polnische Vorherrschaft in Drohobyč schmieden will. Frankos Begegnung mit Theodor Herzl in Wien, die in manchen Abhandlungen behauptet wird, ist nicht sicher zu belegen, wohl aber die Tatsache, dass führende jüdische Aktivisten wie Nathan Birnbaum Franko als Kenner des galizischen Judentums schätzten und zur Mitarbeit an jüdischen Zeitschriften einluden.

Das Theater nimmt in Frankos Werk einen untergeordneten Platz ein. Seinen wohl größten Erfolg auf der Bühne erzielte Franko mit seinem „Drama aus dem bäuerlichen Milieu" *Das gestohlene Glück* (Ukradene ščastja, 1894), einer Dreiecksbeziehung, in der eine junge Frau zwischen ihrem ungeliebten älteren Ehemann und dem jungen Liebhaber schwankt. Eine ähnliche Konstellation findet sich in seinem Einakter *Seele aus Stein* (Kam'jana duša, 1895), der eine Episode aus dem Sagenkreis um Dovbuš aufgreift, in der aber nicht mehr der legendäre Karpatenräuber der Hauptheld ist, sondern jene polnische Frau, die ihren angetrauten Mann verlassen hat, um dem Geliebten zu folgen. Stücke wie *Der Richter aus Salamea* (Vijt Zalamejs'kyj, 1896), eine Bearbeitung einer Vorlage von Calderón, oder *Der Traum des Fürsten Svjatoslav* (Son Knjaz'ja Svjatoslava, 1895) wurden kaum aufgeführt.

Übersetzungen

Ivan Franko: Zum Licht sich gesehnt. Mose und andere ausgewählte Judaica. Konstanz 2008.
Ivan Franko: Moses. Poem. In deutscher Übersetzung von Iryna Husar. L'viv 2010.
Ivan Franko: Sonette. Übertragen von Christine Fischer. Dresden 2024.
Ivan Franko: Felsenbrecher. Ausgewählte Dichtungen. Übersetzt von Irena Katschaniuk-Spiech. München 2024.
Olga Kobylanska: Valse Mélancolique. Ausgewählte Prosa. Czernowitz 2013.
Olha Kobyljanska: Kleinrussische Novellen. Berlin 2023.

Weiterführende Literatur

Yaroslav Hrytsak: Ivan Franko and His Community. Translated by Marta Olnyk. Boston 2018.
Yuliya V. Ladygina: Bridging East and West. Ol'ha Kobylians'ka. Ukraine's Pioneering Modernist. Toronto 2019.
Stefan Simonek: Ivan Franko und die „Moloda Muza". Motive in der westukrainischen Lyrik der Moderne. Köln, Weimar, Wien 1997.

Die ukrainischen Realisten zwischen Selbsterfindung und Camouflage

Ulrich Schmid

Der ukrainische Realismus muss anders konzeptualisiert werden als der polnische Positivismus oder der russische Realismus. In Polen blieb das romantische Paradigma bis in die 1850er-Jahre hinein dominant. Die drei „Seher-Dichter" Adam Mickiewicz, Juliusz Słowacki und Zygmunt Krasiński starben 1855, 1849 und 1859. Noch der polnische Januaraufstand 1863 beruhte auf tiefromantischen Kulturmodellen. Erst die brutale Niederschlagung dieses Aufstandes bahnte den Weg für neue Kulturkonzepte wie die szientistischen, utilitaristischen und evolutionistischen Ideale des Positivismus oder die „organische Arbeit" an der polnischen Kulturnation ohne Aussicht auf eine eigene Staatlichkeit.

In Russland hatte die Romantik bereits früher geendet. Aleksandr Puškin starb 1837, Michail Lermontov 1841. Sehr schnell etablierte sich ein neuer Literaturtrend, der das Genre der „physiologischen Skizze" in den Vordergrund rückte. Die jungen Autoren beschrieben die Niederungen des sozialen Alltags in Details. Diese neue Richtung wurde 1846 von Faddej Bulgarin als „natürliche Schule" verunglimpft. Der führende Literaturkritiker Vissarion Belinskij übernahm diese Bezeichnung und wendete sie ins Positive für einen Realismus, der sich der „Nachahmung der Wirklichkeit" verpflichte. Gleichzeitig verstand sich Belinskij als Förderer einer „nationalen" Kunst. Seinen langen „Überblick über die Nationalpoesie und ihre Bedeutung" aus dem Jahr 1841 begann er mit dem programmatischen Satz: „Die Nationalität ist das Alpha und Omega der Ästhetik unserer Zeit, wie die verschönerte Nachahmung der Natur die grundlegende und wichtigste Annahme des dichterischen Kodexes des vergangenen Jahrhunderts war". Erstaunlicherweise ist ausgerechnet Zar Peter I. für den gesellschaftlich engagierten Belinskij das leuchtende

---

U. Schmid (✉)
Osteuropastudien, Universität St.Gallen, St.Gallen, Schweiz
E-Mail: ulrich.schmid@unisg.ch

Beispiel des künstlerischen Demiurgen, der sich in „göttlicher Selbstentsagung" der „ewigen Wahrheit" untergeordnete habe. Diese „große Selbstvernichtung" sei im Namen des russischen Volkes und des russischen Vaterlandes erfolgt. Bei aller Sensibilität für soziale Anliegen blieb Belinskij ein russischer Kulturimperialist.

Der ukrainische Realismus musste sich einer viel umfassenderen Aufgabe stellen. Hegel hatte in seinen *Vorlesungen über die Ästhetik* die Darstellung des Individuums im Staat als wichtigste Aufgabe des epischen Romans bezeichnet. In Osteuropa war diese Definition nur bedingt anwendbar: Polen hatte seine Adelsrepublik verloren und Russland beherrschte ein Reich, das viel größer war als die russische Nation. Die Ukraine war zwischen dem Habsburgerreich und dem Zarenreich aufgeteilt und konnte sich allenfalls in historischen Extrapolationen auf eine mittelalterliche Staatlichkeit berufen. Deshalb erweiterte sich für die ukrainischen Schriftsteller Hegels berühmte Definition des Romans als Konflikt zwischen der „Poesie des Herzens" und der entgegenstehenden „Prosa der Verhältnisse" um einen entscheidenden Punkt. Die „Verhältnisse" sind nicht wie bei Hegel „Familie, bürgerliche Gesellschaft, Staat, Gesetze, Berufsgeschäfte", sondern ein offenes Spannungsfeld zwischen imperialer Repression, wirtschaftlicher Ungleichheit und kultureller Diversität. In dieser schwierigen Ausgangslage beobachteten die ukrainischen Autoren die literarische Entwicklung in Westeuropa, aber auch im geteilten Polen oder im zaristischen Russland sehr genau. Es war ihnen klar, dass ein „ukrainischer Gesellschaftsroman" nicht einfach eine lange Novelle mit einer ausgebauten Landschaftsschilderung sein durfte. Deshalb ergänzten sie Hegels Grundkonflikt von subjektiver Poesie und objektiver Prosa um die Darstellung einer ukrainischen Nationalkultur. Allerdings scheitern letztlich die meisten Autoren des Realismus an dieser Aufgabe. Es gelang kaum einem von ihnen, einen längeren Spannungsbogen aufrecht zu erhalten. Die Darstellung der Protagonisten gleitet entweder in die Hagiographie oder in eine ethnographische Studie ab. Die Handlung wird nicht von den einzelnen Figuren oder von historischen Kräften vorangetrieben, sondern von der Weltanschauung des Autors.

Der ukrainische Realismus entwickelte sich im Zarenreich unter schwierigen Rahmenbedingungen. Das Valuev-Zirkular von 1863 hatte den Gebrauch der ukrainischen Sprache für die Literatur zwar nicht verboten, verlieh ihm aber eine gefährliche Aura der fehlenden Zarentreue (blagonamerennost'). Weiter verschärft wurden die Maßnahmen gegen die ukrainische Sprache und Literatur im Emser Ukas von 1876. Nach wie vor galt offiziell eine Ausnahme für die mögliche Veröffentlichung „schöner Literatur" im „kleinrussischen Dialekt", allerdings war die Verwendung einer „allgemeinrussischen Orthographie", der sogenannten Jaryška, obligatorisch. Wie Johannes Remy gezeigt hat, waren die Folgen beider Erlasse für die ukrainische Buchproduktion drastisch: Vor 1863 wurden im Zarenreich etwa 25 ukrainische Titel pro Jahr veröffentlicht. Diese Zahl fiel im Jahr 1864 auf 3 und erholte sich bis ins Jahr 1875 auf 18, um dann nach 1876 wieder auf 7 zu fallen. Erst 1897 wurden über 50 Titel pro Jahr erreicht.

Pikanterweise war es der ukrainische russophile Publizist Michail Juzefovič (1802–1889), der durch zwei denunziatorische Briefe nach St. Petersburg den Emser Ukas herbeiführte. Später engagierte er sich für die Errichtung eines Denkmals für Bohdan

Chmel'nyc'kyj im Kyjiver Stadtzentrum, das 1888 eingeweiht wurde. Juzefovič hielt sich dabei streng an die offizielle Geschichtspolitik, die im Kosakenführer die treibende Kraft bei der „Wiedervereinigung" der Ukraine mit Russland sah. Die Inschriften auf dem Piedestal lauteten: „Wir wollen unter dem östlichen, rechtgläubigen Zaren leben" und „Für Bohdan Chmel'nyc'kyj vom einigen und unteilbaren Russland" (Abb. 10.1).

Immerhin konnte der Galizier Ivan Franko 1904 in der maßgeblichen 86-bändigen russischen Brockhaus-Êfron Enzyklopädie einen erstaunlich staatskritischen Überblick über die ukrainische Literaturgeschichte veröffentlichen – allerdings unter dem politisch korrekten Lemma „Südrussische Literatur" (Južnorusskaja literatura). Erst im Revolutionsjahr 1905 anerkannte die Russländische Akademie der Wissenschaften das Ukrainische als selbstständige Sprache.

Abb. 10.1 Denkmal für Bohdan Chmel'nyc'kyj in Kyjiv Ende 19. Jahrhundert

Von der Romantik zum Realismus: Anatolij Svydnyc'kyj

Vielleicht seinen tragischsten Ausdruck fand die imperiale Repression der ukrainischen Kultur in der literarischen Biographie von Anatolij Svydnyc'kyj (1834–1871). Er stammte aus einer Popenfamilie und erhielt selbst eine geistliche Ausbildung in Kruty und Kamjanec'-Podil's'k. Der Kasernengeist in diesen Seminaren war eine zutiefst verstörende Erfahrung für Svydnyc'kyj und festigte in ihm die Überzeugung, dass die orthodoxe Religion ein Herrschaftsinstrument in den Händen der Zaren war. Er begann ein Medizinstudium in Kyjiv und wechselte dann in die philosophisch-historische Fakultät. Hier verfasste er seine ersten Gedichte, deren sprachlicher Ausdruck und Bilderwelt sich stark an die ukrainische Volksdichtung anlehnen. Das Studium schloss er aus finanziellen Gründen nicht ab, aber er erhielt ein Diplom als Russischlehrer und arbeitete in einer Bezirksschule in Myrhorod. Neben seiner Unterrichtstätigkeit schrieb er an seinem Roman *Die Familie Ljuborac'kyj* (Ljuborac'ki) und erforschte die lokale Folklore. Der Roman schildert – über weite Strecken autobiographisch inspiriert – den Niedergang einer podolischen Popenfamilie über drei Generationen vor dem Hintergrund der ökonomischen Herrschaft der polnischen Gutsbesitzer, der administrativen Repressionen des Zarenregimes und der religiösen Engstirnigkeit der orthodoxen Kirche.

1862 wechselte Svydnyc'kyj auf eine Verwaltungsstelle in Kozelec'. Er verfasste über zwanzig Erzählungen, sowohl in russischer als auch in ukrainischer Sprache. Seine Aufmerksamkeit galt dem Alltagsleben in Podolien. Als Protagonisten porträtierte er oft gesellschaftliche Randfiguren wie Pferdediebe, Schmuggler, Bettler oder Geldfälscher. Hier heiratete er und gründete eine Familie. Allerdings verlor er 1868 seine Stelle wegen Trunksucht. 1869 fand er eine Stelle als Archivar in Kyjiv, starb aber bald an einer chronischen Leberkrankheit.

Svydnyc'kyj wollte seinen Roman *Die Familie Ljuborac'kyj* ursprünglich in der Zeitschrift *Osnova* veröffentlichen. Allerdings blieb für die ukrainische Literatur nach dem Valuev-Zirkular von 1863 nur noch ein enger Spielraum. Svydnyc'kyjs gesellschaftskritisches *chef d'œuvre* wurde erst 1887 postum von Ivan Franko im österreichischen L'viv veröffentlicht. Franko nannte *Die Familie Ljuborac'kyj* „den ersten realistischen Roman mit einem gesellschaftlichen Hintergrund". In der Sowjetukraine äußerte sich Mykola Zerov anerkennend über Svydnyc'kyjs Roman und hob sein tragisches Schicksal in einem kulturellen Umfeld hervor, das der ukrainischen Literatur gegenüber feindlich eingestellt war.

Literatur als Ethnographie: Ivan Nečuj-Levyc'kyj

Der schöpferische Lebensweg von Ivan Nečuj-Levyc'kyj (1838–1918) zeigt in aller Deutlichkeit die Dilemmata auf, denen ein ukrainischer Autor im späten Zarenreich ausgesetzt war. Ivan Levyc'kyj wurde in der Zentralukraine in eine Popenfamilie geboren, absolvierte das Kyjiver Theologische Seminar und verbrachte den Großteil seines Lebens als Russischlehrer in nichtrussischen Gouvernements des Zarenreichs, in den polnischen Städten Kalisz (1866–1867) und Siedlce (1867–1872) sowie im bessarabischen Chişinău (1873–1885). Im Alter von 47 Jahren quittierte er den Schuldienst und ließ sich in einer kleinen Wohnung in Kyjiv nieder, wo er bald als einzelgängerischer Sonderling mit streng geregeltem Lebensablauf galt. Im Jahr 1904 verließ er sogar eine Jubiläumsveranstaltung zu seinen Ehren mitten in einem Toast auf seine Person mit der Begründung, es sei zehn Uhr abends und er müsse zu Bett gehen. Seine Starrköpfigkeit äußerte sich vielleicht am deutlichsten in seinem ebenso erbitterten wie erfolglosen Kampf gegen die „galizische Orthographie", die sich auch in heftigen Invektiven gegen Mychajlo Hruševs'kyj entlud. Nečuj-Levyc'kyj publizierte 1913 sogar eine eigene *Grammatik der ukrainischen Sprache*, die er in einem zukünftigen Schulunterricht einsetzen wollte. Allerdings entsprangen die Regeln der Etymologie und Syntax vornehmlich der Phantasie des Autors und wurden später zum Gespött von Jurij Ševel'ov.

Nečuj-Levyc'kyjs literarisches Debüt fiel genau in die Zeit des Valuev-Zirkulars von 1863, das die ukrainische Belletristik zwar nicht direkt verbot, aber doch in eine Zone von politischer Unzuverlässigkeit rückte. Levyc'kyj verhielt sich als Staatsbeamter vorsichtig und publizierte seine literarischen Werke unter dem Pseudonym „Nečuj". Lange Zeit konnte er seine Anonymität wahren. Er behauptete, nicht einmal sein eigener ungeliebter Vater habe das Pseudonym gekannt. Allerdings lernte Nečuj-Levyc'kyj 1867 in Warschau Pantelejmon Kuliš kennen und tauschte sich mit ihm über die Entwicklung der ukrainischen Literatur aus. Bezeichnenderweise wusste auch der sonst gut informierte Mychajlo Drahomanov im Jahr 1871 nicht, wer sich hinter „Nečuj" verbarg. Mit wachsendem Erfolg bei der Leserschaft wurde Nečujs Autorschaft immer bekannter. Damit wurde er aber auch zum Gegenstand des behördlichen Interesses. In einem Polizeibericht von 1881 wurde er als „fanatischer Ukrainophiler" bezeichnet, der während des Unterrichts zu seinen Schülern Ukrainisch spreche. Nach seiner frühen Selbstpensionierung im Jahr 1885 gab er dieses Versteckspiel auf und zeichnete seine Werke mit dem Doppelnamen Nečuj-Levyc'kyj.

Nečuj-Levyc'kyj formulierte bereits zu Beginn seiner Karriere sein literarisches Programm. Der unmittelbare Auslöser für diese Wortmeldung war der Emser Ukas 1876. Als Antwort verfasste er einen langen Traktat mit dem provokativen Titel „Über die Unbrauchbarkeit der großrussischen Literatur für die Ukraine und für das Slaventum" (Pro nepotribnist' velykorus'koj literatury dlja Ukrajini ta Slovjanščyny). Er beharrte darauf, dass die Ukraine und Russland unterschiedliche Kulturen hätten und forderte für die Ukraine eine eigene Literatur. Damit stellte er sich nicht nur gegen die offizielle russische Kulturpolitik, sondern auch gegen den einflussreichen Mychajlo Drahomanov, der die ukrainischen Schriftsteller aufgefordert hatte, ihre Schreibweise an der russischen Literatur zu schulen. Nečuj-Levyc'kyj identifizierte „Realismus", „Nationalismus" und „Volkstümlichkeit" als wichtigste Kategorien für das künstlerische Schreiben. Er verfolgte eine offene antirussische Stoßrichtung: Die russische Literatur sei nur schon wegen ihrer aristokratischen Ausrichtung nicht „volkstümlich". Außerdem sei sie ganz auf ihren eigenen

„Nationalismus" fokussiert und könne deshalb in der Ukraine nicht als Vorbild gelten. Der lange Aufsatz erschien in zwei Teilen 1878 und 1884 anonym im österreichischen L'viv.

Im Jahr 1891 verschärfte Nečuj-Levyc'kyj den Tonfall in einem weiteren langen Traktat mit dem herausfordernden Titel „Das Ukrainertum im literarischen Duell mit den Moskovitern" (Ukrajinstvo na literaturnych pozvach z Moskovščynoju). Auch dieser Artikel erschien in L'viv, diesmal unter dem Pseudonym „Turmwächter" (Baštovyj). Nečuj prangerte die russische Dominanz in der imperialen Literatur an: „Wir halten die nationale Intoleranz der Großrussen für ein sehr primitives Rassemerkmal, das der religiösen Intoleranz der antiken Völker ähnelt und heute noch in der Natur der muselmanischen Völker lebt."

Nečuj-Levyc'kyj umfangreiches Prosawerk muss als Tatbeweis dieses literarischen Programms gelesen werden. Zwar hatte der junge Autor seine eigene Feder zunächst auf Russisch erprobt, ging dann aber zum Verfassen von ukrainischsprachigen Werken über. Angesichts der prekären Lage der ukrainischen Literatur im Zarenreich war das ein bemerkenswerter Entscheid. Schon sein erstes ukrainisches Werk über zwei Provinzbäuerinnen, die sich nichts schenken, machte ihn als scharfen ethnographischen Beobachter bekannt. Baba Paraska und Baba Paražka geben je aus ihrer Perspektive ein empörtes Bild des angeblichen Fehlverhaltens der anderen. Die lebhafte Darstellung mit ihrem linguistischen Reichtum war so erfolgreich, dass Nečuj-Levyc'kyj die beiden Frauengestalten auch später noch in seinem Werk auftreten ließ. Ironische Brechungen wurden nachgerade zu einem Markenzeichen von Nečuj-Levyc'kyjs Werk.

Im Roman *Die Wolken* (Chmary, 1874) versuchte Nečuj-Levyc'kyj eine künstlerische Begründung für die Unterdrückung der ukrainischen Kultur im Zarenreich zu geben. Der Protagonist, ein ukrainischer Seminarist, erklärt die Titelmetapher gegen Ende des Romans: Schwarze Wolken seien über der Ukraine aufgezogen und verhinderten, dass dort die Sonne scheine. Das einfache Volk kämpfe ums Überleben, die gebildete Schicht interessiere sich nicht für nationale Angelegenheiten und die Nachbarvölker nähmen die Ukraine nicht ernst. Literarisch ist der Roman in jenen Stellen am stärksten, in denen die zaristischen Bildungsinstitutionen kritisiert werden. Nečuj-Levyc'kyj konnte hier aus dem Vollen schöpfen: Er schilderte die skandalösen Zustände am Kyjiver Theologischen Seminar, das er selbst als Student besucht hatte. In einer berühmten Szene, die ein öffentliches Examen beschreibt, nennt der Erzbischof Hegel einen Idioten und der Rektor hält einen griechischen Text verkehrt herum in den Händen. Der Roman erschien gekürzt 1874 in Kyjiv (so fiel etwa die Examensszene der Zensur zum Opfer). Erst 1895 und 1904 konnte der Roman auch mit den institutionskritischen Kapiteln in L'viv gedruckt werden. *Die Wolken* wurden gemischt aufgenommen. Drahomanov kritisierte die durchsichtige ideologische Struktur und bezeichnete den Protagonisten als „lächerlichen Dummkopf". Er stellte Nečuj-Levyc'kyjs schematische Darstellung Turgenevs raffinierter psychologischer Schilderung des zögernden Titelhelden Rudin gegenüber. Ivan Franko hingegen würdigte den gesellschaftskritischen Impetus des Romans.

Eine überzeugende ethnographische Studie gelang Nečuj-Levyc'kyj mit dem Roman *Mykola Džerija* (1878). Die Handlung spielt vor dem Hintergrund des sozialen Elends der

Bauern nach der Aufhebung der Leibeigenschaft im Zarenreich im Jahr 1861. Der Titelheld wächst in ärmlichen Verhältnissen auf und gerät immer wieder in Konflikt mit dem Gesetz. Die feudale Abhängigkeit ist einfach in eine wirtschaftliche übergegangen. Nečuj-Levyc'kyj dekliniert bei den Ausbeutern alle Nationalitäten durch: von einem polnischen Gutsbesitzer über einen ukrainischen Ataman bis hin zu einem russischen Fabrikbesitzer werden alle Stereotypen bedient. Ursprünglich wollte er den aufrührerischen Helden am Ende des Romans mit der zaristischen Gesellschaft aussöhnen, allerdings erschien ihm eine solch harmonische Lösung nach der Darstellung der dramatischen Ereignisse unmöglich.

Nečuj-Levyc'kyj gehört sicher zu den Begründern des ukrainischen Realismus. Später widmete ihm Serhij Jefremov eine Biographie und sprach von der „inneren Sphinx, die sich in diesem äußerlich ruhigen und sanften Großvater" verberge. Valer'jan Pidmohyl'nyj griff diese Charakterisierung auf und diagnostizierte bei Nečuj einen Ödipuskomplex mit einer Mutterfixierung, die nach dem frühen Tod der Mutter durch die Mutter Natur ersetzt werde und sich in Nečuj-Levyc'kyjs Neigung zur Homosexualität äußere.

Staatskarriere und literarische Laufbahn: Panas Myrnyj

Noch deutlicher als bei Nečuj-Levyc'kyj schlug sich das Dilemma zwischen Staatsdienst und ukrainischem Literatentum in der Biographie von Panas (russ. Afanasij) Rudčenko (1849–1920) nieder. Er stammte aus einer Buchhalterfamilie in Myrhorod und konnte aus Geldmangel weder ein Gymnasium noch die Universität absolvieren. Umso erfolgreicher bewegte sich Rudčenko aber in den Fussstapfen seines Vaters. Er arbeitete als Buchhalter in Hadjač, Pryluki und Myrhorod. 1871 nahm er eine Stelle in Poltava an, wo er 1914 zum vierten Rang im russischen Staatsdienst aufstieg. Diese Beförderung war mit einem Jahresgehalt von 2400 Rubeln verbunden und entsprach im Militär dem Rang eines Generals. Außerdem erhielt er einen vererbbaren Adelstitel. Persönlich war er bereits 1901 in den Adelsstand erhoben worden. Schließlich besaß er eine ganze Reihe von Orden und Auszeichnungen.

In scharfem Kontrast zu seiner staatlichen Karriere stand seine Tätigkeit als ukrainischer Autor. Die Romane *Wilde Menschen* (Lychi ljudi, 1877) und *Brüllen die Rinder etwa, wenn die Futtertröge voll sind?* (Chiba revut' voly, jak jasla povni, 1880) erschienen in Drahomanovs Exilverlag in Genf und waren in Russland verboten. Durch sein Engagement für die verdächtige ukrainische Literatur brachte sich der Verwaltungsbeamte Rudčenko in eine größere Gefahr als Nečuj-Levyc'kyj, der nur als Gymnasiallehrer im Staatsdienst stand. Deshalb wählte er für seine literarische Tätigkeit das Pseudonym Panas Myrnyj, das er sorgsam hütete und nur zwei Mal lüftete. 1892 trat er auf Wunsch des Publikums nach der Aufführung eines seiner Theaterstücke in Poltava auf die Bühne und 1913 erschien in einer Kyjiver Zeitung eine kurze Notiz, in der seine wahre Identität enthüllt wurde. Als ihn Omel'jan Ohonovs'kyj für seine *Geschichte der ukrainischen Literatur* um eine Biographie bat, antwortete er: „Über mein Leben gebe ich Ihnen keine

Auskunft, weil ich glaube, dass nicht in ihr die Kraft und das Gewicht liegt, sondern in meinen Werken, die bisher erschienen sind und noch erscheinen werden." Serhij Jefremov sprach sogar von Myrnyjs „literarischem Anachoretentum".

Myrnyjs prekäre Doppelexistenz endete erst mit der Abdankung des Zaren. Nach der Februarrevolution 1917 wurde er mit Publikationsanfragen von ukrainischen Verlagen überhäuft. Die Herrschaft der Bolschewiki lehnte er wegen ihrer nihilistischen Haltung gegenüber der Tradition ab. Das letzte Lebensjahrzehnt war von Tragödien überschattet: Die psychische Krankheit seiner Frau verschlimmerte sich, in den Wirren des Weltkriegs und der Revolution verlor er zwei seiner drei Söhne.

Seinen wichtigsten Roman *Brüllen die Rinder etwa, wenn die Futtertröge voll sind?* (1880) schrieb Myrnyj gemeinsam mit seinem Bruder Ivan (Pseudonym: Bilyk, 1845–1905). Bilyk traf als Student in Kyjiv auf Drahomanov und wurde stark von seinen Ideen beeinflusst. Allerdings schlug sich Ivan bald auf die Seite des Imperiums. Er absolvierte eine steile Karriere im zaristischen Finanzwesen und wurde als Steuerexperte Mitglied im Rat des Finanzministeriums. Er wandelte sich nach seinem Umzug nach St. Petersburg zum überzeugten Monarchisten, verurteilte die Konstitutionalisierung des Jahres 1905 und sah für die ukrainischen Literatur keine Entwicklungsperspektive mehr.

Der Roman *Brüllen die Rinder etwa, wenn die Futtertröge voll sind?* ging aus einem realen Verbrechen hervor, das Myrnyj in seinem Bericht *Die Reise von Poltava nach Hadjač* (Podorižžja od Poltavy do Hadjačoho, 1874) detailliert beschrieb: Ein Bandit hatte in der ukrainischen Steppe mehrere vermögende Kosakenfamilien ermordet. Myrnyj begreift dieses schreckliche Verbrechen im Anschluss an Robert Owens Sozialphilosophie als Produkt einer fehlgeleiteten Gesellschaft. Myrnyj beschreibt die schwierige Biographie seines Protagonisten Čypka in zahlreichen Facetten und blickt sogar mehrere Generationen zurück, um die Genese des aktuellen Zustands zu erklären. Das Werk wurde durch die theoretischen Diskussionen der Brüder Rudčenko durch immer neue Handlungsstränge und gesellschaftskritische Schilderungen erweitert. Panas war für den Plot und die Figurenpsychologie zuständig, Ivan steuerte die Gesellschaftsexkurse bei. Der Literaturwissenschaftler Oleksandr Bilec'kyj verglich die Struktur des Romans später mit „einem großen Gebäude mit vielen An- und Aufbauten, die nicht gleichzeitig und nicht nach einem strengen Plan erfolgten". Der Roman war 1875 fertiggestellt und passierte schon mit einigen Kürzungen (gestrichen wurden Erwähnungen des Dekabristenaufstands und der ungarischen Revolution) die Kyjiver Zensur, als der Emser Ukas das ganze Publikationsvorhaben stoppte. 1880 erschien das Buch in Drahomanovs Genfer Typographie. Drahomanov hielt den Roman für das „Beste, was die ukrainische Belletristik hervorgebracht" habe.

1875 verfasste Myrnyj den Roman *Böse Menschen*, der als Lebensrückblick eines ukrainischen Schriftstellers in einem zaristischen Gefängnis konzipiert ist. Seine ehemaligen Mitschüler sind zu Erfüllungsgehilfen des zaristischen Systems geworden und treiben den Protagonisten in den Selbstmord. Dieser Roman zeigt besonders deutlich Myrnyjs Fähigkeit, Gefühlsregungen indirekt zu schildern. Dieser „impressionistische Stil" nimmt moderne Schreibweisen vorweg. Auch dieser Roman erschien in Genf.

1879 wandte sich Myrnyj im Roman *Die Gefallene* (Povija) einem tragischen Frauenschicksal zu. Die Bauerntochter Chrystja verlässt nach dem Tod der Eltern ihr Dorf, um in der Stadt als Dienstmädchen zu arbeiten. Nach einer Affäre mit dem Hausherrn landet sie bei einem Hochstapler und Betrüger, der schließlich wegen seiner Finanznöte Selbstmord begeht. Da sie keinen weiteren Gönner mehr findet, endet sie auf der Straße als Prostituierte, infiziert sich mit Syphilis und kehrt schließlich krank und von der Gesellschaft verstoßen in ihr Heimatdorf zurück, wo sie vor ihrem ehemaligen Elternhaus erfriert. Der Roman ist eine bitter-ironische Abrechnung mit scheinheiligen Vertretern der ukrainischen Nationalbewegung im ausgehenden 19. Jahrhundert und den sozialen Schieflagen in der ukrainischen Provinz.

Myrnyj schrieb nicht nur Prosa, sondern auch Poesie. Er kannte lange Werkpassagen von Ševčenko auswendig und hatte auch Klassiker der russischen Dichtung wie Puškin, Lermontov und Fet ins Ukrainische übersetzt. 1900 legte er eine ukrainische Version von Ivan Bunins russischer Übersetzung von Henry Wadsworth Longfellows Poem „Hiawatha" vor. Inspiriert von diesem Text arbeitete Myrnyj sein eigenes „philosophisches Mysteriendrama" „Spokusa" aus, in dem er den Sündenfall des Menschen innerhalb einer von Dämonen und Teufeln regierten Welt vorführt. Sein Hauptthema ist dabei die Gegenüberstellung von Glaube und Vernunft.

Gesellschaftskritik und ukrainische Selbstbehauptung: Ivan Karpenko-Karyj

Der wichtigste Dramenautor des 19. Jahrhunderts Ivan Karpenko-Karyj stammte aus der theaterbegeisterten Tobilevyč-Familie. Sein richtiger Name lautete Ivan Karpovyč Tobilevyč (1845–1907). Zwei seiner Brüder und eine Schwester waren Schauspieler und Regisseure. Oles' Hončar nannte die Familie deshalb augenzwinkernd den „Tobilevyč-Ginsengbusch". Karpenko-Karyj wählte sein Pseudonym als Kombination seines Vatersnamens und der Figur Hnat Karyj aus Ševčenkos Kurzdrama *Nazar Stodolja* (1843). In diesem Theaterstück funktioniert Hnat Karyj als eine Art Katalysator für eine positive Entwicklung der dramatischen Handlung. Damit signalisiert Karpenko-Karyj sein Selbstverständnis als aufklärerischer Theaterautor.

Ivan Tobilevyč arbeitete zunächst als Kanzlist in Elizavetgrad. Dort traf er auf seine Frau Nadija Tarkovs'ka, die er in einer Amateurschauspielertruppe kennengelernt hatte. Sie war die Tante des russischen Dichters Arsenij Tarkovskij (1907–1989) und die Großtante des Filmregisseurs Andrej Tarkovskij (1932–1986). Allerdings verstarb Nadija Tarkovs'ka früh.

Tobilevyč stellte in seiner Eigenschaft als Polizeisekretär großzügig Pässe für ukrainische Aktivisten aus. Der Emser Ukraz von 1876 hatte jedoch noch einmal deutlich gemacht, dass alles Ukrainische im Zarenreich politisch verdächtig geworden war. Deshalb verlor Tobilevyč 1883 seine Stelle. Ein Jahr später wurde er verhaftet und für zwei Jahre nach Novočerkassk verbannt. Die Verbannung erwies sich aber als fruchtbar für seine schriftstellerische Produktion. Er schrieb zahlreiche Theaterstücke, die 1886 in Cherson in einer Buchausgabe erscheinen konnten. Nach seiner Rückkehr in die Ukraine wurde er noch bis 1889 unter Polizeiaufsicht gestellt. Tobilevyč zog sich mit seiner zweiten Frau (ebenfalls eine Schauspielerin) auf das Landgut seines Vaters zurück und intensivierte dort seine Schreibarbeit. Außerdem trat er als Schauspieler mit verschiedenen Wandertruppen auf.

Aus seinen eigenen Auftritten kannte er die Theaterszene in der zaristischen Ukraine sehr gut. In einem scharf formulierten Bericht, den sein Bruder 1897 auf dem „Ersten Allrussischen Schauspielerkongress" in Moskau verlas, kritisierte Tobilevyč die Einschränkungen der Theaterautoren durch die Zensur, administrative Willkür und die überteuerten Bühnen in den Provinzstädten. Besonders beklagte er die Einschränkungen des ukrainischen Dramas. Für jedes ukrainische Theaterstück musste gleichzeitig ein russischsprachiges Vaudeville aufgeführt werden, was die Vorstellung in die Länge zog. Tobilevyčs Jeremiade war lang: „Aus ausländischen Sprachen für die kleinrussische Bühne zu übersetzen – ist verboten. Über die historische Vergangenheit mit ihren interessanten Themen zu schreiben – ist verboten. Und so kreisen alle kleinrussischen Theaterstücke um die immer gleiche Liebe (kochannja), die für das Volk überhaupt nicht interessant ist, und die Darstellung wird noch aufgehübscht durch Tanzen und Singen."

Karpenko-Karyj versuchte in seinem dramatischen Werk genau diese Defizite zu beheben. Dabei orientierte er sich am Schaffen des damaligen Stars der russischen Theaterszene Aleksandr Ostrovskij (1823–1886), der immer wieder gesellschaftskritische Themen aufgriff und auf die Bühne brachte. Innovativ ist aber Karpenko-Karyjs Einsatz einer standesmäßig differenzierten ukrainischen Sprache, die selbst zu einem dramatischen Helden wird. Am deutlichsten lässt sich dieser Kunstgriff im Drama *Martyn Borulja* (1887) beobachten. Karpenko-Karyj entfaltet seine komische Handlung vor einem konkreten historischen Hintergrund. Nach dem polnischen Novemberaufstand 1830 wurde der ukrainische Kleinadel gezwungen, entweder seine aristokratische Herkunft nachzuweisen oder sich als einfache Bürger in die russische Regelkultur einzuordnen. Der reiche Bauer Martyn Borulja besitzt zwar einen Adelsbrief, der ihn als „šljachtyč" ausweist, scheitert aber bei all seinen Vorstössen in der Verwaltung und in der besseren Gesellschaft. In seinem Bestreben, sich als Mitglied der russischen Aristokratie zu präsentieren, versucht der Protagonist ein gestelztes Russisch zu sprechen, fällt aber immer wieder ins Ukrainische zurück. Karpenko-Karyj gelingt es, in verschiedenen Szenen eine anspruchsvolle Situationskomik zu entfalten, gleichzeitig aber übt er mit sprachlichem Feinsinn umfassende Kritik an der zaristischen Ständegesellschaft. Darin liegt seine epochale literarische Leistung, auch wenn er sich bei der Szenengestaltung von Aleksandr Ostrovskijs Drama *Armut ist keine Schande* (Bednost' ne porok, 1854) inspirieren ließ.

In anderer Weise spießt Karpenko-Kary im Drama *Hunderttausend* (Sto tysjač, 1890) die ukrainische Gesellschaft auf. Hier stellt er in grotesker Überzeichnung die Fixierung einzelner Figuren auf einen bestimmten Fetisch dar. Die Handlungsfiguren verstricken sich in der obsessiven Verfolgung ihrer eng beschränkten Ziele. Der Protagonist, ein ukrainischer Kulak (kurkul'), will unbedingt seinen ohnehin schon großen Landbesitz vermehren. Dabei lässt er sich auf ein fatales Tauschgeschäft ein: Ein Jude will ihm hunderttausend Rubel in falschen Scheinen für 5000 echte Rubel verkaufen, täuscht ihn aber. Andere Figuren werden als arbeitsunfähige Träumer oder geldgierige Opportunisten dargestellt. Das Theaterstück wirkt wie ein soziologisches Laborexperiment: Alle Akteure scheitern, dem Publikum wird die Nichtigkeit eng begrenzter Lebensziele vor Augen geführt.

Im Drama *Sava Čalyj* (1900) bringt Karpenko-Karyj die imperiale Beherrschung der ukrainischen Gesellschaft in eine historische Parabel. Der Titelheld ist ein Kosakenführer, der sich den polnischen Herrschern andient, und schließlich von seinen Kosaken für diesen Verrat umgebracht wird. Bereits der junge Nikolaj Kostomarov hatte diesen Stoff dramatisiert. Die Annäherung des freien Kosakenführers an die fremde polnische Adelskultur führt in eine tragische Katastrophe. Hinter dieser Handlungsführung wird deutlich, dass Karpenko-Karyj hier auch die fatale Anziehungskraft der russischen Leitkultur für ukrainische Intellektuelle kritisiert.

Ukrainische Geschichte auf der Bühne: Mychajlo Staryc'kyj und Marko Kropyvnyc'kyj

Im literarischen Werk von Mychajlo Staryc'kyj (1839–1904) kommt vor allem den Dramen literarhistorische Bedeutung zu. Er war ein Cousin des Komponisten Mykola Lysenko (1842–1912) und heiratete dessen Schwester. Als Student in Kyjiv war er mit Mychajlo Drahomanov befreundet. In seinen jungen Jahren schrieb er neoromantische Lyrik. Dabei schulte er seine literarischen Fähigkeiten mit der Übersetzung russischer und europäischer Dichter (Puškin, Lermontov, Nekrasov, Byron, Heine, Shakespeare). Ševčenko blieb ein wichtiger Bezugspunkt für ihn. Im Gedicht „Auf das Ševčenko-Jubiläum" (Na rokoviny Ševčenku, 1882) schrieb er: „Nein, er starb nicht! Solange unser Wort noch über die Steppen und Wiesen schwebt, ergießt sich die Melodie seiner Lieder auf wundersame Weise durch der Jahrhunderte grauen Nebel." Er trat auch als Schauspieler auf Amateurbühnen auf. Später organisierte er die erste professionelle ukrainische Theatertruppe, die mit großem Erfolg Tourneen durch das ganze Zarenreich absolvierte. Im Zusammenhang mit dieser Schauspielaktivität entstand Staryc'kyjs bekanntestes Theaterstück, die Komödie *Wer zwei Hasen nachjagt, fängt keinen* (Za dvoma zajcjamy, 1883). Auf der Suche nach geeigneten Stücken für seine Truppe war Staryc'kyj auf Nečuj-Levyc'kyjs Drama *In Kožemjaki* (Na Kožemjakach) gestoßen und hatte begonnen, es weiter zu bearbeiten. Die Intrige ist harmlos: Ein ambitionierter Friseur will eine reiche Kleinbürgerin heiraten, macht aber gleichzeitig einer armen Schönheit den Hof. Hinter der komischen Handlung verbirgt sich eine scharfe Gesellschaftskritik an der ukrainischen Bevölkerung Kyjivs, die sich an die russischen und imperialen Kulturimperative anpassen will. Die erste Fassung des Theaterstücks wurde unter den Autornamen von Nečuj-Levyc'kyj und Staryc'kyj gedruckt. Die Kyjiver Premiere des Stücks, in der die Mitglieder der Familie Tobilevyč die Hauptrollen spielten, wurde ein großer Erfolg. Später verfasste Staryc'kyj selbst Dramen, die wie in *Bohdan Chmel'nyc'kyj* (1897) oder *Marusja Bohuslavka* (1899) auch historische Stoffe behandelten. Die meisten Theaterstücke verfasste er als Versdramen. Für die Auftritte von einfachen Kosaken oder Bauern schob er Prosaszenen ein. In seinen Bemühungen, die ukrainische Literatursprache zu erweitern, legte Staryc'kyj eine große Kreativität an den Tag. Er formte Neologismen wie „čaryvlyvyj" oder „bajdužist'" und wurde auch von Ukrainophilen für diese „geschmiedeten" Ausdrücke kritisiert.

Wie Karpenko-Karyj hatte auch Mychajlo Staryc'kyj immer wieder mit der Zensur zu kämpfen. Viele Dramen mit ukrainischer Thematik konnten nur nach langer Verzögerung und mit Kürzungen aufgeführt werden. Der Emser Ukas wurde in einigen ukrainischen Gouvernements noch verschärft. So galt ab 1884 in den Gouvernements Poltava, Kyjiv und Černigov für zehn Jahre ein Aufführungsverbot für ukrainische Stücke. Staryc'kyj blieb unter diesen Umständen nichts anderes übrig, als die Zensurbestimmungen mit Winkelzügen zu umgehen. So bekannte er gegenüber Franko, dass er oft neue Dramen unter dem Titel alter Stücke an den Behörden vorbeischmuggelte. Eine weitere Möglichkeit bestand darin, bereits zugelassene Stücke zu überarbeiten. Zwar erzielte Staryc'kyj dadurch das gewünschte Ziel, allerdings handelte er sich damit auch Plagiatsvorwürfe ein.

Schließlich versuchte sich Staryc'kyj – „wegen des Brotes", wie er selbst bekannte – auch als Autor von russischsprachigen historischen Romanen. Dabei konnte er patriotische Themen behandeln, indem er den ukrainischen Freiheitskampf in Epochen verlegte, in denen die Polen die Unterdrücker waren. Staryc'kyjs geschicktes Vorgehen lässt sich gut am Roman *Die Belagerung von Buša* (Obloha Buši) zeigen. Die Handlung ist von nationalem Pathos getränkt: Nach einem verzweifelten Verteidigungskampf schlägt der Held seiner Geliebten vor, aus der belagerten Festung zu fliehen. Die tapfere Ukrainerin weist dieses Ansinnen entrüstet zurück. Das Liebespaar stirbt gemeinsam im polnischen Kanonenfeuer. Das russische Original erschien 1891 als Fortsetzungsroman in einer Moskauer Zeitung. Später übersetzte Staryc'kyj seinen Roman ins Ukrainische und veröffentlichte ihn 1895 im österreichischen Lemberg. 1898 legte er schließlich noch eine Theaterversion vor.

In der Prosa darf eine breit angelegte Chmel'nyc'kyj Trilogie (*Vor dem Sturm* [Pered burej, 1894], *Der Sturm* [Burja, 1896], *Im Hafen* [U pristani, 1897]) als Staryc'kyjs Hauptwerk gelten. Außerdem versuchte er im Roman *Mazepas Jugend* (Molodost' Mazepy, 1898), das von Aleksandr Puškin etablierte Stereotyp des „Verräters" Mazepa zu durchbrechen. Allerdings wurde eine Buchausgabe von der Zensur verboten, nachdem der Roman in Fortsetzungen in einer Moskauer Zeitung erscheinen konnte. Allerdings war die Gattung des historischen Romans am Ende des 19. Jahrhunderts bereits aus der Zeit gefallen. Überdies goutierte das Lesepublikum Staryc'kyjs heroisierenden Erzählstil nicht mehr – zu dieser Zeit hatte der Modernismus in Russland die Ausdrucksmöglichkeiten der Literatursprache bereits entscheidend erweitert.

Wie Karpenko-Karyj und Staryc'kyj begann Marko Kropyvnyc'kyj (1840–1910) seine Karriere als Schauspieler. Er trat zunächst in Amateurschauspieltruppen auf und gründete bald ein eigenes professionelles Theaterensemble, mit dem er in verschiedenen ukrainischen Städten, in St. Petersburg und im österreichischen Galizien auftrat. Seit 1863 verfasste er eigene Bühnenstücke, die vor allem auf folkloristischen Stoffen beruhten. Die zeitgenössische Literaturkritik anerkannte zwar die Ausdruckskraft einzelner Szenen aus dem ukrainischen Landleben, monierte allerdings die fehlende Einheit der Gesamthandlung. 1881 wurde in Ekaterinoslav ein fünfjähriges Aufführungsverbot für ukrainische Theaterstücke verhängt. Kropyvnyc'kyj, der damals in Ekaterinoslav lebte, war gezwungen, russischsprachige Rollen zu übernehmen. Trotzdem gebührt ihm das Verdienst, ukrainische Themen auf die Bühnen der russischen Hauptstadt gebracht zu haben. Allerdings störte er sich daran, dass das St. Petersburger Publikum die Ukraine nur als eine exotische Erscheinung betrachtete. In seinen Memoiren schrieb er: „Die Zeitschriften der Hauptstadt lobten meine Inszenierungen und die Schauspielerstimmen, aber sie sagten kein Wort darüber, woher diese Talente und Stimmen stammen, was sie für Russland bedeuten und was Russland für sie bedeutet." Die öffentliche Anerkennung kam für Kropyvnyc'kyj spät. Zwar wurde unmittelbar nach seinem Tod eine Subskription für ein Denkmal bei seinem Grab in Charkiv eröffnet, allerdings musste die Familie den größten Teil der Kosten übernehmen. 2016 wurde Kirovohrad im Zuge der Dekommunisierung in Kropyvnyc'kyj umbenannt. Allerdings war die zaristische Gründung Elizavetgrad schon früher Gegenstand von zahlreichen Umbenennungen gewesen. Dass Elizavetgrad nun den Namen des ukrainischen Schauspielers und Theaterautors Kropyvnyc'kyj trägt, ist nach Zinov'evsk, Kirovo und Kirovohrad nur eine weitere Episode der Symbolpolitik.

Weiterführende Literatur

Maxim Tarnawsky: The All-Encompassing Eye of Ukraine. Ivan Nechui-Levyts'kyi's Realist Prose. Toronto 2015.
Richard Huber: Mychajlo Staryc'kyj. Leben und Werk, mit Schwerpunkt auf seiner Dramatik. Frankfurt am Main, Bern, New York 1984.

Politische Diskussionen um die ukrainische Nationalkultur

11

Ulrich Schmid

In der zweiten Hälfte des 19. Jahrhunderts hatte sich die ukrainische Literatur so stark ausdifferenziert, dass sich aus der unleugbaren Präsenz einer ukrainischen Nationalkultur auch weitergehende Ansprüche ableiten ließen. Das Spektrum der politischen Positionen war allerdings denkbar breit. Explizite Forderungen nach einer eigenen ukrainischen Staatlichkeit kamen erst relativ spät auf. Zuvor kreisten die Debatten um die Frage, ob die ukrainische Literatur bereits als autonomes ästhetisches System gelten dürfe oder ob sie sich weiter an ausländischen Vorbildern ausrichten müsse, um europäischen Qualitätsmaßstäben zu genügen.

Der Entwurf einer ukrainisch-russischen Föderation: Mychajlo Drahomanov

Das romantisch-aufklärerische Projekt einer ukrainischen Literatur, die sich aus eigener Kraft aus der russischen oder polnischen Kulturhegemonie befreien sollte, wurde herausgefordert durch Mychajlo Drahomanov (1841–1895). Er wurde 1865 Dozent für antike Geschichte an der Universität Kyjiv und beteiligte sich intensiv an den Debatten der sogenannten Kyjiver Hromada, einer Gruppe von ukrainischen Intellektuellen. Offiziell betrieb die Hromada ethnographische und historische Studien. Allerdings reichte ihr Einfluss viel weiter: Sie verwandelte die Zeitung *Kievskij Telegraf* in ihr Sprachrohr, bestach Zensoren in Kyjiv und stellte Verbindungen zu ukrainophilen Akteuren im österreichischen Galizien her. 1873 forderte Drahomanov mit 45 Mitunterzeichnern in einer Deklaration, dass die

---

U. Schmid (✉)
Osteuropastudien, Universität St.Gallen, St.Gallen, Schweiz
E-Mail: ulrich.schmid@unisg.ch

© Der/die Autor(en), exklusiv lizenziert an Springer-Verlag GmbH, DE, ein Teil von Springer Nature 2025
U. Schmid (Hrsg.), *Ukrainische Literaturgeschichte*,
https://doi.org/10.1007/978-3-662-70637-4_11

Kultur vom Rationalismus, die Politik vom Föderalismus und die Gesellschaft vom Sozialismus geprägt sein müsse. Nachdem Drahomanov wegen politischer Unzuverlässigkeit seine Stelle verloren hatte, emigrierte er 1876 nach Genf, wo er bis 1889 blieb. In der Schweiz entfaltete er eine rege Publikationstätigkeit und organisierte eine ukrainische Druckerei. Während seiner letzten Lebensjahre hatte er eine Geschichtsprofessur an der neu gegründeten Hochschule im bulgarischen Sofia inne (Abb. 11.1).

Drahomanov kritisierte in seinem Artikel „Ševčenko, die Ukrainophilen und der Sozialismus" (Ševčenko, ukrajinofily j socializm, 1879) die Idolatrie um den zum Märtyrer stilisierten Nationaldichter und versuchte, das ukrainische Nationalprojekt auf ein modernes europäisches Bildungsniveau zu heben. Auch in der russischen Literatur sollten ukrainische Schriftsteller Vorbilder suchen. Am 1. Juli 1876 schrieb er an den russischen Verleger Aleksej Suvorin: „Ich kenne keinen Ukrainer, der nicht Puškin und Lermontov als Künstler höher als Ševčenko stellen würde. Aber ich sage kühn, dass Ševčenko als Persönlichkeit und als Europäer höher steht als sie beide. Von allen Menschen der vierzi-

Abb. 11.1 Mychajlo Drahomanov in Sofia (fotografiert von Dimitr Anastasov Karastojanov, 1856–1919)

ger Jahre sind nur Herzen und Ševčenko keine Lakaien, sondern freie Menschen." Politisch trat Drahomanov für eine Föderalisierung Russlands ein, das zu einem liberalen Rechtsstaat umgestaltet werden müsse. Unter dem Einfluss von Proudhons Ideen wies dieser demokratische Liberalismus einen anarchistischen Unterton auf. Drahomanov nannte sich bisweilen sogar den „letzten Proudhon-Anhänger in Eruopa". Allerdings wusste er genau, dass eine anarchistische Gesellschaftsordnung utopisch war. Deshalb zitierte er Proudhons Überzeugung, dass der Anarchismus in der politischen Praxis zum Föderalismus führe. In seiner Autobiographie von 1883 schrieb Drahomanov, dass er in den russischsprachigen Zeitschriften *Die Glocke* und *Der Zeitgenosse* viel bessere politische Artikel gelesen habe als in der ukrainischen *Osnova*. Hier bezeichnete er sich auch als „Sozialisten der westeuropäischen Schule" und grenzte sich gleichermaßen von den Anarchisten (Bakunin) wie von den Narodniki (Lavrov) ab. Drahomanov beschäftigte sich immer wieder mit Bakunin und analysierte sein Werk in langen Aufsätzen. Drahomanov war gleichzeitig einer der ersten, der auf Inkonsistenzen in Bakunins Anarchismus hinwies und seine Idee einer revolutionären Verschwörung zur Zerstörung des Zarenreichs kritisierte. Drahomanov unterstrich, dass er Bakunin weder persönlich gekannt habe noch seiner „Religion" des Anarchismus anhänge. Er kritisierte Bakunin dafür, dass er mit seinem ungestümen revolutionären Impetus der Demokratisierung in Russland mehr geschadet als genützt habe. Drahomanov hielt Bakunins „Sprung ins kalte Wasser" sein eigenes Ideal einer „politischen Schwimmschule" entgegen, in der man aus den eigenen und fremden politischen Fehlern lernen könne.

Drahomanov war in seinem Denken pragmatisch und berücksichtigte die politischen Umstände im Zarenreich. Eine Institutionalisierung des Sozialismus war für ihn erst nach einer tiefgreifenden Liberalisierung Russlands denkbar. Er schrieb, dass in Österreich-Ungarn durchaus eine sozialistische Arbeiter- und Bauernpartei gegründet werden könne. Im despotischen Russland hingegen müsse man zunächst auf eine Liberalisierung hinarbeiten. Sozialistische Ideen könnten hier nur in der Wissenschaft und der Literatur verbreitet werden. Gleichzeitig sprach sich Drahomanov auch in aller Deutlichkeit gegen den linken Terrorismus aus. Eine besondere Relevanz erhielt diese Position nach der Ermordung des Zaren Alexander II. im Jahr 1881. Der deutsch-russische Jurist Friedrich Martens (1845–1909), der später als Vordenker des humanitären Völkerrechts berühmt wurde, hatte in einem Artikel die Auffassung vertreten, die russischen Attentäter verträten verderbliche westliche Ideen. Er forderte deshalb auch die Einschränkung des Asylrechts für russische Emigranten in Westeuropa. Drahomanov antwortete umgehend in seinem Aufsatz „Le Tyrannicide en Russie et l'action de l'Europe occidentale". Er hielt Martens' Auffassung entgegen, dass nicht die westlichen sozialistischen Ideen den Terror geboren hätten, sondern dass er umgekehrt eine „epidemische Seuche" sei, die im autoritären Russland ausgebrütet wurde. Unter den Terroristen befanden sich auch Ukrainer, wie Andrej Željabov (1851–1881). Kurz vor dem Anschlag hatte sich Željabov an Drahomanov gewandt und ihn gebeten, die öffentliche Meinung in Westeuropa in günstiger Weise für seine Terrororganisation zu beeinflussen. Drahomanov lehnte allerdings ab. Er hob hervor, dass der Terrorismus genauso pathologisch sei wie das zaristische System, das ihn hervorgebracht hatte. Er kritisierte Željabov offen für seinen „jakobinischen Zentralismus". Nach dem Zarenmord distanzierte sich Drahomanov von terroristischer Gewalt als politischem Mittel und mahnte auch an, dass keiner der nichtrussischen Attentäter vor Gericht seine Heimat und sein Volk erwähnt habe. Solche Positionen trugen Drahomanov von Lenin den Vorwurf ein, ein „ukrainischer Kleinbürger" zu sein, der den Standpunkt eines „noch wilden, vor sich hinträumenden und an seinen Misthaufen angewachsenen Bauern" vertrete und den Kampf für die „allrussische Demokratie" nicht verstehe.

Drahomanov war überzeugt, dass die ukrainische Nation sich in Österreich-Ungarn mit den Polen und Juden verbünden müsse. In Russland könne sie nicht durch Separatismus, sondern nur durch Föderalismus ihre Freiheit erlangen. Für die politische Praxis empfahl er die Gründung einer föderativen Partei, in der die ukrainischen Sozialisten sich mit den russischen, polnischen und jüdischen Arbeitern in der Ukraine verbünden sollten. Dabei sollten aber nur jene Russen, Polen und Juden aufgenommen werden, die eine administrative Gliederung des zukünftigen russischen Staates nach ethnischen und nicht historischen Prinzipen befürworteten. Außerdem erblickte er in den staatslosen Völkern innerhalb des Zarenreichs wie den Finnen, Esten, Moldauern und „Kaukasiern" natürliche Verbündete der Ukrainer. Drahomanov legte sogar einen Verfassungsentwurf für ein föderales Russland vor und nannte als Vorbild die Schweiz, in der weder das Land noch die Kantone nach „rassischen Grundsätzen" aufgeteilt seien. Letztlich schwebte ihm eine „Gemeinschaft von Hromadas (Bürgervereinigungen)" als politisches Modell für die Ukraine vor. Im Vordergrund standen dabei Forderungen nach bürgerlichen Freiheiten. Drahomanov hielt die politische Freiheit für das wichtigste Mittel für „die Rückkehr der Ukraine in die Familie der Kulturnationen". In einer späten Aufzeichnung von 1891 erhielt dieses Programm sogar eine religiöse Note. Drahomanov formulierte in seinem Credo, dass die von Gott gegebene Nächstenliebe die Grundlage der Hromada darstelle: „Wir versprechen einander, wie Brüder und Schwestern zu leben und durch dieses Vorbild und durch das Wort Menschen aller Glaubensrichtungen in unsere Bruderschaft aufzunehmen." Max Weber lobte in seinem Aufsatz „Zur Lage der bürgerlichen Demokratie in Russland" aus dem Jahr 1906 Drahomanovs Konzeption als gelungene „Synthese von wirtschaftlichen und nationalen Idealen", die von einem starken Sinn für das Machbare angesichts der komplexen ethnographischen und ökonomischen Situation Russlands geprägt sei.

Literatur spielte in Drahomanovs Denken eine wichtige Rolle. An oberster Stelle stand für ihn allerdings nicht die Ausbildung einer ukrainischen Nationalliteratur, sondern die Schulung ukrainischer Autoren an den besten russischen und westeuropäischen Vorbildern. Für ihn stand außer Frage, dass die zeitgenössische ukrainischsprachige Literatur weit hinter der russischen Literatur zurückfiel. In seinem langen Aufsatz „Die russländische, großrussische, ukrainische und galizische Literatur" (Literatura rosijs'ka, velykorus'ka, ukrajins'ka i halyc'ka, 1873) beschrieb er, wie sich die russischen Autoren Puškin, Lermontov und Turgenev an der westeuropäischen Literatur gebildet hätten und forderte einen ähnlichen Lernprozess für die ukrainischen Schriftsteller. Die russländische Literatur bestand für ihn aus der großrussischen und der ukrainischen Literatur, daneben gab es noch eine galizische Literatur im Habsburgerreich. Die wichtigste Aufgabe für die ukrainischsprachige Literatur bestand aus Drahomanovs Sicht in ihrer Befreiung aus ihrer nationalistischen (Ukraine) und klerikalen (Galizien) Nabelschau. Gleichzeitig unternahm Drahomanov große Anstrengungen, die ukrainische Literatur auf die europäische Bühne zu heben. Für den Literaturkongress in Paris 1878 verfasste er auf Französisch eine Broschüre mit dem Titel *Die von der russischen Regierung verbotene ukrainischen Literatur* (La littérature oukrainienne proscrite par le gouvernement russe), in der er einen Überblick über die Entwicklung der ukrainischen Literaturgeschichte gab. Ivan Turgenev überreichte die Broschüre Victor Hugo, dem berühmten Vorsitzenden des Literaturkongresses. Allerdings hielten sich die Resultate von Drahomanovs Demarche in engen Grenzen. Mit wachem Auge spähte Drahomanov aber weitere Gelegenheiten für die Sichtbarmachung der ukrainischen Literatur aus. So ließ er 1883 beim öffentlichen Begräbnis von Ivan Turgenev, das zu einem Massenereignis wurde, einen Kranz mit der Aufschrift „von der ukrainischen Presse" niederlegen.

In der Ukraine und in Russland manövrierte sich Drahomanov jedoch immer weiter ins Abseits. Die linken Revolutionäre lehnten seine staatsbürgerliche Grundhaltung ab, die ukrainischen Nationalisten sahen in ihm einen Russophilen, die großrussischen Patrioten verstanden sein Engagement für die Ukraine nicht. So geriet Drahomanov zwischen alle Fronten. Zwei Jahre vor seinem frühen Tod bekannte er sogar selbst, „aus der Mode gekommen" zu sein.

Die Taras-Bruderschaft: Borys Hrinčenko, Ivan Lypa, Mychajlo Michnovs'kyj, Mychajlo Kocjubynskyj

Drahomanovs elitäre Kulturstrategie blieb nicht unwidersprochen. Eine neue Generation wandte sich gegen Drahomanovs Pragmatismus und verfolgte einen radikalen nationalen Kurs. Im Sommer 1891 gründeten die Charkiver Studenten Mychailo Baz'kevyč, Mykola Bajzdrenko und Ivan Lypa zusammen mit dem Charkiver Beamten Vitalij Borovyk am Grab von Taras Ševčenko bei Kaniv eine geheime politische Gesellschaft, die *Taras-Bruderschaft*. Bald schlossen sich Borys Hrinčenko, Mychailo Kocjubyns'kyj, Mykola Voronyj, Mykola Michnovs'kyj und andere dieser Organisation an. Die Bruderschaft existierte bis 1898 und hatte das erste politische ukrainische Programm zu einer Zeit entwickelt, als noch viele andere sich unter dem Einfluss von Drahomanov in ukrainophilen Bewegungen engagierten, ohne dabei freilich über kulturelle Forderungen hinauszugehen.

Unter den Mitgliedern befanden sich prominente Autoren und Intellektuelle der südöstlichen Ukraine. Die Bruderschaft knüpfte ein Netz von regionalen Vertretungen (unter anderem in Charkiv, Kyjiv, Poltava, Odesa), die über die ganze Ukraine verteilt waren und illegal Literatur aus dem österreichischen Galizien importierten. Das Programm der Bruderschaft wurde erstmals von Ivan Lypa (1865–1923) in Charkiv anlässlich der Feierlichkeiten zu Ševčenkos Geburtstag im Februar 1893 formuliert und in L'viv anonym in der Zeitschrift *Pravda* mit dem Titel „Das Symbol überzeugter junger Ukrainer" veröffentlicht. Das Programm enthielt Forderungen nach politischer Autonomie für die Ukrainer und anderen Völker innerhalb eines demokratischen föderalen Russlands sowie nach dem Schutz der kulturellen und wirtschaftlichen Rechte der Ukrainer. Mychajlo Kocjubyns'kyj gestaltete die Ideen der Bruderschaft literarisch in seinem Märchen „Cho".

Politisch zugespitzt äußerte sich Borys Hrinčenko (1863–1910) und wandte sich gegen Drahomanovs föderalistische Konzeption, in der die Ukraine und Russland sich sowohl politisch als auch literarisch miteinander verbünden sollten. Für Hrinčenko war Russland eine „stinkende Kaserne", von der sich die Ukraine befreien musste. Die Auseinandersetzung der Jahre 1892 und 1893 ist in Hrinčenkos „Briefen aus der Dnipro-Ukraine" (Lysty z Ukrajiny naddniprjans'koji) und Drahomanovs „Briefen in die Dnipro-Ukraine" (Lysty na naddniprjan'sku Ukrajinu) dokumentiert. Hrinčenko hob die epochale Leistung Ševčenkos hervor, der das ukrainische Volk aufgerüttelt habe. Gleichzeitig kritisierte er Kostomarovs Konzeption der Komplementarität der russischen und der ukrainischen Nation scharf. Hrinčenko warf Drahomanov vor, Kostomarovs Fehler zu wiederholen. Hrinčenko hielt fest, dass es keine untergeordneten Literaturen geben, die nur „für den Hausgebrauch" existierten. Die ukrainische Literatur sei selbständig und drücke den Volksgeist der ukrainischen Adligen und der ukrainischen Bauern aus. In seiner Antwort verwies Drahomanov auf die segensbringende historische Rolle Russlands, das die Ukraine von den Mongolen und den Polen befreit habe. Außerdem relativierte er das Genie Ševčenkos, der stark von Kostomarov und Kuliš beeinflusst worden sei. Schließlich wies er darauf hin, dass eine politische und nationale Autonomie der Ukraine ohne Separatismus möglich sei.

Die ukrainische Sprache und Literatur war für Hrinčenko das entscheidende Mittel für die Förderung des ukrainischen Nationalprojektes. Deshalb erstellte er eines der wichtigsten ukrainischen Wörterbücher (1907–1909) und insistierte auf einer volksnahen Kultur, die so viele Ukrainer wie möglich erreichen müsse. Hrinčenko verfasste deshalb selbst engagierte Gedichte, Theaterstücke und Erzählungen, in denen er sein politisches Programm literarisch ausgestaltete. Allerdings wirken viele dieser Texte holzschnittartig, weil ihr gesellschaftspolitischer Zweck die ästhetische Faktur überschattet. 1892 erschien in L'viv der erste Band einer Werkausgabe, allerdings unter dem Pseudonym Vasyl' Čajčenko. Immerhin zeigte das Porträt des Autors das wahre Gesicht von Borys Hrinčenko (Abb. 11.2).

Hrinčenkos Leben endete tragisch. Bereits als Jugendlicher hatte er in Charkiv eine Gefängnisstrafe verbüsst und sich dort eine Tuberkulose zugezogen. Seine einzige Tochter hatte sich an der Revolution von 1905 beteiligt und war ebenfalls inhaftiert worden. Auch sie erkrankte an Tuberkulose und starb 1908, ihr eigener kleiner Sohn verschied kurz darauf. Hrinčenko versuchte, seine eigene Schwindsucht in Italien zu kurieren, starb aber 1910 an der italienischen Riviera.

Mykola Michnovs'kyj (1873–1924) war der erste ukrainische Aktivist, der für die Ukraine eine eigene Staatlichkeit forderte. 1900 hielt er in Poltava und Charkiv eine Ansprache anlässlich von Ševčenko-Feiern. Später wurde diese Rede unter dem Titel „Selbstständige Ukraine" (Samostijna Ukrajina) im österreichischen Lemberg gedruckt. Er sprach von einer „ganzen, geeinten, unteilbaren, freien und selbständigen Ukraine von den

Abb. 11.2 Porträt von Borys Hrinčenko in der „Čajčenko"-Werkausgabe

Karpaten bis zum Kaukasus". Als Bedingung für den ukrainischen Nationalstaat nannte er die Ausbildung einer ukrainischen Intelligenz. Er beklagte den Kulturverlust, der durch die Assimilation der ukrainischen Eliten an die russische Gesellschaft entstanden sei. Um seinem Kulturprogramm Nachachtung zu verschaffen, engagierte sich Michnovs'kyj in verschiedenen Publikationsprojekten, die allerdings aus finanziellen Gründen nicht lange existierten. Er forderte die Homogenisierung der nationalen Kultur in der Ukraine und trat etwa dafür ein, dass Ukrainer nur Ukrainerinnen heiraten dürfen. Er erklärte Russen, Polen und Juden zu Feinden der Ukraine, verwahrte sich aber gegen den Vorwurf, Antisemit zu sein, weil er die Juden ja in einer Reihe mit anderen Nicht-Ukrainern ablehne. Nach dem Zusammenbruch des Zarenreichs engagierte sich Michnovs'kyj für einen unabhängigen nationalen ukrainischen Staat, musste aber vor den Bolschewiki in das Kubangebiet fliehen. Nach seiner Rückkehr nach Kyjiv wurde er an einem Baum hängend tot aufgefunden. Es ist unklar, ob er Selbstmord beging oder vom sowjetischen Geheimdienst umgebracht wurde.

Neoromantischer Patriotismus: Mykola Voronyj und Hryc'ko Čuprynka

Mykola Voronyj (1871–1938) gab der ukrainischen Kultur und Politik wichtige Impulse. Als junger Mann trat er in der Schauspieltruppe von Marko Kropyvnyc'kyj auf. Er ist bekannt für sein 1899 verfasstes Poem „Das Wermutkraut" (Jevšan-Zillja), in dem er die Liebe zum Vaterland als höchsten Wert für den Menschen zelebriert. Obwohl ein neoromantischer und patriotischer Text wie „Das Wermutkraut" als veraltet erscheinen mag, als Beispiel für neoromantische, politisch aufgeladene Poesie, trug Voronyj entscheidend zur Modernisierung der ukrainischen Literatur bei. 1901 rief er in der führenden Lemberger Zeitschrift *Literarisch-wissenschaftlicher Bote* (Literaturno-naukovyj vistnyk) seine Schriftstellerkollegen auf, Beiträge einzureichen, die sich auf der Höhe der europäischen Literatur befinden. Das wichtigste Ergebnis von Voronyjs Engagement für die

Modernisierung der ukrainischen Literatur war der Almanach *Von über den Wolken und aus den Tälern* (Z-nad chmar i z dolyn), der 1903 in Odesa veröffentlicht wurde und dem einige Kritiker übersteigerten Ästhetizismus vorwarfen. Der Almanach gilt als programmatisches Werk des frühen ukrainischen Modernismus. Voronyjs Dichtung verbindet Neoromantik und folkloristische Stimmungen. In den Augen der jungen Generation ukrainischer Schriftsteller erschien Voronyj deshalb als altmodisch, gleichzeitig führte er aber auch modernistische Motive wie den Urbanismus ein. 1917 war er einer der Gründer der *Zentralen Rada*, die später die *Ukrainische Volksrepublik* (UNR) ausrief. Zu Beginn der zwanziger Jahre lebte er in Polen, kehrte aber 1926 in die Sowjetukraine zurück. Bereits 1934 wurde er als angeblicher polnischer Spion vom NKVD verhaftet und 1938 in Odesa zum Tode verurteilt und erschossen.

Hryc'ko (Hryhorij) Čuprynka (1879–1921) teilte mit Mykola Voronyj und Oleksandr Oles' (1878–1944), dem Vater von Oleh Ol'žyč, den unverdienten Ruf eines gescheiterten modernistischen Schriftstellers. Alle diese Autoren galten den Avantgardeschriftstellern als Beispiele für eine unzureichende und unbeholfene Literatur, die noch in der Vergangenheit stecken geblieben war. Čuprynka wurde in der Region Černihiv geboren, nahm an der Revolution von 1905 teil und war aktives Mitglied der modernistischen Gruppe *Ukrainische Hütte* (Ukrajins'ka chata). 1921 wurde er vom sowjetischen Geheimdienst getötet. Seine Gedichte sind von patriotischem Pathos, folkloristischen Elementen und neoromantischen Stimmungen getragen.

Ukrainische Wahlidentitäten: Volodymyr Bačyns'kyj und V'jačeslav Lypyns'kyj

In der österreichischen Ukraine trat Julian Bačyns'kyj (1870–1940) entschieden für einen ukrainischen Nationalstaat ein, dessen Territorium seiner Vorstellung nach vom Fluss San bis zum Kaukasus reichen sollte. Er stammte aus einer ukrainisierten polnisch-ungarischen Adelsfamilie, sein Vater war Rektor des griechisch-katholischen Priesterseminars in L'viv. 1895 veröffentlichte Bačyns'kyj seine Broschüre *Ukrajina irredenta*. Aus einer marxistischen Perspektive kritisierte er die konstitutionellen Demokratien, die nur den Interessen der Bourgeoisie dienten. Ganz unmarxistisch jedoch forderte er einen ukrainischen Nationalstaat nicht aus politischen, sondern aus ökonomischen Gründen. Er erwartete den Zusammenbruch des Habsburgerreichs aus internen und externen Gründen. Er argumentierte, dass es keinen Zentralstaat mehr brauche, wenn sich die einzelnen Kronländer wirtschaftlich erfolgreich entwickelten. Im Zarenreich rechnete er mit einer Konstitutionalisierung. Ein solchermaßen modernisiertes Russland würde aber nicht mehr für die Existenz Österreich-Ungarns eintreten – 1849 hatte der Zar dem österreichischen Kaiser Franz Joseph I. geholfen, den ungarischen Aufstand niederzuwerfen. Bačyns'kyj plädierte für eine einheitliche Ukraine, in der sowohl Ukrainer als auch „Kolonisten" (also Russen, Polen, Deutsche, Ungarn, Rumänen) leben sollten. Allerdings erwartete er eine kulturelle Homogenisierung, die aus dem ökonomischen Interesse am ukrainischen Nationalstaat entstehen sollte. Bačyns'kyj sandte seine Abhandlung an Drahomanov in Sofia und begann mit ihm einen kontroversen Briefwechsel über die ukrainische Eigenstaatlichkeit. Mit dem Untergang der österreichischen und der russischen Monarchie sah Bačyns'kyj seine kühnsten Träume verwirklicht. Er engagierte sich in der Ukrainischen Volksrepublik und ging als Petljuras Botschafter nach Washington, wo er für die Anerkennung der Ukraine lobbyierte. In den zwanziger Jahren lebte er in Berlin. Er blickte mit Sympathie auf die Sowjetukraine, in der er die Ausbildung einer sozialistischen Gesellschaft von „Ukrainern" erwartete. 1933 entschloss er sich fatalerweise, in die Sowjetukraine zu reisen, um beim Aufbau des Sozialismus mitzuhelfen. Bereits ein Jahr später wurde er als „ukrainischer Nationalist" verhaftet und zu einer zehnjährigen Lagerstrafe verurteilt, während der er starb.

Den konservativen Gegenpart zu Bačyns'kyj verkörperte V'jačeslav Lypyns'kyj (1882–1931), der als Wacław Lipiński in einer polnischen Familie in Wolhynien geboren wurde und als junger Mann eine ukrainische Identität annahm. Im Jahr 1908 begann er, sich in der rechtsufrigen Ukraine für die Ukrainisierung der polnischen Szlachta einzusetzen. Er fand Anschluss bei einer kleinen Gruppe, die sich „Ukrainer mit polnischer Kultur" oder „römisch-katholische Ukrainer" nannten. 1912 veröffentlichte er den Band *Aus der ukrainischen Geschichte* (Z dziejów Ukrainy), der später einen großen Einfluss auf die ukrainische Exil-Historiographie ausübte. Lypyns'kyj deutete die Chmel'nyc'kyj-Revolution weder als Rebellion gegen Polen, noch als Annäherung an Russland, sondern als Gründungsakt eines ukrainischen Staatsgebildes.

Am Ersten Weltkrieg nahm Lypyns'kyj als Reserveoffizier der russischen Kavallerie teil. Er erlebte die wichtigste russische Niederlage gegen Deutschland bei der Schlacht von Tannenberg, konnte jedoch fliehen. Er zog sich damals aber eine Tuberkulose zu, von der er sich nie wieder ganz erholte. Während der ukrainischen Revolution 1917 war er einer der Gründer der „Ukrainischen demokratischen Agrarpartei", die im Gegensatz zur linksgerichteten Zentralen Rada am privaten Landbesitz festhielt. Als Gefolgsmann des Hetmans Pavlo Skoropads'kyj wurde er ukrainischer Gesandter in Wien. Nach der endgültigen Machtübernahme der Bolschewiken in der Sowjetukraine blieb Lypyn'skij in Österreich, wo er sich historischen Studien widmete. Für die Ukraine entwarf er eine politische Ordnung eines „elitären Konservatismus". In einer seltsamen Kombination der Theorien von Karl Marx und Julien Sorel beharrte er darauf, dass die Bauern zwar das ukrainische Volk darstellen, aber eines autoritären Führers bedürfen. Die Tragödie der Ukraine erblickte er im Rückblick darin, dass die revolutionäre Ukraine weder einen Lenin noch einen Piłsudski hervorgebracht habe. Als ideale Staatsform für die Ukraine schwebte ihm eine Arbeitermonarchie vor, die von einem Hetman angeführt wird. In seinen „Briefen an die broterzeugendenden Brüder" (Lysty do brativ-chliborobiv, 1923) glaubte er, dass nur ein autoritärer Führer aus der „ethnographischen Masse" der Getreidebauern eine ukrainische Nation erschaffen könne. Der Hetman würde nicht demokratisch gewählt, sondern verfügt als Inkarnation des Volkswillens über eine Macht, die er an seinen Nachfolger vererbt. Lypyn'skij träumte davon, dass die unbedingte Macht von oben durch eine unbedingte Freiheit von unten ergänzt werde.

Tetjana Maljarčuk hat Lypyns'kyjs widersprüchliche Figur zum Protagonisten ihres Romans *Blauwal der Erinnerung* (Zabuttja, 2019) gemacht. Dort erzählt die Protagonistin, eine gegenwärtige Autorin, von Lypyns'kyjs Plänen, dessen realisierten und nicht realisierten Projekten, um Halt und Orientierung in ihrer eigenen Lebens- und Liebeskrise zu finden. In diesem Roman sind besonders die Passagen über Lypyns'kyj als gründlich recherchierte Erinnerungsprosa ansprechend geschrieben.

Übersetzungen

Serhiy Bilenky (Hg.): Fashioning modern Ukraine. Selected writings of Mykola Kostomarov, Volodymyr Antonovych, and Mykhailo Drahomanov. Edmonton, Toronto 2013.

Weiterführende Literatur

Andriy Zayarnyuk, Ostap Sereda: The intellectual foundations of modern Ukraine. The nineteenth century. Abingdon 2023.

12
Die Moderne und die Entstehung einer gemeinsamen ukrainischen Literatur

Alexander Kratochvil und Alois Woldan

Im späten 19. Jahrhundert schrieb sich eine junge literarische Generation von der programmatischen Tradition des Realismus frei. Inspiriert wurde sie dabei von den modernistischen kulturellen Strömungen in Europa, insbesondere von den deutschsprachigen und skandinavischen Literaturen, zum Teil auch vom französischen Symbolismus.

Für die Neuorientierung der Literatur spielte auch die Veränderung der Leserschaft in der Ukraine im ausgehenden 19. Jahrhundert eine zunehmend bedeutendere Rolle. Das Interesse des neuen Publikums ging über bäuerliche Themen, Fragen ethnisch-nationaler Kultur und folkloristische Traditionen hinaus. Mychajlo Kocjubyns'kyj bemerkte 1903, dass ein neuer Lesertyp herangewachsen sei, den die literarische Darstellung des Bauernlebens nicht mehr zufrieden stelle: „Schließlich ist unser intelligenter Leser mit den besten Beispielen der modernen europäischen Literatur aufgewachsen."

Und doch blieb die ukrainische Moderne sozialen Inhalten verpflichtet, die sich über den Realismus bis zurück zur Romantik verfolgen lassen. Damit stand sie in der Tradition eines von Johann Gottfried Herder inspirierten Kulturmodells, das seit der Frühromantik wichtige Impulse für das Selbstverständnis mittel- und osteuropäischer Kulturen lieferte und sich auf Ethnizität, Sprache und Konstruktionen einer Nationalkultur stützte. Berühmt geworden ist das sogenannte Slavenkapitel aus den *Ideen zur Philosophie der Geschichte der Menschheit* (1791): „Unglücklich ist das slavische Volk, dass seine Lage unter den

A. Kratochvil (✉)
Institut für slavische Philologie, Ludwig-Maximilians-Universität München, München, Deutschland
E-Mail: alexander.kratochvil@lmu.de

A. Woldan
Institut für Slawistik, Universität Wien, Wien, Österreich
E-Mail: alois.woldan@univie.ac.at

Erdvölkern es auf einer Seite den Deutschen so nahe brachte, und auf der andern seinen Rücken allen Anfällen östlicher Tataren freiließ, unter welchen, sogar unter den Mongolen, es viel gelitten, viel geduldet. Das Rad der ändernden Zeit dreht sich indes unaufhaltsam; und da diese Nationen größtenteils den schönsten Erdstrich Europas bewohnen, wenn er ganz bebaut und der Handel daraus eröffnet wurde, da es auch wohl nicht anders zu denken ist, als dass in Europa die Gesetzgebung und Politik statt des kriegerischen Geistes immer mehr den stillen Fleiß und den ruhigen Verkehr der Völker untereinander befördern müssen und befördern werden: so werdet auch ihr so tief versunkene, einst fleißige und glückliche Völker endlich einmal von eurem langen trägen Schlaf ermuntert, von euren Sklavenketten befreit, eure schönen Gegenden vom Adriatischen Meer bis zum karpatischen Gebirge, vom Don bis zur Moldau als Eigentum nutzen und eure alten Feste des ruhigen Fleißes und Handels auf ihnen feiern dürfen!" Aufgrund der politischen Bedingungen für die ukrainische Kultur im Zarenreich blieb dieses Kulturmodell auch in der zweiten Hälfte des 19. Jahrhunderts dominant, selbst als kurzzeitig der Realismus als literarische Strömung den Fokus stärker auf soziale Konstellationen richtet. In seiner inhaltlichen Ausrichtung muss der ukrainische Realismus als Variante der ukrainischen Romantik betrachtet werden. Es geht nach wie vor um eine narrative Selbstermächtigung der ukrainischen Nation, die sich aus einer unverschuldeten Knechtschaft befreien muss.

Die auf den Realismus folgende literarische Generation modernisierte das ukrainische Literaturmodell und richtete den Blick auf zeitgenössische ästhetische Trends, wie etwa einen gesteigerten Individualismus oder eine neoromantische Re-Mythisierung der Welt. Der modernistische Text grenzte sich deutlich von ethnographisch-realistischen Beschreibungen ab und hob das individuelle Erleben hervor. Gleichzeitig vertiefte der ukrainische Modernismus die traditionelle Verantwortungsästhetik, in der sich subjektive Lebensentwürfe, moralische Fallstricke und die Verpflichtung der gebildeten Mittelschicht für die Gesellschaft verschränkten.

Damit werden seit den 1890er-Jahren ästhetische und stilistische Trends in der ukrainischen Literatur deutlich, die man auch bei benachbarten slavischen Literaturen findet. Maxim Tarnawsky betont in diesem Zusammenhang: „Der Modernismus erscheint als die Europäisierung der ukrainischen Literatur nach der klösterlichen Provinzialität der realistischen Epoche."

Gleichzeitig lässt sich erstmals von einer gemeinsamen ukrainischen Literatur auf den Territorien der Habsburgermonarchie und des Zarenreichs sprechen. Die zahlreichen und immer schärferen Restriktionen gegen die ukrainische Sprache und Kultur in der zweiten Hälfte des 19. Jahrhunderts im Zarenreich führten paradoxerweise zu einer Stärkung und Blüte einer gemeinsamen ukrainischen Literatur. Dies beruht vor allem auf dem gezwungenermaßen intensiven Austausch zwischen ukrainischen Autoren in der Habsburgermonarchie und dem Zarenreich. Zahlreiche Schriftsteller aus dem russischen Imperium nutzten die weniger repressive Publikationskultur in Österreich und schufen dabei künstlerische und verlegerische Netzwerke. In Galizien unterstützte besonders Ivan Franko diese Entwicklung, die sich nicht nur in seinem Werk und seinen politischen Konzeptionen, sondern auch in seiner privaten Lebensgestaltung niederschlug. Somit erscheint die ukrainische Moderne als spezifischer Teil der europäischen Moderne, und die junge Schriftstellergeneration, die sich mit modernen Entwicklungen und intellektuellen Strömungen in Gesellschaft, Wirtschaft und Politik identifiziert, vertritt eine Gegenkultur in Ablehnung zur slavophil-nationalistischen Richtung, wie sie sich sichtbar im Zarenreich herausbildet.

Impressionismus und Psychologismus: Mychajlo Kocjubyns'kyj

Mychajlo Kocjubyns'kyj (1864–1913) vereint in Werk und Leben sehr anschaulich die Eigenart der ukrainischen literarischen Moderne. Er stammte wie etliche Intellektuelle seiner Generation aus einem kleinbürgerlichen Milieu von Staatsbeamten oder Geistlichen im Zarenreich. Er studierte am Priesterseminar in Kam'janec'-Podil's'k, aus dem er – es herrschten zu dieser Zeit strenge Restriktionen gegen die ukrainische Sprache – wegen ukrainischer Aktivitäten ausgeschlossen wurde. Er arbeitete dann als Hauslehrer und Zeitungsredakteur. Von 1892 bis 1896 war er Mitglied einer staatlichen Schädlingsbekämpfungskommission, die ihn nach Bessarabien und auf die Krym führte. Diese Tätigkeit schlug sich in den Themen und Motiven seiner Prosa nieder. Ab 1898 verdiente er seinen Broterwerb als Statistiker im Staatsamt in Černihiv. Als Mitglied der „Taras-Bruderschaft" beteiligte er sich aktiv an einer Modernisierung des ukrainischen kulturellen Selbstverständnisses sowie der Volksaufklärung. Aus gesundheitlichen Gründen – er litt an Asthma und Tuberkulose – führten ihn Auslandsreisen immer wieder nach West- und Südeuropa. Den Winter 1911/12 verbrachte er bei Maksim Gor'kij auf der Insel Capri. Schließlich musste er seine literarische Arbeit aufgeben. Die folgenden beiden Jahre bis zu seinem Tod wurde er von der Stiftung für ukrainische Wissenschaft und Kunst finanziell unterstützt.

Mit seinen Themen und Sujets steht Kocjubyns'kyj zu Beginn seiner literarischen Laufbahn in der unmittelbaren Nachfolge des ukrainischen Realismus. Zugleich verwandelt er die realistische Beschreibung der Außenwelt in die Darstellung eines subjektiven Erlebens. Dabei fehlt im Gegensatz zum realistischen Schreiben zumeist die logisch-kausale Verknüpfung der einzelnen Handlungselemente, dies betrifft auch die Verknüpfung von Gedanken und Bildern. Assoziationsketten werden gebildet, wie etwa in den Prosastücken „Apfelblüte" (Cvit Jabluni, 1902), „Intermezzo" (1908) oder in den Erzählungen über die Krym und die Krymtataren.

Dieser impressionistische Wahrnehmungsmodus zeigt sich bei Kocjubyns'kyj in einer ausgeprägten literarischen Synästhesie. Hinzu kommen modernistische Verfahren wie der innere Monolog und der Bewusstseinsstrom, die sich in den Erzählungen „Das Duell" oder „Die Apfelblüte" beobachten lassen. In dieser Erzählung muss der Protagonist hilflos zusehen, wie seine kleine Tochter stirbt. Zugleich ist der unglückliche Vater Schriftsteller, der dieses Sterben als Material für sein literarisches Werk detailliert abspeichert. Die äußere Handlung, die sich auf eine Nacht und die Morgendämmerung erstreckt, reduziert sich auf das Sterben der Tochter und wird wie in Zeitlupe geschildert. Diese Langsamkeit, der zeitweise fast völlige Stillstand der Handlung ermöglicht die detaillierte Darstellung des Innenlebens des Helden. Dieses Innenleben offenbart sich als Widerstreit verschiedener Ich-Stimmen, die miteinander verknüpfte Themen (Sterben und Werden in der Natur, Verzweiflung des Menschen im Angesicht des Todes, vitalistische Lebensfreude, Verantwortung des Schriftstellers) berühren und in der Außenwelt durch Sinnbilder und Motive ihre Entsprechung finden. Diese Ich-Stimmen stellen verschiedene Bewusstseinsebenen des Protagonisten dar, die in Konflikt miteinander geraten und deren Gewichtung sich im Lauf der Erzählung verschiebt. Das innere Drama des Protagonisten wird als abrupte Abfolge von Ich-Stimmen, als innere Polyphonie präsentiert.

Auch in der Erzählung „Intermezzo" findet sich solch ein innerer Widerstreit. Diese Erzählung wird im Schulkanon der Ukraine zu Recht als anschauliches Beispiel für Kocjubyns'kyjs impressionistische Prosa präsentiert. Auch hier ist die äußere Handlung sehr reduziert und das Drama spielt sich in der chaotischen Innenwelt des Protagonisten ab, die sich als Sequenz synästhetischen Erlebens darstellt. Die Eindrücke des Protagonisten sind zugleich Auslöser und Ausdruck seiner Gefühle. Das Werk ist wie ein Mosaik aus fragmentarischen Bruchstücken, Farben, Klängen, Gedanken, Stimmungen. Gleichzeitig ist diese ansprechende artifizielle Erzähltechnik verknüpft mit dem Thema des Selbstverständnisses und der Verantwortung des revolutionären Intellektuellen und Schriftstellers für eine Modernisierung der Gesellschaft.

Der Roman *Fata Morgana. Aus dem Landleben* besteht aus zwei Teilen. Der erste Teil erschien 1903 als eigenständige Erzählung, der zweite Teil erst 1910. Zusammen beschreiben die beiden Teile die sich wandelnde soziale und politische Situation des ukrainischen Dorfes im Zarenreich im ersten Jahrzehnt des 20. Jahrhunderts. Während im zweiten Teil die Auswirkungen der Revolutionen zwischen 1905 und 1907 wesentlich Triebfedern des Handelns der Protagonisten sind, stellen die Ereignisse im ersten Teil die Voraussetzungen und die Vorgeschichte dar. Kocjubyns'kyj bezieht sich im zweiten Teil auf tatsächliche revolutionäre Ereignisse in einem größeren Dorf im heutigen Gebiet Černihiv. Zu Sowjetzeiten galt dieses Werk als einer der Pioniertexte des ukrainischen sozialistischen Realismus und wurde mit entsprechend ideologisch aufgeladenen Deutungen kommentiert. Der Roman wurde auch zweimal mit einem Fokus auf das revolutionäre Erwachen des Dorfs verfilmt.

Tatsächlich stellt der Roman *Fata Morgana* jedoch jegliches ideologische Streben und Handeln der Menschen als Trugbild grundlegend in Frage – worauf nicht zuletzt der Titel verweist. Der Autor nähert sich dem Problem der Verarmung des Dorfes aus einer anderen, ungewohnten Perspektive. Er präsentiert die Dorfbewohner nicht als im Wesentlichen homogene Masse erdverbundener, aber landloser Bauern, sondern zeigt sie in ihren individuellen Kontexten und mit ihren „Lebensträumen". So träumt der eine Protagonist davon, dass im Dorf wieder eine Zucker- und Schnapsfabrik errichtet wird. Er würde lieber dort arbeiten als auf dem Acker, wo er keine Zukunft sieht. Seine Frau hingegen wünscht sich, ein eigenes Stück Land zu besitzen, eine echte Bäuerin zu sein oder wenigstens ihre Tochter Hafijka dazu zu machen. Diese möchte wiederum mit dem politischen Aktivisten Marko für soziale Gerechtigkeit kämpfen. Der Dorfhirte verkörpert dagegen Anarchie und Destruktion. Er hat nur den einen Wunsch, alles zu vernichten und niederzubrennen.

Im Roman wird ein differenziertes, wenn auch typisiertes Panorama der Dorfgemeinschaft entworfen mit entsprechenden sprachlichen Eigenarten und Metonymien. So wird die Bäuerin zum Beispiel durch ihre „ständig roten, geschundenen Hände" und Redewendungen aus der Folklore charakterisiert.

Während im ersten Teil die Protagonisten als „individuelle Träumer" durchaus mit Sympathie dargestellt werden, versinken die Menschen im zweiten in einer dunklen Masse. „Alles verschmolz zu einem einzigen Wahnsinn", heißt es an einer Stelle. Die Dorfbewohner zerstören nicht nur Hab und Gut anderer, sondern im apokalyptischen Rausch der eigenen Zerstörungswut auch die Zucker- und Schnapsfabrik. Um anschließend der Bestrafung durch die Obrigkeit zu entgehen, verfolgen und lynchen sie dann diejenigen, die sie zuvor zu Anführern bestimmt hatten.

Die Erfahrung von Armut, Ungerechtigkeit und Enttäuschung wird als individuelle Erfahrung, in inneren Monologen, durch Naturbilder und die Stimmungen der einzelnen Protagonisten vermittelt. Der Gemütszustand der Protagonisten spiegelt den Zustand ihres Lebens.

Die Verknüpfung impressionistischer Weltwahrnehmung mit einer sozialen und kulturpolitischen Agenda findet sich auch in den Erzählzyklen über die Krym und Bessarabien. Kocjubyns'kyjs dortige Erlebnisse und Begegnungen während seiner Tätigkeit in der Kommission zur Schädlingsbekämpfung inspirierten ihn zu mehreren Prosatexten mit exotischen Sujets.

Zum Krymzyklus gehören drei umfangreiche Prosatexte, die das Leben der Krymtataren und ihre Kultur im Zarenreich reflektieren („In den Fesseln des Dämons" [V putach šajtana], „Auf dem Felsen" [Na kameni], „Unter Minaretten" [Pid minaretamy]). Der gemeinsame Nenner dieser Prosa sind die soziokulturellen Konstellationen im ausgehenden 19. und beginnenden 20. Jahrhundert auf der Krym, die sowohl für Konflikte im krymtatarischen Dorf als auch in der Stadt Bachčisaraj sorgen. Diese Konflikte sind Ausdruck des kulturellen Wandels und der Modernisierung der krymtatarischen Gesellschaft auf individueller und kollektiver Ebene. In der Erzählung „Auf dem Felsen" wird eine kulturelle Konfliktsituation zwischen Krymtataren und Fremden beschrieben. Zentral ist in dieser Erzählung die verbotene Liebe als Metapher des sozialen Protests. Die beiden Hauptfiguren der Geschichte, die Krymtatarin Fatme und der Türke Ali, sind beide Fremde in dem Dorf am Meer „auf dem Felsen". Sie lehnen sich mit ihrer verbotenen Liebe gegen die erstarrte, eingekapselte Dorfgemeinschaft mit ihren archaischen Normen auf, die sie wie eine Gefangenschaft empfinden. Ihr Fluchtversuch aus diesen sozialen Verstrickungen und Restriktionen scheitert tragisch.

In der Erzählung „In den Fesseln des Dämons" steht wiederum ein tatarisches Mädchen, Emene, im Mittelpunkt. Kocjubyns'kyj zeigt hier die Veränderung der traditionellen patriarchalischen Gesellschaft und die Stellung der Frau darin. Anhand eines klassischen Erzählmusters des 19. Jahrhunderts (Generationenkonflikt innerhalb einer Familie) werden die religiös-sozialen Spannungen jener Zeit veranschaulicht. Verschiedene tatarische Intellektuelle versuchten damals, den Islam im russischen Reich als Religion und Sozialsystem zu reformieren. Dieser Reformwille hat ein offensichtliches Pendant in ukrainischen

Aktivitäten. Allerdings lassen sich die Krymerzählungen nicht auf solche offensichtliche Parallelen reduzieren, wie die Langerzählung „Unter Minaretten" verdeutlicht. Die Erzählung handelt in Bachčisaraj und verrät eine erstaunliche Vertrautheit Kocjubyns'kyjs mit der Agenda und Programmatik der krymtatarischen Modernisierer unter Ismail Gasprinskij (1851–1914) – ein Moment, das auch in den Krymtexten Lesja Ukrajinkas deutlich wird.

In einem anderen exotischen Umfeld, doch diesmal in der archaischen Karpatenwelt ist der Kurzroman *Schatten vergessener Ahnen* (Tini zabutych predkiv, 1912) angesiedelt. Es ist das seit den 1920 Jahren durch zahlreiche Übersetzungen wohl bekannteste Werk des Autors, das zudem über die literarische Rezeption hinausreicht, nicht zuletzt wegen der international prämierten Verfilmung (*Wild Horses of Fire*, 1964) durch den armenisch-ukrainischen Regisseur Sergej Paradžanov (1924–1990) und der Rolle, die ein Protest der ukrainischen *Sechziger* (Šistdesjatnyky) während der Premiere des Films 1965 spielte (Abb. 12.1).

Die Handlung des Romans spielt in huzulischen Dörfern und auf den Almen der ukrainischen Karpaten und inszeniert eine scheinbar mythische Welt der Huzulen mit ihren fremdartigen Bräuchen, ihrem Zusammenleben mit übernatürlichen Wesen wie Teufeln, Nymphen und allerlei Dämonen wie dem Čuhajstyr. Das Sujet adaptiert den literarischen Stoff der unglücklichen Liebe zweier junger Menschen, Marička und Pavlo, deren Familien verfeindet sind (Romeo und Julia). Marička kommt bei einem tragischen Unfall ums Leben, und eine späte Vernunftehe Pavlos schlägt fehl. Er wird schließlich im Streit mit dem Mol'far, also dem Schamanen des Dorfes, der ein Verhältnis zu dessen Frau hat, ein Opfer von magischen Praktiken. Pavlos Beerdigung wächst sich zu einem orgiastischen Fest des Lebens der Bergbewohner aus.

Kocjubyns'kyj kannte aufgrund eigener Aufenthalte in den Karpaten und der Freundschaft mit dem Volkskundler und Karpatenkenner Volodymyr Hnatjuk die Huzulen und ihre Kultur sehr gut. Die ethnographischen Details über Dämonen und Geister der

Abb. 12.1 Kinoplakat zu Paradžanovs Film *Schatten vergessener Ahnen* (1964)

Karpaten, über Zauberformeln, die Alltagskultur der Almwirtschaft und die religiösen Feste der Huzulen, gepaart mit der sprachlichen Verfremdung durch Dialektelemente und Lieder wie der *Kolomijka*, brachten dem Werk den Ruf ein, eine ethnographische Enzyklopädie zu sein, vergleichbar mit Lesja Ukrajinkas *Waldlied*. Doch wie Ukrajinkas Drama ist auch Kocjubyns'kyjs Roman vor allem ein ästhetisches Experiment. Mit impressionistischen Sinnwelten wird hier eine phantastische Parallelwelt zur rational erfassbaren, vernunftgeleiteten Welt entworfen. Kocjubyns'kyjs innovative Leistung zeigt sich in der Verknüpfung einer eigentlich vormodernen Weltsicht der Protagonisten mit einer modernistischen literarischen Inszenierung.

Die Verbindung von Mythologie und Literatur ist kein neues Phänomen in der ukrainischen Literatur jener Zeit, sondern ein Merkmal der ukrainischen Literaturtradition seit Gogol'. Neu ist aber, dass in der Ästhetik des ukrainischen Modernismus mythische Elemente mit romantischem Naturerleben und realistischen Themen auf originelle und innovative Weise verknüpft werden und modernistische Bildwelten schaffen. Dieses Phänomen wird in der ukrainischen Literaturwissenschaft auch als magischer Realismus bezeichnet.

Die literarische Moderne in Galizien

Ivan Franko hatte mit seiner letzten Lyriksammlung der Moderne in Galizien den Weg bereitet. So stehen etwa die Autoren der „Pokutischen Trias" – Vasyl' Stefanyk, Marko Čeremšyna und Les' Martovyč – in der Tradition von Ivan Franko, was die Wahl ihrer Themen betrifft. Zum anderen gibt es Autoren, die – wie Hnat Chotkevyč – speziell galizische Traditionen im Stil der Moderne behandeln. Dazu kommen junge Dichter, die nach dem Modell der mitteleuropäischen Moderne eine Lemberger Dichtergruppe, die „Junge Muse" („Moloda Muza"), gründeten.

Hinter den Jungen in der Literatur steht auch ein soziales Phänomen – das rasche Anwachsen einer ukrainischen Intelligenz, die sich nicht mehr mit einer traditionellen Rolle auf dem Land begnügte, sondern aus dem Dorf in die Stadt drängte. Aber auch in Lemberg war die ukrainische „Nische" in der Stadt – Institutionen wie die *Wissenschaftliche Ševčenko-Gesellschaft*, die *Prosvita*-Gesellschaft, das Stauropegische Institut u. a. – viel zu klein, um den Zustrom der Jungen aufzufangen. Diese fanden ihren Ort über die ganze Stadt verstreut in den Redaktionen der Zeitungen, als schlecht bezahlte Mitarbeiter von Verlagen, als Studenten der Universität. Als Treffpunkt mit Gleichgesinnten bot sich das Kaffeehaus an, nicht nur ein Ort, der schon von der westeuropäischen Moderne favorisiert worden war, sondern der auch für alle offen, zugänglich und vor allem billig war.

Hand in Hand damit ging ein Umdenken in den Köpfen: Nicht mehr die Auffassung einer utilitaristischen Literatur, die der Sache des eigenen Volks zu dienen hätte, stand im Vordergrund, sondern das Recht auf einen eigenen Weg in der Literatur, die individuelle Entscheidung für bestimmte Stilrichtungen, die in der europäischen, vielfach auch der benachbarten polnischen, Literatur dominierten. Die junge ukrainische Öffentlichkeit brauchte aber auch ihre Medien. Etablierte Periodika wie der *Literarisch-Wissenschaftliche Bote der Ševčenko-Gesellschaft* konnten diesem Bedürfnis nicht mehr genügen. Nun gaben große Tageszeitungen wie *Die Sache* (Dilo) den Ton an. Die österreichische Zensur war – vor allem im Vergleich mit Russland – milde. Wenn ein Artikel beeinsprucht wurde, so blieb dessen Platz in der Zeitung frei, ohne dass das ganze Blatt konfisziert worden wäre. Zeitungen wie *Dilo* hatten auch ihre eigenen Verlage, die literarische Neuerscheinungen produzierten. Dazu kamen einzelne wenige Buchverlage, wie etwa die Firma Jakiv Orenštajn in Kolomyja, die sich auf die Herausgabe ukrainischer Autoren von der Klassik bis zur Gegenwart spezialisiert hatten.

Die Meister der kleinen Form: die „Pokutische Trias" Stefanyk, Čeremšyna und Martovyč

Vasyl' Stefanyk (1871–1936) wurde im Dorf Rusiv bei Deljatyn in Pokutien geboren und stammte aus einer wohlhabenden Bauernfamilie. Nach dem Besuch der Grundschule schickte ihn sein Vater auf das Gymnasium in Kolomyja, aus dem er zusammen mit seinem Freund Martovyč wegen pro-ukrainischer Aktivitäten verwiesen wurde. Er beendete das Gymnasium in Drohobycz, wo er auch Ivan Franko kennen lernte, dem er Zeit seines Lebens eng verbunden blieb.

Das Medizinstudium in Krakau, das Stefanyk auf Wunsch seines Vaters begonnen hatte, brachte er nie zu Ende. In Krakau kam Stefanyk mit führenden Vertretern der polnischen Moderne, aber auch mit prominenten Vertretern der galizischen Sozialdemokratie in Kontakt. In diese Zeit fallen auch seine ersten Veröffentlichungen in Zeitschriften und seine erste Buchpublikation *Das blaue Büchlein* (Synja Knyžečka, 1899), auf die weitere Erzählbände folgten, die seinen Namen als Autor festigten. Von 1908 bis 1918 war Stefanyk auch Abgeordneter im Wiener Reichsrat, was für sein Ansehen in der ukrainischen Öffentlichkeit spricht. 1914 starb seine Frau und ließ ihn mit drei halbwüchsigen Söhnen zurück, die er durch die Wirren der Kriegszeit bringen musste. Ab 1916 unterbrach Stefanyk seine literarische Tätigkeit für 15 Jahre. Auch seine Produktion in den 1920er- und 1930er-Jahren ist bescheiden. Stefanyk erklärt in seiner Autobiographie, dass er nur wenig geschrieben habe und auch dem Drängen von Verlegern und Freunden nach Veröffentlichung von Texten nicht nachgekommen sei. Zehn Jahre später starb er an einer schweren Krankheit.

Schon mit seiner ersten Sammlung, dem *Blauen Büchlein*, beschreitet Stefanyk, der in der Tradition der engagierten Literatur des Realismus steht, neue Wege. Das wird schon an formalen Charakteristika seiner Prosa sichtbar. Seine frühen Erzählungen, vom Autor selbst als „Novellen" bezeichnet, sind extrem kurz und müssen aufgrund der stark reduzierten Fabel besser als Skizzen, Genre- und Charakterbilder gelten. Der Erzähler wird in diesen Skizzen so weit als möglich zurückgenommen, es dominiert die Figurenrede, die noch dazu stark dialektal gefärbt ist, sodass diese Texte für den Leser, der nur schriftsprachliches Ukrainisch versteht, zumeist mit einem Glossar ausgestattet sind. Nicht nur die Lexik, auch die defekte Syntax verleiht den bäuerlichen Sprechern Authentizität. Mit der Echtheit der Sprache ist die Wahrheit der Aussage verbunden: Nicht ein räsonierender Erzähler, sondern die Figuren selbst bringen diese zum Ausdruck.

Die Titelerzählung beginnt mit einer für Stefanyks Erzählungen typischen Situation: Der Held erzählt am Ende seines Lebens in knappen Worten seine Lebensgeschichte, er nennt jene Umstände, die aus einem vermögenden Bauern einen Säufer gemacht haben, der jetzt als Tagelöhner sein Leben fristen muss. In diesem Bericht findet sich keine Klage, keine Schuldzuweisung, keine Analyse der Umstände, die für diesen Abstieg verantwortlich waren, sondern Fatalismus und Akzeptanz einer quasi naturgegebenen Situation, ja auch Vertrauen auf jenes „blaue Büchlein" (den Pass), das für die Arbeitssuche benötigt wird.

Eine ähnliche Ausgangssituation findet sich in der Erzählung „Ein Meister" (Majster) aus derselben Sammlung. Ivan, einst ein begabter Handwerker, der die schönsten Holzhäuser errichtet hat, ist heute ein herabgekommener Säufer. Ursache dafür ist das Scheitern an einem Kirchenbau. Ein Alptraum hatte ihn gehindert, dieses Werk auszuführen, und damit beginnt sein Abstieg. Träume, Halluzinationen und Erscheinungen haben für die Psyche von Stefanyks Helden eine große Bedeutung (Ivan träumt, dass die von ihm gebaute Kirche einstürzt und ihn unter sich begräbt), sie sind den Ereignissen im Wachzustand gleichwertig. Der Traum ist auch ein Hinweis auf die Ästhetik der Moderne: Im Traum kommt die tiefste Schicht der menschlichen Psyche an die Oberfläche; sie ist von größerem Gewicht als sozio-ökonomische Faktoren.

Zweifellos sind auch soziale Faktoren schuld an der Misere der Helden bei Stefanyk, allen voran die extreme Armut, die zu weiteren Problemen führt. In der Erzählung „Herbst" (Osin') entlädt sich die Ausweglosigkeit in Aggression: Der Protagonist Mytro scheitert daran, die völlig zerschlissenen Schuhe seiner Frau zu flicken – er schlägt seine Frau und misshandelt seine Kinder. In „Eine Neuigkeit" (Novyna) ertränkt der Bauer Hryc' seine jüngere Tochter, weil der Tod immer noch besser sei als das Leben in Elend, das er ihr nach dem Tod seiner Frau bieten kann; danach stellt er sich dem Gericht, sein älteres Kind ist zum Betteln verurteilt. Alle diese Erzählungen enden offen, am Ende findet sich eine Situation, die an den Anfang erinnert und die Ausweglosigkeit der Lage verdeutlicht. Alles bleibt beim Alten, es gibt keine Veränderung, alle Beteiligten fügen sich in ihr Schicksal. Es findet sich auch keine explizite Schuldzuweisung, alle Protagonisten sind schuldig und unschuldig zugleich. Das moralische Anliegen tritt zurück, eine existentielle Problematik rückt in den Vordergrund. Die unmenschlichen Verhältnisse, die den Menschen verrohen lassen, werden gezeigt, aber sie stehen nicht im Zentrum der Aussage. Die sozialistische Literaturkritik sah in diesen Erzählungen vor allem die Kritik an den ungerechten Verhältnissen und machte aus Stefanyk einen Vorkämpfer für soziale Gerechtigkeit. Manche seiner literarischen Zeitgenossen warfen Stefanyk „Pessimismus" vor, der sich in einer übertrieben negativen Darstellung der dörflichen Welt äußere.

Eine der bekanntesten Erzählungen Stefanyks aus der ersten Schaffensperiode, „Das steinerne Kreuz" (Kaminnyj chrest), die Titelerzählung des zweiten Bandes aus dem Jahr 1900, handelt von der Emigration nach Kanada: Ivan muss von einem Grundstück auf einem Hügel leben, das nur einen bescheidenen Ertrag abwirft. Aber nicht er, der diesem Hügel Jahr für Jahr eine bescheidene Ernte abringt, fasst den Beschluss zur Emigration, sondern seine Söhne. Ivan hingegen errichtet auf diesem Hügel ein steinernes Kreuz, das an ihn erinnern soll. Über die Zukunft der Protagonisten unter vermeintlich besseren Lebensbedingungen in Übersee wird kein Wort verloren. Das Kreuz aus dem Titel, das als Andenken an Ivan sowohl Lebenszeichen als auch Bezeichnung seiner Grabstätte ist, verleiht der Erzählung eine symbolistische Note.

Mehr an symbolistischen Implikationen lassen sich in der letzten Erzählung des zweiten Bandes, „Abendstunde" (Večirna hodyna), finden. Ein Ich-Erzähler erinnert sich an eine arme, aber glückliche Kindheit zusammen mit seiner Schwester Marija. Nach Jahren der Trennung kommt er zurück und findet seine Mutter alt und vergrämt, seine Schwester aber tot auf dem Friedhof und muss feststellen, „dass der Faden gerissen ist", jener rote Wollfaden, mit dem die Schwester seinerzeit Hemden bestickt hatte und der nun zum Symbol für Kontinuität wird. In den eingefügten Strophen eines Volkslieds, das die Mutter den Kindern gesungen hatte, ist ein elegischer Abgesang auf eine heile Welt gegeben, von deren Härten nur nebenbei die Rede ist.

Zwischen 1916 und 1926 hatte Stefanyk sein Schaffen für längere Zeit unterbrochen. Es bedurfte offenbar des Zuredens von Freunden und Bekannten, bevor der Dichter wieder die für ihn so typische Kurzprosa veröffentlichte. In den meisten Erzählungen des Bandes *Erde* (Zemlja, 1926) finden sich Motive aus dem Ersten Weltkrieg, wenngleich in atypischer Gestaltung. So nimmt die Titelheldin der Erzählung „Maria" (Marija) feindliche russische Kosaken in ihr Haus auf, während ihre eigenen Söhne bei den Sič-Schützen dienen. Sie hat in den zaristischen Soldaten Ukrainer erkannt, die das Ševčenko-Bild in ihrem Haus ebenso verehren wie sie selbst; mit ihren Liedern geben sich diese Soldaten als Söhne der Ukraine zu erkennen und nehmen nun quasi die Stelle der eigenen Söhne ein.

In der Skizze „Die Söhne" (Syny) zeichnet Stefanyk das beeindruckende Bild eines alten Mannes, der im Krieg zwei Söhne verloren hat. Der Titelheld Maksym hadert mit Gott, der solches zugelassen hat. Diese Theodizee wird aber gemildert durch das Bild der Gottesmutter und das ukrainische Vaterland. Beides verleiht dem Tod der Söhne einen Sinn. Neben den Alten sind es die Kinder, denen Stefanyk auch im Spätwerk eine eindrucksvolle literarische Gestalt verleiht. Diese Kinder sind unmenschlichen Belastungen ausgesetzt, wie der Titelheld der Erzählung „Der Pädagoge" (Škil'nyk), ein Waisenkind, das nach dem Tod der Mutter völlig auf sich gestellt ist und von den Bäuerinnen bei den örtlichen Behörden wegen seines asozialen Verhaltens angeklagt wird. Die Gerichtsverhandlung über einen Unmündigen zeigt die harte Wirklichkeit jenseits moralischer Normen, denen der Junge unterworfen ist, um zu überleben. Auch diese Erzählung endet offen, der Leser erfährt nicht, welche Entscheidung die dörfliche Obrigkeit treffen wird, er kann sich aber die Zukunft dieses Kindes leicht vorstellen.

Auch in Stefanyks Spätwerk kommt Frauengestalten eine wichtige Rolle zu. Die Erzählung „Die Sünde" (Hrich) bricht mit gängigen Schemata. Die weibliche Heldin hat in der Zeit, als ihr Mann an der Front war, ein Kind von einem russischen Soldaten zur Welt gebracht, das aber nicht aus einer Vergewaltigung, sondern aus einer Liebesbeziehung stammt. Auch der Mann, der aus dem Krieg zurückgekommen ist, verhält sich völlig atypisch – statt seine Frau brutal zu bestrafen, will er das Kind zusammen mit der eigenen Tochter aufziehen. Die Frau aber kann die Schranken einer anerzogenen Moral nicht überschreiten, sie verlässt das Haus ihres Mannes, den Säugling aus der verbotenen Beziehung auf dem Arm.

Die Skizze „Dumme Frauen" (Durni baby) widerlegt das im Titel genannte Vorurteil. Als eine Frau auf dem Dorfplatz von ihrem Sohn erzählt, der wegen politischer Agitation unschuldig im Gefängnis sitzt, gesellen sich immer mehr Frauen zu der Betroffenen, unabhängig davon, ob auch sie Söhne in ähnlichen Situationen haben oder nicht. Sie marschieren schließlich zum Magistrat der Stadt, um dieses zu belagern und lassen sich auch nicht von dort vertreiben. Hinter der sprichwörtlichen „Dummheit" verbirgt sich ein instinktiv richtiges Verhalten. Die weibliche Solidarität ist ein Mittel des Widerstands gegen gesellschaftliches Unrecht.

Marko Čeremšyna (1874–1927), mit bürgerlichem Namen Ivan Semanjuk, gilt als zweiter Vertreter der „Pokutischen Trias" („Pokuts'ka tryjcja"), was zum einem auf seine Herkunft, zum anderen auf seine Nähe zu den beiden anderen, Stefanyk und Martovyč, verweist. Vor allem mit Stefanyk verbinden ihn nicht nur enge persönliche Beziehungen, sondern auch Gemeinsamkeiten in Sprache, Stil und Thematik seiner Werke.

Čeremšyna wurde in einem Dorf in der Nähe der Stadt Kuty geboren, wo er auch die Grundschule besuchte. Das polnische Gymnasium in Kolomyja wurde auch für ihn zu einem Ort der Erprobung, wo der junge Gymnasiast seine ukrainische Identität entdeckte, indem er sich von der dominanten polnischen Kultur abgrenzte. Das Studium führte ihn, wie viele andere junge Ukrainer, nach Wien, wo Čeremšyna sich vor allem für Kunst und Kultur interessierte und sich in ukrainischen Vereinen engagierte.

Nach Abschluss des Jura-Studiums kehrte Čeremšyna in seine heimatliche Umgebung zurück, er wurde Konzipient bei einem auch für sein politisches Engagement in der Radikalen Partei bekannten Anwalt. 1912 eröffnete der Dichter seine eigene Anwaltspraxis, die er bis an sein Lebensende betrieb. In den Jahren des Ersten Weltkriegs wurde er Zeuge der gewaltigen Verwüstungen, die dieser Krieg in Galizien hinterließ; in seinen Texten aus den 1920er-Jahren sind diese auch beschrieben. 1927 verstarb Čeremšyna früh und unerwartet.

Čeremšynas Prosa beeindruckt in verschiedener Hinsicht und stellt, ähnlich wie die Erzählungen Stefanyks, eine deutliche Innovation in der Prosa gegen Ende 19. Jahrhunderts dar. Čeremšyna bevorzugt ebenfalls die kurze Form der Skizze und der kurzen Erzählung (auch er schrieb keine Romane oder längeren Novellen), wobei die Bedeutung der Fabel zurückgestellt wird. Beschreibungen und Gespräche der Protagonisten dominieren über die Handlung, die, auch wenn sie über dramatische Elemente verfügt, im Hintergrund bleibt und nur aus kurzen Anspielungen klar wird. Sie ist zumeist zum Ende der Erzählung konzentriert.

Anstelle der Handlung stehen die Charaktere im Vordergrund, einfache Menschen, deren Psyche durch die Vorstellungen und Normen ihrer dörflichen Umgebung geprägt ist. Das wichtigste Mittel, um diese Charaktere zu enthüllen, ist deren Sprache, deren starke dialektale Färbung das Verständnis der Texte erschwert.

Bereits der erste Band mit Erzählungen, *Kerben* (Karby, 1901) lässt Konstanten der poetischen Welt des Autors hervortreten. Es sind Kinder und alte Menschen, die Čeremšyna als Protagonisten bevorzugt. In der Titelerzählung stehen einander die Welt der Großmutter und die ihres Enkels, der bereits eine Schule besucht, gegenüber: Bildung und Fortschritt, ein wichtiges Thema in Čeremšynas Prosa, sind kein Ersatz für die archaische Welt der Dorfbewohner, sie gehen vielmehr mit dieser eine Art Synthese ein.

Die Armut der einfachen Landbevölkerung ist ein zentrales Motiv, das in den meisten von Čeremšynas Erzählungen zu finden ist. Bevor der Bauer Sivčuk gepfändet wird, weil er die Steuern nicht bezahlen kann, wird die wenige Habe, die es noch in seinem Haus gibt, rasch vor den Steuereintreibern versteckt. Diese konfiszieren ein Heiligenbild, weil es sonst nichts mehr zu holen gibt, sodass, wie der Bauer später seinen Kindern erklärt, „der heilige Nikolaus im Arrest ist" (so der Titel der Erzählung: „Svjatyj Nykolaj u harti"). Bitterste Not, Härte der Behörden, aber auch der Mitmenschen sowie bäuerliche Schläue andererseits stellen die Bedingungen dar, unter denen sich die Charaktere der Protagonisten formen.

Besonders eindrucksvoll sind Erzählungen, deren Helden Kinder sind. In „Einen Dieb haben sie gefangen" (Zlodija zlovyly) trinkt sich der Held, ein siebenjähriger Waisenjunge, auf der Weide an den Eutern einer Kuh satt und wird von zwei alten Leuten, den Besitzern dieser Kuh, gestellt. Der Junge wird nicht nur brutal bestraft, er wird auch vor den Augen der Dorfbevölkerung kahlgeschoren – man brandmarkt ihn als gefährlichen Dieb, vor dem sich das Dorf hüten muss.

Typisch für das Dorf, das Čeremšyna zeigt, ist ein großes Autoritätsgefälle, das auch Teil einer Logik der Unmenschlichkeit ist. Während zwei einfache Bauern in der Erzählung „So wie von der Mutter geboren" (Raz maty rodyla) eine Kirche bewachen müssen, verführt jener Gendarm, der diese Tätigkeit kontrollieren soll, die Frau des einen; als dieser es wagt, seine Hand gegen den Gendarmen zu erheben, wird er sofort verhaftet und im Dorf als abschreckendes Beispiel einer Auflehnung gegen die Obrigkeit vorgeführt. Mit dem Titel der Erzählung ist eine fatalistische Einstellung angesprochen, die kein Ausbrechen aus der angeborenen sozialen Rolle erlaubt. Bezeichnend ist in diesen Erzählungen auch die nationale Zugehörigkeit der handelnden Figuren. Alle Vertreter der Oberschicht, auch wenn es sich nur um einen Dorfpolizisten handelt, sind Polen. Die Protagonisten der Erzählungen stammen jedoch immer aus der Unterschicht, sie sind Ruthenen und Huzulen.

Erst in den späten 1920er-Jahren veröffentlichte Čeremšyna jene Erzählungen, die den Einbruch des Weltkriegs in die Landschaft Pokutiens und der Karpaten schildern. In apokalyptischen Bildern stehen die Berge gegeneinander auf, ist die Natur aus ihrem Gleichgewicht gebracht. Der Autor, der nie konkrete Kriegshandlungen an der Front zeigt, schildert die Situation bei Kriegsausbruch in den huzulischen Dörfern und deren Besatzung durch österreichisches Militär, aber auch die Verhaftungen und Hinrichtungen von Unschuldigen, die grundlos als russische Spione verdächtigt werden. Einer der zentralen Texte aus der ganzen Sammlung *Das Dorf im Krieg* (Selo za vijnu, 1929) ist die Erzählung „Das Dorf geht zugrunde" (Selo vyhybaje), in der ein Dorf zu Kriegsende geschildert wird, von dem nur mehr der Friedhof geblieben ist. Ein Kriegsheimkehrer, der im Krieg erblindet ist, muss feststellen, dass seine ganze Familie tot ist. Er, der überlebt hat, erschießt sich. In einem Dorf, das zum Friedhof geworden ist, kann auch der Blinde, der die Folgen des Kriegs nicht direkt sehen kann, nicht mehr leben.

In seinem Zyklus *Das Hochland* (Verchovyna, 1929) thematisiert Čeremšyna das Leben der Huzulen in den Ostkarpaten, das auch schon Schauplatz seiner Erzählungen aus dem Krieg war. In diesen Skizzen kritisiert der Autor den romantischen Huzulen-Mythos, der fast zur selben Zeit von Autoren wie Chotkevyč und Kocjubyns'kyj gepflegt wird. Hinter der eindrucksvollen Berglandschaft, die Garant für die Integrität einer menschlichen Gesellschaft sein soll, stehen Brutalität, Geldgier und Mord. Der alte Fedor Orfenjuk, ein reicher Bauer von der Verchovyna, erfährt im Traum von seinem gefallenen Sohn, dass es die Polen auf seine Bergweiden abgesehen haben, die nach dem Tod des Sohnes im Besitz von dessen Frau sind. Ein polnischer Gendarm will diese Frau heiraten, um an das huzulische Land zu kommen. Als der Alte daraufhin diese Gründe an seine Enkel überschreiben lassen will, wird er von einem polnischen Jäger ohne Skrupel erschossen. Der Standesunterschied ist in dieser Erzählung durch einen nationalen Gegensatz ersetzt. Polnische Beamte und Intellektuelle, die in der Zwischenkriegszeit den polnischen Staat repräsentieren, bemächtigen sich der huzulischen Welt – das wird symbolisch dort deutlich, wo eine betrunkene Ballgesellschaft das Lied von der „Verchovyna" grölt, während der Mörder schon seinem Opfer auf der Spur ist.

Auf die politischen Verhältnisse der Zwischenkriegszeit spielt auch die Erzählung „Ostereier" (Pysanky) an. Ein huzulischer Bauer, wegen antipolnischer Agitation zu einem Jahr Gefängnis verurteilt, hadert mit seinem Schicksal. Vor dem Gefängnis trifft er auf ein Mädchen, das bemalte Ostereier in der Schürze trägt – ein Geschenk für die eigene Mutter, die bereits länger als ein Jahr unschuldig in Haft ist. Das bemalte Osterei, ein zentraler Gegenstand huzulischen Osterbrauchtums, wird zum Symbol für die Hoffnung auf eine unschuldig leidende Ukraine, die ihrer Staatlichkeit harrt.

Neben seinen eigenen Werken hat Čeremšyna auch Texte aus dem Französischen, Deutschen und Ungarischen übersetzt und auch publizistische Arbeiten verfasst, darunter eine kurze Autobiographie sowie Erinnerungen an Fed'kovyč und Franko.

Les' Martovyč (1871–1916) ist der Dritte der „Pokutischen Trias". Werk und Biographie zeigen manche Ähnlichkeiten mit Stefanyk. Trotzdem ist aber Martovyč's Handschrift individuell und unverwechselbar. Martovyč stammte aus teils bäuerlichen, teils bürgerlichen Verhältnissen. Seine Familie war begütert und konnte leicht für die Schulbildung des Jungen aufkommen, der im Gymnasium in Kolomyja Stefanyk kennen lernte und zusammen mit diesem die letzten beiden Schuljahre in Drohobycz absolvieren musste. Schon 1882 veröffentlichte Martovyč eine erste Erzählung, die aber von Ivan Franko völlig negativ beurteilt wurde, was den jungen Autor für die nächsten Jahre verstummen ließ.

Das Jura-Studium nahm Martovyč in Czernowitz auf, verließ aber nach dem ersten Studienjahr die Universität, um sich als Angestellter in diversen Anwaltskanzleien zu verdingen. Daneben war er als Mitglied der Radikalen Partei auch politisch tätig. Ab 1898 erschienen kurze Erzählungen in verschiedenen Zeitschriften, 1900 ein erster Band mit Erzählungen (*Der Nicht-Leser* [Ne-čytal'nyk]), 1902 ein zweiter (*Der schlaue Pan'ko*

[Chytryj Pan'ko]), der auch der letzte sein sollte, der zu Lebzeiten des Autors veröffentlicht wurde. Die zeitgenössische Kritik nahm diese Bücher kaum zur Kenntnis. 1911 musste Martovyč aus gesundheitlichen Gründen seinen Beruf als Jurist aufgeben, er zog auf ein kleines Landgut eines Freundes in der Nähe von Rava Rus'ka, wo er vom Ersten Weltkrieg überrascht wurde. Während der russischen Invasion zu Kriegsbeginn wurde das Haus geplündert, viele von den Aufzeichnungen des Dichters gingen verloren. Im Januar 1916 starb Martovyč. 1917 erschien postum sein Roman *Aberglauben* (Zabobon), an dem er die letzten Jahre seines Lebens gearbeitet hatte. Andere Werke, wie etwas das Drama *Eine politische Sache* (Polityčna sprava), wurden erst in der Werkausgabe 1943 veröffentlicht.

Die Literaturgeschichte hat Martovyč zumeist in die „Stefanyk-Schule" eingeordnet und dabei zu wenig die Besonderheiten seines Werks gesehen. Es sind vor allem humoristische, satirische, aber auch groteske und phantastischen Züge, die eine quasi „realistische" Sicht der Welt des ostgalizischen Dorfs überlagern.

Das harte Los der Bauern, die zu den häufigsten Helden seiner Erzählungen gehören, ist auch in Martovyčs Werk deutlich präsent, ohne dass man, wie auch bei Stefanyk, diese Texte einer „engagierten" Literatur zurechnen müsste. Armut, Not und Brutalität sind quasi naturgegeben, sie bilden die Bedingungen, unter denen die bäuerlichen Helden zu agieren haben. In der Erzählung *Lumera* ist ein älterer Bauer mit einer jungen Frau verheiratet, die alles tut, um ihn von seiner schweren Krankheit zu heilen. Sie bringt zwar das Geld für den Arzt auf, nicht aber das für die Medikamente, die dieser verschrieben hat – es bleibt nur mehr der Wunderheiler. Die Erzählung endet offen – der Bauer überlebt, die Verhältnisse aber bleiben dieselben. Mit der negativ gezeichneten Figur des Pfarrers Kabanovyč in dieser Erzählung eröffnet der Autor eine ganze Reihe von teils satirisch dargestellten, teils grotesk überzeichneten griechisch-katholischen Geistlichen. Die Kritik an dieser ukrainischen Elite, die sich zudem als „volksnah" gibt, ist nicht zu überhören, nur ist sie bei Martovyč stärker ausgeprägt als bei anderen Autoren.

Die faktische Ungerechtigkeit der sozialen Verhältnisse wird von Martovyč häufig in Kontrast zur formalen Rechtsprechung gesetzt. In seinen Erzählungen finden sich zahlreiche Gerichtsszenen, die wahrscheinlich auf die persönliche Erfahrung des Autors in seiner Berufspraxis zurückgehen. In der Erzählung „Für das Brennholz" (Za toplivo) wird ein Bauer verurteilt, weil er Stöcke aus dem Zaun eines Gutsbesitzers gestohlen hat, um damit Feuer zu machen. Dem Gesetz nach ist der Besitzer im Recht, der Bauer aber ist ein Dieb, der mit Arrest und einer Geldstrafe belegt wird. Um die Ursachen, die zum Diebstahl geführt haben, und um die Folgen, welche die Geldstrafe für den ohnehin schon verschuldeten Bauern hat, kümmert sich weder Recht noch Gericht. Eine Gerichtsverhandlung steht auch im Zentrum der Erzählung „Für die Grenze" (Za mežu), die zwei bäuerliche Streitparteien vor dem Richter zeigt. In diesem Fall kommt es zu keinem Urteil, die Aussagen der Parteien sind zu chaotisch. Dabei übt der Autor auch Kritik an seinen bäuerlichen Helden, die grundlos einen Prozess vom Zaun brechen, der auch ihren finanziellen Ruin bedeuten kann.

12   Die Moderne und die Entstehung einer gemeinsamen ukrainischen Literatur

Ähnlich wie die Gerichtsszenen zeigen die Wahlen zum Galizischen Sejm eine Konfrontation von bäuerlicher Mentalität und staatlicher Ordnung, bei der die Manipulation von Seiten der Mächtigen gang und gäbe ist. Immer wieder sehen sich die Delegierten aus den Dörfern, wenn sie die Stimmen aus ihrer Gemeinde bei der Kreiswahlbehörde abliefern sollen, dem Druck der polnischen Oberschicht ausgesetzt, welche die Wahl ruthenischer Abgeordneter verhindern will. „Der schlaue Pan'ko" in der gleichnamigen Erzählung (Chytryj Pan'ko) wird beim Eingang ins Gebäude der Wahlkommission von Schlägen eingeschüchtert, klettert dann aber durch ein Fenster, um die Stimmen derer, die er zu vertreten hat, auch abgeben zu können. Nicht die eklatanten Manipulationen, die bei diesen galizischen Wahlen üblich sind, stehen im Mittelpunkt der Schilderungen, sondern das Verhalten der bäuerlichen Delegierten, die an dieser Aufgabe wachsen und erste Vorboten einer Veränderung auch im bäuerlichen politischen Bewusstsein signalisieren.

Deutlich ironische Züge nehmen Martovyčs Erzählungen an, die das bürgerliche Milieu der galizischen Kleinstädte oder auch der Hauptstadt beschreiben. „Die Semmel" (Bulka) schildert die Sorgen eines mittleren Beamten, der im Bäckerladen von einem Vorgesetzten beim Kauf einer Semmel überrascht wird. Er hätte nicht selbst das Gebäck kaufen dürfen, sondern, wie es seinem Stand zusteht, einen Diener darum schicken sollen. Nun fürchtet er um sein Ansehen, ja er befürchtet einen Skandal in der Gesellschaft, noch dazu, wo seiner Frau ein ähnliches Missgeschick passiert ist. Die groteske Übertreibung aus der Sicht des kleinen Mannes erinnert an Gogol'. Deshalb wurde Martovyč auch als „ukrainischer Gogol'" bezeichnet.

Eine der effektvollsten Erzählungen aus diesem Umfeld ist zweifellos „Der Abschiedsabend" (Proščal'nyj večir). Ein Gymnasiallehrer soll im Namen der gesamten Lehrerschaft bei der Feier zur Pensionierung des Direktors eine Lobrede halten. Aufgrund einer Unvorsichtigkeit des Verfassers kursiert der Text dieser Rede schon vor der Feier in der Kleinstadt und kommt auch dem Direktor zu Ohren, der diese Laudatio verabscheut. Bei der Feier selbst taucht unerwartet der Starosta auf, für den niemand eine Rede vorbereitet hat. Geistesgegenwärtig adaptiert der Lehrer seine Rede, indem er die Titel in der Anrede ersetzt, und hat damit die Situation gerettet. Verwechslungen und unerwartete Wendungen führen in dieser Erzählung zu einem glücklichen Ende. Die Schwächen einer bürgerlichen Gesellschaft werden verlacht. Das unerwartete Auftauchen eines Höhergestellten erinnert an Gogol's *Revizor*.

Auch einige von den phantastischen Erzählungen im Werk von Martovyč haben satirischen Charakter, wie etwa die Erzählung „Das Geschenk des Strybog" (Strybožnyj darunok), in der der heidnische Gott Strybog in ein entlegenes Dorf in Galizien geschickt wird, um die Wünsche seiner Bewohner zu erfüllen. Es zeigt sich aber, dass kein Wunsch vorgebracht wird, der nur dem Wohl eines Einzelnen und nicht zugleich auch dem Schaden eines anderen dient. Nach langem Suchen findet man einen Wunsch, dessen Erfüllung allen nützt und niemandem Schaden zufügt: sechs Eimer Schnaps. Nachdem dieser Wunsch erfüllt ist, herrscht Freude auf Erden und im Himmel. Die satirische Kritik auf Missgunst und Alkoholismus kommt in der phantastischen Einkleidung nur noch deutlicher zur Geltung.

Martovyčs einziger Roman, *Aberglauben* (*Zabobon*), sollte bereits 1911 gedruckt werden, erschien aber erst 1917, nach dem Tod des Autors. Der im Titel angesprochene Aberglaube taucht zunächst im Zusammenhang mit dem Protagonisten, dem Popensohn Slavko Matučok, auf, um dessen Passivität zu erklären. Das Motiv erlangt aber eine generelle Bedeutung: Wie am Beispiel verschiedener Bewohner eines fingierten Dorfes in Ostgalizien gezeigt wird, stehen traditionelle Vorurteile einer Entwicklung der ruthenischen Gesellschaft im Weg.

Von seiner Komposition her ist dieser Roman den meisten Erzählungen des Autors ähnlich. Es fehlt eine straff durchgezogene Haupthandlung. Nebenlinien werden aufgegriffen, dann aber nicht zu Ende geführt. Episoden, die nichts mit der Handlung zu tun haben, werden eingefügt. Das Ende ist offen. Man kann nur ahnen, wie die Geschichte ausgeht. Im Zentrum der Handlung steht Slavko, ein 28-jähriger Jura-Student, der noch keine einzige Prüfung gemacht hat, seinen Eltern aber mit Hilfe von gefälschten Zeugnissen ein fast fertiges Studium vortäuscht. Dazu kommen seine unglücklichen Beziehungen mit Frauen, die auf seine Willensschwäche und Komplexbeladenheit zurückzuführen sind. Er versteht es nicht, die Zuneigung der polnischen Gutsnachbarin Krancowska zu gewinnen, sucht Trost bei der Prostituierten Varvara und wird schließlich über die Vermittlung seiner Schwester mit einer polnischen Lehrerin verkuppelt, die ihn nur braucht, um ihre eigenen Verhältnisse zu legitimieren.

Zwei Nebenlinien der Handlung sind um den Studenten Poturajčyn und den Gutsverwalter Krancowski angelegt. Poturajčyn kann als Gegenstück zum Haupthelden Slavko angesehen werden. Aus ärmsten Verhältnissen stammend, studiert auch er Jura, ist arbeitsam und wissbegierig und in der Radikalen Partei engagiert. Er organisiert im Dorf eine Lesehalle und wird deshalb von den Behörden verhaftet. Im Gefängnis verschlechtert sich sein angegriffener Gesundheitszustand. Er wird, nachdem er wieder in Freiheit ist, nicht mehr lang leben. Krancowski ist das uneheliche Kind einer großen Dame und Gutsbesitzerin. Er lebt über seine Verhältnisse und ist ein notorischer Säufer. Er soll als Wahlhelfer des polnischen Kandidaten die Bauern mit Geld dazu bringen, diesen zu wählen.

Im Zentrum der Erzählung stehen, weniger als die Handlung, die Charaktere der Protagonisten, die in den unterschiedlichsten Konstellationen entwickelt werden. Sie bilden in ihrer Gesamtheit das Panorama einer kleinen, geschlossenen Welt, die unschwer auf die ganze ostgalizische Gesellschaft übertragen werden kann. Diesbezüglich hat man Martovyčs Roman auch mit Gogol's *Toten Seelen* verglichen, die ein ähnliches Bild der russischen Gesellschaft in der Provinz zeigen. Die Zeichnung dieser Charaktere schwankt zwischen subtiler psychologischer Analyse und grotesker Karikatur, je nachdem, wie positiv oder negativ diese Figuren bewertet werden. Grotesk überzeichnet sind vor allem die Vertreter des geistlichen Standes; sie sind auch Zielscheibe der satirischen Kritik. Der Dorfpfarrer, immer mit seiner Anrede, „Hochwürden" („panotec'") bezeichnet, ist geschwätzig, gefräßig, geizig und unfähig zu jeder konstruktiven Arbeit. Ohne seine Frau, die jede Entscheidung für ihn trifft, wäre er verloren. Seine größte Leidenschaft ist, seine Untergeben zu beschimpfen, wobei er eine meisterhafte Sophistik entwickelt. Über seine eigentliche Tätigkeit in der Kirche fällt kein Wort, seine Streitereien werden ausführlich geschildert.

Anders gestaltet der Autor die übrigen Figuren. Auch Slavko, der Sohn des Pfarrers, der vom Vater die Unfähigkeit zum Handeln geerbt hat, erinnert mit seinen Hauptbeschäftigungen – Essen und Schlafen –, aber auch seinen problematischen Beziehungen zu Frauen an Oblomov aus der russischen Literatur. Wie dieser verfügt auch er über sympathische Züge, sieht die Leere seines Lebens, will dieses ändern, schafft es aber aufgrund seiner Willensschwäche nicht.

Die Bauern sind im Roman ähnlich realistisch gezeichnet wie in den Erzählungen des Autors, Groteske und Satire fehlen. Ivan, der Pächter des Pfarrers, bestiehlt diesen systematisch, um sich das zu holen, was ihm sein Arbeitgeber bei dem kargen Lohn vorenthält. Sen'ko Hrycyšyn, der zu den Trinkkumpanen des Verwalters Krancowski gehört, wächst über sich hinaus, als er als Delegierter für sein Dorf bei den Wahlen jeden Bestechungsversuch des Polen zurückweist. Alle diese Figuren verkörpern die Logik ihres Standes. Sie sind nicht mit moralischen Maßstäben zu messen, kommen aber besser weg als die Vertreter der Oberschicht, die sich als Elite und führende Schicht der Ruthenen versteht.

Positiv sind im Roman die Frauenfiguren gezeichnet. Die Frau des Pfarrers, die ihrem Mann in jeder Hinsicht überlegen ist und diesen nur auf Betreiben ihrer Eltern geheiratet hat, war in einen jungen Lehrer verliebt, der ihr in vielen Lebensfragen auch nach der Eheschließung noch zur Seite stand. Ähnlich positiv ist die Frau des Gutsverwalters, Krancowska, gezeichnet. Auch sie hat ihren Mann nicht aus Liebe, sondern aus praktischen Erwägungen geheiratet und wird bald Opfer seiner Willkür. Diese schöne und gefühlsreiche Frau sucht nach einem Ausweg, den sie im Sohn des Pfarrers findet, der ihren Erwartungen allerdings nicht entspricht. Als dem jungen Mann überlegene Frau ist sie femme fatale und Mutterfigur in einem, eine typische Frauengestalt der Moderne.

Es ist schade, dass Martovyčs einziger Roman von der Kritik kaum bemerkt wurde und bis heute in der Geschichte der ukrainischen Literatur Galiziens kaum erwähnt wird. Er könnte als Pendant zu jenen polnischen Romanen wie etwa Jam Lams *Die große Welt von Zappowitz* (Wielki świat Capowic, 1869) oder Michał Bałuckis *Der Herr Bürgermeister von Pipidówka* (Pan burmistrz z Pipidówki, 1887) gelesen werden; in diesen wird die Gesellschaft einer Kleinstadt in ähnlich satirisch-kritischer Weise geschildert.

Die Entdeckung der Huzulen: Hnat Chotkevyč

Einen festen Platz in der ukrainischen Literatur Galiziens hat Hnat Chotkevyč (1877–1938), ein Autor aus der russischen Ukraine, der aus politischen Gründen ins österreichische Galizien übersiedelte. Chotkevyč wurde in der Gegend von Charkiv geboren und besuchte eine technische Hochschule. Schon als Student begeisterte er sich für ukrainische Literatur, Theater und Musik, organisierte Theatergruppen und erreichte im Spiel auf der Bandura eine Virtuosität, die diesem Instrument auch den Weg in die Konzertsäle öffnete. Mehrfach kam er als Student mit den zaristischen Behörden in Konflikt und musste nach der Revolution von 1905, die er tatkräftig unterstützte, aus der russischen in die österreichische Ukraine fliehen. Auf seinen Reisen durch Galizien entdeckte er die Ostkarpaten mit ihrer huzulischen Tradition, gründete das erste huzulische Theater und schrieb sich mit vielen seiner Texte in die literarische Kultur der Huzulen ein. Doch Chotkevyč wollte nicht in der Emigration bleiben, schon während des Ersten Weltkriegs kehrte er ins Zarenreich zurück. In den 1920er-Jahren engagierte er sich aktiv für die Wiedergeburt der ukrainischen Kultur, die im Rahmen der sogenannten „Einwurzelung" (Korenizacija) für kurze Zeit von der Sowjetregierung betrieben wurde. Er unterrichtete die ukrainische Sprache und Literatur und arbeitete an großen Dramen- und Romanprojekten. Von 1926 bis 1932 leitete er die Bandura-Schule im Charkiver Institut für Musik und Drama, er trat auch mit zahlreichen eigenen Kompositionen hervor. 1932 wurden die ukrainischen Folkloresänger nach Charkiv zu einer Vollversammlung gelockt und anschließend liquidiert. Dieses historische Ereignis wurde 2014 von Oles' Sanin im Film *Der Blindenführer* (Povodyr) verfilmt. Wenige Jahre später wurde Chotkevyč, wie fast alle Protagonisten dieser Wiedergeburt, Opfer des großen Stalinterrors – er starb 1938 in einem Straflager.

Sein frühes Schaffen spiegelt die wichtigsten literarischen Tendenzen der Jahrhundertwende. Erzählungen mit modernistischem Charakter, wie „Der verlorene Sohn" (Bludnyj syn), eine Geschichte, die den Protagonisten zwischen zwei entgegengesetzten Frauentypen, einer aufopfernden Geliebten und einer verführerischen femme fatale, situiert, finden sich neben politisch engagierten Texten, welche Genese und Verlauf des Arbeiteraufstands von 1905 („Kleine Bilder einer großen Sache" [Malen'ki obrazky velykoji spravy]) oder auch die Wahlmanipulationen in Galizien als Auftakt zur Ermordung des Statthalters Potocki schildern („Drei. Skizze aus dem galizischen Leben" [Troje. Narys z halyc'koho žyttja]).

In der huzulischen Erzähltradition der Karpaten entdeckte Chotkevyč eine Ballade, auf der die Story seines besten Romans, *Steinerne Seele* (Kaminna duša, 1911), beruht. Die Popenfrau Marusja liebt den Räuberhauptmann Marusjak, der schon von seinem Namen her für sie bestimmt zu sein scheint. Für Marusja gibt es nach einem „Räubersommer" (so der Titel der deutschen Übersetzung von Anna-Halja Horbatsch, 1968) die Möglichkeit der Rückkehr, sie erlangt die Vergebung ihres Mannes. Marusjak aber wird von den Behörden gefasst und landet am Galgen. Der Autor hat diese Erzählung auch noch mit einer Nebenlinie, der Konkurrenz zwischen dem armen Marusjak und dem reichen Wirtssohn Jurko um das Mädchen Kateryna, angereichert. Sowohl die Verführung der Popenfrau als auch die ungleiche Dreiecksbeziehung finden sich als Erzählungen der ukrainischen, aber auch der polnischen Huzulen-Literatur mehrfach (bei Józef Korzeniowski, Mykola Ust'janovyč, Ivan Franko), bevor Chotkevyč darauf zurückgegriffen hat. Er hat aus diesem Stoff einen der schönsten Romane der ukrainischen Literatur im 20. Jahrhundert gemacht, der auch mit Naturschilderungen beeindruckt, die eine Art Begleittext zum Geschehen um die Helden darstellen.

Wenige Jahre nach dem Roman über die Popenfrau Marusja und ihren Liebhaber Marusjak greift der Autor einmal mehr auf die Welt der Huzulen zurück, um in seinen Prosaskizzen *Bergaquarelle* (Hirs'ki akvarely, 1914) die Landschaft der Karpaten als die Lebenswelt der Huzulen zu schildern. Fast zehn Jahre später, als Chotkevyč bereits wieder in der Ostukraine lebt, lässt er im Zyklus *Huzulenbilder* (Hucul'ski obrazky, 1923) diese

Welt wiedererstehen, die mit Genreszenen und historischen Reminiszenzen eine Art Gegenstück zur sozialistischen Wirklichkeit der sowjetischen Ukraine darstellt.

In den 1930er-Jahren arbeitete Chotkevyč an einem zweiten Huzulen-Roman, dieses Mal ist das Buch der zentralen Figur der huzulischen Folklore, dem edlen Räuber Dovbuš (so auch der Titel des Romans), gewidmet. Im Unterschied zur *Steinernen Seele* wird jetzt die Folklore entmythologisiert und der Kampf der Freibeuter in den Bergen als soziales Phänomen gedeutet. Die Figur des Pfarrers Kralevyč dient dazu, in den Bandenmitgliedern das Bewusstsein für ihre Aufgabe einer sozialen Revolution zu wecken. Auch das Ende des Räuberhauptmanns wird entsprechend umgeformt. Der Verrat einer Geliebten, der dem Freibeuter zum Verhängnis wird, fällt weg; ein Reicher, dem Dovbuš Rache geschworen hat, kommt ihm zuvor. Erst mit dem letzten Kapitel, dem Weiterleben des Helden im Lied und im Andenken des einfachen Volkes, kehrt der Autor wieder zur Tradition der Folklore zurück. Dieser Roman konnte, als er in den späten 1930er-Jahren fertiggestellt war, nicht mehr veröffentlicht werden. Nach Chotkevyčs Rehabilitierung wurde während des Tauwetters eine verkürzte Fassung publiziert. Erst 1990 konnte der Text zum ersten Mal zur Gänze erscheinen.

Die ukrainische Variante einer mitteleuropäischen Moderne: Die junge Muse

Am deutlichsten zeigt sich die Moderne in der westukrainischen Literatur wohl in der Dichtergruppe *Junge Muse* (Moloda Muza), die sich in Lemberg herausbildet. 1906 verkündet diese Gruppe in ihrer Zeitschrift *Morgenlicht* (Svit) ihr Manifest, das eine Abkehr von den Sorgen des Alltags und eine Wendung hin zu den „hellen Sternen" propagiert. Mit der *Jungen Muse* verschiebt sich der Schwerpunkt des literarischen Lebens, aber auch der thematischen Ausrichtung der Literatur vom Dorf in die Stadt, nach Lemberg, wo sich die Anhänger der Gruppe als eine Bohème inszenieren, die sich bewusst von bürgerlichen Werten absetzt. Die „Musensöhne" lehnen sich mit dieser Haltung an vergleichbare Gruppen und Strömungen in West- und Mitteleuropa an, vor allem an das „Junge Polen" („Młoda Polska") in Krakau, zu dem auch zahlreiche direkte Beziehungen bestehen. Der bevorzugte Ort, an dem sich diese jungen Leute treffen, ist das Kaffeehaus – nicht nur, weil das „Wiener Kaffeehaus" zum Treffpunkt von gleich Gesinnten in Wien, Prag und Krakau geworden ist, sondern auch, weil es dort billig ist. Die jungen ukrainischen Dichter gehören im polnisch-österreichischen Lemberg nicht zur guten städtischen Gesellschaft. Sie sind arm, spielen aber ihre Armut pointiert gegen das Philistertum der etablierten Bürger aus. Dazu kommt eine anti-utilitaristische Auffassung von Literatur, mit der die „Musensöhne" in der ukrainischen Literatur Neuland betreten: Dichtung hat nicht mehr der Gesellschaft zu dienen, sondern allein dem Schönen.

Es gelingt den jungen Dichtern aber nicht, das innovative Potential ihrer Anliegen völlig auszuschöpfen. Nie hat die *Junge Muse* die Bedeutung von *Jung Wien*, *Jung Berlin* oder auch des *Jungen Polens* erreicht. Zu wenig war sie mit ihren Anliegen in der

Öffentlichkeit präsent. Mit dem Ausbruch des Ersten Weltkriegs zeigt sich zudem, dass das Postulat einer Kunst um der Kunst willen hinfällig geworden ist. Die „Musensöhne" verfassen national-patriotische Texte und hoffen auf eine Auferstehung der Ukraine aus den Kriegswirren. Sie treten als ältere Generation zu jenen jüngeren Autoren, die in den Schützengräben zu schreiben beginnen und die nächste Phase der ukrainischen Literatur in Galizien als sogenannte „Schützendichtung" („Strilec'ka poezija") initiieren.

Zu den wichtigsten Vertretern der *Jungen Muse* gehören Dichter wie Bohdan Lepkyj (1871–1941), der sich schon vor 1900 in Krakau niederließ und das wichtigste Bindeglied zum Krakauer *Jungen Polen* bildete. Für die etwas jüngeren „Musensöhne" war Lepkyj eine große Autorität und auch ein Gegengewicht zu Ivan Franko, der diese Spielart der Moderne vehement ablehnte. In Lepkyjs Lyrik finden sich deutlich dekadente Motive, die sich auf dem Hintergrund des großen Sterbens in den ersten Kriegsjahren massiv verstärken. Der Dichter blieb auch nach Kriegsende in Krakau, wo er Dozent an der Jagiellonen-Universität war. Er verfasste neben seinen Gedichten einen monumentalen historischen Roman in fünf Bänden über den Hetman Mazepa. So wie die ganze *Junge Muse* wurde Lepkyj in der sozialistischen Ukraine verschwiegen. Seit 1991 wird sein Werk wieder hochgeschätzt.

Im Zentrum der *Jungen Muse* stehen zwei Dichter, die man auch als die „Dioskuren" der Gruppe bezeichnete, der „laute" Petro Karmans'kyj und der „stille" Vasyl' Pačovs'kyj. Beide stammen aus der Umgebung von Lemberg. Dort redigierten sie die Zeitschrift *Morgenlicht*. Während des Ersten Weltkriegs suchten sie in Wien Zuflucht. Petro Karmans'kyj (1878–1956) war in den Jahren nach dem Ersten Weltkrieg Botschafter der Westukrainischen Volksrepublik in Brasilien, kehrte dann in die polnische Westukraine zurück und erlebte auch die Sowjetukraine noch, an die er sich mit regimetreuen Texten anzubiedern versuchte. Seine frühen Texte sind von Motiven der Dekadenz ebenso geprägt wie von der satirischen Kritik an bürgerlicher Selbstgefälligkeit. 1936 veröffentlichte er eine Geschichte der *Jungen Muse* in Form von Einzelporträts unter dem bezeichnenden Titel *Die ukrainische Bohème* (Ukrajins'ka bohema). Vasyl' Pačovs'kyj (1878–1942) vertritt mit seiner frühen Lyrik eine neoromantische Richtung, dazu kommen symbolistische Ansätze. Mit seinen Dramen greift er auf die ukrainische Geschichte zurück. In seinem Poem Das *Goldene Tor* (Zoloti Vorota) glorifiziert er die Kyjiver Frühzeit. Auch Pačovs'kyj kehrte in der Zwischenkriegszeit ins polnische L'viv zurück, lehnte aber nach der Machtübernahme der Sowjets 1939 jede Zusammenarbeit mit dem neuen Regime strikt ab.

Ein Bindeglied der *Jungen Muse* mit der Literatur der Ostukraine stellt Oleksandr Oles' (eigentlich Oleksandr Kandyba, 1878–1944) dar, der nach der Revolution von 1905 das Zarenreich verließ und nach Galizien übersiedelte. Auch er entdeckte die Welt der Karpaten, die er in seiner symbolistischen Naturlyrik, aber auch in seinen Dramen literarisch gestaltet. Während des Ersten Weltkriegs schrieb Oles' Gedichte voll von abstraktem Freiheitspathos. Ab 1917, als er sich in Wien aufhielt, dominiert in seinen Gedichten die Sehnsucht nach einer für immer verlorenen Heimat. 1921 übersiedelte Oles', so wie viele andere ukrainische Emigranten, von Wien nach Prag, wo er bis zu seinem Tod Direktor des ukrainischen Gymnasiums war. In Prag vermittelte Oles' das Erbe der galizischen Moderne an die nächste Generation westukrainischer Autoren in der Emigration, die Vertreter der sogenannten „Prager Schule".

Emanzipation und Nation: Das innovative Projekt der Lesja Ukrajinka

Einen Höhepunkt erreicht die ukrainische Moderne zweifellos im Werk von Lesja Ukrajinka (eig. Larysa Kosač, 1871–1913), der Frau, die neben Ševčenko und Franko zu den drei Großen der ukrainischen Literatur gezählt wird. Hatten schreibende Frauen noch einige Jahrzehnte früher männliche Pseudonyme gewählt, so tritt Lesja Ukrajinka ganz bewusst als Frau auf. Das zeigt auch das von ihr auf Anraten ihrer Mutter gewählte Pseudonym – sie ist die Ukrainerin schlechthin, verkörpert das Wesen der ukrainischen Literatur. Sie ist die *Notre dame d'Ukraine*, wie Oksana Zabužko ihr vielbeachtetes Buch über die Dichterin (2007) benannt hat, eine Heilige, die aber aus ihrer kanonisierten Rolle befreit werden muss, damit ihr Werk zu voller Geltung kommen kann.

Lesja Ukrajinka stammte aus einer begüterten Familie aus Volhynien, die Grundbesitz in der Nähe von Kovel' hatte. Schon ihre Mutter Ol'ha Kosač hatte unter dem Pseudonym Olena Pčilka eine beachtliche literarische Karriere gemacht, sie war zudem die Schwester des berühmten Politikers, Gelehrten und Kritikers Mychajlo Drahomanov. In Kyjiv, wo die Familie vorwiegend wohnte, unterhielt man enge Beziehungen zum Dramatiker Mychajlo Staryc'kyj, dem Komponisten Mykola Lysenko und anderen Mitgliedern der Kyjiver ukrainischen Elite. Sehr früh erhielt die junge Larysa eine umfassende Ausbildung in Fremdsprachen (sie beherrschte mehrere westeuropäischen Sprachen) sowie in Musik, in Klavierspiel und Musiktheorie, sodass für kurze Zeit auch eine musikalische Karriere ins Auge gefasst wurde. 1907 heiratete Larysa den Studenten Klyment Kvitka, mit dem sie die Leidenschaft für die Erforschung der Folklore teilte. Schon in ihrer Jugend wurde bei der Dichterin eine fatale Erkrankung festgestellt, Knochentuberkulose, der sie nach einem vergeblichen „30-jährigen Krieg" mit 42 Jahren zum Opfer fiel. Im Kampf gegen diese Krankheit unternahm sie zahlreiche Reisen und Kuraufenthalte. Nach vergeblichen Operationen in Wien und Berlin sowie Aufenthalten auf der Krym und in Ägypten starb Ukrajinka in Georgien, wo ihr Mann beruflich tätig war. So groß das körperliche Leiden auch war, es verwandelte sich in den Augen der Dichterin sogar zu einem schöpferischen Vorteil: „Wenn ich wirklich ein Talent habe, dann wird es nicht sterben, es gibt kein Talent, das an Tuberkulose oder Hysterie stirbt! Mögen all diese Übel mich behindern, aber wer weiß, vielleicht schmieden sie mir eine solche Waffe, die andere, gesunde Menschen nicht haben." Tamara Hundorova hat Lesja Ukrajinkas Umgang mit ihrer Krankheit in das Zentrum der Deutung ihres Werks gestellt.

Lesja Ukrajinka, die sich als Kritikerin auch intensiv mit der Entwicklung der ukrainischen Literatur beschäftigte, sprach sich für die Abwendung vom bisherigen Ethnographismus und der Konzentration auf die Welt des Dorfs zugunsten einer Europäisierung aus. Den Anschluss an die europäische Literatur sollte die ukrainische nicht nur durch systematische Übersetzungen, sondern auch durch Übernahme europäischer Topoi und Aufnahme von Impulsen aus der Weltliteratur finden. Dafür steht das Werk der Dichterin in beispielhafter Weise. Als Übersetzerin hat Lesja Ukrajinka Texte aus dem Deutschen, dem Italienischen, Französischen, Englischen und Altgriechischen, aber auch dem Polnischen und dem Russischen in vorbildlicher Weise übersetzt. So hat sie etwa Heinrich Heines *Buch der Lieder* zu großen Teilen ins Ukrainische übertragen, ohne aber für ihre eigene Lyrik bei Heine Anleihen zu nehmen. Was die Übernahme von Topoi der Weltliteratur betrifft, so finden sich Themen, Motive und Gestalten aus der klassischen Antike, dem deutschen und englischen Mittelalter und der jüdischen Geschichte in ihren Gedichten, Poemen und Dramen. Häufig weisen schon Werktitel, Zitate, Personen- und Ortsnamen, die in der Originalsprache in den ukrainischen Text eingefügt sind, darauf hin. Auch strukturelle Anleihen beim modernen europäischen Drama finden sich in ihrem dramatischen Schaffen. Hier ist vor allem Gerhard Hauptmann zu nennen, von dem sie die Gattung des Märchendramas für ihr bekanntestes Stück, *Das Waldlied* (Lisova pisnja), übernahm, nachdem sie schon Hauptmanns *Die Weber* ins Ukrainische und Russische übersetzt hatte.

Bei aller Europäisierung hält Ukrajinka an der für die ukrainische Tradition typischen Hochschätzung der Folklore fest. Sie sammelt nicht nur Texte aus der mündlichen Folklore und erforscht deren musikalische Seite, sondern baut diese auch in die eigenen Texte ein. Nicht nur das *Waldlied* bezieht seine Handlung und Figuren aus der Folklore, sondern in zahlreichen lyrischen Texten verwendet die Autorin Rhythmen und Formen des Volkslieds. Dieses Beharren auf der Folklore ist auch ein Argument für den neoromantischen Charakter ihres Werks, ebenso wie der Rückgriff auf vergangene Zeiten und exotische Orte.

In der Nähe der Dichtung zur Musik ist ein für die Moderne typischer Zug gegeben, die im Fall der Dichterin von ihrer Doppelbegabung und der profunden musikalischen Ausbildung nur noch verstärkt wurde. Schon in Ukrajinkas Frühwerk findet sich der Zyklus *Sieben Saiten* (Sim strun, 1890), in dem jedes Gedicht mit einem bestimmen Notenwert (Do, Re, Mi, Fa, Sol, La, Si) und einer musikalischen Gattungsbezeichnung (Hymne, Lied, Wiegenlied, Sonett, Rondeau, Nocturno, Settina) gekennzeichnet ist. Die sieben Notenwerte sind einer italienischen mittelalterlichen Form entnommen. Die sieben Saiten stehen für die Lyra, den Inbegriff des lyrischen Schaffens. In den Texten verbindet sich das nationale Anliegen mit Liebes- und Naturlyrik in einer für das Gesamtwerk typischen Synthese. Viele andere Titel von Gedichten und Gedichtzyklen sind mit Begriffen aus der Musik betitelt: *Melodien* (Melodiji), *Lieder der Unfreien* (Nevil'nyči pisni), *Jüdische Melodie* (Jevrejs'ka melodija), *Herbstgesänge* (Osinni spivi).

Eine andere Spielart neoromantischer Dichtung findet sich in Ukrajinskas *Erinnerungen an die Krym* (Kryms'ki spohady), die im Anschluss an eine Krymreise der Autorin im Jahr

1891 entstanden sind. Mit diesen 13 Texten knüpft die Dichterin nicht nur an die romantischen Vorstellungen von der Krym als exotischem Land mit einer freigebigen Natur voll orientalischer Schönheit an, sondern auch an konkrete Prätexte, nämlich Adam Mickiewiczs *Krymsonette* (Sonety Krymskie, 1826) sowie Puškins „Brunnen von Bachčisaraj" (Bachčisarajskij fontan, 1824). Einige von Lesja Ukrajinkas lyrischen Erinnerungen tragen nicht nur Titel, die aus Mickiewiczs Zyklus bekannt sind, sie weisen auch die Sonettform des Prätexts auf. Im Unterschied zu Mickiewicz, dessen Russland-Kritik sich in den *Krymsonetten* noch nicht findet, ist sie bei Lesja Ukrajinka nicht zu überhören – die Krym, dieses schöne Land, ist unfrei, es wird an dieser Unfreiheit zugrunde gehen. Einige Jahre später kehrt Lesja Ukrajinka noch einmal mit einem Zyklus von sechs Gedichten zur Krymthematik zurück. In ihren *Krymreflexionen* (Kryms'ki vidhuky, 1897–1898) beschwört sie die Naturschönheit der Krym und spiegelt ihr eigenes Exil auch in einer „dramatischen Szene" über Iphighenie auf Tauris. Für Lesja Ukrajinka wurde die Krym, auch aufgrund des für ihren angeschlagenen Gesundheitszustand zuträglichen Klimas, zur zweiten Heimat. Ihre Beschäftigung mit dem Orient insgesamt fand frühzeitig Niederschlag in ihrem Werk und die Krym mit ihren Bewohnern wurde zum Thema und Motiv zahlreicher literarischer und essayistischer Texte. Der ehemaligen Hauptstadt des Krym-Chanats Bachčisaraj sind drei Sonette gewidmet, die neben der Schönheit des Ortes auch den bedauernswerten Zustand der tatarischen Kulturdenkmäler und die Ignoranz der imperialen Beamten gegenüber der krymtatarischen Kultur anspricht. Ihre langen und wiederholten Aufenthalte auf der Krym verarbeitete Lesja Ukrajinka auch im unvollendeten Roman *Ekbal Hanem*, in dem die Stellung der Frauen in einer von islamischer Tradition und Religion geprägten Gesellschaft und die Versuche ihrer Emanzipation thematisiert werden. Die Schriftstellerin lebte zwei Jahre in Jalta, wo sich auch ihr Museum befindet (das seit der russischen Annexion wesentlich verkleinert und inzwischen geschlossen wurde). In diesen Texten lässt sich ähnlich wie bei Kocjubyns'kyj ein interkultureller Dialog zwischen ukrainischen und krymtatarischen Modernisierungsaspekten feststellen.

Es verwundert nicht, dass solche Texte im zaristischen Russland nicht nur aus Gründen der Zensur nicht erscheinen konnten, sondern auch deshalb, weil nach dem Emser Ukas der Druck ukrainischer Schriften enorm erschwert war. Die *Erinnerungen an die Krym* erschienen wie viele andere Texte aus jener Zeit in Galizien, wo das Werk der Kyjiver Dichterin hochgeschätzt wurde. Ivan Franko veröffentlichte eine enthusiastische Besprechung ihrer Texte in Lemberg, in Czernowitz wurde eine Ehrung der Dichterin organisiert. Ohne die Publikationsmöglichkeiten in Galizien hätte Lesja Ukrajinka noch lange auf ihren Durchbruch warten müssen, denn in den Kyjiver Periodika erschienen einzelne ihrer Texte erst nach 1900.

Auch in Ukrajinkas Werk ist das nationale Engagement nicht zu überhören. In dem dreiteiligen Gedicht *Tränen-Perlen* (Sl'ozy-perly), das nicht von ungefähr Ivan Franko gewidmet ist, spricht die Dichterin das Schicksal ihres Volkes mit deutlichen Worten an: „O du mein armes Volk, ihr meine armen Brüder, in Fesseln geschmiedet". In den *Liedern der*

Unfreien kehrt das Motiv der Tränen wieder, in denen das ganze Land versinken könnte, und in dem Gedicht *Durch Weinen, Stöhnen und Klagen* (Skriz' plač, i stohin, i rydannja) wird sehnsüchtig jene Stunde erwartet, in der die Ketten abfallen. Auch Ukrajinka vergleicht, was die Unfreiheit betrifft, die Ukraine mit dem jüdischen Volk (*Auch du hast einst wie Israel gekämpft, meine Ukraine!* (I ty, kolys', borolas', mov Izrail', Ukrajino moja!), nur dass diese Unfreiheit der Ukraine nicht in Ägypten, sondern im eigenen gelobten Land eingetreten ist. Im neuen Babylon, dessen Ende in der letzten Zeile des Gedichts herbeigesehnt wird, ist unschwer Moskau zu erkennen.

In dem dramatischen Gedicht *Die Bojarin* (Bojarynja, 1910), dessen Handlung im 17. Jahrhundert spielt, stirbt die ukrainische Heldin, die einem geliebten Mann nach Moskau gefolgt ist, an der Situation in Zarenreich, die der in der heimatlichen Ukraine diametral entgegengesetzt ist: Unterdrückung, Bespitzelung, Angst und Unfreiheit sind nicht nur für das Zarenreich typisch, sondern auch in der Sowjetunion an der Tagesordnung. Es verwundert nicht, dass dieser Text sich in der großen 12-bändigen Ausgabe der Werke der Dichterin aus der Sowjetzeit nicht findet.

Neben Kobyljans'ka gehört Lesja Ukrajinka zu den ersten ukrainischen Autorinnen, die in ihrem Werk spezifisch weibliche Problematik thematisieren. Bei Ukrajinka geschieht das im Aufgreifen von Frauenfiguren aus der europäischen Geschichte und Kultur. Von der antiken *Sappho* (Safo) bis zur biblischen Rachel führt die Dichterin starke weibliche Charaktere vor Augen, die zwar Misserfolge hinnehmen müssen, im Umgang damit aber ihre Größe zeigen. Sappho wirft den Lorbeerkranz des Ruhmes ins Meer, ihre Dichtung ist zur Konvention geworden; Rachel hadert mit Gott (*Der Fluch der Rachel* [Prokljattja Rachili]), der den Kindermord von Bethlehem zulässt, nur damit ein einziges Kind entkommt. *Maria Stuart* (Marija Stjuart) bleibt kurz vor ihrer Hinrichtung nur mehr ihre Würde und die Hoffnung auf ein besseres Jenseits, und *Niobe* (Niobeja), aus dem Schmerz über den Verlust ihrer Kinder zu Stein geworden, wird zu einem Denkmal der Mutterliebe und einem Zeichen des Protests gegen die Grausamkeit der Götter.

Eine Frau als Heldin findet sich auch in Ukrajinskas erstem Poem *Die Wassernixe* (Rusalka), das die Dichtern 1885, mit nur 14 Jahren, geschrieben hat. Hier wird der neoromantische Rückgriff auf die Folklore wieder deutlich: Nicht nur die Story vom betrogenen Mädchen, das nach seinem Freitod zur Wassernixe wird, um später am ungetreuen Mann Rache zu nehmen, stammt aus der Folklore, auch die Diktion und der *Kolomyjka*-Rhythmus der Kurzzeilen in den dominanten Monologen und Dialogen sind aus dem Volkslied entlehnt. Das Poem *Samson* (1888), ein Beispiel für die Vorliebe der Dichterin für die jüdische Tradition, zeigt eine Delila, die zur Rächerin der Niederlage ihres Volkes wird. Aber auch Samson, geblendet und in feindlicher Gefangenschaft, kann noch seine Rache vollziehen – für eine einzige Stunde wird ihm seine frühere Kraft wiedergegeben. Er reißt eine Wand ein, die ihn und seine Feinde begräbt.

Von besonderer Bedeutung ist sicher das Poem *Robert Bruce, König von Schottland* (Robert Brjus, korol' šotlands'kyj, 1893), das zum einen der Vorliebe der Dichterin für europäische Helden entspricht, zum anderen in einer Geschichte aus dem schottischen

Spätmittelalter eine Parabel für das Schicksal der Ukraine zeichnet. Nach einem für Schottland verlorenen Feldzug des englischen Königs Edward läuft der gesamte schottische Adel zum englischen König über, bis auf einen jungen Ritter, den Titelhelden. Dieser versammelt nun das einfache Volk zum Kampf für die alte Freiheit. Sechsmal werden die Schotten geschlagen, dann erlischt der Widerstand. Robert Bruce verlässt das Land, nimmt an einem Kreuzzug teil. Nach seiner Rückkehr sammelt er das Volk zu einem siebten Aufstand gegen die englische Herrschaft, und nun gelingt es die Engländer zu besiegen. Robert wird zum König von Schottland gemacht, aber unter der Bedingung, dass er immer die Interessen des Landes zu wahren hat und nie seine eigenen verfolgen darf. Im ersten Teil dieses Poems sind die Anspielungen auf die Ukraine und Russland nicht zu überhören – die Russen haben die Ukrainer militärisch besiegt, sie haben den ukrainischen Adel zum Übertritt unter die russische Herrschaft gebracht. Der zweite Teil, der den charismatischen Führer des einfachen Volks zeigt, ist eher als utopischer Entwurf zu werten – hinter den Anspielungen auf die alten Freiheiten des schottischen Volkes, das keine Leibeigenschaft kennt, sind jedoch unschwer ukrainische Verhältnisse zu erkennen.

Um 1900 wendet sich Lesja Ukrajinka vorwiegend dem Drama zu und erprobt unterschiedliche Formen. Ihr erstes Theaterstück, *Die blaue Rose* (Blakitna trojanda, 1896), entspricht mit seinen fünf Akten einer Tragödie, ist aber als „Drama" bezeichnet. Dieses Werk steht ganz in der Tradition des modernistischen Gesellschaftsstücks um 1900. Es erinnert an die Dramen Ibsens und Hauptmanns, aber auch Čechovs, was die Figuren, die Dialogführung und die Themen betrifft, die immer wieder angesprochen werden: eine zeitgemäße, „moderne" Moral, das Recht auf individuelles Glück, die Kluft zwischen Kunst und Leben. Mit der im Titel genannten *blauen Rose* ist das Ideal einer Liebe gemeint, die von den mittelalterlichen Minnesängern verherrlicht wurde, die aber in der Gegenwart nicht mehr zu verwirklichen ist. Darunter leiden die beiden Protagonisten, die junge, kluge und schöne Ljubov Oleksandrivna und der junge Schriftsteller Orest Mychajlovyč. Die große Liebe der beiden wird durch eine vererbte psychische Krankheit der Frau, aber auch durch die Mutter ihres Partners vereitelt. Die schwerkranke Protagonistin ist bei der Lösung dieses Konflikts ihrem Partner überlegen. Sie scheidet freiwillig aus einem Leben, das für sie unerträglich geworden ist, während er ihr bei diesem Schritt nicht folgen kann. Das Ideal der großen Liebe ist in der modernen Gesellschaft ein utopisches Anliegen geworden, an ihre Stelle tritt die konventionelle bürgerliche Ehe, verkörpert von zwei anderen Figuren des Dramas, die das fehlende Glück mit Zufriedenheit kompensieren.

Ganz anders hingegen ist ein Drama *Kassandra* (1907) konzipiert. Einmal mehr greift die Autorin auf die griechische Antike zurück. Der Untertitel „Dramatisches Gedicht" (Dramatyčna poema) verweist auf eine neue Form, die Lesja Ukrajinka auch in anderen Stücken verwendet: Das Drama ist in acht Teile gegliedert, deren Zusammenhang auf den ersten Blick nur durch die Titelheldin, die in jedem dieser Teile anwesend ist, gegeben ist. Lesja Ukrajinka verlässt die klassische Tragödie, behält aber im Blankvers der Figurenrede ein wichtiges Moment dieser Form bei. Kassandra ist eine Prophetin des Unheils, sie muss den bevorstehenden Untergang Trojas verkünden, auch wenn sie ihre Gesprächspartner davon nicht überzeugen und noch weniger das Unheil abwenden kann. Diese Funktion der Seherin führt auch zu einem Konflikt zwischen Pflicht und Liebe, der sich in der Szene mit ihrem Verlobten Dolon äußert. Auch hier wird deutlich, dass Kassandra ihrem männlichen Gegenüber an Verantwortungsgefühl, aber auch an Weitsicht überlegen ist. Dieses Drama aus der Geschichte des Trojanischen Kriegs zeigt nicht nur, dass die Dichterin auf einer europäischen Welle der Begeisterung für die Antike reitet, sondern die historische Kulisse auch für aktuelle Aussagen nutzt. Die Untergangsstimmung in Troja, ob sie wahrgenommen wird oder nicht, erinnert an eine ähnliche Stimmung im Zarenreich, die auch im russischen Symbolismus des Öfteren thematisiert wurde, und Kassandra selbst wurde als Wahrsagerin des ukrainischen Unglücks gedeutet, das sich trotz dieser Vorhersage nicht abwenden lässt.

Das *Waldlied* (Lisova pisnja, 1911) ist eines der letzten und das wohl bekannteste Drama der Dichterin. Es unterscheidet sich von allen anderen Dramen durch seine Story und sein Setting, wie auch durch seine im Untertitel angegebene Gattung, *Feendrama* (drama-feerija), das an das Zaubermärchen des späten 18. Jahrhunderts erinnert, in dem Menschen und Naturgeister miteinander in Kontakt treten. Darauf basiert auch die Handlung dieses Dramas, eine Beziehung der Waldnymphe Mavka mit dem Burschen Lukaš, die tragisch endet. Die Protagonisten aus dem Reich der Naturgeister sind, so wie auch das Motiv der Liebe zwischen einem weiblichen Naturgeist und einem irdischen Mann, aus der regionalen slavischen Folklore bekannt; Rusalka, der Wassermann, der Waldschrat, der Flattergeist und andere bilden ein regionales Pandämonium, dem eine Reihe von menschlichen Protagonisten gegenübersteht, darunter zwei Frauen, die Mutter des Lukaš und eine junge Witwe, die den Helden von seiner Liebe zur Waldnymphe abbringt. Die Handlung ist in eine archaische Wald- und Seenlandschaft eingebettet, deren Wandel im Lauf der Jahreszeiten nach ausführlichen Regiebemerkungen inszeniert wird. Die Vorgänge in der Natur bilden so eine Rahmenhandlung zu den Taten der Protagonisten, die sich in diese Natur einfügen oder auch nicht. Von enormer Wichtigkeit ist der Musikkommentar: Lukaš schnitzt eine Weidenflöte, für die die Autorin eine Reihe von Melodien geschrieben hat, welche an bestimmten Momenten der Handlung erklingen; dort, wo das Lied ertönt, steht der Mensch im Einklang mit der Natur. Hier wird auch die symbolistische Dimension des Stücks deutlich. Es ist die Kraft der Musik und der Kunst schlechthin, die zwischen Mensch und Natur vermittelt und, ganz im romantischen Sinn, die Harmonie des Menschen im Kosmos zum Ausdruck bringt. Mit der gescheiterten Liebe der Protagonisten scheint auch dieses Projekt gescheitert. Das Eingreifen des Menschen in die Natur hat die Überhand gewonnen und eine organische Synthese der beiden verunmöglicht.

Lesja Ukrajinka hat auch Prosa geschrieben, in der ähnliche Themen wie in ihren dramatischen und lyrischen Werken in ansprechender narrativer Form reflektiert werden; sie sind allerdings weniger bekannt, dazu kommen literaturkritische Arbeiten, die ein zusätzliches Licht auf ihr dichterisches Werk werfen. Ihre reiche Korrespondenz wurde in letzter Zeit vermehrt herangezogen, um ein Psychogramm dieser ungewöhnlichen Frau zu entwerfen, deren weibliche Identität bei der Kanonisierung häufig in den Hintergrund geriet.

Übersetzungen

Michajlo Kozjubynskyj: Fata Morgana und andere Erzählungen. Übersetzung von Anna-Halja Horbatsch. Zürich 1962.
Mychajlo Kozjubynskyj: Schatten vergessener Ahnen. Eine Hirtennovelle aus den Karpaten. Übersetzung von Anna-Halja Horbatsch. Göttingen 1966.
Lesja Ukrajinka: Kassandra. Übersetzung von Irena Katschaniuk-Spiech. Dresden 2007.
Lesja Ukrajinka: Mein Weg. Dichtungen und Das Waldlied. Übersetzung von Irena Katschaniuk-Spiech. Dresden 2023.

Literarische Paradoxien des Aufbaus einer sozialistischen ukrainischen Nation

13

Vera Faber, Alexander Kratochvil und Ulrich Schmid

Die Revolutionen des Jahres 1917 und der anschließende Bürgerkrieg stürzten die Ukraine in ein Chaos. Verschiedene politische Kräfte bekämpften sich gegenseitig, wobei die Machthaber manchmal schon nach wenigen Wochen wieder wechselten. Dabei hatte die sogenannte Oktober-Revolution in der Ukraine auch eine wichtige literarische Dimension: Viele Autoren erblickten in den politischen Umwälzungen eine Chance, ihre eigenen ästhetischen und nationalkulturellen Projekte umzusetzen. Vor diesem Hintergrund erlebte die ukrainische Literatur in den 1920er-Jahren eine bedeutende Blütezeit, die nicht nur eine ästhetische Erneuerung, sondern auch eine Stärkung der kulturellen Identität bedeutete. Entscheidende Faktoren für diese Blütezeit waren die politischen Umwälzungen sowie die Neuordnung Europas nach dem Ersten Weltkrieg. Damit schien auch ein eigener ukrainischer Staat möglich zu werden. Viele Autoren setzten zunächst große Hoffnungen in die erste ukrainische Volksrepublik, die 1917 auf den ehemals vom Zarenreich beherrschten Gebieten entstand. Als die ukrainische Volksrepublik nach mehreren Jahren der Kämpfe 1920 aufgelöst wurde, erkannten viele in der neu gegründeten Sowjetukraine erneut eine Chance auf eine kulturelle Renaissance. Eine Zeit lang bot die sowjetische

---

V. Faber (✉)
ILOS, Universität Oslo, Oslo, Norwegen
E-Mail: publ@verafaber.com

A. Kratochvil
Institut für slavische Philologie, Ludwig-Maximilians-Universität München, München, Deutschland
E-Mail: alexander.kratochvil@lmu.de

U. Schmid
Osteuropastudien, Universität St.Gallen, St.Gallen, Schweiz
E-Mail: ulrich.schmid@unisg.ch

© Der/die Autor(en), exklusiv lizenziert an Springer-Verlag GmbH, DE, ein Teil von Springer Nature 2025
U. Schmid (Hrsg.), *Ukrainische Literaturgeschichte*,
https://doi.org/10.1007/978-3-662-70637-4_13

„Korenizacija" (Einwurzelung, 1923–1932) ein gewisses Maß an kultureller Freiheit. So hieß das sowjetische Programm zur Förderung der nichtrussischen Sprachen und Kulturen, das den einzelnen Republiken in der frühen Sowjetunion als eine Art Beruhigungsmittel gegen nationale Bestrebungen verabreicht wurde, um ihnen so eine kulturelle Souveränität zu suggerieren. Viele ukrainische Autoren begrüßten dieses Programm, weil es eine ukrainischsprachige Literaturszene ermöglichte und einen Prestigegewinn für ukrainische Literaturveröffentlichungen versprach.

Vor diesem Hintergrund bildete sich in der Ukraine ein höchst aktives und produktives literarisches Feld, dessen Akteure auch an der Diskussion um die Ausrichtung der ukrainischen Kultur teilhaben wollten. Autoren wie Mykola Chvyl'ovyj (1893–1933), Mykola Zerov (1890–1937), Mykola Kuliš (1892–1937), Mychajl' Semenko (1892–1937) und Valer'jan Pidmohyl'nyj (1901–1937) experimentierten mit literarischen Ausdrucksformen, die sich an den ästhetischen Entwicklungen in den Ländern Westeuropas orientierten. Ukrainische Prosa und Lyrik erhielten so neue Ausdrucksmittel, die sich aus den damals aktuellen Strömungen der Moderne und der Avantgarde ebenso speisten wie aus der traditionellen ukrainischen Volkskunst. Auch das Drama erfuhr eine bedeutende Erneuerung, die wesentlich durch Entwicklungen in Westeuropa inspiriert war.

Außerdem wurden die für die Moderne und Avantgarde in Europa charakteristischen literarischen Programmtexte auch in der Ukraine zu einer zentralen Gattung. Diese Texte dienten oft der Proklamation künstlerischer Konzepte und Forderungen. In der Ukraine äußerten sich viele Autoren aber auch explizit zur künftigen Ausrichtung der ukrainischen Kultur und meldeten sich auch in kulturpolitischen Diskussionen lautstark und oftmals polemisch zu Wort. Insbesondere die Jahre 1925 bis 1928/29 waren geprägt von einer anhaltenden literarischen Debatte über Ästhetik und Inhalt der ukrainischen Literatur. In der Literaturwissenschaft wird diese Phase als *Literaturdiskussion* bezeichnet. Die beteiligten Stimmen forderten künstlerische Freiheit und eine europäische Ausrichtung der ukrainischen Literatur. Besonders eingeprägt hat sich der provokative Leitspruch „Weg von Moskau!", der oft Chvyl'ovyj zugeschrieben wird. In der Tat argumentiert er in seinem viel zitierten Essay „Ukrajina čy Malorosija?" (Ukraine oder Kleinrussland?, 1926) für eine eigenständige ukrainische Literatur. Allerdings findet sich die Losung „Weg von Moskau!" nirgends in Chvyl'ovyjs Schriften. Doch auch die Idee der „ukrainischen Renaissance" (oft auch bezeichnet als „Wiedergeburt") war ein zentrales Thema, das von vielen Akteuren vorangetrieben wurde. Dabei wurde der Kommunismus mit seiner sozialen und internationalen Agenda als Mittel betrachtet, um den Anspruch auf eine eigenständige ukrainische Kultur durchzusetzen.

Die literarischen Aktivitäten waren meist in verschiedenen literarischen Gruppierungen organisiert, die sich in mehreren Städten der Ukraine aufgrund gemeinsamer künstlerischer Konzepte und Anliegen zusammenschlossen. Einflussreiche Vereinigungen waren unter anderem die von Mykola Chvyl'ovyj und Mykola Kuliš gegründete *VAPLITE* (Vil'na akademija proletars'koji literatury, Freie Akademie der proletarischen Literatur) in Charkiv, die sich zwischen 1925 und 1928 zu einer der wichtigsten Institutionen der ukrainischen Literatur entwickelte. Chvyl'ovyj trat innerhalb des literarischen Feldes auch als wichtiger Organisator auf. Anders als die zuvor von ihm mitgegründete Gruppe *Hart* (Stählung, 1923–1925) sah *VAPLITE* das wichtigste Ziel der Literatur in der kreativen Schöpfung und nicht mehr darin, die proletarischen Massen für eine sozialistische Literatur zu gewinnen. In Kyjiv schlossen sich Mykola Zerov und weitere philologisch gebildete Autoren, die ähnlichen Grundsätzen verpflichtet waren, aber keine gemeinsame Ästhetik als Programm vertraten, zu der losen Vereinigung der *Neoklassiker* zusammen. Mychajl' Semenko formierte um sich zahlreiche futuristische Bewegungen, darunter den *Panfuturismus* und die *Nova Generacija* (Die neue Generation, 1927–1932). Valer'jan Poliščuk gründete die Vereinigung *Avanhard* (Avantgarde) in Charkiv, die sich an konstruktivistischen Prinzipien orientierte. Die aus einem ländlich-bäuerlichen Umfeld stammenden Autoren gehörten oft der Vereinigung *Pluh* (Pflug) an.

So waren nahezu alle Akteure der ukrainischen Literatur mindestens in einer dieser Vereinigungen aktiv und trugen zu kulturellen Diskussionen bei. Auch wenn oft unterschiedliche weltanschauliche, literarische und künstlerische Positionen vertreten wurden, beriefen sich viele Gruppen auf die Idee einer Erneuerung der ukrainischen Kultur. In der zweiten Hälfte der 1920er-Jahre vertrat die *Allukrainische Vereinigung proletarischer Schriftsteller* (VUSPP) ein an der kommunistischen Partei orientiertes Kunstverständnis, das die Literatur der Parteidoktrin unterordnen wollte. In einem zunehmend repressiveren Klima wurde der Beitritt zu offiziell anerkannten literarischen Vereinigungen schließlich zu einer Publikationsbedingung.

Moralisch begründete literarische und politische Phantasien: Volodymyr Vynnyčenko

Auch gestandene Autoren wie Volodymyr Vynnyčenko (1880–1951) beteiligten sich intensiv an den revolutionären Aktivitäten. 1902 veröffentlichte er seine Erzählsammlung *Kraft und Schönheit* (Krasa i syla), die von Mychajlo Kocjubyns'kyj, Ivan Franko und Lesja Ukrajinka gerühmt wurde. Anschließend entstanden in schneller Kadenz zahlreiche Prosastücke und Dramen. Sein Lebensprogramm formulierte Vynnyčenko im Roman *Ehrlichkeit mit sich selbst* (Česnist' z soboju, 1907). Im Zentrum der Handlung steht ein gemäßigter Revolutionär, der als eine Robin Hood-Figur die Bauern verteidigt und auch die Prostitution als Beruf anerkennt. Stilistisch orientiert sich der Roman an den herrschenden modernistischen Strömungen. Ein wichtiger Stichwortgeber für Vynnyčenkos Lebensstil und literarische Produktion war Friedrich Nietzsche. Vynnyčenkos Prosa und Dramen führen mit den jeweiligen Protagonisten verschiedene Varianten von ukrainischem Substandard (Slang, Suržyk, Rotwelsch) in die ukrainische Literatur ein. Zudem zeichnet er ein ironisches Bild russischer und ukrainischer Revolutionäre, die oftmals in spießbürgerlicher Mentalität gefangen sind (z. B. in „Das Geheimnis" [Tajemnist']) – ein literarischer Topos, der in den 1920er-Jahren als sowjetisches Spießbürgertum bei Arkadij Ljubčenko, Mykola Kuliš oder Mykola Chvyl'ovyj gestaltet wird.

Stilistisch ist Vynnčenko innovativ und erschließt der ukrainischen Literatur neue Ausdrucksformen. Inhaltlich kann er als Vorläufer des sozialistischen Realismus gesehen werden. Er verfolgt ein klares ideologisches Programm: Jeder Mensch soll sein intuitives Gerechtigkeitsgefühl mit dem Verstand erfassen und sein Leben darauf ausrichten. Als junger sozialistischer Aktivist hatte Vynnyčenko bereits mehrere Gefängnisstrafen in Kyjiv verbüßt. Um weiteren Verhaftungen zu entgehen, verbrachte er die Jahre von 1907 bis 1914 in Westeuropa. 1917 erschien sein bekanntester Roman *Die Aufzeichnungen des schiefnäsigen Mephisto* (Zapysky kyrpatoho Mefistofelja). Vynnyčenko experimentiert hier mit der psychologischen Darstellung einer dramatischen, mehrfach verschlungenen Liebesgeschichte.

Die ukrainische Revolution wurde schließlich zum wichtigsten Wendepunkt in seinem Leben. 1918 stieg Vynnyčenko zum ersten Regierungschef der kurzlebigen Ukrainischen Volksrepublik auf. Er verfasste das erste „Universal" der Zentralrada und war an der Formulierung des zweiten, dritten und vierten „Universals" beteiligt. Die dort deklarierte Souveränität des ukrainischen Staates gehört zu Vynnyčenkos politischen Grundüberzeugungen. Er wollte jedoch nicht, dass die Ukraine ein Staat „wie für andere Menschen" werde, sondern träumte von einer klassenlosen nationalen Gemeinschaft. Bald zerstritt er sich mit andern Vertretern der Ukrainischen Volksrepublik, vor allem mit Symon Petljura (1879–1926), und nahm eine pro-bolschewistische Haltung ein. Er glaubte fälschlicherweise, dass die Moskauer Sowjetregierung ein genuines Interesse an einem ukrainischen Nationalkommunismus haben müsse, weil das ukrainische Volk aus Proletariern bestünde. Er war überzeugt, dass jede „rechte" Regierung der ukrainischen Sache schaden würde, während jede Tendenz nach „links" zwangsläufig auch eine Stärkung der nationalen Bewegung mit sich brächte. Er plädierte für eine „allseitige Befreiung" (vsebične vyzvolennja), die soziale, nationale, politische und moralische Aspekte miteinander verbinden sollte. Nach Vynnyčenkos Ansicht würde sich die sowjetische Herrschaft in der Ukraine schließlich zu einer national-kommunistischen Regierung entwickeln. In der festen Überzeugung, Zeuge einer historisch entscheidenden Epoche zu sein und darin eine entscheidende Rolle zu spielen, führte er ständig ein Tagebuch. Berühmt geworden ist der Eintrag vom 5. Mai 1918: „Wer die ukrainische Geschichte lesen will, muss Brom nehmen – so tragisch, sinnlos, unbeholfen, so schmerzhaft, schrecklich, bitter und traurig ist es zu lesen, wie diese unglückliche, gedemütigte und unterdrückte Nation während ihrer Existenz als Staat (oder besser: als Teilstaat) von allen Seiten angegriffen wurde: von den Polen, den Russen, den Tataren, den Schweden. Die ganze Geschichte ist eine ununterbrochene Folge von Aufständen, Kriegen, Brandstiftungen, Hungersnöten, Anschlägen, Militärputschen, Intrigen, Kämpfen und Bestechungen. Geschieht das Gleiche nicht auch heute?" Nach dem Sieg der Roten Armee im Bürgerkrieg versuchte Vynnyčenko ein letztes Mal seinen politischen Einfluss zu sichern. Er führte in Moskau und Charkiv Gespräche mit russischen Revolutionären, darunter auch mit Lev Trockij. Er trug sich den Bolschewiken als Chef einer ukrainischen Sowjetrepublik an, doch sein Ansinnen scheiterte. Den ersten Schock seiner Niederlage verarbeitete er in einer beeindruckenden schriftstellerischen Produktion. Neben seinen autobiografischen Schriften verfasste er im Sommer 1918 ein Theaterstück mit dem Titel *Zwischen zwei Kräften* (Miž dvoch syl). In diesem Stück verarbeitete er vor dem aktuellen Hintergrund der roten Besatzung Kyjivs die Verwerfungen der entstehenden ukrainischen Nation in einem Familiendrama. Die Frontlinie verläuft hier zwischen Brüdern und Schwestern. Der Vater Slipčenko und Sohn Marko kämpfen mit den Kosaken um die nationale Befreiung der Ukraine, Sohn Tichon und Tochter Sofija unterstützen hingegen die Bolschewiken. Als der Vater und Marko gefangen genommen werden, eilt die Tochter ins Hauptquartier der Besatzer und bietet sogar ihren Körper an, um ihren Vater und den Bruder zu befreien. Die Rotarmisten erschießen jedoch Marko kaltblütig. Verzweifelt begeht Sofija Selbstmord. Damit ist sie einerseits ein Musterbeispiel von Vynnyčenkos moralischem Ideal der „Ehrlichkeit mit sich selbst", andererseits widerspiegeln sich im tragischen Ende auch Vynnyčenkos eigene Zweifel an der Möglichkeit einer Verbindung der nationalen und der sozialen Revolution. Zugleich ist das Bühnenstück eine Abrechnung mit den Kriegsverbrechen des russischen Befehlshabers und Bolschewiken Michail Murav'ev in Kyjiv. Als ehemaliger zaristischer Offizier vertrat er eine chauvinistische großrussische Doktrin und unterdrückte die ukrainische Sprache mit blutigem Terror. Außerdem findet mit diesem Stück eine sichtbare Abkehr Vynnyčenkos vom russischen Bolschewismus und damit auch von Lenin statt.

Kurz darauf emigrierte Vynnyčenko nach Wien und verfasste dort eine epische Geschichte der ukrainischen Revolution. Für die Abfassung der drei Bände benötigte er nur sechs Monate. Für dieses opus magnum wählte er den stolzen Titel *Die Wiedergeburt einer Nation* (Vidrodžennja naciji, 1920). Ungefähr zur gleichen Zeit, von 1919 bis 1923, schrieb er eine allegorische Erzählung mit dem Titel *Über die Grenze* (Na toj bik). Darin gerät ein politisch ungebundener Intellektueller in die Wirren des ukrainischen Bürgerkriegs und kommt zu dem Schluss, dass das Leben über allen Parteigeschäften steht. 1923 setzte Vynnyčenko seine politischen Aktivitäten trotz aller Rückschläge in der Tschechoslowakei und in Deutschland fort. 1923 veröffentlichte er in Berlin die Broschüre *Die revolutionär-demokratische nationale Einheitsfront* (Jedynyj revoljucijno-demokratyčnyj nacional'nyj front). Bereits der monströse Titel zeigt die illusorische Stoßrichtung an. Vynnyčenko protestierte gegen die „komödienhafte" Gründung der Sowjetunion und forderte eine unabhängige und demokratische Ukraine, in der die Regierung den Arbeiterkollektiven Rechenschaft ablegen müsste.

Noch 1925 versuchte er vergeblich, von den Bolschewiken die Erlaubnis für die Rückkehr in die Sowjetukraine zu erlangen. 1926 rief er angesichts der offiziellen Ukrainisierungspolitik in der Sowjetukraine die Emigranten auf, in die Heimat zurückzukehren und sich dort am Aufbau einer sozialistischen Gesellschaft zu beteiligen. Allerdings verstärkte er damit seine Isolation im ukrainischen Exilmilieu nur noch weiter.

1925 übersiedelte er nach Paris. Trotzdem galt er in der Sowjetukraine weiterhin als proletarischer Schriftsteller. In den zwanziger Jahren konnten dort sogar zwei Gesamtausgaben seiner Werke erscheinen. Er erhielt dafür großzügige Honorare. Erst seine scharfe Kritik am Holodomor, die er in einem offenen Brief an das Zentralkomitee der ukrainischen kommunistischen Partei formulierte, führte dazu, dass seine Werke in der Sowjetunion verboten wurden. In der ukrainischen Exilgemeinde war Vynnyčenko allerdings wegen seiner linken Sympathien verfemt.

Er verfasste mit *Sonnenmaschine* (Sonjašna mašyna, 1928) eine komplexe (Anti-) Utopie mit Science Fiction-Elementen, die an Karel Čapeks Werke aus der ersten Hälfte der 1920er-Jahre (*Továrna na absolutno* und *Krakatit*) erinnert und wie andere Anti-Utopien jener Zeit (Evgenij Zamjatins Anti-Utopie *Wir*, Aldous Huxleys *Brave New World*) eine destabilisierte Welt im Umbruch thematisiert. Der Roman wurde größtenteils in Berlin geschrieben und spielt in Deutschland, wobei die damaligen sozialen und politischen Konstellationen und Kämpfe der ideologischen Lager der Weimarer Republik deutlich erkennbar sind. Zugleich ist Vynnyčenkos Roman ein spannender Thriller mit mehreren Handlungslinien, die in ein gelungenes Finale münden.

1934 zog Vynnyčenko mit seiner Frau ins südfranzösische Mougins und lebte dort auf einem kleinen Grundstück als Selbstversorger. Er wurde zu einem überzeugten Veganer und arbeitete eine esoterische Lebensphilosophie, den „Konkordismus", aus. Er wollte damit einen „Schlüssel zum Glück" liefern, in dem der Mensch harmonisch mit sich selbst, mit anderen Menschen und in der Natur leben könne. Gleichzeitig war er ein begeisterter Kunstmaler (Abb. 13.1).

In den dreißiger Jahren versuchte er sich ein weiteres Mal als Initiator utopischer politischer Projekte. So schlug er Stalin angesichts der bevorstehenden deutschen Aggression vor, die Ukraine zu einem europäischen Protektorat zu machen. Außerdem regte er die Durchführung eines globalen Referendums an, in dem sich die Völker der Erde gegen den Krieg aussprechen sollten. In seinem letzten Roman *Du hast das Wort, Stalin!* (Slovo za toboju, Staline!, 1949–1950) setzte er sich für eine Demokratisierung des sowjetischen Herrschaftssystems ein.

Ivan Rudnytsky weist darauf hin, dass es eine Reihe von strukturellen Ähnlichkeiten zwischen dem „linken" Utopisten Vynnyčenko und dem „rechten" Agitator Doncov gibt. Beide waren aus seiner Sicht „russische" Intellektuelle in dem Sinn, dass sie die politische und literarische Sphäre miteinander verbanden. Beide waren begeisterte Anhänger totalitärer Ideologien. Beide verachteten die „bourgeoisen" westlichen Gesellschaften, flohen aber vor der roten oder braunen Diktatur. Beide wurden am Ende ihres Lebens zu Esoterikern.

Abb. 13.1 Volodymyr Vynnyčenko: *Selbstportrait*

Der ukrainische Futurismus als permanente Revolution

Der Futurismus positionierte sich selbst explizit als avantgardistisch. Die Formierung literarischer und künstlerischer Bewegungen, die sich auch programmatisch als solche definierten, war zu dieser Zeit keine alleinige Erscheinung der ukrainischen Literatur, sondern in der europäischen Moderne und den Avantgarden weit verbreitet. Es ist jedoch charakteristisch für die Ukraine, dass sich literarische Gruppen hauptsächlich und fast ausschließlich in den 1920er-Jahren formierten. Die modernistische Vereinigung *Ukrajins'ka chata* (Ukrainische Bauernhütte), die zwischen 1909 und 1914 in Kyjiv auch eine gleichnamige Zeitschrift herausgab, ist wohl die einzige Ausnahme einer den Avantgarden vorausgehenden Formation. Semenko gehörte in seiner Anfangszeit auch dieser Gruppierung an, die sich an wichtigen Strömungen der europäischen Moderne, insbesondere am Impressionismus, orientierte und sich als Forum für die demokratische ukrainische Intelligenzija verstand. Andere im Zeichen der Moderne agierende Formationen wie die *Junge Muse* (Moloda Muza) waren dagegen um die Jahrhundertwende in L'viv aktiv, das zu dieser Zeit zu Österreich-Ungarn gehörte. Selbst die frühe Avantgarde der 1910er-Jahre war in der Ukraine nicht durch die andernorts üblichen Gruppenbildungen geprägt. Vielmehr lag es an Semenko, dem anfangs noch „einsamen Futuristen" (Belentschikow), sehr früh einen eigenständigen Futurismus zu etablieren, der in einen gesamteuropäischen Kontext eingebettet war. Semenko trat Anfang der 1910er-Jahre als schillernde Persönlichkeit ins Rampenlicht der ukrainischen Kultur und erlangte in den folgenden zwei Jahrzehnten nicht nur als Autor, sondern auch als Organisator, Netzwerker und Verleger große Bedeutung. Der ukrainische Futurismus war somit eine der frühesten Manifestationen dieser für die Avantgarden zentralen Bewegung. Zwischen 1914 und 1932 initiierte und leitete Semenko zahlreiche futuristische Vereinigungen, womit er eine der beständigsten Formen des gesamteuropäischen Futurismus anführte. Im Sinne des avantgardistischen Aufbruchs, der gemeinsam mit der Erneuerung der Kunst auch die Abgrenzung von der Vergangenheit forderte, veränderte sich auch der Futurismus selbst ständig, er repräsentierte somit gewissermaßen eine permanente Erneuerung. Semenkos Aufbruch der Kunst im Sinne einer Avantgarde war aber auch durch das Beharren auf dem Ukrainischen als Literatursprache gekennzeichnet.

Das Manifest „Kverofuturismus" (Kverofuturizm, 1914) gilt als einer der ersten Programmtexte sowohl der ukrainischen Avantgarde, zugleich zählt es aber auch zu den frühen Proklamationen der europäischen Avantgarden insgesamt. Während der ukrainische Futurismus in dieser Phase noch symbolistisch geprägt war, entwickelte er sich in den 1920er-Jahren in Richtung Utilitarismus und Konstruktivismus. Dies ging mit einem starken Interesse an den westeuropäischen Bewegungen des Konstruktivismus und der Neuen Sachlichkeit einher, wobei ukrainische Bewegungen sich besonders stark um eine künstlerische Vernetzung mit der 1922 von europäischen Künstlern begründeten „Konstruktivistischen Internationale, KI" bemühten. Der ebenfalls 1922 proklamierte Panfuturismus war dann konstruktivistisch und teilweise auch dadaistisch konzipiert, wies aber als „Kunst der Übergangsepoche" auch eine starke Politisierung zugunsten des Kommunismus auf. Der Almanach *Leuchtsignal in die Zukunft* (Semafor u majbutnje, 1922) sowie die einmalig erschienene russischsprachige Zeitschrift *Katafalk der Kunst* (Katafal'k iskusstva, 1922) spiegeln den experimentellen, intermedialen und transnationalen Charakter dieser Phase wider. Semenko legte in seinem Werk vor allem Lyrik, aber auch Essays und programmatische Texte vor, wobei sich seine Lyrik insbesondere in der frühen Phase durch Experimente mit Form und Sprache auszeichnet. Mit der *Poesiemalerei* (Poezomaljarstvo) entwickelte er zudem eine höchst eigenständige Form der visuellen Poesie, die auch seine umfassende Kenntnis der Entwicklungen in anderen europäischen Ländern belegt. Sie enthält Anklänge sowohl an den italienischen Futuristen Filippo Tommaso Marinetti als auch an den französischen Pionier der visuellen Poesie Guillaume Apollinaire (Abb. 13.2).

Die Abgrenzung von der national verklärten Vergangenheit war ein wichtiges Prinzip des ukrainischen Futurismus, das er mit den gesamteuropäischen Avantgarden teilte. Mit seiner Persiflage auf den literarischen Nationalhelden Taras Ševčenko sorgte Semenko für einen veritablen Skandal. Besonders auffallend ist auch das Prinzip der Mehrsprachigkeit, das im ukrainischen Futurismus ähnlich wie in vielen anderen internationalistisch ausgerichteten Strömungen der 1920er-Jahre besonders präsent war.

Abb. 13.2 Poesiemalerei (Poezomaljarstvo) von Mychajl' Semenko: „Kablepoema za Okean" (Kabelgedicht nach Übersee) Nr. 3, abgedruckt im Almanach *Leuchtsignal in die Zukunft* (Semafor u majbutnje) (1922)

Ähnlich wie die *VAPLITE* oder die Neoklassiker war auch der ukrainische Futurismus nach Westeuropa ausgerichtet. *Die neue Generation* (Nova Generacija, 1927–1931), die 1927 ins Leben gerufen wurde und auch eine gleichnamige Zeitschrift herausgab, markierte die letzte Etappe des ukrainischen Futurismus, der auf die immer stärker werdenden Repressalien mit gesteigerten künstlerischen Aktivitäten reagierte. Im Gegensatz zur offiziellen Isolationspolitik der Sowjetunion kam es in diesem Zusammenhang zu einer besonders ausgeprägten Rezeption der europäischen Avantgarde und zu zahlreichen Kooperationen mit westeuropäischen Autoren. Dies zeigt sich beispielsweise am großen Interesse am italienischen Futurismus sowie an Autoren der Weimarer Republik. Die ukrainischen Avantgardezeitschriften veröffentlichten nicht nur Texte bekannter deutscher, französischer oder tschechoslowakischer Avantgardeautoren, sondern boten auch eine intermediale Plattform für die Diskussion und Präsentation unterschiedlicher westeuropäischer Kunstformen, etwa des Dadaismus, des Surrealismus und des Bauhauses. Bemerkenswert ist dies nicht zuletzt deshalb, da experimentelle und formalistische Strömungen zu dieser Zeit in der Sowjetunion bereits von Einschränkungen betroffen waren. Nur kurze Zeit später wurden sie im Kontext der Ausrufung des Sozialistischen Realismus zur einzig gültigen Kunstform gänzlich verboten. Relevant war aber auch die Rezeption der russischen Avantgarde, wobei es auch zu Kooperationen mit Vladimir Majakovskij und dessen russischer *Linken Front der Künste LEF* (Levyj Front Iskusstv) kam. Semenko übersetzte nach Majakovskijs Selbstmord Teile von dessen Werk ins Ukrainische. Zu den Wegbegleitern Semenkos zählten unter anderem Geo Škurupij (1903–1937) und Oleksa Slisarenko (1891–1937), die beide sowohl experimentelle Lyrik als auch Prosa verfassten. Obwohl der Futurismus die kulturelle Renaissance teilweise sogar kritisch bewertete, wurden die meisten seiner Vertreter später ebenfalls unter dem Vorwurf des Nationalismus verhaftet und hingerichtet (Abb. 13.3).

Im Kontext der literarischen Avantgarde spielte neben dem Futurismus auch der literarische Konstruktivismus eine bedeutende Rolle. Der in Wolhynien geborene Autor Valer'jan Poliščuk (1897–1937) war eine zentrale Figur dieser Bewegung, die ebenfalls in Charkiv angesiedelt war. Poliščuk trat 1918 erstmals literarisch in Erscheinung, wobei er schon früh durch eine starke Politisierung auffiel. Neben Lyrik und Prosa verfasste er außerdem kulturtheoretische Essays, Programmtexte, Reiseberichte und publizistische Beiträge. Mit *Die Li-*

Abb. 13.3 Umschlag der *Neuen Generation* (Nova Generacija) aus dem Jahr 1930. Das Coversujet zeigt eine Skulptur des Bauhaus-Künstlers Gerhard Spitzer. Coverdesign: Anatol' Petryc'kyj

terarische Avantgarde (Literaturnyj Avanhard) legte er 1926 eine umfassende kulturtheoretische Analyse der ukrainischen Literatur vor. Im Kontext der kulturpolitischen Debatten war diese Analyse auch als Polemik mit Chvyl'ovyj gedacht. Umfassend widmet er sich auch der Bedeutung von freiem Vers und Rhythmus in der ukrainischen Literatur. Einige von Poliščuks Werken sind ideologisch stark aufgeladen. In seinem Essay „Die Spaltung Europas" (Rozkol Evropy) von 1925, der durch eine Reise nach Deutschland und in die Tschechoslowakei inspiriert war, zeichnet er beispielsweise ein kritisches Bild von Westeuropa. 1925 gründete Poliščuk die konstruktivistische Vereinigung *Avanhard*, die sich als Bindeglied zwischen der westeuropäischen und russischen Literatur positionierte. In ihrem zentralen Programmtext „Proklamation der Avanhard" (Proklamacija Avanhardu) postulierte die Formation ihre Bewegung als *Konstruktiven Dynamismus*. Neben Poliščuk gehörten *Avanhard* auch der bedeutende konstruktivistische Künstler und Grafiker Vasyl' Jermilov (1894–1964), der Dichter Geo Koljada (1904–1941) sowie die Dichterin Rajisa Trojanker (1908–1945) an.

Trojanker war eine Lyrikerin und eine Vertreterin der jüdischen Avantgarde der Ukraine. Zuerst war die aus der Gegend um Odessa gebürtige Autorin Mitglied des Verbandes bäuerlicher Schriftsteller *Pluh* (Pflug), nach ihrer Übersiedlung nach Charkiv trat sie *Avanhard* bei. 1928 erschien ihr erster Lyrikband *Die Flut* (Povin'), außerdem publizierte sie Gedichte in verschiedenen Literaturzeitschriften. Sie verfasste eine Reihe erotischer Gedichte, die von Zeitgenossen mitunter als höchst obszön bewertet wurden. Darüber hinaus spielten auch jüdische Themen eine wichtige Rolle. Im Gedicht „Aus der Vergangenheit" (Iz prošlogo), das 1928 auf Russisch im Almanach *Radius* erschien, schilderte sie die verheerenden Pogrome, die während des Bürgerkriegs in ihrer Heimatstadt Uman' 1919 stattfanden. Anfang der 1930er-Jahre, als die Repressionen gegen die ukrainische Kultur zunehmend lebensbedrohlich wurden, übersiedelte Trojanker nach Russland. Trojanker zählt somit gemeinsam mit Natalja Zabila (1903–1985), die ebenfalls *Avanhard* angehörte, zu den wenigen weiblichen Vertreterinnen der ukrainischen Literatur der 1920er-Jahre, in der Frauen insgesamt unterrepräsentiert waren. Das Fehlen weiblicher Literaturschaffender in der Avantgarde ist jedoch keine ukrainische Besonderheit, denn die meisten anderen literarischen Avantgarden in Europa waren ebenfalls männlich dominiert. Auch die anderen Gruppierungen des ukrainischen literarischen Feldes der 1920er-Jahre, wie die *VAPLITE* oder die Neoklassiker, bestanden überwiegend beziehungsweise in den meisten Fällen sogar ausschließlich aus Männern. In dieser Hinsicht unterschieden sich die 1920er-Jahre somit deutlich von anderen Phasen der ukrainischen Literatur, in denen Autorinnen wie Lesja Ukrajinka und Ol'ha Kobyljans'ka oder später Lina Kostenko und Oksana Zabužko sogar dominante Rollen einnahmen. Aufgrund staatlichen Drucks wurde auch *Avanhard* 1929 aufgelöst. Poliščuk und viele weitere Mitglieder von *Avanhard* wurden später im Zuge des Großen Terrors ermordet. Trotz seiner kurzen Existenz hat der literarische Konstruktivismus einen wichtigen Beitrag zur ukrainischen Avantgarde geleistet.

Obwohl die multikulturelle Stadt Kyjiv im historischen Kontext lange das Zentrum für Bildung, Wissenschaft und Kultur war, wurde mit Gründung der Sowjetukraine die damals verhältnismäßig kleine ostukrainische Stadt Charkiv zur ukrainischen Hauptstadt ausgerufen. Dies führte zu einem enormen Aufschwung für die bis dahin eher provinzielle Stadt, begleitet von umfangreichen städtebaulichen Projekten, Industrieansiedlungen und der Verlagerung von kulturellen Aktivitäten. Charkiv wurde in den 1920ern und 1930ern

Abb. 13.4 Das im Rahmen des großangelegten Stadtplanungskonzeptes realisierte Deržprom-Gebäude am zentralen Freiheitsplatz in Charkiv (damals: Dzeržyns'kyj-Platz), 1929. Architekten: Serhij Serafimov, Samujil Kravec' und Mark Fel'ger

ein Schaufenster moderner Städteplanung und Architektur, das durch die konsequente Umsetzung konstruktivistischer Konzepte auch international großes Aufsehen erregte (Abb. 13.4).

Die Ansiedlung des staatlichen ukrainischen Verlagshauses machte Charkiv auch zum Zentrum des Buchdrucks. Die unterschiedlichen Publikationskanäle und öffentlichen Veranstaltungen boten wichtige Plattformen für oft sehr polemisch geführte Diskussionen. Die vielen ehrgeizigen Publikationsprojekte der einzelnen Gruppierungen profitierten in ihrer Umsetzung von der zeitgleich stattfindenden Revolution im Bereich der Massendruckverfahren, durch die der Druck von Zeitschriften und Büchern in größeren Auflagen effizienter und kostengünstiger wurde. Die von Lenin eingeführte „Neue Ökonomische Politik" (NÈP, 1921–1928) erlaubte in gewissem Ausmaß künstlerische Freiheit und war für marktwirtschaftliche Initiativen offen. Vor diesem Hintergrund zogen viele literarische Akteure in die neu geschaffene Metropole. Während die meisten Mitglieder von *VAPLITE* ursprünglich aus der Region stammten, übersiedelten zahlreiche Autoren im Laufe der 1920er-Jahre nach Charkiv. Tyčyna zog bereits 1923 dorthin, und kurz darauf folgten Semenko und futuristische Dichter, sowie Kurbas und das Theater *Berezil'*.

Literatur für Bauern und Proletarier

Zum vierten Jahrestag der Revolution veröffentlichten Mykola Chvyl'ovyj, Volodymyr Sosjura und Mychajlo (Majk) Johansen 1921 in Charkiv im Sammelband *Žovten'* (Oktober) das Manifest „Unser Universal" (Naš universal), eine distanzierende Anspielung auf die Universal genannten Proklamationen von Mychajlo Hruševs'kyj und Volodymyr Vynnyčenko zur Gründung der Ukrainischen Volksrepublik (UNR). „Unser Universal" richtete sich an die Arbeiter und proletarischen ukrainischen Künstler in einem kommunistischen Staat. Es strotzte zwar von revolutionären Phrasen, beschäftigte sich aber auch mit literarischer Ästhetik und der ukrainischen Literaturtradition. Ein halbes Jahr später erschien im März 1922 daran anknüpfend im Charkiver *Almanach Arena* die revolutionäre „Deklaration der ukrainischen Föderation proletarischer Schriftsteller und Künstler", die russische und ukrainische sowie Autoren anderer Nationalitäten der Ukraine einschloss. Für die ukrainische Sektion unterschrieb Mykola Chvyl'ovyj.

Auch die nachfolgenden Literatur-Organisationen wie *Pluh* (Pflug) und *VAPLITE* schlossen programmatisch russischsprachige Autorinnen und Autoren der Ukraine aktiv mit ein. Im Januar 1923 wurde dann die Literaturvereinigung *HART* unter der Leitung von Vasyl' Ellan (-Blakytnyj) gegründet. Ihre Mitglieder waren in der überwiegenden Mehrzahl Kommunisten national-ukrainischer Orientierung. Das ästhetische Programm von *HART* empfahl künstlerische Verfahren, die eine breiten Masse von Arbeitern und Bauern ansprechen sollte. Als Mitglieder wurden im Prinzip alle an Literatur interessierten Proletarier aufgenommen. Zugleich befanden sich in den Reihen von *HART* auch Autoren wie Mykola Chvyl'ovyj, Pavlo Tyčyna, Volodymyr Sosjura, Majk Johansen – Schriftsteller also, die in den 1920er-Jahren die ukrainische Literatur ganz wesentlich prägten und zum Kernbestand des ukrainischen Literaturkanons gehören. *HART* löste sich Anfang 1925 bereits wieder auf, da sich die Mitglieder nicht darauf verständigen konnten, was proletarische Literatur eigentlich sein solle. Im Grunde handelt es sich bei dieser Frage um dieselbe Debatte über die moderne Literatur, die seit dem ausgehenden 19. Jahrhundert von den Autorinnen und Autoren geführt wurde.

Mit der Gründung von *Pluh* Ende 1922 entstand eine Literaturvereinigung „der bäuerlichen Autoren, die sich zum festen Bund der revolutionären Landbevölkerung mit dem Proletariat bekennen, mit ihm eine neue sozialistische Kultur schaffen und diese Ideen unter der Landbevölkerung aller Nationalitäten verbreiten". Und auch sonst überwog im Programm von *Pluh* eine eindeutig außerliterarische Zielsetzung. Für das Verfassen von literarischen Texten wurde den Mitgliedern Einfachheit der Form und Sparsamkeit beim Einsatz von künstlerischen Verfahren empfohlen. Gefordert wurde auch ein „Massovismus", eine kulturelle Bewegung, welche die Massen mitreißen sollte. Möglichst viele literarische Arbeiter sollten für die verschiedensten Sparten des gedruckten Wortes gewonnen werden. Tatsächlich stieg die Anzahl der Mitglieder von *Pluh* in kurzer Zeit stark an. Die Qualität der von ihnen produzierten Arbeiten war aber – mit einigen Ausnahmen – enttäuschend. Die deutlich außerliterarische Zielsetzung brachte die Vereinigung bald in Konflikt mit der Partei, die (wie im Falle von Proletkult) in *Pluh* einen Rivalen im öffentlichen Leben sah. *Pluh* korrigierte von Anfang an immer wieder seine organisatorischen und literarischen Richtlinien und blieb so während der gesamten 1920er-Jahre mit Serhij Pylypenko an der Spitze eine einflussreiche und relativ offene Literaturvereinigung, die auch die meisten Frauen mit einer eigenen Sektion in ihren Reihen zählen konnte. Namhafte *Pluh*-Autorinnen waren u. a. Oleksandra Svekla, Rajisa Trojanker, Natalja Zabila und Varvara Čerednyčenko.

Europa oder Kleinrussentum:
VAPLITE, Literaturnyj Jarmarok, PROLITFRONT

Die Parteiresolution des Moskauer Zentralkomitees vom 10. April 1925 setzte den gesellschaftspolitischen Rahmen für die *Literaturdiskussion* der Jahre 1925–1928/29. Die Diskussion begann mit einer Artikelserie von Mykola Chvyl'ovyj, der unter dem provokanten Titel „Gedanken gegen den Strom" (Dumky proty tečiji) gegen „rote Graphomanen" und gegen die gesellschaftspolitische Vereinnahmung von Literatur polemisierte. Gleichzeitig entwarf er sein eigenes Programm über die ästhetischen und weltanschaulichen Orientierungen der ukrainischen Literatur. Im Laufe der gut drei Jahre andauernden Diskussion wurde eine Unzahl von Beiträgen (manche Quellen nennen bis zu 1000 Artikel) publiziert, die um diese Themen kreisten. Die wesentlichen Beiträge der Diskussion, die über (tages-)politische und rein ideologische Aspekte deutlich hinausgehen, stammen von Mykola Chvyl'ovyj, Mykola Zerov, Serhij Pylypenko sowie einigen Kulturkritikern der Partei wie Volodymyr Korjak.

Vor dem Hintergrund der Debatte über die ukrainische Literatur wurde im Oktober 1925 die Literaturorganisation *VAPLITE* gegründet, deren Programm maßgeblich von Chvyl'ovyj und ihm nahestehenden Autoren wie Arkadij Ljubčenko oder Mykola Kuliš entworfen wurde. In der *VAPLITE* (Freien Akademie Proletarischer Literatur) betonte man Ästhetik und das Recht auf künstlerische Freiheit der Literatur, wobei sich literarische Texte natürlich im Großen und Ganzen in Übereinstimmung mit der Parteipolitik befinden sollten. Das Programm von *VAPLITE* sah zudem Literaturseminare, die Einrichtungen von Studienbibliotheken für Autoren und Übersetzer sowie Fortbildungen vor. Wichtig war auch die Internationalisierung: Man plante Auslandsreisen von Autoren und Kooperationen mit Literatur- und Kulturorganisationen außerhalb der Ukraine, vor allem in Mittel- und Westeuropa. Für die Orientierung auf den (west-) europäischen Literaturkanon argumentierten zu dieser Zeit nachdrücklich Chvyl'ovyj, Kuliš und der Neoklassiker Mykola Zerov, der selbst kein *VAPLITE*-Mitglied war. Chvyl'ovyj hingegen reflektierte insbesondere die Rolle des faustischen Europa für die Ukraine. In seinem „romantischen Vitaismus" [sic!] entwickelte er in Anlehnung an die deutschsprachige Kultur des ausgehenden 18. und beginnenden 19. Jahrhunderts, insbesondere des Sturm und Drang sowie der nachfolgenden Weimarer Klassik eine eigene Vision für die ukrainische Kultur. Es wurde für die ukrainischen Autoren zunehmend schwieriger, ihre Aufgeschlossenheit gegenüber der „bourgeoisen europäischen Kultur" zu begründen. Andererseits lieferte die kommunistische Ideologie auch Argumente (Weltrevolution, proletarischer Internationalismus etc.), sich mit der linken, aber auch klassischen europäischen Kunst zu beschäftigen. So setzten sich neben Avantgarde-Autoren wie Semenko, den Neoklassikern sowie Mykola Bažan auch die *VAPLITE*-Mitglieder intensiv mit der westlichen Literatur auseinander (Abb. 13.5).

Künstlerische Freiheit, Betonung des Nationalen oder die Vorbildfunktion der europäischen Kultur waren weder etwas Neues noch ausschließlich Ukrainisches. Zur gleichen Zeit gab es auch in der russischen Literatur ähnliche Ansichten und auch der Ruf nach

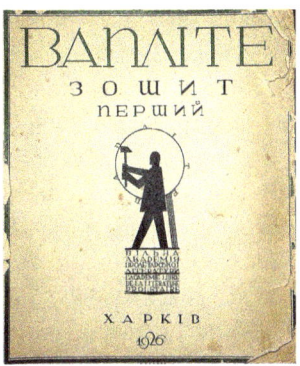

Abb. 13.5 Die erste Nummer der Literaturzeitschrift *VAPLITE* (Charkiv 1926)

einer „Westorientierung" erklang. In der Ukraine spitzte sich die Debatte um die kulturelle Ausrichtung allerdings missverständlich zu und brachte Chvyl'ovyj und anderen Autoren seitens der Parteileitung den schwerwiegenden Vorwurf des „bourgeoisen Nationalismus" ein. Durch den zunehmenden Druck seitens der Partei und der Intervention Stalins höchstpersönlich löste sich *VAPLITE* dann Anfang 1928 auf. Im März 1928 erklärte der ukrainische Volksbildungskommissar Mykola Skrypnyk (ein Weggefährte Lenins und Spezialist für Nationalitätenfragen) die *Literaturdiskussion* offiziell für beendet. Damit ging auch eine Umstrukturierung der Literaturszene einher: Parteiferne Vereinigungen wurden aufgelöst, Publikationsmöglichkeiten wurden eingeschränkt und die Zensur verschärfte sich. Die parteinahe Organisation *VUSSP* (*Vse Ukrajins'ka Spilka Proletars'kych Pys'mennykiv*, Gesamtukrainische Vereinigung proletarischer Schriftsteller) wurde dagegen gestärkt und sie gewann zunehmend Einfluss auf die Literaturszene.

Mykola Skrypnyk sorgte für ein relativ liberales Klima. Chvyl'ovyj, andere ehemalige *VAPLITE*-Mitglieder und zahlreiche weitere parteilose Autoren, die in keiner Literaturvereinigung organisiert waren, konnten ohne größere Einschränkungen weiter am literarischen Leben teilnehmen. Chvyl'ovyj und Kuliš begannen bereits 1928, das Literaturmagazin *Literarischer Jahrmarkt* (Literaturnyj jarmarok) zu publizieren. In dieser literarischen Monatsschrift waren die meisten bedeutenden sowjetukrainischen Autoren ungeachtet ihrer Parteizugehörigkeit vertreten. Sie bot zudem allen die Möglichkeit, gute Honorare zu erhalten. *Literaturnyj jarmarok* existierte ein Jahr. Es erschienen zwölf Nummern. Danach durfte die Zeitschrift wegen „bourgeoiser und nationalistischer Abweichungen" nicht mehr erscheinen. In der letzten Nummer verabschiedete sich Chvyl'ovyj stellvertretend für die anderen Autoren und kündigt mit einer gewissen Selbstironie die Herausgabe „anderer Literaturzeitschriften" an.

Die „andere" neue Literaturvereinigung *PROLITFRONT* (*Proletars'kyj literaturnyj front*, Proletarische Literatur-Front) mit der gleichnamigen Zeitschrift, die von Chvyl'ovyj und Kuliš 1929 ins Leben gerufen wurde, bemühte sich – dem kulturpolitisch zunehmend repressiven Klima entsprechend – den Fünfjahresplan und überhaupt den sozialistischen Aufbau literarisch zu gestalten. Daneben beteiligte sich *PROLITFRONT* am offiziellen, von der Partei gesponserten Programm für „literarische Stoßtrupps" (udarniki) und

Autorenexkursionen in Fabriken und landwirtschaftliche Kollektivbetriebe. Aus diesen Exkursionen hervorgegangene Arbeiten publizierte man anschließend in Sammelbänden. Sowohl die Organisation als auch die Zeitschrift *PROLITFRONT* kamen Anfang 1931 unter zunehmenden ideologischen Druck. Die Kritikpunkte waren mangelnde Kooperationsbereitschaft mit der Partei und eine unkritische Haltung gegenüber den eigenen Fehlern, was plakativ mit den Schlagwörtern „Chvyl'ovismus", „bourgeoises Ästhetisieren" u. ä. verpackt wurde. *PROLITFRONT* reagierte schnell und veröffentlichte in der letzten Nummer der Zeitschrift *PROLITFRONT* 7-8 (Januar 1931) eine selbstkritische Resolution, die eine Liste mit 35 *PROLITFRONT*-Mitgliedern enthielt, die um Aufnahme in die parteinahe Literaturorganisation *VUSPP* baten. 18 Autoren auf dieser Liste wurden akzeptiert, darunter befand sich Chvyl'ovyj.

Nach der Parteiresolution vom 23. April 1932, die alle Literaturvereinigungen in der Sowjetunion auflöste und die Bildung eines Organisationskomitees für einen gesamtsowjetischen Schriftstellerverband anordnete, wurden Chvyl'ovyj und einige ehemalige *VAPLITE*-Mitglieder in das ukrainische Organisationskomitee aufgenommen; Chvyl'ovyj wurde sogar in das erweiterte Präsidium des Unionskomitees, das in Moskau tagte, gewählt. Er beteiligte sich insbesondere auf der zweiten Versammlung des Unionsorganisationskomitees im Februar 1933 sehr aktiv, da es hier um die Frage ging, welche Autoren in den gesamtsowjetischen Schriftstellerverband aufgenommen werden, d. h. wer in Zukunft überhaupt noch als Schriftsteller existieren und publizieren wird.

Ein fatales Engagement für die Revolution: Mykola Chvyl'ovyj

Im Jahr 1923 konstatierte der einflussreiche Literaturkritiker Volodymyr Korjak: „Wirklich, Chvyl'ovyj ist doch ein Quälgeist: Er regt sich und uns alle auf, stiftet Unruhe und provoziert, er nervt und elektrisiert. Ein Asket und Fanatiker, unerbittlich sich selbst und andern gegenüber, übersensibel und stolz, unberührbar, streng und doch manchmal zart und zaghaft, wunderbar und charaktervoll, verliebt in Worte und die Form, ein Träumer." Diese Charakterisierung des Autors ist kaum übertrieben und spiegelt sich auch in der Wahl des Pseudonyms: Chvyl'ovyj leitet sich aus der Doppelbedeutung des Wortes „chvyl'juvannja" ab: Wogen schlagen und Unruhe auslösen.

Mykola Chvyl'ovyj (eigent. Mykola Fitil'jov, 1893–1933) debütierte mit Gedichtbänden, die teils formale Experimente und teils traditionelle Verse enthielten, aber immer von revolutionärem Pathos getragen waren. Ab 1923 erschienen die Prosabände *Etüden in blau* (Syni etjudy) und *Der Herbst* (Osin'), die ihren Verfasser bei Lesern wie Literaturkritikern populär machten. In seinen Erzählungen gestaltete er die Kämpfe in der Ukraine nach den Revolutionen von 1917 und ihre traumatisierenden Nachwirkungen für den Einzelnen und die Gesellschaft. Im Mittelpunkt der Prosa stehen keine ideologisch gestählten Helden und Bolschewiken, keine „Lederjacken" wie etwa in Boris Pil'njaks Roman *Das nackte Jahr* (Golyj god, 1922), sondern Menschen mit weltanschaulichen, moralischen und psychischen Konflikten.

Diese Aspekte spielen eine wichtige Rolle in der außergewöhnlichen und zugleich für Chvyl'ovyjs Werk beispielhaften Erzählung „Ich. Romantik" (Ja. Romantyka, 1924). In einem Bewusstseinsstrom wird hier die Persönlichkeitsspaltung und Verzweiflung des Ich-Erzählers auf beklemmende Weise nachvollzogen. Die Handlung gipfelt schließlich in einem traumatisierenden Muttermord im Namen der Revolution. Revolution und Romantik verbinden sich in dieser Erzählung zu einem Alptraum. Dies ist umso irritierender, als die „revolutionäre Romantik" bereits in den zwanziger Jahren bei einer Reihe jüngerer und prokommunistischer Autoren als positive Wortverbindung auftauchte. Auch in späteren Literaturgeschichten wurde der Begriff in dieser Bedeutung übernommen. Tatsächlich sah sich Chvyl'ovyj in der Nachfolge der europäischen Romantik und verwendete in seinen Essays und publizistischen Schriften Begriffe wie „romantischer Vitaismus" [sic!] und „aktive Romantik" als Chiffren für seine ästhetischen und weltanschaulichen Positionen.

Im Gegensatz zu dem in den zwanziger Jahren beginnenden pathetischen Lobgesang auf die Bürgerkriegshelden und ihre Taten stellte Chvyl'ovyj in den Prosatexten seiner ersten Schaffensphase bis etwa 1926 die Sinnhaftigkeit der Revolution in Frage. Meisterhaft kritisierte er im Roman *Über das Sanatorium* (Povist' pro sanatorjinu zonu, 1926) den hohen Blutzoll der kommunistischen Machtübernahme und veranschaulichte die daraus entstehende psychische Deformation und Traumatisierung. Seine Prosa ist vielschichtig und entzieht sich eindeutigen Interpretationen. Die inhaltlichen Aussagen der oft handlungsarmen Prosa müssen durch Leitmotive, Symbole, Metaphern und Personenkonstellationen meist assoziativ erschlossen werden. Gemeinsam ist den Protagonisten, dass sie in ihrer „revolutionären Romantik" gefangen sind und sich in der nachrevolutionären Gegenwart nicht zurechtfinden. So glaubt der Hauptprotagonist in der Erzählung „Blauer November" (Synij listopad) zwar noch immer an die revolutionären Ideale, steht allerdings ihren grausamen Folgen hilflos gegenüber. Die Hilflosigkeit gewinnt literarische Gestalt, indem er während der revolutionären Kämpfe schwer erkrankt und dann nach langem Siechtum bezeichnenderweise am Jahrestag der Revolution stirbt.

In der zweiten Schaffensphase bis 1932 thematisiert Chvyl'ovyj weiterhin die Bürgerkriegszeit und ihre Nachwirkungen. Der Typus des revolutionären Romantikers tritt in den Darstellungen zugunsten der Opfer der Gewalt und des Blutvergießens zurück. All die Leiden und das vergossene Blut scheinen die Hoffnung auf eine lichte Zukunft kaum mehr zu rechtfertigen, so in der Erzählung „Mutter" (Maty, 1928). Dieser Prosatext variiert das Motiv der Blutrache und der verfeindeten Brüder. Er knüpft intertextuell an Gogol's Erzählung *Taras Bul'ba* an. In „Mutter" treten zwei Brüder, ein Bolschewik und ein Monarchist, als rücksichtslose Gewaltmenschen auf, die sich im Haus der Mutter gegenseitig erschlagen wollen – am Ende überlistet die Mutter beide und opfert sich.

Eine Weiterentwicklung aus der ersten Schaffensphase zeigt sich in Chvyl'ovyjs satirischen Texten. In den umfangreichen Langerzählungen „Ivan Ivanovyč", „Der Revisor" (Revizor) oder „Die Erzählung über Stepan Trochymovyč" (Opovidannja pro Stepana Trochymovyča) steht das „unsterbliche und nun allföderative Spießertum" der Sowjetunion im Mittelpunkt. Die parodistische Absicht wird oft im Titel oder durch Namensgebung der Protagonisten signalisiert. Damit nimmt Chvyl'ovyj einen Kunstgriff aus Gogol's ukrainischen Texten auf. Ein satirisches Spiel mit den Vorgaben sog. proletarischer und realistischer Literatur lässt sich auch noch in Erzählungen ab 1931 erkennen, die bereits unter dem Eindruck der politischen Repressionen erschienen, wie „Der glückliche Sekretär" (Ščaslyvyj sekretar) und „Der letzte Tag" (Ostannij den').

Chvyl'ovyj ist einer der am meisten diskutierten und einflussreichsten ukrainischen Schriftsteller des 20. Jahrhunderts. Neben seinen literarischen Werken verfasste er Essays und publizistische Texte, mit denen er die kulturpolitischen Debatten der zwanziger Jahre immer wieder anregte und provozierte. Vor dem Hintergrund der sowjetischen Nationalitätenpolitik, in der eine Ukrainisierung des öffentlichen Lebens einschließlich des Schulwesens, der Verwaltung und Presse propagiert und teilweise realisiert wurde, trat Chvyl'ovyj für eine Maximalvariante ein, die auf die Entrussifizierung der großen, ehemals zaristisch imperialen Städte und Industrieregionen hinauslief. Vor allem aber begriff er die ukrainische Kultur als Konkurrenzprojekt zur russischen Kultur mit dem Ableger des mentalen „Kleinrussentums" in der Ukraine.

Zugespitzt formulierte er das Problem so: „Folgende Frage ist zu beantworten: An welcher Art Weltliteratur sollen wir uns orientieren? Auf gar keinen Fall an der russischen. Von der russischen Literatur und ihrem Wesen muss sich die ukrainische Dichtung so rasch wie möglich entfernen, und zwar deshalb, weil die russische Literatur seit Jahrhunderten auf uns lastet, sich als Herr in unserem Haus aufführt und unser Denken zu sklavischer Nachahmung erzogen hat."

Gegen den russischen (Kultur-)Kolonialismus setzt Chvyl'ovyj Schlüsselbegriffe wie das psychologische oder faustische Europa, von dem die Ukraine ohne russischen Filter lernen solle. Er entwarf selbst die Zukunftsvision einer ukrainisch-europäischen Kultur in seinen Essays, am deutlichsten in „Ukraine oder Kleinrussland?" (Ukrajina čy Malorosija?, 1926).

Chyvl'ovyjs kulturpolitische Schriften riefen die erboste Kritik von Stalin persönlich hervor. In einem Brief vom 26. April 1926 an Kaganovič wetterte er: „Ich denke an die gut bekannte Publizistik des bereits erwähnten Kommunisten Chvyl'ovyj in der ukrainischen Presse. Chvyl'ovyj fordert die sofortige Entrussifizierung des Proletariats in der Ukraine. Seine Überzeugung, dass ‚die ukrainische Dichtung sich so weit wie möglich von der russischen Literatur und ihrer Stilistik fernhalten solle', die wiederholte Betonung dessen, dass ‚die Ideen des Proletariats uns auch ohne Vermittlung der russischen Kunst vertraut sind', seine Überzeugung von der messianischen Rolle der jungen ukrainischen Intelligenz. Dies alles geschieht zu einer Zeit, da die westeuropäische Arbeiterklasse und ihre kommunistischen Parteien voller Bewunderung nach Moskau blicken. In diesem Augenblick hat der ukrainische Kommunist Chvyl'ovyj nichts zugunsten Moskaus zu sagen und ruft die ukrainischen Parteiführer auf, so schnell wie möglich vor Moskau davonzulaufen." Danach begann eine mehrere Jahre andauernde und sich verschärfende Kampagne führender Parteifunktionäre gegen Chvyl'ovyj. Seine Werke wurden zensiert, literarische Organisationen, in denen er aktiv war, wurden verboten. Die Situation spitzte sich gegen Ende der Neuen Ökonomischen Politik mit der Einführung des ersten Fünfjahresplans nochmals zu. Dies war auch der Schlussstrich unter die liberale Nationalitätenpolitik. Die Zwangskollektivierung der ukrainischen Landwirtschaft und eine forcierte Industrialisierung setzten ein. Ab 1930 fanden in der Sowjetukraine die ersten Prozesse gegen Intellektuelle statt. Presse, Verlagswesen, Vereine und Kulturorganisationen wurden gleichgeschaltet und unter die Kontrolle der kommunistischen Partei gebracht. Schließlich sah Chvyl'ovyj mit eigenen Augen auf einer staatlich organisierten Schriftstellerexkursion die Auswirkungen der Zwangskollektivierung: die Vernichtung des ukrainischen Dorfs und den Holodomor. Als Autor und Publizist hatte er seit 1932 keine Plattform mehr, im Frühjahr 1933 setzte eine umfassende Verhaftungswelle unter den ukrainischen Intellektuellen und Schriftstellern ein.

Vor diesem Hintergrund setzte Chvyl'ovyj ein letztes lautes, nicht zensierbares Fanal gegen die soziale und kulturelle Vernichtung der Ukraine. Studiert man die Abschiedsbriefe und die Erinnerungen von Zeitzeugen und Freunden Chvyl'ovyjs über seinen Todestag, den 13. Mai 1933, dann wird deutlich, dass er seinen Selbstmord bewusst inszenierte. Es war ein öffentlichkeitswirksamer Protest, eine Provokation, die ihre Wirkung nicht verfehlte. Sein Begräbnis mit laut Zeitzeugen über eintausend Teilnehmern stellte die letzte öffentliche Demonstration des ukrainischen Nationalbewusstseins für Jahrzehnte dar.

Von der Literaturtheorie zum literarischen Experiment: Majk Johansen

Innerhalb des literarischen Feldes der 1920er-Jahre sticht das Werk des Autors Majk Johansen (1895–1937) besonders hervor. Er war auch Mitbegründer von *VAPLITE*. Der Autor entstammt einer deutsch-baltischen Familie mit schwedischen Vorfahren, wurde aber in der Region Luhans'k geboren und studierte an der Universität Charkiv. Er schrieb daher anfangs vor allem auf Deutsch und Russisch, bevor er – inspiriert vom kulturellen Aufbruch in der Ukraine – ganz ins Ukrainische wechselte. Auch Johansens literarisches Schaffen selbst war geprägt durch Wandel und Transformation. Seine frühen lyrischen Werke wie *D'hori* (Auf den Berg) aus dem Jahr 1921 sind in formaler Hinsicht stark modernistisch und weisen zugleich eine für die Ukraine spezifische Form der Romantisierung auf, die auch in Chvyl'ovyjs frühem Werk erkennbar ist. Mitte der 1920er-Jahre und im Kontext der zunehmenden Politisierung der Literatur rücken auch bei Johansen soziale Themen in den Vordergrund, die in den kulturellen Debatten rund um eine „nationale Wiedergeburt" eingebettet waren. In dieser Zeit verfasste Johansen auch theoretische Abhandlungen zur Literaturtheorie, aus denen – ebenso wie aus seinen Wörterbüchern – seine philologische Ausbildung deutlich hervorgeht. Mit *Wie eine Erzählung aufgebaut ist. Analyse von Prosabeispielen* (Jak budujet'sja opovidannja. Analiz prozovych zrazkiv) präsentierte er 1928 eine ausführliche Analyse zum formalen Aufbau von Erzähltexten; sie nimmt in den ukrainischen kulturtheoretischen Debatten einen wichtigen Platz ein.

Angesichts zunehmender Repressionen rückte Johansen experimentelle Formen in den Vordergrund seiner Arbeiten. Dies kann als Gegenreaktion auf verstärkte Zensurmaßnahmen gesehen werden. Ende der 1920er-Jahre entstand sein experimenteller Abenteuerroman *Die Reise des Gelehrten Doktor Leonardo und seiner zukünftigen Geliebten, der schönen Alceste, in die Sloboschansker Schweiz* (Podorož učenoho doktora Leonardo i joho majbutn'oji kochanky prekrasnoji Al'česty u Slobožans'ku Švajcariju); er stellt das bekannteste Beispiel für den experimentellen ukrainischen Roman dar. Johansen beschreibt darin die absurde und scheinbar ziellose Odyssee eines zufällig in die ukrainische Steppe geratenen Protagonisten und seiner wechselnden Gefährten. Der Roman zeichnet sich durch eine spezifische Verfremdungsästhetik aus und ist mit intertextuellen Verweisen und parodistischen Elementen angereichert. Der Fokus der Erzählung liegt dabei nicht auf den handelnden Personen, sondern auf der Landschaft selbst. Den Schlüssel liefert Johansen in einem Nachwort. Er schreibt, sein literarisches Experiment bestehe darin, dass er die Rolle der Handlungsfiguren und der Landschaft austausche. Er zeige nicht „lebendige Menschen in dekorativen Landschaften", sondern beschreibe im Gegenteil „dekorative Menschen in lebendigen und reichhaltigen Szenerien". Der Roman wurde erstmals in zwei Teilen in der von Chvyl'ovyj zwischen Ende 1928 und Anfang 1930 herausgegebenen Zeitschrift *Literaturnyj Jarmarok* veröffentlicht. Die Zeitschrift wurde nach der erzwungenen Auflösung der *VAPLITE* als Kontrastprogramm zur staatlich kontrollierten sowjetischen Realität konzipiert und forderte den freien Austausch künstlerischer Ideen. Zusätzlich zu dieser innovativen Prosa verfasste Johansen eine Reihe traditioneller Reiseberichte im Stil beliebter Reportagen jener Zeit, die sich formal deutlich von seinem experimentellen Werk abhoben. In der *Reise des Mannes unter der Kappe* (Podorož ljudyny pid kepom, 1930) beschrieb er seine Eindrücke aus den jüdischen Siedlungen in der Südukraine. Zu Lebzeiten erlangte Johansen auch als Autor von Unterhaltungsliteratur große Popularität. Wie die meisten seiner Kollegen der *VAPLITE* wurde auch Johansen ein Opfer des Stalinterrors.

Zwischen Moderne und Sozrealismus: Pavlo Tyčyna und Mykola Bažan

Pavlo Tyčyna (1891–1967) gilt als einer der wichtigsten Vertreter der ukrainischen Literatur, der zu Beginn des 20. Jahrhunderts mit seinem Werk neue Maßstäbe in der ukrainischen Lyrik setzte. Er war sehr stark von der „ukrainischen Wiedergeburt" inspiriert, was sich in seinem frühen Werk deutlich widerspiegelt. Er verband Elemente des Barock, der ukrainischen Volksdichtung und des Symbolismus und synthetisierte diese mit einer ganzheitlichen Weltsicht, die sich besonders in der häufigen Thematisierung von Unendlichkeit und kosmischen Kräften äußert. Tyčynas erste fünf Gedichtbände gelten heute als besonders bedeutend, da sie in Anklängen an Vertreter der frühen ukrainischen Moderne sowie westeuropäische Expressionisten eine eigenständige Ästhetik und Musikalität erreichten. Tyčynas spezifischer Stil des sogenannten *Klarinettismus* wurde erstmals in seinem 1918 erschienenen Debüt *Sonnenklarinetten* (Sonjašni klarnety) deutlich. Darin legte der Autor durch die Verwendung von poetischen Mitteln eine besondere tonale und rhythmische Struktur vor. Die Sammlung *Pflug* (Pluh) von 1920 steht unter dem Eindruck von Revolution und Bürgerkrieg und enthält Motive der Hoffnung und der kulturellen Renaissance. Die darauffolgende Sammlung *Anstatt von Sonetten und Oktaven* (Zamist' sonetiv i oktav) aus dem Jahr 1920 zeigt weiterhin stilistische Elemente des Klarinettismus, bezieht jedoch thematisch den sozialen und politischen Wandel stärker mit ein. 1924 erschien die Lyriksammlung *Wind aus der Ukraine* (Viter z Ukrajiny), die soziale Elemente und Anklänge an den politischen Umbruch enthält und Chvyl'ovyj gewidmet ist. Obwohl Tyčyna sich für kurze Zeit in Chvyl'ovyjs literarischen Vereinigungen *HART* und *VAPLITE* betätigte, war er nicht Teil ihres engen Kreises. Anders als viele seiner damaligen Weggefährten schlug er sich in den 1930er-Jahren auf die Seite des offiziellen Literaturbetriebs und folgte streng dem stalinistischen Kurs. Seine Gedichtsammlung *Černihiv* von 1933 markiert einen Bruch in seinem Werk, wobei das Gedicht „Die Partei führt" (Partija vede), das im Staatsorgan *Pravda* erschien, heute als Signum für Tyčynas endgültige Unterwerfung unter die Staatsmacht angesehen wird. In der Nachkriegszeit wurde er zu einem führenden Vertreter der sowjetischen Literatur, wobei jedoch seine frühen Werke aus dem sowjetischen Kanon ausgeklammert wurden. Tyčyna machte außerdem als Politiker Karriere und bekleidete verschiedene Ämter. Unter anderem war er Abgeordneter des *Obersten Sowjets* (Verchovna Rada) und bekleidete von 1943 bis 1948 das Amt des Bildungsministers der Sowjetukraine. Der Dissident Vasyl' Stus kritisierte 1970 Tyčyna in seinem Artikel „Ein Zeitphänomen: Aufstieg auf das Golgatha des Ruhms" (Fenomen doby: Schodžennja na Holhofu slavy) scharf. Er bezeichnete Tyčyna als Genie, das sich selbst zu einem Pygmäen verzwergte. Tyčyna habe dasselbe Schicksal erlitten wie die Autoren der sogenannten „erschossenen Renaissance". Der einzige Unterschied bestehe darin, dass Tyčyna nicht körperlich, sondern geistig gestorben sei. Aus heutiger Sicht ist Tyčynas Rezeption höchst ambivalent. George Grabowicz betont jedoch die Notwendigkeit einer umfassenden Perspektive auf Tyčyna und der Anerkennung der Bedeutung seines künstlerischen Werks für die ukrainische Literatur.

Mykola Bažan (1904–1983) wird ebenfalls zu den zentralen Figuren der literarischen 1920er-Jahre gezählt. Der aus Kam'janec'-Podil's'k stammende Autor ist bekannt für seine expressionistisch geprägten Werke, insgesamt lassen sich diese stilistisch aber nur schwer in eine der unzähligen Strömungen der 1920er-Jahre einordnen. Sie behandeln oft Fragen zur ukrainischen Identität ebenso wie zur Wiederauferstehung der ukrainischen Vergangenheit und weisen somit auch eine mythologische Dimension auf. Das Frühwerk Bažans unterscheidet sich deutlich von den späteren Arbeiten, die sich strikt an den Prinzipien des Sozialistischen Realismus orientieren. Innerhalb seines Werks wurden neben Lyrik zunehmend auch literarische Übersetzungen bedeutend. Erstmals Aufmerksamkeit erregte Bažan 1926 mit seiner Gedichtsammlung *Die 17. Patrouille* (17-yj patrul'), die unter dem Eindruck des Futurismus entstand. Er schloss sich dem Futurismus aber nur vorübergehend an und war 1927 gemeinsam mit Semenko und Geo Škurupij Mitherausgeber des Almanachs *Treffen an der Kreuzungsstation* (Zustrič na perechresnij staniciji). In die-

Abb. 13.6 Umschlag des Almanachs *Treffen an der Kreuzungsstation* (Zustrič na perechresnij stanciji), hg. von Mykola Bažan, Mychajlo Semenko und Geo Škurupij, Charkiv 1927

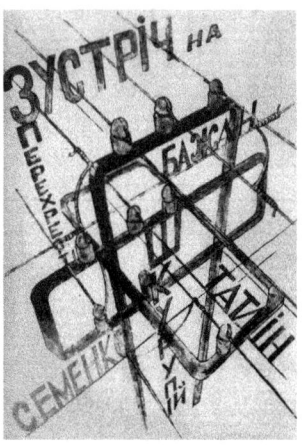

sem Kontext zeigt sich nicht nur die starke Vernetzung der Künstler in der ukrainischen Literatur der 20er-Jahre, sondern auch der hohe Stellenwert von Intermedialität. Das Coversujet des Almanachs stammt von Vladimir Tatlin, einem bekannten Vertreter des sowjetischen Konstruktivismus, der Mitte der 1920er-Jahre für einige Zeit an der Kunsthochschule in Kyjiv lehrte (Abb. 13.6).

Später schloss sich auch Bažan der *VAPLITE* an. Insgesamt dominieren aber in Bažans Werk expressionistische Elemente; gemeinsam mit Chvyl'ovyj und Johansen kann er auch als Vertreter einer ukrainischen modernistischen Romantik gesehen werden. In seinem Gedicht „Hoffmanns Nacht" (Hofmanova nič, 1929) bezieht er sich beispielsweise auf den deutschen Romantiker E.T.A. Hoffmann. Im 1929 entstandenen Triptychon *Bauten* (Budivli, 1929) kombiniert er den Rückgriff auf die Vergangenheit mit Elementen des zu dieser Zeit zunehmend populär werdenden Monumentalismus. Wie viele andere ukrainische Autoren greift aber auch Bažan teilweise auf den Barock zurück. Ein weiteres bemerkenswertes Werk ist das 1930 entstandene historische Poem *Die Blinden* (Slipci), das von den sowjetischen Behörden als systemkritisch und sogar nationalistisch kritisiert wurde. Das Poem *Die Blinden* konnte erst 1933 veröffentlicht werden und gilt als Wendepunkt im Schaffen des Autors. Mit seinem Gedicht „Hamlets Tod" (Smert' Hamleta) von 1932, das mit einem Aufruf zur Gewalt endet, übernahm Bažan gewissermaßen die Gewaltrhetorik, die zu dieser Zeit in der Gesellschaft vorherrschte. Spätestens mit der in den Jahren des Großen Terrors entstandenen Trilogie *Unsterblichkeit* (Bezsmertja, 1934–1937) vollzog er dann endgültig seine Wandlung zum konformistischen Autor. Er zählte schließlich zu jenen wenigen, die den Großen Terror überlebten. Es gibt Kontroversen darüber, inwieweit er sich als Kollaborateur betätigt hat. Unumstritten ist jedoch, dass er ab Mitte der 1930er-Jahre hochrangige politische Funktionen innehatte und sich im weiteren Verlauf seiner literarischen Karriere zu einem der wichtigsten Vertreter des Sozialistischen Realismus entwickelte. Er wurde mit zahlreichen prestigeträchtigen Preisen ausgezeichnet. Insgesamt kann man Bažan also als anpassungsfähigen Autor bezeichnen, der es stets verstand, sich den Zeichen der Zeit unterzuordnen. Auf diese Weise gelang es ihm, trotz zunehmender Repressionen sein literarisches Schaffen fortzusetzen.

Volodymyr Sosjura (1898–1965) griff ähnlich wie Pavlo Tyčyna in seinem Werk ebenfalls auf Elemente der Volksliteratur zurück, was sich in seinem liedhaften Stil und der Verwendung volkstümlicher Motive zeigt. Sosjura engagierte sich zunächst aktiv im Unabhängigkeitskampf, wurde später aber zu einem der entschiedensten Verfechter des Kommunismus und publizierte eine Reihe von Revolutionsgedichten. Sosjura war eng mit dem Kreis um Chvyl'ovyj und insbesondere der *VAPLITE* verbunden. Gemeinsam mit Chvyl'ovyj und Johansen verfasste er das Manifest „Unser Universal", das 1921 in der Zeitschrift *Oktober* erschien. Dieses Manifest richtete sich an die ukrainischen Arbeiter und proletarischen Künstler und verdeutlicht die anfängliche Begeisterung vieler Autoren für den Kommunismus als Mittel zur Emanzipation der ukrainischen Kultur. Der Kampf um die Unabhängigkeit stellt ein wiederkehrendes Motiv in Sosjuras Werk dar, was ihm rasch zu größerer Bekanntheit verhalf. Seine Gedichte vermittelten oft eine optimistische Stimmung und passten sich bereits früh in das offizielle Narrativ des glücklichen sowjetischen Menschen ein. In Werken wie der Sammlung *Herz* (Serce, 1931) oder dem Gedicht „Die zwei Volodkas" (Dva Volod'ky, 1930) thematisierte er jedoch auch den Zwiespalt zwischen der ukrainischen Renaissance und der sowjetischen Realität, der sich auch in Sosjuras eigener Biografie widerspiegelt. Als konformistischer Autor blieb er weitgehend unbehelligt und passte sich später nahezu gänzlich an die Vorgaben des Sozialistischen Realismus an. Erst 1959 konnte er seine in den frühen 1920er-Jahren begonnene Ballade „Mazepa" vollenden, die gemeinsam mit der Kritik am russischen Nationaldichter Puškin auch kritische Töne gegen den Imperialismus enthält. Heute wird Sosjura zwar als bedeutender Lyriker der sowjetischen Ära, aber auch als sowjetischer Propagandist gesehen.

Die europäische Erneuerung des ukrainischen Theaters: Mykola Kuliš und Les' Kurbas

Mykola Kuliš (1892–1937) stammte aus der Nähe von Cherson. Er spielte eine führende Rolle bei der Erneuerung des ukrainischen Dramas. Zunächst engagierte er sich für die ukrainische Unabhängigkeitsbewegung, schloss sich aber 1918 den Bolschewiken an. Später übernahm er kulturpolitische Funktionen in der Bildung und in der Presse. Mykola Kuliš war in verschiedene Gruppen im Umfeld von Chvyl'ovyj involviert und zählte zu den zentralen Akteuren der „literarischen Diskussion". Sein Mitte der 1920er-Jahre entstandenes Debüt *Siebenundneunzig* (Dev'janosto-sim, 1924) thematisiert das Elend der bäuerlichen Bevölkerung in der postrevolutionären Ukraine und gilt als propagandistisch aufgeladen. Um dem hoffnungsvollen Idealbild einer sowjetischen Gesellschaft zu entsprechen, musste es allerdings vor der Erstaufführung stark verändert werden. Die Zensur war schon früh zu einem bedeutenden Störfaktor für die Literatur geworden. Zu Lebzeiten des Autors konnten daher nur wenige Stücke aufgeführt werden.

Er setzte sich in seinem Werk mit europäischen und internationalen Entwicklungen des Avantgarde-Theaters auseinander. Gleichzeitig zeigen sich Einflüsse der ukrainischen Tradition des Puppentheaters (Vertep) und Anklänge an die lyrischen Dramen von Lesja Ukrajinka. Mykola Kuliš entwickelte einen spezifischen Stil, der auch als neo-barockes Theater bezeichnet wird. Der Rückgriff auf den Barock ist ein wichtiges Merkmal der ukrainischen Avantgarde und spiegelt sich auch in anderen Kunstformen wider. Der ukrainische Barock eignete sich besonders als Differenzierungsmerkmal zur russischen Literatur.

Die wichtigsten Dramen von Mykola Kuliš entstanden zwischen 1928 und 1933 und weisen Einflüsse des Expressionismus und der Avantgarde auf. Mykola Kulišs Stücke wie *Der Volks-Malachias* (Narodnyj Malachij, 1927), *Myna Mazajlo* (1929) und *Maklena Grasa* (1933) setzen sich mit Zweifeln an der Ukrainisierungspolitik und dem Widerspruch zwischen nationaler Wiedergeburt und revolutionärem Idealismus auseinander und wurden ebenfalls stark zensiert. Insbesondere seine Zusammenarbeit mit dem Regisseur Les' Kurbas (1887–1937) war erfolgreich und prägte die Modernisierung des ukrainischen Theaters. Kurbas entstammte einer Schauspielerfamilie aus Galizien und studierte zunächst Philosophie in L'viv und Wien. Anschließend absolvierte er ein Dramaturgiestudium am Wiener Konservatorium und kehrte dann nach Galizien zurück. Dort arbeitete er mit Hnat Chotkevyč (1877–1938) in dessen neu gegründetem Theater, bis er seine eigene Truppe *Das Junge Theater* (Molodyj Teatr) ins Leben rief. Kurbas brachte das moderne westliche Theater in die Sowjetunion, er war nicht nur der Gründer, sondern auch der künstlerische Leiter und Regisseur vieler wichtigster Produktionen. Kurbas' Ansatz war modern interdisziplinär. Er integrierte Elemente aus Film, bildender Kunst und Musik in seine Theaterarbeit und war bekannt für seine Fähigkeit, Ensembles zu leiten und neue Talente zu fördern.

Kurbas und die Künstlervereinigung *Berezil'* erneuerten zwischen 1922 und 1934 das Theater grundlegend, und *Berezil'* entwickelte sich zu einem der führenden Theater der Sowjetunion. Es zog Intellektuelle, Künstler und Schriftsteller an, die das Theater als eine Plattform für die Erprobung neuer Ideen und für den Ausdruck nationaler Identität nutzten.

In seiner Blütezeit verfügte das *Berezil'*-Theater über sechs Schauspielstudios (drei in Kyjiv und je eines in Bila Cerkva, Uman' und Odesa), etwa 400 Schauspieler und Mitarbeiter, eine Art Regielabor, ein Theatermuseum (heute das Staatliche Museum für Theater-, Musik- und Kinokunst der Ukraine in Kyjiv) und eigene Werkstätten sowie Arbeitsgruppen, die neue Methoden für die Ausbildung von Schauspielern und Regisseuren entwickelten. Mit der im Jahr 1923 in Kyjiv erfolgten Gründung des Theatermuseums, in dem Requisiten, Texte, Skizzen, Entwürfe, Kostüme und Bühnenmodelle ukrainischer Bühnen aufbewahrt wurden, leistete *Berezil'* auch einen bedeutenden Beitrag dazu, trotz späterer Repressionen wichtige Zeugnisse über die ukrainische Theaterkunst für die Nachwelt zu erhalten. Die Charkiver Zeit des *Berezil'*-Theaters (ab 1926) war gekennzeichnet durch das intensive Zusammenwirken von Kurbas mit dem Dramatiker Mykola Kuliš sowie mit dem Künstler Vadym Meller (1884–1962) (Abb. 13.7).

Meller, der in Kyjiv die Kunstschule der bekannten Künstlerin Oleksandra Ekster besucht hatte, war lange Zeit als künstlerischer Leiter des *Berezil'* für das Bühnenbild verant-

Abb. 13.7 Szene aus der Inszenierung von Mykola Kulišs *Der Volks-Malachias* (Narodnyj Malachij) am Theater Berezil' im Jahr 1928. Bühnenbild: Vadym Meller

wörtlich. Das Theater war auch bekannt für sein avantgardistisches Kostümdesign. Unter Berücksichtigung der postimperialen und postkolonialen Abgrenzung von Russland und der Sowjetunion wurde der Begriff Avantgarde in der ukrainischen Literatur- und Kunstwissenschaft jedoch in letzter Zeit zum Teil einer kritischen Bewertung unterzogen. Viele Bewegungen der 1920er-Jahre werden daher heute unter dem breiteren Begriff der Moderne zusammengefasst.

Die Neoklassiker als Verfechter einer alternativen Moderne

Die lose Gruppierung der sogenannten *Neoklassiker*, die in den 1920er-Jahren eine wichtige Rolle innerhalb der ukrainischen Lyrik einnahm, blieb dagegen weiterhin in Kyjiv tätig. Sie bestand aus den fünf Dichtern Maksym Ryl's'kyj (1895–1964), Mykola Zerov (1890–1937), Mychajlo Draj-Chmara (1889–1939), Pavlo Fylypovyč (1891–1937) und Jurij Klen (1891–1947; eigentlicher Name: Oswald Burghardt). Sie alle brachten die klassische Ästhetik in die ukrainische Literatur ein und beeinflussten mit ihrem Werk die Entwicklung der ukrainischen Lyrik maßgeblich. Besonders Zerov war als Dichter, Übersetzer und Philologe von großer Bedeutung. Er kann als zentraler Programmatiker der Neoklassiker angesehen werden und brachte ihre künstlerischen Konzepte in lyrischer Form zum Ausdruck.

Im Gegensatz zu anderen literarischen Bewegungen wie *VAPLITE* oder den Avantgarden veröffentlichten die Neoklassiker zwar keine Manifeste, um ihre Ziele bekannt zu machen. Dennoch verfolgten sie ähnliche künstlerische Konzepte und Ideale. Sie zeigten eine Vorliebe für strenge lyrische Formen wie das Sonett und beriefen sich auf die ästhetische Vorbildwirkung der klassischen Antike. Mykola Zerov beispielsweise nannte in einem Sonett, das an die Klassiker gerichtet ist, diese Form der Poesie als einzige Möglichkeit, den Stil der Klassiker wiederzubeleben. In einem anderen Sonett von Zerov werden die französischen Parnassiens als Vorbilder für die Poesie als solche genannt.

Die Übersetzung antiker Werke war eine weitere Strategie, um an die Antike anzuknüpfen und die ukrainische Kultur zu beleben, ebenso wie die Neugestaltung ausgewählter Motive aus antiken Werken in Gedichtform wie etwa die Begegnung von Odysseus und Nausikaa aus Homers *Odyssee*. Die Neoklassiker forderten auch eine Ausrichtung der ukrainischen Kultur nach Europa, um ihre Wiedergeburt voranzutreiben. Obwohl sie räumlich von den literarischen Diskussionen in Charkiv entfernt waren, beteiligten sich die Neoklassiker ebenfalls aktiv an der kulturellen Debatte. Zerov tauschte etwa Briefe mit Chvyl'ovyj aus, und es wurde ein breiter Konsens über die kulturelle Ausrichtung der Ukraine hin nach Europa sichtbar. Alle Mitglieder der Gruppierung verfügten über eine erstklassige philologische Ausbildung und leisteten wichtige literatur- und kulturwissenschaftliche Arbeiten. Mit der Aufsatzsammlung *Ad Fontes* (Do džerel, 1926) bot Zerov beispielsweise eine Darstellung der Geschichte der ukrainischen Literatur. Später wurden die Konzepte der Neoklassiker von den sowjetischen Behörden geächtet und die Mitglieder der Gruppierung Repressionen ausgesetzt. Ryl's'kyj unterwarf sich als einziger der Neoklassiker in den 1930er-Jahren dem Regime und stieg später zum hochrangigen Mitglied der sowjetukrainischen Akademie der Wissenschaften auf. Er war letztlich auch der einzige der Gruppierung, der den Terror der 1930er-Jahre in der Sowjetunion unbeschadet überstand. Jurij Klen, der Anfang der 1930er nach Deutschland emigrierte, überlebte ebenfalls, kehrte aber nie mehr in die Sowjetunion zurück.

Eng mit dem Kreis der Neoklassiker verbunden war auch Viktor Petrov (1894–1969), der hauptsächlich Prosawerke und Essays schrieb sowie als Wissenschafter wichtige Arbeiten im Bereich der ukrainischen Folklore und Archäologie vorlegte. Er verwendete das Pseudonym Viktor Domontovyč für einige seiner Werke, etwa seinen 1928 erschienenen Roman *Das Mädchen mit dem Bären* (Divčyna z vedmedykom) und sein wohl bekanntestes Werk, den Roman *Doktor Serafikus*. Dieser war zwar bereits Ende der 1920er-Jahre entstanden, konnte jedoch erst 1947 veröffentlicht werden. In einem weiteren Roman *Alina und Kostomarov* (Alina i Kostomarov, 1929), spiegelt Petrov seine eigene Biographie mit der komplizierten Liebe zu Sofija Zerova (der Frau von Mykola Zerov) in der dramatischen Liebesgeschichte zwischen dem Historiker Nikolaj Kostomarov und seiner polnischen Verlobten Alina Kragielska. Später entwickelte sich Petrovs Biografie in eine Art Kriminalroman, der bis heute noch nicht ganz aufgelöst ist. Während der deutschen Besatzung Kyjivs kollaborierte er möglicherweise mit den Nazis, lebte dann eine Weile in München unter ukrainischen Emigranten, bevor er 1949 unter mysteriösen Umständen in die Sowjetunion zurückkehrte. Nicht nur das wahrscheinliche Engagement Petrovs für den sowjetischen Geheimdienst KGB, sondern auch seine spätere Heirat mit der Witwe des im Stalinterror ermordeten Zerov boten breiten Raum für Mystifikationen. Sofija Andruchovyč räumt Petrov-Domontovyč und seiner Beziehung zu Sofija Zerova in ihrem Roman *Amadoka* (2020) breiten Raum ein.

Ähnlich wie die Neoklassiker beschäftigte sich auch der Lyriker und Übersetzer Volodymyr Svidzins'kyj (1885–1941) intensiv mit der griechischen Klassik und ihren poetischen Formen, wobei in neueren Forschungen die meisterhafte Umsetzung klassischer Versmaße in seiner ukrainischen Lyrik hervorgehoben werden. Er übersetzte überdies auch griechische klassische Lyrik ins Ukrainische. Im Gegensatz zu vielen seiner Zeitgenossen schloss sich Svidzins'kyj keiner literarischen Vereinigung an. Seine Lyrik ist eine erstaunliche Kombination aus Selbsterkundung, symbolistischer Weltanschauung, folkloristischen Motiven, Naturbetrachtungen und Reminiszenzen an die Klassiker. Charakteristisch für sein Werk waren allerdings auch volkstümliche Motive, die von den Neoklassikern abgelehnt wurden. Seine erste Gedichtsammlung *Lyrische Gedichte* (Liryčni poeziji) wurde 1922 veröffentlicht und zeigt Einflüsse des Symbolismus. Nachdem er 1925 nach Charkiv übersiedelt war, veröffentlichte er dort 1927 die Gedichtsammlung *September* (Veresen'). Insbesondere seine späteren Werke weisen surrealistische Elemente auf, die in starkem Kontrast zur damals vorherrschenden proletarischen Norm standen. Und auch die hypnotisierende Melancholie und die visionäre Tiefe der lyrischen Meditationen über die Beziehung zwischen der Natur und der menschlichen Seele, die seine Gedichte charakterisieren, stellen einen deutlichen Gegensatz zum rücksichtslosen Optimismus der offiziellen Ästhetik seiner Zeit dar.

Svidzins'kyj wurde inhaftiert und starb 1941 in Charkiv unter ungeklärten Umständen. Trotz seines relativ kurzen literarischen Schaffens hinterließ er einen bedeutenden Beitrag zur ukrainischen Lyrik und wird als wichtiger Vertreter des Symbolismus und des Surrealismus in der ukrainischen Literatur angesehen.

Besonderes vielseitig war das Werk von Jevhen Plužnyk (1898–1936); es umfasst alle Gattungen (Poesie, Prosa und Drama), ist aber insgesamt relativ unbekannt geblieben. Plužnyk war in Kyjiv Teil der kleineren Gruppierungen *Mars* (Majsternja Revoljucijnoho Slova, Werkstatt des revolutionären Wortes, 1926–1929), die von Valer'jan Pidmohyl'nyj mitgegründet wurde. Diese Gruppe lehnte eine politische Instrumentalisierung der Literatur ab und trat für ästhetische Vielfalt ein. Plužnyks Lyrik, die sowohl aus kurzen als auch aus längeren Gedichten besteht, verbindet Tiefe, Witz und historisches Bewusstsein. Er thematisiert in seinen Arbeiten aber auch oft die Schrecken der Revolution und des Bürgerkriegs, wobei er den sowjetischen Alltag oft in einer Weise darstellt, die nicht den proletarischen Normen entsprach und deshalb von den Zensoren abgelehnt wurde. 1926 erschien sein Gedichtband *Tage* (Dni, 1926), im Jahr darauf folgte *Früher Herbst* (Rannja osin', 1927). Sein Roman *Krankheit* (Neduha, 1928) konnte zuerst zwar erscheinen, wurde von der Zensur aber bereits kurz nach Veröffentlichung wieder zurückgezogen. Einige seiner Werke konnten entweder überhaupt nicht veröffentlicht werden oder erschienen später postum im westeuropäischen Ausland. Plužnyk wurde im Rahmen der Repressionswelle im Jahr 1934 wegen angeblicher antisowjetischer Aktivitäten verhaftet und starb 1936 im Gulag auf den Solovki-Inseln. Sein vielseitiges Werk markiert jedoch einen wichtigen Beitrag zur ukrainischen Literatur.

Der satirische Autor Ostap Vyšnja (1889–1956; eigentlicher Name: Pavlo Hubenko) war ein ebenfalls höchst aktiver literarischer Akteur in Charkiv. Er wird dem weiteren Umfeld von Chvyl'ovyj zugeordnet. Obwohl er in den 1920er-Jahren zu den beliebtesten und meistgelesenen Autoren in der Ukraine gehörte, bleibt seine Rezeption heute deutlich hinter den kanonisierten Schriftstellern Johansen oder Pidmohyl'nyj zurück. Sein umfangreiches Werk umfasst neben Prosatexten auch einige kürzere Theaterstücke, wobei der Schwerpunkt auf humoristischer Satire liegt. In seinen feuilletonistischen Werken und Kurzgeschichten porträtiert er oft das ländliche Leben. Mit seinen *Schmunzelgeschichten* (Usmišky) prägte er ein eigenes feuilletonistisches Genre. Er veröffentlichte zahlreiche Anthologien, die oft auf die ukrainische Wiedergeburt Bezug nahmen und daher ins Visier der Zensoren gerieten.

In seinem Zyklus *Lasst uns ukrainisch werden* (Ukrajinizujemos') beschreibt Vyšnja augenzwinkernd die Herausforderungen des ländlichen Alltags zu einer Zeit, als die staatliche Politik der Ukrainisierung auf ihrem Höhepunkt war. Ein Beispiel dafür ist die 1926 erschienene Sammlung *Mit dem Antlitz zum Dorf* (Lycem do sela). Vyšnja thematisierte auch die Auswirkungen von Modernisierung und Urbanisierung. In *Wie man Charkiv in Berlin verwandelt* (Jak iz Charkova zrobyty Berlin) persiflierte er 1930 den sowjetischen Modernisierungsprozess in der Ukraine, der die zuvor eher kleine ostukrainische Stadt Charkiv seit ihrer Ausrufung zur Hauptstadt der Sowjetukraine im Eiltempo zu einer Weltstadt machen wollte. Doch sowohl die einfachen Menschen als auch die lokale Verwaltung zeigen wenig Interesse daran, mit dem großen Vorhaben Schritt zu halten, und verbleiben beharrlich in ihrem gewohnten Trott. Vyšnja arbeitete gemeinsam mit Johansen an der szenischen Revue *Hallo, auf Welle 477* (Allo, na chvyli 477), die 1929 von mehreren Regisseuren unter der Leitung von Kurbas am *Berezil'*-Theater inszeniert wurde. Das Bühnenbild für diese Aufführung stammt von Vadym Meller. Das Genre des Musiktheaters ermöglichte die Kombination verschiedener Medien, was typisch für die Avantgarde war (Abb. 13.8).

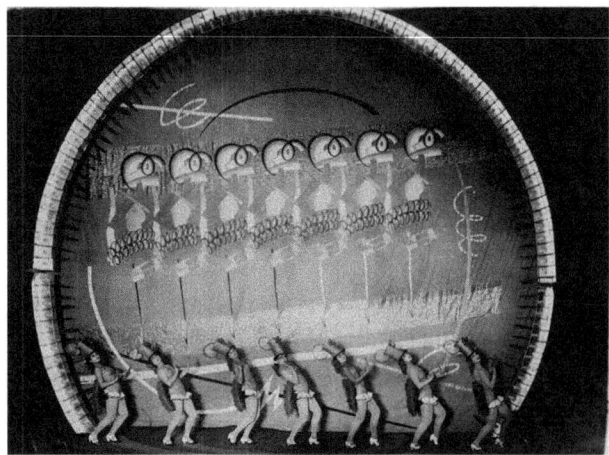

Abb. 13.8 Szene aus der Inszenierung *Hallo, auf Welle 477* (Allo, na chvyli 477) nach der Vorlage von Ostap Vyšnja und Majk Johansen am Theater Berezil' im Jahr 1929. Bühnenbild: Vadym Meller

Spione, Abenteurer, Ganoven und sozialistischer Aufbau: Trivial- und Massenliteratur in der frühen Sowjetzeit

Die politische und kulturelle Situation mit der Ukrainisierung des öffentlichen Lebens, der *Neuen Ökonomischen Politik* (NÖP) und einer äußerst dynamischen Literaturszene begünstigte auch einen Aufschwung der Genre- und Trivialliteratur in der Ukraine. Seit dem beginnenden 20 Jahrhundert waren Abenteuerromane (Jack London, Robert Louis Stevenson), Liebesgeschichten, Science Fiction (Jules Verne, H.G. Wells) und Krimis (Arthur Conan Doyle, die Serien über Nat Pinkerton und Nick Carter) in Mittel- und Osteuropa sehr populär. Sowohl die Übersetzungen als auch die von „trivialer" anglo-amerikanischer und französischer Genreliteratur inspirierten Werke waren in den 1920er-Jahren gefragter Lesestoff. Auch namhafte ukrainische Autorinnen und Autoren beteiligten sich an dieser Mode und sicherten sich damit gute Einkünfte. Johansens Prosaband *Die Abenteuer von Mac-Layston, Harry Rupert und anderen* (Pryhody Mak-Lejstona, Harri Ruperta ta inšych), den er unter dem Pseudonym Villi Vecelius veröffentlichte, kombiniert Elemente des Abenteuerromans sowie der Detektivgeschichte und inszeniert dabei mit viel Humor einen „kommunistischen Pinkerton". Der Roman wurde im Erscheinungsjahr 1925 in 100 000 Exemplaren gedruckt und kann als erster ukrainischer Bestseller gesehen werden. Auch Jurij Smolyč (1900–1976) arbeitete erfolgreich mit dem Genre der Detektivgeschichte, z. B. in *Die Sprache des Schweigens* (Mova movčannja, 1928), wo ein Katz-und-Maus-Spiel zwischen einem Kriminalpolizisten und – als besonderer Gender-Reiz – einer Mörderin inszeniert wird. Ebenso erfreuten sich Jack Londons „Tiergeschichten" wie *Wolfsblut* oder *Ruf der Wildnis* in freien Bearbeitungen großer Beliebtheit, so etwa in Arkadij Ljubčenkos Wolfsprosa *Blut* (Krov, 1929).

Diese Art Literatur erfüllte Wünsche und Erwartungen eines beträchtlichen Teils der Leserschaft, meist mehr als die ideologisch gefärbte, oft wenig ansprechend verfasste Prosa und Lyrik über Revolution und sozialistischen Aufbau. Zugleich thematisierte diese Genre-Literatur aktuelle Fragen wie den Traum von einem besseren Leben vor der herausfordernden Realität der Nachkriegszeit. Außerdem erzählte diese Prosa sehr erfolgreich und mit Ironie von den gesellschaftlichen und politischen Umwälzungen der 1920er-Jahre. Sie inszenierte das Scheitern ebenso wie den Erfolg und präsentierte schöne und edle Menschen ebenso wie abscheuliche Kreaturen. Innerhalb der Genres und inhaltlichen und formalen Schemata finden sich immer auch Spielräume für ästhetisch ansprechende Gestaltung wie bei Johansen oder Ljubčenko, so dass viele dieser Texte mehrschichtig lesbar sind und unterschiedliche Lesererwartungen zufriedenstellen.

Zeitschriften waren ein wichtiges Medium für die Veröffentlichung von Populärliteratur. Insbesondere die illustrierte Zeitschrift spielte eine wichtige Rolle. Sie kam in der Moderne gemeinsam mit der Massenkultur auf und erreichte in den 1920er-Jahren in der Ukraine große Popularität. Längere literarische Texte wurden in Illustrierten üblicherweise in mehreren Teilauszügen, also als Feuilletonromane abgedruckt, die wiederum oft bunt illustriert oder mit Fotografien bebildert wurden. In der literarischen Moderne entwickelte sich der Feuilletonroman zu einer eigenständigen Gattung, die nicht nur Neugier auf die Fortsetzung der Lektüre wecken, sondern auch mit großen Druckauflagen eine breite Leserschaft auf wirtschaftlich profitable Weise erreichen sollte. Die Illustrierte *Zeitschrift Universal* (Universal'nyj žurnal) wurde von 1928 bis 1929 in Charkiv u. a. von Jurij Smolyč herausgegeben und versammelte zahlreiche Beiträge von wichtigen ukrainischen Autoren. Sie versprach „Nachrichten aus der Welt und aus unserem Land, mit Fotografie, Unterhaltung, Sport, lokaler Geschichte, Jagd, witzigem Feuilleton, allen Künsten und vor allem mit Erzählungen und Gedichten". Ihr Motto lautete: „Es gibt nichts auf der Welt, was nicht interessant erzählt werden könnte." Ein wichtiges Ziel war es, den Zeitgeist widerzuspiegeln und die Menschen zum Lesen im Sinne von Abenteuern im Kopf zu animieren, ohne aber sich politisch zu weit zu exponieren. Die Zeitschrift reihte sich damit gewissermaßen nahtlos in die Tradition der europäischen Illustrierten ein, konnte aber nicht die gleiche internationale Resonanz erzielen wie ihre weitaus bekannteren Pendants aus der Weimarer Republik wie etwa *Der Querschnitt*. Darüber hinaus versuchten auch andere Zeitschriften, die Grenzen zwischen proletarischer Norm, Unterhaltung, Zeitgeist und Breitentauglichkeit zu überwinden.

Populär war auch die Neujustierung der Geschlechterrollen und -beziehungen, die in vielen neuen erotischen und sexuellen Formen präsentiert wurde. Der Bruch mit den bürgerlichen Traditionen und das Thema der freien Liebe findet sich sowohl in anspruchsvollerer Prosa als auch in Genreliteratur – wobei oftmals ästhetisch versierte Autoren wie Pidmohyl'nyj (*Die Stadt*, *Kein großes Drama*), Jevhen Plužnyk (*Krankheit*), Geo Škurupij (*Žanna Batal'jonerka*), Viktor Petrov-Domontovyč (*Das Mädchen mit dem Bären*) oder Johansen und Smolyč gezielt Elemente der Populärliteratur in ihre Texte einarbeiten.

Auch ukrainische Autorinnen griffen das Thema des neuen weiblichen Selbstverständnisses auf und scheuten nicht vor erotischen Darstellungen zurück. Beispiele finden sich in allen Genres: Bei Oleksandra Svekla (1902–1966) im Roman *Gebrochene Herzen* (Nadlomeni sercem, 1930), bei Rajisa Trojanker im Lyrikband *Die Flut* (Povin', 1928) und bei Natalja Zabila im Gedicht „Die Höhle blickt mit schwarzem Auge" (Čornym okom dyvyt'sja pečera). Die vor allem mit ihren Kinderbüchern erfolgreiche Natalja Zabila galt laut Jaryna Cymbal sogar als „Miss Literatur" der 1920er-Jahre.

Die Probleme der Genre- und Trivialliteratur und die Erreichbarkeit einer breiten Leserschaft wurden auch während der *Literaturdiskussion* 1925–1928/29 intensiv debattiert und etwas missverständlich als „Massovismus" etikettiert. Die Teilnehmer kamen vor dem Hintergrund zunehmender parteipolitischer Ideologisierung der Kunst zum Schluss, dass dem Lesepublikum eine Literatur angeboten werden müsse, die auf sozialer Identifikation, Erfüllung der Lesererwartung und parteipolitisch „richtiger" Informationsvermittlung beruhe. Das von der kommunistischen Partei forcierte Konzept eines „implizierten proletarischen Lesepublikums" (Myroslav Shkandrij), das den Sozialismus aufbaut und der Partei folgt, führte letztlich zur Durchsetzung und Etablierung des sozialistischen Realismus mittels Repressionen einschließlich der Inhaftierung und Ermordung von Schriftstellern, Übersetzern und Intellektuellen. In den 1930ern entstanden vor diesem Hintergrund noch einige ästhetisch interessante und attraktive Werke von Autorinnen und Autoren, die bereits früher mit Elementen der Genre-Literatur aktiv gearbeitet hatten, wie Jurij Janovs'kyj (1902–1957) oder Jurij Smolyč.

Und auch das Avantgarde-Theater *Berezil'* unter Les' Kurbas produzierte massentaugliche Aufführungen, die von Varieté, Revue und Musiktheater in europäischen Metropolen, insbesondere Berlin, inspiriert waren. Das *Berezil'*-Theater hatte dafür einen eigenen Musiksaal, wo etwa die Revue *Hallo, auf Welle 477* aufgeführt wurde, die zu einem riesigen Publikumserfolg wurde. Auch der Ableger des *Berezil'*-Theaters, die Bühne *Der fröhliche Proletarier* (Veselyj Proletar) geleitet von Januarij Bortnyk, inszenierte erfolgreich mehrere Musikkomödien, wobei auch Klassiker wie *Natalka Poltavka* von Ivan Kotljarevs'kyj umgearbeitet wurden.

Autofiktion und Urbanismus: Valer'jan Pidmohyl'nyj

Valer'jan Pidmohyl'nyj (1901–1937) gehört zu jener Generation junger Ukrainer, die nach den blutigen Kämpfen zwischen 1917 und 1921 aus ländlichen Regionen in die ukrainischen Städte strömten, um zu studieren, eine Ausbildung zu erhalten und aktiv eine neue Gesellschaft und Kultur aufzubauen. Pidmohyl'nyj und seine Gesinnungsgenossen wollten eine autonome ukrainische Kultur innerhalb der neu gegründeten Sowjetunion gestalten. Eine solche Perspektive eröffnete sich in den 1920er-Jahren tatsächlich in verschiedenen sozialen und kulturellen Bereichen und wurde durch die offizielle Politik der Ukrainisierung zwischen 1924 und 1930 gefördert.

Pidmohyl'nyj hebt sich vom Mainstream durch seine intellektuelle Prosa ab, die er vor allem mit der Tradition des französischen Realismus intertextuell verknüpft. Das Bewusstsein seiner Protagonisten stellt er in einem innovativen Psychologismus dar. Die Grundlage seines Schreibens war eine minutiöse Beobachtung seiner eigenen Biographie, die er in eine Autofiktion überführte. Schließlich war er ein erfolgreicher und anerkannter Organisator und Redakteur in der ukrainischen Literaturszene von Kyjiv. Seine eigene Prosa bietet ein gutes Beispiel für die in mehrfacher Hinsicht erfolgreiche literarische Umsetzung der Ukrainisierungspolitik der 1920er-Jahre. Pidmohyl'nyj gestaltete seine Texte als gut lesbare Belletristik, die ein breites Lesepublikum ansprach und intellektuell herausforderte. Er achtete auf eine betont moderne Themenwahl und einen modernen Schreibstil. Gleichzeitig war seine Prosa in den ukrainischen kulturellen, politischen und historischen Kontexten verwurzelt. Seine Erzählungen reflektieren einerseits den Bürgerkrieg in der Ukraine zwischen 1917 bis 1921 und andererseits die Erfahrungswelten der frühen Sowjetukraine.

Pidmohyl'nyj wurde in einem Dorf in der Nähe der Stadt Ekaterinoslav geboren. Sein Vater arbeitete für einen wohlhabenden und liberal eingestellten Gutsbesitzer, was dem jungen Pidmohyl'nyj die Möglichkeit bot, eine solide Schulbildung zu erhalten und schon in jungen Jahren Französisch zu lernen. Das Studium musste er 1919 wegen der Kämpfe in der Ukraine abbrechen. Nach einer kurzen Tätigkeit als Lehrer in der Provinz ging Pidmohyl'nyj 1921 nach Kyjiv, um sich weiterzubilden. Er hatte zu dem Zeitpunkt bereits einige kürzere Prosastücke verfasst und visierte eine Karriere als Schriftsteller an. In dieser Hinsicht finden sich zahlreiche Parallelen zum Hauptprotagonisten seines bekanntesten Romans *Die Stadt* (Misto). Nach anfänglichem Misserfolg gelang ihm zusammen mit seinen Schriftstellerkollegen Jevhen Plužnyk, Todos' Osmačka und der Autorin Maria Halyč im Kyjiver Literaturbetrieb Fuß zu fassen und die Schriftstellerorganisation *Lanka* (Zirkel, Kette, 1924–1926) zu gründen, die später in *MARS* (Majsternja Revoljucijoho Slova) umbenannt wurde.

Politisch gesehen handelte es sich bei *Lanka* (MARS) um eine Gruppe von sogenannten Mitläufern, also parteilosen Autorinnen und Autoren, die sich in ihren ästhetischen Ansichten und ihrer literarischen Praxis zum Teil erheblich voneinander unterschieden. Geeint waren sie insbesondere durch ihr Engagement für eine intellektuell ausgerichtete und ästhetisch anspruchsvolle ukrainische Literatur. Schließlich gelang es den Mitgliedern der Gruppe, die Redaktion der wichtigen Kulturzeitschrift *Leben und Revolution* (Žyttja i revoljucija) zu übernehmen. Pidmohyl'nyj wurde leitender Redakteur. 1930 wurde er wegen „ideologischer Unzuverlässigkeit" entlassen. Bis dahin hatte Pidmohyl'nyj freilich Beachtliches geleistet. Er hatte zwei Romane und mehrere Erzählbände veröffentlicht, als Übersetzer und Literaturredakteur wichtige Texte publiziert und viele Schriftsteller gefördert.

Die stalinistischen Repressionen setzten in der ukrainischen Literatur bereits 1930 ein – viel früher und umfassender als in der russischen Literatur. Pidmohyl'nyj versuchte den Schikanen zu entkommen, indem er Ende 1930 nach Charkiv, der damaligen Hauptstadt der Sowjetukraine, übersiedelte. Am 8. Dezember 1934 wurde Pidmohyl'nyj jedoch verhaftet. Ihm wurde die Mitgliedschaft in einer terroristischen Vereinigung (bestehend aus weiteren Schriftstellern, Künstlern, Intellektuellen) vorgeworfen. Er wurde zu zehn Jahren Gefängnis verurteilt und ins berüchtigte Lager auf den Solovki-Inseln in Nordrussland deportiert. Nachdem eine „Sonderkommission" anlässlich der Feiern des zwanzigjährigen Jubiläums der bolschewistischen Revolution seinen Fall geprüft hatte, wurde sein Urteil verschärft. Pidmohyl'nyj wurde am 3. November 1937 hingerichtet, zusammen mit zahlreichen weiteren ukrainischen Kulturschaffenden.

Pidmohyl'nyjs literarisches Werk ist nicht sehr umfangreich und besteht aus zwei Romanen, mehreren Erzählungen und literarischen Essays. Dennoch ist seine Bedeutung für die Entwicklung der modernen ukrainischen Prosa kaum zu überschätzen. In seinen ersten Erzählungen, die er 1920 selbstbewusst unter dem wenig bescheidenen Titel *Werke. Band I* (Tvory. Tom I) veröffentlichte, zeigen sich Themen und Motive, die existenzielle Fragen des menschlichen Daseins ausleuchten. Die Hauptprotagonisten seiner Texte sind oft junge Menschen, die bemüht sind, ihre sexuellen Triebe und instinktiven Wünsche durch Vernunft und planvolles Handeln zu bändigen. Die Figuren sind gefangen zwischen ihren individuellen Zukunftsplänen und den gesellschaftlichen Transformationen, denen sie in der Realität begegnen. Dementsprechend sind viele seiner Protagonisten als ambivalente Charaktere gestaltet, wie der Hauptprotagonist Stepan im Roman *Die Stadt*.

Etliche Figuren in Pidmohyl'nyjs Erzählungen sind Träumer, die in chaotische Ereignisse verwickelt sind und das Spannungsfeld von Erwartung und Realität umso deutlicher erfahren. So ist zum Beispiel das medizinische Personal in der Erzählung *In der Seuchenbaracke* (V epidemičnomu baraci, 1922) durchaus barmherzig und mitleidend. Man kümmert sich – freilich hoffnungslos – um seine Patienten und flüchtet zugleich: sei es in Religion, in sexuelles Vergnügen oder familiäre Zukunftspläne.

Die zweite Hälfte der 1920er-Jahre bringen in der ukrainischen Prosa insgesamt einen Wandel zu längeren Erzähltexten und zur Romanform. Pidmohyl'nyj hatte nach eigenen Aussagen lange mit der Romanform gerungen, bis ihm schließlich mit dem Roman *Die Stadt* (Misto, 1928) ein sensationeller Wurf gelang. Dieser Roman erfreute sich rasch großer Beliebtheit und wurde zu einem der bedeutendsten Werke der ukrainischen Literatur des 20. Jahrhunderts, selbst wenn er in der Sowjetukraine nach einer zweiten Auflage im Jahr 1929 nicht mehr neu gedruckt wurde. Der Roman knüpft intertextuell an Guy de Maupassants Roman *Bel Ami* an, ein Werk, das Pidmohyl'nyj auch ins Ukrainische übersetzt hatte. Doch wo Maupassant die Geschichte eines Schelms erzählt, der durch Intrigen, Betrug und Manipulation einer Reihe von Frauen in die höchste Ebene des Pariser Journalismus aufsteigt, schafft Pidmohyl'nyj einen modernen Bildungs- und Künstlerroman. Der Roman *Die Stadt* ist nicht nur voller intertextueller Anspielungen aus der ukrainischen und europäischen Literatur, sondern auch ein Roman über Literatur, und zwar in doppelter Hinsicht: *Die Stadt* ist sowohl ein Roman über Kyjiv als Bühne des literarischen Lebens als auch ein Künstlerroman. Er gibt höchst interessante und differenzierte Einblicke in die zwischen 1925 und 1928 hitzigen Debatten über Literatur und Kunst, die teils hochpolemisch geführt wurden und um Fragen kreisten, wie eine ukrainisch-sozialistische Kunst aussehen könnte.

Dazu gehört auch, dass Pidmohyl'nyjs Roman – obwohl die Stadt im Titel nicht ausdrücklich genannt wird – ein Kyjiv-Roman ist, der an die Tradition literarischer Gestaltungen von Kyjiv anknüpft und sie zugleich erneuert. Pidmohyl'nyj setzt sich ab von russischsprachigen Texten, die den Untergang des alten, zaristisch-imperialen Kyjiv in den Wirren der Revolution und des Bürgerkriegs mit Bedauern schildern (wie etwa Michail Bulgakov in *Die Weiße Garde*). Pidmohyl'nyjs Roman dagegen beginnt bereits in der Sowjetzeit und gestaltet die Dynamik der neuen Zeit. Der wachsende ukrainische Urbanismus wird zum Ausgangspunkt und zur Bedingung des Wegs, den der Protagonist einschlägt und der zunächst als Befreiung aus der Enge, der materiellen und intellektuellen Beschränktheit des Dorfes gewertet wird.

Seinen Roman *Die Stadt* leitet Pidmohyl'nyj mit einem Motto aus dem Talmud ein: „Der Mensch hat sechs Eigenschaften: In dreien gleicht er einem Tier und in dreien einem Engel: Wie ein Tier isst und trinkt er, wie ein Tier pflanzt er sich fort und wie ein Tier wirft er aus; wie ein Engel hat er Verstand, wie ein Engel geht er aufrecht und wie ein Engel spricht er in der gesegneten Sprache." Dieses Motto spricht den zentralen Konflikt des Protagonisten des Romans an, den Dualismus von Körper und Geist, Instinkt und Vernunft. So entsteht ein inneres Spannungsfeld, das durch die Dynamik der gesellschaftlichen Modernisierung verstärkt wird. Der Rhythmus des Großstadtlebens und der Takt der Maschinen werden beim Besuch des Protagonisten in einer Druckerei sehr eindrücklich geschildert. Dabei fehlt in Pidmohyl'nyjs Prosa nie die Ironie als probates Mittel der

(Selbst-)Erkenntnis, was die Irritationen des Helden und die Vieldeutigkeit seines Weges durch die Stadt auch für den Leser vergnüglich macht. Gerade das Hybride und die produktive Überlagerung von Altem und Neuem, nicht die bloße Zerstörung des Alten, ist für Pidmohyl'nyjs Verständnis von Modernität entscheidend.

Pidmohyl'nyjs zweiter Roman *Kein besonderes Drama* (Nevelyčka drama, 1930) greift die Ambivalenz der Moderne abermals auf, wobei dem Roman eine Dreiecksbeziehung als modernes Experiment zugrunde gelegt wird. Anhand dieser Konstellation werden zentrale Fragen behandelt, die zwischen nationaler Identität und zunehmend totalitärem Stalinismus oszillieren oder die Selbstentfremdung der Sowjetbürger im Zeitalter der forcierten Industrialisierung betreffen.

Die Spielräume für eine eigenständige ukrainische Literatur wurden in den dreißiger Jahren immer enger.

Hryhorij Kosynka: Der literarische Gestalter des ukrainischen Widerstands gegen die Sowjetmacht

Hryhorij Kosynka (eigentlicher Name: Strilec', 1899–1934) verfasste über dreißig Erzählungen und Novellen, die in den 1920er-Jahren von Maksym Ryl's'kyj, Serhij Jefremov, Volodymyr Vynnyčenko und Vasyl' Stefanyk sehr geschätzt wurden und zudem bei den Lesern sehr populär waren. Kosynka wuchs im dörflichen Umland von Kyjiv auf und gestaltete in seiner Prosa vor allem das ländliche Milieu, Menschen und Natur im Wirbel des Bürgerkriegs sowie der frühen Sowjetepoche. Viktor Petrov beschrieb Kosynka so: „Anfang der 1920er-Jahre sah er aus wie ein Bauernjunge, trug ein Sakko wie die Dorfschreiberlinge, er war kräftig, untersetzt, scharf von Verstand und in seinen Einschätzungen, mit starken Händen, die, bevor sie eine Schreibfeder in die Hand nahmen, Sense oder Dreschflegel und sogar ein Baumschnittmesser gehalten hatten. Er atmete den Atem der Steppe, der Sonne, der Nachtwinde und nächtlichen Glut der Bauernkriege, den das ukrainische Volk in jenen Jahren gegen die Bolschewiken führte." Und in einer erst in der Endzeit der Sowjetunion 1988 publizierten autobiographischen Skizze schrieb Kosynka selbst: „So ging ich mit einem geschulterten Gewehr, als die Revolution kam und hüllte mich in einen Militärmantel. Ich kenne jene Revolution, die nicht laut und voller Plakate ist, sondern still und leise wie der Tod." Wie Chvyl'ovyj oder Pidmohyl'nyj thematisierte er in seinem Werk die grausamen Folgen der Revolutionen und Kämpfe von 1917 bis 1920.

Über Kosynkas Biographie während der kriegerischen Auseinandersetzungen zwischen 1917 und 1920 ist wenig bekannt. Wahrscheinlich kämpfte er 1918/19 in den Reihen der Ukrainischen Volksrepublik und stand dann den ukrainischen Nationalkommunisten, den sogenannten „Borotbisten" (Kämpfern) unter Oleksandr Šums'kyj, dem späteren Volksbildungskommissar der Ukraine und dem Schriftsteller und Politiker Vasyl' Ellan-Blakytnyj nahe. Kosynka debütierte 1920 als Prosaautor in Blakytnyjs Zeitschrift *Der Kampf* (Borotba) mit der Erzählung „Gegen die goldenen Götter" (Na zolotych bohiv, gemeint sind die Monarchisten wegen ihrer prächtigen Offiziersuniformen). Anschließend beteiligte sich Kosynka aktiv am literarischen Leben Kyjivs, unter anderem in der Gruppe *Die Weinrebe* (Grono), in deren gleichnamigem Almanach drei längere Prosatexte von ihm erschienen. 1923 publizierte er sein bisheriges Erzählwerk im Band *Gegen die goldenen Götter*. In der Kurzgeschichte „Dunkle Nacht" (Temna nič) erzählt Kosynka, wie ein bolschewistischer Kommissar von aufständischen Bauern gefangen wird. Die Bauern machen sich über seine Agitation lustig und erschießen ihn dann. In der Erzählung „Die Dreiecksschlacht" (Trojekutnyj bij) stehen die Ereignisse des Jahres 1919 im Mittelpunkt: Die galizischen Schützen nehmen aus dem Westen die Stadt Kyjiv unter Beschuss, Denikins Truppen rücken von Süden heran und die Rotarmisten setzen über den Dnipro über, um ins Stadtzentrum zu gelangen. Eine weitere Erzählung, „Chodis Kopf" („Holova Chodi", 1923) spielt nach dem Bürgerkrieg auf dem Dorf. Beim Pflügen kommt ein Schädel zum Vorschein und der Bauer erkennt ihn: Es ist der Schädel eines Chinesen namens Chodi, der hier im Krieg getötet wurde. Er war einer der chinesischen Soldaten in Sowjetdiensten, welche die „proletarische Revolution verteidigten und hier das Haupt für eine Sache niederlegten, die nicht ihre war, getötet durch eine Bauernkugel". Der Bauer befördert den Schädel mit einem gleichgültigen Fußtritt zur Seite. Eine der stärksten Texte von Kosynka aus der ersten Hälfte der 1920er-Jahre ist die Erzählung „Faust" (Favst, 1923). Der Ukrainer Faust führt einen Bauernaufstand gegen die Bolschewiken an. Die Erzählung spielt in der Zeit der gut dreimonatigen Besatzung Kyjivs Anfang 1918 durch die russisch-bolschewistischen Truppen Michail Murav'evs (1880–1918), die besonders brutal gegen die Ukrainer und die ukrainische Sprache und Kultur vorgingen. Die Untersuchungsbeamten der Geheimpolizei versuchen mit allen Mitteln, Faust zu einem Geständnis zu bewegen. Er wird wochenlang in einer „pechschwarzen, kalten und nassen Isolationszelle" festgehalten. Er wird gefoltert, fast zu Tode geprügelt, er gesteht nicht und stirbt lieber, als jemanden zu verraten. Die Kraft der Erzählung liegt in der emotionslosen Darstellung, wie die sowjetische Geheimpolizei in ideologischer Verblendung ihrem grausamen und blutigen Geschäft nachgeht. Kosynka ist vielleicht der einzige Autor der Generation der 1920er-Jahre, der die unnachgiebige Haltung der Ukrainer während der „Bauernkriege" so deutlich und überzeugend zeigt – es ist keine Rede von begeisterten Bauern, die freiwillig ihr Land abgeben und die bolschewistische Revolution jubelnd unterstützen. Die Erzählung sollte im Erzählband *Novellen eines Deserteurs* (Novely dezertyra, 1924) erscheinen, der aber von der Zensur gestoppt wurde. Alle Texte bis auf „Faust" erschienen dann aber 1926 im Erzählband *Im Kornfeld* (V žytach), außerdem wurden noch neue Texte aufgenommen. Die Erzählung „Faust" erschien erstmals 1942 in der Kulturzeitschrift *Ukrainische Saat* (Ukrajins'kyj zasiv), die in Charkiv mit Viktor Petrov als Redakteur während der deutschen Besatzung erschien.

Die Protagonisten des Erzählbands *Im Kornfeld* sind oft desillusioniert, sie erkennen keine politische oder weltanschauliche Autorität an. Sie verteidigen ihre unabhängige Position mit Worten und Waffen. Die sowjetische Literaturkritik bewertete diese Figuren durchwegs negativ und kritisierte, sie würden poetisch-romantisch verklärt, obwohl sie doch in Wirklichkeit ein Sprachrohr der antibolschewistischen Kräfte seien. Deshalb wurden diese Erzählungen auch nach der Rehabilitierung Kosynkas 1957 weiterhin nicht veröffentlicht.

Stilistisch steht Kosynka deutlich in der Nachfolge von Mychajlo Kocjubyns'kyj und Vasyl' Stefanyk, wobei er auf ansprechende Art die erzählerische Verdichtung von Stefanyk mit dem synästhetischen Impressionismus von Kocjubyns'kyj zu verknüpfen weiß. In der kanonischen Erzählung „Im Kornfeld" zeigt sich Kosynkas ästhetische Eigenart exemplarisch. In dieser handlungsarmen Prosa versteckt sich der Deserteur Kornij in einem Kornfeld nahe seines Heimatdorfes und beobachtet die Landstraße. Als er seine frühere Liebe Uljana sieht, begibt er sich vorsichtig zu ihr und sie verbringen einige glückliche Momente zusammen. Danach geht Uljana ihres Wegs und Kornij genießt den Augenblick und die Freiheit der Steppe. Freilich wurde die Fragmentierung des Sujets durch die Erzählerstimme und die impressionistische Synästhesie von parteinahen Literaturkritikern nicht goutiert und als Abweichung von der angestrebten realistischen Entwicklung der Sowjetliteratur eingestuft. Die offizielle Kritik warf dem Autor eine unpolitische Haltung und bürgerlichen „Objektivismus" vor. Der führende Literaturkritiker Volodymyr Korjak meinte: „Man kann nicht verstehen, ob der Autor tatsächlich für oder gegen die Revolution ist, oder ob er als Außenstehender nur zuschaut."

Kosnyka bereitete für 1933 noch den Band *Das Herz* (Serdce) mit drei Erzählungen vor. In der titelgebenden Erzählung beschreibt er die Praktiken an der sowjetisch-polnischen Demarkationslinie. Illegale Migration, Schmuggel, Banditentum und die wachsenden Spannungen zwischen den Grenztruppen finden Eingang in den spannenden Text.

Nicht zuletzt aufgrund seiner literarischen Haltung, vor allem wegen der bäuerlichen Thematik, die in starkem Widerspruch zur sowjetischen Zwangskollektivierung seit den ausgehenden 1920er-Jahren stand, geriet Kosynka zunehmend unter den Druck offiziöser Parteikritiker. 1930 wurde er von Oleksij Poltorac'kyj im Artikel „Die Sprache des Kulaken-Äsops" (Kurkuls'ka ezopova mova) als „Agent der Kulaken in der sowjetischen Literatur" bezeichnet, eine zu diesem Zeitpunkt bereits gefährliche Anschuldigung. Ab 1931 fand Kosynka nur noch als Übersetzer aus dem Russischen (Michail Šolochov, Maksim Gor'kij und ähnliche) ein Auskommen. Im Herbst 1934 wurde Kosynka verhaftet und im Dezember wegen der angeblichen Vorbereitung terroristischer Anschläge hingerichtet.

Repressionen gegen die ukrainische Literatur: „Die erschossene Renaissance"

Für einige Zeit genossen die Künstler in der Ukraine eine größere Freiheit als in Moskau. In den späten 1920er-Jahren zog es daher auch mehrere prominente russische Schriftsteller und Künstler in die Ukraine, die am noch relativ lebendigen kulturellen Leben teilhaben wollten. In der letzten Ausgabe der Zeitschrift *Neue LEF* (Novyj LEF) übergab Vladimir Majakovskij 1928 offiziell die Staffel der sowjetischen Avantgarde an Mychajl' Semenkos *Nova Generacija*, da die LEF in Moskau nicht mehr veröffentlicht werden konnte. In den späten 1920er-Jahren wurde die stalinistische Kulturpolitik immer restriktiver, und auch in der Ukraine begann sich das Zeitfenster für literarische Experimente zu schließen.

13   Literarische Paradoxien des Aufbaus einer sozialistischen ukrainischen Nation

Obwohl der offizielle Bann gegen die Vielfalt ästhetischer Strömungen erst 1932 ausgesprochen wurde, deutete sich bereits lange vorher der Aufstieg des *Sozialistischen Realismus* an. Seit der Einführung des Ersten Fünfjahresplans im Jahr 1928 wurde die Darstellung des neuen Sowjetmenschen, der den Weg zum Kommunismus durch den Sozialismus gehen musste, zu einem vorherrschenden Element in der Literatur. Es erfolgte eine Abkehr von Abstraktion und Formalismus zugunsten einer Neubewertung des Realismus. Ukrainische Kultur- und Bildungsinstitutionen waren zunehmendem Druck ausgesetzt, was zur Schließung von Museen, Instituten, Redaktionen und Verlagen führte. Insbesondere westeuropäisch orientierte literarische Strömungen gerieten in das Visier der Zensur und der antiwestlichen Propaganda. Zahlreiche Gruppierungen mussten sich auf politischen Druck hin auflösen, wie *VAPLITE* im Jahr 1928 und *Nova Generacija* im Jahr 1931. Das *Berezil'*-Theater konnte seine Arbeit zwar bis 1934 eingeschränkt fortsetzen, ihr Gründer Les' Kurbas wurde jedoch bereits 1933 verhaftet. Für dieser Zeit war ein Versteckspiel mit der Zensur charakteristisch, bei dem versucht wurde, verschiedene Strategien zu deren Umgehung anzuwenden. In der Kinderliteratur fanden Autoren eine Möglichkeit, sich weiterhin literarisch zu betätigen, da sie politisch unauffälliger war. In den frühen 1930er-Jahren entstand ein größeres Korpus ukrainischer Kinder- und Jugendliteratur, zu dem sowohl *VAPLITE*-Autoren als auch Vertreter des Futurismus und Konstruktivismus beitrugen. Einige Autoren wie Majk Johansen und Valer'jan Poliščuk veröffentlichten Märchen und Tierfabeln, die nicht den neuen Sowjetmenschen, sondern das einfache Leben abseits der Zivilisation thematisierten. So wurde Johansens illustriertes Tiermärchen *Der alte Eber* (Staryj Veper) 1936 im *Kinderverlag* (Dytvydav) in Odesa veröffentlicht, nur ein Jahr vor seiner Hinrichtung. Poliščuk veröffentlichte ebenfalls mehrere bunt illustrierte Kinder- und Jugendbücher. Die Nische der Kinderliteratur bot den Autoren eine Möglichkeit, ihre künstlerische Arbeit fortzuführen und Ideen auszudrücken, die in anderen Bereichen der Literatur nicht mehr akzeptiert waren. Einige Autoren konzentrierten sich außerdem verstärkt auf die Übersetzung literarischer Werke. Pidmohyl'nyj wich auf die ukrainische Übersetzung französischer Klassiker aus. Seine Fassungen von Jules Vernes *20000 Meilen unter dem Meer* und Victor Hugos *1793* waren zur Veröffentlichung bereit, als er am 8. Dezember 1934 verhaftet wurde. 1935 erschienen beide Bücher, allerdings ohne Angabe des Namens des Übersetzers. Mykola Zerov übersetzte Werke antiker Autoren.

Angesichts der Repressionen versuchten einige Autoren schließlich, sich den Vorgaben des Sozialistischen Realismus anzupassen. Mykola Kuliš versuchte sich (nicht sehr erfolgreich) mit Stücken, die dem parteipolitischen Programm der Kollektivierung und Industrialisierung entgegenkamen, etwa in *Leb wohl ukrainisches Dorf* (Proščaj selo), das nach Zensurvorgaben umgearbeitet wurde in *Markos Wandlung* (Povorot Marka). Johansen wiederum veröffentlichte dokumentarische Reiseberichte, in denen die industriellen Errungenschaften an sowjetischen Peripherien gelobt wurden. Semenko verfasste nicht nur konforme Revolutionsgedichte, sondern unternahm sogar eine erfolglose Reise nach Moskau, um seine Loyalität zu beweisen.

Rückblickend kann gesagt werden, dass die Revolution von 1917 in der ukrainischen Kultur in erster Linie mit einer permanenten Revolution für eine selbstbestimmte Kultur verbunden war. Diese Kulturrevolution kann jedoch als gescheitert betrachtet werden, wie der Literaturwissenschaftler George Luckyj kurz nach der ukrainischen Unabhängigkeit in den 1990er-Jahren feststellte. Dieses Scheitern ist vor allem darauf zurückzuführen, dass in den 1930er-Jahren fast die gesamte kulturelle Elite dem stalinistischen Terror zum Opfer fiel. Es gibt zu den genauen Todeszahlen keine präzisen Angaben, und die Fakten sind aufgrund der oft fehlenden Dokumentationen schwer zu ermitteln. Eine frühe kommentierte Aufstellung der ermordeten Intellektuellen und Schriftsteller findet man bereits im Jahr 1944 in Viktor Petrovs Abhandlung *Die ukrainischen Kulturschaffenden der ukrainischen Sowjetrepublik als Opfer des bolschewistischen Terrors* (Ukrajins'ki kul'turni dijači URSR – žertvy bol'ševic'koho teroru).

Die Verhaftungswellen begannen dabei bereits lange vor dem Terrorjahr 1937. Den Auftakt bildete Ende 1929 der vom Geheimdienst inszenierte Schauprozess gegen die *Union zur Befreiung der Ukraine* (Spilka Vyzvolennja Ukrajiny), der vor allem Vertreter der älteren Intelligenz wie Serhij Jefremov traf. Es folgten Repressionen in allen Abstufungen von Zensurmaßnahmen über Publikations- und Berufsverbote, Vorladungen beim NKVD, Verhöre bis hin zur körperlichen Vernichtung. Kurbas und Pidmohyl'nyj wurden 1933 verhaftet, gefolgt von Mykola Kuliš, Škurupij und Plužnyk im Jahr darauf. 1935 wurden Poliščuk sowie drei der fünf Neoklassiker, Zerov, Draj-Chmara und Fylypovyč, inhaftiert. Johansen und Semenko wurden 1937 verhaftet. Sie und viele andere kamen entweder im Gulag um oder wurden während der Massenerschießungen anlässlich des 20. Jahrestags der Revolution 1937 hingerichtet. Chvyl'ovyj hatte bereits 1933 Selbstmord begangen. Die Behörden verschoben das Sterbedatum teilweise in die Jahre des Zweiten Weltkriegs oder leugneten den Tod und die Todesursache von Autoren gänzlich, um das wahre Ausmaß der Repressionen zu verschleiern. Erst nach der Öffnung der Archive in der unabhängigen Ukraine konnten diese Verbrechen zumindest teilweise aufgearbeitet und fälschliche Sterbedaten korrigiert werden.

Mit der weitgehenden Auslöschung einer ganzen Generation von Schriftstellern, die sich für die kulturelle Autonomie der Ukraine eingesetzt hatte, wurden auch ihre Werke und Biografien aus dem kulturellen Gedächtnis getilgt. Viele Werke aus dieser Zeit wurden entweder zerstört oder bis zum Ende der Sowjetunion in speziellen Archiven (sogenannten *Specfondy*) verschlossen gehalten, während andere Autoren wie etwa der Neoklassiker Draj-Chmara im Zuge des sogenannten „Tauwetters" rehabilitiert wurden und (freilich in unvollständigen und durch Zensur verfälschten Ausgaben) wieder erscheinen konnten. Chvyl'ovyjs Name dagegen wurde lange Zeit gänzlich aus dem öffentlichen Bewusstsein verbannt.

Zu den wenigen, die den Terror überlebten, gehörte Ostap Vyšnja. Im Unterschied zu Bažan, Tyčyna oder Ryl's'kyj kann ihm jedoch keine Unterordnung unter das sowjetische Regime nachgesagt werden. Vielmehr wurde er als aktiver Teilnehmer des ukrainischen Unabhängigkeitskampfes bereits 1920 erstmals verhaftet. Im Jahr 1934 folgte die Inhaftierung wegen angeblicher konterrevolutionärer Aktivitäten. Dass der polemische und angriffige Artikel „Wer ist Ostap Vyšnja" (Ščo take Ostap Vyšnja), den der futuristische Autor Oleksij Poltorac'kyj (1905–1977) 1930 in einer Ausgabe der *Nova Generacija* publizierte, vom Geheimdienst offenbar als Grundlage für Vyšnjas Inhaftierung herangezogen wurde, zeigt den schmalen Grat zwischen kreativem Schaffen und politischer Indienststellung. Vyšnja entging schließlich durch Zufall seiner bereits angesetzten Hinrichtung und kam 1943 nach mehreren Jahren Arbeitslager frei. Poltorac'kyj hingegen zählt zu jenen, die den Terror unbeschadet überstanden. Arkadij Ljubčenko wurde vom Stalinterror der 1930er-Jahre verschont, überlebte ebenso die Okkupationszeit durch die Nazis, die ihn zweimal inhaftierten. Er floh schließlich vor der vorrückenden Roten Armee über Polen nach Deutschland, wo er aufgrund seines schlechten Gesundheitszustands im Januar 1945 starb.

Einige Autoren hatten sich für eine Übersiedlung nach Sowjetrussland entschieden, was insbesondere für jene, die sich aktiv an der Debatte um die kulturelle Ausrichtung der Ukraine beteiligt hatten, nicht selten tragisch endete. Anderen gelang die Flucht ins westeuropäische Exil, von wo aus sie ihr literarisches Schaffen fortsetzen und teils zur Dokumentation und Aufarbeitung des Terrors beitragen konnten.

Jurij Klen, der aus einer deutschsprachigen Familie stammte, emigrierte in den 1930er-Jahren nach Deutschland und wurde dort Teil der Vereinigung *MUR, Mystec'kyj ukrajins'kyj ruch* (Ukrainische künstlerische Bewegung, 1945–1948). 1947 publizierte er in Augsburg den Band *Erinnerungen an die Neoklassiker* (Spohady pro neoklassykiv), der auch Briefe enthält, die Draj-Chmara vor seinem Tod aus seiner Gefangenschaft in Kolyma an seine Familie geschrieben hatte.

Viktor Petrov, der mit den nationalsozialistischen Besatzern in Charkiv kollaboriert hatte (ob aus Überzeugung oder als sowjetischer Agent, ist ungeklärt), floh 1944 nach Deutschland, wo er für einige Jahre publizistisch und wissenschaftlich tätig war. Er lehrte auch an der Ukrainischen Freien Universität in München.

Eine Auseinandersetzung mit dem tragischen Schicksal vieler Autoren der 1920er-Jahre blieb lange Zeit der Literaturwissenschaft vor allem in Diasporakreisen vorbehalten, die eine von sowjetischen Narrativen unabhängige Außenperspektive beisteuerte. Bereits früh hat sich für die sowjetukrainischen Kulturschaffenden der 1920er-Jahre der Begriff der „erschossenen Renaissance" etabliert, der bis heute ein wichtiges Narrativ des ukrainischen kulturellen Gedächtnisses darstellt. Dieses Narrativ steht für eine Generation von Kulturschaffenden, die sich für die Autonomie der ukrainischen Kultur stark machten und schließlich aufgrund dessen verfolgt und ermordet wurden. Der Begriff geht auf den Redakteur der polnischen Exilzeitschrift *Kultura* Jerzy Giedroyc (1906–2000) zurück. Nach dem polnischen Tauwetter von 1956 erwartete er eine ähnliche Entwicklung in der Ukraine. Giedroyc beauftragte den ukrainischen Publizisten Jurij Lavrinenko (1905–1987) mit der Zusammenstellung einer Anthologie der Literatur der zwanziger Jahre, die 1959 erstmals mit einem beachtlichen Umfang von fast tausend Seiten erschien. Ein sowjetukrainischer Rezensent bemerkte spöttisch, das Buch sei „in New York zusammengestellt, in Paris redigiert und in München gedruckt" worden, was das Missfallen der sowjetischen Kulturpolitik über einen unabhängigen

Diskurs deutlich macht. Maßgeblich für die Aufarbeitung war die Veröffentlichung von Viktor Petrovs Essay *Die ukrainische Intelligenzia – Opfer des bolschewistischen Terrors* (Ukrajins'ka intelihencija – žertva bol'ševyc'koho teroru) – eine überarbeitete Fassung seines Artikels aus dem Jahr 1944, die 1955 in München erschien. Petrov zeichnet die Verfolgung und Ermordung von Mitgliedern der kulturellen Elite der Ukraine akribisch nach und liefert auch detailliertes Zahlenmaterial. Petrovs Essay trug dabei aber auch zu einer gewissen Mythenbildung bei, etwa indem auch er Chvyl'ovyj fälschlicherweise die vielzitierte Phrase „Weg von Moskau" zuschrieb.

Das Narrativ der „erschossenen Wiedergeburt" betont jedoch vor allem das tragische Schicksal der Autoren und fokussiert im Wesentlichen ihre Rollen als Opfer. Dabei vernachlässigt es die künstlerischen Errungenschaften, obschon die ästhetischen und formalen Aspekte in den verschiedenen Bewegungen für die Entwicklung der ukrainischen Literatur von zentraler Bedeutung sind. Deshalb finden sich auch kritische Stimmen gegenüber der Verwendung des Begriffs seit den 2000er-Jahren. Vor dem Hintergrund der Zerstörung ukrainischer Kultur seit 2014 und verstärkt seit 2022 erhält das Narrativ der „erschossenen Wiedergeburt" eine neue Aktualität.

Dieses Narrativ wurde im Kontext des ukrainischen Nationsbildungsprozesses immer wieder auch politisch genutzt, was vor dem Hintergrund der fast vollständigen Ermordung der ukrainischen kulturellen Elite in den 1930er-Jahren und eines daraus resultierenden kollektiven Traumas wenig überrascht. Kritik ausgelöst hat auch die Tatsache, dass in den Kanon der „erschossenen Wiedergeburt" auch solche Figuren aufgenommen wurden, die später selbst in höheren politischen Funktionen tätig wurden. Bažan unterwarf sich ab Mitte der 1930er-Jahre der Doktrin des Sozialistischen Realismus und wurde für sein entsprechendes Werk mit zahlreichen sowjetischen Preisen und Verdienstorden dekoriert. Als Vorsitzender des sowjetukrainischen Schriftstellerverbands setzte er sich aber offenbar auch aktiv für die Rehabilitierung einiger während des Großen Terrors verfolgten Schriftsteller ein. Bažans politische Anbiederung an das System wird heute überaus kritisch gesehen. Es ist zu bedenken, dass solcher Unterordnung oft ein großer politischer Druck vorausging, der auch körperliche Zwangsmaßnahmen einschloss. So geht etwa aus den Dokumenten zu Semenkos Verhaftung hervor, dass auch er kurz vor seiner eigenen Erschießung unter Folter zur Aussage gegen einen seiner Kollegen gezwungen werden sollte.

Einige der Autoren wurden in den 1950er-Jahren nach Stalins Tod rehabilitiert, andere dagegen erst im Rahmen der Perestroika in den 1980er-Jahren. Seit der ukrainischen Unabhängigkeit werden die Werke der kulturellen Renaissance zunehmend der Öffentlichkeit zugänglich gemacht, in einigen Fällen überhaupt zum allerersten Mal. In Russland hat man sich dagegen stets der Aufarbeitung der Ermordung der ukrainischen Kulturelite verweigert. So wurde der russische Historiker Jurij Dmitriev 2016 in einem fragwürdigen Verfahren zu 15 Jahren Lagerhaft verurteilt, nachdem er die Massenerschießungen ukrainischer Intellektueller dokumentiert hatte.

Hollywood am Schwarzen Meer: Jurij Janovs'kyj

Jurij Janovs'kyj (1902–1954) schuf ein innovatives Prosawerk, das durch seine Tätigkeit in den neu gegründeten ukrainischen Filmstudios in Odesa und Kyjiv inspiriert wurde. Als nur Vierundzwanzigjähriger wurde er einer der künstlerischen Leiter der Filmstudios. Zu diesem Zeitpunkt hatte er den Erzählband *Die Stoßzähne des Mammuts* (Mamuntovi byvni, 1925) publiziert. Durch die Vermittlung des Avantgarde-Autors Mychajl' Semenko, der in der damaligen Hauptstadt der Sowjetukraine Charkiv im Film-Amt arbeitete, gelangte er nach Odesa, wo er mit Oleksandr Dovženko, Jurij Tjutjunnyk, Isaak Babel', Ita Penzo und anderen namhaften Künstlern zusammenarbeitete. Während der etwa zwei Jahre in Odesa veröffentlichte Janovs'kyj die neoromantische Revolutionserzählung *Bayhorod* (1927), den Erzählband *Das Blut der Erde* (Krov zemli, 1927), die surrealistische Prosa *Die Rückkehr* und eine Reihe von Gedichten. Die Essaysammlung *Hollywood am Schwarzen Meer* (Holivud na berezi Čornoho morja, 1930) versammelt zahlreiche Beobachtungen über die damalige, nicht nur sowjetukrainische Filmbranche. Die Hintergrundinformationen in diesem Band sind auch für Janovs'kyjs Biographie relevant: Er wurde wegen angeblicher finanzieller Unregelmäßigkeiten entlassen (Abb. 13.9).

Die Zeit in den Filmstudios liegt dem – selbst für die an literarischen Talenten und Innovationen reichen zwanziger Jahre – ungewöhnlichen Roman *Meister des Schiffs* (Majster koroblja, 1928) zugrunde. Janovs'kyj beschreibt den Bau eines echten Segelschiffs für das Filmset und die Dreharbeiten. Darüber hinaus verwebt der Text organisch die Erinnerungen des bereits ergrauten Protagonisten und changiert zwischen verschiedenen Räumen und Zeiten, so dass der Leser Beobachter der Entstehung sowohl des Films als auch des Romans wird, als würde er mit dem Erzähler in Echtzeit durch dessen Erinnerungen und gegenwärtigen Erlebnisse reisen. In die Romanhandlung werden zudem Aufzeichnungen der Frau und Söhne des Protagonisten und natürlich reichlich Seemannsgarn eingeflochten. Hinter den Protagonisten des Romans stehen mehr oder weniger deutlich reale Personen wie Oleksandr Dovženko, Janovs'kyj selbst oder die Ballerina Ita Penzo.

Abb. 13.9 Jurij Janovs'kyj: *Hollywood am Schwarzen Meer* (1930)

Der Roman hebt sich durch seine expliziten metafiktionalen Verfahren von andern Werken Janovs'kyjs ab und reflektiert in essayistischen Passagen Fragen der Kunst und ihrer Funktionen.

In Odesa traf Janovs'kyj auch den ehemaligen Generalleutnant der Ukrainischen Volksrepublik Jurij Tjutjunnyk (1891–1939) wieder, den er aus dem ukrainischen Unabhängigkeitskrieg kannte – auch Janovs'kyj hatte sich für die Ukrainische Volksrepublik engagiert. Die Erzählungen Tjutjunnyks und anderer Militärangehöriger inspirierten Janovs'kyj zu den beiden großartigen Romanen *Vier Säbel* (Čotyry šabli, 1930) und *Die Reiter* (Veršnyky, 1935). Der Roman *Vier Säbel* steht der Ästhetik von Mykola Chvyl'ovyjs Werken nahe. Janovs'kyj verwendet eine expressionistisch wilde Wortgewalt, die trotz des stellenweise wenig ausgearbeiteten Sujets die Leser mitreißt. Die Handlung dreht sich um vier Anführer einer Partisanenarmee, die sich als eigenwillige Nachkommen der Kosaken berufen fühlen, die Fehler ihrer Vorfahren zu korrigieren und die lang ersehnte Freiheit zu erkämpfen. Die Historisierung findet sich auch im Aufbau des Romans mit sieben „Gesängen": In den ersten vier werden die Protagonisten in den Strudel des Bürgerkriegs hineingezogen mit spannenden Schlachtszenen. In den letzten drei „Gesängen" wird das Leben der einzelnen Anführer zu Friedenszeiten beschrieben, durchsetzt mit abenteuerlichen Episoden und kulturphilosophischen Reflexionen.

Ein derartiger Roman konnte im Jahr 1930, als die Repressionen gegen Intellektuelle in der Ukraine begannen, nicht ohne Kritik bleiben. Während die Behörden den ungewöhnlichen Stil und die Komposition des Werks passieren ließen, kritisierten sie den Mangel an Ideologie, die fehlende positive Rolle der Bolschewiken, die ausbleibende Begeisterung der Massen für den Kommunismus sowie zuviel „Biologismus" und nationalistische Tendenzen. Die Kritik führte dazu, dass der Roman aus dem Verkehr gezogen wurde und für fast fünfzig Jahre in Vergessenheit geriet. Janovs'kyj selbst blieb trotz seiner engen Verbindungen zu den verfolgten und später vom Sowjetregime ermordeten Autoren unbehelligt. Er schrieb den Roman *Die Reiter*, der abermals die chaotische Zeit der Kämpfe zwischen 1917 und 1921 aufgreift. Dieser Roman, der in seiner Ästhetik den *Vier Säbeln* ähnelt, entspricht jedoch inhaltlich voll den ideologischen Anforderungen des gerade erst als Kunstdogma verkündeten sozialistischen Realismus. Der Roman setzt sich aus acht lose miteinander verknüpften Erzählungen zusammen. Sie folgen nicht chronologisch den Ereignissen der Jahre 1917 bis 1921, sondern bilden eher ein Mosaik, das sich zu einem Bild der damaligen Zeit zusammensetzt. „Der doppelte Kreis" ist die erste Erzählung und beschreibt das tragische Aufeinandertreffen von fünf Brüdern einer Familie während der Kämpfe in der südukrainischen Steppe im Jahr 1919. Jeder der Brüder repräsentiert eine bestimmte Weltanschauung mit der jeweiligen Fahne: monarchistisch (weiß), ukrainisch-national (blau-gelb), machno-anarchistisch (schwarz), bolschewistisch (rot). Die Brüder bringen sich aus ideologischen Gründen nacheinander um, übrig bleibt älteste Bruder, der Bolschewik, sowie der jüngste, der bei den Machno-Anarchisten war und nun auf den rechten Weg geführt wird. Der Politkommissar Gert kommt zu dem Schluss, dass die Brüder wohl aus derselben Familie, aber nicht aus derselben Klasse stammen.

Janovs'kyj publizierte nach diesem Roman noch ein sozrealistisches Theaterstück *Die Nachfahren* (Potomky, 1938) und eine Sammlung von *Kurzgeschichten* (Korotki istoriji, 1940). Dann aber verstummte er literarisch und war nur noch als Journalist tätig. Er berichtete von den Kriegsverbrecherprozessen in Nürnberg. Seine Artikel erschienen in der russischsprachigen Zeitung *Pravda Ukrainy*. Kurz vor seinem Tod konnte er einige neue Prosatexte publizieren, freilich alle erst nach massiven Zensureingriffen und grundlegenden Umarbeitungen. Wie im Falle des Kriegsromans *Lebenswasser* (Žyva voda, 1947) erfolgten auch ausdrücklichen Ermahnungen seitens der Partei. Der Roman *Die Reiter* ist jedoch durch seine ansprechende Ästhetik und den wilden Kosakenritt durch die Steppe nach wie vor lesenswert und zugleich eines der wenigen Beispiele eines künstlerisch ansprechenden sozialistischen Realismus.

Übersetzungen

Jurij Andruchowytsch (Hrsg.): Reich mir die steinerne Laute. Ukrainische Lyrik des 20. Jahrhunderts. Mit einem Vorwort von Jurij Andruchowytsch. Aus dem Ukrainischen von Anna-Halja Horbatsch. Reichelsheim 1996.
Kati Brunner, Claudia Dathe, Beatrix Kersten, Alexander Kratochvil, Lydia Nagel (Hg.): Ein Hauch von Grauen und verborgene Hoffnung. Eine Anthologie ukrainischer Literatur des Ersten Weltkriegs. Düsseldorf 2024.
Wiktor Domontowytsch: Das Mädchen mit dem Bären. Aus dem Ukrainischen übersetzt und kommentiert von Ganna Gnedkova und Peter Marius Huemer. Wien 2022.
Mike Johansen: Die Reise des gelehrten Doktor Leonardo und seiner zukünftigen Geliebten, der schönen Alceste, in die Slobidische Schweiz. Aus dem Ukrainischen von Johannes Queck. Zürich 2023.
Mike Johansen: Die Abenteuer des MacLayston, Harry Rupert und anderer. Aus dem Ukrainischen von Johannes Queck. Zürich 2025.
Walerjan Pidmohylnyj: Die Stadt. Aus dem Ukrainischen von Alexander Kratochvil, Lukas Joura, Jakob Wunderwald und Lina Zalitok. Berlin 2022.
Ostap Vyšnja: Zu Fuss nach Jalta. Humoristische Erzählungen. Berlin 1987.
Adrian Wanner (Hg.): Der Klang von Sonnenklarinetten. Drei Lyriker der ukrainischen Moderne. Pavlo Tyčyna, Bohdan Ihor Antonyč, Maksym Rylskyj. Gedichte ukrainisch-deutsch. Mit einem Vorwort von Juri Andruchowytsch. Zürich 2008.
Wolodymyr Wynnytschenko: Der schiefnäsige Mephisto. Ein Beziehungsroman. Aus dem Ukrainischen von Rolf Göbner. Berlin 1994.

Weiterführende Literatur

Marina Dmitrieva (Hrsg.): Zwischen Stadt und Steppe. Künstlerische Texte der ukrainischen Moderne aus den 1910er bis 1930er Jahren. Berlin: Lukas Verlag 2012.
Vera Faber: Die ukrainische Avantgarde zwischen Ost und West. Intertextualität, Intermedialität und Polemik im ukrainischen Futurismus und Konstruktivismus der späten 1920er-Jahre. Bielefeld 2019.
Oleh Ilnytzkyj: Ukrainian Futurism, 1914–1930: A Historical and Critical Study, Cambridge 1997.

Alexander Kratochvil: Mykola Chvyl'ovyj. Eine Studie zu Leben und Werk. München 1999.
George Luckyj: Literary Politics in the Soviet Ukraine, 1917–1934. New York 1956.
Irena Makaryk: Shakespeare in the Undiscovered Bourn: Les Kurbas, Ukrainian Modernism, and Early Soviet Cultural Politics. Toronto: University of Toronto Press 2004.
Irena R. Makaryk, Virlana Tkacz: Modernism in Kiev/Kyjiv/Kiev/Kijów/Kiev. Jubilant Experimentation. Toronto 2010.
Jewhen Malanjuk: Die Kyjiwer Schule der Neoklassiker. In: Ukrainische Literatur im Dienste ihrer Nation. Bern 1938, S. 83–91.
Dmytro Nykolyschyn: Nationalistische Strömungen in der Sowjetukraine. In: Ukrainische Literatur im Dienste ihrer Nation. Bern 1938, S. 21–55.
Olena Palko: Making Ukraine Soviet. Literature and cultural politics under Lenin and Stalin. London 2021.
Myroslav Shkandrij: Modernists, Marxists and the Nation. The Ukrainian Literary Discussion of the 1920s. Edmonton 1992.
Myroslav Shkandrij: Ukrainian Nationalism. Politics, Ideology, and Literature, 1929–1956. New Haven 2015.

Ukrainische Literatur im Polen der Zwischenkriegszeit

Ulrich Schmid und Alois Woldan

1919 fielen die westukrainischen Gebiete, die seit 1772 zum österreichischen Galizien gehört hatten, an die Zweite Polnische Republik, die daraus die Wojewodschaft Östliches Kleinpolen (Małopolska Wschodnia) machte. Die ethnische Zusammensetzung der Bevölkerung aber blieb die alte, es dominierten die Ukrainer vor den Polen und den Juden. Die polnische Vorherrschaft in der Verwaltung wurde jedoch ausgebaut, und auch das öffentliche Leben wurde, nach dem Wegfall des österreichischen Elements, mehr und mehr polonisiert. Auch die schon seit dem Beginn des 20. Jahrhunderts bestehende Forderung nach einer ukrainischen Universität wurde nicht erfüllt. Eine solche Universität konnte nur im Untergrund ihre Tätigkeit aufnehmen. Die polnischen Regierungen hielten sich kaum an die Verpflichtungen zum Schutz der Minderheiten, die sie in Genf vor der Botschafterkonferenz eingegangen waren, als man Polen die alte Ostgrenze von 1772 wieder zugestand. Das rief verständlicherweise großen Unmut auf Seiten der ukrainischen Bevölkerung hervor. Die Situation verschärfte sich, nachdem Józef Piłsudski nach dem Maiputsch 1926 die Macht an sich gerissen hatte. Damit leitete er als autoritärer Herrscher im Hintergrund die sogenannte „Sanierung" (Sanacja) ein. 1929 wurde die *Organisation ukrainischer Nationalisten* (OUN) gegründet, die unter der Führung von Stepan Bandera (1909–1959) einen eigenen ukrainischen Staat schaffen wollte und dazu auch zu den Mitteln des Terrors griff. Nachdem mehrere Persönlichkeiten des polnischen öffentlichen Lebens Attentaten zum Opfer gefallen waren, betrieb die polnische Regierung eine Politik

U. Schmid (✉)
Osteuropastudien, Universität St.Gallen, St.Gallen, Schweiz
E-Mail: ulrich.schmid@unisg.ch

A. Woldan
Institut für Slawistik, Universität Wien, Wien, Österreich
E-Mail: alois.woldan@univie.ac.at

der „Pazifizierung", die vor allem in den ländlichen Gebieten zu brutalen Übergriffen der polnischen Exekutive gegenüber echten und vermeintlichen ukrainischen Nationalisten führte.

Erstaunlicherweise entstand genau zu dieser Zeit das *Polnisch-ukrainische Bulletin* (Biuletyn Polsko-Ukraiński), das sich diesem spannungsreichen Verhältnis widmete. Es erschien in den Jahren 1932 bis 1938 und wurde von Włodzimierz Bączkowski (1905–2000) geleitet. Zwar war die Ausrichtung der Zeitschrift hauptsächlich polnisch, unter den Autoren befanden sich aber auch Ukrainer wie Iwan Kedryn-Rudnicki oder Bohdan Lepkyj. Bączkowski arbeitete zu dieser Zeit eng mit Jerzy Giedroyc (1906–2000) zusammen. Die spätere proukrainische Publizistik der Nachkriegszeit in Giedroycs *Kultura* hat ihre Wurzeln in den intellektuellen Arbeiten des *Bulletin*. Bączkowski vertrat großpolnische Ambitionen und wollte die Ukraine, Belarus und Litauen in das antirussische Intermarium-Projekt einbinden, das einen von Polen dominierten Raum zwischen der Ostsee und dem Schwarzen Meer schaffen wollte. Genau dieselbe Haltung hatte auch Jerzy Giedroyc 1938 in seiner Broschüre *Polska idea imperialna* (Die polnische imperiale Idee) eingenommen. Giedroyc forderte weitgehende kulturelle Autonomie für die polnische Ukraine. Dazu gehörte für ihn die behördliche Anerkennung des Begriffs „ukrainisch", die Gleichstellung der polnischen und der ukrainischen Sprache, die Einführung von ukrainischen Schulen, die Gründung einer ukrainischen Universität und ein politischer Minderheitenschutz. Allerdings war für Giedroyc auch klar, dass die polnische Bevölkerung in der Ukraine „eines der wertvollsten Elemente für den Staat" darstelle, dass die territorialen Grenzen der Zweiten Republik nicht angetastet werden dürfe und dass der ukrainische Chauvinismus abzulehnen sei.

1928 wurde Henryk Józewski Wojewode von Wolhynien. Er begann das sogenannte „wolhynische Experiment", das er als konstruktive Alternative zur polizeilichen Pazifizierung der polnischen Ukraine empfahl. Józewski wollte in seiner Wojewodschaft eine „Enklave der Ideologie von 1920" schaffen, als Piłsudski und Petljura gemeinsam gegen Sowjetrussland kämpften. Er förderte aktiv die Entwicklung der ukrainischen Kultur. Das „wolhynische Experiment" hatte auch eine literarische Dimension. Józef Łobodowski (1909–1988) war kein ethnischer Ukrainer, betrachtete sich aber selbst sowohl als Pole als auch als Ukrainer, weil er einen Teil seiner Kindheit in der Ukraine verbracht hatte. Bezeichnenderweise gab Łobodowski im Jahr 1935 einen Band mit Übersetzungen ukrainischer und russischer Lyrik heraus, der den programmatischen Titel *Bei Freunden* (U przyjaciół) trug. 1937 veröffentlichte er in der Zeitschrift *Wolhynien* (Wołyń) den Artikel „Das große Erbe" (Wielka spuścizna), in dem er das gemeinsame kulturelle Erbe der Ukraine und Polens präsentierte. Dabei konzentrierte er sich vor allem auf die ukrainische Schule der polnischen Romantik und verwies auf polonophile Aussagen von Platon Kostec'kyj und Taras Ševčenko. Łobodowskis utopische Vision richtete sich auf eine polnisch-ukrainische Vereinigung, die zwar ihre tragische Vergangenheit kennt, aber dennoch auf eine lichte Zukunft ausgerichtet ist. Das „wolhynische Experiment" war allerdings zum Scheitern verurteilt, weil Józewskis Projekt von allen Seiten bekämpft wurde: von den patriotischen Polen, von den nationalistischen Ukrainern und von den kommunistischen Internationalisten.

In Lemberg, das in der Zweiten Polnischen Republik Lwów hieß, gab es nach dem Ende des Ersten Weltkriegs ein reges literarisches Leben, in dem die größte, polnische Schriftstellergruppe auch über die meisten Mittel verfügte – man hatte ein eigenes literarisches Casino, man traf sich im Café des bekannten Hotel George, es gab eine *Gewerkschaft der polnischen Schriftsteller* (Związek Zawodowy Literatów Polskich) und mehrere große polnische Tages- und Wochenzeitschriften. Auch das staatliche Radio entwickelte sich zu einem wichtigen Medium für Literaten, vor allem für Kabarettisten, wie das berühmte Duo „Szczepko i Tońko", die über Jahre hinweg die „Fröhliche Lemberger Welle" (Wesoła Fala Lwowska) dominierten. Auch wenn prominente polnische Autoren die Stadt verlassen hatten (Leopold Staff, Józef Wittlin, Jan Parandowski u. a.) oder verstorben waren (Jan Kasprowicz), waren zahlreiche andere geblieben oder neu zugezogen (Maria Konopnicka, Wadysław Bełza, Karol Irzykowski, Tadeusz Boy-Żeleński, Jan Hemar, Ostap Ortwin u. a.). Auch hatte sich in Lwów ein starkes Zentrum linker Autoren herausgebildet (Leon Pasternak, Lucjan Szenwald, Julian Stryjkowski, Wadysław Broniewski, Wanda Wasiłewska u. a.), die nach der sowjetischen Okkupation im September 1939 entweder mit dem neuen Regime sympathisierten und heute als „Kollaborateure" gelten, oder aber auch wie in vielen anderen Fällen verhaftet wurden und Repressionen ausgesetzt waren.

In Lwów konsolidierte sich auch die ukrainische Literatur der Westukraine, die ein deutliches Gegengewicht zur Literatur in der Ukrainischen Sowjetrepublik darstellte und zugleich auch eine Brücke zur Literatur der Emigration in Prag und Deutschland bildete. Eine ganze Reihe von ukrainischen Autoren war dort ansässig, sie lassen sich nach ideologischen Gesichtspunkten gruppieren. Zum katholischen Lager um die Zeitschriften *Fortschritt* (Postup, 1921–1931) und *Glocke* (Dzvon, 1931–1939) gehörten Autoren wie Vasyl' Limnyčenko, Katrja Hrynevyčeva, Natalena Koroleva, Uljana Kravčenko u. a. Nicht nur die Zeitschrift *Glocke*, sondern auch das Verlagsprojekt *Bibliothek der Glocke* (Biblioteka Dzvoniv) wurden vom Metropoliten der griechisch-katholischen Kirche, Andrij Šeptyc'kyj, wie auch dem Rektor des Priesterseminars, dem späteren Kardinal Josip Slypyj, unterstützt.

Die wohl wichtigste literarisch-gesellschaftspolitische Zeitschrift war der von Dmytro Doncov herausgegebene *Bote* (Vistnyk, 1923–1933), später *Literarisch-Wissenschaftlicher Bote* (Literaturno-naukovyj Vistnyk, 1933–1939), der ein ukrainisch-nationales, antikommunistisches Programm vertrat. Vor allem in den 1930er-Jahren versammelte der rechtsnationalistische Doncov in seinem Lager junge Autoren vor Ort wie Jurij Lypa, Bohdan Kravciv, Ulas Samčuk, Darija Vikons'ka. Dazu kamen Autoren des Prager Exils wie Jevhen Malanjuk, Leonid Mosendz, Oleh Ol'žyč und Olena Teliha, die regelmäßig im *Boten* publizierten und dessen ideologische Ausrichtung teilten. Auch der *Bote* verfügte über einen eigenen Verlag, die *Buchsammlung des Boten* (Knyhozbirka Vistnyka), in dem manche junge Autoren ihre ersten Bände publizierten.

Das kommunistische Lager der ukrainischen Literatur in Lwów zerfiel in zwei Gruppen, die sogenannten „proletarischen Autoren", die sich im Verband *Die Esse* (Horno) zusammengeschlossen hatten und in der Zeitschrift *Fenster* (Vikna, 1927–1932) publizierten, unter ihnen Jaroslav Halan, Petro Kozlanjuk, Stepan Tudor. Ihnen gegenüber standen die Mitglieder der Kommunistischen Partei der Westukraine (KPZU) um Antin Krušel'nyc'kyj, einen bekannten Romancier der Jahrhundertwende und Minister der Ukrainischen Volksrepublik, der die Zeitschrift *Neue Wege* (Novi Šljachy, 1929–1932) herausgab, die vom sowjetischen Konsulat in Lwów unterstützt wurde. Dort hatte auch der junge und hochbegabte Ivan Krušel'nyc'kyj, der älteste Sohn des Herausgebers, Gedichte veröffentlicht, die unter dem Einfluss Hugo von Hofmannsthals standen. Die Nationalkommunisten galten in Moskau sehr bald als ideologische Abweichler, die Partei wurde aufgelöst, ihre Mitglieder verfolgt. Ivan Krušel'nyc'kyj übersiedelte 1932 in die Sowjetukraine, er wurde bereits 1934 erschossen, zu einem Zeitpunkt, als sein Vater ihm schon mit der ganzen restlichen Familie nachgefolgt war. Sie alle wurden bis 1937 Opfer des stalinistischen Terrors. Mit Krušel'nyc'kyjs Abgang aus L'viv kam die kommunistische Linke in der westukrainischen Literatur zum Erliegen. Erst nach der sowjetischen Machtübernahme 1939 wurde sie künstlich neu belebt.

Dabei spielten die erwähnten proletarischen Autoren eine bedeutende Rolle, sie erwiesen sich gleich nach der Machtübernahme als treue Erfüllungsgehilfen bei der Umsetzung des sowjetischen Literaturprogramms. Aber auch viele von ihnen wurden in den späten 1940er-Jahren Opfer verleumderischer Kampagnen, sie wurden als bürgerlichen Nationalisten gebrandmarkt und aus dem Schriftstellerverband ausgeschlossen. Typisch für diesen Umgang des sowjetischen Regimes mit treuen Parteigängern ist der Fall von Jaroslav Halan (1902–1949), Dichter, Dramatiker und Prosaautor, der 1949 von ukrainischen Nationalisten ermordet wurde. Einige Jahre später wurde er mit einem überdimensionierten Monument geehrt, das in seinem Gestus an das Majakovskij-Denkmal in Moskau erinnert. Es wurde wenige Jahre nach der ukrainischen Unabhängigkeit entfernt.

Das literarische Leben der einzelnen nationalen Gruppen und Verbände im Lwów der Zwischenkriegszeit spielte sich aber zumeist im Rahmen der eigenen Gruppe ab, isoliert von anderssprachigen Autoren, mit denen man keine Kontakte unterhielt. Eine einzige ukrainische Gruppierung, die Gruppe *Treffpunkt* (Nazustrič, 1934–1938), stellt diesbezüglich eine Ausnahme dar. Ihre Mitglieder – Autoren wie Iryna Vil'de, Svjatoslav Hordyns'kyj und Jurij Kosač – suchten bewusst den Kontakt mit ihren polnischen Schriftstellerkollegen. Unter den Sympathisanten dieser Richtung findet sich auch Bohdan-Ihor Antonyč, der bei weitem wichtigste Autor der Westukraine der Zwischenkriegszeit, der keinem der erwähnten ideologischen Lager zuzurechnen ist.

Zwischen den Welten: Bohdan-Ihor Antonyč

Bohdan-Ihor Antonyč (1909–1937) stammte aus der Minderheit der Lemken. Er wurde im Dorf Novyc'ja in den Beskiden (heute in Polen) als Sohn eines griechisch-katholischen Geistlichen geboren. Er besuchte ein polnisches Gymnasium in Sanok und studierte von 1928 bis 1932 slavische Philologie an der Universität L'viv. Es gab dort kein Studienfach Ukrainistik. Antonyč suchte seine Interessen in einem Zirkel von Ukrainisten zu verwirklichen. Bis zu seinem frühen Tod war er als Journalist und Kritiker tätig. Zu seinen Lebzeiten erschien drei seiner Lyrikbände, *Begrüßung des Lebens* (Pryvitannja žyttja, 1931), *Drei Ringe* (Try persteni, 1934) und *Buch des Löwen* (Knyha Leva, 1936). Nach seinem Tod gab man zwei weitere Bände heraus, die vom Dichter schon fertiggestellt worden waren: *Das Grüne Evangelium* (Zelena jevanhelija, 1938), *Rotationen* (Rotaciji, 1938). Zeit seines Lebens erhielt Antonyč wenig Anerkennung, in der sowjetischen Ukraine wurde er aufgrund seiner absolut nicht ins Paradigma des sozialistischen Realismus passenden Poetik nicht gedruckt. Erst während der etwas liberaleren 1960er-Jahre kam es 1966 in einer L'viver Zeitschrift zu einem Abdruck einzelner Texte, die eine Wiederentdeckung einleiteten. Antonyč war der wichtigste Gewährsmann für Ihor Kalynec' (geb. 1939), den bedeutendsten Vertreter der Generation der *Sechziger* in der Westukraine. Kalynec' hat auch viel zur Erforschung von Antonyčs Leben und Werk beigetragen. Eine Ausgabe in Kyjiv 1976 blieb die einzige Buchausgabe von Antonyčs Texten in der Ukraine für mehr als zwanzig Jahre. Erst in der Perestrojka und noch mehr in der unabhängigen Ukraine kam es zu zahlreichen Neuausgaben und Veröffentlichung von unbekannten Texten. Damit wurde eine intensive Rezeption eingeleitet. Es ist heute unbestritten, dass der stille Einzelgänger Antonyč der wichtigste Vertreter der Moderne in der westeuropäischen Literatur der Zwischenkriegszeit ist.

Antonyčs lyrisches Werk bewegt sich zwischen zwei Polen – dem ländlichen Leben und der Natur der Beskiden (hier zeigen sich neoromantische und symbolistische Tendenzen) und einer modernen Stadtlyrik mit Einflüssen des Futurismus und Surrealismus. Beide Tendenzen gehen Hand in Hand, sie finden sich in ein- und denselben Gedichtsammlungen. Wenn Antonyč über die Welt der Lemken in den Beskiden schreibt, so hat das nichts mit traditioneller Ethnographie zu tun. Es geht vielmehr um die Stilisierung der Welt der eigenen Herkunft, die mit belebten Details und in leuchtenden Farben im Stil naiver Malerei wiedergegeben wird (vgl. „Das Dorf" [Selo], „Weihnachten" [Rizdvo], „Land der Verheißung" [Krajina Blahoviščennja]). Typisch für diese Sicht der ländlichen Welt ist der Titel eines der Zyklen aus dem ersten Band, *Glasfenster und Landschaften* (Vitraži i pejsaži) – die Landschaft wird nach dem für die Karpaten typischen Hinterglasbild stilisiert. Eine besondere Bedeutung kommt in dieser Landschaft den Bäumen zu, welche die Logik dieser Natur zur Sprache bringen: „Lerne die Sprache des Waldes / aus dem Buch des Waldes und der Rehe" („Navčysja lisovoji movy / iz knyhy lysiv ta sarnjat" – „Der Wald" [Lis]). Die Botschaft dieser Natur ist eine Frohbotschaft, nicht umsonst ist einer der posthum erschienenen Bände mit *Grünes Evangelium* (Zelena jevanhelija) betitelt. Grün ist die Farbe des Lebens, das Mensch und Natur in einem Kosmos verbindet (vgl. das Gedicht „Leben – auf griechisch bios" [Žyttja po-hrec'ky bios"), und der Mensch, der in und aus dieser Natur lebt, ist für immer jung. Jugend und Frühling kehren in der poetischen Welt des Dichters immer wieder. Im programmatischen Gedicht „Frühling" (Vesna) sieht sich das lyrische Ich als Pflanze: „Es wächst Antonyč, und es wächst das Gras" („Roste Antonyč, i roste trava"). Es besteht kein Zweifel daran, dass ein derart beschriebener Kosmos sakrosankte Züge aufweist, die Natur wird zur Offenbarung des Göttlichen, das im archaischen Welterleben erfasst wird. So definiert sich der Dichter in seinem frühen Gedicht *Lebenslauf* (Avtobiohrafija) als ein „ins Leben verliebter Heide" („ja – zakochanyj v žytti pohanyn").

Zwischen den Bereichen der Natur und der Kultur vermittelt die Sphäre des Religiösen, die in dem umfangreichen Zyklus *Große Harmonie* (Velyka harmonija, 1931) thematisiert wird, einem Begriff, der an das Naturverständnis des Dichters erinnert. Hier soll auch auf die Bedeutung der zyklischen Komposition verwiesen werden, die gerade in den späteren Texten des Dichters Grundlage für ausgefeilte Gesamtkompositionen einzelner Lyrikbände wird (vgl. den Band *Buch des Löwen*). Die *Große Harmonie* besteht aus mehr als 30 Einzeltexten, die schon mit ihren lateinischen, zum Großteil der römischen Liturgie und Gebetspraxis entlehnten Titeln eine Einheit bilden. Das erste Gedicht, „Ut in omnis glorificetur Deus", stellt quasi das Motto dar, unter dem dieser ganze Zyklus steht. Zahlreiche Titel sind von bekannten Kirchenliedern („Salve Regina", „Te Deum laudamus", „Veni Creator") oder von Teilen der lateinischen Messe („Gloria in excelsis", „Credo", „Kyrie eleison") übernommen, wieder andere greifen Topoi des religiösen Lebens auf („De morte", „Liber peregrinorum", „Spes"). Bisweilen finden sich in diesen Texten auch hymnische Langzeilen, die von der ansonsten bei Antonyč üblichen Syllabotonik ab- und auch freier mit dem Reim umgehen. Bezeichnend für die Religiosität des Dichters aber ist, dass sich in der *Großen Harmonie* auch mehrere Stücke einer „ars poetica" finden – Dichtung und Gebet sind nichts Wesensfremdes. Die lateinischen Titel wiederum verweisen auf einen Dialog mit Texten der abendländischen Kultur, den Antonyč führt.

Im Dialog mit der polnischen Literatur steht Antonyčs Zyklus *Bronzemuskeln* (Bronzovi m'jazy, 1931), ein Lob auf die Leichtathletik. Antonyč lehnt sich hier an Kazimierz Wierzyńskis *Olympischen Lorbeer* (Laur olympijski,1927) an. Mit diesen Texten thematisiert der Dichter aber auch Phänomene einer modernen Gegenwart (vgl. „Tausendmeter-Lauf" [Bih 1000 metriv], „Stabhochsprung" [Skok žerdkoju], „Mädchen mit Diskus" [Divčyna z dyskom]); sie sind aus seinem Alltag nicht mehr wegzudenken, bisher aber waren sie nicht Gegenstand der poetischen Beschreibung. Ähnlich verhält es sich mit der Beschreibung einer „Reise im Flugzeug" (Podorož litakom) oder dem Radiogerät, das die Geräusche der Natur in einem „Doppelkonzert" (Podvijnyj koncert) überlagert. Die Antennen der Radiogeräte auf den Dächern der Häuser leiten zu einem zweiten wichtigen Topos der poetischen Welt des Dichters über, der urbanen Landschaft, die das zweite Kapitel des *Buchs des Löwen* dominiert. Die Stadt wird als „Monumentale Landschaft" (Monumental'nyj krajevyd) wahrgenommen, wo architektonische Elemente in einer steinernen Bewegungslosigkeit aufgehoben sind. Der Begriff des „Monumentalen Realismus" (Monumental'nyj realizm) taucht auch als Titel eines Essays von Antonyč über den englischen Autor John Galsworthy auf. Besondere Bedeutung kommt dabei den für L'viv typischen Löwenfiguren zu, die das Sternbild des Löwen am nächtlichen Himmel über der Stadt spiegeln („Sternlöwe, oder Sternbild des Löwen" [Zorelev abo suzir'ja Leva]). Die nächtliche Szenerie einer menschenleeren, aus steinernen Massen gebauten Stadt mutet bedrohlich an, sie erinnert an futuristische und surrealistische Stadtbilder. Deutlich surrealistischen Charakter hat auch der Text „Die toten Autos" (Mertvi Avta) aus der letzten Sammlung, den *Rotationen*, der die wohl erste und vielleicht auch einzige Beschreibung eines Autofriedhofs in der ukrainischen Literatur ist (Juryj Andruchovyč hat diesen Autofriedhof als einen Handlungsort in seinen Roman *Zwölf Ringe* übernommen, der voll von intertextuellen Bezügen zu Antonyčs

Lyrik ist). „Tote Fische, die in Bassins verrosten" (Ržavijut' mertvi ryby u bassejnach) aus einem der letzten Gedichte der *Rotationen,* „Posaunen des Jüngsten Tags" (Surmy ost-ann'oho dnja), unterstreichen den bedrohlichen Charakter solcher urbanistischer Schilderungen und lassen Untergangsstimmung aufkommen.

Mit seinen Stadtgedichten ist Antonyč aber auch zum Dichter von L'viv geworden, zum ersten ukrainischen Autor im 20. Jahrhundert, der die Schönheit dieser Stadt beschwört. Texte wie „Nacht auf dem Georgsplatz" (Nic na plošči Jura), „L'viver Elegie" (L'vivs'ka elehija), „Platz der Engel" (Plošča janholiv) und „Das ist L'viv …" (Ce L'viv …) finden sich über das gesamte lyrische Werk verteilt und greifen die Tradition des „laus urbis" auf.

Seinen ukrainischen literarischen Kollegen hat der Kritiker Antonyč auch einen polnisch verfassten Aufsatz, „Lyrik auf dieser Seite der Barrikade" (Poezja po tej strony barykady), gewidmet, der treffende Porträts dieser Zeitgenossen enthält. Dieser Aufsatz gehört zu einer ganzen Reihe von literaturkritischen Arbeiten des Dichters, die in den 1930er-Jahren in diversen Zeitschriften veröffentlich wurden – dort befasst sich Antonyč nicht nur mit literarischen Persönlichkeiten aus dem In- und Ausland, sondern auch mit Fragen des poetischen Schaffens. Lange Zeit hat der Dichter auch an einem Roman gearbeitet, *Auf dem anderen Ufer* (Na druhomu berezi), den er aber nie fertigstellte. Erhaltene Fragmente lassen darauf schließen, dass es sich um einen Kriminalroman handeln sollte. Der Dichter Antonyč hat sich auch als Lyrikübersetzer betätigt. Bei seinen Übersetzungen aus dem Deutschen verdienen die wenigen Rilke-Texte, die er ins Ukrainische übertragen hat, besondere Beachtung.

Antonyč hat sich auch als Dramatiker versucht. Sein einziges Drama *Dovbuš* ist in zwei Versionen erhalten. Es ist als Opernlibretto konzipiert, die Musik dazu wurde aber nie komponiert. Die Handlung konzentriert sich auf die aus der Folklore bekannte Liebesbeziehung zwischen Dovbuš und Dzvinka, die mit der Erschießung des Dovbuš durch Dzvinkas Mann Stepan tragisch endet. Nicht Dovbuš und seine Heldentaten stehen im Mittelpunkt, sondern der komplexe Charakter der Geliebten, die zwischen dem Freibeuter und ihrem Mann, zwischen der großen Leidenschaft und dem Drang nach Rache für erfahrene Beleidigung schwankt.

Bohdan-Ihor Antonyč, der viel zu früh an den von einer Blinddarmentzündung verursachten Komplikationen verstorben ist, hat in seinem Werk quasi im Alleingang die mitteleuropäische mit der osteuropäischen Moderne verbunden. Vom äußersten Rand des ukrainischen Sprachgebiets und aus einer nationalen Minderheit stammend, hat er nicht nur für die westukrainische, sondern für die gesamtukrainische Literatur große Bedeutung erlangt.

Vom Rechtsradikalismus zur Esoterik: Dmytro Doncov

Antonyčs unpolitische Haltung war unter ukrainischen Intellektuellen die Ausnahme in der neu gegründeten zweiten polnischen Republik. Nach Piłsudskis Maiputsch 1926 kam es in den Reihen der ukrainischen Nationalisten zur Terroraktionen. 1926 wurde der Lemberger Kurator Stanisław Sobiński ermordet, 1928 und 1929 erfolgten Bombenanschläge auf die Redaktion der Zeitung *Słowo Polskie* und die Ausstellungen der Ost-Messe (*Targi Wschodnie*). Anfang der 1930er Jahre häuften sich Überfälle und Sabotageakte, so dass die polnische Regierung schließlich zur gewaltsamen Politik der sogenannten „Pazifizierung" überging. Die polnische Polizei führte sich in den östlichen Wojewodschaften wie eine Besatzungsmacht auf und missachtete systematisch die verfassungsmäßigen Freiheitsrechte der Ukrainer, die gleichzeitig auch polnische Bürger waren. Als Antwort auf die staatliche Repression entstand 1929 die *Organisation ukrainischer Nationalisten* (OUN). Das Ziel der OUN bestand in der Errichtung eines unabhängigen ukrainischen Staates. Ein wichtiger Repräsentant war Stepan Bandera (1909–1959), der 1934 nach der Ermordung des polnischen Innenministers Bronisław Pieracki verhaftet wurde. Er wurde zum Tod verurteilt, aber zu lebenslänglicher Haft begnadigt. 1939 kam er frei und begann nach dem deutschen Überfall auf Polen seine Kollaboration mit den Nationalsozialisten. Während Bandera einer der wichtigsten politischen Aktivisten der OUN war, darf Dmytro Doncov (1883–1973) als wichtigster Vordenker gelten. Er vertrat rassistische, antisemitische und faschistische Positionen. Allerdings war Doncov nie Mitglied der OUN – wahrscheinlich um seine journalistische Position in der Zweiten Polnischen Republik nicht zu gefährden. Doncov hatte sich bereits am Ende des Ersten Weltkriegs für eine unabhängige Ukraine eingesetzt und kurzzeitig das Skoropads'kyj-Regime unterstützt, das 1918 mit Hilfe des Deutschen Kaiserreichs einen „Ukrainischen Staat" proklamiert hatte. Die Quintessenz seiner politischen Ansichten formulierte er im Buch *Nationalismus* (Nacionalizm, 1926). Doncov verband sein eigenes Programm mit einer heftigen Polemik gegen ukrainische Nationalkonzeptionen aus dem 19. Jahrhundert. Besonders scharf fiel sein Verdikt gegen Drahomanov aus, der die Ukraine in vorauseilendem Gehorsam nur als Element in einer Föderation mit Russland gesehen habe. Den Vorwurf der „Drahomanivščyna" weitete Doncov aber auch auf Nikolaj Kostomarov und Pantelejmon Kuliš aus. Beide hätten die Eigenständigkeit der ukrainischen Kultur nicht einmal in Erwägung gezogen, sondern seien in defätistischen Komplementaritätsthesen stecken geblieben. Doncov subsumierte diese Ukraine-Konzeptionen unter dem eingängigen Schlagwort „Provençalismus": Drahomanov und andere hätten die Ukraine im Zustand eines harmlosen regionalen Reservats im russischen Kulturimperium verharren lassen wollen, wie es die Provence in Frankreich sei.

Doncov verfiel immer wieder in ein voluntaristisches Pathos, das er in erster Linie aus den Schriften Nietzsches bezog. Er zitierte aus der von Peter Gast und Elisabeth Förster aus dem Nietzsche-Nachlass kompilierten Schrift *Der Wille zur Macht* (1906), in der Nietzsche als Apologet einer nationalistischen Diktatur erscheint: „Wir Heimatlosen von Anbeginn – wir haben gar keine Wahl, wir müssen Eroberer und Entdecker sein." Diese Argumentationsfigur kam Doncov gelegen. Ein Mangel kann hier zu einer Tugend umgedeutet werden: Wenn die Ukraine von Anfang an unterdrückt wurde, dann bleibt ihr als einziger Ausweg die kriegerische Expansion. Doncovs Nietzsche-Rezeption ist allerdings durchaus verflachend und lässt sich mit der Deutung vergleichen, die dem Philosophen mit dem Hammer während der Nazizeit widerfuhr: Nietzsche propagiert den Übermenschen und eine Abkehr von der herkömmlichen Sklavenmoral. Paradoxerweise sah Doncov Nietzsches Übermensch am ehesten im Typus des bolschewistischen Kommissars verkörpert. Doncov war ein eingeschworener Kommunistenfeind, gleichzeitig lobte er den bolschewistischen „Willen zur Macht" als formales Vorbild. Erst Mussolini verband aus Doncovs Sicht diesen Willen dann auch mit der richtigen politischen Ideologie. Bezeichnend ist auch Doncovs Kommentar zu Hitlers Machtergreifung im Jahr 1933. Hitler habe der schwachen Weimarer Republik ein Ende gesetzt und führe die Tradition Friedrichs des Großen fort. Deshalb sei Hitler der erste europäische Führer, der es an Entschlossenheit und Tatkraft mit den Bolschewiki aufnehmen könne. Doncov begründete seine Faszination für den Nationalsozialismus nicht nur politisch, sondern auch kulturell: Für ihn war die Ukraine nicht der westlichste Punkt des Ostens, sondern der östlichste Punkt des Westens.

Nach dem Krieg verschlug es Doncov nach Kanada, wo er seine nationalistische Ideologie religiös verklärte. Er erklärte Ševčenko zum Propheten der ukrainischen Nationalreligion, die er von allen jüdischen und orthodoxen Einflüssen reinigen wollte. Auch im lyrischen Werk von Olena Teliha (1906–1942) erblickte er das „Siegel des Heiligen Geistes". Allerdings blieb Doncov in der Emigration isoliert. Der Philologe Jurij Ševel'ov (1908–2022) attackierte Doncov 1948 in einem Artikel scharf. Er warf ihm politischen Extremismus und verdeckten geistigen Bolschewismus vor.

Weiterführende Literatur

Oswald Burghardt: Die Gegenwartliteratur der Westukraine. In: Ukrainische Literatur im Dienste ihrer Nation. Bern 1938, S. 56–82.
Trevor Erlacher: Ukrainian Nationalism in the Age of Extremes: An Intellectual Biography of Dmytro Dontsov. Cambridge, Mass. 2021.
Andrii Portnov: Polen und Ukraine. Verflochtene Geschichte, geteilte Erinnerung in Europa. Berlin 2022.

Die Exilliteratur

15

Maria Grazia Bartolini, Alexander Kratochvil und Alois Woldan

Freiwilliges (durch Ausreise) oder erzwungenes Exil (durch Abschiebung) aufgrund politischer Verfolgung im weitesten Sinn ist ein kulturelles Muster, das seit dem Altertum bekannt ist. Modellbildend für die prekäre Künstlerexistenz im Exil wurde Ovid mit seiner Gedichtsammlung *Tristia*, die in Tomis (dem heutigen Constanța) am Schwarzen Meer entstand. Die Gründe für Exil und Verbannung, die Methoden, unliebsame Personen aus der Öffentlichkeit auszusondern und ihren Einfluss zu unterbinden, ähneln sich auf erschreckende Weise seit über 2000 Jahren ebenso wie die Probleme der Exilanten, die aus ihrer soziokulturellen Umgebung (und ihrer ökonomischen Absicherung) herausgerissen wurden. Schon im Zarenreich wurde die ukrainische Kultur mit zahlreichen und zunehmend restriktiven Verordnungen unterdrückt. Bereits damals ließ sich ein Emigrationsmuster beobachten.

Zu Beginn des 20. Jahrhunderts verstärkte sich aus politischen und ökonomischen Gründen die Migration. Seit dem Ende des Ersten Weltkriegs, nach der Niederlage der Ukrainischen Volksrepublik in den Kämpfen mit den Bolschewiken und Polen, flohen zahl-

M. G. Bartolini (✉)
Dipartimento di Lingue, Letterature, Culture e Mediazioni, Università degli Studi di Milano, Mailand, Italien
E-Mail: maria.bartolini@unimi.it

A. Kratochvil
Institut für slavische Philologie, Ludwig-Maximilians-Universität München, München, Deutschland
E-Mail: alexander.kratochvil@lmu.de

A. Woldan
Institut für Slawistik, Universität Wien, Wien, Österreich
E-Mail: alois.woldan@univie.ac.at

© Der/die Autor(en), exklusiv lizenziert an Springer-Verlag GmbH, DE, ein Teil von Springer Nature 2025
U. Schmid (Hrsg.), *Ukrainische Literaturgeschichte*,
https://doi.org/10.1007/978-3-662-70637-4_15

reiche Ukrainer in Richtung Westen. Sie wurden insbesondere in der neu gegründeten Tschechoslowakei aufgrund der persönlichen Initiative des Präsidenten Tomáš G. Masaryk bereitwillig aufgenommen (wie Flüchtlinge aller Nationalitäten aus dem ehemaligen Zarenreich) und finanziell unterstützt. Hinzu kamen im Laufe der zwanziger und dreißiger Jahre ukrainische Emigranten aus Polen (Ostgalizien), die wegen der zunehmend restriktiven, polnisch-nationalistischen Politik das Land verließen. Durch Masaryks großzügige Förderung siedelten sich zahlreiche ukrainische Bildung- und Kulturinstitutionen (Universität, Wirtschaft- und Agrarhochschule, Pädagogische Hochschule, Kunstakademie, Gymnasien und Grundschulen) sowie Zeitschriften und Verlage in der Tschechoslowakei der Zwischenkriegszeit an. Vergleichbare Unterstützung erfuhren auch die Exil-Russen, die jedoch keine solche Bildungsinfrastruktur schufen. Darüber hinaus hatte die damalige Tschechoslowakei in der Ostslowakei und vor allem in der Karpato-Ukraine (Transkarpatien) eine beachtliche eigene ukrainisch-russinische Bevölkerung. Dadurch kam es zu einem regen Austausch von Ukrainern aus unterschiedlichen Regionen. Vor diesem Hintergrund entfaltete sich in der Tschechoslowakei ein vielfältiges kulturelles Leben, an dem sich namhafte Vertreter aus Literatur, Kunst und Wissenschaft beteiligten. Allerdings wurde die politische Situation in den dreißiger Jahren in Europa zunehmend problematischer, bis schließlich 1938 das Münchner Abkommen das Ende der Tschechoslowakei in einem Akt von Appeasement besiegelte. Die Errichtung des Protektorats Böhmen und Mähren und eines slowakischen Vasallenstaates durch Nazideutschland 1938/39 ging mit der Schließung von Kultur- und Bildungsinstitutionen im ganzen Land einher, wobei ukrainische Institutionen bis 1943/44 nicht im gleichen Ausmaß von Restriktionen betroffen waren wie tschechische. So existierte die *Ukrainische Freie Universität* als Teil der nunmehr deutschen Karls-Universität mit zahlreichen Auflagen weiter, während tschechische Hochschulen geschlossen wurden.

Ab 1943 gerieten mit dem allmählichen Rückzug der deutschen Besatzungstruppen nach Westen und dem Vorrücken der Roten Armee mehrere Emigrationszentren Ostmitteleuropas auf den Gebieten Polens und der Tschechoslowakei unter sowjetische Kontrolle. Ukrainer, die Repressionen durch die Sowjets fürchteten, zogen sich mit den deutschen Truppen zurück und strebten zu Kriegsende insbesondere die amerikanischen Zonen Deutschlands und Österreichs an. Dort entstanden ab 1945 wichtige Exilzentren in den Flüchtlingslagern (DP [Displaced persons]-Camps). Die bedeutendste Gruppe von Intellektuellen und Autoren war in jener Zeit die Vereinigung *MUR* (*Mystec'kyj Ukrajins'kyj Ruch*, Ukrainische Kunstbewegung).

Aufgrund der schwierigen wirtschaftlichen Situation übersiedelten seit Beginn der fünfziger Jahre viele Ukrainer nach Nordamerika, vor allem in die ukrainischen Exilzentren Chicago, Toronto oder Edmonton. Mit dieser Emigrationsbewegung hörte *MUR* de facto auf zu existieren. Stattdessen wurde 1954 die Vereinigung ukrainischer „Schriftsteller im Exil *Slovo*" in New York gegründet, die im Wesentlichen das ästhetische und programmatische Profil von *MUR* fortsetzte. Darüber hinaus wollte sie den ukrainischen Autoren außerhalb der Sowjetunion und des kommunistischen Blocks eine organisatorische Basis geben. Schließlich bildeten sich auch lokale Dichtergruppen. Am bekanntesten ist die New Yorker Gruppe aus den sechziger Jahren.

Die Vereinigung *Slovo* spann ein weltweites Netz von Zweigstellen neben den USA und Kanada in Deutschland, England, Frankreich, Argentinien, Brasilien und Australien. Sie organisierte regelmäßige Treffen und Konferenzen der Mitglieder, veröffentlichte den *Almanach Slovo* und betrieb ein gleichnamiges Verlagshaus. Nach 1990 verlor die Vereinigung der Exilschriftsteller aufgrund der politischen Situation und der Altersstruktur der Mitglieder an Bedeutung. Der letzte Vorsitzende von *Slovo* Danylo Husar Struk (1940–1999) erklärte prägnant: „Exilliteratur ist immer eine sterbende Literatur, sie stirbt mit jenen Menschen, die sie schaffen."

Die Prager Schule

Der Begriff Prager Dichter-Schule ist keine Eigenbezeichnung, sondern wurde den Autorinnen und Autoren als Etikett angeheftet. Allerdings wehrten sich einige wie Jevhen Malanjuk (1897–1968) dagegen und bezweifelten überhaupt die Legitimität des Begriffs. Dieser wurde von Volodymyr Deržavyn (1899–1964) kurz nach dem Zweiten Weltkrieg im Exil in Umlauf gebracht, wobei er die Prager Dichterinnen und Dichter in ästhetischer Hinsicht als Neoklassiker bezeichnete. Deržavyn wollte damit eine „neoklassische" Kontinuität der ukrainischen Literatur von den zwanziger Jahren bis in seine Gegenwart konstruieren. Der Begriff setzte sich allerdings nicht allgemein durch. So fehlt in der repräsentativen *Encyclopedia of Ukraine*, die in ihrer ursprünglichen Fassung ein Nachschlagewerk der ukrainischen Exilwissenschaft darstellt und heute im Internet ständig weitergeführt wird, dieser Begriff. Tatsächlich gab es weder ein Statut noch ein Mitgliederverzeichnis oder ein ästhetisches Programm dieser Prager Dichter-Schule, zu der im Übrigen auch Prosaautoren wie Jurij Lypa gerechnet wurden. Selbst der kleinste gemeinsame Nenner, der Ort Prag, der die Autoren verbinden soll, muss eher als biographischer Zufall betrachtet werden, da es sich dabei meist nur um einen bestimmten Lebensabschnitt dieser „Prager Autoren" handelt, die früher oder später in anderen Ländern lebten und tätig waren. Seit den 1990er-Jahren taucht der Begriff jedoch in ukrainischen und tschechischen Anthologien vermehrt auf. Heute hat er sich als literarhistorische Kategorie eingebürgert, seine kritische Konzeptualisierung steht indessen noch aus.

Jevhen Malanjuk (1897–1968) gehört zu den wichtigsten Autoren der ukrainischen Emigration im 20. Jahrhundert. Seine Biographie spiegelt die bewegte Geschichte der Ukraine in dieser Zeit wider. Malanjuk wurde in Gebiet von Cherson geboren, besuchte eine Realschule in Elizavetgrad (heute Kropyvnyc'kyj) und die Technische Universität in St. Petersburg. Er kämpfte im Ersten Weltkrieg in der zaristischen Armee und war dann Offizier in den Streitkräften der Ukrainischen Volksrepublik. Aus einem polnischen Lager für ukrainische Kriegsgefangene gelangte Malanjuk in die Tschechoslowakei und absolvierte die Wirtschaftsakademie in Poděbrady. Während des Zweiten Weltkriegs hielt er sich in Polen auf. Nach dem Kriegsende übersiedelte er nach Deutschland, von wo er 1949 nach Amerika auswanderte. Er starb 1968 in New York. Die zahlreichen Lyrikbände seiner ersten Schaffensphase vor der Emigration nach Amerika erschienen in Polen, der Tschechoslowakei, Frankreich und Deutschland. In die 1930er-Jahre fällt auch seine intensive Zusammenarbeit mit Dmytro Doncovs *Literarisch-Wissenschaftlichem Boten*, dessen Programm einer staatlichen Wiederherstellung der Ukraine Malanjuk völlig teilte. Seit den 1950er-Jahren erschienen seine Bücher in den USA, eine posthume Ausgabe 1972 in München. In der sowjetischen Ukraine galt Malanjuk als Faschist und als Staatsfeind. Erst in der unabhängigen Ukraine wurden seine Gedichte wieder gedruckt, und auch die wissenschaftliche Beschäftigung mit seinem Werk setzte ein. Malanjuk kann als Bindeglied zwischen den literarischen Generationen angesehen werden. Dies gilt besonders für die Weiterführung modernistischer Poetiken in der Emigration. Er war Zeitgenosse der sogenannten *Schützendichtung* (Strilec'ka poezija) während und nach dem Ersten Weltkrieg. Er prägte als ältere Autorität für die jüngeren Autoren der Prager Schule wesentlich die Literatur der Zwischenkriegszeit und unterhielt in seinen letzten Lebensjahren auch rege Kontakte zu den Vertretern der sogenannten New Yorker Schule. Entsprechend breit ist auch die Palette der literarischen Verfahren in seiner Dichtung. Auch in den späten Texten finden sich Techniken, die an die Moderne und Avantgarde der Jahrhundertwende erinnern. Manche Literaturkritiker bezeichnen Malanjuks Dichtung deshalb als „Neobarock". Demgegenüber steht eine Tendenz zur Kürze und Klarheit des Ausdrucks, die an die Neoklassiker erinnert.

In Malanjuks frühen Texten dominiert das patriotische Anliegen. Aus der Erfahrung der gescheiterten ukrainischen Revolution und Staatsgründung ergibt sich die kategorische Forderung nach der Wiedererrichtung dieses Staates auch um den Preis des persönlichen Opfers. Die elementare Gewalt des Volksaufstands, verkörpert in der historischen Gestalt des Hajdamakenführes Zaliznjak aus der Kolijivščyna von 1768, hat nichts von ihrer Bedeutung verloren. Malanjuk kritisiert aber auch seine Zeitgenossen, die sich zu wenig für die nationale Sache engagieren: Es gebe in der Ukraine zu wenig Ukrainer und zu viele Kleinrussen. Die Dichtung muss, wie aus dem Titel von Malanjuks zweiter Sammlung, *Stilett und Stylos* (Stylet i stylos, 1925) hervorgeht, zur Waffe in diesem Kampf werden, und sie versagt, wenn sie sich nur auf die Feder beschränkt und wenn „das Wort eine jede Tat aufgefressen hat" („Bo kožen čyn požerlo slovo"), wie der Dichter in *Pause* (Pavza, 1929) schreibt. Die *Jamben* (Jamby) vergangener Zeiten, so der Titel eines Gedichts aus dem Jahr 1931, spielen zweifellos auf die Romantik an. Sie haben heute ihre Kraft eingebüßt und klingen falsch und verlogen.

Von großer Bedeutung für Malanjuks poetische Welt ist eine symbolische Geographie, die die Welt in West und Ost teilt, wobei dem Westen eindeutig der Vorzug gebührt. Beide aber konkurrierten auf dem Gebiet der Ukraine. Dem antiken Hellas mit seinen Marmorsäulen wird der „wilde Atem des Ostens" („dykyj podych Schodu") gegenübergestellt, der auf dem ukrainischen Territorium die Überhand gewann. Das Gold von Byzanz kann sich nicht behaupten gegenüber dem Schwarz chasarischer Fürstentümer. Der Mazepa-Barock vermag vor dem Henker, der diese Bewegung vernichtet, nicht zu bestehen. Es bleibt die

„Sonnenblume, die ukrainische Lotos-Blume, als Zeichen einer mit einem Fluch gesättigten Erde" (Ta sonjašnyk, sej lotos ukrajinsk'yj: Znak tučnosty prokljatoji zemli). Mazepa, eine der bevorzugten Gestalten in Malanjuks Lyrik, ist ein Vertreter des Westens, der imstande ist, die wilde Gewalt der grenzenlosen Steppe des Ostens einzudämmen. In dieser typologischen Geographie kommt auch der Stadt Kyjiv eine wichtige Funktion zu: „Dort, wo Volodymyr sein Kreuz / Erhoben hat in Feuer und Rauch / Über der Stadt / Der Jugendjahre, / Die einzigartig ist /auf der Welt" („Tam, de chrest svij Volodymyr / Rozproster v ohni i dymi / Po-nad mistom / Junych lit, / Ščo jedyne / na zemli").

Einen festen Platz im Werk des Dichters hat der Dialog mit ukrainischen, aber auch Lyrikern aus den benachbarten Literaturen. Während die ukrainischen Zeitgenossen meist nur mit Initialen benannt werden, sind die Verweise auf Ševčenko explizit. Zitate aus den Texten des Nationaldichters werden einzelnen Zyklen als Motto vorangestellt. Überdies hat Malanjuk Ševčenko zahlreiche literaturkritische Essays gewidmet.

Eine besondere Stellung in diesem Dialog nimmt der tschechische Autor Josef Svatopluk Machar (1864–1942) ein, von dessen Texten Malanjuk einige paraphrasierend übersetzt hat. Auch dem Polen Julian Tuwim (1894–1953) ist ein Gedicht gewidmet, in dem auf Gemeinsamkeiten in der Biographie verwiesen wird: auf die Fremdheit der Abstammung wie auch der Situation in einem fremden Land. Besondere Bedeutung kommt dem Dialog mit zwei russischen Zeitgenossen zu, die beide Opfer des kommunistischen Systems wurden: Anna Achmatova (1889–1966) und Nikolaj Gumilev (1886–1921), ihr erster Ehemann. Achmatova wird schon in der Widmung der ihr zugedachten *Antistrophen* (Antistrofy, 1953) mit ihrem bürgerlichen Namen Hanna Horen'ko angesprochen und damit in die ukrainische Kultur integriert. Dieser Name ermöglicht aufgrund einer lautlichen Ähnlichkeit eine metaphorische Deutung. Kummer („hore") wird als Inbegriff des Lebens der Dichterin gedeutet: „Liebe Schwester / Weiße Schwester, / Du mein Kummer!" (Sestro myla, / Sestro bila, / Horen'ko moje!). Das Gedicht „Dem Andenken eines Dichters und Kämpfers" (Pamjaty poety i vojina, 1929), das auf den von den Bolschewiken erschossenen Nikolaj Gumilev Bezug nimmt, gibt Malanjuk die Gelegenheit zur Abrechnung mit dem kommunistischen Russland: „Nicht die Rus' hat ihn ermordet, das war Russland / Das ihn erstickte mit dem Gestank des Gifts" (Ce ne Rus' zabyla, ce – Rossija / Zadušyla smorodom otrut).

In Malanjuks später Lyrik finden sich vermehrt elegische Züge. In der Naturschilderung wird räumliche und zeitliche Distanz aufgehoben, die Hügel an der amerikanischen Ostküste sind dieselben wie in den Karpaten aus der Jugend, und im *Indian summer* wird die Erinnerung an den Fluss Prut und den Dovbuš-Felsen lebendig, wie das Gedicht *In den Bergen* (V horach, 1956) zeigt. Die Natur in ihrer symbolischen Funktion, vergleichbar mit der erwähnten typologischen Geographie, stellt auch im Fall zahlreicher Frühlings- und Herbstgedichte ein Pendant zur politischen Thematik im Werk Malanjuks dar und zeigt die Breite des Spektrums seiner Motive und Themen. Im Jahr 1966 erschien im *Buch der Beobachtungen* (Knyha sposterežen') seine Sammlung literaturkritischer Essays, die von Jurij Andruchovyč als epochale analytische Leistung gewürdigt wurde.

Oleh Ol'žyč (1907–1944), eigentlich Oleh Kandyba, wurde als Sohn des bekannten Dichters Oleksandr Oles' (eig. Kandyba) in Žytomir geboren und erhielt seine erste Schulbildung in Kyjiv. Sein Vater übersiedelte schon 1919 nach Budapest, Wien und dann Prag. Der Sohn mit seiner Mutter kam erst 1923 nach. Später studierte er an der Prager Universität Archäologie und besuchte zugleich die Ukrainische Freie Universität. Als Archäologe machte der Wissenschaftler Kandyba eine beachtliche Karriere, die ihn bis nach Harvard führte, wo er 1938 das Ukrainische Wissenschaftliche Institut gründete. Doch der Dichter hatte, seit er 1929 die *Organisation Ukrainischer Nationalisten (OUN)* kennengelernt hatte und ihr beigetreten war, andere Pläne. Der Kampf um die Wiedererrichtung eines ukrainischen Staates wurde zum zentralen Anliegen des jungen Mannes, das sich auch in seiner Dichtung zeigt. Schon bald hatte Ol'žyč führende Positionen in der *OUN* inne. Als diese 1941 von den Deutschen nach der Besetzung der Ukraine verboten wurde, ging er in den Untergrund, wurde aber drei Jahre später verhaftet, ins KZ Sachsenhausen gebracht und dort zu Tode gefoltert.

Zu Lebzeiten hat Ol'žyč zwei Lyrikbände veröffentlicht, *Schotter* (Rin', 1935) und *Türme* (Veži, 1940). Ein dritter Band, *Unter dem Schloss* (Pidzamčja) vom Dichter schon fertiggestellt, erschien erst nach seinem Tod 1946. Ausgaben, die auch viele jener Gedichte enthalten, die Ol'žyč ab den späten 1920er-Jahren in Zeitschriften (vor allem in Dmytro Doncovs *Literarisch-Wissenschaftlichem Boten* in L'viv) veröffentlichte, erschienen 1956 und 1969 in den USA. Dazu kommen zahlreiche Aufsätze zur ukrainischen Kultur und Geschichte, die in Exilzeitschriften gedruckt wurden. In der unabhängigen Ukraine wurden Ol'žyčs Gedichte nur selten nachgedruckt.

Schon zu Beginn seiner literarischen Tätigkeit grenzt sich Ol'žyč deutlich von der Dichtung seines Vaters und damit auch einer symbolistisch interpretierten Moderne um die Jahrhundertwende ab. Die Zeit für private Gefühle, impressionistische Naturschilderungen und symbolistische Anspielungen ist endgültig vorbei. Dichtung muss einer neuen, rauen und nüchternen Wirklichkeit entsprechen. Der Stein wird zu einem zentralen Bild und auch zum Titel eines Zyklus vom Beginn der 1930er-Jahre (der *Schotter* als Titel des ersten Gedichtbands hat eine ähnliche Bedeutung): Hart und einfach, wird er auch zum Maßstab für das poetische Wort, das so einfach, aber auch gewichtig sein soll, wie Steine. „Worte, einfach und rau" („Slova, ščo proste i suvori") liest man im Gedicht *Dezember* (Hruden'), das den zweiten Lyrikband eröffnet, und das Adjektiv „rau" („suvoryj") gehört zu den zentralen Epitheta in dieser Dichtung. Es charakterisiert die Lebensumstände, aber auch den Charakter der Menschen, die unter solchen Umständen leben müssen. Das dichterische Wort wiederum muss immer hinter der Tat zurückstehen, diese kann nie und nimmer so wie in der Romantik durch das Wort ersetzt werden. Diese Tat ist der bewaffnete, organisierte Kampf für die Wiederherstellung des Vaterlands.

Ein zweites wichtiges Epitheton wird in einem Gedicht thematisiert, das keinen Titel hat, dafür aber mit einem Ovid-Zitat überschrieben ist: „Tertia post illam successit aenea proles…" – das Eherne Zeitalter ist angebrochen, es hat das Goldene und Silberne (wohl auch ein Hinweis auf die Kunst der Jahrhundertwende) abgelöst. „Ehern" und „eisern" tauchen immer wieder auf, von Grabbeigaben angefangen – kupferne und eiserne Schwerter weisen die Begrabenen als Krieger aus (eines von vielen Motiven, die aus dem Berufsfeld des Dichters stammen) – bis zum zentralen Attribut eines zukünftigen ukrainischen Staates: „Es leuchtet ein Eiserner Staat" („Jasnije Zalizna Deržava"). So endet einer der längeren Zyklen, dem „Nichtbekannten Krieger" („Neznakomomu Vojakovi") gewidmet. Dieser Zyklus nimmt fast zur Gänze den zweiten Lyrikband ein. Der Titel zeigt auch eine deutliche Umwertung bekannter Vorstellungen: nicht mehr dem „Unbekannten Soldaten", der für das Vaterland gefallen ist, wird Ehre gezollt, sondern im „(noch) nicht bekannten Krieger" wird das Ideal jenes Kämpfers entworfen, der in naher Zukunft die Wiedergeburt des eigenen Staates leisten soll. Zum Soldaten gehört notwendig die Führerfigur – der Historiker Ol'žyč ortet sie häufig in der Geschichte. Nicht nur Sieger wie Alexander der Große, der das pseudo-patriotische Wort des Demosthenes mit seinen Taten in den Schatten stellt (im Gedicht *Die Sonne geht unter. Die Stille fällt ein* (Zachodyt' sonce. Kane tyšyna), sondern auch Verlierer wie Hannibal im Gedicht *Hanibal in Italien* (Hanibal v Italiji) geben eindrucksvolle Vorbilder für solche Führergestalten – im gescheiterten Führer lässt sich unschwer eine Anspielung auf Bohdan Chmel'nyc'kyj erkennen. Das Thema des Führers, des starken Mannes, den die Ukraine braucht, findet sich auch in vielen literarischen und publizistischen Beiträgen des *Literarisch-Wissenschaftlichen Boten*.

Der dritte Lyrikband des Dichters ist eine Art Synthese der ersten beiden Bände; er zeigt eine größere Bandbreite als die ersten beiden. Zur Diagnose einer „harten Zeit" und zum poetisierten Programm des ukrainischen Untergrundkämpfers kommen Dinggedichte von verallgemeinerndem Charakter, historische Parabeln (etwa die Leiden der Heiligen Katharina) und individuelle Erfahrungen, wie Liebesgedichte, wo das Epitheton „rau" schon im ersten Kuss erscheint („Du küsst rasch und rau" [Pocilujes rizko i surovo]). Die vielen Texte, die Ol'žyč nicht in seine Sammlungen aufgenommen hat, stehen von ihrer Qualität her hinter den dort abgedruckten in keiner Weise zurück, sie belegen die erwähnten Tendenzen und erweitern diese durch neue Motive. Es scheint, dass der Dichter in seine Gedichtbände vor allem jene Texte aufgenommen hat, die seine politischen Anschauungen verdeutlichen. Alle seine Gedichte jedoch beweisen eine hohe poetische Meisterschaft, sie sind von ihrer Stilistik her eher mit den Kyjiver Neoklassikern zu vergleichen als mit den Modernisten der Jahrhundertwende.

Olena Teliha (1907–1942) wurde aufgrund ihrer Biographie zur Legende, die vielleicht bekannter ist als die wenigen Gedichte, die von ihr geblieben sind. Nach unbeschwerten Jahren einer Kindheit in Petersburg, wo Olena als Tochter eines Agrar-Ingenieurs geboren wurde, übersiedelte die Familie 1917 nach Kyjiv, wo der Vater das Amt eines Ministers der Ukrainischen Volksrepublik ausübte. 1919 floh die Familie vor den Bolschewiki nach Prag. Der Vater wurde Rektor der berühmten Wirtschaftsakademie in Poděbrady – und Olena entdeckte ihre Identität als Ukrainerin. Im Kontakt mit Gesinnungsgenossen wie Jevhen Malanjuk, Leonid Mosendz und Oleh Ol'žyč gelangte sie zur Überzeugung, sich bedingungslos für die Ukraine einzusetzen. Die Bekanntschaft mit Dmytro Doncov, in dessen Zeitschrift sie auch ihre ersten Gedichte veröffentlichte, lieferte die ideelle Begründung dafür. 1941, nach der Besetzung der Ukraine durch die deutsche Wehrmacht, überquerte die Autorin zusammen mit ihrem Mann illegal die ukrainische Grenze und gelangt über L'viv nach Kyjiv, wo sie die Kulturarbeit der *OUN* (Organisation Ukrainischer Nationalisten) übernahm. Mit der von ihr redigierten Zeitschrift *Marschtrommel* (Litavry) kämpfte sie für die Wiedererrichtung des ukrainischen Staats, ganz im Widerspruch zu den Interessen der deutschen Besatzer. Als unliebsame ukrainische Nationalistin wurde Teliha im Januar 1942 zusammen mit ihrem Mann und anderen Kampfgefährten verhaftet und wenig später in Babyn Jar, dem Ort des späteren Massenmords an den Kyjiver Juden, erschossen. Es gibt Vermutungen, dass Agenten des NKVD die Deutschen auf Teliha gehetzt hatten, um eine beiden Seiten unliebsame Person zu eliminieren.

Zu Lebzeiten hatte Teliha kein einziges Buch veröffentlicht. Nach ihrem Tod erschienen kleine Sammlungen ihrer Texte, die zum Teil aus deutscher und sowjetischer Besatzung geschmuggelt wurden, zum Teil aber auf jenen Texten beruhen, die Teliha im *Literarisch-Wissenschaftlichen Boten* drucken ließ. Es sind nicht mehr als vierzig Gedichte, die aus einem viel größerem Werk erhalten sind – der Rest wurde nach der Verhaftung der Dichterin von der Gestapo konfisziert und vernichtet. Dazu kommen einige Essays, die Teliha vor allem nach Beginn des Weltkriegs verfasst hat. Dennoch gilt Teliha als eine der besten Dichterinnen jener Zeit. Sie wurde nicht selten mit Lesja Ukrajinka verglichen, auch was das unbedingte Engagement für ihr Land betrifft. Ihre Texte sind vom Geist des Einsatzes für die Ukraine durchdrungen, auch wenn dieses Wort kaum einmal vorkommt. Eine tragische Vorahnung spricht aus vielen ihrer Gedichte, sie überschattet die Sehnsucht nach Leben und nach Liebe. Aus ihren Bildern spricht ein romantisches Pathos, das Körper und Geist im Kampf vereint. Sonne und Feuer sind Bilder für eine Dynamik, die Grenzen überschreitet und das lyrische Ich nach dem Ganzen, verstanden als national-politisches Ziel, ausgreifen lässt. In dieser Dynamik muss eine unbeschwerte Vergangenheit zurückgelassen werden, muss Abschied genommen werden von Freunden, die diesen Weg nicht mitgehen können, und kann auch die Liebe zu einem geliebten Menschen nicht in der falschen Idylle der eigenen vier Wände verbleiben (vgl. das Gedicht *Meinem Mann* [Čolovikovi]). Der Aufbruch von vertrauten Ufern, das Unterwegssein, die Heimatlosigkeit des Emigranten sind Motive, mit denen die Dichterin die Befindlichkeit vieler ihrer Zeitgenossen getroffen hat, die zugleich aber über eine konkrete historische Situation hinausgehen und existentielle Fragen ansprechen. Jugend und Liebe einerseits, bange Vorahnung und eine ungewisse Zukunft andererseits, das sind die Pole, zwischen denen das lyrische Ich hin- und hergerissen ist. An diesen Polen orientieren sich auch die zahlreichen Liebesgedichte, die Teliha immer wieder geschrieben hat, und jene Texte, in denen sie die Rolle des weiblichen Ichs im Kampf um die Ukraine thematisiert.

Oksana Ljaturyns'ka (1902–1970), aus Wolhynien stammend, gehört zu jenen „Prager" Autoren, denen nach dem Weltkrieg der Sprung ins amerikanische Exil gelang. Noch als Mädchen floh Ljaturyns'ka vor einer vom Vater verordneten Heirat nach Prag, wo sie die Matura ablegte und an der Karls-Universität, aber auch an der Kunstgewerbeschule Bildhauerei studierte. Sie war eine begabte Künstlerin, die sich an Ausstellungen beteiligte. Ihre Werke sind aber im Krieg verloren gegangen. Noch in Prag veröffentlichte sie zwei Bände mit Gedichten. In Amerika kam es zu einer Neuauflage dieser beiden Bände und zu postumen Veröffentlichungen. Ljaturyns'ka starb vereinsamt und fast taub in Minneapolis. Mit ihren zahlreichen, in der Regel sehr kurzen Gedichten setzte sie neue Akzente in der Dichtung der Prager Schule, die über die patriotisch-nationalistische Thematik hinausgehen. Schon in ihrem ersten Band, nach dem Saiteninstrument *Gusla* (Husla, 1938) benannt, greift sie auf das *Igorlied* zurück, auf den Heroismus vergangener Zeiten, in dem sich auch Anspielungen auf die Gegenwart finden. Die Figur der Jaroslavna, der Frau des Titelhelden, taucht als eine paradigmatische Frauengestalt in der Dichtung der Autorin mehrfach auf. Zahlreiche Texte des ersten Bandes sind nach Modellen der Folklore, von Liebes- bis zu Wiegenliedern, stilisiert. Biblische Anspielungen und Anleihen bei religiösen Bräuchen vervollständigen das reiche Spektrum der Ausdrucksmittel in diesem Band, der als neoromantisch charakterisiert werden könnte.

In ihrem zweiten Band, *Emaille der Fürstenzeit* (Knjaža emal', 1941) entwickelt Ljaturyns'ka ihre spezifische poetische Welt, die sich auch in der sprachlichen Realisierung von den früheren Texten unterscheidet: Die Stilisierung tritt zurück, die strophische Form nimmt zu, ein eher klassisches, syllabotonisches Modell von Gedichten herrscht vor. Das Adjektiv „fürstlich", das sich schon im Titel findet, weist auf das ukrainische Mittelalter, die Zeit der Kyjiver Rus', als die von der Dichterin bevorzugte historische Periode, während die „Emaille" auf den artistischen und zugleich optischen Charakter dieser Bilder zielt. Kleider, Rüstung, Schmuck und Waffen der Helden jener Zeit, Farben wie Rot und Gold, sind wesentliche Elemente dieser Emaille-Miniaturen, die Heldentum und Ritterlichkeit, den unerschrockenen Kampf gegen den Feind und auch den Tod auf dem Schlachtfeld thematisieren. Die Ukraine kommt hier nie vor, es ist die Rus', die stellvertretend für sie steht: „Für die Ehre, die goldenen Banner der Rus', für den kriegerischen Ruhm der Väter" („Za čest', za stjahy zlotni Rusy, / za bat'kivs'ku vojac'ku slavu!"). In solchen Zeilen ist aber auch der Appell an ein entsprechendes Verhalten in der Gegenwart nicht zu überhören.

Neben dieser patriotischen Geste kennt Ljaturyns'kas Lyrik auch eine ganz andere Note – auf den Ruhm der Fürsten von Lodomerien folgt eine *Volhynische Bukolik* (Volyns'ka bukolika), die die heimatliche Landschaft der Dichterin mit den Mitteln der Idylle beschreibt. Wolhynien ist für die Autorin das Land, wo nicht nur eine archaische Natur samt ihren slavisch-heidnischen Göttern erhalten ist, sondern wo diese Natur auch mit der Kultur in Form des Gutshofs eine Synthese eingegangen ist. Im Haus sind es typische Attribute, wie Ahnenporträts, Wappen und Spiegel, in denen die Zeit aufgehoben und das lyrische Ich geborgen ist, wenngleich dessen Grundstimmung mit dem nur schwer zu übersetzenden Wort „tuha" (wehmütige Sehnsucht) beschrieben wird. Diese Stimmung wird von der umgebenden Natur, sei es dem abendlichen Mondlicht, sei es milden Herbstbildern, verstärkt. Diese impressionistischen Texte – als solche einmal mehr einem neoromantischen Diskurs zuzuschreiben – reflektieren die überzeitliche Befindlichkeit des Menschen und bilden damit ein Gegenstück zum heroischen Pathos der Fürstenzeit. Sie sind ein Beweis für die Vielfalt und thematische Breite einer Dichterin, die erst heute wiederentdeckt wird. Gerade diese Vertreterin der Prager Gruppe ist, was ihre Wirkung betrifft, in der amerikanischen Emigration verblieben. Es gibt kaum Neuausgaben ihrer Texte in der unabhängigen Ukraine.

Literatur in den Vertriebenenlagern in Deutschland (amerikanische Zone): MUR

Die durch den Zweiten Weltkrieg ausgelöste ukrainische Emigration war im Wesentlichen ein Resultat der politischen Rahmenbedingungen. Während des Krieges wurden etwa fünf Millionen Ukrainer als Ostarbeiter nach Nazideutschland verschleppt. Nach der offiziellen Statistik von 1947 befanden sich in den westlichen Besatzungszonen Deutschlands 54.580 Ukrainer in der britischen, 104.024 in der amerikanischen, 19.026 in der französischen und 21.893 in den drei westlichen Besatzungszonen Österreichs. Darüber hinaus flohen zahlreiche Ukrainer vor der vorrückenden Roten Armee nach Deutschland. Insgesamt wurden mehr als 310.000 geflohene oder vertriebene Ukrainer gezählt, die als Ostarbeiter, Kriegsgefangene, Kämpfer der Ukrainischen Aufständischen Armee zu sogenannten Volksfeinden und Verrätern geworden waren und keinesfalls in die Sowjetunion zurückkehren wollten, da sie dort schwerste Repressionen, Zwangsarbeit oder sogar die Hinrichtung erwartete. In dieser Situation lässt sich erstmals von einem umfassenden politischen Exil sprechen. Laut George Grabowicz (der selbst ein Vertreter dieses Exils ist) beginnt die ukrainische Exilliteratur im eigentlichen Sinne dieses Wortes erst nach dem Zweiten Weltkrieg, in der Zeit der DP-Camps (Displaced Persons), also in den Jahren 1945–1950. Erst zu diesem Zeitpunkt seien die ukrainischen Schriftsteller und Leser völlig von ihrem heimatlichen Umfeld abgeschnitten gewesen und hätten sich in der rauen Wirklichkeit fremder Kulturen zurechtfinden müssen.

Die Autoren der Gruppe *MUR* formierten sich bereits im September 1945 in den westalliierten, vor allem in den amerikanischen DP-Camps in Bayern und Österreich. Zu dieser Zeit befanden sich in den bayrischen DP-Camps mehrere talentierte und teilweise bereits namhafte Autoren und Literaturwissenschaftler wie Ihor Kostec'kyj, Viktor Petrov (Pseudonym Viktor Domotovyč), Jurij Kossatsch (Kosač), Ivan Bahrjanyj und Ivan Majstrenko. Vorsitzender wurde der renommierte galizische Autor Ulas Samčuk und sein Stellvertreter der Charkiver Philologe und Essayist Jurij Ševel'ov (Shevelov, lit. Pseudonym Šerech). Sie riefen die Vereinigung *MUR* ins Leben. In der Deklaration von *MUR* heißt es: „Diese Vereinigung von Exilkünstlern steht allen Künstlern des Wortes, des Pinsels und der Bühne offen, die sich die Losung einer vollkommenen, weltanschaulich und formal ausgereiften und ewig suchenden Kunst auf ihre Fahnen schreiben."

Bei der Namensgebung, die das Profil der Gruppe verdeutlicht, gab es den Vorschlag für die Abkürzung *UMR (Ukrainische Kunstbewegung)*. Allerdings rief die Abkürzung eine unerwünschte Assoziation auf mit Wortstamm „umr-" (sterben) hervor. Der Philologe Jurij Ševel'ov schlug deshalb vor, einfach die Buchstaben zu *MUR* umzustellen, womit man ein „Backronym" erhielte: *MUR* konnte so als „Wehrmauer" gedeutet werden (Abb. 15.1).

Konflikte innerhalb der Gruppe waren von Anfang an vorprogrammiert, vor allem durch die Mischung von Menschen unterschiedlicher Generationen, Regionen, Traditionen und ästhetischer Präferenzen. Die jüngeren Ostukrainer wie Jurij Ševel'ov, Ivan Bahrjanyj, Hryhorij Kostjuk, Viktor Petrov und Jurij Klen wurden zuweilen als „Sowjets" be-

Abb. 15.1 Hektographierter Sammelband *MUR*. München-Karlsfeld 1946

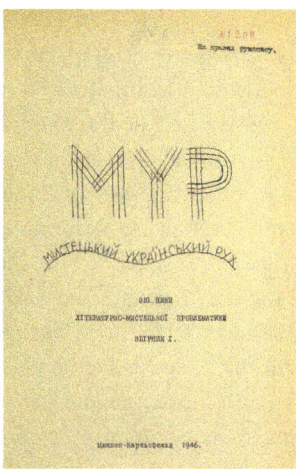

zeichnet. Die vorrevolutionären Charkiver wie Mychajlo Orest (Bruder von Mykola Zerov) und Volodymyr Deržavyn versuchten den Neoklassizismus zu erneuern. „Altgalizische" Persönlichkeiten wie Ostap Hrycaj oder die jüngeren Galizier wie Samčuk führten die Habsburger Tradition weiter.

Eine Biographie am Abgrund: Ivan Bahrjanyj

Ivan Bahrjanyj (1906–1963) konnte sein literarisches Werk auf seiner abenteuerlichen Biographie aufbauen. Bahrjanyj (eigentlich Ivan Lozov'jahyna) wuchs in der Provinzstadt Ochtyrka (heute Region Sumy) im Osten der Ukraine auf. Eine weiterführende Ausbildung konnte er wegen des Kriegs, der Revolutionen und des Nachkriegschaos nicht abschließen. Den Abgrund, entlang dessen sich Bahrjanyj zeitlebens bewegte, veranschaulicht eine Episode aus seiner Kindheit. Er berichtet in einer autobiographischen Skizze von der Ermordung seines Großvaters und seines Onkels durch russische Tschekisten im Jahr 1920, als er gerade einmal 14 Jahre alt war: „Am späten Nachmittag kamen einige Männer mit Waffen. Sie sprachen in einer mir fremden Sprache. Vor meinen Augen und den Augen der anderen Kinder ermordeten sie meinen Großvater und seinen Sohn (meinen Onkel). Wir Kinder weinten und schrien. Bevor sie sie töteten, verhörten sie sie. Sie schlugen und folterten sie mit Seilen. Am Ende des Verhörs waren sie völlig blutüberströmt. Die Männer fluchten ganz fürchterlich, dann erschossen sie die am Boden liegenden blutigen Körper. Unter der alten Linde auf der Weide mit den Ikonen des heiligen Zosimos und Sabatios war alles und überall mit Blut besprizt. Blut stand mir mein Leben lang vor Augen."

Nachdem Bahrjanyj nach Charkiv übersiedelt war, veröffentlichte er ab 1926 Gedichte in Zeitungen und Zeitschriften. 1927 erschien ein erster Gedichtband, auf den bald eine Sammlung von Kurzgeschichten folgte. Er beteiligte sich aktiv am literarischen Leben der Sowjetukraine und besonders im Autorenkreis um Mykola Chvyl'ovyj. Die 1920er-Jahre waren prägend für Bahrjanyj als Schriftsteller und Kulturkritiker. Wie viele andere ukrainische Autoren wurde er 1932 vom Geheimdienst verhaftet und nach elf Monaten in einer Isolationszelle zu fünf Jahren Zwangsarbeit in der Baustelle der Baikal-Amur-Magistrale (BAMLag) verurteilt.

Diese Zeit in Bahrjanyjs Leben stellt sich etwas rätselhaft dar, da verschiedene und widersprüchliche Darstellungen über diese Jahre vorliegen – auch von ihm selbst. Eine Version erzählt von einer Flucht 1936 aus einem der sibirischen BAMLags und seinem Aufenthalt in den ukrainischen Siedlungen am Fluss Amur (im so genannte „grünen Keil Sibriens"). Angeblich heiratete er dort in eine ukrainische Familie ein und hatte mit seiner Frau einen Sohn. Eine andere Version besagt, dass er aus dem Lager entlassen wurde, nachdem seine Strafe beendet war. Allerdings war ihm untersagt, in die Ukraine zurückzukehren, deshalb lebte und heiratete er schließlich in einer ukrainischen Siedlung in Sibirien. Wieder eine andere Version berichtet, dass er im Jahre 1935 einen Fluchtversuch unternahm, jedoch gefangen wurde und eine um drei Jahre verlängerte Strafe in einem anderen BAMLag verbüsste. Gesichert ist, dass er sich 1938 illegal auf den Weg zurück in die Ukraine in seine Heimatstadt Ochtyrka aufmachte. Dort wurde er wahrscheinlich von einem Nachbarn verraten, woraufhin er wieder für fast zwei Jahre im NKVD-Gefängnis in Charkiv eingesperrt war. Nachdem der rücksichtslose und grausame NKVD-Chef Nikolaj Ežov Ende 1938 selbst verhaftet worden war, kam Bahrjanyj wegen „grundloser Inhaftierung" frei. Er hatte allerdings die Auflage, unter polizeilicher Aufsicht in seiner Heimatstadt Ochtyrka zu bleiben. Während der deutschen Besetzung der Ukraine zog er nach Charkiv, wo er als Journalist und Redakteur für Zeitschriften und Zeitungen arbeitete. Als sich die Front 1943 durch den Vormarsch der Roten Armee nach Westen verschob, ging er in die Westukraine, zuerst nach L'viv, dann nach Transkarpatien. Dort arbeitete er mit der westukrainischen Untergrundbewegung zusammen und hatte wahrscheinlich Kontakte zu ukrainischen Partisanen der Aufstandsarmee (UPA).

Sein bekanntester Roman ist der auch ins Englische und Deutsche übersetzte, 1944 in einer ersten Fassung fertiggestellte Roman *Tigerjäger* (Tyhrolovy, der ursprüngliche Titel lautete *Zvirolovy* [Großwildjäger]). Der Ursprung dieses umfangreichen Romans ist bemerkenswert: Der Autor brauchte nur zwei Wochen, um ihn zu schreiben, wie er in dem Essay *Narodžennja knyhy* (Die Geburt eines Buches) berichtet. Darin spricht er auch von seiner Schreibmotivation. Das Buch war aus dem inneren Bedürfnis heraus entstanden, über seine traumatisierenden Erfahrungen zu sprechen. „Es kommt vor, dass das Schreiben eines Buches für einen Autor wichtiger wird als das tägliche Brot, weil der Prozess des Schreibens für den Autor irgendwie zur Rettungsweste im stürmischen Meer der Zerstörung wird."

Bahrjanyj ging schließlich weiter westwärts in die Slowakei, wurde dort aufgegriffen und als Ostarbeiter rekrutiert und nach Deutschland geschickt. Nach Kriegsende gelangte er in ein Flüchtlingslager in Bayern. 1946 veröffentlichte er im Gedichtband *Goldener Bumerang* (Zolotyj bumeranh) die Texte, die während seinen verschiedenen Gefangenschaften entstanden waren. Diese Gedichte dürfen als ein Akt bewusster Selbstverortung unter extrem schwierigen Rahmenbedingungen gelten. Die Gedichte weisen zahlreiche intertextuelle Anknüpfungspunkte an die Dichtung des ukrainischen Nationaldichters

Taras Ševčenko auf, dessen Lyrik ebenfalls in langjähriger Gefangenschaft und Verbannung entstanden war. Als Manifestation innerer Freiheit können auch zwei weitere Romane gelten, die in den Jahren 1948 bis 1950 entstanden. Der Roman *Ein Mann läuft am Rande des Abgrunds* (Ljudyna bizhyt' nad prirvoju) erzählt vom Kriegschaos und der permanenten Bedrohung durch die Wehrmacht einerseits und der Roten Armee andererseits. Der Protagonist befindet sich – wie so viele literarische Figuren Bahrjanyjs – auf der Flucht. Die traumatisierenden Erfahrungen in NKVD-Gefängnissen gestaltete Bahrjanyj dann im Bühnenstück *Moriturite* und dem umfangreichen, anspruchsvollen und sehr lesenswerten Roman *Der Garten Gethsemane* (Sad Hetsymans'kyj). Dieses Werk, obwohl im Westen weitgehend unbekannt, zählt zu den besten Werken der sowjetischen Gefängnis- und Gulag-Literatur überhaupt. Der biblische Titel deutet die Tragik der dargestellten traumatisierenden Ereignisse an, gleichzeitig wird das Pathos des Themas durch eine schelmische, oft satirische Darstellungsweise unterlaufen.

Im Exil entstanden weitere Prosastücke, Gedichte, Essays und Kinderliteratur. Breite internationale Aufmerksamkeit erregte Bahrjanyj 1946 mit seinem Essay *Warum ich nicht in die Sowjetunion zurückkehren will* (Čomu ja ne choču povertatysja do SRSR?). Bahrjanyj entwirft hier vor dem Hintergrund seiner eigenen Erfahrungen als ehemaliger Gefangener des sowjetischen und nationalsozialistischen Regimes sowie als Ostarbeiter eine Erklärung der nationalen Würde und der Menschenrechte, in der er die erzwungene Rückführung von Sowjetbürgern in die UdSSR vehement ablehnt. Als einer der ersten sprach er davon, dass die UdSSR ein riesiges Konzentrationslager sei, das auf Sklaverei, körperlicher und geistiger Folter, Terror und Hunger gründe. Der Essay wurde in mehrere Sprachen übersetzt und hatte großen Einfluss auf die öffentliche Meinung im Westen. Bahrjanyj betätigte sich außerdem als Journalist und Politiker. Er war Chefredakteur der Exilzeitung *Ukrainische Nachrichten* (Ukrajins'ke visti) und gründete die „Ukrainische revolutionär-demokratische Partei" im Exil. Seine politischen Prinzipien adaptieren die Ideen der ukrainischen kulturellen und nationalen Wiedergeburt in der Sowjetukraine der 1920er-Jahre.

So kann man zwei Hauptmerkmale in Werk und Biographie konstatieren: Erstens arbeitete Bahrjanyj unentwegt an einem ukrainischen Nationalprojekt, das auf sozialistischen Überzeugungen und einer internationalen Ausrichtung beruhte. Dies war im Wesentlichen auch die Grundüberzeugung vieler ukrainischer Intellektueller und Künstler der 1920er-Jahre. Und zweitens waren sein Leben und Werk nachhaltig geprägt von den traumatischen Erlebnissen des Krieges, der Revolutionen, der Inhaftierung in NKVD-Gefängnissen und im Gulag.

Ulas Samčuk: Chronist der ukrainischen Regionen und des Holodomor

Ulas Samčuk (1905–1987) gehört zur Generation ukrainischer Intellektueller und Autoren, die in den 1920er-Jahren den Aufbruch der ukrainischen Kultur und anschließend ihre Vernichtung durch den Stalinismus erlebten. Samčuk verfolgte die tragischen Ereignisse in Kyjiv und Charkiv aus dem deutschen und tschechoslowakischen Exil. Dadurch war ihm auch ein so langes und äußerst produktives literarisches Leben vergönnt.

Prägenden Einfluss hatte zweifellos das bäuerlich-ländliche Milieu in Wolhynien, in dem er aufwuchs. Dieses familiäre Umfeld und die heimatliche Landschaft tauchen immer wieder in Variationen als soziale, historische und kulturelle Kontexte in seinem Werk auf. Wolhynien, ehemals Teil von Österreich-Ungarn, gehörte nach dem ersten Weltkrieg zu Polen. Die polnische Politik gegenüber den Ukrainern wurde in den dreißiger Jahren immer restriktiver. Samčuk konnte nicht einmal die Schule abschließen, da er 1927 in die polnische Armee eingezogen wurde. Er desertierte und floh nach Deutschland. Es gelang ihm ab 1927/28 in Breslau zu studieren, 1929 ging er nach Prag und setzte dort an der *Ukrainischen Freien Universität* sein Studium fort.

Mit seiner Flucht vor dem Militärdienst in Polen begann eine vierzehnjährige Emigration (1927 bis 1941), während der er zu einem der interessantesten und aktivsten Prosaautoren der Zwischenkriegszeit reifte. Die ukrainische Gemeinschaft in Prag und der Tschechoslowakei der 1930er-Jahre bot ideale künstlerische und intellektuelle Arbeitsbedingungen für Samčuk. Er hielt sich in dieser Zeit auch länger in Transkarpatien auf, das in der Zwischenkriegszeit eine autonome Region der Tschechoslowakei war. Dort beschäftigte er sich mit Geschichte und Kultur der Huzulen, ukrainischsprachiger Karpatenbewohner, die bis heute ein Hauch von Exotik und Wildheit umweht. Der Roman *Die Berge sprechen* (Hory hovorjat', 1934) erzählt vom Aufstand der Huzulen gegen die ungarische Herrschaft am Ende des ersten Weltkriegs und dem Scheitern einer Huzulenrepublik, die tatsächlich von November 1918 bis Juni 1919 existiert hatte. Dieser Roman erzählt eine spannende Geschichte als Mischung aus Abenteuerliteratur und sozial engagierter Prosa, nicht ohne Humor, Erotik und mit viel Lokalkolorit der Karpaten einschließlich des Huzulendialekts. Ein Echo dieses literarischen Denkmals der Huzulenrepublik findet sich in Samčuks eigener Tätigkeit als Pressesprecher der kurzlebigen Republik Karpato-Ukraine, die sich 1938 nach der Zerschlagung der Tschechoslowakei durch Nazideutschland für unabhängig erklärte, bis Transkarpatien kurz darauf von den Ungarn besetzt wurde.

In seiner Prager Zeit entstand auch seine oft als Opus magnum bezeichnete Romantrilogie *Wolhynien* (Volyn'), die aus den Bänden *Wohin fließt der Fluss?* (Kudy tece rička?, 1934) *Krieg und Revolution* (Vijna i revoljucija, 1935) und *Vater und Sohn* (Bat'ko i syn, 1937) besteht. Tatsächlich handelt es sich um eine sehr lesenswerte Roman-Chronik, die anhand des Schicksals einer wolhynischen Bauernfamilie die ukrainische Geschichte erzählt und auch die Blüte und Zerstörung der Kultur und Gesellschaft in den 1920ern und 1930ern thematisiert.

Die Arbeit an der Trilogie unterbrach Samčuk 1934, um den Roman *Marija* zu schreiben, der „den Müttern, die den Hungertod in der Ukraine in den Jahren 1932 bis 1934 starben" gewidmet ist. *Marija* ist bis heute wichtiger Teil des ukrainischen Bildungskanons und gilt als erster Roman über den Holodomor. Zuvor entstand bereits früher Kurzprosa über dieses Thema, so von Arkadij Ljubčenko (1899–1945). Linear, im Stil einer literarischen Chronik werden die 26258 Tage (71 Jahre und 11 Monate) der Hauptprotagonistin

Marija von ihrer Geburt im Jahr 1861 bis zu ihrem Hungertod 1933 erzählt. Von der Literaturkritik wird der Roman oft auf die Holodomorthematik reduziert, obwohl erst im dritten Teil die Zwangskollektivierung seit 1927, der bolschewistische Terror und der Massenmord an der ukrainischen Landbevölkerung dargestellt wird. Und natürlich ist dies eine mögliche Lesart. Bereits der Romantitel mit dem biblischen Namen der Hauptprotagonistin, die als *mater dolorosa* auch als Personifizierung der leidensvollen Geschichte der Ukraine verstanden werden kann, lenkt die Perspektive auf „die tragische Geschichte des ukrainischen Volkes", wie es im Vorwort zu einer der Ausgaben nach 1990 heißt.

Die ersten beiden Teile des Romans erzählen das Leben Marijas als eine Geschichte der Emanzipation. Die Befreiung der Frau wird literarisch gespiegelt in einer Überwindung von literarisch-kulturellen Stereotypen. Der Roman unterläuft das Klischee einer typischen Dorfgeschichte, wie es von den Realisten des ausgehenden 19. Jahrhunderts geprägt wurde. Dort wurzeln die Probleme der ukrainischen Dorfbevölkerung in nationaler und sozialer Unterdrückung, was mit der entsprechenden Typisierung von Gutsherrn, Verwaltern, Schankwirten, Bauern und Gesinde einhergeht. Marija hingegen wird als individuelle Figur gezeichnet, die gegen traditionelle Rollen und Verhaltensmuster aufbegehrt. Diese Entwicklung wird durch psychologisierende Erzählstrategien veranschaulicht. Die Geschichte Marijas wird dadurch zunehmend die Geschichte einer „modernen", sich emanzipierenden Frau, die ihr Schicksal selbst in die Hand nimmt, sowohl was die Liebe als auch ihre Lebensplanung betrifft. So gibt es eine Dreiecksbeziehung. Sie verlässt ihren Ehemann, vergnügt sich freizügig und lehnt die gesellschaftlichen und moralischen Zwänge des Dorfes ab. Sie nimmt sich dann einen anderen Ehemann und beginnt nach ihren eigenen Vorstellungen zu wirtschaften. Samčuk beschreibt mit Humor und Augenzwinkern, wie Marija ihren zweiten Ehemann, der als Matrose in der zaristischen Armee diente, nach seiner Rückkehr erst entrussifizieren und ukrainisieren muss. Etliche ethnographische Beschreibungen des dörflichen Alltags und insbesondere der Feier- und Festtage, die ausführliche Schilderung von Marijas erster Hochzeit oder des Weihnachtsfests bilden den Rahmen der ersten beiden Teile des Romans. In diesen Motiven schlägt Samčuk eine konservative Modernisierung des Dorfes vor, die in schroffem Gegensatz zur im dritten Teil dargestellten sozialistischen Modernisierung steht, die das ukrainische Dorf und die bäuerliche Kultur zerstört.

Während der Nazi-Besatzung kehrte Samčuk 1941 nach Wolhynien zurück und betreute bis 1943 in Rivne die vom deutschen Okkupationsregime zugelassene Zeitschrift *Volyn'* (Wolhynien). Nach einem Streit mit den deutschen Besatzern wurde er kurzzeitig inhaftiert. Die Zeit des zweiten Weltkriegs und der deutschen Besatzung verarbeitete er literarisch in drei Büchern mit Erinnerungen, Beobachtungen und Notizen: *Auf einem weißen Pferd* (Na bilomu koni), *Auf einem schwarzen Pferd* (Na koni voronomu) und *Fünf nach Zwölf. Notizen auf der Flucht* (P'jat po dvanadcjatij. Zapysky na bihu). 1944 emigrierte er abermals nach Deutschland, wo er bald nach Kriegsende im Juni 1945 zusammen mit anderen namhaften ukrainischen Autoren die Künstlergruppe „Ukrainische Kunstbewegung" (MUR) gründete. 1948 zog er weiter nach Kanada, wo er sich in der ukrainischen Exilgemeinschaft aktiv ins literarische und kulturelle Leben einbrachte und als eine Art Nestor der ukrainischen Literatur galt.

In der Zeit des nordamerikanischen Exils veröffentlichte er weitere Romane und eine Memoiren-Trilogie unter dem Titel *Ost* (Ost). Der erste Teil *Das Vorwerk Moroz* (Moroziv chutir) entstand bereits in Samčuks zweitem deutschen Exil und wurde 1948 im *Prometeus* Verlag der Gruppe *MUR* in Regensburg publiziert. Der zweite Band *Dunkelheit* (Temnota) erschien 1957 in New York, der dritte Band 1982 in Winnipeg mit dem Titel *Flucht vor mir selbst* (Vteča vid sebe). An diesem abschließenden Teil der Memoiren arbeitete Samčuk mehr als zwei Jahrzehnte, was sich in der vielschichtigen Komposition des Textes zeigt. Insgesamt beschreibt die Trilogie *Ost* die schwierige ukrainische Geschichte im 20. Jahrhundert von den Revolutionen 1917 und dem anschließenden Bürgerkrieg über die 1920er-Jahre mit dem kulturellen Aufschwung, der Zwangskollektivierung, der Vernichtung des ukrainischen Dorfes über die tragischen 1930er-Jahre. Die Repressionen und der Massenmord an der ukrainischen Intelligenz sowie der Holodomor werden ebenso dargestellt wie die deutsche Besatzung der Ukraine und das ukrainische Exil in Deutschland und Nordamerika bis Ende der 1970er-Jahre.

Nach dem Krieg propagierte Samčuk eine „große Literatur" als Programm in der „Ukrainischen Kunstbewegung" (MUR). Damit meinte er einen konservativen Modernismus, der die linke Avantgardeliteratur ebenso ablehnt wie die sowjetukrainische Literatur – diese beiden Richtungen waren aus Samčuks Sicht auf fatale Weise blind für die nationale Dimension der Literatur. Samčuk betrachtete die „große ukrainische Literatur" als integralen Teil des nicht-sozialistischen europäischen Kulturkanons.

Vasyl' Barka – Mystiker und Augenzeuge des Holodomor

Der ukrainische Exil-Dichter Ihor Kostec'kyj (1913–1983), Mitglied von *MUR* und bis heute eine Art Geheimtipp der ukrainischen modernistischen Literatur, erhob Vasyl' Barka (1908–2003) zur Pflichtlektüre jedes ukrainischen Schriftstellers. Dabei war nicht entscheidend, dass Barka den vielleicht bekanntesten Roman über den Holodomor (*Der gelbe Fürst*) geschrieben hatte, sondern die Wort- und Bildgewalt seiner Dichtung.

Vasyl' Barka (eigentlich Vasyl Očeretko) ist wie Ivan Bahrjanyj im gewissen Sinn ein Nachzügler der Generation der 1920er-Jahre, die der ukrainischen Literatur in vielerlei Hinsicht neue Wege bahnte und bis heute viel gelesene, ebenso ansprechende wie anspruchsvolle Texte hervorbrachte. Barka debütierte 1930 mit dem Gedichtband *Wege* (Šljachy), der an die frühen Werke Pavlo Tyčynas erinnert und prompt mit dem damals einschüchternden und bedrohlichen Vorwurf des bourgeoisen Nationalismus und religiösen Traditionalismus in der *Literaturna hazeta*, dem ukrainischen Parteiorgan für Literatur und Kultur, abgekanzelt wurde. Barka befand sich zu dem Zeitpunkt – nach einem Konflikt mit einem Parteifunktionär aus der Region Luhansk – bereits im Kuban. In dieser an die Ukraine grenzenden Region Russland mit einem in den 1930ern noch großen ukrainischen Bevölkerungsteil arbeitete er als Lehrer für Geschichte und Literatur am Pädagogischen Institut in Krasnodar und erhielt später eine Stelle als wissenschaftlicher Mitarbeiter im Kunstmuseum Krasnodar. Aufgrund der Kritik an seinem Gedichtband musste Barka auf einer Sitzung des Verbandes proletarischer Schriftsteller des Kuban (einer der wenigen Filialen des russischen Verbandes proletarischer Schriftsteller *RAPP* für ukrainische Autoren) öffentlich Selbstkritik üben, die akzeptiert wurde. Zwei Jahre später erschien in Charkiv Barkas zweite Gedichtsammlung *Werkstätten* (Cechy, 1932), die in den Augen der Kritiker mehr oder weniger dem bereits dominierenden Sozrealismus entsprach. Obwohl der Band besser aufgenommen wurde, zog sich Barka anschließend für fast 15 Jahre aus der Literaturszene zurück. Er heiratete eine seiner Studentinnen, die spätere tscherkessische Dramatikerin Natko Dovletchan; er selbst schrieb für die Schublade. Allerding brachte er sich wegen „konterrevolutionärer" Ausstellungen religiöser Gemälde im Kunstmuseum Krasnodar immer wieder in Gefahr.

Auf dem Höhepunkt des Holodomor 1933 war er zu Besuch bei seinem Bruder im Gebiet Poltava in der Zentralukraine. Er erlebte dort am eigenen Leib die Auswirkungen des Hungers. Mit Hilfe seines Bruders überlebte er und konnte in die benachbarte Region Kuban zurückkehren, wo es 1934 ebenfalls eine schwere Hungernot gab. Ende der 1930er-Jahre absolvierte Barka ein Promotionsstudium am Moskauer Pädagogischen Institut, das er mit einer Dissertation zu Dantes *Göttlicher Komödie* erfolgreich abschließen konnte. Danach erhielt er eine Stelle an der Universität Rostov, die er aber mit dem Beginn des Zweiten Weltkriegs aufgeben musste. Er folgte dem Aufruf, sich freiwillig zu melden, und wurde der schlecht bewaffneten „Narodnoe opolčenie" (eine Art Volkssturm) zugeteilt und schon kurz darauf bei einem deutschen Angriff auf Krasnodar verletzt. 1943 wurde er beim Rückzug der Deutschen noch zwangsmobilisiert und als Ostarbeiter nach Berlin gebracht. Dies führte zu einer lebenslangen Trennung von seiner Frau und zu einem jahrzehntelangen Abschied von seinem Sohn.

Um einer möglichen Deportation, Verurteilung und Hinrichtung in der Sowjetunion zu entgehen, schlug sich Barka Ende des zweiten Weltkriegs zu Fuß von Berlin nach Augsburg in die amerikanische Besatzungszone durch, wo er in einem Lager für Displaced Persons unterkam. Dort beteiligte er sich am ukrainischen Kulturleben in der Bundesrepublik, bis er 1950 in die USA auswanderte. In dieser Zeit publizierte Barka den Gedichtband mit dem Titel *Die Apostel* (Apostoly, 1946), mit dem er sich als herausragender Dichter in der Exilliteratur bewies: Religiös, mystisch und modern expressiv zugleich, mit christlichen und ukrainischen Folkloremotiven verwoben, ist der Band bis heute ein Beispiel eines christlichen Existenzialismus wie man ihn sonst aus der tschechischen Exilliteratur (Jan Čep) oder der französischen katholischen Literatur (Georges Bernanos, Paul Claudel) der 1930er bis 1950er-Jahre kennt. Die Leitmotive der Sammlung sind die in der Exilliteratur häufig anzutreffenden *topoi* Sehnsucht nach der Heimat und Suche nach spiritueller Orientierung. Dazu kommen im Kontext des Kriegsendes Reflexionen über die Schrecken und Traumata des Krieges. Es folgten weitere vielbeachtete mystisch-spirituelle Lyrikbände wie *Göttliches Morgengrauen* (Bilyj svit, 1947), in dem in der Verschmelzung von symbolistischen Klangbildern Pavlo Tyčynas Einfluss deutlich spürbar ist. Im Mittelpunkt steht hier die Natur, das unberührte, irdische Paradies, ein Abglanz göttlichen Segens für die Menschen, helle Erinnerung an die verlorene, ferne Heimat. Es folgten weitere vergleichbar gestimmte Lyrikbände wie *Ein Psalm vom Taubenfeld* (Psalom holubynoho polja, 1958) und der auch ins Deutsche und Französische übersetzte Band *Trojandenroman* (Okean I). In der Emigration wertete man Barkas dichterische Sprache, die voller Archaismen, selten verwendeter Wörter, neuer Formen alter Wörter und vor allem Neologismen war, als beeindruckende Alternative zur sowjetukrainischen Spracharmut. Oder wie Jurij Šerech (Jurij Ševel'ov) es formulierte: „Die Poesie von Vasyl' Barka ist Ausdruck einer Weltanschauung, welche die überzeitliche Essenz der ukrainischen Welt mit den Mitteln synchronisierter Zeitachsen und Perspektiven zu enthüllen versucht. Diese Suche deckt sich formal mit der Suche der zeitgenössischen westlichen Dichtung und Kunst im Allgemeinen, folgt ihr aber nicht. Sie erwächst aus dem Fundament des ukrainischen Mittelalters, wie es in schriftlichen Texten und in der Volkskunst erhalten blieb."

Barka begann im nordamerikanischen Exil ab den 1950er-Jahren auch Prosa zu veröffentlichen, wie den ironischen Roman *Paradies* (Raj, 1953), in dem ein Sozialist das Arbeiter- und Bauernparadies der UdSSR erkundet, oder den Versroman *Zeuge der sechsflügligen Sonne* (Svidok dlja soncja šestykrylych, 1981), der mit biblischer Symbolik aufgeladen ist und das problematische menschliche Verständnis der Absichten des Schöpfergottes reflektiert.

Einen besonderen Platz im Kanon der ukrainischen Literatur erschrieb sich Barka jedoch als Autor des Romans *Der gelbe Fürst* (Žovtyj knjaz, 1962). Die Titelfigur ist eine Anspielung auf den vierten apokalyptischen Reiter in der Offenbarung des Johannes. Dieser Holodomor-Roman diente auch als Vorlage zahlreicher weiterer Werke in Literatur, bildender Kunst und Film. Im Vorwort zur Neuausgabe des *Gelben Fürsten* im Jahr 1989 schrieb Barka: „Für den Stoff des Romans *Der gelbe Fürst* dienten als Grundlage die im Laufe eines Vierteljahrhunderts gesammelten Details, Dokumente, vom Beginn der Tragödie bis zum Beginn der Gestaltung des Textes im Jahr 1958. Der inhaltliche Hauptteil setzt sich überwiegend aus persönlichen Eindrücken zusammen; der Hunger war schwer zu ertragen, eine völlige Entkräftung war die Folge mit einer Unzahl offener, bei jeder Bewegung blutender Gefäßwunden, aus welchen eine bräunliche Flüssigkeit sickerte. Die Haut auf den Beinen platzte, eine glitschig blutige nackte Wunde entstand. Jeder Schritt war eine Qual, manchmal musste man sich an eine Mauer oder einen Zaun lehnen, an dem schon viele nicht mehr atmende Mitmenschen lagen. Man dachte – das ist nun schon das Ende! – doch aufgrund der unendlichen Güte Gottes gelang es zu überleben, mag sein, um Zeugnis abzulegen, über all das, was geschehen war."

Im Mittelpunkt des Romans steht die detaillierte Schilderung der Leiden der Bauernfamilie Katrannyk. Auch das Schicksal anderer Bewohner des Dorfes Klenotoči und nahe gelegener Dörfer wird erzählt. Die hungernden Männer, Frauen und Kinder in den eigenen Dörfern, die von Spezialeinheiten und fanatisierten Komsomolzen von der Außenwelt isoliert werden, die verzweifelte Suche der Menschen nach Nahrung und die Willkür der Täter wird auf fast naturalistische Weise veranschaulicht. Die Protagonisten aus der Familie Katrannyk kommen einer nach dem anderen auf der Nahrungssuche um. Nur der Jüngste überlebt am Ende. Die bewusst nüchterne Schilderung des Grauens hätte jedoch keine solche emotionale Wirkung beim Lesepublikum entfaltet, wenn dieser nackte Realismus nicht durch subtile Innenansichten konterkariert worden wäre. So werden die Ereignisse des Romans von den Katrannyks oft sehr emotional reflektiert, zuweilen auch aggressiv und mit einem deutlich moralischen Gestus.

Die metaphysische Dimension des Romans ist in einem „heiligen Kelch" symbolisiert, der vor der Beschlagnahmung durch die Sowjets von den Dorfbewohnern gerettet und dem Familienvater Myron Katrannyk zur Aufbewahrung anvertraut wurde. Sehr anschaulich erscheint diese Symbolik in der Szene, als der sterbende Myron Katrannyk von einem Parteibevollmächtigten verhört wird, der ihm Weizen und Mehl im Austausch von Informationen über den „heiligen Kelch" verspricht – allerdings bleibt Myron Katrannyk standhaft. Die Szene spielt offensichtlich auf die biblische Geschichte von der Versuchung des an Hunger und Durst leidenden Jesus in der Wüste durch den Teufel an. Die metaphysische Dimension wurde von Barka selbst als Teil eines gewaltigen Kampfes zwischen Gut und Böse konzipiert, der mit dem Holodomor apokalyptische Züge annahm.

Aus seinen Notizen wird spürbar, wie schwer es Barka fiel, das Unsagbare dieses Traumas nicht nur in Worte zu fassen, sondern auch eine Geschichte dafür zu finden, die das Grauen, wenn schon nicht verständlich, so doch spürbar und hörbar machen konnte. Für die Komposition des Romans wählte er drei Fixpunkte: Erstens zeigt er das faktische Geschehen, realistisch, nüchtern dargestellt am Schicksal einer kleinen Bauernfamilie, wobei die verzweifelte Suche nach etwas Essbarem und die wiederholten Hausdurchsuchungen durch die unmenschlichen sowjetischen Täter im Mittelpunkt stehen. Zweitens zeichnet er psychologische Portraits einzelner Protagonisten, deren Bewusstsein sich während der Katastrophe deformiert. Drittens entwirft er eine metaphysische Dimension, in der die Zerstörung der Sinnhaftigkeit menschlichen Daseins als transzendentes Ereignis, als eine göttliche Prüfung erkennbar wird. Das Leiden wird so im Nachhinein mit einem religiösen Sinn ausgestattet. Barka stattet den Holodomor mit einer erträglichen und erzählbaren Geschichte aus, in der die Opfer zu Helden werden.

Auch in seinen Essays, die, wie Solomija Pavlyčko treffend bemerkte, eher Predigten sind, erscheinen all die Kriege, Völkermorde, der moralische Verfall und die Umbrüche des 20. Jahrhunderts letztlich als Zeichen der Apokalypse.

Der Dichter aus der Hölle: Todos' Osmačka

Todos' Osmačka (1895–1964) stammt aus der Region Čerkasy. Er gehört wie Valer'jan Pidmohyl'nyj oder Mykola Chvyl'ovyj zur Generation jener jungen hoffnungsvollen Ukrainer, die Anfang der 1920er-Jahre aus den zentral- und ostukrainischen Regionen nach Kyjiv oder Charkiv strömten, um nach den Kriegswirren am historischen Aufbruch der ukrainischen Gesellschaft teilzunehmen – allerdings auch, um dem Hunger jener Jahre zu entfliehen. Über diese Kämpfe und die Hungersnot nach der Revolution verfassten nicht nur Pidmohyl'nyj oder Chvyl'ovyj, sondern eben auch Todos' Osmačka beeindruckende Texte.

Nach einem Pädagogikstudium unterrichtete Osmačka an verschiedenen Schulen in Kyjiv. Zugleich verfasste er vom Symbolismus inspirierte Gedichte, die in den zwei Gedichtbänden *Der Abhang* (Kruča, 1922) und *Skythische Feuer* (Skytski vohni, 1925) erschienen. In ästhetischer Hinsicht stand seine Lyrik der klangmalerischen Dichtung eines Pavlo Tyčnyna nahe und unterschied sich von der revolutionär-proletarischen Dichtung eines Volodymyr Sosjura oder Majk Johansen. Osmačka war wie Pidmohyl'nyj, Kosynka oder Plužnyk ein parteiloser Autor. Er schloss sich der Dichtergruppe *Lanka* und später MARS an. Er stand auch den Neoklassikern nahe. Die künstlerische Programmatik von *Lanka* und später auch MARS war für Osmačka attraktiv, weil sie sich auf die ästhetische Funktion der Literatur fokussierte und sich von den ideologischen und insbesondere den volksaufklärerischen Aufgaben distanzierte. Anderseits lehnte Osmačka die Loyalität von *Lanka* und MARS gegenüber dem Sowjetsystem zunehmend ab. Vor dem Hintergrund der Einführung des ersten Fünfjahresplans und der beginnenden Zwangskollektivierung der ukrainischen Landwirtschaft erschien 1929 sein Gedichtband *Klekit* (Das Brodeln), der die Zerstörung des ukrainischen Dorfes in Form von symbolischen Prophezeiungen mit wilden, expressionistischen Bildern beschwor. Natürlich lief solche Dichtung den Vorstellungen der Parteiliteraten zuwider und rief harsche Kritik hervor. Die Repressionen gegen Kunst, Literatur und Wissenschaft setzten in der Ukraine bereits Ende 1929 ein. Um bösartigen Denunziationen als „Volksfeind" oder „bourgeoiser Nationalist" in literaturkritischen Artikeln zu entgehen, beschloss Osmačka, in die westukrainischen Gebiete im neugegründeten polnischen Staat zu emigrieren. Er wurde allerdings noch vor seiner Abreise verhaftet und sollte nach Sverdlovsk gebracht werden. Unterwegs gelang ihm jedoch die Flucht und er machte sich wieder Richtung Polen auf.

Er wollte die Sowjetukraine unbedingt verlassen, da er sich keine Illusionen über die weitere politische Entwicklung machte. Doch er wurde abermals verhaftet und wegen Spionage ins Gefängnis gesperrt. In Erwartung seiner Hinrichtung fasste er den Entschluss, sich geisteskrank zu stellen, und er wurde tatsächlich in ein psychiatrisches Krankenhaus in Kyjiv verlegt. Diese surreale Geschichte beschrieb er später sehr anschaulich in seinem Roman „Die Rotunde der Seelenfresser" (*Rotunda dušohubciv*, 1956). Doch auch der Geheimdienst trieb sein Spiel mit ihm. So wurde er freigelassen, wieder verhaftet, einmal kam er sogar nach Moskau ins berüchtigte Butyrka-Gefängnis. Nach einer weiteren taktischen Verhaftung kam er abermals frei, danach tauchte er unter, verschwand, versteckte sich, wo immer er konnte. Er lebte auf der Straße, kurzzeitig bei Freunden, in abgelegenen Dörfern. Mehrere Jahre befand er sich in der Illegalität. Das änderte sich erst mit der deutschen Besatzung der Ukraine. 1942 kam er mit dem noch unvollendeten Roman in Versen *Der Poet* (Poet) im Gepäck in L'viv an. Hier beteiligte er sich am lebendigen literarischen Leben und erholte sich körperlich, aber die Gefangenschaft und die Folter in sowjetischen Gefängnissen und psychiatrischen Anstalten prägten sein ganzes Leben. Er wurde zunehmend krankhaft misstrauisch, zog sich zurück und fürchtete überall und jederzeit einen Anschlag des NKVD, verkehrte kaum mehr mit anderen. In L'viv veröffentlichte Osmačka seine vierte Gedichtsammlung, *An die Zeit-*

genossen (Sučasnykam, 1943), die vom Schriftstellerverband in L'viv mit einem Preis und einer Geldprämie ausgezeichnet wurde.

Ende 1944 emigrierte Osmačka wegen des raschen Vorrückens der Roten Armee in Richtung Westen. Wie Samčuk und viele andere wollte er in die amerikanischen Zonen Deutschlands und Österreichs gelangen. Osmačka kam zusammen mit Samčuk nach Bayern und beteiligte sich aktiv an der literarischen Emigrantenorganisation *MUR* (Ukrainische Kunst-Bewegung). Während seiner Zeit in Bayern erschienen neben weiteren Lyrikbänden die Erzählung „Mentale Entspannung" (Psychyčna rozrjadka, 1948), die Novelle „Der Weise" (Mudrec', 1947) und die Skizze „Der Künstler" (Mytec', 1947). Osmačka lebte zurückgezogen in Armut und litt an psychischen Problemen. In der *MUR*-Zeit vollendete und publizierte er seinen Versroman *Der Poet* (Poet, 1947) mit einer ansprechenden graphischen Gestaltung des Künstlers Mychajlo Dmytrenko. Das Werk wurde von der Literaturwissenschaftlerin Nila Zborovs'ka als Höhepunkt von Osmačkas dichterischem Werk bezeichnet: „Das Hauptthema – die Jagd auf den Menschen, auf seine Freiheitsliebe, seinen Patriotismus, sein Talent – entrollt sich in dem Poem zu einem breiten Panorama". Und Vasyl' Barka, der selbst sprachgewaltig apokalyptische Bilder heraufzubeschwören verstand, hebt hervor, dass das Schicksal des Protagonisten den Niedergang der ursprünglichen Heimat und des kulturellen Kerns des christlichen Volkes veranschauliche. Diese unerträgliche Tragödie werde als universelle Katastrophe dargestellt.

Im Exil entfaltete Osmačka sein Talent in drei faszinierenden Prosawerken: *Der ältere Bojar* (Staršyj bojaryn, 1946), *Der Plan für den Hof* (Plan do dvoru, 1951) und *Die Rotunde der Seelenfresser* (1956).

Im Roman *Der ältere Bojar* lebt die Ukraine um die Jahrhundertwende in ihren sozialen und kulturellen Widersprüchlichkeiten wieder auf. Osmačka reflektiert hier, wie sich das Individuum zwischen Tradition und Innovation zurechtfinden muss. Laut Jurij Ševel'ov zeichnet Osmačka in diesem Roman ein synkretistisches Bild der Heimat als „sonniges Land einer Dichtervision". Zugleich sei diese Vision tragisch, weil der ukrainische Mensch in diesem widersprüchlichen Mikrokosmos existenziell einsam und dem Untergang geweiht ist. Der Roman verfügt über eine bemerkenswerte erzählerische Anlage: Auf der ersten Erzählebene wird die Vision des frühen 20. Jahrhunderts gestaltet, während auf einer zweiten Ebene bereits im Rückblick die Widersprüche und die Deformation dieser Vision reflektiert werden. Dennoch gibt es auch eine optimistische Note, weil das einsame Individuum an der Schwelle zu einer neuen Zeit zu seinem ursprünglichen Selbst zurückkehren muss, um seine verlorene Seele zu finden. Das ästhetische Ideal inmitten eines harmonischen Universums ist für den älteren Bojaren das traditionelle ukrainische Dorf, so, wie es vor den Katastrophen des 20. Jahrhunderts existierte. Damit gibt es deutliche Schnittpunkt zu den Überlegungen anderer *MUR*-Autoren wie Vasyl' Barka und Ulas Samčuk zu einer konservativen – bei Barka und Osmačka auch stark religiös gefärbten – Moderne. Allerdings ist Samčuk für gesellschaftliche und politische Innovationen deutlich aufgeschlossener als Osmačka.

Im Roman *Der Plan für den Hof* verarbeitet Osmačka die Zerstörung des ukrainischen Dorfes zu Beginn der 1930er-Jahre. Der Roman setzt sich aus mehreren Erzählungen zusammen, die lose durch die Themen Kollektivierung und Holodomor verknüpft sind. Osmačka schildert Geschichten voller Grauen und Angst: Die Seele der Protagonisten wird zerfressen, ihre Körper zerfallen durch Hunger. Verfolgungswahn und ein Gefühl der Ausweglosigkeit sind die vorherrschenden Emotionen. Am dramatischsten kommt diese Haltung bei den weiblichen Handlungsfiguren zum Ausdruck. Osmačka schreibt im Vorwort zur Erstausgabe 1951: „Volodymyr Vynnyčenko sagte in einem seiner Briefe an mich, es sei notwendig, eine Geschichte oder einen Roman über die von den Kommunisten verursachte Hungersnot in der Ukraine zu schreiben. Und als ich darüber nachdachte, stieß ich auf die bolschewistische Formel ‚Plan für den Hof'. Er betraf zunächst die wohlhabenden Dorfbewohner, dann auch die mittleren und Kleinbauern und schließlich sogar die Armen. Der Plan bestand im Wesentlichen darin, die Menschen nur mit einem Hemd bekleidet aus dem Haus zu vertreiben. Alles, was dort zurückblieb, wurde vom Dorfsowjet konfisziert. Die Vertriebenen starben entweder vor Hunger oder flüchteten in den Donbas … Es handelt sich um eine metaphorische Geschichte über den Verfall eines ukrainischen Dorfes, das durch Kollektivierung und Hungersnot verwüstet wird und in dem die Ukrainer zu überleben versuchen. Am Ende verlieren sie den Sinn für den Unterschied zwischen Gut und Böse, und der Instinkt übernimmt die Kontrolle über sie."

Dem Roman über den Holodomor folgte mit der *Rotunde der Seelenfresser* ein Roman über den Sowjetterror. Dieses Werk beschreibt die sowjetischen Gefängnisse und dokumentiert ihre zerstörerischen Auswirkungen sowohl auf den Einzelnen als auch auf die Gemeinschaft der Häftlinge. Osmačka erzählt aus eigener Erfahrung: Er hatte diese Hölle selbst gesehen, konnte aber entkommen. Dieser bedrückende und zugleich sehr lesenswerte Roman weist Parallelen zu Bahrjanyjs Lagerliteratur auf. Es gibt aber einen wichtigen Unterschied: Bahrjanyj verwandelt – etwas vereinfacht gesagt – das Trauma der Verfolgung, Gefängnis- und Lagerhaft von einer Opfergeschichte zu einer Heldenerzählung. Bei Osmačka verwandelt sich das Trauma in Paranoia und andere mentale Störungen. Das menschenfeindliche Sowjetsystem wird in der *Rotunde der Seelenfresser* mit einer eigenwilligen Sprache in expressiven Bildern und Metaphern entlarvt. Osmačka offenbart hier die Abgründe des tragischen Schicksals der ukrainischen Nation am Beispiel eines Einzelnen.

Osmačka war die Hälfte seines Lebens auf der Flucht. Er fühlte sich ständig vom sowjetischen Geheimdienst verfolgt und bedroht. Nach der Emigration nach Deutschland und später in die USA wollte sich Osmačka auf sein literarisches Schaffen konzentrieren. Er tourte durch Nordamerika, war häufig auf Lesereisen in ukrainischen Exil-Gemeinden, aber nirgends hielt es ihn für längere Zeit. Er kehrte nach Europa zurück und bereiste Frankreich und Jugoslawien. Schließlich zog er wieder nach München. Dort brach er 1961 aufgrund einer plötzlichen Nervenlähmung auf der Straße zusammen. Nach einem Aufenthalt in einem Münchner Krankenhaus wurde er mit Hilfe der ukrainischen Diaspora in ein New Yorker Krankenhaus verlegt, wo er 1962 starb. Der ukrainische Autor und

Literaturwissenschaftler Mychajlo Slabošpic'kyj verfasste über Osmačka eine Roman-Biographie *Der Dichter aus der Hölle* (Todos' Osmačka. Poet iz pekla, 2003).

Die New Yorker Gruppe

Nach der Auflösung der Vertriebenenlager in Westdeutschland kam es zwischen 1948 und 1950 zu einem massiven Migrationsstrom von Ukrainern nach Lateinamerika, Kanada und in die Vereinigten Staaten. Die literarischen und organisatorischen Zentren der ukrainischen Diaspora verlagerten sich nach Amerika. In den frühen 1950er-Jahren bildete sich in New York ein Milieu lose miteinander verbundener ukrainischer Exildichter. Die New Yorker Gruppe war der letzte wirkliche Versuch einer Gruppe ukrainischer Intellektueller, sich als Schicksalsgemeinschaft zu organisieren und ihrer gegenwärtigen Situation einen kulturellen Sinn zu stiften. Ihre jungen Mitglieder, die ihre intellektuelle Ausbildung außerhalb der Ukraine erhalten hatten, boten sich als generationsübergreifende Alternative zu den starren Konfigurationen eines „literarischen Olymps" an, der vom Konservatismus der ehemaligen Prager Schule (Jevhen Malanjuk) und den Überbleibseln der *MUR* (Jurij Ševel'ov und Volodymyr Deržavyn) beherrscht wurde. Wenn das Selbstverständnis eines emigrierten Schriftstellers wie Jevhen Malanjuk „aus der Erfahrung der Niederlage und der Desillusionierung" (George Grabowicz) geboren wird, dann sollte die New Yorker Gruppe als Ergebnis einer kulturellen Verdrängung betrachtet werden, die mit einem Neubeginn einher geht.

Die New Yorker Gruppe, in der unterschiedliche Persönlichkeiten mit verschiedenen Werten und künstlerischen Erfahrungen zusammenfanden, lehnte traditionelle Ausdrucksformen ab. Sie bekämpfte die Rückständigkeit der ukrainischen Poesie, wobei sie die für die *MUR* typischen Forderungen nach Realismus und politischem Engagement ablehnte. Wie andere Avantgarde-Bewegungen, die in der zweiten Hälfte des 20. Jahrhunderts aufkamen, teilte die Gruppe mit den historischen Avantgarden ein innovatives Selbstverständnis, doch fehlte ihr die Vision einer sozialen und politischen Transformation. In einem aktiven Dialog mit Autoren wie Arthur Rimbaud, T.S. Eliot, E.E. Cummings oder Pablo Neruda nutzte die Gruppe die Zwischenräume zwischen der Moderne und der aufkommenden Postmoderne, um neue Ausdrucksformen und ein neues Bewusstsein zu entwickeln. Dazu gehörten die Aufspaltung des schreibenden Subjekts, die Lockerung der symbolischen Werkeinheit und die Auffassung, dass die Wirklichkeit als lesbarer Text erscheint. In dieser Hinsicht führten die historischen und kulturellen Umstände des Erscheinens der New Yorker Gruppe zu einer Selbstdeutung als „aufgeschobene" oder „verspätete" Avantgarde. Gleichzeitig wiegte sich die Gruppe aufgrund der Leerstellen der „erschossenen Renaissance" in der durchaus avantgardistischen Illusion, ein noch unbesetztes künstlerisches Territorium zu erobern.

Die Gruppe schwebte zwischen zwei Welten – dem Mikrokosmos der ukrainischen Diaspora und dem Makrokosmos der amerikanischen Gesellschaft. Sie nahm ihren Anfang als Freundschaft zwischen Jurij Tarnavs'kyj und Bohdan Bojčuk, die sich Ende 1953 über den Maler Bohdan Pevnyj (1931–2002) kennenlernten. Zu Tarnavs'kyj und Bojčuk gesellten sich 1956 Ženja Vasylkivs'ka und die Amerikanerin Patricia Nell Warren, die im folgenden Jahr Tarnavs'kys Frau wurde und sich unter dem Pseudonym Patrycija Kylyna eine (vorübergehende) Identität als ukrainische Dichterin schuf. Emma Andijevs'ka (geb. 1931), die 1951 in München mit der Sammlung *Poeziji* (Gedichte) debütiert hatte, zog 1957 mit ihrer Mutter nach New York. Andijevs'ka – eine facettenreiche, egozentrische und widersprüchliche Persönlichkeit, die später stolz jede Verbindung zur Gruppe leugnete – stand bereits seit einigen Jahren in Briefkontakt mit Tarnavs'kyj und Bojčuk. Darüber hinaus gab es eine briefliche Beziehung zwischen Tarnavs'kyj und einem anderen Mitglied der Gruppe, Bohdan Rubčak, der in Chicago lebte. Vira Vovk (1926–2022), das letzte Mitglied der Gruppe, kam Ende 1959 aus Rio de Janeiro nach New York. Sie hatte bereits drei Gedichtsammlungen veröffentlicht: *Jugend* (Junist', 1954), *Der Leitstern* (Zorja providna, 1955) und *Elegien* (Elehiji, 1956), dessen „reiche südamerikanische Exotik" vom ehemaligen MUR-Mitglied und Literaturkritiker Volodymyr Deržavyn gelobt worden war. 1959 veröffentlchte die Gruppe die erste Ausgabe der Zeitschrift *Neue Gedichte* (Novi Poeziji), die bis zur Auflösung der Gruppe im Jahr 1971 zum Resonanzboden für ihre ästhetischen Orientierungen wurde.

In dieser Konstellation von Persönlichkeiten lässt sich kaum ein offizieller Theoretiker ausmachen, dem eine ideologische oder organisatorische Verantwortung zugeschrieben werden kann. Anders als bei der historischen Avantgarde gibt es keine einzelne Persönlichkeit, die als Katalysator für die intellektuellen und künstlerischen Erfahrungen der Gruppe diente. Tatsächlich trat New York selbst eher als geistiges Zentrum denn als physischer und geografischer Ort in Erscheinung. Stark vereinfachend können zwei Hauptstränge der Arbeit der sieben Dichter der New Yorker Gruppe unterschieden werden: Einerseits gab es eine offen – und zuweilen provokativ – experimentelle Richtung, die von Tarnavs'kyj und Andijevs'ka verkörpert wurde. Auf der anderen Seite gab es eine Linie, die versuchte, einen Teil der ukrainischen Literaturtradition (die „erschossene Renaissance") mit der europäischen Poesie des 20. Jahrhunderts zu versöhnen.

Jurij Tarnavs'kyj gilt als Inbegriff des Avantgarde-Experimentalismus. Er war ein radikaler Erneuerer, dessen Engagement für das Neue von der kosmopolitischen Atmosphäre des urbanen Amerika geprägt war. Er wurde 1934 in Turka, südwestlich von L'viv, geboren und emigrierte 1952 in die USA. Tarnavs'kyj experimentierte unermüdlich und erfolgreich mit verschiedenen Genres, Stilen und Sprachen. Ab 1971 begann er auch auf Englisch zu schreiben. Sein poetisches Debüt *Leben in der Stadt* (Žyttja v misti, 1956) zeichnet sich durch seine Aufmerksamkeit für alltägliche Stadterfahrungen und eine kultivierte „Fremdheit" in der Ausdrucksweise aus. Die Klarheit seines *vers libre* erinnert an die Poesie Hemingways und die kühne Interpunktion erinnert an die typografischen Experimente von E.E. Cummings. Die Prosagedichte „Erinnerungen" (Spomyny, 1964) und „Ohne Spanien" (Bez Espaniji, 1968) sind fragmentierte und surreale Texte, die von Rimbauds *Les Illuminations* inspiriert sind. Beide präsentieren dem Leser Bilder der Fragmentierung und Diskontinuität, die den modernistischen Grundsatz verraten, dass Poesie „schwierig sein muss" (T. S. Eliot). *Ja-Ja-Lieder* (Pisni je-je, 1967), *Die Fragebögen* (Ankety, 1968) und *Gedichte über nichts* (Poeziji pro niščo, 1968–1970) konzentrieren sich auf Gegenstände und triviale Alltagshandlungen, die auf übermäßig poetische und letztlich groteske Weise dargestellt werden. Die seltsamen syntaktischen Formen der Gedichte verstärken das Gefühl der Verdrängung des traditionellen lyrischen Subjekts, das zu einer bloßen grammatikalischen Funktion wird. Die Welt und das Selbst sind weder gegeben noch gewährt: Sie werden durch die Sprache zum Zeitpunkt des Schreibens selbst geschaffen. Deshalb konzentriert sich Tarnavs'kyj fast obsessiv auf Handlungen „im Werden".

Während Tarnavs'kyj das lexikalisch-syntaktische Gewebe der ukrainischen Sprache reduzierte und ausdünnte, erweiterte Andijevs'ka, die 1931 in eine russischsprachige Familie in der Region Donec'k geboren wurde, mit neobarockem Enthusiasmus ihr Ausdruckspotenzial. Mit ihrer „autochthonen ukrainischen" Stimme – wie die Kuratoren der Anthologie ukrainischer Emigrantenpoesie *Jenseits der Tradition* (Poza tradyciji) sie in idealer Opposition zum „westlichen" Tarnavs'kyj definierten – lag die Besonderheit von Andijevs'kas Poesie in der Verwendung russischer literarischer Quellen, insbesondere von Velimir Chlebnikov (1885–1922) und Marina Cvetaeva (1892–1941), mit denen sie den gebrochenen Fluss des Verses und den schamanischen Gebrauch der Worte teilte. Die semantische Unklarheit ihrer Gedichte veranlasste einige ihrer Kritiker, sie als die „erste ukrainische Surrealistin" zu bezeichnen.

Auf der konservativen Seite des poetischen und sprachlichen Spektrums steht Vira Vovk (Pseudonym von Vira Seljans'ka). Von den Mitgliedern der New Yorker Gruppe lebte Vovk am längsten in der Ukraine. Sie wurde 1926 in Boryslav geboren, besuchte das Gymnasium in L'viv und machte ihr Abitur in Dresden, wohin ihre Familie nach der sowjetischen Besetzung Galiziens 1939 geflohen war. Sie studierte in Tübingen Germanistik und Slavistik und emigrierte anschließend nach Brasilien, wo sie in vergleichender Literaturwissenschaft promovierte und bis zu ihrem Tod im Jahr 2022 lebte. Unter der Ägide der New Yorker Gruppe veröffentlichte sie die Sammlungen *Schwarze Akazien* (Čorni akaciji, 1961) und *Kappa Crucis* (Kappa chresta, 1969), die ihre Nähe zu den *Sechzigern* signalisierten. Ende der 1960er-Jahre, nach einer Kontroverse im Anschluss an ihren Besuch in der sowjetischen Ukraine, distanzierte sie sich von der New Yorker Gruppe.

Die Poesie von Rubčak und Bojčuk stellt einen „Mittelweg" in Bezug auf die Ausdrucksmöglichkeiten der Gruppe dar. Bohdan Rubčak (1935–2018) stammt aus der Westukraine und zog 1948 mit seiner Mutter nach Chicago. Sein literarisches Debüt gab er 1956 mit der Sammlung *Der steinerne Garten* (Kaminnij sad). Als raffinierter Kenner der russischen und ukrainischen Poesie – „der einzig wahre Dichter" der Gruppe, wie Ihor Kostec'kyj bemerkte – war Rubčak ein geschickter Schöpfer poetischer Masken und Autor von Versen, die von einem dichten Netz literarischer Reminiszenzen geprägt sind, in deren Mittelpunkt die Poesie von Mykola Zerov und Jevhen Plužnyk steht. Während die Welt von Vira Vovk, deren Verse von einer üppigen botanischen Phantasie und vom lebendigen Kontakt mit einer ursprünglichen Natur genährt werden, ist die künstlerische Landschaft von Rubčak ein „steinerner Garten". Seine kristallisierten Formen heben sich deutlich von der von Zerov in *Ad fontes* (Do džerel, 1926) erdachten „Welt der Kultur" ab.

Bohdan Bojčuk (1927–2017) stammt aus der Region Ternopil und emigrierte 1949 in die Vereinigten Staaten. Sein literarisches Debüt gab er 1957 mit *Die Zeit des Schmerzes* (Čas bolju), einer Sammlung, die den Einfluss der zeitgenössischen amerikanischen Poesie, insbesondere des Minimalismus von E.E. Cummings, verrät. Mit der New Yorker Gruppe veröffentlichte er die Sammlungen *Die Erde war eine Einöde* (Zemlja bula pustošnja, 1959), eine Anspielung auf Eliots *Das wüste Land* (The Waste Land), *Erinnerungen an die Liebe* (Spomyny liubovy, 1963); *Gedichte für Mexiko* (Virši dlja Mechiko, 1964) und *Die Reise der Körper* (Mandrivka til, 1967). Zusammen mit Rubčak gab er zwei Anthologien ukrainischer Emigrantengedichte heraus, *Koordinaten: Anthologie der zeitgenössischen ukrainischen Dichtung im Westen* (Koordynaty: Antolohija sučasnoji ukrajins'koji poeziji na zachodi, 1969) und *Jenseits der Tradition: Anthologie der modernen ukrainischen Poesie der Diaspora* (Poza tradiciji: Antolohija ukrajins'koji modernoji poeziji v diaspori, 1993).

Der traditionelle Ansatz der 1929 in Wolhynien geborenen Ženia Vasylkivs'ka wurde durch ihre akademische Ausbildung abgemildert. Sie emigrierte 1951 in die Vereinigten Staaten und studierte Romanistik an der Columbia University, wobei sie zahlreiche Motive der europäischen, insbesondere der französischen Moderne in ihr poetisches Schaffen einfließen ließ. Der französische Einfluss zeigt sich beispielhaft in ihrem 1959 erschienenen Debüt *Kurze Wege* (Korotki viddali). Sie war als Übersetzerin und im Verlagswesen tätig, beendete aber nach 1963 endgültig ihre literarische Tätigkeit und zog sich nach West Virginia zurück, wo sie 2021 starb.

Patrycija Kylyna (1936–2019) wurde in Montana als Patricia Nell Warren in eine Familie norwegischer und irischer Abstammung geboren. Nach ihrer Heirat mit Tarnavs'kyj lernte sie Ukrainisch und versuchte sich in dieser Sprache als Dichterin. Im Jahr 1960 veröffentlichte sie die Sammlung *Die Tragödie der Bienen* (Trahedija džmeliv), auf die *Legenden und Träume* (Lehendy i sny, 1964) und *Rosa Städte* (Roževi mista, 1969) folgten. Sie war fasziniert von der ukrainischen Kultur der Folklore – Rubčak bezeichnete sie als Dichterin „mythopoetischer" und „archetypischer" Formen. Sie wählte Ausdrucksformen, die dem lexikalisch-syntaktischen Minimalismus von Tarnavs'kyj ähnelten. 1973, nach ihrer Scheidung von Tarnavs'kyj, gab sie die ukrainische Literatur endgültig auf und erlangte als englische Prosaautorin einige Bekanntheit, insbesondere durch den Roman *The Front Runner* (1974), eine homosexuelle Liebesgeschichte.

Obwohl die Identität der Gruppe als Kollektiv hauptsächlich mit diesen sieben Dichtern identifiziert wird, traten nach 1965 einige Vertreter der jüngeren Emigrantengeneration der Gruppe bei und bildeten einen „zweiten Kreis", wie Tarnavs'kyj ihn nannte: Jurij Kolomyjec' (geb. 1930), Oleh Koverko (geb. 1937), Marko Carynnyk (geb. 1940), Roman Babowal (1951–2005), der in Belgien lebte, und Maria Rewakowicz (geb. 1962). Auf Jurij Kolomyjec' angewandt, ergibt der Begriff „junge Generation" Sinn, wenn man ihn auf sein poetisches Debüt *Die facettierte Sonne* (Grančaste sonce) bezieht, das 1965 erschien, ungefähr ein Jahrzehnt nach den Debüts von Tarnavs'kyj (1956) und Andijevs'ka (1951). Marko Carynnyk, dessen spärliches Werk nie in einem Band zusammengefasst wurde, war stark von der amerikanischen Literatur beeinflusst, während der 1951 im französischsprachigen Belgien geborene Roman Babowal keine der typischen Merkmale der New Yorker Gruppe teilte (z. B. das Interesse am Existenzialismus oder die Konzentration auf konkrete Details) und eher dem französischen Symbolismus zugeneigt schien. Außerdem hat er die anderen Mitglieder der Gruppe, mit denen er erst seit 1968 korrespondiert, nie persönlich getroffen.

Übersetzungen

Wassyl Barka: Der Gelbe Fürst. Übersetzung Maria Ostheim-Dzerowycz. Kyjiw 2019.
Elisabeth Kottmaier (Hg.): Weinstock der Wiedergeburt. Moderne ukrainische Lyrik. Mannheim 1957.

Weiterführende Literatur

Oswald Burghardt: Ukrainische Dichtung im Exil. In: Konrad Wais (Hg.): Die Gegenwartsdichtung der europäischen Völker. Berlin 1939, S. 455–463.
Maria Rewakowicz: Literature, exile, alterity. The New York group of Ukrainian poets. Boston 2014.

Literatur in der Sowjetukraine

16

Alessandro Achilli und Vera Faber

Mit dem im Jahr 1932 proklamierten Bann gegen sogenannte „formalistische" Strömungen mussten die modernistischen und avantgardistischen Bewegungen auch in der Ukraine endgültig ihre Aktivitäten einstellen. Inzwischen waren auch die meisten Gruppierungen unter Zwang aufgelöst worden. Auf die Blüte der Literatur in den 1920er-Jahren folgte in der Ukraine ein viele Jahre währendes kulturelles Vakuum. Das repressive Klima der späten 1920er-Jahre markierte nur den Anfang vieler weiterer kollektiver Traumata: Auf den Holodomor, die schwere vom Stalin-Regime verursachte Hungersnot der Jahre 1932/33, folgte der große Terror. Im Zweiten Weltkrieg hatte die Ukraine überdurchschnittlich viele Opfer zu beklagen. Die sowjetische Gesellschaft war lange Jahre zum Schweigen über diese Katastrophen verurteilt. Erst im Tauwetter nach Stalins Tod 1953 konnte dieses Tabu in gewissem Ausmaß gebrochen und in der Literatur thematisiert werden. Einige Überlebende des Stalinterrors flohen ins westeuropäische Exil, anderen blieb dagegen nur die innere Emigration oder das Ausweichen in politisch unverdächtige Arbeitsfelder. Daneben gab es aber auch Intellektuelle, die einen Weg fanden, sich mit dem Regime zu arrangieren. In den späten zwanziger Jahren war die offizielle Ukrainisierungspolitik an ein Ende gekommen. Die Literaturproduktion wurde zentralisiert. Nach der Gründung des sowjetischen Schriftstellerverbandes im Jahr 1934 wurde auch die sowjetukrainische Literatur verpflichtet, sich strikt an die verbindlichen Vorgaben des sozialistischen Realismus zu halten. Diese ästhetische Doktrin wurde offiziell als „Haupt-

---

A. Achilli (✉)
Slavistik, Universität Cagliari, Cagliari, Italien
E-Mail: alessandro.achilli@unica.it

V. Faber
ILOS, Universität Oslo, Oslo, Norwegen
E-Mail: publ@verafaber.com

methode der sowjetischen künstlerischen Literatur und Literaturkritik" bestimmt und forderte vom Künstler „eine wahrheitsgetreue, historisch konkrete Darstellung der Wirklichkeit in ihrer revolutionären Entwicklung. Wahrheitstreue und historische Konkretheit der künstlerischen Darstellung müssen mit den Aufgaben der ideologischen Umformung und Erziehung der Werktätigen im Geiste des Sozialismus abgestimmt werden". Als Doktrin sollte der sozialistische Realismus in allen Kunstgattungen Anwendung finden, wobei die Forderung nach einer „wahrheitsgetreuen Abbildung" bedeutete, dass die Künstler das sozialistische Gesellschaftssystem in glaubhafter Weise in einem günstigen Licht darstellen mussten. Kritische Abweichungen, die auch die tatsächliche Lebensrealität der Menschen berücksichtigten, wurden als „Sklaventum gegenüber den Tatsachen" sowie als antisowjetische Agitation gebrandmarkt. Zudem sollte die Literatur ihre Rolle beim Aufbau einer sozialistischen Gesellschaft und des damit verbundenen Kampfes gegen angebliche „nationalistische Abweichungen" akzeptieren. Thematisch und stilistisch bedeutete dies eine Uniformierung des Schreibens, eine Vorliebe für ideologischen Manichäismus mit bösen Saboteuren und positiven Helden sowie einen Akzent auf Verständlichkeit und Parteilichkeit. Der sozialistische Realismus erreichte zwar in den Jahren bis Stalins Tod seine schärfste dogmatische Ausprägung, behielt aber offiziell bis zur Auflösung der Sowjetunion seine Geltungskraft.

Die Lyrik, die in den späten 1910er und den 1920er-Jahren mit dem gleichzeitigen Aufblühen des Spätsymbolismus und mehrerer Avantgarde-Bewegungen einen bedeutenden Aufschwung erlebt hatte, wurde durch die dekretierte staatliche Ästhetik hart getroffen. Das markanteste Beispiel für den neuen Ton in der Dichtung der 1930er-Jahre ist Pavlo Tyčynas Gedichtsammlung *Die Partei führt* (Partija vede, 1933). Ein gleichnamiges Kurzgedicht wurde erstmals in der ukrainischen Ausgabe der *Pravda* im November 1933 veröffentlicht. In den späten 1910er-Jahren war Tyčyna mit einer Poesie, in der er die berauschende Musikalität des Symbolismus mit der Energie des historischen Wandels verband, zum Sänger der Revolution geworden. In den 1920er-Jahren nahm er eine sehr zwiespältige Position ein und bemühte sich um ein Gleichgewicht zwischen ästhetischer Autonomie und Engagement für den neuen politischen Kurs. In den 1930er-Jahren wurde er zu einer der führenden Stimmen der Sowjetmacht und des sozialistischen Realismus, auch wenn George Grabowicz die Komplexität seiner Poetik seit Mitte der 1920er-Jahre hervorhebt. Sie war nicht so geradlinig und ideologisch eindeutig, wie es auf den ersten Blick scheinen mag.

Zwischen den späten 1920er und den 1930er-Jahren gelang es einigen wichtigen Stimmen, die jüngste Tradition der postrevolutionären ukrainischen Dichtung am Leben zu erhalten, wobei insbesondere Svidzins'kyj und Plužnyk zu den bedeutendsten Vertretern der freien ukrainischen Dichtung der 1920er- und 1930er-Jahre zählen.

Volodymyr Svidzins'kyj (1885–1941), der als Archivar und Redakteur arbeitete, exponierte sich nicht politisch und konnte sich auch im rauen stalinistischen Klima der 1930er-Jahre seine künstlerische Unabhängigkeit bewahren. Der letzte Gedichtband, der zu seinen Lebzeiten veröffentlicht wurde, erschien 1940 in L'viv, das kurz zuvor von der Sowjetunion annektiert worden war. Im folgenden Jahr starb Svidzins'kyj in Charkiv, nachdem ihn der sowjetische Geheimdienst NKVD verhaftet hatte – wenig später wurde die Stadt von den deutschen Truppen besetzt. In seinem Essay mit dem Titel *Verschwundenes Aufblühen der Persönlichkeit* (Znykome rozcvitannja osobystosti, 1971) sieht Vasyl' Stus Svidzins'kyj als Beispiel für einen „Dichter in seiner reinsten Form", dem er indirekt Tyčyna als Opfer der Geschichte gegenüberstellt.

In den 1940er-Jahren und bis zu Stalins Tod erlebte die ukrainische Lyrik eine Phase des Verfalls. Immerhin gelang es einigen Schriftstellern während des Zweiten Weltkriegs, hochstehende lyrische Texte zu schreiben und zu veröffentlichen. Diese Gedichte hätte man in den dreißiger Jahren als verdächtig oder unangemessen empfunden. So schlug Tyčyna in seinem Gedicht „Die Bestattung eines Freundes" (Pochoron druha) aus dem Jahr 1942 einen elegischen Ton an, der nur stellenweise von Versatzstücken der Kriegspropaganda durchbrochen wird. Nach dem Sieg über den Nationalsozialismus und der Errichtung des Eisernen Vorhangs unterdrückte die sowjetische Kulturpolitik Abweichungen von der Norm wieder gnadenlos.

Der sozialistische Realismus und die Verstaatlichung der Literatur

Im frühen sozialistischen Realismus dominierten die Themen Revolution, Bürgerkrieg und kommunistischer Aufbau. Darüber hinaus spielten in der Prosa und der Dramatik auch historische Motive eine wichtige Rolle. Die meisten der in dieser Zeit entstandenen Werke sind allerdings von untergeordneter Bedeutung, nicht nur wegen ihrer eindeutig ideologischen Aufladung, sondern auch aufgrund ihrer mangelhaften literarischen Qualität. Im Bereich des Dramas war Oleksandr Kornijčuk (1905–1972) besonders einflussreich. Sein Stück *Bohdan Chmel'nyc'kyj* verknüpft den Mythos rund um den Kosaken-Hetman mit den Idealen des kommunistischen Aufbaus und der werktätigen Klasse. Diese verzerrte Wiedergabe der historischen Figur Chmel'nyc'kyj war in der Prosa des ukrainischen sozialistischen Realismus ein besonders beliebtes Motiv, weil sich damit auch die Idee der „Wiedervereinigung der Ukraine mit Russland" illustrieren ließ. In der Prosa gilt Jakiv Kačuras (1897–1943) Erzählung *Ivan Bohun* (1940) als erstes Werk, das den „Kampf des ukrainischen Volkes" unter Chmel'nyc'kyjs Führung gegen die polnische Szlachta im Sinne des sozialistischen Realismus auf propagandistische Weise thematisierte.

Während des Zweiten Weltkriegs wurden die Motive des sozialistischen Realismus um das Narrativ des Kriegshelden erweitert. Auch nach 1945 dominierten Kriegsromane die ukrainische Prosa. Zudem spielte die semidokumentarische Gattung der Kriegsberichterstattung eine wichtige Rolle. Vor diesem Hintergrund trat erstmals Oles' Hončar (1918–1995) literarisch in Erscheinung. Seine Kriegstrilogie *Die Bannerträger* (Praporonosci, 1947–1948) wurde gleich mit zwei Stalinpreisen ausgezeichnet. Ähnlich wie Tyčyna und Bažan besetzte auch Hončar wichtige kulturpolitische Ämter. 1959 wurde er Vorsitzender des sowjetukrainischen Schriftstellerverbandes. Sein zentrales Werk ist aber der 1968 publizierte Roman *Die Kathedrale* (Sobor). Der eigentliche Protagonist des Romans ist eine Kosakenkirche, die von mutigen Dorfbewohnern vor der Zerstörung gerettet wird.

Hončar erzählt diese Geschichte nach allen Regeln des sozialistischen Realismus: Die Charakterzeichnung ist ausschließlich schwarz und weiß, die Partei spielt eine führende Rolle, der positive Held, ein Metallurgie-Student, wird am Ende mit der Liebe seines Lebens belohnt. Doch hinter dieser Fassade war *Die Kathedrale* in einem zweifachen Sinn ein anstößiger Roman: Hončar schmuggelte hinter der sozrealistischen Fassade gleich mehrere verbotene Themen wie die Religion, die Umweltzerstörung und die ukrainische Nationaltradition in seinen Romantext. Nach dem Erscheinen des Werks organisierte ein lokaler Parteifunktionär in Dnipropetrovs'k eine Diffamierungskampagne gegen Hončar und verhinderte so die Übersetzung des Romans ins Russische. Allerdings regte sich aber auch bald Widerstand gegen dieses ideologisch motivierte Vorgehen der Behörden. Ein offener Brief der „schöpferischen Jugend aus Dnipropetrovs'k" kritisierte die Unterdrückung der ukrainischen Kultur und rief geschickt zu einer Rückkehr zu Lenins Idealen auf. Dieser Brief setzte eine mutige Aktion des Schriftstellers Ivan Dzjuba (1931–2022) fort, der 1965 in seinem langen Traktat „Internationalisierung oder Russifizierung" die Kulturpolitik der Sowjetführung gegenüber der Ukraine harsch kritisiert hatte. Auch Dzjuba stützte seine Argumentation stark auf Zitate der Klassiker des Marxismus und des Revolutionsführers Lenin. Sein Text zirkulierte im *Samvydav* (Selbstverlag) und wurde 1968 im Münchner Exilverlag *Sučasnist'* gedruckt. Wie Andrij Portnov gezeigt hat, konnte Hončar ironischerweise zunächst von dieser Affäre profitieren: *Die Kathedrale* erschien 1970 in einer deutschen Übersetzung in Hamburg – im Klappentext wurde der Verfasser in eine Reihe mit Pasternak und Solženicyn gestellt. Der Staat schlug erst mit einiger Verzögerung zurück, was auch mit der Ablösung von Petro Šelest als Erstem Sekretär der ukrainischen Kommunistischen Partei durch den Neostalinisten Volodymyr Ščerbyc'kyj im Jahr 1972 zusammenhing. Hončar musste 1971 vom Vorsitz des Schriftstellerverbandes zurücktreten, Dzjuba wurde 1972 verhaftet. Drei Verfasser des Briefes der „schöpferischen Jugend" wurden zu mehrjährigen Haftstrafen verurteilt.

Erstmals literarisch in Erscheinung trat in den 1940er-Jahren auch Oleksandr Dovženko (1894–1956), der zuvor als Regisseur mit Filmen wie *Zvenyhora* (1927), *Arsenal* (1929) und *Die Erde* (Zemlja, 1930) international hochdekorierte Avantgardefilme geschaffen hatte. Kritik an seinen Filmen, die teilweise von der Zensur als nationalistisch eingestuft wurden, zwangen ihn zu einer Übersiedlung nach Moskau, wo er auch persönlichen Umgang mit Stalin hatte. Der Diktator spazierte sogar nachts mit Dovženko durch Moskau. Dovženko folgte Stalins persönlichem Rat und drehte einen „ukrainischen *Čapaev*". Das Resultat war der linientreue Bürgerkriegsfilm *Ščors* (1939), in dem Petljura als Prototyp von Hitler und die Ukrainische Volksrepublik als deutsches Projekt dargestellt werden. Ab den 1940er-Jahren widmete sich Dovženko vor allem dem Schreiben. In seinen während des Zweiten Weltkriegs entstandenen Erzählungen thematisiert er das schwierige Leben in der Ukraine während des Krieges. Sein 1943 entstandenes Drehbuch *Die Ukraine in Flammen* (Ukrajina v ohni), in dem sich der Autor ebenfalls mit den Kriegswirren in der Ukraine befasst, wurde ebenfalls als nationalistisch klassifiziert und von der Zensur verboten. Wie viele andere Werke der ukrainischen Literatur konnte auch dieser Text schließlich erst nach dem Zerfall der Sowjetunion in ungekürzter Fassung gedruckt werden. Dovženkos Verhältnis zu Stalin blieb ambivalent. In seinem auf Russisch und Ukrainisch geführten Tagebuch notierte er am 27. Juli 1945: „Genosse Stalin, selbst wenn Sie Gott wären, würde ich Ihnen nicht glauben, dass ich ein Nationalist bin." Nach Stalins Tod klagte er: „Wie schade, dass man sein Leben nicht für ihn hingeben kann, damit er noch zehn weitere Jahre leben kann."

Autoren wie Petro Panč (1891–1978), der bereits in den 20er-Jahren durch seine affirmative Arbeit aufgefallen war, blieben dagegen der propagandistischen Arbeit treu. Auch Panč thematisierte in seinen frühen Arbeiten oft Bürgerkrieg und Revolution. In seiner in der Nachkriegszeit erschienenen historischen Novelle *Die Ukraine war in Aufruhr* (Homonila Ukrajina, 1958) greift er erneut den sowjetischen Mythos der russischen und ukrainischen Brüdervölker auf, die angeblich vom Kosakenhetman Chmel'nyc'kyj vereint wurden.

Pavlo Zahrebel'nyj (1924–2009) war ein führender Autor im sowjetischen Literaturbetrieb in der nachstalinistischen Ukraine. Er veröffentlichte zahlreiche erfolgreiche Romane, die in erster Linie Themen aus der ukrainischen Geschichte literarisch gestalten. Viele von ihnen wurden in der späten Sowjetukraine verfilmt. Auch in der unabhängigen Ukraine blieb er eine wichtige und respektierte Figur des öffentlichen Lebens.

Im Anschluss an den Zweiten Weltkrieg wurden auch die zuvor zu Polen, der Tschechoslowakei beziehungsweise Rumänien gehörenden Gebiete der Westukraine in die Sowjetukraine eingegliedert. Zahlreiche Ukrainer aus diesen Gebieten flohen vor der Sowjetherrschaft nach Westeuropa. Viele strandeten in den nach dem Krieg von den Alliierten unter anderem in Deutschland und Österreich gegründeten Vertriebenenlagern, den sogenannten *Displaced Persons Camps* (DP Camps). Die in der erweiterten Sowjetukraine verbliebenen Autoren mussten sich ebenfalls dem sozialistischen Realismus unterordnen.

Vasyl' Mysyk (1907–1983) debütierte in den 1920er-Jahren und nahm an der literarischen Diskussion an der Seite von *Pluh* teil. Als junger Dichter veröffentlichte er mehrere Bände, in denen sich die melancholische Auseinandersetzung mit dem Zeitgeist und den Herausforderungen der Gegenwart mit einer eher traditionellen poetischen Sprache verbindet. 1934 wurde er in Charkiv verhaftet und verbrachte die Jahre bis 1940 auf der nordrussischen Lagerinsel Solovki. 1941 wurde er zwangsmobilisiert und geriet auf der Krym in deutsche Kriegsgefangenschaft. Seine Rehabilitierung erfolgte erst im Jahr 1956. Er wurde von den Tauwetter-Dichtern bewundert und schrieb bis in die späten 1970er-Jahre hinein Gedichte und Prosa. Er ist vor allem durch seine Übersetzungen aus dem Englischen und Persischen in Erinnerung geblieben. Für die jüngere Dichtergeneration war er ein wichtiges Vorbild, weil er trotz des ideologischen Drucks ein angemessenes Maß an ästhetischer Freiheit bewahrte. Ähnlich wie Maksym Ryl's'kyj, mit dem er eine Vorliebe für die neoklassizistische Poetik teilte, bildet sein Werk eine Brücke zwischen den 1920er-Jahren mit ihrer schöpferischen Freiheit und der kulturellen Öffnung der Tauwetterperiode.

Das Tauwetter: eine vorübergehende Liberalisierungsphase

Der Tod Stalins 1953 leitete in der Sowjetunion eine Phase der Aufarbeitung der Stalinzeit ein, die auch mit der Erprobung einer neu gewonnenen, relativen künstlerischen Freiheit in der Literatur verbunden war. Die autobiografische Erzählung *Die verzauberte Desna* (Začarovana Desna), die zwar bereits 1955 von Oleksandr Dovženko geschrieben, aber erst 1956 postum und in zensierter Form veröffentlicht wurde, gilt als Schlüsselwerk und zugleich frühe Manifestation der ukrainischen Tauwetterliteratur. Dovženko erinnert sich darin an seine Kindheit am idyllischen Flüsschen Desna im Norden der Ukraine unweit der ukrainischen Stadt Černihiv. Er bricht hier mit der Norm des sozialistischen Realismus, indem er den magischen Mikrokosmos des ländlichen Lebens rund um die von ihm als magisch beschriebene Desna aus der subjektiven Perspektive eines Kindes hervorhebt. Den faktischen Beginn des Tauwetters markierte jedoch erst die berühmte „Geheimrede" von Nikita Chruščëv auf dem 20. Parteitag der KPdSU im Februar 1956. Der damalige sowjetische Parteichef rechnete mit dem Personenkult um Stalin ab und leitete eine Entstalinisierung ein, die allerdings ihre ideologischen Grenzen hatte.

Stalins Tod bedeutete für die ukrainische Lyrik die Möglichkeit, Stilformen und Themen zu reaktivieren, die zuvor undenkbar waren. Nach 1953 und erst recht nach 1956 emanzipierte sich die ukrainische Literatur – soweit möglich – vom ideologischen Korsett des Stalinismus. Die wichtigsten Veränderungen waren die Erneuerung des nationalen Themas, wenn auch eindeutig als Teil einer größeren, supranationalen sowjetischen Erzählung, und die Wiederentdeckung der Literatur als Plattform für die Erforschung der Subjektivität. Sowohl die etablierten älteren Dichter als auch junge Schriftsteller, die als die Generation der *Sechziger* (šistdesjatnyky) bekannt wurden, führten die ukrainische Literatur zu einer Wiedergeburt. Das gewaltsam unterdrückte modernistische Potenzial der ukrainischen Poesie konnte jedoch nicht vollständig freigelegt werden, weil die Literatur immer noch unter dem Stilimperativ des sozialistischen Realismus stand. Ein Schwerpunkt der *Sechziger* lag in der Lyrik, darüber hinaus entstanden in diesem Kontext aber auch neue Ansätze in der Prosa und im Drama.

Die ukrainische Dichtung musste sich zunächst so weit wie möglich entpolitisieren und eine neue lyrische Sprache erfinden, die nicht in den elitären Diskurs der Moderne zurückfiel, aber gleichzeitig die Errungenschaften der modernistischen Poetik wieder fruchtbar machte. Die Rückkehr zur Kombination von genuin lyrischen Elementen wie die Aufmerksamkeit für das Innenleben des Subjekts war ein erster, grundlegender Schritt zur Neuschaffung einer *echten* poetischen Sprache. Später distanzierten sich die so genannten *Post-Sechziger* (postšistdesjatnyky) von der sowjetischen Kunst, die die Poesie der *Sechziger* noch geprägt hatte, und wandten sich ganz der Moderne zu. In den Jahren vor dem Zusammenbruch der Sowjetunion war das allmähliche Wiederauftauchen vergangener und gegenwärtiger modernistischer Stimmen aus dem Untergrund die Voraussetzung für die Ausbildung der postmodernen ukrainischen Literatur.

Aufbegehren und Anpassung: die „Sechziger"

Lina Kostenkos (geb. 1930) Eintritt in die literarische Welt der poststalinistischen Ukraine wird allgemein als Sinnbild für die kulturelle Renaissance der späten fünfziger Jahre angesehen. Trotz eines Publikationsverbots zwischen 1962 und 1977 galt sie immer als zentrale Figur der ukrainischen Literatur. Sie konnte ihren Ruf als Symbol der frühen Tauwetterperiode wahren und wurde zur beliebtesten Schriftstellerin in der unabhängigen Ukraine, wie mehrere Meinungsumfragen unter ukrainischen Lesern in den 2010er-Jahren bestätigen. Als Absolventin des Moskauer Gor'kij-Literaturinstituts, wo sie von 1952 bis 1956 studierte, veröffentlichte Kostenko 1957 ihren ersten Gedichtband. Zwei weitere Gedichtbände mit den Titeln *Segel* (Vitryla) und *Wanderungen des Herzens* (Mandrivky sercja) folgten in den Jahren 1958 und 1961. Die Selbsterkundung des lyrischen Subjekts steht im Mittelpunkt der poetischen Welt der jungen Kostenko. Im Eröffnungsgedicht von Kostenkos Debütsammlung *Strahlen der Erde* (Prominnja zemli) (1957) betont das lyrische Subjekt den autonomen Charakter der Entdeckung der Welt. Zwischen 1957 und den 2010er-Jahren hat sie ungefähr zwanzig Bände veröffentlicht, darunter mehrere Gedichtbücher und einen erfolgreichen Roman mit dem Titel *Aufzeichnungen eines ukrainischen Verrückten* (Zapysky ukrajins'koho sumašedšoho, 2010). Hier beschreibt sie mit einem kritischen Blick die Geschichte und die gesellschaftlichen Verhältnisse in der Ukraine zwischen dem Zerfall der Sowjetunion und den frühen 2000er-Jahren.

Kostenkos dichterisches Debüt kann als eine der frühesten und deutlichsten Manifestationen der neuen literarischen Kultur ihrer Generation angesehen werden. Einige Jahre später, Anfang der 1960er-Jahre, erschienen weitere wichtige Gedichtbände, darunter Mykola Vinhranovs'kyjs Lyrikdebüt *Atompräludien* (Atomni preljudy) und der einzige Gedichtband von Vasyl' Symonenko, den er zu Lebzeiten veröffentlichen konnte, *Stille und Donner* (Tyša i hrim). Vinhranovs'kyj (1936–2004) begann bereits 1954 mit dem Schreiben von Gedichten, aber erst 1962 wurde sein erster Gedichtband veröffentlicht. Der Absolvent des Kyjiver Instituts für Theaterkunst war an mehreren sowjetisch-ukrainischen Filmprojekten beteiligt, die sich meist mit ukrainischen historischen Themen befassten. Während Vinhranovs'kyis spätere Poesie intimer wurde, ist seine Produktion der frühen 1960er-Jahre voll von sowjetischen Kampfparolen.

Vasyl' Symonenko (1935–1963) nimmt in der Mythologie der *Sechziger* als Märtyrer der ukrainischen Befreiungsbewegung einen besonderen Platz ein, weil er 1963 nach einer Nierenkrebsdiagnose vorzeitig starb. Er wurde 1962 von Polizisten verhaftet und geschlagen. Die Folgen dieser Attacke waren der Grund für seinen frühen Tod. Er stammte aus der Region Poltava. Seine Lyrik verbindet das bürgerliche Pathos von Vinhranovs'kyjs früher Dichtung mit einer starken Betonung der Aufrichtigkeit, einem der wichtigsten Grundsätze der Tauwetterbewegung. Während der Topos des „Volkes" (narod) sowohl bei Vinhranovs'kyj als auch bei Symonenko eine wichtige Rolle spielt, bot letzterer eine poetische Weltsicht, die sowohl die sowjetische Ideologie als auch das humanistische Pathos der Tauwetterperiode berücksichtigte. Neuere Forschungen haben gezeigt, in welchem Ausmaß die sowjetische Zensur Änderungen an Symonenkos Texten erzwungen hat. Unzensierte Gedichte von Symonenko zirkulierten sowohl im „Samvydav" (Selbstverlag) als auch im „Tamvydav" (Verlag im Ausland) und standen oft in auffälligem Kontrast zu einigen Gedichten, die in Symonenkos sowjetischen Publikationen enthalten waren. Sowohl in seiner offiziellen als auch in seiner inoffiziellen Kunst zeigt Symonenkos Poesie eine faszinierende Kombination aus moderner ukrainischer Folklore, kommunistischer Leidenschaft, intimen Bekenntnissen und satirischen Kommentaren.

Während Kostenko und Symonenko und in geringerem Maße auch Vinhranovs'kyi die traditionellere Seite der Dichtung der *Sechziger* vertraten, verkörperte Ivan Drač (1936–2018) die neoavantgardistische Richtung. Als einflussreiche Stimme sowohl in der späten Sowjetukraine, als er zu den Gründern von *Ruch*, der wichtigsten Reformbewegung, gehörte, als auch in der frühen Unabhängigkeitszeit, als er 1990 und erneut zwischen 1998 und 2002 Mitglied des ukrainischen Parlaments war, beteiligte sich Drač entscheidend an der Gestaltung der komplexen literarischen Kultur der späten Tauwetterperiode. In seiner frühen Lyrik trug er dazu bei, die Neo-Avantgarde als eine Strömung der ukrainischen Poesie der Nach-Stalin-Ära zu etablieren, als eine Art Brücke zur ukrainischen Kultur der 1920er-Jahre. Seine erste Sammlung *Sonnenblume* (Sonjašnyk, 1962) strotzt vor kühnen Metaphern und ständigen Verschiebungen zwischen der Sphäre der Natur und der Fähigkeit des Menschen, sie zu gestalten. Der Titel seiner zweiten Sammlung, *Protuberanzen des Herzens* (Protuberancii sercja, 1965) liest sich wie eine avantgardistische Antwort auf den Titel von Lina Kostenkos vier Jahre zuvor erschienenen *Wanderungen des Herzens*. In den sechziger Jahren schwankte Dračs politische Opposition zwischen anfänglichen Sympathien für die alternative Kultur der Tauwetterperiode und der Treue zur offiziellen Parteilinie.

Obwohl die Generation der *Sechziger* primär im Bereich der Lyrik tätig war, sind ihr auch einige Prosaautoren zuzurechnen. Jevhen Hucalo (1937–1995) veröffentlichte in den sechziger und siebziger Jahren eine Reihe von Erzählbänden, in denen er hauptsächlich das ländliche Alltagsleben thematisiert. In seinem charakteristischen unaufgeregten Erzählstil zeichnet er einfühlsame Porträts vom Leben einfacher Menschen und ihrem sozialen Gefüge, die zwar vom Realismus geprägt sind, sich aber dem sozialistischen Realismus verweigern. Hucalo lässt durchaus auch unterschwellig Kritik am zwischenmenschlichen Umgang jener Zeit anklingen. In einigen seiner Werke geht er zudem auf problematische Aspekte der jüngeren ukrainischen Geschichte ein, etwa in *Vorahnung der Freude* (Peredčuttja radosti, 1972) auf die Kollaboration vieler Ukrainer mit den Nationalsozialisten während des Zweiten Weltkriegs. Später, während der sogenannten Stagnationsjahre unter Brežnev, ordnete sich Hucalo zunehmend den Vorgaben der sowjetischen Literatur unter.

Im Kontext des Tauwetters trat in den 1960er-Jahren auch Hryhir Tjutjunnyk (1931–1980) erstmals literarisch in Erscheinung. Er stammte ursprünglich aus der Gegend von Poltava und siedelte später nach Charkiv und Kyjiv über. Sein Werk umfasst vor allem kurze Prosasammlungen, die oft das Leben auf dem Land in den Mittelpunkt stellen und in einem beeindruckenden literarischen Stil die unterschiedlichsten psychologischen Charaktere des Menschen nachzeichnen. 1966 erschien mit *Fruchtknoten* (Zav"jas') seine erste auf ukrainisch verfasste Anthologie, es folgten unter anderem die Erzählsammlungen *Schafgarbe* (Derevij, 1969) und *Horizont* (Krajnebo, 1975). In seinem Werk widersetzt sich Tjutjunnyk konsequent dem sozialistischen Realismus, indem er den Figuren, oft einfachen Leuten vom Land, sowohl negative als auch positive Eigenschaften zuweist. Seine Figuren verkörpern somit nicht den vom Sozrealismus konstruierten Gegensatz zwischen guten Helden und bösen Volksfeinden, sondern stehen – in kurzer, stark verdichteter Weise beschrieben – für die Abgründe des totalitären Regimes und dessen Auswirkungen auf das Leben und die Psyche der Menschen. Wenig überraschend verscherzte Tjutjunnyk es sich rasch mit den Vertretern der offiziellen Literaturpolitik, deren permanente Ablehnung ihn schließlich in den Selbstmord trieb. Heute gilt Tjutjunnyk in der Literaturwissenschaft als ein Autor, der sich von den meisten seiner Zeitgenossen durch seinen künstlerischen Ausdruck in Verbindung mit einem ausgeprägten Sinn für Humor positiv abhebt.

Der Versuch, sich vom sozialistischen Realismus zu lösen, wurde nach Stalins Tod selbst bei Autoren, die konsequent dem System gegenüber loyal waren, immer deutlicher. Bei Mychajlo Stel'mach (1912–1983), einem typischen Vertreter des sozialistischen Realismus, in dessen Werk Kritiker aber auch einen starken Einfluss von Dovženko erkennen, zeigt sich diese Transformation besonders deutlich. 1957 arbeitete er seinen 1951 entstandenen Roman *Die große Familie* (Velyka ridnja) in eine neue Fassung mit dem Titel *Menschliches Blut ist kein Wasser* (Krov ljuds'ka ne vodytsja) um, wobei sämtliche Huldigungen an Stalin eliminiert wurden.

Die Schwierigkeiten, die mit dem Kanon der *Sechziger* verbunden sind, werden durch die Frage der Einbeziehung oder des Ausschlusses der Lyrik von Dmytro Pavlyčko (1929–2023) treffend veranschaulicht. Pavlyčko war seit den fünfziger Jahren als Schriftsteller, Literaturkritiker, Politiker und kultureller Aktivist tätig, wobei er seine politische Zugehörigkeit und seine literarische Rhetorik leicht wechselte. Er debütierte in den fünfziger Jahren als Dichter und erlangte bald wichtige Positionen in den Kulturinstitutionen der Sowjetukraine. Sein unbestreitbares und erstaunlich fruchtbares literarisches Talent schwankte ständig zwischen (reiner) Kunst und offener Propaganda, was bei ihm, wie auch bei Drač, in den 1990er-Jahren unweigerlich zu Reue, der Ablehnung des früheren „Glaubens" und einem Schwur auf den neuen Diskurs führte. Wie für einen Großteil der offiziellen sowjetischen Dichtung typisch, finden sich in Pavlyčkos früher und mittlerer Produktion zahlreiche lange Oden an Lenin und die Sowjetmacht. Daneben verfasste er Lobgedichte auf die ukrainischen Gründungsmythen und die Väter der ukrainischen Literatur sowie Hymnen auf die Schönheiten der verschiedenen Sowjetrepubliken. In den 1970er-Jahren entwickelte sich Pavlyčkos Dichtung eindeutig zu einer Art zeitlosem Klassizismus, der auch in der Entwicklung anderer ukrainischer und sowjetischer Dichter in denselben Jahren zu beobachten ist (so bei Vinhranovs'kyj und teilweise bei Drač) und der seiner dichterischen Begabung am besten zu entsprechen scheint.

Die Mitte der fünfziger Jahre, als viele der zukünftigen *Sechziger* ihr Debüt gaben, war auch eine Zeit, in der einflussreiche Stimmen der ukrainischen Lyrik der 1920er- und 1930er-Jahre eine neue Inspiration fanden. Diese Dynamik wurde durch dieselben Veränderungen ausgelöst, die den jungen *Sechzigern* zu ihrem Erfolg verhalfen. Am auffälligsten ist die stilistische Wiedergeburt von Maksym Ryl's'kyj (1895–1964), einer der komplexesten Figuren der ukrainischen Literatur des 20. Jahrhunderts. Der raffinierte Lyriker, der in den 1920er-Jahren zusammen mit Mykola Zerov (1890–1937) und Mychajlo Draj-Chmara (1889–1939) zur neoklassischen Schule der ukrainischen Lyrik gehörte, schaffte es nach seiner Verhaftung 1931, seine dichterische Begabung dem neuen Zeitgeist anzupassen, und wurde zu einem führenden Vertreter des sowjetukrainischen Literaturbetriebs. Er entging damit dem tragischen Schicksal seiner Neoklassikerkollegen, die in den stalinistischen Säuberungen umkamen. 1956 und 1957 veröffentlichte er zwei Sammlungen mit den Titeln *Auf der erneuerten Erde* (Na onovlenij zemli) und *Rosen und Trauben* (Trojandy i vinohrad). Der Kontrast zu der vorhergehenden Sammlung mit dem Titel *Unter den Sternen des Kremls* (Pid zorjamy Kremlja, 1953) ist auffallend. Es ist kein Zufall, dass *Rosen und Trauben* ein Gedicht mit dem Titel „Dritte Blüte" (Tretje cvitinnja) enthält, das metaphorisch die Rolle der jüngeren Generationen bei der Wiedergeburt der ukrainischen (und sowjetischen) Kultur würdigt.

In ähnlicher Weise war Mykola Bažan, eine der Schlüsselfiguren der späten 1920er-Jahre, zur Spitze des sowjetischen Literaturbetriebs aufgestiegen, nachdem er in den 1930er-Jahren mehrfach von der offiziellen Literaturkritik und auch vom NKVD der politischen Unzuverlässigkeit verdächtigt worden war. Er konnte sich vor dem Staatsterror retten, indem er als Informant des Geheimdienstes arbeitete und lyrische Lobhudeleien auf Stalin veröffentlichte. Nach dem Ende des Stalinismus war Bažan als Dichter, Übersetzer und liberal gesinnter Funktionär im sowjetisch-ukrainischen Literaturbetrieb tätig. Seine Arbeit als Übersetzer von Rilkes Gedichten kann auch als Zeichen für die vorübergehende Liberalisierung der Tauwetterperiode gewertet werden. Rilke wurde den sowjetischen Lesern der Nach-Stalin-Ära erstmals in den frühen 1960er-Jahren in russischer Übersetzung zugänglich gemacht und war für viele Dichter der Nach-Stalin-Generation, darunter Vasyl' Stus, eine wichtige Inspirationsquelle. Bažans ukrainische Übersetzung von Rilkes Lyrik erschien 1974.

Ein anderer wichtiger Name des Tauwetters ist Leonid Pervomajs'kyj (1908–1973), der jüdischer Herkunft war und in den 1920er als Prosaiker debütiert hatte. In seinem Frühwerk befasste sich Pervomajs'kyj mit aktuellen Themen wie dem Bürgerkrieg, dem Aufbau der sozialistischen Gesellschaft und der komplexen Suche nach einer ukrainischen Identität. Besonders relevant war für ihn die jüdische Frage, die eine zentrale Rolle in seinen Erzählungen der späten 1920er spielte. In den Prosastücken „Das versprochene Land" (Zemlja obitovana, 1927) und „In der Buchbinderei" (U palituri, 1928) müssen die Figuren einen schwierigen Weg der Selbstbestimmung einschlagen, der keine endgültige Wahl zwischen Judentum und (ukrainischem) Bolschewismus anzubieten scheint. Trotzdem ist Pervomajs'kyj besonders für seine Gedichte der Tauwetterzeit wie „Erinnerung an einen Blitz" (Spomyn pro blyskavku, 1964) oder „Gedichtlektionen" (Uroky poeziji, 1966) bekannt. Dabei schwankt er zwischen einer Neigung zur „reinen Lyrik" und der Thematisierung historischer Motive und aktueller Probleme.

Das Tauwetter nach Stalins Tod bot für kurze Zeit auch beschränkt die Möglichkeit, die im Zuge des Stalinterrors ermordeten Vertreter der kulturellen Renaissance teilweise zu rehabilitieren und ihre Werke in gewissem Ausmaß wieder in den Kanon zu integrieren. In der Folge durften lange verfemte und aus den Bücherregalen verbannte Autoren wie Draj-Chmara, Johansen, Plužnyk oder Kuliš wieder veröffentlicht werden – wenn auch nur in stark zensierten Fassungen. Auch einige der Überlebenden und Angepassten leisteten auch einen Beitrag zu dieser Wiederentdeckung. So publizierte Ryl's'kyj in den sechziger Jahren mehrere Essays, in denen er mit der Erinnerung an die Renaissance der 1920er nicht nur erneut die ukrainische Kultur ins Zentrum rückte, sondern zugleich auch höchst kritische Töne gegen die Russifizierung anschlug.

Autoren wie Chvyl'ovyj, Pidmohyl'nyj und Semenko blieb die Wiederaufnahme in den kulturellen Kanon dagegen weiterhin verwehrt. Eine vollständige Rehabilitierung aller in den zwanziger Jahren tätigen Autoren wurde letztlich erst nach dem Zusammenbruch der Sowjetunion möglich.

Nach Symonenkos Tod im Jahr 1963, nach der Verhaftung mehrerer Intellektueller in den folgenden Monaten, nach den anschließenden Protesten im Jahr 1965 und nach der darauffolgenden Welle von Repressionen musste sich die Generation der *Sechziger* sozial und kulturell neu aufstellen. Das Ende des Tauwetters und die Rückkehr zu einer strengeren Kontrolle der Künste zwang die die ukrainische Literatur für die kommenden beiden Jahrzehnte, der breiteren konservativen Wende in der sowjetischen Politik zu folgen. Die *Sechziger* fanden sich in verschiedenen Lagern wieder. Führenden Autoren wie Drač und Vinhranovs'kyj gelang es, weiterhin zu publizieren und die Privilegien der Staatsmacht zu genießen, wenn auch durch ständige Kompromisse, die sogar dazu führten, dass sie prestigeträchtige staatliche Auszeichnungen für ihr Werk erhielten. Kostenko hingegen, die Mitte der sechziger Jahre gegen die Repressionen protestiert hatte, war bis 1977 vom Literaturbetrieb isoliert.

Schließlich repräsentiert Boris Čičibabin (Borys Čyčybabin, 1923–1994) die russischsprachige sowjetukrainische Dichtung. Die meiste Zeit seines Lebens lebte er in Charkiv. Nach dem Zweiten Weltkrieg wurde er wegen angeblicher antisowjetischer Aktivitäten verhaftet und verbrachte etwa sechs Jahre in Russland, zunächst im Gefängnis und dann in einem Lager in der Region Kirov. Anfang der 1960er-Jahre veröffentlichte er seine ersten Gedichtbände. Eines seiner bekanntesten Gedichte ist „Ich schwöre beim fröhlichen Banner" (Kljanus' na znameni veselom, 1959), in dem er das sowjetische Publikum mit dem Refrain „Stalin ist nicht tot" vor den langfristigen Auswirkungen des Stalinismus warnt, der zwar äußerlich überwunden scheint, die Gesellschaft aber immer noch beherrscht. In den 1960er-Jahren war er sowohl in Charkiv als auch in Moskau tätig. Seine politisch engagierte, manchmal ironische, manchmal pathetische Poesie wurde sowohl in der Ukraine als auch in Russland geschätzt. In den 1970er-Jahren veröffentlichte er im Selbstverlag. 1973 wurde er aus dem Schriftstellerverband ausgeschlossen. Bis in die späten 1980er-Jahre war sein Name offiziell geächtet. 1990 wurde er für seine 1989 erschienene Sammlung *Kolokol* (Die Glocke) mit dem Staatspreis für Literatur der UdSSR ausgezeichnet. In seiner Lyrik, die stilistisch leicht zugänglich ist und sich an traditionelle Versmaße hält, verbindet Čičibabin die Verbundenheit mit der russischen Kultur mit der Sympathie für die Kulturen und die Autonomie der sowjetischen Völker, einschließlich der Krymtataren. Er ist sowohl ein ukrainischer als auch ein sowjetischer Dichter, für den die russische Literaturtradition den wichtigsten kulturellen Bezugspunkt darstellt. Er kann als *Sechziger* betrachtet werden, aber seine Ausrichtung und seine Ziele unterscheiden sich sicherlich von denen der ukrainischsprachigen, national orientierten *Sechzigern*. Sein komplexes Verhältnis zur ukrainischen Kultur lässt sich anhand der letzten Strophe seines 1973 entstandenen Langgedichts „Eine Reise zu Gogol'" (Putešestvie k Gogolju) nachvollziehen. Das lyrische Ich lädt Moskau und Petersburg ein, sich vor Poltava zu verneigen, das sowohl als Wiege der ukrainischen Literatursprache als auch als Hauptort der Region bekannt ist, in der Gogol' geboren wurde. Dennoch bleibt Russland in diesem Gedicht das Machtzentrum, mit dem es sich zu sprechen lohnt.

Nach dem Tauwetter

Nach 1963 endete das Tauwetter und unabhängige politische und kulturelle Bewegungen wurden wieder mit härteren Repressionen diszipliniert. Dies bedeutete, dass auch die Verteidigung der ukrainischen Sprache und Literatur besser organisiert werden musste. Allerdings hatte schon die sowjetische Bildungsreform von 1958 das Studium der Muttersprache in der Schule zu einem Wahlfach degradiert. Dadurch wurden die Sprachen der Nationalitäten in der Sowjetunion erheblich geschwächt und das Russische als Leitsprache in der Sowjetunion gestärkt. Solche Entwicklungen zeigen deutlich, dass man bei der Entstalinisierung nicht einfach von einer allgemeinen Liberalisierung sprechen kann. Mitte der 1960er-Jahre stiegen die Repressionen gegen unabhängige Intellektuelle wieder an. Damit zerschlugen sich auch die Hoffnungen von national und freiheitlich gesinnten Kulturschaffenden in der Ukraine auf bessere Zeiten im Sowjetsystem.

In Kyjiv gab es sogar einen Bildersturm. Die Taras Ševčenko-Universität hatte zum 150. Geburtstag ihres Namensgebers bei einer Künstlergruppe um Alla Hor'ska (1929–1970) eine Glasmalerei für den Eingangsraum bestellt. Unter dem Titel *Ševčenko. Mutter* (Ševčenko. Maty) entstand 1964 ein Triptychon mit dem Dichter in der Mitte, der eine traurige Mutter Ukraine tröstet. Zur Rechten war ein Kobzar abgebildet, zur Linken eine stilisierte Gottesmutter. Die Reaktion des ukrainischen Künstlerverbandes war vernichtend. Die Darstellung des Nationaldichters erinnere an eine „mittelalterliche Ikone" und habe nichts mit dem „revolutionären Demokraten" zu tun. Anschließend wurde die Glasmalerei zerstört, der Rektor der Universität zerschlug das Kunstwerk eigenhändig mit einem Hammer. Alla Hor'ska wurde 1970 unter ungeklärten Umständen ermordet (Abb. 16.1).

1972 kam es zu einer Welle von Verhaftungen unter ukrainischen Dissidenten. Bereits 1976, ein Jahr nachdem die Sowjetführung die Helsinki-Schlussakte über die Wahrung der Menschenrechte unterzeichnet hatte, konstituierte sich eine ukrainische Helsinki-Gruppe, die sich zum Ziel setzte, die Versprechungen des Kremls zu überwachen. Die wichtigsten ukrainischen Dissidenten waren Jevhen Sverstjuk (1928–2014), V'jačeslav Čornovil (1937–1999) und Levko Luk'janenko (1928–2018). Die beiden letzteren verfolgten

16 Literatur in der Sowjetukraine

Abb. 16.1 Alla Hor'ska, Halyna Sverčuk, Opanas Zalyvacha, Halyna Zubčenko, Ljudmila Semykyna: *Ševčenko. Mutter* (Ševčenko. Maty). Kyjiv 1964

politische Karrieren in der unabhängigen Ukraine. In der Dissidentenbewegung spielten Veröffentlichungen im Samvydav (Selbstverlag) eine wichtige Rolle. Dabei verwischten sich oft die Genres zwischen politischem Essay, kultureller Analyse, Literaturkritik und Belletristik. Einer der wichtigsten Publikationskanäle war *Der ukrainische Bote* (Ukrajins'kyj visnyk), eine Samvydav-Zeitschrift, die Informationen über die sowjetischen Lager und die Schicksale von Dissidenten veröffentlichte. Außerdem erschienen hier Reflektionen über die Zukunft der Ukraine. Die ersten Ausgaben kamen zwischen 1970 und 1972 heraus. Erst in späteren Jahren, als sich das politische Klima bereits radikal geändert hatte, konnten weitere Nummern erscheinen. Osyp Zinkevyč (1925–2017) hatte 1967 in Baltimore in den USA den ukrainischsprachigen Verlag *Smoloskyp* gegründet. Er druckte Literatur von ukrainischen Dissidenten und verteilte sie über sein internationales Netzwerk. Nach dem Ende der Sowjetunion zog der Verlag *Smoloskyp* nach Kyjiv, ebenso wie andere kulturelle Initiativen aus dem Exil, so etwa die Zeitschrift *Gegenwart* (Sučasnist'), die 2013 ihre Tätigkeit einstellte.

Mykola Rudenko (1920–2004) debütierte in den fünfziger Jahren. Er wurde in den staatlichen Schriftstellerverband aufgenommen. Wegen seines Engagements in der Dissidentenbewegung und in der Helsinki-Gruppe wurde er jedoch zwei Mal verhaftet. Die Jahre 1977 bis 1987 verbrachte er in Lagerhaft, die letzten drei davon mit seiner Frau, die gegen seine Verurteilung protestiert hatte. Nach seiner Freilassung emigrierte er nach Deutschland und die USA, kehrte aber bereits 1990 wieder in die Ukraine zurück. Sein Werk umfasst Gedichte, Science Fiction und kulturhistorische Essays. Ein enger Freund Rudenkos und ein weiteres Mitglied der Helsinki-Gruppe war Oles' Berdnyk (1927–2003), der als politischer Häftling zwei Gefängnisstrafen absaß. Er verfasste mehrere Romane und Erzählungen, die oft Science Fiction-Elemente mit Mystizismus kombinieren. Ein weiterer wichtiger Name ist Mychajlo Osadčyj (1936–1994), der erstmals während der Repressionswelle von 1965 verhaftet wurde, nachdem er den Gedichtband *Mondfeld* (Misjačne pole) veröffentlicht hatte. Die gesamte Auflage wurde nach Osadčyjs Verurteilung eingestampft. Er wurde berühmt durch seinen autobiographischen Roman *Katarakt* (Bil'mo), einen Augenzeugenbericht aus dem sowjetischen Gefängnis, der 1971 im Westen veröffentlicht wurde. Die Publikation kam ihn allerdings teuer zu stehen: Während der zweiten Repressionswelle gegen ukrainische Intellektuelle 1972 wurde er erneut verhaftet.

Prägend für die späten Sowjetjahre ist zudem das Prosawerk des aus Žytomyr in der Zentralukraine stammenden Autors Valerij Ševčuk (geb. 1939), der seit den frühen 60er-Jahren literarisch aktiv und erfolgreich ist. Sein frühes Werk umfasst insbesondere realistische psychologische Prosa, in der er sich mit zeitgenössischen Themen auseinandersetzt. Zuerst erschienen vor allem Erzählungen, etwa die Erzählsammlung *Mitten in der Woche* (Sered tyžnja, 1967) und wenig später der Erzählband *Der Abend des heiligen Herbstes* (Večir svjatoji oseni, 1969). Darüber hinaus zählen auch Novellen zu seinem frühen Repertoire. Mit großer Präzision porträtiert er seine Charaktere in ihrem Alltagsleben, das sie nicht nur mit individuellen, alltäglichen Problemen, sondern auch mit psychischen Ausnahmezuständen konfrontiert. Gerade seine Perspektive auf die individuelle, psychologische Mikroebene der Charaktere hat ihm dabei viel Kritik durch die Zensur eingebracht. Neben Hucalo und Tjutjunnyk zählt der Autor zu den wichtigsten Prosa-Autoren der *Sechziger*-Generation. Teile seines Werks wurden bereits damals im Westen rezipiert. Bereits Ende der 60er-Jahre zeigt sich aber ein wichtiger Bruch in seinem Werk, das nun bereits jene Elemente aufweist, die später die für ihn spezifische Form eines Magischen Realismus ausmachen sollten. Da er sich weigerte, dem zunehmenden Druck der Kulturpolitik nachzugeben und sich den Dogmen des Sozialistischen Realismus unterzuordnen, zog er sich vorübergehend aus der Literatur zurück. Daher stammen seine Hauptwerke in diesem Genre aus den 1980er-Jahren. Zu diesen zählt insbesondere der 1983 erschienene Roman *Das Haus auf dem Hügel* (Dom na hori), das neue Perspektiven auf die Diskussionen über die ukrainische kulturelle Identität eröffnet und von Literaturkritikern als Vorwegnahme später folgender postkolonialer Diskurse rund um die ukrainische Identität gesehen wird. Der Roman ist in zwei Teile gegliedert und bildet eine Synthese aus mehreren Erzählungen über Figuren verschiedener Epochen, deren Leben – sei es kurzzeitig oder über längere Zeit – mit dem Herrenhaus auf dem

Hügel verknüpft ist. Übernatürliche und mythologische Elemente werden dabei mit inneren Konflikten, moralischen Dilemmata und den alltäglichen Herausforderungen des Lebens verwoben, um Themen wie Identität, Erinnerung, Tradition und Gegenwart zu verbinden. Stilistisch nimmt der Roman dabei Anleihen an der in der Ukraine stark verwurzelten Tradition der Phantastischen Prosa (chymerna proza), wie sie etwa durch Nikolaj Gogol' vertreten ist, mit dem der Autor eigenen Angaben zufolge durch das Werk auch in einen Diskurs über ukrainische Folklore treten will. Ein zentrales Werk in seinem Schaffen ist die dreiteilige Novelle *Drei Blätter hinter dem Fenster* (Try lystky za viknom) aus dem Jahr 1986, die von Kritikern als beispielhaft für die Liberalisierung der Kunst in der späten Phase der Sowjetunion angesehen wird. Ähnlich wie zuvor *Das Haus auf dem Hügel* diente auch dieser Roman als Vorlage für eine Verfilmung. Ševčuks spätes Werk umfasst zudem einige weitere Romane sowie zahlreiche Erzählsammlungen. Neben seinem umfangreichen Erzählwerk, für das er mit zahlreichen Preisen ausgezeichnet wurde, verfasste der Autor zahlreiche publizistische und wissenschaftliche Arbeiten und ist zudem als Übersetzer tätig. Ein besonderer Schwerpunkt seiner Arbeit liegt auf der altukrainischen Literatur, insbesondere der Barock- und der Renaissance-Epoche. Ševčuk setzt sein literarisches Schaffen auch in der unabhängigen Ukraine fort, wobei er die wissenschaftliche Tätigkeit in seinen späten Jahren immer mehr in den Vordergrund rückt.

Ševčuk ist nicht der einzige Schriftsteller, der die ukrainische Prosa der spätsowjetischen Zeit mit Elementen des magischen Realismus (chymerna proza) bereicherte. Vasyl' Zemljak (1923–1977) veröffentlichte 1971 einen experimentellen Roman mit dem Titel *Schwanenschwarm* (Lebedyna zhraja) über die Kollektivisierung in der Ukraine. Volodymyr Drozd (1939–2003) erhielt für seinen Roman *Die Blätter der Erde* (Lystja zemli, 1992) den Ševčenko-Preis. In diesem Roman experimentiert Drozd mit einer Schreibweise, in der er die gestaltende Kraft des Wortes in den Vordergrund rückt. Er beschwört die ukrainische bäuerliche Tradition und die Gewalt der Naturelemente. Drozd forderte damit die traditionelle sowjetukrainische Dienstliteratur heraus. Seine Frau Iryna Žylenko (1941–2013), die auch als Lyrikerin tätig war, hat wichtige Memoiren zur unabhängigen Kultur der spätsowjetischen Ukraine veröffentlicht (*Homo Feriens*, 2011).

Vasyl' Stus und die Wiederentdeckung der Moderne

In der ukrainischen Literatur zwischen Tauwetter und Perestrojka (perebudova) schlugen sich politische Zugehörigkeiten nicht unbedingt in vorhersehbaren stilistischen Entscheidungen nieder. Die erste Hälfte der sechziger Jahre war auch die Zeit, in der junge aufstrebende Literaten aus verschiedenen Teilen der Ukraine ihren Eintritt in die literarische Szene der post-stalinistischen Ukraine vorbereiteten. Während einige von ihnen versuchten, sich über offizielle Kanäle zu etablieren, traten andere von Anfang an als Außenseiter auf. Das Verständnis der chronologischen Entwicklung der literarischen Kultur in der Ukraine wird durch die häufigen Verzögerungen zwischen dem tatsächlichen Schreiben von Gedichten und Sammlungen und ihrer Veröffentlichung erschwert. Viele der unabhängigen Schriftsteller, die während der Tauwetterperiode oder später zu schreiben begonnen hatten, konnten erst gegen Ende der Sowjetära ein relativ breites Publikum erreichen, welche die kleinen Leserkreise der Vor-Perestrojka-Jahre bei Weitem übertraf. Diese Entwicklung überschnitt sich mit der Wiederentdeckung vergessener Autoren aus der ersten Hälfte des Jahrhunderts wie Volodymyr Svidzins'kyj und Jevhen Plužnyk und den Debüts jüngerer Autoren wie Ivan Malkovyč (geb. 1961), Ihor Rymaruk (geb. 1958) und Vasyl' Herasymjuk (geb. 1956). Die unabhängigen Schriftsteller der späten Sowjetzeit und ihre Poesie wurden als „verdrängte Generation" (vytisnene pokolinnja) oder mit dem weniger wertenden Generationsbegriff „Achtziger" (Visimdesjatnyky) bezeichnet.

Die Dichter, die um 1960 debütierten, waren vor allem daran interessiert, eine lyrische Sprache, die mehr als zwanzig Jahre lang zum Schweigen gebracht worden war, wiederzubeleben. Die nächste Dichtergeneration ging noch weiter. Sie griff auf die Traditionen der ukrainischen und europäischen Moderne zurück und scheute auch nicht vor hermetischen Formulierungen zurück.

Die ukrainische Underground-Dichtung der späten Sowjetära ist ein bunter Flickenteppich unterschiedlicher stilistischer Bemühungen. Die Autoren, die zwischen den späten fünfziger und den frühen sechziger Jahren debütiert hatten, erweiterten ihr stilistisches und technisches Repertoire erheblich, indem sie sich beispielsweise auf längere Gedichte konzentrierten. Lina Kostenkos *Marusja Čuraj*, ein im 17. Jahrhundert spielendes Versepos, ist vielleicht das bekannteste Langgedicht aus den späten sowjetischen Jahren.

Vasyl' Stus (1938–1985) ist der einzige ukrainische Schriftsteller des 20. Jahrhunderts, dem Literaturhistoriker und Intellektuelle den Rang eines modernen ukrainischen Nationaldichters zubilligen. An Ansehen und öffentlicher Wertschätzung kommt ihm im 21. Jahrhundert wohl nur Serhij Žadan (geb. 1974) gleich. Stus, der sowohl wegen seines literarischen Vermächtnisses als auch wegen seiner Rolle in der Dissidentenbewegung der späten Sowjetukraine hochgeschätzt wird, genießt den Ruf eines nationalen Märtyrers, weil er 1985 in einem sowjetischen Arbeitslager ums Leben kam. Er wurde 1938 in der Region Podolien im Westen der Ukraine geboren. Bald nach seiner Geburt musste seine Familie auf der Suche nach besseren Lebensbedingungen in den industrialisierten östlichen Donbas umziehen. Stus absolvierte ein pädagogisches Institut in Stalino (heute Donec'k), leistete seinen Militärdienst in Russland und arbeitete als Lehrer für Ukrainisch im Donbas und in der Zentralukraine, bevor er 1963 nach Kyjiv zog, um am Literaturinstitut der ukrainischen Akademie der Wissenschaften zu promovieren. Dort lernte er führende Intellektuelle des ukrainischen Tauwetters kennen, die seinen Einsatz für die Freiheit und die ukrainische Kultur teilten. Sein bester Freund war der Schriftsteller Ivan Svitlyčnyj (1929–1992), dessen Wohnung zum Mittelpunkt des unabhängigen Kyjiver Kulturlebens wurde. Später wurde er verhaftet und verbrachte mehrere Jahre in einem sowjetischen Arbeitslager. Die Künstlerin Alla Hors'ka gehörte ebenfalls zu seinem engsten Freundeskreis. Trotz der Schwierigkeiten, die mit der neokonservativen Wende in der sowjetukrainischen Literaturwissenschaft verbunden waren, gelang es Stus, sich ein umfassendes Wissen über die ukrainische und russische Literatur, über Literaturtheorie, Philosophie und europäische Kultur anzueignen, wobei sein besonderes Interesse der deutschen Lyrik galt. Während er sich einen Ruf als vielversprechender junger Literaturwissenschaftler erwarb, arbeitete Stus auch an der Perfektion seiner poetischen Fähigkeiten. Obwohl sein erster Gedichtband *Wirbel* (Kruhovert') abgelehnt wurde, gab Stus seine Pläne für eine dichterische Laufbahn nicht auf. Seine frühe Lyrik zeichnet sich durch eine Tendenz zum Experimentieren mit verschiedenen Stilen und Themen aus. Hochrhetorische lyrische Darstellungen traditioneller ukrainischer Themen wie die mythischen Figuren von Taras Ševčenko und Hryhorij Skovoroda verbinden sich mit einer Faszination für zeitgenössische Themen und einer Vorliebe für düstere expressionistische Bilder, die ein konstituierendes Merkmal seiner poetischen Welt bilden. Insgesamt ist Stus' frühe Lyrik von einer jugendlichen Umarmung des Lebens in seinen vielschichtigen Erscheinungsformen geprägt. Sie schlägt sich in einem intensiven intertextuellen Dialog mit Boris Pasternak und Pavlo Tyčyna nieder. Ende 1965 zeichnete sich für Stus ein neue Lebensphase ab. Zusammen mit einigen anderen Vertretern der jungen liberalen Kyjiver Kulturszene beteiligte sich Stus während der Premiere von Sergej Paradžanovs Film *Schatten vergessener Ahnen* (Tini zabutych predkiv) an einem Protest gegen die neue Welle von Repressionen gegen die ukrainische Kultur. Dies führte zu seinem Ausschluss aus der Akademie der Wissenschaften. Damit befand er sich außerhalb des sowjetischukrainischen Literaturbetriebs und konnte auch seine Gedichtsammlung *Wirbel* nicht veröffentlichen.

Obwohl Stus mehrere handwerkliche Berufe ausüben musste, um seine Familie zu ernähren, gab er seine literarischen Bemühungen nicht auf. Er schrieb weiterhin Gedichte und kritische Prosa. Daneben übersetzte er aus verschiedenen Sprachen, mit einer Vorliebe für das Deutsche, insbesondere Goethe und Rilke. Im Jahr 1970 wurde Stus' Gedichtband *Winterbäume* (Zymovi dereva) im Westen ohne seine Beteiligung veröffentlicht, während verschiedene Exemplare seines Bandes *Der fröhliche Friedhof* (Veselyj cvyntar, 1970) unter seinen Freunden und Kollegen zirkulierten. Die Unterschiede zwischen diesen beiden Sammlungen sind symptomatisch für den eklektischen Charakter von Stus' Lyrik in dieser Zeit. *Winterbäume* enthält Gedichte, die in den 1960er-Jahren entstanden sind und die Stus in der Ukraine zu veröffentlichen versuchte, obwohl er im sowjetischen Literaturbetrieb eine Persona non grata war. *Winterbäume* kann als dichterische Summa des jungen Stus betrachtet werden. Ähnlich wie in der totalisierenden Poetik seiner frühen Kunst arrangiert Stus hier stilistisch unterschiedliche Gedichte in mehr oder weniger klar erkennbare Zyklen. Pragmatische Skizzen des städtischen Lebens stehen neben philosophischer und hermetischer Poesie und bilden jene Gesamtheit von Themen und Kunstgriffen, aus denen Stus später die typischsten für seine reife poetische Stimme auswählen wird.

Während in *Winterbäume* Experimentierfreude und Vielfalt im Mittelpunkt stehen, bildet im *fröhlichen Friedhof* eine homogene lyrische Erzählung das Rückgrat. *Der fröhliche Friedhof* ist Stus' einzige Sammlung mit einem offenen politischen Hintergrund. Er erforscht hier das absurde Theater des sowjetischen Lebens, in dem das lyrische Subjekt darum kämpft, seine eigene Individualität zu bewahren, damit es nicht in der gesichtslosen Masse der sowjetischen Bevölkerung untergeht. Der nächste Meilenstein in Stus' Leben ist das Jahr 1972. Mehrere ukrainische Intellektuelle wurden wegen angeblicher antisowjetischer Agitation und Propaganda verhaftet. Stus war unter ihnen. Während der neun Monate, die er in einer Zelle des KGB-Gebäudes in Kyjiv verbrachte und auf seine Verurteilung wartete, verfasste Stus eine lange Gedichtsammlung mit dem Titel *Čas tvorčosti / Dichtenszeit* (der Titel ist im Original zweisprachig), die als das erste Produkt der reifen Periode in seiner literarischen Biografie angesehen werden kann. *Čas tvorčosti / Dichtenszeit* konfrontiert den Leser mit dem typischen modernistischen Mythologem eines lyrischen Subjekts, das hin- und hergerissen ist zwischen dem Kampf um die Bewahrung der dichterischen Inspiration und der Abwehr der Schuldgefühle, die sich aus dieser elitären Position ergeben. Gleichzeitig verweist der Titel auf den zweisprachigen Charakter dieser Poesie. Der zweite Teil der Sammlung besteht ausschließlich aus Übersetzungen von Goethes Lyrik, die von der Sturm und Drang-Zeit bis zu den Elegien der 1820er-Jahre reichen. Stus verbrachte etwa sieben Jahre als Häftling und Exilant zwischen Mordowien und dem russischen Fernen Osten. Trotz der schrecklichen Bedingungen, vor allem in den Jahren des Exils in der berüchtigten Magadan-Region, gelang es Stus, das poetische Schreiben als seine Haupttätigkeit beizubehalten. Das auffälligste Merkmal seiner Korrespondenz mit seiner Frau und seinem Sohn ist, dass er sich eher mit literarischen als mit alltäglichen Fragen beschäftigt. Das häufigste Thema in diesem Briefwechsel ist sein starkes Interesse an der Lyrik von Rilke, den Stus Ende der 1960er-Jahre zu übersetzen begann. Rilkes reife Lyrik – die *Duineser Elegien* und *Die Sonette an Orpheus* – stehen im Mittelpunkt von Stus' Übersetzertätigkeit. Die wichtigste Errungenschaft von Stus' Jahren in Mordowien und auf der Kolyma ist zweifellos seine Gedichtsammlung *Palimpseste* (Palimpsesty). Der modernistische Fokus auf die Subjektivität, der aus *Čas tvorčosti / Dichtenszeit* übernommen wurde, bleibt ein zentrales Element der poetischen Welt von *Palimpseste*. Die literarische Inspiration, die den Kern der Sammlung bildet, verweist jedoch auf ein breiteres und vielfältigeres künstlerisches Projekt.

1985 starb der geschwächte Stus vermutlich an Unterkühlung in einem Karzer des Lagers Perm-36. Er wurde zunächst auf dem Lagerfriedhof begraben. Im Jahr 1989 wurden seine sterblichen Überreste nach Kyjiv überführt und dort beigesetzt. Die Zeremonie zog Tausende von Teilnehmern an und gilt als eine der wichtigsten öffentlichen Versammlungen mit einer klaren nationalen Agenda in der Geschichte der spätsowjetischen Ukraine. 1991 wurde Stus postum mit dem Ševčenko-Preis geehrt, der wichtigsten ukrainischen Nationalauszeichnung für Kunst.

Die Kyjiver Schule

Obwohl die Dichtung der sogenannten „Kyjiver Schule" sowohl in der breiten ukrainischen Leserschaft als auch in der Literaturwissenschaft immer noch zu wenig beachtet wird, markiert sie einen entscheidenden Wendepunkt in der Geschichte der ukrainischen Literatur der späten Sowjetzeit und ihres komplexen Weges zur künstlerischen Freiheit. Das literarische Schaffen der Kyjiver Schule kann als Brücke zwischen zwei Epochen gelten. Auf der einen Seite überwanden die Kyjiver Dichter die zwiespältige literarische und politische Haltung der *Sechziger*, die zwischen einer erzwungenen Assimilation an das sowjetische Establishment und einer messianischen Rebellion gegen die erzwungene Russifizierung hin- und hergerissen war. Auf der anderen Seite nahmen sie die literarische Hinwendung zur Spätmoderne und Postmoderne am Ende der Sowjetunion vorweg. Die Mitglieder der Kyjiver Schule setzten sich vehement für die Autonomie der Kunst ein, vertraten eine Reihe moderner thematischer und stilistischer Tendenzen und lehnten die offizielle sowjetische Ethik und Ästhetik in ihrer Gesamtheit ab. Wie im Fall der *Sechziger* gibt es in der Forschung jedoch keinen Konsens über die Zusammensetzung und die zeitlichen Grenzen der „Schule". Der Begriff „Kyjiver Schule der Poesie" selbst kann sich sowohl auf eine kleine, genau definierte Gruppe von vier Schriftstellern beziehen, die durch persönliche Freundschaft und gemeinsame ästhetische Anliegen verbunden sind, als auch auf eine größere, generationenübergreifende literarische Strömung, die von den „kanonischen" Mitgliedern der Kyjiver Schule im engeren Sinne inspiriert und idealerweise angeführt wurde.

Zu den vier Mitgliedern der kanonischen Kyjiver Schule gehören Viktor Kordun (1946–2005), Vasyl' Holoborod'ko (geb. 1945), Mykola Vorobjov (geb. 1941) und Mychajlo Hryhoriv (1947–2016). Sie teilen eine gemeinsame Vorstellung von den Herausforderungen der ukrainischen Kunst, die ständig zwischen den Beschränkungen der staatlichen Herrschaft und dem angeborenen Streben nach ästhetischer Freiheit hin- und hergerissen wird. Einige der Kyjiver Dichter veröffentlichten Anfang der sechziger Jahre eine kleine Auswahl ihrer ersten Gedichte in wichtigen sowjetukrainischen Literaturzeitschriften oder trafen zumindest erste Vorkehrungen für eine Veröffentlichung, bevor sie aus dem literarischen Leben verbannt und in eine Phase der inneren Emigration getrieben wurden.

Die Gedichte von Mykola Vorobjov gehören zu den besten Beispielen der ukrainischen Literatur dafür, was man als „reine Poesie" bezeichnen könnte. In seinem Schaffen verzichtet er auf geschichtliche Bezüge und setzt stattdessen auf ein wahrhaft poetisches Verständnis der Welt. Durch das Auge des lyrischen Ich wird der Leser mit einer neuen Perspektive auf Gegenstände, Naturphänomene und menschliche Emotionen konfrontiert.

Im Vergleich zu den zahlreichen Werken von Vorobjov und Holoborod'ko, die mehrere Sammlungen veröffentlicht haben und heute noch aktiv sind, besteht Mychajlo Hryhorivs Gesamtwerk aus einer Handvoll meist kurzer Gedichte, die vom Leser die Bereitschaft und die Zeit abverlangen, in die Tiefen ihrer scheinbar entwaffnenden minimalistischen Ästhetik einzudringen. Auf der Suche nach der verborgenen Struktur der Grundelemente, aus denen sich die Architektur der Welt zusammensetzt, legt Hryhorivs lyrisches Subjekt häufig seinen eigenen Beitrag zum Verständnis der Natur und ihrer ständigen und konsequenten Entwicklung offen.

Während die Poesie von Hryhoriv und Vorobjov die universellere Seite der Kyjiver Poesie zeigt, scheinen sich die Gedichte von Viktor Kordun und Vasyl' Holoborod'ko in ihren jeweiligen Eigenheiten auf eine eher national geprägte Bildsprache zu beziehen. Kordun gelang es 1967, eine Auswahl seiner Gedichte mit einem Vorwort von Ivan Drač in der *Literaturna Ukrajina zu* veröffentlichen. Danach wurde er fünfzehn Jahre lang mit einem Publikationsverbot belegt. Sein Werk ist wahrscheinlich das vielfältigste unter allen Autoren der Kyjiver Gruppe. Holoborod'kos poetische Stimme weist zwar einige Gemeinsamkeiten mit den kühnsten Vertretern der *Sechziger* und den Kyjiver Autoren wie Kordun auf, ist aber einzigartig. Die außergewöhnliche Aufmerksamkeit der Sinne seines lyrischen Ich für die kleinsten Manifestationen der Vitalität der Natur, die eindeutig von einem heidnischen, animistischen Geist geprägt ist, prägt den starken visuellen Charakter von Holoborod'kos poetischer Welt.

In der Westukraine gibt es mindestens zwei Beispiele für eine literarische Sensibilität, die mit derjenigen der Kyjiver Schule verwandt ist. Im spätsowjetischen L'viv sind Ihor Kalynec' und Hryhorij Čubaj die wichtigsten Namen. Hryhorij „Hryc'ko" Čubaj (1949–1982) war eine Legende der inoffiziellen Kulturszene der spätsowjetischen Ukraine. Er studierte am renommierten Maksim Gor'kij-Literaturinstitut in Moskau, starb aber viel zu früh an einer Nierenkrankheit. Nach seinem Tod wurden drei Gedichtbände von ihm veröffentlicht. Čubaj, der seit den 1960er-Jahren ein beliebter Samvydav-Autor war, entwickelte eine eigentümliche poetische Sprache, in der sich Melancholie und Vitalität gegenseitig ergänzen und bereichern. Er verfasste sowohl lakonische Kurzgedichte als auch längere lyrische Reflexionen über die schwierigen Existenzbedingungen der menschlichen Seele. Seine Experimente mit komplexen Formen bedeuteten aber nie den Verzicht auf Klarheit und ästhetische Anziehungskraft, was Čubajs Poesie sowohl die Wertschätzung von Dichterkollegen und Literaturkritikern als auch den Zugang zu einer breiteren Leserschaft in der unabhängigen Ukraine verschaffte.

Ihor Kalynec' (geb. 1939) gilt als eine der wichtigsten poetischen Stimmen der gesamten ukrainischen Literatur. Er wurde 1972 zusammen mit mehreren anderen Intellektuellen wegen seines Engagements in der Dissidentenbewegung verhaftet und zu fast zehn Jahren Haft und sibirischer Verbannung verurteilt. In der UdSSR wurden seine Gedichte wegen ihrer krassen Distanz zur offiziellen Ästhetik von der Zensur verboten, im Ausland waren sie hingegen weit verbreitet. Der Großteil seines Werks ist in den zwei Sammlungen mit den Titeln *Erwachte Muse* (Probudženna muza) und *Versklavte Muse* (Nevol'nyča muza) enthalten. Der erste Band stellte seine Lyrik vor seiner Inhaftierung dar, der zweite dokumentiert die Haftzeit. Nach seiner Freilassung im Jahr 1981 schrieb Kalynec' hauptsächlich Kinderbücher und kritische Prosa. Seine Lyrik kann als eine der stärksten Umsetzungen einer neobarocken Empfindsamkeit in der modernen ukrainischen Literatur bezeichnet werden. Kalynec' kaleidoskopische Poesie, die eine erstaunliche und revolutionäre Verschmelzung von Folklore, spätmodernen und frühen postmodernen Elementen aufweist, beeindruckt den Leser durch ihre paradoxe Mischung von Vielschichtigkeit und Homogenität. Kalynec' ist auch ein Kenner der Poesie von Bohdan-Ihor Antonyč, dessen Tradition und Inspiration sich in seiner Dichtung leicht nachweisen lassen. In den neun Büchern, die in *Erwachte Muse* versammelt sind, wechseln sich kürzere, konzise Gedichte und Zyklen mit breiteren Textkonstruktionen ab. Kalynec' kombiniert hier auch mehr oder weniger regelmäßige metrische mit freien Versen. Kalynec's poetische Welt ist durchdrungen von der Liebe zum Erbe der ukrainischen Kultur, sowohl in ihrer geistigen als auch in ihrer materiellen Verwirklichung. Zugleich ist sie offensichtlich von jener Reflexion über das Wesen des Subjekts getragen, die als Dreh- und Angelpunkt der modernen Poesie in ihrer Gesamtheit betrachtet werden kann. In Kalynec's sicherer poetischer Darstellung der Magie von Orten und Gegenständen, die zu einer galizischen, an Bruno Schulz anschließenden Literaturströmung zu gehören scheint, tritt die äußere Welt in einen intensiven Dialog mit dem Innenleben des lyrischen Subjekts. In seiner Lyrik nach 1972 ist es Kalynec' gelungen, seiner Inspiration treu zu bleiben; sie weist jedoch häufig Spuren des biografischen Substrats auf.

Die ersten Zeichen der Postmoderne: die „Achtziger"

Einer der führenden Namen der ukrainischen Lyrik der achtziger Jahre ist Ihor Rymaruk (1958–2008), der 1984 debütierte. Seine anspruchsvolle Lyrik zeichnet sich durch einen Hang zur Hermetik aus, durch raffinierte Darstellungen des Menschen in der Natur. Er preist die Fähigkeit der Kunst, die verborgensten Schichten dessen zu erforschen, was sonst unsichtbar bliebe. Natalka Bilocerkivec' (geb. 1954) erfrischte die ukrainische Poesie mit einer Kombination aus starker Emotionalität und Lesbarkeit, die den Einfluss der lyrischen Seite der Poesie des Tauwetters zeigt. Einer der berühmtesten Texte von Bilocerkivec' ist ein titelloses Gedicht, das mit der Zeile „man vergisst linien gerüche farben und klänge" (zabuvajut'sja liniji zapachy farby i zvuky) beginnt. Die folgende Zeile wurde zu einer inoffiziellen Hymne der freien Literatur in den letzten Jahren der Sowjetära: „Wir werden nicht in Paris sterben jetzt bin ich mir dessen sicher" (my pomrem ne v Paryži teper ja napevno ce znaju). Das Gedicht benennt die graue, hoffnungslose Atmosphäre der Stagnation und zeigt die für Bilocerkivec' typische Kombination von gesellschaftskritischem Realismus und philosophischer Meditation.

Eine der originellsten Stimmen der Generation der Achtziger gehört Oleh Lyšeha (1949–2014), der sowohl kurze als auch längere Gedichte schrieb, die den Einfluss seiner Kenntnisse der angloamerikanischen Dichtungstradition und der ostasiatischen Kulturen zeigen. Lyšeha, der von 1972 bis 1988 mit einem Publikationsverbot belegt war, schrieb Gedichte, die sich einer einfachen Klassifizierung entziehen. Sie vermögen auf paradoxe Weise, eine erstaunliche intellektuelle Raffinesse mit der unmittelbaren Emotionalität eines neuen Blicks auf die Natur zu verbinden, die dem Menschen so Möglichkeiten bietet, sich selbst zu erforschen. Weitere wichtige Namen sind Ivan Malkovyč (geb. 1961), dessen erster Gedichtband 1984 erschien und der zu einem der führenden Verleger der unabhängigen Ukraine wurde, Vasyl' Herasymjuk (geb. 1956), der mit seinem 1982 erschienenen Debütband die Volkskultur der Karpaten als Thema der modernen Poesie in den Vordergrund stellte, und Attyla Mohyl'nyj (1963–2008), ein beliebter Barde des Kyjiver Stadtlebens in den 1980er- und 1990er-Jahren.

Bereits in die 1960er-Jahre reichen die ersten zivilgesellschaftlichen Bewegungen zurück, die Umweltthemen und die durch den Menschen verursachte Zerstörung der Natur in den Mittelpunkt stellten und eine Verbindung zwischen literarischer und zivilgesellschaftlicher Dissidenz herstellten. In der Ukraine ist diese Bewegung insbesondere mit dem aus Kyjiv gebürtigen Prosaautor Jurij Ščerbak (geb. 1934) verbunden, der zu den bekanntesten ukrainischen Prosaautoren der sogenannten Stagnationsjahre zählt. Das Werk Ščerbaks ist von einem „existenzialistischen Unterton" (Luckyj) geprägt und setzt sich oft mit philosophischen und ethischen Fragestellungen der menschlichen Existenz auseinander. Stilistisch weisen seine Werke oft skurrile und fantastische Momente auf, die ebenso wie der Rückgriff auf traditionelle Volksmythen und die Übertreibung eine spezifische Ästhetik der Verfremdung erzeugen. In seinen Prosawerken, die oft als „Stadtprosa" bezeichnet werden, spiegelt sich häufig seine Tätigkeit als Mediziner und ausgewiesener Experte für Infektionskrankheiten wider. In seiner frühen Novelle *Barrieren der Unverträglichkeit* (Bar'jer nesumisnosti, 1971) greift er moralische Fragen im Zusammenhang mit Herztransplantationen auf. Ščerbak fertigte außerdem Übersetzungen aus dem Polnischen an und verfasste mehrere Filmdrehbücher, Theaterstücke sowie zahlreiche publizistische Essays, die oft mit seinem zivilgesellschaftlichen Engagement verbunden waren. Unter dem Eindruck der Čornobyl'-Katastrophe wurde er in den 1980er-Jahren zu einer führenden Stimme der ukrainischen Umweltbewegung, die letztlich zu einer treibenden Kraft im Kontext der Perestrojka wurde. Internationale Bekanntheit erlangte Ščerbak, der auch mit mehreren staatlichen Preisen ausgezeichnet wurde, mit seiner dokumentarischen Erzählung *Čornobyl'* (1987), die in zahlreiche Sprachen übersetzt wurde. Seit dem Ende der Sowjetunion engagiert er sich vor allem auf politischer Ebene. Die Katastrophe von Čornobyl' fand auch im Werk weiterer Vertreter der sogenannten 1960er Generation Widerhall, etwa bei Lina Kostenko und Jevhen Hucalo.

Nach zwanzig Jahren der Repressionen während der Stagnation holte die ukrainische Kultur in den achtziger Jahren schnell die verlorene Zeit und die verlorenen Chancen nach. In den zwanziger Jahren fiel die Erneuerung mit der Rückbesinnung auf die Moderne zusammen. In der zweiten Hälfte der achtziger Jahre wurde der Grundstein für die Hinwendung der ukrainischen Kultur zur Postmoderne gelegt. Die Postmoderne, die zu dieser Zeit im Westen bereits eine dominante Stellung einnahm, bedeutete die Überwindung ästhetischer Hierarchien, die Befreiung der Literatur von allen expliziten sozialen Pflichten und die Freiheit des Schriftstellers, mit Worten zu spielen, sowohl mit seinen eigenen als auch mit denen der literarischen Tradition. In den letzten Jahren der Sowjetära bedeutete die Entdeckung und Akzeptanz der postmodernen Ästhetik auch das Ende des sozialistischen Realismus. Gleichzeitig trat die Kunst immer öfter als Instrument der politischen Bildung auf. Der Aufbau eines unabhängigen ukrainischen Staates erforderte den Einsatz von nationsbildenden Diskursen, die seit der Romantik ein Schlüsselelement der ukrainischen Literatur und Kultur waren. Dies führte zu einer Spannung zwischen der Vorliebe für absolute ästhetische Freiheit, die der Postmoderne zugrunde liegt, und der Idee, dass die Literatur Pflichten und ein gewisses Maß an Verantwortung gegenüber der Nation zu erfüllen hat. Diese Dualität, die seit ihrer Modernisierung im späten 18. und frühen 19. Jahrhundert für die gesamte ukrainische Kultur relevant war, gewann mit dem Beginn der russischen Aggression 2014 und der offenen Invasion 2022 erneut an Bedeutung.

Übersetzungen

Jewhen Huzalo und Hryhir Tjutjunnyk: Der Weg aus der Kindheit. Zwei ukrainische Erzähler. Übersetzt von Ingeborg und Oleg Kolinko. Berlin 1977.
Anna-Halja Horbatsch (Hg.): Kerben der Zeit: ukrainische Lyrik der Gegenwart. Aus dem Ukrainischen von Anna-Halja Horbatsch. Reichelsheim 2003.
Lina Kostenko: Grenzsteine des Lebens. Gedichte. Übersetzt von Anna-Halja Horbatsch. Reichelsheim 1998.
Lina Kostenko: Und wieder ein Prolog. Übersetzung Alois Woldan. Lviv 2020.
Lina Kostenko: Ich bin all das, was lieb und wert mir ist. Gedichte. Klagenfurt 2021.
Radomyr Mokryk: Die ukrainischen „Sechziger". Chronologie einer Revolte. Hannover, Stuttgart 2025.
Juri Stscherbak: Abschied von Julia. Erzählungen. Aus dem Ukrainischen von Traute und Günther Stein. Berlin 1983.
Juri Stscherbak: Barrieren der Unverträglichkeit. Aus dem Ukrainischen von Traute und Günther Stein. Berlin 1974.
Juri Stscherbak: Tschernobyl. Dokumentarische Erzählung. Deutsch von Wolfgang Köppe und Wilhelm Plackmeyer. Berlin 1991.
Hryhir Tjutjunnyk: Drei Kuckucke und eine Verbeugung. Übersetzung Beatrix Kersten. Berlin 2024.

Weiterführende Literatur

Simone A. Bellezza: The Shore of Expectations. A Cultural Study of the Shistdesiatnyky. Edmonton, Toronto 2019.
Olena Palko: Making Ukraine Soviet. Literature and cultural politics under Lenin and Stalin. London, New York 2021.

17

Neue literarische Freiheit in der unabhängigen Ukraine: Die „Post-Čornobyl'-Bibliothek"

Alessandro Achilli, Alexander Kratochvil und Alois Woldan

In der zweiten Hälfte der 1980er-Jahre wird in der ukrainischen Literaturgeschichte ein neues Kapitel aufgeschlagen, das zahlreiche neue Akteure, Themen und soziokulturelle Kontexte einführt. Obwohl der Dichter Vasyl' Stus noch im September 1985 in einem sowjetischen Lager starb, begann nun eine kulturelle Befreiung, die zu einer Blüte der ukrainischen Literatur der 1990er-Jahre führte. Diese Epoche der ukrainischen Literatur kann in Anlehnung an Tamara Hundorova als „Post-Čornobyl'"-Bibliothek überschrieben werden. Tatsächlich war die Explosion des vierten Reaktors des Atomkraftwerks Čornobyl' am 26. April 1986 über die unmittelbare menschliche und ökologische Katastrophe hinaus ein symbolisches Ereignis. Ursprünglich war Čornobyl' vor allem ein Symbol für den Fortschritt, die leistungsfähige Technologie und die absolute Naturbeherrschung. Versinnbildlicht wurde dieser Anspruch in der großartigen Schönheit des Atomkraftwerks und der Modernität der Retortenstadt Pryp'jat'. Nach der Katastrophe waren es zunächst vor allem Autoren der 1960er Generation (Lina Kostenko, Volodymyr Javorivs'kyj, Jevhen Hucalo),

---

A. Achilli (✉)
Slavistik, Universität Cagliari, Cagliari, Italien
E-Mail: alessandro.achilli@unica.it

A. Kratochvil
Institut für slavische Philologie, Ludwig-Maximilians-Universität München, München, Deutschland
E-Mail: alexander.kratochvil@lmu.de

A. Woldan
Institut für Slawistik, Universität Wien, Wien, Österreich
E-Mail: alois.woldan@univie.ac.at

© Der/die Autor(en), exklusiv lizenziert an Springer-Verlag GmbH, DE, ein Teil von Springer Nature 2025
U. Schmid (Hrsg.), *Ukrainische Literaturgeschichte*,
https://doi.org/10.1007/978-3-662-70637-4_17

die in ihren Čornobyl'-Texten die Reaktorkatastrophe als Symbol für das Ende der Sowjet-Moderne mit ihrer totalitären und entmenschlichten Praxis verstanden. In dieser Endphase der Sowjetunion kam bald die Rede vom „geistigen Čornobyl'" auf. Damit wurde der schleichende Zerfall der ukrainischen Literatur, Sprache und Kultur in der zweiten Hälfte des 20. Jahrhunderts thematisiert.

Fasst man wie Hundorova Čornobyl' als Metapher für das Disparate, Andere, Verdrängte der ukrainischen Literaturgeschichte, dann öffnet sich nach der Havarie ein neues Kapitel dieser Geschichte, in der nun all die unterdrückten, „vergessenen" Geschichten über den Holodomor, die UPA oder Dissidentenbewegung erzählt werden. Vor diesem Hintergrund nannte Oksana Zabužko ihren Roman über die ukrainische Geschichte im 20. Jahrhundert nicht zufällig *Museum der vergessenen Geheimnisse*.

In den 1990er-Jahren wandelten sich die wirtschaftlichen Rahmenbedingungen der literarischen Institutionen dramatisch. Dies zeigt sich deutlich am Budget kultureller Einrichtungen (Hochschulen, Akademien, Verlage, Schriftstellerverbände, Theater). Gleichzeitig schuf diese Transformation eine Vielzahl von gesellschaftlichen und kulturellen Optionen für die Literatur. Außerdem trug der Prozess wesentlich zur Veränderung des kulturellen Kanons und des literarischen Lebens in den 1990er-Jahren bei. Die neuen Literaturlandschaften boten Raum für bisher unterdrückte oder marginalisierte Narrative, Erzählungen von regionalen, sozialen oder geschlechtlichen Minderheiten oder Identitäten. Diese Entwicklung wiederum förderte die Neu-Erfindung oder Wiederentdeckung von historischen Topographien, literarischen Landschaften, soziokulturellen Identitäten. Die berühmtesten Beispiele sind Jurij Andruchovyčs Galizien-Mythos und Serhij Žadans ostukrainische Trümmerromantik.

Vor diesem Hintergrund waren die Umgestaltung des literarischen Kanons und die Neuausrichtung der literarischen Kommunikation keineswegs nur ein „Überbauphänomen". Parallel zur wirtschaftlichen Transformation vollzog sich ein grundlegender Wandel des Literaturmarktes. Es kam zu einer Neuausrichtung der literarischen Institutionen (Verlage, Kultur- und Literaturzeitschriften, Festivals, Literaturpreise). Diese Entwicklung führte einerseits zu einer ästhetischen Differenzierung und andererseits zu einer regionalen und ökonomischen Dezentralisierung der literarischen Kommunikation. Die literarischen Akteure reagierten ganz unterschiedlich auf den sowjetischen Kanon und seine Institutionen. Gleichzeitig kam es zu innovativen Relektüren ukrainischer Literaturtraditionen. Auf diese Weise kam es in den 1990er-Jahren zu einer „Gleichzeitigkeit der Ungleichzeitigkeit" in der Literatur.

Schon vor dem Ende der Sowjetunion und ihrer Zensur, seit den späten 1980er-Jahren, spaltete sich die ukrainische Literatur in heterogene Bereiche auf. Das Nebeneinander der offiziellen Literatur, der Untergrundliteratur (Samvydav), der Exilliteratur, des großen Korpus bisher unveröffentlichter oder verbotener Texte von Autoren früherer Generationen sowie neu entstehender Texte veranschaulicht diesen ästhetischen Pluralismus.

Die Dezentralisierung in den 1990er-Jahren folgt der früheren polyzentrischen regionalen Struktur der ukrainischen Literatur mit Zentren wie Poltava, Charkiv, Kyjiv, L'viv, Černivci, Dnipro und Donec'k sowie verschiedenen Brennpunkten des Exils wie Prag,

München, New York oder Edmonton. In den ukrainischen Regionen, die im 19. und in der ersten Hälfte des 20. Jahrhunderts oft unterschiedlichen Staaten (Zarenreich, Österreich-Ungarn, Sowjetunion, Polen, Tschechoslowakei, Rumänien) angehörten, wurde die ukrainische Identität in unterschiedlichen Ausprägungen interpretiert. In den 1990er-Jahren war das (im Nachhinein so benannte) „Stanislauer Phänomen" (nach dem österreichischen Namen für Ivano-Frankivs'k) das vielleicht bekannteste und produktivste regionale Zentrum, das sich selbst als „mitteleuropäisch" verortete. Es wurde durch Kulturzeitschriften (*Červen'*, *Pereval*, *Pleroma*) und kleine, oft kurzlebige literarische Gruppierungen (*MMJuNNA TUHA*, *Psy svjatoho Jura*, *BuBaBu*) aus Ivano-Frankivs'k und L'viv getragen. Man organisierte Festivals wie *Verrenkungen I und II* (Vyvych I, II) und betrieb eine intensive Selbstkanonisierung mit Anthologien und Almanachen wie der *Kleinen ukrainischen Enzyklopädie der Gegenwartsliteratur* (Mala Ukrajins'ka Encyklopedija Aktual'noji Literatury) oder *Substantiv. Eine Anthologie der Neunziger* (Imennyk. Antolohija dev'janostych).

L'viv wurde zu einem wichtigen Literaturzentrum. Jurij Andruchovyč, Viktor Neborak und Oleksandr Irvanec' feierten mit ihrer Gruppe *BuBaBu* (Burlesk-Balahan-Bufonada) die neue Freiheit in karnevalistischen Texten und Performances. Daneben formierte sich *LuHoSad* (Wiesengarten, zugleich die Anfangssilben der Namen der Mitglieder: Ivan Lučuk, Nazar Hončar, Roman Sadlovs'kyj). Diese Gruppe stellte ihr Schaffen unter das Schlagwort *Ar'jergard* (Nachhut als Gegensatz zur Avantgarde) und orientierte sich vor allem an der barocken Stilepoche. Die ursprünglich von Jurij Andruchovyč, Ihor Rymaruk und Jurij Pokalčuk gegründete Literaturwerkstatt *Die Hunde des Heiligen Georg* (Psy Svjatoho Jura) mit dem gleichnamigen Almanach (1995) zelebrierte die postmoderne „Kombination des Unkombinierbaren". Die Literaturwerkstatt wurde auch zu einer Art Widerstandszelle gegen die in sowjetischen und volksaufklärerischen nationalen Traditionen verwurzelte *Vereinigung ukrainischer Schriftsteller* (Spilka ukrajins'kych pys'mennykiv) und im Jahr 1997 zur Geburtsstätte der alternativen Literaturvereinigung *Assoziation ukrainischer Schriftsteller* (Asociacija ukrajins'kych pys'mennykiv).

Das literarische L'viv ist ohne Jurij Vynnyčuk undenkbar, der mit seiner Prosa und seinen Anthologien die Stadt regelrecht als Text erschaffen hat. Er gehört zu den auffälligsten Akteuren der L'viver Literaturszene. Noch zu Sowjetzeiten hatte er zusammen mit Viktor Moroz und anderen lokalen Künstlern im Kabarett *Nicht jammern!* (Ne žurys'!) über L'viv hinaus Erfolg. In der unter Intellektuellen und Studenten äußerst populären Zeitung *Post-Fortschritt* (Post-Postup, 1991–1994) erfreute er sich als Autor großer Beliebtheit.

Eng verbunden mit der L'viver Szene waren in der ersten Hälfte der 1990er-Jahre die jungen Charkiver Dichter Rostislav Mel'nykiv, Ihor Pylypčuk und Serhij Žadan, die sich 1991 zur losen Gruppierung *Rote Fuhre* (Červona fira, Fira ist zugleich ein Kürzel für fantastyka, informacija, rozvaha, avanhard) zusammenschlossen. Sie bezeichnen sich selbst als Vertreter des „Neofuturismus" (worauf das „avanhard" in fira hinweist), ohne dies aber zu konkretisieren. Ihr Schaffen und die Zeitschrift *fira* zeigen freilich eher Parallelen zum karnevalistischen Schaffen von *BuBaBu*. Žadan rief 1997 mit dem der Gruppe nahestehenden Dichter und Literaturwissenschaftler Ihor Bondar-Tereščenko die Zeitschrift

Hygiene (Gigijena) ins Leben, in der postmoderne Intertextualität satirischer Texte gepflegt wird. *Maskult'* (2003) war ein weiteres Projekt, an dem Žadan, Andruchovyč und Jurij Bondar mitwirkten.

Sehr anschaulich zeigt sich die Pluralisierung des literarischen Lebens im früheren Zentrum Kyjiv, dessen Literaturszene sich in den 1990ern nicht nur in organisatorischer und institutioneller Hinsicht ausdifferenzierte. Neben bereits aus Sowjetzeiten bekannten Autorinnen und Autorinnen der *Sechziger* trat eine junge Generation (Oksana Zabužko, Oles' Ul'janenko, Andrej Kurkov) auf den Plan und bildete eine „neue" Kyjiver Szene, die jedoch ohne den Dialog mit den literarischen Regionen der Ukraine kaum so kreativ gewesen wäre.

Das Moment der Selbstkanonisierung, sei es auf regionaler Ebene oder durch eine Alterskohorte, war ein wichtiges Merkmal aller Vertreter verschiedener Literaturregionen. Im Laufe der 1990er-Jahre steigerte sich die ästhetische Vielfalt der ukrainischen Literatur auf bedeutsame Weise. Die Kritik am Kanon, die Neuinterpretation klassischer Werke sowie die Dezentralisierung und Neugründung von Literaturinstitutionen schritten voran und führten 1997 zur Gründung der *Assoziation ukrainischer Schriftsteller* (Asociacija ukrajins'kych pys'mennykiv) durch namhafte Autoren der mittleren und jüngeren Generation (Jurij Andruchovyč, Taras Fedjuk, Volodymyr Morenec', Jurij Pokal'čuk, Ihor Rymaruk, Oksana Zabužko, Serhij Žadan). Dies geschah in einer bewussten Abgrenzung gegenüber dem sowjetukrainischen Literaturestablishment, dem *Verband ukrainischer Schriftsteller* und ihrem Zentralorgan *Literarische Ukraine*, die noch in der totalitären Organisation der Literatur zu Sowjetzeiten gründeten. Während nach der Reaktorkatastrophe von Čornobyl' etliche sowjetukrainische Autoren an der Wiege der seinerzeit maßgeblichen Bürgerbewegung *Ruch* (Bewegung) standen, die gegen die Sowjetisierung und damit einhergehende Zerstörung der ukrainischen Identität protestierte, konzentrierten sie sich in den 1990er-Jahren auf eine puristische Tradierung der Kultur. Die ukrainische Sprache und Literatur wurde von ihnen in erster Linie als wesentlicher Stabilitätsfaktor der ukrainischen Nation erachtet, eine Haltung, die George Grabowicz treffend als „Surrogat für Patriotismus" bezeichnet hat. Bekannte Veteranen der Sowjetliteratur wie Oles' Hončar oder Ivan Mušketyk (1929–2019) vertraten diese Position. Diese Autoren führten im Grunde die sowjetische Tradition weiter, ergänzt um nationale Inhalte in unterschiedlicher Lautstärke.

Die Autorinnen und Autoren, die sich in der neugegründeten *Assoziation ukrainischer Schriftsteller* zusammengeschlossen hatten, lehnten die sowjetisch-ukrainische Literaturtradition vehement ab. Sie wandten sich gegen jede Literatur mit einem „nationalem oder sozialen Auftrag". Dies bedeutet nicht, dass nationale oder soziale Problemfelder ausgespart wurden oder eine elitäre, ausschließlich an Ästhetik orientierte Literatur betrieben wurde. Vielmehr wurden die ideologischen Konstrukte der Vergangenheit und ihre Metaerzählungen reflektiert und deren Erzählstrategien offengelegt, sehr anschaulich etwa in Andruchovyčs *Rekreationen* (Rekreaciji, 1992) oder Vasyl' Koželjankos *Die große Parade in Moskau* (Defiljada v Moskvi, 1998). Diese Autoren distanzierten sich in literarischen Texten und Essays auch vom Kult um den Nationaldichter Taras Ševčenko und rückten das Initialwerk der modernen ukrainischen Literatur, Kotljarevs'kyjs *Enejida*, in den Vordergrund. Wahrscheinlich am besten gelungen ist dies Viktor Neborak in seiner

Arbeit *Die „Enejida", wiedergelesen* (Perečytana „Enejida"). Dieser essayistische Text dekonstruiert die sowjetisch kanonisierte Rezeptionstradition der *Enejida*, welche die Folklorisierung und die nationalen Stereotype der ukrainischen Kultur wesentlich beförderte. Anstelle der traditionalistischen Lesart wird eine aus einem europäischen Kontext erwachsende Rezeption vorgeschlagen, die insbesondere den karnevalistischen und hybriden Charakter des Werkes hervorhebt. Von der Rezeptionstradition gerade dieses Werkes hängt laut Neborak denn auch die Wahrnehmung der nachfolgenden Werke und Kultur insgesamt ab.

BuBaBu (Burlesque-Balahan-Bufonada)

1985 gründeten Jurij Andruchovyč (geb. 1960), Viktor Neborak (geb. 1961) und Oleksandr Irvanec' (geb. 1961) *BuBaBu* (Burlesque-Balahan-Bufonada). Diese Dichtergruppe wurde in den Jahren nach dem Zerfall der Sowjetunion und der Wiedererlangung der Unabhängigkeit der Ukraine zum Synonym für die Erneuerung und Emanzipation der ukrainischen Kultur. Alle drei Autoren stammen aus der Westukraine: Andruchovyč und Neborak wurden in Ivano-Frankivs'k geboren, während Irvanec' in L'viv zur Welt kam. Andruchovyčs erste Gedichtsammlung *Himmel und Plätze* (Nebo i ploŝči) erschien 1985, gefolgt von zwei weiteren Sammlungen in den Jahren 1989 und 1991. Später verlegte sich Andruchovyč hauptsächlich auf die Prosa und verfasste mehrere Romane und Essaysammlungen. Neborak konzentrierte sich auf die Lyrik und veröffentlichte die meisten seiner Werke in den 1990er- und 2000er-Jahren. Irvanec' hat in vielen Genres gearbeitet und Gedichte, Romane, Kurzgeschichten und Essays geschrieben.

Die *BuBaBu*-Dichter bauen auf dem Erbe dissidenter Schriftsteller wie Vasyl' Stus auf. Für diese war die die ästhetische Qualität nicht weniger wichtig als der ideologische Kampf gegen das Sowjetregime. Mit ihren Anfängen in der spätsowjetischen Kultur bilden Andruchovyč, Neborak und Irvanec' eine Brücke zwischen dem späten sowjetischen Durchbruch und der freien Kultur der frühen unabhängigen Ukraine und relativieren damit teilweise die Bedeutung der Zäsur von 1991–1992 in der ukrainischen Kulturgeschichte.

Die *BuBaBu*-Dichtung zeichnet sich durch eine Kombination aus scheinbarer Einfachheit und intellektueller Komplexität aus. Während die Verspieltheit und die Vorliebe für Ironie und Satire als das offensichtlichste Merkmal der *BuBaBu*-Dichtung gelten können, spielt auch das ständige Experimentieren mit verschiedenen Stilformen eine sehr wichtige Rolle. Die Sprache der postmodernen *BuBaBu*-Dichtung stellt eine erstaunliche Mischung aus Parodie, Wortspielen und lyrischem Ausdruck dar. Unter diesem Gesichtspunkt baut sie auf dem Erbe der ukrainischen Barockkultur auf. Die literarische Tradition wird in einem postmodernen Kontext aktualisiert. Ševčenko, der für alle ukrainischen Schriftsteller ein obligatorischer Dialogpartner ist, tritt in dieser Funktion natürlich auch für die *BuBaBu*-Autoren auf. Mit seinen Erinnerungen an Ševčenkos Gedicht „Traum" (Son) zeigt Neboraks *Der fliegende Kopf* (Litajuča holova, 1990) diese Verbindung deutlich. Bohdan-Ihor Antonyč ist ebenfalls eine grundlegende Bezugsfigur für die westukrainische

Kultur von *BuBaBu*, die dank ihrer Nähe zum Westen und ihrer Mythologisierung des österreichisch-ungarischen Erbes entscheidend zum Dialog zwischen der ukrainischen und der westlichen Kultur beitrug. Aus dieser Sicht ist *BuBaBu* sowohl Teil einer transnationalen Postmoderne als auch einer nationalen Tradition. *BuBaBu* verfügt über einen deutlichen Performance-Charakter: Dichtung wird wieder auf die Straße getragen, es wird ein literarischer Karneval inszeniert.

Das zeigt sich in der großen poetischen Installation *Chrysler Imperial*, die von den Bubabisten im Rahmen des Festivals *Verrenkungen II* (Vyvych II) 1992 viermal im Operntheater von L'viv aufgeführt wurde. Die Veröffentlichung dieser Texte in der Zeitschrift *Donnerstag* (Četver, 1996) ist in kongenialer Weise vom bekannten Künstlerehepaar Jurko Koch und Ol'ha Pohribna-Koch illustriert, sie stellt eine Art Gesamtkunstwerk dar, in dem Text und Bild als Ergänzung zur Aufführung eine Synthese eingehen. Das im Titel angesprochene historische Automobil aus den 1930er-Jahren taucht übrigens in zwei von Andruchovyčs Romanen wieder auf, es ist ein Beispiel für die vielen Selbstzitate in Gesamtwerk des Autors, die auch eine Verbindung zwischen seiner Lyrik und der später dominierenden Prosa darstellen.

Die aktive Phase von *BuBaBu* fällt in die Jahre 1987 bis 1992, dabei waren die ersten Literaturabende und Auftritte halblegal. Als eine Art Bilanzierung des faktischen Endes erschien 1995 die Textsammlung *BuBaBu. T.v.o.[...]ry*. Die lebhafte und produktive Kulturszene in L'viv inspirierte in den 1990er-Jahren mit ihren Literatur-Performances auch Musiker zur Adaption literarischer Texte. So schufen L'viver Musikbands wie *Der tote Hahn* (Mertvyj piven') oder *Das Klagelied des Jeremija* (Plač Jeremiji) wirkungsvolle und noch heute populäre Vertonungen von Texten der *BuBaBu*-Dichter und anderer Autoren aus L'viv, aber auch des Nationaldichters Taras Ševčenko. Ein Fortwirken der Verbindung von Musik und Literatur kann man in der Jazzband *Karbido* mit Jurij Andruchovyč als Sänger und der Punk- und Ska-Band *Die Hunde im Weltraum* (Sobaky v kosmosi) mit Serhij Žadan sehen.

Der „Patriarch der Postmoderne" Jurij Andruchovyč

Andruchovyč trat zunächst als Lyriker hervor. Er veröffentlichte in der Zeit der Perestrojka seine ersten Gedichtbände, die ganz im Geist von *BuBaBu* einem spielerischen, neobarocken Karnevalismus huldigen. Das zeigen schon die Titel seiner in Zyklen gegliederten Gedichte: *Die Eröffnung der Schaubude…*(Vidčynennja balahanu… – wohl eine Parodie auf Ihor Kalynec' Zyklus *Vidčynennja vertepu*), *Samuel aus Nemyryč und andere Banditen: eine Galerie von Ungeheuern* (Samijlo Nemyryč ta inši bandyty: Halereja počvar), *Kriminalsonette* (Kryminal'ni sonety).

Andruchovyčs Übergang zur Prosa erfolgte in zwei parallelen Schritten, in Form von Essays und in seinen Romanen. Mit den Essays aus dem Band *Das letzte Territorium* (Dezorijentacija na miscevosti, 1999) greift Andruchovyč in ironischer und zugleich spezifisch ukrainischer Weise auf die Mitteleuropa-Debatte der 1970er- und 1980er-Jahre zurück. Der Band dokumentiert eine literarische Reise durch die Ukraine der 1990er-Jahre. Sie führt durch Kyjiv, L'viv, aber auch Čornobyl' und die Karpaten. Dabei dekonstruiert Andruchovyč die westeuropäischen Klischees über die Ukraine. Mit dem Band *Mein Europa* (Moja Jevropa, 2001), den Andruchovyč zusammen mit seinem polnischen Schriftstellerkollegen Andrzej Stasiuk verfasste, erreichte diese Form von literarischer Geopoetik einen Höhepunkt. Andruchovyč entwirft die Ukraine als geographischen Raum, in dem sich Zeiten, Kulturen und Landschaften übereinander schieben und kulturelle, nationale, sprachliche und historische Grenzen undeutlich werden. Die beiden Autoren bringen ihren Lesern das Europa der Ränder, das im Westen oft eine *terra incognita* ist, in ebenso witziger wie auch informativer Weise nahe. Mit dem Band *Engel und Dämonen der Peripherie* (Dijavol chovajet'sja v syri, 2006) setzt Andruchovyč diese essayistische Linie fort, seine bisher jüngste Sammlung *Der Preis unserer Freiheit: Essays 2014–2023* verdeutlicht auch das politische Engagement des Autors im aktuellen Ukraine-Diskurs, der aber immer auch ein Europadiskurs ist.

Am Beginn einer Serie von Romanen steht der Kurzroman *Karpatenkarneval* (Rekraciji, 1990), eine Erzählung über ein feucht-fröhliches Literatentreffen, das bald in groteske Bedrohung umschlägt und dabei phantastische Züge annimmt. Die Anspielungen auf den ambivalenten Charakter der neu gewonnenen Freiheit ukrainischer Künstler, die zuvor noch als Bohème im Untergrund existieren mussten, sind in diesen Text nicht zu übersehen. Mit seiner *Moscoviada* (1992) greift Andruchovyč auf seine Zeit als Stipendiat am Moskauer Gor'kij-Literaturinstitut zurück. Der Roman beschreibt einen Höllentrip durch das Moskau am Ende aller Zeiten, also 1991. Der ukrainische Literat Otto von F. gerät in einer Abwärtsspirale durch schäbige Kantinen und Trinkhallen in die Moskauer Unterwelt (im mehrfachen Wortsinn). In einer Freakshow lässt der KGB die Parteiführer wieder auferstehen und errichtet mit Hilfe von Rattensoldaten das Sowjetimperium wieder. Am Ende trifft Otto von F. auf das „Karnevalspräsidium", das sich aus den sogenannten großen Persönlichkeiten Russlands zusammensetzt: Ivan der Schreckliche, Katharina II., Feliks Dzierżyński und Lenin bieten mit ihrem pseudohistorischen Gefasel, ihrer Brutalität und ihrem imperialistischen Wahn eine düstere Vision. In den surrealistischen, hyperbolischen und satirischen Zügen dieser Beschreibung der moribunden Sowjetwirklichkeit spiegelt sich die Tradition der barocken *comedia sacra*, die Andruchovyč selbst als Inspiration nannte.

1997 schloss Andruchovyč die karnevalistische Phase seines Schaffens mit dem umfangreichen Roman *Perversion* (Perverzija, 1997) ab. Er erzählt von den Abenteuern und dem Verschwinden des Ukrainers Stach Perfec'kyj im Karneval von Venedig. Der Autor präsentiert ein Feuerwerk von Einfällen, von der Liebesgeschichte in Form einer Dreiecksbeziehung (Perfec'kyj, seine Übersetzerin Ada Cytryna und deren älterer Mann) bis zur Kriminalstory, die mit Hilfe unterschiedlicher Augenzeugenberichte das Verschwinden des Helden aufklären möchte. Andruchovyč baut zahlreiche intertextuelle Bezüge in seinen Text ein. In Perfec'kyjs großem Auftritt als Orpheus in Theater *La Fenice* sind die Anspielungen auf Offenbachs *Orpheus in der Unterwelt* nicht zu überhören und Thomas Manns *Tod in Venedig* ist im Namen einer geldgebenden Stiftung *La morte di Venezia* präsent und wird als Entwicklungslinie der Handlung übernommen.

In seinem nächsten Roman *Zwölf Ringe* (Dvanadcjat' obručiv, 2003) entwickelt Andruchovyč sein Erzählmuster weiter. Nun ist es ein Österreicher, der in den westukrainischen Karpaten von kleinen Gaunern erschlagen wird, nachdem auch er mit seiner Übersetzerin und deren Mann in einer Dreiecksbeziehung gelebt hat. Die Fülle unterschiedlicher Intertexte wird auf einen einzigen zurückgeführt, nämlich das Leben und Werk des Dichters Bohdan-Ihor Antonyč, über den Andruchovyč bereits seine Dissertation geschrieben hatte. Schon der Titel des Romans ist eine Kontamination aus Antonyč-Zitaten. Handlungsschauplätze werden aus Titeln der Lyrik des Dichters entwickelt (die Herberge auf dem Mond, der Autoschrottplatz). Antonyč selbst taucht aber nur in einer Nebenlinie des Romans auf. Er führt das skandalöse Leben eines Bohémiens (ganz im Unterschied zur wenig spektakulären Biographie des Dichters). Das karnevalistische Element ist in diesem Text zurückgenommen. Die aus den Essays bekannte regionale Geographie der Karpaten rückt in den Vordergrund, so wie auch die sarkastische Kritik an Missständen des Lebens in der Ukraine. Das phantastische Moment ist beibehalten, der tote Held fliegt als Astralleib zurück in sein heimatliches Wien.

In den darauf folgenden Romanen, dem eher autobiographischen *Geheimnis. Sieben Tage mit Egon Alt* (Tajemnycja, 2007) sowie dem essayistischen *Lexikon vertrauter Orte* (Leksykon intymnych mist, 2011), das die Tradition der geopoetischen Essays aufnimmt, beschreitet der Autor neue, wenig überzeugende Wege, und auch der Roman, *Die Lieblinge der Justiz* (Kochanci justyciji, 2018), in dem er auf Versatzstücke aus seinen Anfängen zurückgreift, bleibt weit hinter seinen frühen Texten zurück. 2022 erschien der Roman *Radionacht* (Radio nič). Andruchovyč vertraut auch hier erneut auf die postmodernen literarischen Verfahren mit einem Mix verschiedener Stilebenen, sprachlicher Zeichen, Klängen und Symbolen mit geopoetischen und kulturhistorischen Reflexionen. Die Handlung ist eingebettet in eine surreal-dystopische Szenerie, die namentlich an die drei ersten Romane *Karpatenkarneval*, *Moscoviada* und *Perversion* erinnert und sie zugleich intertextuelle fortschreibt. Auch der Name des Protagonisten Josip Rotsky stellt einen lautlichen Zeichenmix mit widersprüchlichen Assoziationen aus „Trotzki", „Josip Brodsky" und „Joseph Roth" dar. In diesem Roman schreibt Andruchovyč nicht nur seine postmodernen Romane aus den 1990er-Jahren fort, sondern zieht auch eine persönliche Bilanz, indem er zwischen den Perspektiven des Protagonisten Josip Rotsky und des Erzählers hin und her schwenkt. Zum Roman hat Andruchovyč eine Playlist bei Youtube veröffentlicht: Für jedes der fünfzehn Kapitel gibt es einen Song von Tom Waits über Klaus Nomi und Elton John bis hin zu Andruchovyčs eigener Band *Karbido*.

Die prophetischen Geschichtsvisionen des Oleksandr Irvanec'

Im Hinblick auf die Vielfalt der Gattungen erscheint Oleksandr Irvanec' (geb. 1961) als der vielseitigste der drei *BuBaBu*-Autoren. Sein Schaffen umfasst Lyrik, Prosa und Theaterstücke sowie Literaturkritik. Das *Kleine Stück über den Verrat für eine Darstellerin* (Malen'ka p'jesa pro zradu dlja odnijeji aktrysy) ist als polyphones Monodrama konzipiert: Die Einzeldarstellerin spricht über das Telefon oder durch das Fenster mit anderen Personen, die aber nie auf der Bühne erscheinen. Die Protagonistin, die zunächst als Opfer des totalitären Sowjetstaats erscheint, entpuppt sich als eiskalte Geheimdienstmitarbeiterin.

In seinen beiden Romanen *Pralinen vom roten Stern* (Rivne-Rovno, 2002) und *Očamymrja. Die unendliche Geschichte* (Očamymrja. Povist' nevrem'janych lit, 2003) konstruiert Irvanec' eine alternative Geschichte für die Ukraine. Der Erfolgsroman *Pralinen vom roten Stern* mit dem Untertitel „Die Mauer. Ein Quasi-Roman" wurde in der Literaturkritik wiederholt als prophetisch bezeichnet (etwa im Hinblick auf die Orange Revolution oder den Euromaidan). Der Roman modelliert eine hypothetische Geschichtssituation in der westukrainischen Stadt Rivne (russ. Rovno) zu Beginn des 21. Jahrhunderts, die an das geteilte Berlin während des Kalten Krieges erinnert. Der Titel (Rivne-Rovno) gliedert auch den Inhalt: Der Roman spielt zu Beginn in der zur Westukrainischen Republik gehörenden Westhälfte der Stadt Rivne, die ihre Unabhängigkeit einem Zufall verdankt: Am Tag des Putsches, bei dem „Ewig-Gestrige" mit Hilfe von Truppen der befreundeten Nachbarstaaten Russland und Belarus die Macht in der gesamten Ukraine bis auf einige westliche Gebietsteile übernehmen, hält sich zufällig ein NATO-Inspektionstrupp in Rivne auf und verhindert durch seine Anwesenheit die Besetzung des Westteils der Stadt. Nach einer zweijährigen Blockade wird in einem Abkommen der Westsektor der UNO unterstellt und eine Mauer wird gebaut. Die Westhälfte ist durch einen schmalen Korridor, eine Transitroute, mit der kleinen Westukrainischen Republik verbunden. Weitere Kapitel gestalten dann die Ereignisse in der zur Sozialistischen Ukrainischen Republik gehörenden Osthälfte Rovno, wo die sowjetische Vergangenheit zurückkehrt und das Russische als offizielle Sprache verwendet wird. In den letzten Kapiteln steht dann die Mauer im Mittelpunkt. Der Untertitel „ein Quasi-Roman" lässt sich als postmoderne Gattungsbezeichnung interpretieren, da der Text mögliche Wirklichkeitserfahrungen gestaltet und als beängstigende Zukunftsvision in den Raum stellt.

Es folgten weitere Prosastücke, Essays und 2010 der dystopische Roman *Liebenkrafts Krankheit* (Chvoroba Liebenkrafta). Darin geht es um den Kampf gegen eine Epidemie einer unbekannten Krankheit. Infizierte lassen sich durch rote Flecken auf den Augenlidern erkennen. Infizierte und Nicht-Infizierte bringen sich gegenseitig um. Der Roman ist nicht nur hoch spannend, sondern auch ziemlich brutal in seinen realistischen Gewaltdarstellungen. Der darauffolgende Roman *Charkiv 1938* (2017) bietet wiederum eine Variante alternativer Geschichte der Ukraine im 20. Jahrhundert. Er ist wie *Pralinen vom roten Stern* durchsetzt mit Elementen literarischen Karnevals. Die Handlung spielt in den letzten April- und ersten Maitagen 1938 in der Sowjetukraine und zeichnet als Retrospektive den möglichen Entwicklungsweg einer fiktiven unabhängigen *Ukrainischen Arbeiter- und Bauernrepublik* (U.V.P.R.) mit der Hauptstadt Charkiv nach, die zu Beginn des 20. Jahrhunderts entstanden war. Der Roman setzt mit der Feier zum zwanzigsten Jahrestag der Unabhängigkeit ein. In diesem Geschichtsszenario war die Ukraine in der Zwischenkriegszeit ein etablierter und anerkannter Staat, der den Nationalkommunismus verwirklicht hatte. Der Roman hat seinen besonderen Reiz durch das spielerische Changieren der Zeitebenen. Als Protagonisten treten historische Figuren auf, die 1938 lebten oder noch hätten leben können wie der Hetman-Präsident Jevhen Konovalec', der Schriftsteller Mykola Chvyl'ovyj sowie der politische Gegner der Nationalkommunisten Symon Petljura, aber auch der Filmregisseur Oleksandr Dovženko, die Schriftsteller Ernest Hemingway, Henry Miller, Ostap Vyšnja und die im Roman mit dem Nobelpreis ausgezeichnete Ol'ha Kobyljans'ka. Der Autor bezeichnet das Genre des Romans augenzwinkernd als Anti-Antiutopie. Wahrscheinlich lässt sich der Roman im Hinblick auf das Genre durchaus treffend als „Steampunk im ukrainischen Stickhemd" bezeichnen, wie der Titel einer Leseprobe des Romans in der Zeitschrift *Ukrajin'ska pravda* lautete.

Izdryk, Ješkiljev, Taras Prochas'ko und das Stanislauer Phänomen

Jurij Izdryk (geb. 1962) schuf gemeinsam mit seinem Freund Jurij Andruchovyč, seinem etwas jüngeren Kollegen Taras Prochas'ko (geb. 1968) und dem Schriftsteller und Kritiker Volodymyr Ješkiljev (geb. 1965) den Mythos des sogenannten „Stanislauer Phänomens". Izdryk ist seit Mitte der 1990er-Jahre als Prosaautor, Dichter, bildender Künstler, Musiker und Schauspieler tätig. Seinen Durchbruch erlebte er mit *Wozzeck* (Voccek, 1997), einem der gelungensten Beispiele für ukrainische postmoderne Prosa. Mit seiner expliziten Aktualisierung von Georg Büchners *Woyzeck* (1837), der von Alban Berg als *Wozzek* (1921) vertont wurde, stellt Izdryk mit seinem selbstquälerischen Helden sowohl die postmoderne Vorliebe für intensive und offene intertextuelle Spiele als auch die Nähe der ukrainischen Kultur des späten 20. Jahrhunderts zu mitteleuropäischen Vorbildern in den Vordergrund. Izdryks *Wozzeck* ist ein Mann, der sich durch multiple Identitäten, zwanghafte Selbstreflexionen und extreme Gefühle auszeichnet. In seinen neueren Werken, sowohl in Prosa als auch in Versform, zeigt Izdryk eine bemerkenswerte Kombination aus postmodernem Wagemut, Lesbarkeit und lyrischer Gestaltung.

Izdryk war maßgeblich für die Herausgabe der alternativen Kulturzeitschrift *Četver* (Donnerstag) in L'viv verantwortlich. Er rief sie 1989 als Underground-Publikation ins Leben, die ersten beiden Nummern erschienen im Selbstverlag (Samvydav). In der zweiten Nummer finden sich dann schon überwiegend Texte von Autoren, die später dem „Stanislauer Phänomen" zugerechnet werden. Die erste reguläre Nummer 3 von *Četver* verfügte über einen thematischen Schwerpunkt: „Glossar" (Glossar). Mit dieser Nummer, an der auch Jurij Andruchovyč und Volodymyr Ješkiljev maßgeblich beteiligt waren, begann die Befreiung aus dem traditionalistischen Korsett der ukrainischen Sowjetliteratur und die programmatische Selbstkanonisierung der galizischen Autoren. Auch die weiteren Nummern 4 bis 7 von *Četver* hatten thematische Schwerpunkte: *Projekt Imperium*, *Četver(h)*, *Chrysler Imperial* und *Pseudo-Pereval* (Pseudo-Umsturz). Alle sieben Nummern sind von einer wilden graphischen Gestaltung gekennzeichnet, die im avantgardistischen Kunstverständnis von Izdryk gründet. Danach gab es für einige Jahre eine Pause, bis Izdryk die Herausgabe von *Četver* wieder aufnahm.

Izdryk schrieb in der dritten Nummer von Četver über sich selbst: „Izdryk (Deribas) Jurko, das bin ich (siehe auch Eintrag ‚Mensch'). Aufgrund des Zeitpunkts meiner Geburt bin ich ein 1960er. Laut dem Ort meiner Geburt – ein Chemiker. Aus Überzeugung – ein

Hygieniker. Ein ewiger Dilettant. Ich interessiere mich für Musik, Literatur und bildende Kunst. Vom Charakter her – eine paradoxe Kombination aus Demonstrativität (am Rande des Exhibitionismus) und pathologischer Introvertiertheit. Mutant. Ein Held der Schlacht um Čornobyl'."

Tatsächlich gehörte Izdryk zu den sogenannten Liquidatoren, die in den ersten Monaten nach der Reaktorkatastrophe als Räumtrupps eingesetzt worden waren. Andrij Bondar beschrieb ihn 2002 als „kranken Engel, der in einem drahtigen Männerkörper steckt. Er malt Engel und spielt Klavier, er scheut das Gespräch und lebt in seinen eigenen Fantasien, er kämpft mit seinen Krankheiten, er ist ein heiliger Snob, der sich ein solches Nicht-Magdeburger Recht, das Recht auf Misanthropie im Angesicht des anthropologischen Kollaps mit Blut und Schweiß, verdient hat."

Die Mitglieder des „Stanislauer Phänomens" verflochten ihr Schaffen, in dem sie in ihren Werken auf Motive und Protagonisten der Texte der jeweils andern anspielten. So wurde „Izdryk" zeitweise als ein Pseudonym von Andruchovyč angesehen. Tatsächlich trieb Izdryk dieses intertextuelle Spiel am weitesten und verknüpfte es zudem mit seiner Biographie, so dass die Literaturkritikerin Roksana Charčuk nicht zu Unrecht meint, dass Izdryks Schaffen nur in Verbindung mit seiner Biographie zu verstehen sei. Tatsächlich lässt sich seine Prosa wie eine psychoanalytische Selbsttherapierung lesen, am deutlichsten in seinem Hauptwerk *Wozzek*. Izdryk schreibt eine dunkle und schwer zugängliche Prosa, die aber einen eigenartigen Sog entfaltet. Sein Werk ist in hohem Maß kommentarbedürftig. Am deutlichsten zeigt sich dies in der *Wozzek*-Ausgabe des Jahres 2002, die mit drei Kommentaren von Ješkiljev, Marko Pavlyshyn und Lidia Stefanowska erschien. Zuletzt war Jurij Izdryk in Iryna Cilyks Film *Ich und Feliks* (2022) nach der Romanvorlage *Wer bist du?* (Chto ty takyj, 2021) ihres Ehemanns Artem Čech zu sehen, wo ihm die Rolle eines traumatisierten ukrainischen Afghanistanveteranen wie auf den Leib geschneidert scheint. 2025 wurde er mit dem Ševčenko-Preis ausgezeichnet.

Der Begriff des „Stanislauer Phänomens" geht auf Volodymyr Ješkiljev (geb. 1965) zurück. Er verwendete ihn erstmals in Ivano-Frankivs'k (bis 1962 Stanislav, bis 1919 Stanislau) in einer Debatte über Kunst und Literatur im Juni 1992. Ješkiljev charakterisierte damit die Autoren der Region, die postmoderne Werke schrieben und bewusst eine Dezentralisierung der ukrainischen Literaturlandschaft anstrebten. Darüber hinaus war die Rezeption westlicher Literatur, Kunst und Geisteswissenschaften und Adaption erklärtes Ziel der Autoren des „Stanislauer Phänomens". Zudem beschränkte es sich nicht auf Literatur, sondern war laut Ješkiljev ganz wesentlich mit der regionalen bildenden Kunst verknüpft. Das „Stanislauer Phänomen" existierte laut Taras Prochasko bis Mitte der 1990er-Jahre. Heute verwendet ein Residenzprogramm für Schriftsteller, Übersetzer und Literaturwissenschaftler diesen Titel.

Das Werk von Volodymyr Ješkiljev umfasst neben Romanen und Erzählungen auch kulturwissenschaftliche Essays und Feuilleton. Am einflussreichsten waren seine Ausführungen zur „Rückkehr der Demiurgen" in die ukrainische Literatur, wobei dieser Text zugleich ein anschauliches Beispiel einer spielerisch postmodernen Literaturkritik ist und der Selbstkanonisierung dient.

Nicht überraschend ist auch Ješkiljevs Prosa der postmodernen Ästhetik und Programmatik verpflichtet, wobei die Texte der 1990er- und 2000er-Jahre mit ihrem metafiktionalen Spiel von Zeichen und Bedeutungen zusehends in anspruchsvolle Genreliteratur übergehen. Am erfolgreichsten wurden der historische Roman *Die Flucht des Meister Pinsel* (Vteča majstra Pinzelja, 2007) und der Mystik-Thriller *Die Göttin und der Konsultant* (Bohynja i Konsul'tant, 2009), die mehrere Preise erhielten. Danach erschienen lesenswerte historische Romane über Hryhorij Skovoroda und eine Trilogie über ukrainische Heerführer (Hetmane).

Taras Prochas'ko (geb. 1968) debütierte in der Kulturzeitschrift *Četver* (Donnerstag) und war 1992–1994 einer ihre Redakteure. Zu seinen wichtigsten Werken gehören die Prosasammlungen *Annas andere Tage* (Inši dni Anny 1998) und das *Lexikon der Geheimlehren* (Leksykon tajemnych znan', 2005). Der Roman *Erdgötter* (Neprosti, 2002) ist ein erzählerisches Experiment über eine alternative Geschichte der ukrainischen Karpaten in der ersten Hälfte des 20. Jahrhunderts. Im Zentrum stehen die Erdgötter, wie die Huzulen sie nannten. Dabei handelt es sich um Menschen übernatürlichen mentalen Kräften, die eine Parallelwelt heraufbeschwören. Auch der Prosaband *Daraus lassen sich ein paar Erzählungen machen* (Z c'oho možna zrobyty kil'ka opovidan', 2005) stellt ein kompositorisches Spiel dar: Die Erzählungen werden angeblich in einer Rohfassung präsentiert, die der Leser dann fertigstellen muss. Dabei handelt es sich natürlich um kunstvoll konstruierte Texte.

Prochas'ko ist auch der Herausgeber der Edition *Das andere Format* (Inšyj format) des Verlags *Lileja-NV*. Hier veröffentlichte er in den Jahren 2003–2004 Interviews mit führenden ukrainischen Schriftstellern wie Oksana Zabužko, Jurij Andruchovyč oder Jurij Izdryk. Für sein Werk erhielt er zahlreiche ukrainische und internationale Preise.

Vom Underground zur Postmoderne: Jurij Vynnyčuk

Das literarische Schaffen von Jurij Vynnyčuk (geb. 1952) umfasst Romane und Erzählungen, Theaterstücke, Lyrik, populäre Bearbeitungen von Sagen, Legenden, Märchen und zahlreiche journalistische Arbeiten. Außerdem ist er Herausgeber von Anthologien fantastischer und Horrorliteratur, aber auch mehrerer Bücher mit Texten verfolgter und vom Sowjetregime ermordeter Autorinnen und Autoren. Insbesondere mit seiner Prosa ist er seit den 1980er-Jahren als Samvydav- und Underground-Autor fester Bestandteil einer alternativen, nicht sozrealistischen Literatur der Ukraine. Seit den 1990ern ist er schließlich der markanteste Vertreter der Lemberger Literatur, der selbstironisch und oft provokant die Geschichte, Gesellschaft und Erinnerungskultur in L'viv reflektiert. Dabei nimmt er kein Blatt vor den Mund („Ubyj pidarasa", 2011), was ihm bereits den Besuch der Polizei wegen „Präsidentenbeleidigung" (Viktor Janukovyč) einbrachte. Auch vor literarischen Mystifikationen schreckt er nicht zurück.

Vynnyčuk könnte mit seiner Biographie einem seiner eigenen Werke entsprungen sein. Vynnyčuks Vater war Arzt, der westukrainische Partisanen betreute, die nach dem Zweiten

Weltkrieg gegen die Eingliederung der Westukraine in die Sowjetunion kämpften. Sein Onkel war ebenfalls im antisowjetischen Widerstand aktiv und wurde 1941 vom sowjetischen Geheimdienst erschossen. Zur Erinnerung an diesen Onkel erhielt Vynnyčuk den Vornamen Jurij. Nach seinem Studienabschluss 1973 am Pädagogischen Institut in Ivano-Frankivs'k begann er als Journalist in lokalen Tageszeitungen. Diese Tätigkeit lenkte die Aufmerksamkeit des KGB auf ihn und 1974 erfolgte die erste Hausdurchsuchung. Um weiteren Nachforschungen der KGB-Filiale vor Ort zu entgehen, siedelte Vynnyčuk nach L'viv über. Dort lebte er anfangs illegal in den Wohnungen von Freunden, Bekannten und Verwandten, wobei er als Vorsichtsmaßnahme gegen überraschende Razzien seine Manuskripte stets in einem Koffer mit sich führte – was ihm den Spitznamen „Koffer-Jurko" einbrachte. Schließlich absolvierte er verspätet seinen Militärdienst im fernen Moskau. Über seine Abenteuer in der Sowjetarmee erzählt er in Art des braven Soldaten Švejk, auf den er sich explizit im zweiten Teil seines autofiktionalen Romans *Birnen im Teig* (Hruši v tisti, 2010) mit dem Titel *Die Abenteuer eines neuzeitlichen Švejk* bezieht. Nach seiner Entlassung tauchte er Ende der 1970er in die sowjetische Halbwelt L'vivs mit seinen nächtlichen Etablissements ein, in denen Prostituierte, Schwarzmarkthändler und Schmuggler verkehrten. Dieses ihm vertraute Milieu bildet den Hintergrund seines ersten Unterhaltungsromans *Diven der Nacht* (Divy noči), der – wie die meisten Texte Vynnyčuks – erst Anfang der 1990er-Jahre erscheinen konnte. Gegen Ende der Perestrojka-Zeit war er in L'viv Mitbegründer und Mitwirkender des populären satirischen Kabaretts *Nicht jammern!* (Ne žurys'!, 1987–1990).

Seit Beginn der 1990er-Jahre arbeitete Vynnyčuk mit verschiedenen Zeitungen und Zeitschriften in L'viv zusammen, so mit *Post-Postup*. Außerdem war er Chefredakteur der erotisch-satirischen Zeitschrift *Der Rumtreiber* (Hul'visa). Er verfasste zahlreiche, teilweise mystifizierende Texte und Bücher über L'viv, so die populären Anthologien *Lemberger Legenden*, *Lemberger Kneipen*, *Die Geheimnisse des Lemberger Kaffees* oder den Roman *Im Schatten der Mohnblüte* (Tango smerti, 2012). In diesem Zusammenhang wurde er als Schöpfer des „Lemberger Stadttexts" und einer Lemberger Mythologie bezeichnet. Ähnlich kreativ lancierte er das skandalöse Tagebuch der ukrainischen Nationalheldin Roksolana als Fortsetzungsgeschichte in der Zeitung *Post-Postup*. Darin schildert Roksolana freizügig ihre Erlebnisse als Haremsfrau am Hofe von Sultan Suleiman dem Großen (des Belagerers von Wien). Das Tagebuch stammte angeblich aus dem 16. Jahrhundert und wurde später unter Vynnyčuks Namen mit dem Titel *Das Leben im Harem* (Žytije haremnoje, 1992) in Buchform publiziert und erlebte mehrere Auflagen. Sein nicht immer leicht zu durchschauendes literarisches Spiel brachte ihm nicht nur Freunde ein und besonders für seinen freizügigen Umgang mit Quellen wurde er kritisiert. Plagiatsvorwürfe erwiesen sich freilich als unbegründet. Eine wenig bekannte Sonderstellung in seinem Werk nehmen mehrere akribisch recherchierte und kompetent zusammengestellte Textsammlungen von Autorinnen und Autoren ein, die dem Sowjetregime zum Opfer fielen.

Anfang der 1990er-Jahre erschienen seine Erzählungen aus den 1980ern in den Bänden *Hi-hi-i* (Chi-chi-i), *Das Funkeln* (Spalach) und *Die Fenster der gefrorenen Zeit* (Vikna zastihloho času). Die Kurzprosa ist meist im spätimperialen Milieu der zerfallenden

Sowjetunion angesiedelt, deren Erbe auch in der Ukraine der 1990er-Jahre fortwirkt. Diese Texte sind allerfeinste Kurzprosa, die sich durch einen scharfen gesellschaftskritischen Blick auf das sowjetische Spießertum und eine spitze Feder auszeichnen. Im Jahr 2002 erschien der umfangreiche Roman *Mal'va Landa*. *Frühlingsspiele* (Vesjani ihry, 2006), der mit mehreren Preisen ausgezeichnet wurde. *Im Schatten der Mohnblüte* (Tango smerti) thematisiert als erster ukrainischer Roman nach 1990 die Shoah in L'viv. Mit der Autofiktion *Birnen im Teig* kehrte der Autor noch einmal in den sowjetukrainischen Underground und die Lemberger literarischen Dissidentenkreise der 1970er- und 80er-Jahre zurück. Dieses Buch vermittelt die erdrückende Atmosphäre von Brežnevs Stagnation in einem intellektuellen Detektivspiel und reflektiert die Möglichkeiten und Unmöglichkeiten von Widerstand gegen die Sowjetherrschaft.

Seit 2010 verfasste Vynnyčuk vor allem historische Prosa, gehobene Unterhaltungsliteratur mit einem Mix aus Detektivgeschichte, Mystery-Thriller und Gesellschaftssatire, wobei einer der letzte Romane, *Die Schlüssel Marias* (Ključi Mariji, 2020), gemeinsam mit Andrej Kurkov verfasst wurde.

Einen eigenen Bereich stellen mehrere Kinder- und Jugendbücher dar. Der erfolgreiche und prämierte Roman *K/ein Platz für einen Drachen* (Misce dlja drakona, 1990) richtet sich auch an Erwachsene und gestaltet eine Parabel auf die Verselbstständigung politischer Machtstrukturen, denen das Individuum trotz allen guten Willens hilflos gegenübersteht.

Den gemeinsamen Nenner seiner Prosa bilden dynamische Plotstrukturen mit fantastischen Elementen, Abenteuer- und Detektivgeschichten, eine gründliche Recherche der historischen Fakten, gespickt mit oft ziemlich derbem, auch schwarzem Humor oder beißender Ironie, obszönen Darstellungen, Erotik, aber auch manchmal mit sexistischen Anspielungen. Aus diesem Grund wurde er 2025 aus dem PEN-Ukraine ausgeschlossen.

Feminismus und Antikolonialismus: Oksana Zabužko

Oksana Zabužko (geb. 1960) ist eine der markantesten Stimmen der unabhängigen Ukraine und tritt als Public intellectual auf. Ihr Werk umfasst Lyrik, Prosa und Essayistik und konzentriert sich auf folgende Themen: die postsowjetische Kultur und Gesellschaft in der Ukraine, das postkoloniale Erbe der Ukraine, die Stellung der Frau in der ukrainischen Gesellschaft, die Verantwortung der Literatur und der Schriftstellerinnen. Seit 2014 beschäftigt sich Zabužko intensiv mit der russischen Annexion der Krym und dem Krieg Russlands gegen die Ukraine. Der gemeinsame Bezugspunkt all dieser Themen ist das kollektive und historische Gedächtnis der Ukraine.

Sie debütierte als Lyrikerin. Ihr erster Gedichtband, *Maireif* (Travnevyj inij) erschien 1985 und bis 2013 folgten weitere fünf Gedichtbände. Neben ihrer Lyrik legte sie einflussreiche literaturkritische Arbeiten vor. Bekannt wurde die Autorin einer breiten Öffentlichkeit 1996 durch ihren Roman *Feldstudien über ukrainischen Sex* (Pol'ovi doslidžennja z ukrajins'koho seksu, 1996), der ursprünglich als Raubkopie ihres Manuskripts kursierte, bis sie ihn zur Veröffentlichung freigab. Der Roman erlebte seitdem zahlreiche Auflagen und wurde in viele Sprachen übersetzt. In der Ukraine brachte ihr der Roman den Ruf ein, eine feministische Skandalautorin zu sein. Es folgten der Erzählband *Schwestern* (Sestro, sestro, 2003) und ein weiterer umfangreicher Roman, *Museum der vergessenen Geheimnisse* (Muzej pokynutych sekretiv, 2009). Eine Kollektion wichtiger Essays erschien 2012 unter dem Titel *Planet Wermut* in deutscher Übersetzung. In ihrem Schaffen ragt außerdem die kulturgeschichtliche Abhandlung über die ukrainische Klassikerin Lesja Ukrajinka *Notre Dame d'Ukraine. Lesja Ukrajinka im Konflikt der Mythologien* (Notre Dame d'Ukraine. Ukrajinka v konflikti mitolohij, 2007) heraus. 2011 erschien der *Ausgewählte Briefwechsel mit Jurij Ševel'ov* (Vybrane lystuvannja na tli doby 1992–2002 z Jurijem Ševel'ovym) – Zabužko präsentierte hier ihren Dialog mit einem der bedeutendsten ukrainischen Intellektuellen und Linguisten des 20. Jahrhunderts.

Der Prosaband *Schwestern* enthält sechs Erzählungen unterschiedlicher Genres, die zwischen 1989 und 2000 geschrieben wurden. Zabužko beschäftigt sich hier mit der Rolle und Wahrnehmung der Frau in der sowjetischen und postsowjetischen Gesellschaft. Als Thema des Bandes nennt die Autorin „die Schwesternschaft, das innere Drama weiblicher Beziehungen". Vor den Lesern wird eine breite Palette weiblicher Typen und Milieus entfaltet, die aus verschiedenen Erzählperspektiven und mit unterschiedlichen Schreibstilen präsentiert werden.

Das Thema der Stellung der Frau in der postsowjetischen Gesellschaft der Ukraine rückt in den *Feldstudien über ukrainischen Sex* (1996) in den Mittelpunkt. Die Handlung wird in einem Bewusstseinsstrom aus der Perspektive einer weiblichen Ich-Erzählerin mit zum Teil autofiktionalen Bezügen präsentiert. Die Erzählerin, eine Dichterin und Slavistin, arbeitet als Gastwissenschaftlerin mit einem Stipendium an einer renommierten amerikanischen Universität. Sie reflektiert ihre gegenwärtige Liebesbeziehung, die sie frustriert und unproduktiv werden lässt. Während die Erzählerin über die sexuellen, existenziellen, aber auch kulturellen und nationalen Kontexte dieser gescheiterten Beziehung nachdenkt, entwirft sie für ihren Leser ein Panorama der Ukraine des 20. Jahrhunderts aus einer pointiert weiblichen Sicht. In diesem negativen Porträt der ukrainischen Gesellschaft spiegelt sich ihre problematische Beziehung. Sexuelle Bilder, Symbole und Stereotype übersetzen Fragen der nationalen und kulturellen Identität in die Sprache des weiblichen Körpers und verknüpfen damit kollektive und individuelle Traumata. Damit umkreist die Autorin in einer für sie typischen Schreibtechnik soziale und historische Zusammenhänge der ukrainischen Identität. Der Sex wird zu einer Projektionsfläche vielfachen Strebens und Scheiterns in individuellen, kollektiven und nationalen Zusammenhängen. Der Roman verdeutlicht, dass das oft als feministisch etikettierte Werk Zabužkos eher eine kulturelle Konzeption der Ukraine entwirft, die internationale feministische Positionen und Geschlechterbeziehungen mit postkolonialen Überlegungen und nationalen Fragen verknüpft.

Der Essayband *Planet Wermut* präsentiert eine Auswahl von Essays aus den 1990er und 2000er Jahren. In dem Band findet sich sogar – aus Anlass der Fußball-Europameisterschaft 2012 – ein Text über Fußball als Surrogat des Patriotismus in der Ukraine und Deutschland. Titelgebend war jedoch der äußerst bemerkenswerte Essay zum

Čornobyl'-Komplex. Wermut heißt auf Ukrainisch Čornobyl' – und die Reaktorkatastrophe vom 26. April 1986 wurde für eine ganze Generation zu einem apokalyptischen Ereignis, das in der biblischen Offenbarung des Johannes angekündigt schien: „Und es fiel ein großer Stern vom Himmel, der brannte wie eine Fackel und fiel auf den dritten Teil der Wasserströme und auf die Wasserquellen. Und der Name des Sterns heißt Wermut." Die Autorin erlebte die Reaktorkatastrophe im nur neunzig Kilometer entfernten Kyjiv und beschrieb den Tag so: „Ich war gerade aus dem überfüllten Trolleybus gestiegen, als mich dieses völlig fremde Licht überraschte, über dem Boulevard türmten sich im Norden Gewitterwolken zu einem Bergrücken mit einer bis dahin noch nie dagewesenen Schärfe, als leuchteten sie von innen heraus, und im Westen zuckten kalte metallische Blitze wie in der Atmosphäre eines fremden Planeten. ‚Wie schön!', seufzte jemand hinter mir."

Eine solche ästhetische Wahrnehmung des Schreckens findet nicht erst im Diskurs der Postmoderne statt. Der Untertitel von Zabužkos Essay verdeutlicht dies mit den Namen von Regisseuren, die für die Entwicklung der Kinematografie im 20. und beginnenden 21. Jahrhundert stehen: „Oleksandr Dovženko – Andrej Tarkovskij – Lars von Trier, oder Der Diskurs des Horrors". Die Filme *Melancholia* (2011), *Stalker* (1979) und *Die Erde* (Zemlja, 1930) dieser Regisseure finden als Kunstwerke eine überzeugende Bildsprache für den Diskurs des Horrors. Dem Čornobyl'-Essay verdankt Zabužko ihre Berufung in die Jury der Berlinale 2024.

Der Roman *Museum der vergessenen Geheimnisse* (2009) ist das opus magnum der Autorin. Zabužko gestaltet hier die tragische Geschichte der Ukraine im 20. Jahrhundert vom Holodomor über den Zweiten Weltkrieg, den Kampf der westukrainischen Partisanen gegen die Sowjetunion in den 1940er-Jahren, die Hungersnot 1947/48 und schließlich der langen Jahrzehnte sowjetischer Stagnation bis zu den 1990er-Jahren mit Korruption in Politik und Wirtschaft, der Entstehung des Oligarchentums und seinen mafiosen Machenschaften. Das ist der historische Hintergrund, vor dem die „kleinen Geschichten" der Menschen aufgefädelt werden, die sich in der „großen Geschichte" und ihren Verwerfungen zurechtfinden müssen.

Der Roman lässt sich dem Genre der Familiensaga zuordnen, die auf einer abstrakten Ebene die nationale, soziale und kulturelle Einheit der Ukraine betont. Im Mittelpunkt stehen eine westukrainische Familie aus L'viv und eine zentralukrainische Familie aus dem Poltava-Gebiet, deren Vertreter, Adrian und Daryna, sich im Zentrum der Ukraine, in Kyjiv, vereinen. Trotz aller tragischen Einzelschicksale ist es ein versöhnlicher Roman, der die Fragmentierung der Ukraine, die verschiedenen Familien- und individuellen Geschichten im Zusammenspiel mit der Geschichte der ukrainischen Regionen im 20. Jahrhunderts aufzeigt und zu überwinden versucht. Das anschaulichste und gelungenste Beispiel hierfür ist der ukrainische Geheimdienstmitarbeiter und frühere KGB-Agent Buchalov. Mit seiner schwierigen Biografie ist er ein hybrides Wesen, ein Mensch des „Dazwischen": Sein Vater, ein *UPA*-Partisan, ist der Hauptheld der historischen Kapitel des Romans. Seine Mutter ist eine jüdische Krankenschwester aus Przemyśl, die als Doppelagentin für die *UPA* und den sowjetischen Geheimdienst arbeitete. Buchalov wurde noch als Baby von einem russischen KGB-Offizier adoptiert, der sich in Kyjiv niedergelassen hatte. Dieser Buchalov, der wie Daryna und Adrian seiner eigenen Geschichte nachspürt, ist auch eine psychologisch überzeugend dargestellte Figur, weil sich in seiner traumatischen Biographie die tragische Geschichte der Ukraine spiegelt. Zwei historischen Abschnitten wird in den Familiengeschichten besondere Aufmerksamkeit geschenkt: Zum einen den 1940er-Jahren mit den Kämpfen der *UPA* gegen sowjetische Sondereinheiten im Karpatenraum, zum andern der Brežnev-Zeit der gesellschaftlichen und politischen Stagnation mit den leisen Formen bürgerlichen Ungehorsams und unspektakulären, aber effektiven Repressionen des Staates gegenüber Dissidenten, etwa mit Zwangseinweisungen in die Psychiatrie.

Neben der offensichtlichen Museumsmetapher des Titels sind die „Geheimnisse" auch eine Anspielung auf ein Spiel ukrainischer Mädchen in den 1960er- und 1970er-Jahren. Es imitiert das Verstecken von religiösen Gegenständen und verbotenen Schriften während der Zwangskollektivierung und dem Holodomor in den 1920er- und 1930er-Jahren. Bei dem Mädchenspiel waren die Gegenstände, die man versteckte, nicht mehr wesentlich, wichtig wurde das Ritual der Geheimhaltung zwischen den Mädchen. Das Geheimnis ist verknüpft mit der Idee der schwesterlichen Verbundenheit aller Frauen – einer Vorstellung, die sich in verschiedenen Variationen in Zabužkos Werk findet.

Der Essay „Der lange Abschied von der Angst" (Dovhe proščannja zi strachom, 2018) analysiert historische Zusammenhänge des 20. Jahrhunderts, die zum Krieg Russlands gegen die Ukraine seit 2014 führten. Dabei wird auch die westliche Wahrnehmung Russlands in den Blick genommen. Auch die Defizite dieser Wahrnehmung durch die europäische Linke der Nachkriegszeit werden benannt. Insbesondere die westeuropäische Ignoranz gegenüber den Verbrechen des Sowjetregimes wird deutlich herausgearbeitet. Auch das fehlende russische Schuldbewusstsein für die eigenen Kriegsverbrechen thematisiert. In diesem hellsichtigen Essay erklärt Zabužko die Eskalation des Kriegs seit 2022 und die zahllosen Kriegsverbrechen Russlands gegen die Ukraine als eine Folge der fehlgeleiteten internationalen Politik gegenüber dem nationalistisch-imperialen Russland.

Der umfangreiche Essay „Die längste Buchtour" (Najdovša podorož, 2022) ist ein persönlicher und unmittelbarer Text, der auch in der Erfahrung des plötzlichen Exils der Autorin, des Verlustes individueller Lebenssicherheiten gründet. Sie fuhr am 23. Februar 2022 zur Präsentation der polnischen Übersetzung ihrer Essays nach Warschau. Es sollte die längste „Buchtour" ihres Lebens werden – ausgelöst vom russischen Angriffskrieg gegen die Ukraine, der die ganze Weltordnung ins Wanken brachte. Im Ton ist dieser Essay mehr noch als der vorangegangene kämpferisch, emotional, provozierend und wütend. Zabužko plädierte dafür, die sowjetischen Verbrechen endlich beim Namen zu nennen und die Komplizenschaft der Massenmörder Stalin und Hitler sowie die aktive Mitschuld der Sowjetunion am Ausbruch des Zweiten Weltkriegs in die Geschichtsbücher zu schreiben. Am Ende des Essays – lange vor der Zerstörung des Kachovka-Staudamms – machte sie auf die ökologischen Katastrophen des russischen Handelns in der Ukraine aufmerksam.

Nach dem Massaker von Buča veröffentlichte sie am 22. April 2022 im *Times Literary Supplement* den provokativen Essay „Gibt es kein schuldiges Volk auf der Welt?", in dem sie der klassischen russischen Literatur von Tolstoj bis Turgenev die Schuld am russischen Überfall gibt: „Die russische Literatur hat fleißig an dem Tarnnetz für die russischen Panzer mitgeknüpft."

Oles' Ul'janenko: Punk und Ketzer

Die Biographie dieses Ausnahmeautors, geboren 1962 als Oleksandr Ul'janov im Poltaver Gebiet und 2010 unter ungeklärten Umständen verstorben, ist so spannend und bizarr wie seine Romane. Andrej Kurkov bezeichnet ihn als einen der wenigen Autoren „mit Biographie": Nach zwei missglückten Ausbildungen, Medizin und Schiffselektrik, musste Ul'janenko in der sowjetischen Armee seinen Militärdienst leisten, zuerst in der DDR, dann in einer Kampfeinheit in Afghanistan. Was Ul'janenko dort erlebte, lässt sich nur vermuten. Er hinterließ abgesehen von zwei äußerst eindringlichen Erzählungen, „Der Befehl" (Nakaz) und „Gebet" (Molitva), keine Zeugnisse darüber. In der Erzählung „Der Befehl" geht es um die Hinrichtung zweier Soldaten, die einen Oberleutnant wegen eines alltäglich-banalen Streits getötet haben. In „Gebet" berichtet der Erzähler, wie Sowjetsoldaten einen gefangenen Mudschahed mit Benzin übergießen und versuchen, ihn bei lebendigem Leibe zu verbrennen, doch der Erzähler erschießt ihn vorher „aus Barmherzigkeit" mit einer Gewehrsalve. An anderer Stelle äußert der Erzähler die Ansicht, dass dieser Krieg verbrecherisch sei und das ganze Land verderbe. Nach der Entlassung aus dem Militär zog Ul'janenko am Rande der Legalität durch die asiatischen Gebiete der Sowjetunion, lebte dann Ende der 1980er-Jahre in der alternativen Szene und im Underground Leningrads und kehrte schließlich in die Ukraine zurück. Dort beteiligte sich am ersten Maidan, der „Revolution auf Granit" 1990/91. Anfang der 1990er-Jahre lebte er als Bauwächter im renovierungsbedürftigen Hotel Leipzig, nahm als literarisches Pseudonym die entrussifizierte Form seines Nachnamens an und begann ukrainische Prosa zu schreiben. Bereits der erste Roman *Stalinka* (1994) wurde zu einem beachtlichen Erfolg, der nicht nur den „kleinen Ševčenko-Preis" erhielt, sondern später auch in die Schulcurricula aufgenommen wurde. *Stalinka* wird oft als einer der wichtigsten ukrainischen Romane der postsowjetischen Epoche bezeichnet. Die Bezeichnung geht auf eines der zentralen Kyjiver Stadtviertel zurück, das heute Demijivka heißt. Dieses ursprünglich nach Stalin benannte Viertel ist mit seinen sehr speziellen Bewohnern der eigentliche Held des Romans. Die Protagonisten sind in unterschiedlichem Ausmaß verrückt, mit verschiedenen (homo-)sexuellen Vorlieben, aber auch degeneriert, brutal und gewalttätig. Der detaillierte und im naturalistischen Stil präsentierte „Diskurs der Gewalt und Abartigkeit", wie er in der ukrainischen Literaturkritik zuweilen genannt wird, ist tatsächlich in allen Romanen Ul'janenkos in verschiedenem Ausmaß spürbar. Die sexuellen Aspekte von Ul'janenkos Werk finden in den letzten Jahren zunehmend Aufmerksamkeit in den Queer studies.

Es folgte seit Mitte der 1990er-Jahre fast jedes Jahr ein neuer Roman, insgesamt vierzehn, von denen einige deutlich mit Genreliteratur, insbesondere Mystery, Thriller und Erotik experimentieren, wie *Der Sohn des Schattens* (Syn Tini, 2001), *Dauphin Satans*

(Dofin Satana, 2003) und *Serafyma* (2007). Die beiden letzten Texte erzählen von Serienmördern, einem Mann und einer Frau.

Im Roman *Das Zeichen Zebaot* (Znak Savaofa, 2006) zog Ul'janenko gegen die orthodoxe Kirche vom Leder. Im Roman werden kriminelle Machenschaften und antiukrainische Manipulationen im Kyjiver Höhlenkloster thematisiert. Außerdem wird das Fehlverhalten der Popen angeprangert. Vertreter des Moskauer Patriarchats in Kyjiv und Moskau lasen den Roman sehr aufmerksam und verhängten darauf ein Anathema über Ul'janenko. Der Autor kommentierte diese Aktion ironisch mit dem Hinweis, er sei griechisch-katholischer Konfession und deshalb möge man sich an den Papst wenden. Ul'janenko langjährige Freundin und Literaturagentin Jevhenija Čupryna meint, er sei wegen dieses Romans von konservativ-religiösen Tätern ermordet worden.

Mit *Die Frau seiner Träume* (Žinka joho mriji) folgte im gleichen Jahr 2006 ein weiterer Ausnahmeroman. Die nationale Kommission zu Fragen der Moral (der Literaturkritiker wie Mykola Sulyma aus der Akademie der Wissenschaften, Geistliche, aber etwa auch Andrej Kurkov angehörten) zogen das Buch aus dem Verkehr, da es angeblich pornographisch sei, was dem Roman einen gewaltigen Boost verschaffte. Davor hatte diese Kommission die Auslieferung der Literaturzeitschrift *Šo* verhindert, in der ein Ausschnitt aus Ul'janenkos Roman *Die Blumen Sodoms* (Kvity Sodoma) abgedruckt war. Innerhalb der Kommission wandten sich besonders Kurkov und Pavlo Movčan gegen solche Maßnahmen und kritisierten die Tätigkeit der Kommission, die sich bald darauf auflöste. Fast ein Jahr lang prozessierte Ul'janenko gegen die Kommission. Auf der Internetseite des *Folio*-Verlags, in dem der Roman erschien, wird die Tragödie zu einer Marketingmassnahme. Dort kann man lesen, dass Unbekannte dem Schriftsteller drohten, dass er in sechs Monaten sterben würde, wenn er den Prozess gewinne, „und so geschah es dann auch: Sechs Monate nach dem Prozess wurde der Schriftsteller tot in seiner Wohnung aufgefunden." Der Roman lässt sich, wie dies bei vielen Texten Ul'janenkos der Fall ist, dem Genre des Erotik-Thrillers mit einer Portion Mystik zuordnen. Der Protagonist des Romans ist ein pensionierter Major, der sich darüber freut, seine Frau losgeworden zu sein – sie hat Selbstmord begangen. Seinen sexuellen Fantasien steht nun nichts mehr im Weg. Der Sohn unterstützt den Vater dabei. Als der Junge verschwindet, werden schockierende Details aus dem Leben des Majors bekannt. Währenddessen wacht seine angeblich tote Frau in einer ihr unbekannten Wohnung auf. Hinzu kommt noch ein großer Unbekannter. Die phantastische Handlung wechselt zwischen verlangsamenden Darstellungen sexueller Praktiken und dynamischen Plotsequenzen.

Einer letzten Romane *Dort, im Süden* (Tam, de pivden', 2009) spielt in der sowjetischen Halb- und Unterwelt Mykolajivs Ende der 1970er-Jahre mit drastischen Schilderungen des Hafenchaos mit schmutzigen Märkten und Schmeißfliegen, die um halb vergammelte Lebensmittel surren. Unter sengender Steppensonne fläzen sich Typen in verschlissenen Pullovern und mit Ankern auf den Kapuzen. Ul'janenko präsentiert eine sowjetische Stadt voller Drogensüchtiger, Alkoholiker und Banditen, die Fremden mit einer Kreissäge den Kopf abschneiden. Der Autor Markijan Kamyš meinte dazu: „Eine Stadt, die nicht in die Weltanschauung derjenigen passt, die immer noch nostalgisch auf die Stagnationszeit unter Brežnev blicken."

Tatsächlich gibt es in allen Texten Ul'janenkos zahlreiche sozialkritische Aspekte. Seine Prosa erscheint dadurch als Gegenerzählung zu stereotypen und kitschigen Narrativen über die Sowjetzeit. Fast alle Texte von Ul'janenko weisen eine Nähe zu religiösen und spirituellen Fragen auf, die freilich häufig in mystische Fantastereien abgleiten.

Die zahlreichen Interviews mit Ul'janenko finden sich ergänzt um weitere Materialien zum Autor im Band *Oles' Ul'janenko. Unzensiert* (Oles' Ul'janenko. Bez censury, 2011). Seit 2012 wird der internationale Literaturpreis „Oles' Ul'janenko" von einer prominent besetzten Jury (unter anderen Serhij Žadan, Andrej Kurkov, Jevhenija Čupryna, Les' Poderv'jans'kyj) vergeben. Seine Texte dienen zudem als Grundlage verschiedener Fernsehproduktionen.

Ostukrainische Trümmerromantik: der frühe Serhij Žadan

Serhij Žadan (geb. 1974) erwarb sich Mitte der 1990er-Jahre schnell Ruhm als Dichter mit einem unverwechselbaren Sound. Der 1974 in der Region Luhans'k geborene und in Charkiv aufgewachsene Žadan ist mit seinem Werk fest in der Ostukraine verwurzelt. Als Germanistikstudent entwickelte er ein starkes Interesse an der deutschen Lyrik des 20. Jahrhunderts, die er auch übersetzte. Seine Diplomarbeit schrieb er über den ukrainischen Futuristen Mychail' Semenko. Mit seiner literarischen Gestaltung des ostukrainischen *rust belt* setzte er ein Gegengewicht zur geopoetischen Überhöhung der westukrainischen Kultur. Seine Debütsammlung *Zitatsammlung* (Cytatnyk, 1995) ist ein hervorragendes Beispiel für die starke neobarocke Tendenz der zeitgenössischen ukrainischen Literatur. Žadans frühe Lyrik darf mit ihren dichten Versen und ihrer Vorliebe für surrealistische Darstellungen der Lebenswelt des lyrischen Subjekts als eine poetische Version des magischen Realismus gelten. Žadans antikoloniales Zelebrieren der ukrainischen Sprache und Literatur hebt sich vor dem russischsprachigen Hintergrund der urbanen Ostukraine besonders deutlich ab. Žadans frühe Gedichtbände können als Versuch bezeichnet werden, ein Gleichgewicht zwischen Narrativität und ornamentaler Poetik zu finden, wobei sich die für die *Zitatsammlung* so relevante „reine Poesie" mit einer ausgeprägten Tendenz zu Erzählungen und Porträts abwechselt. Žadans Lyrik der 2000er-Jahre dreht sich häufig um das Leben in der Ostukraine, mit besonderem Augenmerk auf die scheinbar unpoetischen Details der alltäglichen Existenz und die Schwierigkeiten, in einer postsozialistischen Welt seinen eigenen Weg zu finden.

Während Zabužko und Andruchovyč das imperiale und gewalttätige Erbe Russlands und dessen Auswirkungen in der Ukraine thematisieren, bildet Serhij Žadan mit seinem Schaffen eine ukrainische Transitkultur ab. In einer „post-proletarischen Punk Dichtung" beschreibt er, wie die Vertreter seiner Generation die postsowjetischen Relikte auf kreative und unterhaltsame Art recyclen. Seine Texte sind von einer Landschaft inspiriert, in der verrottende Industrieanlagen und Trabantenstädte wie Mahnmale des gescheiterten Sowjetexperiments aufragen. In den Romanen *Depeche Mode* (2004) oder *Die Erfindung des Jazz im Donbass* (Vorošylovhrad, 2010) durchstreifen die Protagonisten solche postsowjetische Ruinenlandschaften. Dabei wird man als Leser von der visuell-eindringlichen Sprache in Bann geschlagen. Sie ist von Žadans stark rhythmisierter Lyrik inspiriert, die meist im freien Vers verfasst ist, so im Gedichtband *Geschichte der Kultur zu Anfang des Jahrhunderts* (Istorija kul'tury počatku stolittja, 2003).

Die Erfindung des Jazz im Donbass weist offensichtliche Berührungspunkte mit dem Roman *Depeche Mode* auf, so im Motiv der Reise durch postsozialistische Trümmer, die von merkwürdigen Figuren bevölkert sind. Die Reise kann dabei als Allegorie für eine Selbstsuche interpretiert werden. Eine weitere Parallele liegt in den fantasievollen Binnenerzählungen, die auf den ersten Blick nicht mit der Romanhandlung verbunden scheinen. In einem gewissen Sinn kann *Die Erfindung des Jazz im Donbass* als Fortsetzung von *Depeche Mode* gelesen werden. Die Protagonisten haben sich entwickelt, sind älter geworden – oder aber „jung" gestorben. In beiden Romanen wird ein postindustrieller Mythus von Humanität entfaltet, deren Träger zwar in materieller Hinsicht die Verlierer der Wende in den 1990er-Jahre zu sein scheinen, die aber Kraft und Zusammenhalt aus einem Heimatgefühl entwickeln, das über Lokalpatriotismus hinaus geht.

Ziellose Wanderungen in der Ostukraine prägen auch Žadans Roman *Anarchy in the UKR* (2005). Žadan schlägt hier eine Brücke zwischen der krisenhaften Gegenwart und den großen Hoffnungen im Jahr 1918, als der Anarchist Nestor Machno (1888–1934) das Land durchstreifte. Damals bestand die Aussicht auf einen eigenen Staat, bevor erneut ein russisch dominiertes Imperium die Ukraine unter seine Kontrolle brachte.

Žadan erweitert seine Faszination für seine ostukrainische Heimat mit poetischen Exkursionen in die neue Welt. Während Natalka Bilocerkivec' in den 1980er-Jahren noch behauptete, dass „wir nicht in Paris sterben werden", beschreibt Žadan in seinen *Balladen vom Krieg und Wiederaufbau* (Balady pro vijnu i vidbudovu, 2001) Charkiv und New York als vertraute Orte, die er poetisch gestalten kann – sowohl in einer ironischen als auch in einer melancholischen Tonalität.

In *Mesopotamia* (2014) verbindet Žadan auf innovative Weise Prosa und Poesie. Der erste Teil besteht aus neun Erzählungen, die mit neun verschiedenen männlichen Vornamen betitelt sind. Der zweite Teil besteht ausschließlich aus Gedichten. Eines der Gedichte definiert sehr gut die Grundlagen von Žadans eigener Poetik: „Worin besteht das Wesen der Dichtung? / Darüber zu schreiben, was alle schon immer wussten. / Zu sprechen von Dingen, die wir nicht mehr haben. / Unsere Enttäuschungen zu benennen. / So zu sprechen, dass wir Zorn und Liebe, Neid, Hass / und Mitgefühl herausschreien können. / Zu sprechen / unter dem Mond, der über dir hängt / und dich mit seinem ganzen gelben Echo bedrückt."

Žadan ist in erster Linie Lyriker. Zwischen 1994 und 2012 hat er zehn Gedichtbände veröffentlicht. Gleichzeitig hat er durch seine Romane große Erfolge beim ausländischen Lesepublikum erzielt. Sein Universalismus, seine Fähigkeit, Poesie auch in äußerlich abstoßenden Gegenständen zu sehen, sein Interesse für die Spuren der Vergangenheit und die Anfänge der Zukunft sind zu einem Markenzeichen von Žadan geworden und machen seine Popularität aus.

Neubeginn der ukrainischen Lyrik um 2000

Die Jahrtausendwende markiert auch einen Umbruch in der ukrainischen Lyrik. Weibliche Stimmen spielen dabei eine besonders wichtige Rolle. Zu diesen Autorinnen gehören Halyna Kruk (geb. 1974), Oksana Lucyšyna (geb. 1974) und Marianna Kijanovs'ka (geb. 1973). Kruk, die 1997 mit zwei Sammlungen debütierte, verbindet die Aufmerksamkeit für die Details des Alltags mit intellektueller Spekulation und der Fähigkeit, die verborgene, poetische Seite von Objekten und Situationen zu zeigen, die das prosaische Auge nicht vollständig erfassen kann. In ihren Gedichten verbinden sich Ironie und Desillusionierung mit Hoffnung und Glauben. Die aus den Karpaten stammende und seit den 2000er-Jahren in den USA lebende Lucyšyna (Lutsyshyna), die als Wissenschaftlerin und Universitätsdozentin tätig ist, schreibt raffinierte Gedichte, die auf einer Kombination aus Hermetik, Mythologie, Musikalität und Ironie beruhen. Sie ist auch als Prosaautorin tätig und beschäftigt sich mit Themen wie Emigration, Weiblichkeit und der jüngsten ukrainischen Geschichte. Kijanovs'ka debütierte 1997, im selben Jahr wie Lucyšyna. Kijanovs'ka, eine besonders produktive Dichterin, ist eine der führenden Vertreterinnen des zeitgenössischen ukrainischen Hermetismus und hat seit Ende der 1990er-Jahre mehr als ein Dutzend Gedichtbände veröffentlicht. Kijanovs'ka mischt Spiritualität, reine Lyrik und einen mythologisierenden Blick auf die Natur und verbindet die Innerlichkeit des lyrischen Subjekts mit seiner Lebenswelt. In ihrer Lyrik gestaltet sie eine atemporale Geschichte und die Universalität der Urelemente. Eine weitere wichtige weibliche poetische Stimme aus der Westukraine gehört Mar'jana Savka (geb. 1973), die 1995 debütierte und 2002 mit ihrem damaligen Ehemann in L'viv den *Verlag des alten Löwen* (Vydavnyctvo Staroho Leva) gründete, der bis heute eine wichtige Rolle auf dem ukrainischen Buchmarkt spielt.

Zu den einflussreichsten Namen der in den 1980er-Jahren geborenen Dichtergeneration gehören Oleh Kocarev (geb. 1981), Pavlo Korobčuk (geb. 1984) und Bohdan-Oleh Horobčuk (geb. 1986). Diese Autoren, deren erste Gedichtbände Anfang der 2000er-Jahre erschienen, knüpfen an die jüngste Tradition der postmodernen Verspieltheit an und verwenden eine poetische Sprache, die sich durch eine respektlose Kombination aus Albernheit, Experimentierfreude und tiefgründiger Lyrik auszeichnet.

Der Verlag *Fackel* (Smoloskyp) hat die Entwicklung der Poesie in der unabhängigen Ukraine besonders gefördert. Der ehemalige Diaspora-Verlag, der seit 1960 in den USA tätig war, zog nach der Unabhängigkeit in die Ukraine. Seit den 1990er-Jahren unterstützt der *Smoloskyp*-Preis viele junge Dichter und verhilft ihnen zu einer starken Position auf dem literarischen Feld.

Popliteratur: Irena Karpa, Ljubko Dereš, Markijan Kamyš

Nach 2000 betritt auch in der Prosa eine neue Autorengeneration die literarische Bühne. Sie setzt sich deutlich von ihren Vorgängern wie Andruchovyč oder Zabužko ab. Die spielerische Dekonstruktion der ideologisierten Narrative und ästhetischen Postulate der

Vergangenheit einerseits und die karnevalistische, postkoloniale Rekonstruktion des kulturellen Gedächtnisses der Ukraine andererseits rücken in den Hintergrund. Zu dieser neuen Generation gehören Larysa Denysenko (geb. 1973), Ljubko Dereš (geb. 1984), Irena Karpa (geb. 1980), Tanja Maljarčuk (geb. 1983), Natalka Snjadanko (geb. 1973), Svitlana Pyrkalo (geb. 1976) und auch Serhij Žadan (geb. 1974). Bei ihnen lassen sich Themen, Motive und erzählerische Mittel beobachten, die man auch in der internationalen Popliteratur bei Bret Easton Ellis, Nick Hornby, Christian Kracht, Dorota Masłowska oder Irvine Welsh findet. An die Stelle der Gestaltung einer imaginären mitteleuropäischen Kultur oder der Beschwörung der ukrainischen Nation treten nun sprachliche und visuelle Zeichen einer globalen, westlich geprägten Konsumkultur. Dazu gehören zahlreiche intertextuelle Verweise und Adaptionen der internationalen Popkultur sowie explizite Anleihen und Inspiration aus der Musik- oder Kinoszene. Texte werden dabei oft als Sequenz von Anekdoten, Gesprächsbruchstücken, Prosafragmenten, Songtexten oder Werbeslogans konstruiert. Zusätzlich spielen auch Fotografien und die Malerei eine Rolle. Fast all diese Elemente finden sich deutlich und plakativ im ersten ukrainischen Poproman *Zelena Marharyta* (Grüne Margarita, 2001) von Svitlana Pyrkalo. Die Erzählerin unterläuft dabei selbstironisch gleich zu Beginn des Romans ihre popkulturelle Ästhetik am Beispiel eines Cheeseburgers.

Die sprachliche Gestaltung der ukrainischen Popliteratur bedient sich soziokultureller Codes verschiedener Subkulturen und einer stilisierten mündlichen Rede. Die Texte heben sich durch nichtstandardsprachliche Elemente provokativ von der sprachkonservativen Tradition ab. In der Popliteratur geht es nicht mehr wie früher um die Ausbildung und Bewahrung einer ukrainischen Literatursprache, die auch unter widrigen Bedingungen die ukrainische Nation erhalten muss. Der Gebrauch von Slang, Umgangssprache und Vulgarismen aus der ukrainisch-russischen Mischsprache Suržyk ist Ausdruck einer dynamischen Sprachentwicklung, die Mitte der 1980er-Jahre mit dem wachsenden Prestige der ukrainischen Literatur einsetzte. Autoren wie Žadan, Dereš, oder Karpa brachen durch ihre freche Ausdrucksweise mit den gesellschaftlichen Normen, die noch in die Sowjetzeit verwurzelt waren. Die neuen literarischen Texte führten dazu, dass die urbane Jugend im Alltag immer konsequenter Ukrainisch und nicht mehr Russisch sprach. Irena Karpa etwa thematisierte die „Sprachenfrage" auf ungewöhnliche und durchaus hinterhältige Weise als Teil popkultureller Inszenierung in ihrem Roman *Bitches Get Everything* (2007), in dem es um einen freizügigen Film der ukrainischen Schauspielerin und Regisseurin Triša Tornberg für das russische Goskino geht.

Karpa hat einen journalistischen Hintergrund und arbeitete bei mehreren ukrainischen TV-Sendern. So war sie das „Gesicht" des ukrainischen MTV. Sie ist auch Schauspielerin und tritt sehr erfolgreich als Musikerin mit ihrem Gruppe *Faktyčno sami*, seit 2008 mit dem neuem Bandprojekt *Qarpa* auf.

Eine Sammlung ihrer ersten literarischen Texte erschien 2004 im Prosaband *50 Minuten Gras* (50 chvylyn travy), der ihr zu großer Popularität insbesondere unter jugendlichen Lesern verhalf. In ihrem Roman *Freud würde weinen* (Frojd by plakav, 2004) präsentiert sie als Heldin eine jugendliche Weltbürgerin, die als Backpackerin durch die globalen

Metropolen zieht. Die Protagonistin Marla Friksen trägt weite Militärhosen und hat mindestens zwei Partner (männlich und oder weiblich) gleichzeitig. Sie ist fast immer mit irgendeiner kreativen Arbeit beschäftigt und hat ihren Laptop stets griffbereit. Sie schreibt Songs, Artikel für Zeitschriften, schickt ihre Fotos an Agenturen und erhält Einladungen zum Dreh von Musikvideos. Sie denkt, analysiert, reflektiert nicht ohne Selbstkritik, liebt und schätzt Männer und Nashörner über alles. Mehrere Liebhaber gleichzeitig zu haben, hilft ihr, sich ein Gefühl der eigenen Freiheit zu bewahren. Die Erfahrung, mit ihrem Rucksack durch die Welt zu ziehen, erlaubt es ihr, die nötige Distanz zu ihrem Heimatland zu halten. Im Vergleich zu den jungen männlichen Protagonisten von Žadan erscheinen Karpas Heldinnen selbstbestimmter und freier, aktiver und attraktiver. Im Roman *Freud würde weinen* entpuppt sich jedoch Marlas Freiheit als illusorisch, denn diese Freiheit hängt nicht von der Weite des bereisten Raumes oder von der Anzahl ihrer Liebesbeziehungen ab. Die Militärhosen sind eine Tarnung. Das ständige Unterwegssein erscheint mehr als Flucht oder bestenfalls als Suche nach Freiheit denn als gelebte Freiheit. Wie in vielen anderen popliterarischen Texte liegt die subversive Dekonstruktion gerade in der offensichtlichen Affirmation vermeintlich gelebter und zur Schau gestellter Freiheiten. Auch in Karpas folgenden Romanen *Perlamutfarbener Porno. Supermarkt der Einsamkeit* (Perlamutrove Porno. Supermarket samotnosti, 2005) und *Bitches Get Everything* (2007) ist dieses Spiel mit Selbsttäuschungen stets präsent.

Karpa engagierte sich seit der Orangen Revolution mit ihren Texten, Auftritten und Perfomances für eine europäische Zukunft der Ukraine. Während des Euromaidans war sie fortwährend in Kyjiv und Charkiv präsent und beteiligte sich an der Organisation und Finanzierung der Maidan-Infrastruktur. Von 2015 bis 2019 war sie an der ukrainischen Botschaft in Paris für die Kulturvermittlung tätig. 2019 erschien der Roman *Gute Neuigkeiten vom Aralsee* (Dobri novyny z Aral's'koho morja), in dem sie die Geschichten von vier Ukrainerinnen in Frankreich und ihre Suche nach sich selbst und ihrer Freiheit erzählt: Chloe, eine Musikerin und ein Feingeist, die als freiwillige Helferin am Donbas-Krieg teilgenommen hat; Bohdana, eine unternehmungslustige junge Abenteurerin; Maša, Mitglied der Femen-Band, und die ausgeglichene Rita, die von einer Familie träumt. Ähnlich wie man in Žadans Prosa eine gewisse Entwicklung der männlichen Helden beobachten kann, entwickeln sich auch Karpas Protagonistinnen: Sie werden mit der Autorin älter und sehen sich mit gewandelten gesellschaftlichen Kontexten konfrontiert.

Die mediale Präsentation beschränkt sich bei der Pop-Generation nicht nur auf die Literatur. Produziert und vermarktet werden auch die Autoren. Die Verknüpfung von Popliteratur und Lifestyle sowie der Einsatz medialer Präsentationsstrategien ist im Auftritt dieser Generation (Žadan, Karpa, Dereš) unübersehbar. So scheint neben der Textinszenierung die ansprechende Selbststilisierung der Autoren fast genauso relevant für den Erfolg eines Buches zu sein. Dies betrifft auch klassische Autorenlesungen, die nun wie Performances inszeniert werden. So reisten Serhij Žadan und Irena Karpa im September 2004 auf einer dreiwöchigen „Punk-Pop-Tour" durch die Ukraine und vermarkteten dabei äußerst erfolgreich ihre neusten Bücher.

Ljubko Dereš gehörte in den 2000er-Jahren zu den prominentesten und zugleich jüngsten Autoren der neuen Popliteratur. Seinen Roman *Kult* (Kul't, 2001), den er als Sechzehnjähriger in Jurij Izdryks Literaturzeitschrift *Donnerstag* (Četver) veröffentlicht hatte, rief aufgrund seiner Qualität und einiger Stilmerkmale Spekulationen hervor. Man vermutete, dass Dereš nur eine Autormystifikation sei und dass der Text eigentlich von Andruchovyč und Izdryk verfasst wurde. Solche Gerüchte befeuerten natürlich die Verkaufszahlen. Der Roman *Kult* wurde zum Kult und erreichte den Status der Prosa von Karpa oder Žadan. Hier und in den Romanen *Die Anbetung der Eidechse oder wie man Engel vernichtet* (Pokloninnja jaščirci. Jak nyščyty anheliv, 2004), *Arche. Ein Monolog, der noch andauert* (Arche. Monoloh, jakyj use šče tryvaje, 2005) und *Intent! Oder die Spiegel des Todes* (Namir, 2006) inszeniert der Erzähler soziokulturelle Codes verschiedener Subkulturen. Ähnlich wie Žadan und Karpa erzählt er vom Leben Jugendlicher, doch bei ihm spielt die Handlung nicht in urbanen Räumen, sondern in einer abgelegenen fiktiven Kleinstadt in den Karpaten. Das hindert den Autor freilich nicht, globale popkulturelle Bezüge herzustellen zu Stephen King, H.P. Lovecraft, The Doors, Jimi Hendrix, Pink Floyd oder Depeche Mode. Der Protagonist in *Kult*, Jurko Banzai, ein Biologiestudent, der mit bewusstseinserweiternden Pilzen experimentiert, arbeitet als Aushilfslehrer in einem Internat in den Karpaten. Die Ausgangssituation entspricht dem trivialen Genre der Schul- oder Internatsliteratur mit Beziehungsgeschichten, Lehrern als schrägen Typen, die kiffen, depressiv sind oder sich für Dichter halten. Und die Schüler sind zumeist noch auffälligere Figuren. Jurko bandelt einer Schülerin an, beiden hören Jimi Hendrix und Pink Floyd, konsumieren Drogen und werden von seltsamen Träumen heimgesucht: Sie halluzinieren, dass sich in der Karpatenstadt ein Tor zur Unterwelt öffnet und Jurko nun die Welt retten muss. Das gewollte Spiel mit Klischees kann in weniger geglückten Texten in Oberflächlichkeit abgleiten und zu einem popliterarischen *name dropping* führen. Auch Dereš mixt in *Kult* einen teils originellen, teils epigonalen Cocktail aus verschiedenen Anspielungen.

Der Roman *Die Anbetung der Eidechse* entstand vor *Kult*, wurde aber nach ihm veröffentlicht. Der Romantitel verweist auf die *Doors*-Perfomance „Celebration of the Lizard" und ist dem „strahlenden Andenken" von Jim Morrison gewidmet. Der Frontmann der *Doors* bringt das Lebensgefühl der Romanfiguren auf die Formel: „I'm the Lizard King, I can do anything." Tatsächlich inszeniert der Roman die Geschichte von Misko, der seinen eigenwilligen Lebensstil mit äußerster Aggression gegen alle Anfeindungen verteidigt. Raum für Empathie ist in diesem Plot nur wenig vorhanden: Der brutale Fedja hat versucht, Miskos Freundin zu vergewaltigen, und bedroht Misko selbst mit dem Tod. Misko schlachtet Fedja am Ende des Romans mit einer Schaufel regelrecht ab und lässt seine Leiche im Moor versinken. Der Ich-Erzähler Misko schwadroniert über Beziehungen, Gewalt, Komplexe, Ängste, sexuelle Triebe, Alkohol und Drogen und musikalische Vorlieben. Die Handlung spielt sich vor dem Hintergrund von Rivalitäten und Auseinandersetzung zwischen zwei Jugendgruppen ab, den „Pazany" und den „Freaks". Die „Pazany" sind kahlgeschorene Halbstarke, die ihren Mut mit Machogehabe in Kleinkriminalität beweisen, während die „Freaks" Rockmusik der 1960er-bis 80er-Jahre hören und als Weltverbesserer gelten wollen.

In den darauf folgenden Romanen schien sich das innovative Potenzial dieser Art Popliteratur allmählich zu erschöpfen. Dereš flocht zunehmend fernöstlich spirituelle Gedankengänge in seine Prosa ein und bewegte sich Richtung Esoterik.

Markijan Kamyš (geb. 1988) hat maßgeblich zur Entwicklung des Čornobyl'-Themas in der ukrainischen Gegenwartsliteratur beigetragen. Er stammt aus der Familie eines Čornobyl'-Liquidators. In der Ukraine und im Ausland wurde er vor allem durch seinen 2015 erschienenen Roman *Die Zone oder Tschernobyls Söhne* (Oformljandija abo prohuljanka v Zonu) bekannt. In diesem Kurzroman voller existenzialistischer und postmoderner Anklänge berichtet ein Ich-Erzähler von seinen wiederholten illegalen Besuchen in der Čornobyl'-Zone, die als eine eigene Welt dargestellt wird: In der von der menschlichen Zivilisation über die Natur gebrachte Zerstörung eröffnen sich unerwartet Räume der Freiheit und der Flucht vor eben dieser Zivilisation. Wie mehrere seiner Kollegen, darunter Artem Čech und der Romanautor und Reporter Artem Čapaj (geb. 1981), ist Kamyš seit 2022 als Soldat in den ukrainischen Streitkräften aktiv.

Geschichte und Geschichten: Maria Matios, Jevhenija Kononenko, Sofija Andruchovyč, Tanja Maljarčuk, Natalka Snjadanko, Halyna Petrosanjak, Andrij Ljubka, Bohdan Kolomijčuk

Maria Matios (geb. 1959), die aus der Bukowina stammt, lässt ihren Roman *Darina die Süße* (Solodka Darusja, 2004) vor dem Hintergrund der dramatischen Geschichte ihrer Heimatregion spielen. Ihre Heldin ist die ukrainische Bäuerin Daryna, die wegen ihrer Stummheit von den Dorfbewohnern als geistig behindert angesehen wird. Sie lebt mit einem Vagabunden zusammen, teilt aber nicht das Bett mit ihm. Daryna spricht nie und bekommt entsetzliche Kopfschmerzen, wenn sie Süßes isst. Matios konstruiert ihren Roman als eine Mischung aus Drama und ethnographischer Skizze. Aus immer wechselnder Perspektive schildert sie die rituelle Abfolge von Alltag und Fest auf dem Dorf. Ein besonderer Anlass ist jeweils Darynas beschwerliche Fahrt zum Grab ihres Vaters. Sie umarmt das Kreuz, als ob es der Vater selbst wäre, und findet sogar im Gespräch mit dem Toten ihre verlorene Sprache wieder. Dieses Geheimnis hütet sie aber sorgfältig vor den anderen Dorfbewohnern.

Nachdem Maria Matios sorgfältig eine rätselhafte Atmosphäre um ihre Protagonistin heraufbeschworen hat, liefert sie im zweiten Teil ihres Romans die fast mythisch anmutende Erklärung als erzählerische Rückblende nach. Während des Zweiten Weltkrieges unterstützt Darynas Vater ukrainische Partisanen, die gegen die Bolschewiken kämpfen, mit Proviant. Ein Offizier der Roten Armee bringt das Kind mit einem Zuckerstengel dazu, den Vater zu verraten. Zu spät merkt Daryna, dass sie durch ihre naive Offenheit den gewaltsamen Tod ihres Vaters verschuldet hat. Deshalb verliert sie ihre Sprache und reagiert allergisch auf alles Süße. Die Heldin Daryna wird unschuldig schuldig. Dadurch gewinnt der Roman die Wucht einer antiken Tragödie, in der gerade aufrichtiges Handeln in den Untergang führt. Matios gestaltet anhand der beeindruckenden Figur Daryna die Sprachlosigkeit einer ganzen Generation: Schuld kann nicht individuell verantwortet werden, sondern ist gewissermaßen ein Kollateraleffekt der monströsen Weltgeschichte, in der sich Staatsgrenzen, Ideologien und Loyalitäten verschieben. Einzelne Menschen geraten in dieses Räderwerk, ohne dass sie in der Lagen wären, auch nur im Nachhinein zu verstehen, was passiert ist.

Im Roman *Mohnblüte* (Čerevyčky Božoji materi, 2013) nimmt sich Matios ein ähnlich schwieriges Thema vor. Sie schildert das Hin und Her zwischen der sowjetischen und der deutschen Okkupation der Bukowina, die in der Zwischenkriegszeit zum rumänischen Königreich gehört hatte. Matios wählt eine besondere Perspektive: Sie erzählt die dramatische Geschichte der kommunistischen Unterdrückung und der nationalsozialistischen Judenverfolgung während des Zweiten Weltkriegs aus der Sicht eines ukrainischen Mädchens. Die kleine Ivanka trägt ihren ungewöhnlichen Namen, weil sie in der Nacht des Ivan Kupala-Festes zur Welt kam. Sie lebt in einer Welt von Geistern, Dämonen und unsichtbaren Mächten. Ihre Vertraute ist eine Wunderheilerin, die sie allerlei Rezepte und Zaubersprüche lehrt. Die Mentorin wird von allen nur die „Moskoviterin" genannt, weil sie als uneheliches Kind eines russischen Soldaten geboren wurde. Sogar Ivankas Eltern glauben, dass das Mädchen weggegeben werden muss, damit die Familie nicht unter einen Fluch gerät. Der Roman endet mit dem Einbruch der erbarmungslosen Weltgeschichte in Ivankas prekäre Biographie: Die Deutschen marschieren in Ivankas Dorf ein, treiben die Juden zusammen und erschießen sie in einer nahe gelegenen Schlucht. Die tragische Pointe des Romans liegt darin, dass die historische Realität in ihrer Grausamkeit alles übertrifft, was sich der Aberglaube in seinen kühnsten Phantasien ausmalen kann.

Jevhenija Kononenko (geb. 1959) ist die Autorin mehrerer populärer Romane, in denen sich Lesbarkeit, Witz und literarische Raffinesse verbinden. Zunächst konzentrierte sich Kononenko in ihrem Schaffen auf Kyjiv in den ersten wirtschaftlich schwierigen Jahren der Unabhängigkeit. Ihre Protagonistinnen sind oft Frauen, die sich raffinierte Strategien ausdenken, um in der Heimat oder in der Emigration unter widrigen Bedingungen zu überleben. Mit Romanen wie *Nachahmung* (Imitiacija, 2001) und *Nostalgie* (Nostal'hija, 2005) hat sie die ukrainische Literaturlandschaft mit fesselnden Krimis bereichert, die den Beifall sowohl des allgemeinen Publikums als auch der anspruchsvolleren Leser erhielten. In *Eine russische Geschichte* (Rosijs'kyj sjužet) aus dem Jahr 2012 spielt Kononenko mit der Handlung und den Figuren aus Aleksandr Puškins *Evgenij Onegin* und passt den Versroman an den ukrainischen Kontext der 1990er-Jahre an. Dadurch bricht sie die sakrale Aura eines kanonischen Werks der russischen Literatur durch ein postkoloniales Prisma. Sie ist auch als Kritikerin und Übersetzerin aus dem Französischen und Englischen tätig.

Sofija Andruchovyč (geb. 1985) ist Jurij Andruchovyčs Tochter. Die Prosaautorin und Essayistin war zeitweilig eine Mitherausgeberin der Zeitschrift *Četver* (Donnerstag). Bekannt wurde sie mit ihrem zweiten Roman *Der Papierjunge* (Feliks Austria, 2014). Die Handlung spielt im ostgalizischen Stanislau (heute Ivano-Frankivs'k) im ausgehenden 19. und beginnenden 20. Jahrhundert. Vor dem nostalgischen Hintergrund der Epoche des „alten Österreich" gestaltet die Ich-Erzählerin, das ukrainische Waisenkind Stefa, das detailreiche Bild einer Gesellschaft jenseits idyllischer Stereotype und kultureller Harmonie. Der Roman wurde mit Andruchovyč als Ko-Autorin des Drehbuchs 2019 mit dem Titel *Die treu Ergebene* (Viddana) erfolgreich verfilmt. Sofija Andruchovyč ist zweifellos eine der interessantesten jüngeren Stimmen der ukrainischen Gegenwartsliteratur.

Die Prosaautorin und Essayistin Tanja Maljarčuk (geb. 1983 in Ivano-Frankivs'k) lebt seit 2011 in Wien. Sie schreibt auf Ukrainisch und Deutsch. Für ihre Erzählung „Frösche im Meer" erhielt sie 2018 den Ingeborg Bachmann-Preis. Hier erzählt sie die Geschichte von Petro, der eine ältere Dame trifft, die an Demenz leidet. Damit stellt sie zwei unterschiedliche, aber möglicherweise miteinander verbundene belastete Beziehungen zur eigenen Erinnerung und zu den eigenen Wurzeln in den Vordergrund. Bereits in ihren frühen Erzählbänden *Neunprozentiger Haushaltsessig* (Hovoryty, 2007), *Von Hasen und andern Europäern* (Zviroslov, 2009), *Biographie eines zufälligen Wunders* (Biohrafija vypadkoho čuda, 2012) tauchen die für Maljarčuk typischen skurrilen, jedoch meist sympathischen Protagonisten auf. Maljarčuk schiebt oft auch verschiedene historische Epochen ineinander und führt die Romanhandlung auf parallelen Zeitebenen fort. Im Roman *Der Blauwal der Erinnerung* (Zabuttja, 2016) kommt diese komplexe Zeitstruktur voll zur Geltung. Der Roman inszeniert die in der Gegenwart angesiedelte Geschichte der Selbstsuche einer jungen Frau und Schriftstellerin, die mit ihren Liebschaften nicht zurechtkommt. Durch ihre Recherchen, zuerst zu ihrer eigenen Familie und dann zum Leben von V'jačeslav Lypyns'kyj (1882–1931) bekommt ihr Dasein eine neue Orientierung. Lypyns'kyj war ein gebürtiger Pole, der sich zur ukrainischen Nation bekannte und sich in den 1920er- und 1930er-Jahren als Wissenschaftler und Politiker für die Ukraine engagierte. Die Erinnerung wird für die Erzählerin zum Versuch, ihrem eigenen Leben eine Vergangenheit zu geben. Am Ende des Romans heißt es: „Der Blauwal schließt sein Maul und schwimmt weiter. Der gigantische Blauwal des Vergessens." Maljarčuk hat auch Kinderliteratur veröffentlicht. Sie ist in den deutschsprachigen Medien sehr aktiv und tritt als Botschafterin der ukrainischen Sprache und Kultur in Deutschland, Österreich und der Schweiz auf. Ihr 2022 auf Deutsch erschienener Essayband mit dem Titel *Gleich geht die Geschichte weiter, wir atmen nur aus* widmet sich dem Widerstand der Ukraine gegen den imperialen Angriffskrieg Russlands, wobei der Schwerpunkt auf der Zeit vor der offenen Invasion von 2022 liegt.

Natalka Snjadanko (geb. 1973) ist seit Mitte der 1990er-Jahre als Schriftstellerin, Übersetzerin und Journalistin tätig. Sie übersetzte unter anderem Elfriede Jelinek, Günter Grass, Herta Müller, Judith Hermann, Czesław Miłosz und Zbigniew Herbert ins Ukrainische. In den 1990ern gehörte sie zur Literaturgruppe junger Autorinnen *MMJuNNA TUHA* (nach dem ersten Buchstaben der Vornamen Mar'jana Savka, Marianna Kijanovs'ka, Julija Miščenko, Natalka Snjadanko, Natalja Tomkiv, Anna Sereda sowie dem Akronym der *Gesellschaft der vereinsamten Grafomaninnen* [Tovarystvo usamitnenych hrafomanok]). Snjadankos früher Erzählband *Sammlung der Leidenschaften* (Kolekcija prystrastej, 2001) war sehr populär und liegt auch auf Deutsch vor. Nach weiteren Prosabänden erschien ein Roman mit ukrainisch-deutscher Thematik zum Leben ukrainischer Migrantinnen in Deutschland *Frau Müller hat nicht die Absicht mehr zu bezahlen* (Frau Mjuller ne nalaštovana platyty bil'še, 2013). Dieser verschachtelte Roman schildert die Widrigkeiten des Berliner Alltags für zwei ukrainische Frauen und erzählt in Rückblenden vom Leben der Protagonistinnen in der späten Sowjetunion. Gleichzeitig leben in diesem Text die hoffnungsvollen und zugleich chaotischen 1990er-Jahre auf.

Die Engführung verschiedenen Zeitebenen findet sich auch in dem großartigen Roman mit dem barock ausfernden Titel *Der Erzherzog, der den Schwarzmarkt regierte, Matrosen liebte und mein Großvater wurde* (Ochajni propysy ercheroga Vil'hel'ma, 2017). Auch hier steht eine historische Figur, der Habsburger Erzherzog Wilhelm Franz Joseph Karl von Habsburg-Lothringen (1895–1948) im Mittelpunkt. Der schillernde Adlige setzte sich vehement für die ukrainische Kultur und Sprache sowie einen ukrainischen Staat ein und wurde schließlich Opfer des sowjetischen Geheimdienstes. Nach dem Zweiten Weltkrieg wurde er aus Wien in die Sowjetunion entführt, wo er bald darauf im Gefängnis ums Leben kam. Der Historiker Timothy Snyder hat diese abenteuerliche Biographie in seinem Buch *Der König der Ukraine. Die geheimen Leben des Wilhelm von Habsburg* (2009) rekonstruiert. In Snjadankos Romans wird die Geschichte eines der extravagantesten Mitglieder der Habsburger Kaiserfamilie auf mitreißende Weise inszeniert. In der Ukraine ist Wilhelm besser bekannt unter seinem Kampfnamen Vasyl' Vyšyvanyj, den er während der Kämpfe um die ukrainische Staatlichkeit nach dem Ersten Weltkrieg führte. Im Roman wird seine ukrainische Identität um einen imaginären Teil seiner Biografie erweitert, der sich als Gerücht bis heute hartnäckig hält. Darin stirbt Wilhelm nicht in den Mauern des KGB-Gefängnisses, sondern entkommt und findet sich im sowjetischen L'viv wieder, heiratet, zieht einen Sohn und eine Enkelin groß und versucht, sich zusammen mit seiner Frau, die aus einer alten Lemberger Familie stammt, an die neue harte Realität anzupassen. Gleichzeitig ist dieser Roman eine Geschichte über mehrere Familien, Länder, Epochen und Kriege. Er lässt das Habsburger Mitteleuropa aufleben, aber anders als Jurij Andruchovyčs Geopoetik geht es hier nicht so sehr um den Raum, sondern um transnationale Weltwahrnehmungen, die sich der Person von Wilhelm manifestieren. Es ist ein Mikrokosmos mit den bizarren Kombinationen von sprachlichen, kulturellen, politischen, aber auch kulinarischen, erotischen und alltäglichen Realitäten, deren Nacherzählung oft viel fantastischer erscheint als jede literarische Fiktion.

Auch Bohdan Kolomijčuk (geb. 1994) lässt das alte Mitteleuropa in spannenden historischen Abenteuergeschichten und Krimis aufleben. Sein literarisches Debüt *Ludvysar. Spiel des Adels* (Ljudvysar. Ihry vel'možok) gab er im Jahr 2013, es folgten im Jahrestakt weitere Romane wie *Der Himmel über Wien* (Nebo nad Vidnem, 2015), *Eine Visite von Doktor Freud* (Vizyt doktora Frojda, 2016), *Der König der Schmerzen* (Korol' bolju, 2017) und der prämierte Roman *Mozart aus Lemberg* (Mocart iz Lemberga, 2018). Der Roman spielt in der ersten Hälfte des 19. Jahrhunderts in Wien, Galizien und Bayern. Der Hauptprotagonist ist der jüngste Sohn des Komponisten Wolfgang Amadeus Mozart, Franz Xaver, der die meiste Zeit seines Lebens in Lemberg verbrachte. Trotz seines ererbten Talents vermochte Franz Xaver nicht aus dem Schatten seines Vaters treten, aber sein Leben war ebenso leidenschaftlich, voller Intrigen und Abenteuer.

Es folgten die historischen Kriminalromane, *Hotel Großpreußen* (Hotel' „Velika Prussija", 2019), *Express nach Galizien* (Ekspress do Galiciji, 2020) und *300 Meilen nach*

Osten (300 mil' na schid, 2021). Nach dem russischen Großangriff auf die Ukraine im Februar 2022 hat sich Kolomijčuk als Freiwilliger zur ukrainischen Armee gemeldet. Laut eigener Aussage wird er keine historischen Krimis mehr schreiben, sondern den Krieg reflektieren, worauf seine jüngsten Essays auch hindeuten.

Die Dichterin und Übersetzerin Halyna Petrosanjak wurde 1969 in Čeremošna in den Karpaten geboren und lebt seit 2016 in der Schweiz. In letzten Jahren ist sie auch als Prosaautorin und Essayistin hervorgetreten. Sie übersetzte Alexander Granachs autobiografischen Roman *Da geht ein Mensch* (2012) und Soma Morgensterns Memoiren *In einer anderen Zeit. Jugendjahre in Ostgalizien* (2019). Sie veröffentlichte die Gedichtbände *Die Luftballonfahrt* (Polit na povitrjanij kuli, 2015) und *Exophonien* (Eksfonija, 2019). 2019 erschien außerdem der Erzählband *Halt mich nicht von der Rettung der Welt ab* (Ne zavažaj meni rjatuvaty svit). Ihre Gedichte zeugen von hoher lyrischer Konzentration mit einer expliziten Suche nach dem richtigen Stil. Ein wichtiges inhaltliches Element ihrer Lyrik ist die Spiritualität, die sie einer materialistischen Welt entgegensetzt. In ihrem ersten Roman *Villa Anemone* (Villa Anemona, 2021) beschreibt sie ein Schweizer Sterbehospiz, in dem aktive Sterbehilfe praktiziert wird. Die ukrainische Protagonistin, durch deren Biographie auch zahlreiche ukrainische Motive in dem Roman einfließen, stellt die Frage nach der Würde des Menschen und den Grenzen von Freiheit und Abhängigkeit.

Andrij Ljubka (geb. 1987) beendete sein Studium an der Universität Užhorod, wo er auch lebt. Wie Halyna Petrosanjak thematisiert er die Karpaten und ihre Menschen. Nach mehreren Gedichtbänden erschienen in schneller Kadenz die Erzählbände *Killer* (2012), *Ein Zimmer für die Trauer* (Kimnata dlja pečali, 2016) und *Killer +* (2018). Daneben veröffentlichte er die Essaybände *Schlafen mit Frauen* (Spaty z žynkamy, 2014), *Saudade* (2017), *Auf der Suche nach Barbaren* (U pošukach varvariv, 2019), *Etwas stimmt mit mir nicht* (Ščos' zi mnoju ne tak, 2022) und *Der Krieg aus der Perspektive des Hinterlands* (Vijna z tyl'noho boku, 2024). In seinen Essays nimmt er periphere Regionen Europas in den Blick, wie eben seine Heimatregion Transkarpatien, aber auch die Schwarzmeergebiete abseits der großen Zentren in der Ukraine und Rumänien. Die Aufmerksamkeit für Details, aus denen – oft auch mit Leerstellen – kaleidoskopartig Geschichten aus Vergangenheit und Gegenwart entstehen, findet sich auch in seiner Prosa.

Eine Anekdote bildet den Ausgangspunkt seines vielbeachteten und prämierten Romans *Karbid* (2015). Wie kommen die Ukrainer in die Europäische Union? Indem sie einen Tunnel unter der Grenze graben. Der Hauptprotagonist Tys mit dem Spitznamen Karbid, Geschichtslehrer in der Karpatenstadt Vedmedy (Bären), kommt auf die Idee, einen Tunnel zu graben, um die Ukraine und die EU zu vereinen – die Idee hat er, nachdem er angeheitert in die Kanalisation voller Fäkalien gefallen ist. Tys plant, alle Ukrainer in die EU zu schmuggeln, die dann keine andere Wahl habe, als die Ukraine aufzunehmen. Er bittet die einheimische Schmuggelmafia, ihm bei der Verwirklichung seiner Idee zu helfen. Die Kriminellen verfolgen jedoch ihre eigenen Pläne mit dem Tunnel. Im Text finden sich zahlreiche Anekdoten und Legenden über das Schmugglerwesen in den Karpaten. Der Tunnel wird im Stadtzentrum gebaut, getarnt durch den „Springbrunnen der Einheit", und soll am Unabhängigkeitstag der Ukraine geöffnet werden, doch damit endet diese abgründige Satire nicht. In diesem Buch werden augenzwinkernd alle Klischees über die wilden Karpaten bedient und Elemente der Abenteuerliteratur ironisiert. Dazu gehören der selbstgebrannte Sliwowitz, ein Totengräber, eine verführerisch lüsterne Frau, mehrere Mörder und ein korrupter Bürgermeister. Zugleich ist der Titel und damit auch der Protagonist eine offensichtliche Anspielung an Voltaires *Candide*. Der Protagonist Tys erwähnt diesen Intertext sogar explizit. Die satirische gefärbte Suche Candides nach der „besten aller möglichen Welten" wird mit Karbid zu einem Schelmenstück, das deutliche Parallelen zu Kotljarevs'kyjs Travestie der *Aeneis* mit der Suche nach einer Heimat für die Kosaken aufweist.

Literarische Experimente mit der ukrainisch-russischen Mischsprache Suržyk

In den Jahren nach der Unabhängigkeit wurde nicht nur literarisches Ukrainisch für Prosa verwendet. Für den Prosaschriftsteller und Drehbuchautor Bohdan Žoldak (1948–2018) war das Experimentieren mit der Sprache von größter Bedeutung. In seiner Kurzprosa, mit der Žoldak 1991 debütierte, beschreibt er das Alltagsleben in Kyjiv mit einer Vorliebe für extreme, schockierende, bisweilen komische Situationen. Das sprachliche Medium, das Žoldak zur Darstellung der sowjetischen und postsowjetischen Realität verwendet, ist die ukrainisch-russische Mischsprache *Suržyk*, die in mehreren Regionen und Städten der Ukraine ein weit verbreitetes Kommunikationsmittel ist. Eine russisch-ukrainische Mischsprache war auch in der ersten Phase der modernen ukrainischen Literatur von grundlegender Bedeutung für Autoren wie Ivan Kotljarevs'kyj und Hryhorij Kvitka-Osnov'janenko. Žoldak kombiniert in seinen Büchern oft *Suržyk* und literarisches Ukrainisch, wodurch die Grenzen zwischen Literatur und Alltag, zwischen Anspruch und Realität der Nationsbildung verwischt werden. Für eines seiner Bücher wählte Žoldaks den ironischen Titel *Proščavaj suržyk* (Adieu suržyk), was als Hinweis auf den allmählichen Niedergang des *Suržyk* und die Normalisierung der ukrainischen Literatursprache und damit der ukrainischen Gesellschaft bei der Überwindung des sowjetischen Erbes gelesen werden kann. Trotz der Konzentration auf das urbane Leben und niedere Themen ist seine Prosa intellektuell und anspruchsvoll. Žoldak spielt aus einer avantgardistischen Leidenschaft mit der Sprache. In gewisser Weise kann Žoldaks Werk als eine experimentelle Form des magischen Realismus betrachtet werden. Sein Interesse an der Sprache an sich lässt sich auch an seiner Faszination für die Figur des ukrainischen Übersetzers Mykola Lukaš (1919–1988) ablesen. Lukaš legte hervorragende Übersetzungen von literarischen Klassikern aus etwa zwanzig Sprachen vor. Damit wurde er zu einem Garanten für das Überleben des Ukrainischen als Literatursprache während der sowjetischen Russifizierung. Žoldak widmete Lukaš ein Buch mit dem Titel *Pid zirkoju Lukaša* (Unter dem Stern des Lukaš, 2018), das ein Jahr vor Žoldaks plötzlichem Tod veröffentlicht wurde.

Ein weiterer Schriftsteller, der in seinen Texten ausgiebig *Suržyk* einsetzt, ist Les' Podervjans'kyj (geb. 1952). Vulgarität und Obszönität sind Hauptmerkmale seines Werks.

Podervjans'kyj hat Dutzende von Theaterstücken verfasst, die ihm seit den 1980er-Jahren, als er in der Kyjiver Untergrundkultur aktiv war, zunächst in alternativen intellektuellen Kreisen und später auch bei einem breiteren Publikum den Status eines Kultautors verliehen haben. Einige seiner Stücke wurden nach 2000 in Kyjiv aufgeführt. Lesungen seiner Stücke wurden auf CDs und im Internet veröffentlicht. Das sowjetische Erbe und seine zerstörerische Rolle für die Ukraine sind ein zentrales Thema in Podervjans'kyjs Dramen, in denen er sich ausgiebig auf Klassiker der Weltliteratur beruft. Eines seiner berühmtesten Stücke ist *Hamlet, oder das Phänomen dänischen Kazapismus* (Hamljet, abo fenomen dats'koho kacapizmu), in dem der Kontrast zwischen der Sakralität des Originals und der Vulgarität der Sprache einen urkomischen Effekt erzeugt. Schon der Titel des Stücks weist auf seine politische Bedeutung hin: „Kacap" ist im Ukrainischen eine abwertende Bezeichnung für einen Russen.

Russischsprachige Literatur in der Ukraine

Russischsprachige Autoren spielen in der neueren ukrainischen Literaturgeschichte eine wichtige Rolle und bewegten sich häufig an der Schnittstelle zwischen ukrainischer und russischer Kultur. Zu den führenden Namen der russischsprachigen Lyrik in der Ukraine gehört Aleksandr Kabanov (geb. 1968). Kabanov, der in Cherson geboren wurde und später nach Kyjiv übersiedelte, schreibt Gedichte, die auf einer Kombination aus surrealistischer Bildsprache und Realismus beruhen und traditionelle Metren verwenden, wobei er sich eindeutig auf die russische Lyrik des 20. Jahrhunderts beruft und Satire und Lyrik miteinander verbindet. Zur jüngeren Generation gehört Anastasija Afanas'eva (geb. 1982). Die in Charkiv geborene Autorin hat eine Vorliebe für eine Poesie, die das Erzählen von Geschichten und das Experimentieren mit den unendlichen Möglichkeiten der poetischen Sprache miteinander verbindet. Sie war bis in die 2010er-Jahre in der russischen Literaturszene sehr aktiv. Der bekannteste Name unter den russischsprachigen Dichtern ist Borys Chersons'kyj. Chersons'kyj wurde 1950 in Černivci geboren und studierte in Ivano-Frankivs'k. Mit Odesa verbindet er jedoch sein Leben und seine Karriere, die Literatur, Psychiatrie und Hochschullehre miteinander verbindet. Chersons'kyj, der in den 1980er-Jahren begann, seine Werke in Emigrantenzeitschriften zu veröffentlichen, ist Autor mehrerer Gedichtbände und Essays, die in Russland, der Ukraine und Israel erschienen sind. Sein bekanntester Gedichtband ist *Das Familienarchiv* (Semejnyj archiv, 2006), in der er die Geschichte seiner Familie erforscht und über Themen wie das Judentum im späten Russischen Reich und den Glauben der Juden in Osteuropa im 20. Jahrhundert reflektiert. Arkadij Štypel' (1944–2024), ein ehemals in Moskau lebender ukrainischer Dichter, der sowohl auf Russisch als auch auf Ukrainisch schrieb, Ehemann einer anderen ukrainisch-russischen Autorin, Maria Galina (geb. 1958), bezeichnete *Familienarchiv* in seiner Einleitung zu der Sammlung als einen „Roman in Versen und einen Kurzroman (povest') in Buchstaben". Nach 2014 hat sich Chersons'kyj stark der ukrainischen Sprache zugewandt, schreibt in beiden Sprachen und legt seine russischsprachigen Werke in ukrainischer Übersetzung vor. Er tut dies sowohl selbst als auch mit Hilfe ukrainischsprachiger Autoren, darunter Marianna Kijanovs'ka. Seine Frau Ljudmyla Chersons'ka (geb. 1964) ist ebenfalls eine russischsprachige Dichterin.

Aleksej (Oleksij) Nikitin (geb. 1967) ist sowohl als führender russischsprachiger ukrainischer Schriftsteller als auch als Vertreter des Kyjiver Textes der ukrainischen Literatur bekannt. Nach seinem Abschluss in Physik an der Kyjiver Universität noch zu Sowjetzeiten machte er sich in den 2000er-Jahren einen Namen mit Romanen und Kurzgeschichten, die einen epischen Ansatz des Erzählens mit der Aufmerksamkeit für das Leben in verschiedenen Epochen der Kyjiver Stadtgeschichte verbinden. Dabei achtet er selbst in seinen experimentellsten Werken auf eine allgemein zugängliche Sprache. Der Durchbruch gelang ihm 2011 mit seinem visionären Roman *Mahjong* (Madžong), in dem Nikitin die Geschichte einer Gruppe von Liebhabern des chinesischen Kombinationsspiels erzählt, die auf der Suche nach dem dritten, nicht existierenden Band von Gogol's *Tote Seelen* sind. Ein weiterer hochgelobter Roman von Nikitin ist *Victory Park* (2014), in dem es um das Alltagsleben in Kyjiv in den 1980er-Jahren und die Notlage afghanischer Kriegsveteranen geht. Im *Krankenpfleger aus der Instytuts'ka-Straße* (Sanitar s Institutskoj, 2016) verknüpft Nikitin den Euromaidan von 2014 mit dem Kampf um die ukrainische Unabhängigkeit im frühen 20 Jahrhundert durch eine Familiengeschichte. Während Nikitin hauptsächlich auf dem russischen Literaturmarkt tätig war, hat er sich nach 2014 mehr und mehr zur ukrainischen Kultur bekannt und auch seine Publikationsort von Moskau nach Kyjiv verlegt. Nikitin ist mit Jevhenija Čupryna (geb. 1971) verheiratet, einer ehemals russischsprachigen Dichterin, die seit 2014 auf Ukrainisch schreibt und auch in der Musikszene aktiv ist.

Andrej Kurkov (geb. 1961) bezeichnet sich selbst als ukrainischen Autor, der auf Russisch schreibt. Er lebt seit seiner frühen Kindheit in Kyjiv und entschied sich 1991, dort zu bleiben, obwohl man ihm gesagt hatte, er könne „nach Hause" gehen. Seine zahlreichen Romane spielen in der postsowjetischen Ukraine. Im besten Fall gelingt es ihm, eine erzählerische Interpretation der zeitgenössischen ukrainischen Kultur zu geben. Im schlechtesten Fall rutscht er ins Geschwätzige ab. Berühmt wurde Kurkov mit seinem Schelmenroman *Picknick auf dem Eis* (Piknik na l'du, 1996), der von der Kritik in der Ukraine und in Westeuropa gefeiert wurde. Ein melancholischer Schriftsteller lebt mit seinem Pinguin Miša zusammen und verdient seinen Lebensunterhalt damit, Nachrufe über noch lebende Berühmtheiten zu schreiben. Eine Fortsetzung war weniger erfolgreich, aber Kurkov fand bald einen neuen Ton. Im Jahr 2000 veröffentlichte er den Roman *Petrowitsch* (Dobryj angel smerti), in dessen Mittelpunkt das ideale Erbe Ševčenkos steht. Der Protagonist reist zum Fort Ševčenko und findet dort den Geist des Nationaldichters, der Russen und Ukrainer vereint.

Im Jahr 2004 veröffentlichte Kurkov mit den Roman *Die letzte Liebe des Präsidenten* (Poslednjaja ljubov' prezidenta) eine interessante politische Dystopie. Wie in den meisten seiner Bücher arbeitet Kurkov mit mehreren Handlungssträngen und wechselt zwischen den Zeitebenen. Der Protagonist wird Ende der 1980er-Jahre als schlampiger Student dargestellt. Im Jahr 2004 ist er ein hoher Beamter in der Regierung, und im Jahr 2014 ist er der ukrainische Präsident. Kurkov wirft auch einen ironischen Blick über die Grenze: Im Jahr 2014 ist Putin immer noch russischer Präsident, während Lenin von der russisch-orthodoxen Kirchenhierarchie heilig gesprochen wurde. Der ukrainische Präsident ist buchstäblich der Gnade der Opposition ausgeliefert: Sie ist im Besitz einer Fernbedienung, mit der sie den Schrittmacher des transplantierten Herzens des Präsidenten steuern kann.

Im Jahr 2007 folgte eine weitere Parabel über die Ukraine. Der Roman *Der Milchmann in der Nacht* (Nočnoj moločnik) beschreibt das Schicksal von drei Frauen: Irina ist eine arme, alleinerziehende Mutter vom Lande, die ihr Geld mit dem Verkauf ihrer Muttermilch an einen reichen Oligarchen in Kijiv verdient. Veronika phantasiert über den Verlust ihrer Tochter und schickt ihren Mann, um sie zu finden. Der Ehemann tut, was ihm aufgetragen wurde, verwandelt sich jedoch in einen Schlafwandler. Valja arbeitet in einer Spielhölle und wandert schließlich nach Russland aus. Ihr Ehemann hat eine untergeordnete Stellung im Sicherheitsgewerbe inne, ohne zu verstehen, warum er Werte schützen muss, die weder ihm noch dem Land gehören. Kurkov malt ein sehr düsteres Bild der ukrainischen Gesellschaft: Die Familie ist völlig zerfallen, das Land bietet keine Perspektiven für die Zukunft, das gesellschaftliche Verhalten wird nicht von Rationalität, sondern von seltsamen Halluzinationen geleitet. Die Ukraine erfüllt alle Voraussetzungen, um ein blühender Nationalstaat zu werden, verharrt aber in einer lethargischen Trance.

Im Jahr 2012 veröffentlichte Kurkov den Roman *Jimi Hendrix live in Lemberg* (L'vovskaja gastrol' Džimi Chendriksa). Der heimliche Held dieses Buches ist Kurkovs Freund und Schriftstellerkollege Jurij Vynnyčuk, der in dem Roman unter seinem richtigen Namen auftritt. In Kurkovs Roman hatte Vynnyčuk einen Seemann aus Odesa aus einem seiner Manuskripte gestrichen. Der zurückgewiesene Protagonist spukt nun in L'viv herum und muss ans Meer eskortiert werden. Abgesehen von der phantastischen Handlung entwirft Kurkov die Vision einer ukrainischen, polnischen und russischen Freundschaft in Lemberg, die auf denselben kulturellen Werten beruht – in diesem Fall der Verehrung der Musik von Jimi Hendrix. Diese literarische Versöhnung wurde jedoch bald durch die Ereignisse von 2014 zerstört.

Oksana Zabužko bezeichnete Kurkov als Vertreter einer verschwindenden Tradition in der ukrainischen Literatur. Ihrer Ansicht nach setzt er die Gogol'-Tradition des Schreibens in stilisiertem Russisch fort. Tatsächlich versuchte Kurkov im Jahr 2000 mit dem Roman *Der wahrhaftige Volkskontrolleur* (Skazanie ob istinno narodnom kontrolere) Gogol's Modell der *Toten Seelen* auf die Sowjetzeit zu übertragen. Diese Beschreibung einer langen allegorischen Reise durch Russland lehnt sich eindeutig an die Abenteuer von Čičikov an. Kurkov ging sogar so weit, dieses Buch als ersten Teil einer Trilogie zu bezeichnen, brachte aber nie eine Fortsetzung heraus – diese Ankündigung spiegelt auch Gogol's ursprüngliche Interpretation der *Toten Seelen* als Darstellung der Hölle wider, auf die das Fegefeuer und dann das Paradies folgen sollte. Für Zabužko ist aber klar, dass Kurkov eine aussterbende Spezies ist: „Der von mir geliebte Andrej Kurkov, auch wenn er von guten Absichten geleitet wird, führt eine ganze Schar von Dummköpfen und nützlichen Idioten an, die schreien: Überlassen wir die russische Sprache nicht den Russen, die russische Sprache gehört uns!"

Lada Luzina (d. h. Vladislava Kučerova) wurde 1972 in Kyjiv geboren. Nach ihrer Ausbildung zur Bauingenieurin und Schauspielerin begann sie, als Journalistin und Kolumnistin zu arbeiten. Bekannt wurde sie mit ihrer Saga *Die Hexen von Kyjiv* (Ved'my Kieva, 2005–2020), die zwölf Bände umfasst. Die Serie ist eine Mischung aus Fantasy, Kulturgeschichte und Glamour. Luzina stellt drei weibliche Protagonistinnen vor: Eine junge Studentin der Geschichte, eine Nachtclubtänzerin und die mächtige Managerin einer Supermarktkette. In mehreren übersinnlichen Begegnungen werden die drei Frauen mit magischen Kräften ausgestattet. Bald stellen die Hexen fest, dass sie in der Lage sind, durch die Zeit zu reisen. Sie treffen auf berühmte Protagonisten der Kyjiver Kulturgeschichte, wie die Maler Vasnecov und Vrubel' oder die Schriftsteller Gogol' und Bulgakov. Gleichzeitig spielt Luzina auf viele Produkte der amerikanischen Massenkultur an: die Fernsehserie *Charmed* oder die Kinofilme *Interview mit dem Vampir* oder *Das neunte Tor*.

Luzina zeigt in ihren Romanen, wie die Hexerei die Weltanschauung ihrer Protagonisten stärkt: Die Studentin verliebt sich romantisch, die Tänzerin erfährt eine metaphysische Implikation der Kunst, und der Manager gerät in eine grausame Machthierarchie.

Neben ihrer Kyjiv-Saga hat Luzina ihre Zeitschriftenartikel in einer Reihe von Büchern veröffentlicht, die Ratschläge für junge Frauen enthalten, wie *Ich will heiraten, aber wegen dir werde ich nicht aufhören zu rauchen!* oder *Heirate mit 30, dein Glück liegt in der Zukunft!*.

2013 präsentierte der Folio-Verlag in Charkiv ein Buch mit dem auf Čechov anspielenden Titel *Krankenzimmer Nr. 7* (Palata №7). Derselbe Inhalt wird hier in einer russischen und einer ukrainischen Variante von Lada Luzina und Serhij Žadan erzählt.

Jana Dubynians'ka wurde 1978 in Feodosia geboren und wuchs in Simferopol auf. In den frühen 1990er-Jahren wurde sie an der Krym-Kunstschule zur Künstlerin ausgebildet. 1996 studierte sie zunächst Journalismus an der Universität L'viv (wo sie sich – wie sie später sagte – wie ein Marsmensch fühlte) und setzte ihr Studium 1998 an der Universität Kyjiv fort.

Ihr literarisches Debüt gab sie 1999 mit der ukrainischen Übersetzung einer Sammlung von Kurzgeschichten *Drei Tage in Sirenopol* (Tri dni u Sirenopoli). Hier verwandelt sich eine Utopie in eine Dystopie: Die Menschen in der Stadt am Meer können nur friedlich koexistieren, nachdem sie ein Ventil für ihre Aggressionen in öffentlichen Hinrichtungen unschuldiger Opfer gefunden haben.

Nach 2000 erwies sie sich als sehr produktive Schriftstellerin, die hauptsächlich in den großen Moskauer Publikumsverlagen veröffentlichte. Im Jahr 2009 erschien der Roman *Globale Erwärmung* (Global'noe poteplenie), der eine scharfe Kritik an „diesem Land" im Gegensatz zu „unserem Land" enthält. Zu den Protagonisten gehören die Kyjiver Journalistin Julija Chopik (in der sich Dubynians'ka selbst porträtiert) und der in Moskau lebende Schriftsteller Dmitrij Livanov (stellvertretend für den bekannten Autor und Kritiker Dmitrij Bykov).

Dubynians'ka besteht jedoch darauf, dass ihr Werk nicht auf die nationale Dimension reduziert werden kann. So wendet sie sich häufig gesellschaftlichen Themen zu, die in einem Science Fiction-Setting dargestellt werden. Gleichzeitig bindet sie einige ihrer Romane bewusst in die literarische Mainstream-Kultur ein.

Die Science Fiction-Autoren Dmitrij Gromov und Oleg Ladyženskij begannen 1990, ihr gemeinsames Werk zu veröffentlichen. Beide wurden 1963 geboren und arbeiten in Charkiv. Ihr Pseudonym Genri Laion Oldi setzt sich aus den Anfangssilben ihrer Vornamen zusammen, und die Initialen beziehen sich auf die Anfangsbuchstaben ihrer Nachnamen. Oldi gliedert seine Romane in Zyklen, die in einer bestimmten fiktiven Welt spielen. Der Zyklus „Der Abgrund der hungrigen Augen" ist in einer Mischung aus dem antiken Griechenland, dem alten Rom und dem mittelalterlichen Orient angesiedelt. Die Menschen und Dämonen, die diese Welt bevölkern, stammen aus dem nordischen Mitgard und dem jüdischen Malkhut. Der „Kabirische Zyklus" spielt im vorislamischen Iran. Im „Achäischen Zyklus" präsentiert Oldi eine Kombination aus der „Illiade" und der „Odyssee" in einer Welt, die „Kosmos" genannt wird und aus mehreren „Nomoi" besteht – also Ländern mit eigenen Natur- und Gesellschaftsgesetzen. Der „Hoenings-Zyklus" spielt im russischen Kaiserreich des späten 19. Jahrhunderts. Das System ist autokratisch und bestraft Zauberer, die ihre magischen Kräfte einsetzen, mit der vollen Härte des Gesetzes. Der „Oikumene-Zyklus" stellt ein Planetensystem dar, das die fiktiven Welten aus Oldis früheren Zyklen vereint.

Oldi selbst bezeichnete seine Romane als „philosophische Action-Thriller". In der Tat besteht der Kern ihrer Handlung darin, das Verhältnis zwischen Göttern und Menschen zu definieren, und nicht – wie etwa bei den Strugackij-Brüdern – eine alternative Gesellschaftsordnung zu skizzieren. In den meisten Fällen trägt der Mensch den Sieg über die Götter oder Dämonen davon. Dies mag eines der sowjetischen Vermächtnisse sein, das in Oldis literarischen Welten noch präsent ist: Der Mensch wurde selbst zum Gott, weil er sich gegen Gott behaupten konnte. Gromov und Ladyženskij schreiben ihre Romane auf Russisch, lassen aber Elemente der ukrainischen Folklore und Ausdrücke aus der Sloboda-Ukraine einfließen.

Übersetzungen

Jurij Andruchowytsch: Zwölf Ringe. Roman. Übersetzt von Sabine Stöhr. Frankfurt am Main 2005.
Jurij Andruchowytsch: Geheimnis. Übersetzt von Sabine Stöhr. Frankfurt am Main 2008.
Jurij Andruchowytsch: Perversion. Übersetzt von Sabine Stöhr. Frankfurt am Main 2011.
Jurij Andruchowytsch: Moscoviada. Übersetzt von Sabine Stöhr. Berlin 2012.
Jurij Andruchowytsch: Kleines Lexikon intimer Städte. Autonomes Lehrbuch der Geopoetik und Kosmopolitik. Kurzgeschichten. Übersetzt von Sabine Stöhr. Berlin 2016.
Jurij Andruchowytsch: Karpatenkarneval: Roman. Übersetzt von Sabine Stöhr. Berlin 2019.
Jurij Andruchowytsch: Lieblinge der Justiz: Parahistorischer Roman in achteinhalb Kapiteln. Übersetzt von Sabine Stöhr. Berlin 2020.
Jurij Andruchowytsch: Radio Nacht. Übersetzt von Sabine Stöhr. Berlin 2022.
Jurij Andruchowytsch: Der Preis unserer Freiheit: Essays. Übersetzt von Sabine Stöhr. Berlin 2022.
Sofija Andruchowytsch: Der Papierjunge. Roman. Übersetzung Maria Weissenböck. Salzburg 2016.
Oleksandr Irwanez: Pralinen vom roten Stern. Übersetzt von Alexander Kratochvil. Innsbruck 2017.

Andrej Kurkow: Pickick auf dem Eis. Übersetzt von Christa Vogel. Zürich 1999.
Andrej Kurkow: Die letzte Liebe des Präsidenten. Übersetzt von Sabine Grebing. Zürich 2005.
Andrej Kurkow: Der Milchmann in der Nacht. Übersetzt von Sabine Grebing. Zürich 2009.
Andrej Kurkow: Jimi Hendrix live in Lemberg. Übersetzt von Johanna Marx und Sabine Grebing. Zürich 2014.
Andrij Ljubka: Notaufnahme. Ukrainische Gedichte. Zirl 2012.
Taras Prochasko: Daraus lassen sich ein paar Erzählungen machen. Übersetzt von Maria Weissenböck. Frankfurt am Main 2009.
Oksana Sabuschko: Feldstudien über ukrainischen Sex. Graz, Wien 2006.
Oksana Sabuschko: Museum der vergessenen Geheimnisse. Übersetzt von Alexander Kratochvil. Graz 2010.
Oksana Sabuschko: Planet Wermut. Essays. Übersetzt von Alexander Kratochvil. Graz 2010.
Oksana Sabuschko: Der lange Abschied von der Angst. Übersetzt von Alexander Kratochvil. Graz 2018.
Oksana Sabuschko: Schwestern: Ein Roman in Erzählungen. Übersetzung Alexander Kratochvil. Berlin 2020.
Oksana Sabuschko: Die längste Buchtour. Essay. Übersetzt von Alexander Kratochvil, Droschl, Graz 2022.
Hans Thill (Hg.): Vorwärts, ihr Kampfschildkröten. Gedichte aus der Ukraine. Mit Collagen von Herta Müller. Heidelberg 2006.
Karin Warter (Hg.): Zweiter Anlauf. Ukrainische Literatur heute. Passau 2004.
Jurij Wynnytschuk: Im Schatten der Mohnblüte. Übersetzt von Alexander Kratochvil. Innsbruck-Wien 2014.
Serhij Zhadan: Antenne. Gedichte. Aus dem Ukrainischen von Claudia Dathe. Berlin 2020.
Serhij Zhadan: Depeche Mode. Roman. Übersetzt von Juri Durkot und Sabine Stöhr. Frankfurt am Main 2007.
Serhij Zhadan: Die Selbstmordrate bei Clowns. Berlin 2009.
Serhij Zhadan: Die Erfindung des Jazz im Donbass. Übersetzt von Juri Durkot und Sabine Stöhr. Frankfurt am Main 2012.
Serhij Zhadan: Mesopotamien. Übersetzt von Claudia Dathe, Juri Durkot und Sabine Stöhr. Berlin 2015.
Serhij Zhadan: Warum ich nicht im Netz bin. Gedichte aus dem Krieg. Übersetzt von Claudia Dathe, Berlin 2015.
Serhij Zhadan: Laufen ohne anzuhalten. Übersetzt von Sabine Stöhr. Innsbruck 2016.
Serhij Zhadan: Anarchy in the UKR. Übersetzt von Claudia Dathe. Berlin 2022.
Serhij Zhadan: Himmel über Charkiw. Nachrichten vom Überleben im Krieg. Berlin 2022.

Weiterführende Literatur

Vitaly Chernetsky: Mapping Postcommunist Cultures. Russia and Ukraine in the Context of Globalization. Montreal, Toronto 2007.
Salvatore Del Gaudio: On the Nature of Suržyk. A Double Perspective. München, Berlin, Wien 2010.
Roman Dubasevych: Zwischen kulturellem Gedächtnis, Nostalgie und Mythos. Die Erinnerung an die Habsburgermonarchie in der Ukraine nach dem Zusammenbruch der Sowjetunion. Wien, Köln, Weimar 2017.
Tatjana Hofmann: Literarische Ethnografien der Ukraine. Prosa nach 1991. Basel 2014.
Tamara Hundorova: The Post-Chornobyl Library. Ukrainian Postmodernism of the 1990s. Boston 2019.

Alexander Kratochvil: Aufbruch und Rückkehr. Ukrainische und tschechische Prosa im Zeichen der Postmoderne. Berlin 2013.
Marko Pavlyshyn: Post-Colonial Features in Contemporary Ukrainian Culture. In: Australian Slavonic and East European Studies 6.2 (1992), S 41–55.
Yvonne Pörzgen (Hg.): Ukrainische Gegenwartsliteratur. München 2022.
Maria G. Rewakowicz: Ukraine's Quest for Identity. Embracing Cultural Hybridity in Literary Imagination. Lanham 2018.

18
Der Euromaidan, der russische Krieg gegen die Ukraine und die Literatur

Alessandro Achilli, Alexander Kratochvil und Ulrich Schmid

Das Jahr 2014 stellt nicht nur für die ukrainische Geschichte, sondern auch für die ukrainische Kultur und Literatur einen entscheidenden Wendepunkt dar. Die Weigerung des damaligen Präsidenten Viktor Janukovyč, im November 2013 ein Assoziierungsabkommen mit der EU zu unterzeichnen, löste wochenlange Proteste in Kyjiv und anderen ukrainischen Städten aus, die als „Euromaidan" oder „Revolution der Würde" bekannt wurden. Ende Februar 2014 erschossen Scharfschützen über hundert Demonstranten, die später in spontanen Gedenkveranstaltungen als „Himmlische Hundertschaft" geehrt wurden. Darauf folgte die illegale Annexion der Krym durch Russland und die verdeckte Besetzung von Teilen der Regionen Donec'k und Luhans'k. Diese Ereignisse ebneten den Weg für den Beginn des Donbas-Krieges, der zu erheblichen Veränderungen im ukrainischen Kulturleben führte. In den folgenden Jahren wurden neue staatliche Institutionen zur Förderung der ukrainischen Kultur in der Ukraine und im Ausland gegründet, wie das *Ukrainische Buchinstitut* (2016) und das *Ukrainische Institut* (2017). Auch der *PEN*-Club der Ukraine verstärkte seine Literaturförderung. Im Vergleich zu den Jahren vor 2014 erlebte

A. Achilli (✉)
Slavistik, Universität Cagliari, Cagliari, Italien
E-Mail: alessandro.achilli@unica.it

A. Kratochvil
Institut für slavische Philologie, Ludwig-Maximilians-Universität München, München, Deutschland
E-Mail: alexander.kratochvil@lmu.de

U. Schmid
Osteuropastudien, Universität St.Gallen, St.Gallen, Schweiz
E-Mail: ulrich.schmid@unisg.ch

© Der/die Autor(en), exklusiv lizenziert an Springer-Verlag GmbH, DE, ein Teil von Springer Nature 2025
U. Schmid (Hrsg.), *Ukrainische Literaturgeschichte*,
https://doi.org/10.1007/978-3-662-70637-4_18

der Buchmarkt einen deutlichen Aufschwung, da einerseits neue Verlage gegründet wurden, andererseits bestehende Verlage ihre nationale und internationale Sichtbarkeit erhöhten. Auch die Übersetzung ukrainischer Werke in westliche Sprachen hat vor allem seit 2022 deutlich zugenommen. Durch verschiedene neue Gesetze wurden die Produktion und die Distribution russischer Bücher und anderer Medien in der Ukraine eingeschränkt. Der russische Überfall am 24. Februar 2022 hat die Rolle der ukrainischen Kultur für das ukrainische Nationalbewusstsein deutlich gestärkt.

Gedichte, die über soziale Medien geteilt wurden, halfen der ukrainischen Öffentlichkeit, eine Sprache für die dramatischen Ereignisse des Euromaidan zu finden. Die Kombination aus Kürze, Ikonizität und schneller Verbreitung trug dazu bei, dass die Online-Poesie zu einer wichtigen Quelle für die Herausforderungen der Revolution und des Krieges wurde. Später wurde sie in verschiedenen Anthologien veröffentlicht.

Die wichtigsten Buchmessen und Literaturfestivals der heutigen Ukraine sind das *Bucharsenal* (Knyžkovyj Arsenal), das im Frühjahr in Kyjiv stattfindet, und das *Verlagsforum* (Forum Vydavciv, auch als BookForum bekannt), das im Frühherbst in L'viv abgehalten wird. An beiden Festivals nehmen sowohl ukrainische als auch ausländische Kulturschaffende teil. Das *Bucharsenal* wurde 2011 zum ersten Mal durchgeführt und pausierte in den Jahren 2020 und 2022. Seit 2023 findet es wieder regelmäßig statt, allerdings in einem kleineren Format. Das in L'viv ansässige *Verlagsforum* hat eine ältere Tradition. Es wurde erstmals 1994 veranstaltet, zu einer Zeit, als es schwierig war, literarische Aktivitäten überhaupt zu finanzieren. Das Forum trug maßgeblich dazu bei, dass L'viv 2015 den Status einer Unesco-Stadt der Literatur erhielt, den es in der Ukraine mit Odesa teilt. Im Laufe der Jahre, insbesondere nach 2014, wurden in verschiedenen Teilen der Ukraine mehrere Festivals, Buchmessen und Schriftstellerresidenzen eröffnet, die sowohl die Vielfalt der ukrainischen Kultur in ihren verschiedenen Regionen als auch ihre wachsende nationale und internationale Anziehungskraft zeigen.

Seit der russischen Annexion der Krym 2014 spielt die Halbinsel eine wichtige Rolle im Selbstverständnis der Ukraine. Heute gibt es zahlreiche Krymtataren, die wichtige Funktionen in ukrainischen Kulturorganisationen ausüben. So arbeitet etwa der Journalist und Menschenrechtsaktivist Alim Aliev (geb. 1988) als stellvertretender Direktor des *Ukrainischen Buchinstituts* (Ukrajins'kyj Instytut Knyhy). Das wichtigste Literaturprojekt, das die Krymtatarische Kultur in der Ukraine fördert, trägt den Titel *Die Feige aus der Krym* (Kryms'kyj inžyr, Qırım İnciri). Es organisiert Schreibwettbewerbe, veröffentlicht Anthologien und veranstaltet Literaturfestivals. Dieses Projekt wurde 2018 von Alim Aliev and Anastasija Levkova ins Leben gerufen. Levkova (geb. 1986) ist eine Journalistin und Autorin ohne krymtatarische Wurzeln. 2023 erschien ihr Roman *Es gibt Land hinter Perekop* (Za Perekopom je zemlja, 2023), in dem sie die Geschichte einer jungen Frau mit einem russischen Hintergrund erzählt, die in ihrer Schulzeit ihre ukrainische Identität und ihr Interesse für die krymtatarische Sprache und Literatur entdeckt. Auf dieser kulturellen Entdeckungsreise, die von ihrer Familien und ihren Freunden bewusst ignoriert wird, erhält sie Hilfe von ihren krymtatarischen Freunden. Auch einige von ihnen verhielten sich zu Beginn skeptisch zu ihr. Gleichzeitig spielt ihr ukrainischer Lehrer eine wichtige Rolle für ihre eigene Entwicklung weg vom russischen Kulturimperialismus. Das Buch, das auf Interviews mit Krymtataren beruht, darf als ethnographischer Roman gelten.

Literarische Reaktionen auf den russischen Krieg gegen die Ukraine seit 2014

Der im Jahr 2014 von Russland begonnene, zunächst verdeckte Krieg gegen die Ukraine brachte zahlreiche literarische Werke hervor, die darum ringen, individuelle und kollektive Gewalterfahrung, Flucht und Vertreibung in Worte zu fassen. Die hoch emotionalen, mentalen und körperlichen Traumata mussten in Sprache gefasst werden, damit die Kriegserfahrung der Ukrainerinnen und Ukrainer erzählbar, vermittelbar und damit verstehbar gemacht werden konnte. Bereits seit 2014 erscheinen literarische Texte, die sich anfangs noch auf die blutigen Ereignisse auf dem Maidan beziehen und dann vermehrt die Kämpfe im Donbas mit den sogenannten Separatisten und der russischen Armee darstellen. Es entstanden zahlreiche Gedichte über die Helden und Opfer des Maidans, die teilweise mit einer sakralen Aura umgeben waren und die Ereignisse in einen Kampf zwischen Gut und Böse transformierten – nicht zuletzt weist die Bezeichnung der erschossenen Maidan-Demonstranten als „Himmlische Hundertschaft" in diese Richtung. Diese Lyrik wurde oft von Menschen verfasst, die keine Schriftsteller waren, aber eine sprachliche Form suchten, um zu artikulieren, was sie durchlebt und gefühlt hatten. Lyrik als eine auf Emotionen zielende, nicht narrative literarische Gattung bot sich an, das Erlebte, das sich noch einer kohärenten Erzählung widersetzt, in Worte zu fassen. Letztlich folgt diese Literatur einem therapeutischen Impetus.

Wegen des Kriegs im Donbas blieb nicht die Zeit, um die Maidan-Ereignisse in längeren Prosatexten zu erzählen und ein reflektiertes literarisches Narrativ herauszubilden. Eine der wenigen Ausnahmen stellt Olena Zacharčenkos Roman *Kämpferinnen* (Vertep. #RomanProMajdan, 2016) dar. Zacharčenko (geb. 1977) gestaltet den Kampf auf mehreren Ebenen. Es wird sprachlich um die Darstellung einer Welt gerungen, die Kopf steht; gekämpft wird auch für die Würde des Landes gegen die von Putin korrumpierte ukrainische Mafia-Regierung des damaligen ukrainischen Präsidenten Janukovyč und schließlich müssen die Familie und die Nächsten verteidigt werden. Die dynamische Handlung wird aus der Perspektive einer Mutter und ihres Kindes erzählt, was die historisch einschneidenden Ereignisse in einem eher ungewohnten Licht erscheinen lässt. Emotionale Bilder, dokumentarisch-kritische Beobachtungen und eine teilweise ins Mythische gesteigerte Rätselhaftigkeit der Ereignisse trägt zur hybriden Erzählweise bei, die Raum und Zeit weitet und an den magischen Realismus erinnert, der auch in der ukrainischen Literatur eine lange Tradition hat. Die Vielschichtigkeit der Perspektiven, die Verflechtung von hohen und niedrigen Beweggründen, der Weg durch Grauzonen menschlicher Motive und Emotionen bei allen Protagonisten, ganz gleich ob Berkut-Polizist, angeheuerter Schläger oder Maidan-Demonstrant – all dies verhindert ein Abgleiten in Revolutionskitsch oder Pathos.

Der russische Krieg und die Okkupation der Krym und von Teilen des Donbas brachte ebenso eine große Zahl, oft amateurhafter Lyrik hervor, denen bald literarische und essayistische Texte von Schriftstellern folgten, die bereits vor 2014 literarisch in Erscheinung getreten waren. Darunter finden sich sowohl namhafte als auch weniger bekannte Autoren. Auch ansprechende Debüts wie Tamara Dudas Roman *Donezk-Girl* (Docja, 2019) entstanden in dieser Zeit.

Die ukrainische Literatur, die den russischen Krieg seit 2014 gegen die Ukraine reflektiert, lässt sich in zwei Phasen teilen: vor und nach dem offenen Überfall im Februar 2022. Dabei fällt auf, dass nicht nur Gedichte und Theaterstücke zu beiden Phasen des Kriegs erschienen sind – also Gattungen, die aufgrund ihrer darstellenden Möglichkeiten unmittelbar auf aktuelles Geschehen reagieren können, sondern auch längere Prosatexte wie Serhij Žadans Roman *Internat* (2017), Artem Čechs Prosazyklus *Nullpunkt* (2017), Andrej Kurkovs *Graue Bienen* (2018), Sofija Andruchovyčs *Amadoka*-Epos (2020) oder Oleksandr Mycheds *Code-Name Hiob. Chroniken der Invasion* (2023). Die Vielfalt der literarischen Gattungen findet ihre Entsprechung in einer Reihe wiederkehrender thematischer Schwerpunkte, so etwa in der Darstellung der Kriegserfahrung aus der Perspektive von Soldaten, Zivilisten, Frauen oder Flüchtlingen.

Schließlich hat der Krieg tragische Folgen für die ukrainische Literatur. Es ist die erklärte Absicht des Machtzirkels um Putin, eine eigenständige ukrainische Kultur zu vernichten und die Ukraine als Land zu zerschlagen. In diesem Krieg sind bereits Hunderte Künstler, Intellektuelle, Schriftsteller entweder als Soldaten gefallen oder durch russischen Beschuss nicht-militärischer Ziele ermordet wurden. Hinzu kommen Fälle gezielter Inhaftierung und Ermordung durch russische Einheiten wie im Fall des Schriftstellers Volodymyr Vakulenko (1972–2022).

Serhij Žadan als ukrainischer Nationaldichter des 21. Jahrhunderts

Nach dem Euromaidan wurde Serhij Žadan zum einflussreichsten und angesehensten ukrainischen Schriftsteller. Obwohl er weiterhin Prosa veröffentlicht und an einer Vielzahl von Kunst-, Musik- und Theaterprojekten mitwirkt, ist Žadan besonders als Lyriker produktiv. Zwischen 2015 und 2023 veröffentlichte er sechs neue Gedichtbände. Der erste Gedichtband trägt den Titel *Das Marien-Leben* (Žyttja Mariji, 2015). Žadans Übersetzung von Rainer Maria Rilkes „Mariae Verkündigung" aus dem Zyklus *Das Marien-Leben* von 1912 eröffnet den Band. Im Mittelpunkt des Buches, das auch eine Auswahl von Übersetzungen von Gedichten des polnischen Dichters Czesław Miłosz enthält, stehen Themen wie Krieg, Erinnerung und der gemeinsame Kampf um die Zukunft der Ukraine. Im Jahr 2016 veröffentlichte Žadan den Band *Templer* (Tamplijery). Žadans folgende Gedichtsammlungen *Antenne* (Antena, 2018), *Das Schiffsverzeichnis* (Spysok korabliv, 2021) und *Psalm der Luftfahrt* (Psalom aviaciji, 2021) kombinieren einfache Lesbarkeit mit einem gemäßigten Hermetismus. Ein wiederkehrendes Motiv ist die zerstörerische Wirkung des Kriegs, die auch die Seelen der Menschen verheert. Über einen Kriegsrückkehrer schreibt

Žadan in *Antenne*: „Zurück kam er / als ein völlig anderer als hätte / ihm einer seine alte Sprache genommen / und keine andere gegeben. / Jetzt sitzt er den ganzen Tag auf dem Bett / und lauscht den Dämonen in seinem Kopf." Einige metaliterarische Gedichte thematisieren die Rolle des Schriftstellers, der für die Nation und ihren Kampf für die eigene Existenz schreibt.

Mit dem Roman *Internat* (2017) hat Žadan eine maßgebliche künstlerische Gestaltung des seit Frühjahr andauernden Kriegs in der Ostukraine vorgelegt. Er zeigt den Krieg von unten, aus der Sicht der Zivilisten, die sich vor dem gewalttätigen Geschehen wegducken und der Zerstörung hilflos gegenüberstehen: Frauen, Kinder, Alte, Invalide und Wehrdienstuntaugliche. Damit unterschiedet sich der Roman vom Großteil der belletristischen und dokumentarischen ukrainischen Texte über Kämpfe zwischen der ukrainischen Armee und Freiwilligenverbänden einerseits und sogenannten prorussischen Separatisten und russischen Einheiten andererseits. Bei den Protagonisten handelt es sich um Helden des Alltags, um unbewaffnete, verängstigte Zivilisten in einem Kriegsgebiet, die um ihr Leben fürchten, womit das Setting des Romans klassische Vorbilder insbesondere aus der sowjetischen Kriegsliteratur unterläuft. Die Handlung wird nicht in epischer Breite erzählt, sondern eher szenisch inszeniert, wobei in der Synästhesie der Bilder ein symbolisch aufgeladener Raum entworfen wird.

Im Roman werden trotz des politisch und gesellschaftlich sensiblen Themas keine ideologisch unterlegten Schuldzuweisungen verhandelt. Trotzdem schwingen die in der Ukraine allgegenwärtigen Propagandaslogans bei der Gestaltung des Stoffes mit. Gleichzeitig schafft Žadan in seinem Roman auch Tabuzonen, in denen sich die fatale Präsenz der Kriegstraumata erahnen lässt.

Der Protagonist des Romans, der Lehrer Paša, muss mit seinem Neffen Saša eine vom Krieg verwüstete Zone durchqueren, um „nach Hause" zu gelangen. Er bricht zu einer mehrtägigen Reise durch das Kriegsgebiet auf. Die Schilderung dieser Reise ist mit vielen Episoden und Abenteuern durchsetzt. Die *Odyssee* ist dabei nur einer von mehreren intertextuellen Bezügen dieses Romans. Paša ist anfangs allein in einem städtischen Raum unterwegs, der seine ursprüngliche Funktion, eine Heimstatt für Menschen zu sein, durch Gewalt und Zerstörung verloren hat. Hier öffnet sich ein weiterer Kontext. Mit der Inszenierung einer Reihe von gefährlichen Begegnungen erinnert die Handlung an narrative Muster aus der Kriegs- oder Horrorliteratur. Damit bleibt die Handlung dynamisch und spannend, ohne dass der Schrecken im Einzelnen stets ausformuliert und breit geschildert werden muss. Im Gegenteil: Die Auslassungen oder Andeutungen verweisen auf das unsagbare Grauen des traumatisierenden Geschehens. Die expliziten Gefahren können ganz unterschiedliche Gestalt annehmen. So treffen Paša und Saša auf Soldaten und paramilitärische Trupps, ohne zu wissen, zu welcher Seite die „Kämpfer" – wie sie im Roman meist genannt werden – gehören. Desorientierung ist ein zentrales Motiv dieses traumatisierten Erzählens. Direkte Kampfhandlungen werden zwar nicht geschildert, dennoch ist der Krieg mit allen Sinnen wahrnehmbar durch die Hintergrundkulisse aus Detonationen, Maschinengewehrsalven, Geschützblitzen, vom Feuer erleuchtetem Himmel, Nebel- und Rauchschwaden und Brandgeruch.

Im Motiv der „Heimkehr" gibt es offensichtliche Berührungspunkte mit Žadans früheren Werken wie *Anarchy in the UKR, Depeche Mode* oder *Die Erfindung des Jazz im Donbass*. Dies betrifft insbesondere das Motiv der Odyssee durch eine postsozialistische Ruinenromantik. Die Protagonisten lassen sich als aktuelle Weiterentwicklungen der Figuren aus den früheren Romanen lesen. Allerdings gibt es einen entscheidenden Unterschied: Die jungen Helden aus *Depeche Mode* und *Die Erfindung des Jazz im Donbass* lehnten sich noch gegen die traditionelle Lebensweise der letzten sowjetischen Generation auf. Nun repräsentiert der Protagonist Paša selbst die ältere Generation und den sowjetnostalgischen Diskurs. Er ist es, der in seinem Bemühen um eine ewig gestrige Mimikry durch den Teenager Saša kritisiert wird. Überhaupt kommt dem Jungen im Roman eine wichtige kompositorische Funktion zu: Paša und Saša wechseln auf ihrer symbolischen Heimkehr die Rollen. So übernimmt Saša zusehends die Führung auf der Reise, und in den Gesprächen schlüpft er allmählich in die Lehrerrolle. Katja Petrowskaja deutet *Internat* deshalb als Bildungsroman, in dem nicht ein Jugendlicher, sondern ein Lehrer gebildet wird. Im Schlusskapitel wird Saša sogar zum Erzähler der Geschichte. Žadan signalisiert mit diesem Wechsel der narrativen Struktur, dass es eine Zukunft für die Ukraine gibt.

Vor dem 24. Februar 2022 hatte sich Žadan für eine vielsprachige ukrainische Literatur eingesetzt. Wichtig war für ihn nicht die Sprache, sondern die künstlerische Leistung, die zu einer ukrainischen kulturellen Identität beitragen kann. Damit nahm er eine pointierte Gegenposition zu anderen ukrainischen Schriftstellern wie Jurij Vynnyčuk oder Oksana Zabužko ein, die für eine exklusiv ukrainischsprachige Literatur in der Ukraine plädieren. Žadan vertrat nicht nur eine offenere Position, sondern ging bis an die Schmerzgrenze. Im Jahr 2015 lud er die prorussische Dichterin Elena Zaslavskaja aus der sogenannten „Luhans'ker Volksrepublik" an eine Konferenz in Charkiv ein und begründete dies damit, dass man in einem Versöhnungsprozess auch die Gegenseite anhören müsse. Nach dem offenen russischen Überfall auf die Ukraine änderte er seine Meinung jedoch. Er führte den sogenannten „Puškinfall" (Puškinopad) an – eine Bewegung, die sich dafür einsetzte, Denkmäler für den russischen Nationaldichter in der Ukraine zu stürzen. Der „Puškinfall" war gewissermaßen der kulturelle Nachvollzug des politischen „Leninfalls" (Leninopad). Nach dem Euromaidan wurden zahlreiche Lenindenkmäler in der Zentral- und Ostukraine demontiert. Im traditionell sowjetfeindlichen Galizien waren die meisten Lenindenkmäler bereits in den neunziger Jahren verschwunden. Žadan veröffentlichte im August 2022 auf Facebook einen Post, in dem er fragte: „Ist Puškin daran schuld, dass in Russland Kriegsverbrecher geboren werden? Er ist schuld. Natürlich ist er schuld. Alle sind sie schuld." Später postete er Selfies mit noch bestehenden Puškindenkmälern in verschiedenen ukrainischen Städten – viele wurden kurz darauf demontiert (Abb. 18.1).

In einem Interview mit *Newsweek Polska* zum zweiten Jahrestag des Krieges erläuterte Žadan seine Position: „Die Russen sind vom Gen des Imperialismus verseucht, alle Territorien, die sie jemals okkupiert hatten, halten sie für ihre eigenen. Es wird sehr lange dauern, bis die Russen von dieser Krankheit geheilt werden. Die russische Kultur ist ein wichtiges Element des ideologischen Projektes. Man kann die Augen verschließen. Man kann den Liberalen spielen und sagen, dort ist Putin, hier ist Puškin. Dort sind die ‚bösen

18 Der Euromaidan, der russische Krieg gegen die Ukraine und die Literatur

Abb. 18.1 Facebook-Post von Serhij Žadan am 3. Mai 2023. Selfie vor einem besprayten Puškin-Denkmal: „Wie soll man dich, mein Kyjiv, nicht lieben?" (Anspielung auf das gleichnamige Lied aus dem Jahr 1962. Text: Dmytro Lucenko, Musik: Ihor Šamo)

Russen', die mit Gewehren in den Händen Ukrainer töten und Ukrainerinnen vergewaltigen, und hier sind die ‚guten Russen', die das nicht wollen. Aber wo sind die Russen, die das nicht wollen? Wo sind die Demonstrationen in Russland?"

Nach dem offenen russischen Überfall begann Žadan eine fieberhafte Tätigkeit als Volontär und als Künstler. Er verteilte Hilfsgüter und Lebensmittel. Für die Armee organisierte er Drohnen und Fahrzeuge. Er trat mit seiner Band *Žadan und die Hunde* in den Charkiver Metrostationen auf, um die vor dem Luftalarm geflohenen Menschen vor der Verzweiflung zu schützen. All dies schien ihm jedoch 2024 zu wenig zu sein. Er meldete sich als Kombattant zum Charkiver Chartia-Bataillon, für das er zuvor schon mit seiner Rockband eine Hymne komponiert hatte. Zunächst verschlug es Žadan buchstäblich die Sprache – er hielt Poesie angesichts der Katastrophe für unangemessen. 2023 erschien aber ein Gedichtband mit dem Titel *Neue alte Orthographie* (Skrypnykivka), in dem Žadan für sich eine neue Schreibweise erfand. Dabei legt Žadan den stilistischen Unterschied offen. Der Lyrikband ist zweigeteilt: Wie eine Wasserscheide teilt der 24. Februar 2022 die früheren von den späteren Gedichten. 2024 veröffentlichte er auch eine Sammlung von Kurzgeschichten, die Szenen aus dem Krieg beschreiben., Der Titel *Arabesken* (Arabesky) spielt auf eine gleichnamige Novelle (1927) von Mykola Chvyl'ovyj an, der ebenfalls eng mit Charkiv verbunden war.

Mittlerweile hat Žadan in der ukrainischen Öffentlichkeit den Status eines neuen Nationaldichters erlangt. Durch sein entschlossenes Eintreten für eine freie und demokratische Ukraine gleicht er Taras Ševčenko, der im 19. Jahrhundert zu einer Symbolfigur des ukrainischen Nationalbewusstseins wurde. Bereits als Neunzehnjähriger hatte Žadan seinem Vorbild Ševčenko ein bewunderndes Gedicht gewidmet. 1997 tauchte Ševčenko bei Žadan in einem fiktiven Briefwechsel als zorniger junger Mann auf, der sich in Kraftausdrücken gegen die Zarenherrschaft wendet. Später trug Žadan Ševčenkos Lyrik als Rap vor. Im Krieg gewann Ševčenko eine neue Aktualität. Am 9. März 2022 schrieb Žadan in seinem Facebook-Tagebuch: „Kaum, dass bei uns Ukrainern irgendetwas Bahnbrechendes passiert, tauchen Ševčenko-Zitate auf. So war es während allen Revolutionen, so ist es auch heute. Dass die Russen in den Kampf ziehen und Puškin deklamieren, das kann ich mir nicht vorstellen. Eigentlich kann ich sie mir sowieso nur schwer auf den Barrikaden vorstellen. Gut, dass wir Taras Hryhorovyč haben. Herzlichen Glückwunsch zum Geburtstag, Nationaldichter!"

Prosa im Krieg und Kriegsprosa: Artem Čech, Oleksij Čupa, Tamara Horicha Zernja, Has`ka Šyjan, Halyna Petrosanjak, Sofija Andruchovyč, Oleksandr Myched

Eigentlich heißt Artem Čech Artem Čerednyk. Er wurde 1985 in Čerkasy in der Zentralukraine geboren und lebt seit 2002 in Kyjiv. Den Beinamen „der Tscheche" (Čech) erhielt er aufgrund seiner Tschechoslowakei-Begeisterung, die von zahlreichen Geschenken von Prag-Reisen seiner Tante herrührt. Er absolvierte ein Soziologiestudium und arbeitete dann in verschiedensten Jobs (Verkäufer, Bodyguard, Schauspieler, Journalist). Sein Debütroman *Was man nicht auf Yandex findet* (C'oho vy ne znajdete v Jandeksi) erhielt 2007 einen Literaturpreis. Es folgten bis 2012 in rascher Folge mehrere Romane, die man am ehesten der Popliteratur zurechnen kann. Čech beschreibt hier das Milieu der ukrainischen Großstadtjugend. Mit dem Euromaidan änderte sich Čechs Leben und Schaffen. Gemeinsam mit seiner Frau Iryna Cilyk (geb. 1982) veröffentlichte er ein Buch über Ereignisse und Hintergründe des Euromaidan. Während der ersten Phase des russischen Kriegs gegen die Ukraine war er 2015–2016 Wehrpflichtiger in der ukrainischen Armee an der Front im Luhans'ker Gebiet. Seine Kriegserfahrungen verarbeitete er in fiktionalisierten Tagebucheinträgen mit dem Titel *Nullpunkt* (Točka nul', 2017). Mit „Nullpunkt" wird im Militärslang jene Position an der Demarkationslinie bezeichnet, welche die ukrainische Armee von den Kämpfern der sogenannten Volksrepubliken trennt. Diese Grenze zieht sich in verschiedenen Kontexten wie ein roter Faden durch das Buch, das sich in kurze, meist nur wenige Seiten umfassende Kapitel mit lakonischen Kommentaren und selbstreflexiven Überlegungen gliedert.

Čech ist ein hervorragender Beobachter seiner selbst, seiner Mitmenschen und seiner Umgebung. Kameraden und Vorgesetzte, die wissen, dass er Schriftsteller ist, drängen ihn geradezu, über sie und den Kriegsalltag zu schreiben. Und so beschreibt er in *Nullpunkt* Soldaten, die seine Schreibtätigkeit im Erdloch wohlwollend beobachten und hoffen, dass er auch die „Hohlköpfigkeit der obersten Führungsebene lächerlich macht". Dagegen kommt das Wort „Feind" bei Čech allenfalls ironisch gebrochen vor. Die Ausrüstung der ukrainischen Armee war zu Beginn des Kriegs desolat. Um diese Mängel zu kompensieren, kamen zahlreiche sogenannte Volontäre, freiwillige Helfer regelmäßig in die Kriegsgebiete und brachten warme Unterwäsche, Orangen, Nutella und Motorsägen für die Zerkleinerung des Brennholzes bei tiefen Minusgraden.

Der Roman *Wer bist du?* (Chto ty takyj?, 2021), der bereits im Epilog zu *Nullpunkt* angekündigt wurde, beschreibt die Freundschaft zwischen dem traumatisierten Afghanistan-Veteranen Feliks und dem heranwachsenden Jungen Tymofij. Die Romanhandlung lässt die 1990er-Jahre mit all ihren wirtschaftlichen, sozialen und kulturellen Verwerfungen in einer mittelgroßen Stadt aufleben. Dabei werden die Auswirkungen – im Guten wie im Schlechten – auf die damals heranwachsende Generation spürbar. Artem Čech weist selbst darauf hin, dass der Roman zahlreiche autobiographische Motive aufweist. „Wer bist du?", fragt Tymofij von Zeit zu Zeit seinen Freund, Peiniger und Mentor Feliks. Dieselbe Frage stellt sich der inzwischen erwachsene Tymofij auch am Ende des Romans. Čech beschreibt den Weg des Protagonisten von der ersten Frage zur zweiten in einer Art Bildungsroman. Der sowjetische Veteran Feliks tritt als eine Ersatzfigur für den von Banditen ermordeten leiblichen Vater von Tymofij auf. Dabei lassen Feliks' eher sporadische Anwesenheiten die Defizite und das Waisentum des Jungen umso deutlicher hervortreten. Čechs Roman weist Parallelen mit Serhij Žadans Texten über die Unbehaustheit der postsowjetischen 1990er Generation auf. Die Frage im Titel des Romans „Wer bist du?" ist mit den Lehrstellen im historischen und kulturellen Gedächtnis der postsowjetischen Gesellschaften verknüpft und weist über ukrainische Verhältnisse hinaus.

Der Roman *Wer bist du?* wurde mit dem Titel *Ich und Felix* (Ja i Feliks, 2023) von Iryna Cilyk verfilmt, Čech verfasste das Drehbuch. Die Rolle des Teenagers wird von Čechs und Cilyks gemeinsamem Sohn und jene von Feliks vom ukrainischen Schriftsteller Jurij Izdryk gespielt. Im Vergleich zum Buch ist der Film freilich deutlich heiterer gestimmt.

Mit der Graphic Novel *Im großen Land* (Na velykij zemli, 2021) überschreitet Čech die klassischen Gattungsgrenzen. Mit dem Titel ist jener „große" Teil der Ukraine gemeint, in dem nicht gekämpft wird. Es handelt sich um Geschichten von ukrainischen Veteranen, die ins zivile Leben zurückkehren und versuchen, ihre Erfahrungen und ihr neues Leben zu verarbeiten. Die Graphic Novel verfolgt das Ziel, einem breiteren Publikum die Themen Krieg und Traumatisierung zu vermitteln.

Seit Februar 2022 dient Artem Čech wieder in der ukrainischen Armee (Abb. 18.2).

In dieser Zeit stellte er den bereits 2021 begonnenen Roman *Ballade vom langen Weg* (Pisnja vidkrytoho šljachu, 2024) fertig. Es handelt sich um einen vielschichtigen Abenteuerroman, der im amerikanischen Bürgerkrieg spielt. Die beiden Helden, ein ehemaliger ukrainischer Leibeigener und ein freigelassener schwarzer Sklave, schlagen sich

Abb. 18.2 Artem Čech

von Missouri nach Maryland durch. Čech will allerdings nicht einfach eine vergangene Wirklichkeit rekonstruieren, sondern auf eine historische Analogie aufmerksam machen. In der Befreiung Amerikas vom britischen Imperium spiegelt sich der ukrainische Kampf gegen die russische Aggression. In der Engführung des Schicksals des Ukrainers und des Sklaven legt er eine literarische Kritik des Kolonialismus vor. Čechs aufklärerischer Impetus richtet sich auch an das westliche Publikum. Der Arbeitstitel des Romans lautete *Der Russe* – der Ukrainer wird in Amerika immer als „Russe" angesprochen, weil niemand in Amerika versteht, dass nicht alle Einwohner des Zarenreichs „Russen" sind.

Oleksij Čupa (geb. 1986), ein Schriftsteller aus Makijivka in der Region Donec'k, musste den Donbas nach der verdeckten russischen Invasion 2014 verlassen. Mit seiner Prosa-Trilogie aus den Jahren 2014/15, die größtenteils vor den Ereignissen von 2014 geschrieben wurde (*Penner des Donbas* [Bomži Donbasu], *10 Worte über die Heimat und genau so viele über die Liebe* [10 sliv pro vitčyznu i stil'ky ž pro ljubov] und *Märchen aus meinem Luftschutzkeller* [Kazky moho bomboschovyšča]) zeichnet Čupa ein poetisches Porträt der Region Donec'k am Vorabend des Donbas-Krieges, das sich wie eine ernüchternde Vorwegnahme der späteren gewaltsamen Ereignisse liest. In seinen Texten verbinden sich ein kruder Realismus und lyrische Beschreibungen der ukrainischen Gemeinschaft, mit der sich Čupa als Autor identifiziert.

Tamara Horicha Zernja (geb. 1976, eigentlich Tamara Duda) debütierte 2019 mit dem Roman *Donezk Girl* (Docja), der den BBC-Buchpreis und den Ševčenko-Preis gewann. In diesem Roman zeichnet sie die Ereignisse von 2014 und 2015 nach und veranschaulicht die Entstehung und die erste Zeit des Donbaskriegs auf mitreißende Weise. Dokumentarische Zeitzeugenberichte werden zu einer fiktionalen Geschichte verarbeitet, die genreübergreifend Elemente aus Krimi, Mystik, Drama und Komödie enthält. Der Roman, in dem es zahlreiche biographische Bezüge zur Autorin gibt, setzt sich wie ein Mosaik aus einzelnen Erlebnissen der Protagonistin zusammen und präsentiert schließlich ein großes

Gemälde der kriegsgeschüttelten Ukraine aus Donec'ker Perspektive. Die lebendige Sprache mit Slang und Suržyk erzeugt eine emotionale Nähe zu den Figuren, denen mit Respekt, großer Offenheit und Empathie begegnet wird. Der Blick auf das Leben ziviler Personen und insbesondere der Frauen im Kriegsalltag ist unverstellt. Ungewöhnlich und erfrischend ist die Balance zwischen negativen und positiven Aspekten, denn neben all dem beschriebenen Leid schwingt oft Humor und gutmütige Ironie in der Erzählung mit.

Donezk Girl nimmt eine explizit weibliche Perspektive ein und stellt die Frage, welche Rolle Frauen im Krieg zukommt. Damit hebt sich der Roman von der Kriegsprosa anderer Autoren ab. Oksana Zabužko feierte die Selbstermächtigung der neuen Heldin, die nicht nur gelernt habe, zu handeln, sondern auch für sich selbst zu sprechen und zu schreiben.

Ein verwandtes Thema und eine ebenso „neue" weibliche Protagonistin führt Has'ka Šyjan (geb. 1980) in die ukrainische Literatur ein. Ihr Roman *Hinter dem Rücken* (Za spinoju, 2019) wurde 2019 mit dem europäischen Literaturpreis ausgezeichnet. Der Roman nimmt ganz ähnlich wie *Donezk Girl* eine weibliche Perspektive ein und stellt die Frage nach der Verantwortung des Einzelnen für sich selbst und gegenüber der Gesellschaft in der Kriegssituation. Er erzählt als mögliche Antwort freilich eine andere Geschichte. Im Zentrum des Romans steht Marta, eine junge, gut verdienende Personalmanagerin in der Computerbranche. Ihr Freund Maks meldet sich als Freiwilliger zur ukrainischen Armee. Marta steht dieser Entscheidung skeptisch gegenüber. Maks scheint im Text die Maske eines patriotischen Soldaten ohne Fehl und Tadel zu sein. Martas Position ist komplexer: Sie engagiert sich einerseits für einen Verein, der ukrainischen Soldaten Pakete an die Front schickt, anderseits verweigert sie sich der von der Gesellschaft erwarteten Rolle der bedingungslosen Patriotin und treuen Frau. Dieser Zwiespalt wird sehr körperlich vermittelt: „Der Schweiß rinnt zwischen den Brüsten hinab, und wenn mein Herz schneller und lauter schlägt, pulsieren die Wunden stärker, die mir bewusst machen, dass menschliche Opfer in Revolutionen und Kriegen immer umsonst sind. Jedes einzelne Opfer hätte noch weiterleben und andere Menschen mit seinem Dasein bereichern können."

Šyjan reflektiert den zivilen Alltag in Zeiten des Kriegs. Sie konfrontiert ihre Leser mit einem Krieg, der zunächst völlig irrational und unfassbar schien, mit der Zeit aber zu einer lästigen Gewohnheit wird. Der Roman *Hinter dem Rücken* spricht einen oft tabuisierten Blick auf den Krieg an. Die Protagonistin reflektiert den Krieg in einer doppelten Wirkung: als Mythisierung des kämpfenden Mannes und als Trivialisierung der Frau am Herd. Eine Frau muss geduldig auf die Rückkehr ihres Helden warten, auch wenn er eigentlich vor den alltäglichen Pflichten und Problemen in den Krieg geflohen ist. Der Krieg zwingt jeden in eine neue Identität. Damit ist ein Leitmotiv von Šyjans Werk angesprochen. Sie schreibt über Freiheit, selbstbestimmtes Leben, häusliche Gewalt und das Rollenverständnis von Frauen. Die provokante Selbstbestimmtheit der Protagonistin manifestiert sich dann in der intimen Beziehung Martas zu einer Urlaubsbekanntschaft.

Zu der neuen Welle feministischer Literatur gehört auch Halyna Petrosanjaks Roman *Tollkirsche* (Matrigan, 2024), der ebenfalls einen neuen Typ einer Heldin einführt. Petrosanjak gestaltet die Aufspaltung von Familien im Krieg durch ein historisches Prisma. Die Fluchtgeschichte der Protagonistin mit ihrem Sohn wird mit der Okkupation der Ukraine durch Nazi-Deutschland im Zweiten Weltkrieg auf spannende Weise miteinander verknüpft. Die Protagonistin Melanija aus Kyjiv findet sich mit ihrem Sohn in Deutschland wieder. Bisher hatte sich Melanija für die Geschichte ihrer Familie nicht besonders interessiert, nicht einmal für die jüngste Vergangenheit ihrer Heimatregion Transkarpatien, aus der ihre Mutter und die geliebte Großmutter stammen. Doch nun stößt sie fern der Heimat zufällig auf eine Spur, die sie zwingt, die geheimnisvollen Details des Lebens früherer Generationen ihrer Familie zu entdecken, denn schon vor achtzig Jahren war Deutschland ein Ort, wo zahlreiche ukrainische Ostarbeiterinnen lebten. Die Spurensuche der Protagonistin wird dabei mit vielen leisen Zwischentönen als Frauenfreundschaft zwischen der Ukrainerin und einer alten deutschen Frau erzählt. Da sich die beiden wegen der Sprachbarrieren nicht wirklich verstehen, haben sie erst Verständnisprobleme, die sie jedoch allmählich überwinden. Dieser hervorragende Roman erzählt unspektakulär, dafür umso eindrücklicher vom individuellen Erinnern und kollektiven Vergessen.

Auch in Sofija Andruchovyčs Romanepos *Amadoka* (2020) dominiert eine weibliche Erzählperspektive. Die Protagonistin Romana, der das Erzählen in den Namen eingeschrieben ist, arbeitet als Brotberuf in einem Kyjiver Archiv. Sie findet ihren Mann Bohdan in einem Spital wieder. Er hat als Soldat an der ostukrainischen Front gekämpft und ist schwer verletzt worden. Sein Gesicht ist bis zur Unkenntlichkeit entstellt und er hat sein Gedächtnis verloren. Romana forscht der Familiengeschichte ihres Mannes nach und übernimmt so die Rolle von Bohdans Bewusstsein: Was sie ihm erzählt, wird zu seiner Biografie. Sofija Andruchovč hat selbst intensive Quellenstudien betrieben und sich auf den Stand der historischen Forschung gebracht. Mit dem *Amadoka*-Epos schlägt die Autorin eine neues Kapitel in der ukrainischen Literaturgeschichte auf: Sie übersetzt die schwierige ukrainische Vergangenheit in individuelle Frauenbiographien, in denen Täter- und Opferrollen kaum mehr zu unterscheiden sind. Die historische Perspektive ist bereits im exotisch anmutenden Titel kodiert: Amadoka ist ein sagenhafter See in der Westukraine. Im 15. und 16. Jahrhundert zeichneten zahlreiche Geographen eine Wasserfläche mit diesem Namen auf ihren Karten Osteuropas ein (Abb. 18.3).

Allerdings fand sich später keine Spur dieses Sees mehr. Ob er je existiert hat oder ob er nur von einer Karte auf die nächste übertragen wurde, kann heute kaum mehr nachgewiesen werden. In Sofija Andruchovyčs Epos ist der See Amadoka eine Metapher, die für eine Vergangenheit steht, die immer noch auf die Gegenwart einwirkt, aber heute so behandelt wird, als habe sie nie existiert. Auf kühne Weise setzt sich Sofija Andruchovyč mit schmerzhaften Themen der ukrainischen Gegenwart und Geschichte auseinander. Sie verwebt kunstvoll den aktuellen Krieg in der Ostukraine mit den stalinistischen Repressionen, sie behandelt das schwierige jüdisch-ukrainische Verhältnis und den Holocaust unter der deutschen Besatzung, sie leuchtet die reale Liebesaffäre von Viktor Petrov und Sofija Zerova aus, die nicht nur durch einen Ehebruch, sondern auch durch einen Vaterlandsverrat beschädigt wird. In allen Episoden ist die Erinnerung an die traumatische Vergangenheit ebenso fragil wie die Existenz von Amadoka. Somit ist das zentrale Thema des Romans die Gewaltgeschichte der Ukraine im 20. Jahrhundert – und in der ukrainischen Literatur nur vergleichbar mit Oksana Zabužkos *Das Museum der vergessenen Geheimnisse*.

18 Der Euromaidan, der russische Krieg gegen die Ukraine und die Literatur

Abb. 18.3 „Amadoka lago" auf der *Lithuania*-Karte von Gerhard Mercator (1619), sanderusmaps.com

Eine ganz andere Perspektive eröffnet der Kyjiver Autor Oleksandr Myched (geb. 1988) in seiner Prosa über den Krieg. Er debütierte 2013 mit dem Buch *AmneziJA*, das sich schwerlich einem Genre oder überhaupt einer Textsorte zuordnen lässt. Es handelt sich eher um ein innovatives Spiel mit verschiedenen Genres und Textsorten. Es ist kein Zufall, dass *AmneziJA* später in ein multimediales Projekt transformiert wurde. Auch die Erzählsammlung *Pontismus* (Pontijizm, 2014) und der Psychothriller *Astra* (2015) sind innovative Texte, die sich kaum in die traditionellen Genres einordnen lassen. Danach folgten interessante essayistische und populärwissenschaftliche Publikationen. Im Jahr 2020 verarbeitete Myched seine Eindrücke von einer längeren Reise durch den Donbas in dem Reiseessay *Dein Blut wird die Kohle tränken* (Ja zmišaju tvoju krov z vuhilljam).

Myched meldete sich 2022 freiwillig als Soldat. Seine Erfahrungen, die er unmittelbar während seiner Militärzeit aufschrieb, reflektiert er in einem „Märchen für Erwachsene über den Krieg", so der Untertitel des Prosabandes *Die Katze, der Hahn und der kleine Schrank* (Kotyk. Pivnyk. Šafka, 2023). Diese Langerzählung mischt märchenhafte und reale Elemente. Die Protagonisten leben in Borodjanka, einem durch russischen Beschuss zerstörten Dorf in der Nähe von Kyjiv, und sind bereit ihr Zuhause zu verteidigen. Im gleichen Jahr veröffentlichte Myched das Buch *Code-Name Hiob. Chroniken einer Invasion* (Pozivnyj dlja Jova. Chroniki vtorhnennia, 2023). In dieser Prosa geht es sowohl um die Sprache des Krieges als auch um die menschlichen Erfahrungen und Verhaltensmuster im Krieg. Während die Russen „die Sprache als Tarnnetz benutzen" und Bomben und Massentötungen als harmlos klingende „Spezialoperation" ausgeben, ringen die Ukrainer um

Worte. In diesem wichtigen Werk stellt sich Myched der Herausforderung, eine Sprache zu finden, die das Grauen und die Absurdität des russischen Kriegs wiedergibt. Das Resultat ist ebenso überzeugend wie niederschmetternd. Mycheds Text zeigt sehr unmittelbar und eindringlich, wie der Krieg individuelle und gesellschaftliche Weltbilder zerstört. Dieser Befund spiegelt sich im Textformat. Myched arbeitet mit Fragmenten. Er reiht Erinnerungen, Anekdoten, Porträts und Gespräche aneinander und durchwirkt dieses Geflecht mit einem Katalog von Kriegsverbrechen. Immerhin bietet der Epilog des Buchs ein wenig Hoffnung und verrät Durchhaltewillen. Myched schreibt, dass sein Glaube an die Macht der Literatur durch die Angst der russischen Besatzer vor „unseren ukrainischen Büchern und unserer Kultur gestärkt" werde.

Sprachwechsel von Russisch nach Ukrainisch: Volodymyr Rafejenko und Olena Stjažkina

Volodymyr (Vladimir) Rafejenko (geb. 1969) war lange Zeit ein literarischer Grenzgänger zwischen dem Russischen und dem Ukrainischen. Er wurde in Donec'k geboren und lebte dort bis 2014, als er sich in der Region Kyjiv niederließ und Ukrainisch lernen musste. Bevor er seine Heimatstadt als Folge der russischen Aggression im Donbas verlassen musste, war er fest mit der russischen Kultur verbunden. Seine Romane, die innere Erkundungen mit der Beachtung historischer Zusammenhänge verbinden, sind raffiniert und experimentell. In seinem 2011 erschienenen Roman *Moskauer Divertissement* (Moskovskij divertisment) wird Moskau als ein von Ratten belagertes neues Troja dargestellt, ein Bild, das an Andruchovyčs *Moscoviada* erinnert und Rafejenkos ukrainische Perspektive schon vor 2014 zeigt. Sein 2017 erschienener Roman *Die Länge der Tage* (Dolgota dnej) wurde zeitgleich sowohl im russischen Original als auch in der ukrainischen Fassung der Dichterin Marianna Kijanovs'ka (Dovhi časy) veröffentlicht. Im Mittelpunkt des Romans, der Elemente des Kriegsrealismus mit dem für Rafejenkos gesamtes Werk so typischen visionären Ansatz verbindet, stehen Krieg, Vertreibung und der Kampf um den ukrainischen Osten. Er spielt hauptsächlich in einer Sauna in einer besetzten Stadt namens Z, die mit Donec'k identifiziert werden kann, und erzählt die Geschichte von zwei Männern und einem Mädchen, welche die Aufgabe haben, Z wieder zur Normalität zurückzuführen. Rafejenkos ukrainischsprachiger Roman *Mondegreen. Lieder von Tod und Liebe* (Mondegrin. Pisni pro smert' ta ljubov, 2019) erzählt die Geschichte eines Mannes, der aus seiner Heimatstadt fliehen muss, nach Kyjiv umsiedelt und dort Ukrainisch lernt. Rafejenko konzentriert sich dabei auf die Schilderung sowohl der Vertreibung als auch des Annehmens einer neuen Identität und einer neuen Heimat. In den späten 2010er-Jahren plante Rafejenko, abwechselnd russischsprachige und ukrainischsprachige Romane zu schreiben, aber die russische Aggression veranlasste ihn, sich ganz auf das Ukrainische zu verlegen. Sein Roman *Petrikor. Der Geruch der Erden nach dem Regen* (Petrikor. Zapach zemli pislja došču) aus dem Jahr 2023, seine erste Veröffentlichung nach der Vollinvasion, setzt das Kriegsthema fort.

Olena Stjažkina (1968) ist eine Historikerin und Schriftstellerin aus Donec'k, die wie Rafejenko ihre Heimatstadt 2014 verlassen musste. Vor dem Beginn der russischen Aggression war sie Professorin für Geschichte an der Universität Donec'k. Wie andere russischsprachige Schriftsteller aus der Zentral- und Ostukraine nahm sie bis 2014 an der internationalen russischsprachigen Kultur teil und veröffentlichte ihre Bücher sowohl in der Ukraine als auch in Russland. Als Romanautorin hat sie seit 2014 Bücher geschrieben, die von Liebesgeschichten bis hin zur kollektiven ostukrainischen Erfahrung von Besatzung und Krieg reichen. In ihrem russischsprachigen Buch *In Gottes Sprache* (Na jazyke Boga) aus dem Jahr 2016, das sofort ins Ukrainische übersetzt wurde, erforscht sie das Wesen der Gewalt unter der Besatzung, die Zerstörung von zuvor gefestigten Gemeinschaften unter der verheerenden Wirkung eines Krieges. Ihr 2021 erschienener Roman *Der Tod des Löwen Cecil ergab Sinn* (Smert' Leva Cecila mala sens) ist in beiden Sprachen geschrieben, wobei sich Teile auf Russisch mit Kapiteln auf Ukrainisch abwechseln. Während in der ersten Hälfte des Romans das Russische dominiert, ist die zweite Hälfte überwiegend auf Ukrainisch verfasst – damit setzt der Roman die Distanzierung der Ostukraine vom imperialen Erbe auch sprachlich um. Der Roman, in dem mehrere Figuren im Laufe der Jahre wichtige Veränderungen in ihrem Leben durchmachen, steht dem populären Genre der Familiensaga nahe, auch wenn er sich mehr auf eine kulturelle Gemeinschaft konzentriert, nämlich wiederum auf die Stadt Donec'k. Stjažkina hat auch mehrere historische Monografien veröffentlicht, die sich insbesondere mit der sowjetukrainischen Kulturgeschichte und dem Leben der Frauen in der Sowjetzeit befassen. Außerdem hat sie Tagebücher über die Besetzung von Donec'k 2014 und die russische Aggression in Kyjiv 2022 veröffentlicht.

Andrej Kurkovs Blick auf den Krieg als russischsprachiger Ukrainer

Im Kriegsroman *Graue Bienen* (Serye pčely, 2018) erreicht Andrej Kurkov einen Höhepunkt seines literarischen Schaffens. Der Bienenzüchter Sergeič lebt mit seinen Bienen in der grauen Zone zwischen der ukrainischen und der separatistischen Frontlinie im Donbas. Alle haben sein Dorf verlassen, nur sein prorussischer Nachbar Paška harrt noch mit ihm aus. Paškas politische Einstellung zahlt sich für ihn aus. Er erhält bei den Separatisten Wodka und Lebensmittel, er kann auch sein Handy dort aufladen. Paška ist Sergeičs „Freundfeind" – sie hassen sich eigentlich seit Kindheitstagen, sind nun aber aufeinander angewiesen und besuchen sich gegenseitig. Sergeič beschließt, seine Bienen vor dem Kanonendonner in Sicherheit zu bringen. Er lädt die Bienenstöcke auf einen Anhänger und fährt mit seinem alten Žiguli Richtung Ukraine los.

Ein ukrainischer Kriegsheimkehrer belästigt Sergeič, weil er in ihm einen Separatisten vermutet, und schlägt alle Scheiben seines Autos ein. Darauf beschließt Sergeič, mit seinen Bienen auf die Krym weiterzufahren. Er kennt noch aus früheren Zeiten den krymtatarischen Bienenzüchter Achtem. Bei der Einreise auf die Krym stürzt sich ein Fernsehteam auf Sergeič und will ihn dem russischen Publikum als Opfer einer ukrainischen Aggression präsentieren. Es stellt sich heraus, dass Achtem vom russischen Geheimdienst umgebracht wurde. Sergeič beschließt, in die graue Zone zurückzukehren. Auf der Rückreise nimmt er Achtems Tochter mit und setzt sie in einen Bus nach Vinnycja, wo sie von seiner Exfrau empfangen wird. Der Roman endet damit, dass Sergeič mit einer Granate den von den Russen möglicherweise kontaminierten Bienenstock sprengt. Im Roman *Graue Bienen* gelingt es Kurkov, die komplexe Bewusstseinslage der Bewohner des Donbas aufzuzeigen. Es gibt nicht einfach „Ukrainer" und „Russen", die sich hassen und aufs Blut bekämpfen. Die sozialen und kulturellen Beziehungen zwischen den Menschen sind eng. Kurkov fasst die Austauschbarkeit der politischen Überzeugungen in eine postalische Metapher: Sergeič vertauscht im Dorf in der grauen Siedlung die Signalschilder der beiden Hauptstrassen. Die Leninstraße wird so zur Ševčenkostraße und umgekehrt. Kurkov führt seinen Helden Sergeič durch verschiedene Territorien: die graue Zone, das Separatistengebiet, die Ukraine und die russisch besetzte Krym. Sergeič verfügt ironischerweise über einen sowjetischen Pass und ist mithin Bürger eines Staates, den es nicht mehr gibt. Seine Heimat ist sein Haus, das sich nicht in nationalstaatlichen Kategorien beschreiben lässt.

Vor diesem Hintergrund gewinnt das Bienenmotiv zentrale Bedeutung. Das Bienenvolk arbeitet altruistisch für das Gesamtwohl. Es produziert Honig, der wiederum die Grundlage von Sergeičs Existenz bildet. Die Bienen können in der grauen Zone, in der Ukraine und auf der Krym ausschwärmen. Sie bleiben ein Volk, wo immer sie sich auch befinden. Nur der Kontakt mit dem russischen Geheimdienst führt ins Verderben. Kurkov lässt dabei offen, ob das Bienenvolk tatsächlich mit einer ansteckenden Krankheit vergiftet wurde oder ob sein Held Sergeič den Bienenstock grundlos mit der Granate zerstört. Damit wird deutlich, dass die blutige Gewalt nicht auf objektive Gründe zurückgeführt werden kann, sondern auf einem allgemeinen Misstrauen beruht.

Nach dem russischen Überfall auf die Ukraine veröffentlichte Kurkov sein *Tagebuch einer Invasion* (Dnevnik vtorženija, 2022), das er den „Soldatinnen und Soldaten der ukrainischen Armee" widmete. Kurkov nannte sein Buch nicht nur „eine Chronik des Angriffs auf die Ukraine, sondern auch eine Chronik darüber, wie der von Russland angezettelte Krieg zur Stärkung der nationalen Identität in der Ukraine beigetragen hat". Gleichzeitig ist Kurkov eine der wichtigsten Stimmen, die für die russische Sprache ein Existenzrecht in der ukrainischen Literatur fordern. So schrieb er nach dem russischen Überfall auf die Ukraine im *New Yorker*: „Putin zerstört nicht nur die Ukraine und Russland, sondern auch die russische Sprache."

Die neue Lagerliteratur

Der Filmregisseur, Schriftsteller und Maidan-Aktivist Oleg Sencov (geb. 1976) stammt aus Simferopol auf der Krym. Er wurde mit seinem autobiographischen Debütfilm *Gaamer* (2011) einem breiteren Publikum bekannt. Sencov schrieb das Drehbuch und führte selbst Regie. Daneben verfasste er kurze Erzählungen über seine Kindheit. 2011 schrieb er sein Theaterstück *Die Nummern* (Nomera), das eine Parabel auf einen totalitären Staat präsentiert. Die Handlungsfiguren haben keine Namen, sondern nur Nummern – die Frauen tragen gerade, die Männer ungerade Nummern. Die durchnummerierte Gesellschaft muss „Regeln" befolgen, die Einhaltung dieser Ordnung wird von zwei bewaffneten „Richtern" überwacht. Die Nummern fügen sich in ihr Schicksal. Nur Sieben und Neun stellen die Autorität der Richter infrage, sind aber nicht in der Lage, ihre Rebellion miteinander zu koordinieren. Das Drama wurde 2014 im renommierten Moskauer *Teatr.doc* und ein Jahr später auch im Sacharov-Zentrum aufgeführt. Allerdings ließ die Reaktion der russischen Behörden nicht auf sich warten: Der Mietvertrag von *Teatr.doc* mit der Stadt wurde gekündigt, eine Filmvorführung wurde durch eine Polizeirazzia unterbrochen. Das Sacharov-Zentrum wurde zunächst als „ausländischer Agent" registriert und 2023 aufgelöst.

Sencov nahm aktiv am Euromaidan teil. Er wurde 2014 auf der von Russland besetzten Krym verhaftet und anschließend wegen Brandanschlägen zu zwanzig Jahren Haft verurteilt. 2019 kam er im Rahmen eines russisch-ukrainischen Gefangenenaustausches frei. Seine Erfahrungen hielt er in einem Tagebuch fest, das 2020 in L'viv in einer zweisprachigen Ausgabe erschien – neben dem russischen Original findet sich eine ukrainische Übersetzung.

Sencov hat sein Tagebuch mit dem Titel *Haft* (Chronika odnoj golodovki) kaum redigiert. Er unterstreicht, dass er die Unmittelbarkeit des ursprünglichen Impulses, eine gewisse Rauheit und auch eine gewisse Nachlässigkeit des Textes beibehalten möchte. In der Tat bringt er viele Gedanken ungefiltert zu Papier. Seine Erfahrungswelt schrumpft auf wenige Eindrücke zusammen: die fahle Sonne und der Nieselregen hinter dem vergitterten Fenster, Träume über eine Haftreduktion und Erinnerungen an selbst auferlegte Prüfungen, Briefe und ausgedruckte Emails von aufrichtigen und heuchlerischen Unterstützern. Eine wichtige Rolle spielt die Fußball-WM, die im Sommer 2018 in Russland stattfindet. Die Gefangenen schauen sich die Spiele an und fiebern mit. Sencov hält auch seine Lektüren fest: Er liebt Stanisław Lems Science Fiction, ist von John Steinbeck beeindruckt und bewundert Vladimir Nabokovs Sprachkraft.

2018 begann Sencov im Gefängnis von Labytnangi im hohen russischen Norden einen Hungerstreik. Über den einzelnen Einträgen des Tagebuchs entsteht eine Spannungskurve, die dem Verfasser bei der täglichen Schreibarbeit möglicherweise gar nicht bewusst war. In einer Situation, in der die Zeit unerschöpflich zu sein scheint, wird sie plötzlich zu einer knappen Ressource. Durch den Hungerstreik erhält der sich ewig wiederholende Gefängnisalltag eine fast surreale Dramatik: Angezeigt durch den fallenden Blutdruckwerte, das Ausscheiden von Azeton und den tiefen Puls wird die Lebenszeit des Hungernden exponentiell beschleunigt. Der Körper beginnt, sich selbst aufzuessen. Die Haftzeit droht zu implodieren. Sencov verweist auf das Schicksal des sowjetischen Dissidenten Anatolij Marčenko, der seinen Hungerstreik 1986 während 117 Tagen durchhielt, aber wenige Tage nach dem Abbruch an einem Herzinfarkt starb. Als weitere Vergleichsfigur dient ihm der revolutionäre Autor Nikolaj Černyševskij, der im Zarenreich eine zwanzigjährige Lagerstrafe verbüßte. Am 145. Tag verfasst Sencov eine Erklärung über den Abbruch des Hungerstreiks und notiert dabei: „Ich fühle mich sehr mies, im Mund der widerwärtige Geschmack des Scheiterns." Sencov ergänzt sein Gefängnistagebuch mit einer Reihe von Geschichten über Mithäftlinge. Er beschreibt die innere Hierarchie der Insassen, die sich in Böcke (Hilfspolizisten), Aas (Handlanger), Ratten (Lagerdiebe), Mužiki (Verbrecher) und Hähne (Sexualobjekte) aufteilen. Nach dem russischen Überfall auf die Ukraine meldete sich Sencov als Freiwilliger zur Armee.

Stanislav Aseev (geb. 1989) stammt aus Donec'k. Er veröffentlichte 2015 in Russland seinen autobiographischen Roman *Melchiors Elefant oder Der Mensch, der nachdachte* (Mel'chiorovyj slon ili Čelovek, kotoryj dumal). In der Tradition des französischen Existenzialismus beschreibt der Ich-Erzähler seine Haltung zur Ukraine und seinen Entschluss, in Paris der Fremdenlegion beizutreten. Die Ukraine selbst wird in einem höchst unpatriotischen Ton geschildert: „Die Ukraine, die ich sah, bestand aus kaputten, grauen, mit Schlamm und Grubengestein vermischten Straßen; aus betrunkenen, armen Menschen, für die die Schwarz- und Grautöne fettiger, oft noch sowjetischer Kleidung zu den Nationalfarben geworden waren und ein Schuss Wodka in einer verrotteten Dorfkneipe die einzige Rettung vor dem kommenden Morgen darstellte." Nach der Ausrufung der Donec'ker Volksrepublik (DNR) arbeitete Aseev verdeckt als Journalist für *Radio Free Europe*, wurde aber 2017 unter dem Vorwurf verhaftet, ein Spion zu sein. Seine Erfahrungen im Gefängnis, das er konsequent als „modernes russisches Konzentrationslager" bezeichnet, hat er in seinem Bericht *Heller Weg* (Svetlyj put', 2020) beschrieben. Er schildert den Sadismus der Wärter, die Gleichgültigkeit der Häftlinge für das Schicksal der anderen, die Angst vor Folter, Vergewaltigung und Tod. In der Zelle brennt immer das Licht. Wenn die Gefangenen zum Verhör gebracht werden, müssen sie eine Plastiktüte auf den Kopf aufsetzen. Aseev notiert seine Gedanken auf Papierfetzen und lernte den Inhalt auswendig. So konnte er sein Buch rekonstruieren, auch nachdem seine Aufzeichnungen beschlagnahmt worden waren. Erst nach über zwei Jahren Folterhaft kam Aseev aufgrund eines Gefangenenaustausches frei. 2023 meldete sich Aseev als Infanterist zur ukrainischen Armee und wurde seither mehrfach an der Front verwundet.

Das neue ukrainische Theater

Zu Beginn der 2000er-Jahre richteten viele ukrainische Theaterschaffende ihre künstlerische Tätigkeit nach Russland aus. Vor allem Moskau galt als Zentrum einer vielfältigen und innovativen Theaterkunst. Neben einem interessierten Publikum lockten finanzielle Möglichkeiten, nicht nur auf der Bühne, sondern auch in den Filmstudios. Allerdings veränderten verschiedene Kulturinitiativen in der Ukraine die Situation. 2010 wurde in L'viv das Festival *Drama.UA* ins Leben gerufen, das sich 2014 in ein ständiges Theater verwandelte. 2011 gründeten die Drehbuchautorin Marysja Nikitjuk, der Regisseur Andrij Maj und die Theaterautorin Natalija Vorožbyt (geb. 1975) in Kyjiv das Festival *Woche des Gegenwartstheaters* (Tyžden' aktual'noji p'jesy). Die literarische Karriere von Vorožbyt zeigt deutlich, wie sich das ukrainische Theater von den russischen Produktionsbedingungen emanzipiert hat. Vorožbyt studierte am renommierten Gor'kij-Literaturinstitut in Moskau und arbeitete bis 2010 in der russischen Hauptstadt. Ihr Ex-Ehemann Maksim Kuročkin (geb. 1970) begann seine Theaterkarriere ebenfalls in Moskau, wo er 2002 mit Michail Ugarov und Elena Gremina die Experimentierbühne *Teatr.doc* gründete. Nach dem Euromaidan kehrte er nach Kyjiv zurück und gründete dort 2020 das Kollektiv *Theater der Dramaautoren*.

Vorožbyt verfasste das Drehbuch für die Fernsehserie *Die Schule* (Škola), die 2010 auf dem ersten russischen Kanal gezeigt wurde und ein großes Echo auslöste. Die Serie zeigt die katastrophalen Zustände in der russischen Schule als Spiegel einer demoralisierten Gesellschaft. Auf den verdeckten russischen Angriff auf die Ostukraine reagierte Vorožbyt literarisch: 2015 schrieb sie ihre Tragikomödie *Trag den Müll raus, Saša* (Saša, vynesi musor), in der sie mit feinem Humor das Leben einer Mutter mit ihrer erwachsenen Tochter in Kyjiv beobachtet. Der Ehemann, ein Oberst der ukrainischen Armee, ist an einem Herzinfarkt gestorben. Als Wiedergänger ist er bei der Vorbereitung seiner eigenen Beerdigung anwesend und inspiriert die Frauen zu einem neuen Widerstandsgeist. Vorožbyt machte sich ein eigenes Bild vom Donbas: Sie reiste in den Osten der Ukraine und führte viele Gespräche mit der lokalen Bevölkerung. Auf dieser Grundlage entstand das Drama *Schlechte Straßen* (Plochie dorogi, 2016), in dem sie die Zerstörung der Moral durch den Krieg auf die Bühne bringt.

Sie schrieb auch Drehbücher für Kinofilme. So arbeitete sie für den Blockbuster *Cyborgs* (Kiborhy, 2017), der die heldenhafte Verteidigung des zur EM 2012 neu erbauten Flughafens von Donec'k durch die ukrainische Armee zeigt. 2018 schrieb sie das Drehbuch zur Verfilmung *Das wilde Feld* von Serhij Žadans Roman *Die Erfindung des Jazz im Donbass* (Vorošylovhrad). 2020 war sie Drehbuchautorin und Produzentin der Fernsehserie *Den Kajdaš fangen* (Spijmati Kajdaša), in der sie die Handlung von Nečuj-Levyc'kyjs Roman *Die Kajdaš-Familie* in das 21. Jahrhundert verlegt. Das Original schildert das Leben einer ukrainischen Familie im Zarenreich nach der Aufhebung der Leibeigenschaft 1861. Vorožbyts Serie spielt hingegen in den Jahren 2005–2014 und ist auf einem Generationenkonflikt in der Familie eines Automechanikers aufgebaut. Die Serie gipfelt in der Auseinandersetzung zweier Söhne nach dem Euromaidan: Der eine wird zum ukrainischen Patrioten, während der andere die russische Aggression verteidigt.

Einen ähnlichen Kunstgriff hatte Maksim Kuročkin bereits in seiner Šolem Alejchem-Adaption *Tolik der Milchmann* (Tolik-moločar 2019) eingesetzt. Kuročkin siedelt seine Handlung im selben Dorf Bojarka (Boiberik) an, in dem auch der Erzählzyklus *Tevye der Milchmann* spielt. Allerdings zeigt Kuročkin das Dorfleben im Jahr 1986, unmittelbar nach der Reaktorkatastrophe von Čornobyl'. Durch die Ausnahmesituation emanzipieren sich die ukrainischen und jüdischen Protagonisten von ihren sowjetischen Identitäten und bilden eine neue Zivilgesellschaft.

Eine weitere Theaterparabel auf die ukrainische Gesellschaft stammt aus der Feder von Natalija Blok (geb. 1980). In ihrem Stück *Die Bombe* (Bomb, 2018) entdeckt die Protagonistin, die im Jahr der ukrainischen Unabhängigkeit 1991 geboren wurde, dass sie in ihrem

Körper eine tickende Zeitbombe trägt. Sie kann entweder die Bombe zum Detonieren bringen und so die Zeit auf 1991 zurückdrehen und der ukrainischen Geschichte eine zweite Chance geben oder ihr prekäres Leben mit Angstattacken weiter führen.

Das neue Theater in der Ukraine hat sich zu einem Seismographen der Gesellschaft entwickelt, die ihre schwierige Situation in neu interpretierten Erzählmustern zu erkennen vermag.

Ukrainische Lyrik in Zeiten des Krieges

Eine der am meisten beachteten poetischen Reflexionen über die ersten Monate des Donbas-Krieges ist Ljuba Jakymčuks Sammlung *Die Aprikosen des Donbas* (Abrykosy Donbasu, 2015), die auch poetische Berichte über die Invasion der Gebiete Donec'k und Luhans'k enthält. Jakymčuk, die 1985 in der Region Luhans'k geboren wurde, schreibt kraftvolle Gedichte, in denen sie die Grenzen zwischen der rauen Realität von Krieg und Vertreibung einerseits und der ihr innewohnenden Lyrik der Hoffnung und des gemeinsamen Kampfes andererseits verwischt. Eine sehr rohe, unmittelbare und zugleich lyrische Darstellung des Krieges, die sich auf das Leiden des Alltags der Soldaten konzentriert, findet sich in Borys Humenjuks (geb. 1965) 2015 erschienenen *Kriegsgedichten* (Virši vijny). Der Autor trat 2014 einem Freiwilligenbataillon bei und kämpfte gegen die russischen Okkupanten. Seine Spuren verlieren sich bei der Verteidigung der Stadt Bachmut. Olena Herasymjuk (geb. 1991), die kurz vor dem Euromaidan als Dichterin debütiert hatte, ging als Sanitäterin an die Front. In ihrem Langgedicht *Gefängnisgesang* (Tjuremna pisnja, 2015) gibt sie eine beeindruckende poetische Schilderung der Verwerfungen in der ukrainischen Gesellschaft während des Euromaidan und zu Beginn des verdeckten russischen Angriffs in der Ostukraine. Mit seiner ungeschliffenen Sprache, den stilistischen Kontrasten und der expressionistischen Bildlichkeit spiegelt das Langgedicht die inneren Spannungen der Ukraine.

Eine der sichtbarsten Stimmen der jüngeren ukrainischen Poesie ist Ija Kiva (geb. 1984), die 2014 aus ihrer Heimatstadt Donec'k fliehen musste und sich in Kyjiv niederließ. Im Jahr 2022 floh sie aus der Hauptstadt und zog nach L'viv. Kiva debütierte als zweisprachige Dichterin, wobei in der Anfangsphase ihrer Produktion das Russische gegenüber dem Ukrainischen überwog. Ihre erste Sammlung mit dem Titel *Weiter entfernt vom Paradies* (Podal'še ot raja, 2018), enthält größtenteils russische Texte. Ihre zweite Sammlung *Die erste Seite des Winters* (Perša storinka zymy, 2019) besteht dagegen ausschließlich aus ukrainischsprachigen Gedichten. Im Jahr 2023 veröffentlichte Kiva ihre dritte Gedichtsammlung *Das Gelächter des gelöschten Lagerfeuers* (Smich zhasloji vatry), in der Kiva auch ihre Erfahrung der russischen Invasion literarisch verarbeitet. Kivas Lyrik verbindet hermetische und expressionistisch poetische Visionen mit den rohen Details eines von Krieg und Unsicherheit geprägten Alltags. Die Vertreibung, eine existenzielle Erfahrung in Kivas Biografie, ist auch ein zentrales Thema in ihrer Lyrik.

Zu den wichtigen Stimmen der 2010er-Jahre gehören Oksana Lucyšyna (geb. 1974) und Halyna Kruk (geb. 1974), die sich zwischen den späten 1990er und den 2000er-Jahren als Dichterinnen etabliert haben, Julija Musakovs'ka (geb. 1982), die 2010 debütierte, Iryna Šuvalova (geb. 1986), eine Dichterin und Wissenschaftlerin, die 2011 ihre erste Gedichtsammlung veröffentlichte, und Kateryna Kalytko (geb. 1982). Musakovs'kas Lyrik ist dramatisch, konkret und reich an Bezügen zu den Herausforderungen der Gegenwart, während Šuvalova die mythologische Erforschung der Natur mit der Aufmerksamkeit für Körperlichkeit und das Innenleben des Subjekts verbindet. In ihren Gedichten verschmilzt die Dimension des Ewigen, die so typisch für ihr Schreiben ist, mit der Konkretheit der Gegenwart und ihrer Härten. Kalytko, die auch Prosa schreibt, gestaltet in ihren Gedichten die enge Beziehung des lyrischen Ichs zu seinen Wurzeln und die Notwendigkeit, ständig für die Erhaltung des eigenen Zuhauses zu kämpfen. Ihre Poesie zeichnet sich durch eine Kombination von Hermetik und Körperlichkeit aus. Nach 2014 verfasste Lucyšyna zwei Romane. *Das Liebesleben* (Ljubovne Žyttja, 2015) erzählt von der schwierigen erotischen Beziehung einer jungen Migrantin in den USA, dem Scheitern dieser Partnerschaft und den damit verbundenen emotionalen Belastungen. *Ivan und Phoebe* (Ivan i Feba, 2019) spielt vor dem Hintergrund der „Revolution auf Granit" im Jahr 1990, die als erste der drei Maidan-Revolutionen gilt, aber außerhalb der Ukraine kaum bekannt ist. Der Roman wurde sowohl mit dem Unesco-L'viv-Literaturpreis und dem nationalen Ševčenko-Preis ausgezeichnet. Ostap Slyvyns'kyj (geb. 1978), der Ende der 1990er-Jahre debütierte, etablierte seinen Ruf als eine der führenden Stimmen der zeitgenössischen Ukraine in den 2010er Jahren. Das lyrische Subjekt verleiht bei ihm häufig einer Vielzahl von Themen, Menschen und Geschichten eine klare Stimme und wird so zum Sprachrohr der ukrainischen Gesellschaft in Krisenzeiten. Svitlana Povaljajeva (geb. 1974), die in den 2000er-Jahren ihre ersten Romane geschrieben hatte, veröffentlichte 2018 eine Gedichtsammlung mit dem Titel *Nach der Krym* (Pislja Krymu). Der Band gestaltet den Gegensatz einer todbringenden Gegenwart und einer friedlichen Vergangenheit. Die russische Besetzung der Krym markiert einen dramatischen Wendepunkt sowohl für die ukrainische Nation als auch für das lyrische Ich. Povaljajeva bekennt in ihrem lakonischen Vorwort: „Die Krym ist für mich das Haus des Herzens, die ganze Liebeslyrik ist die vergangene Krym von 2013. Nach der Krym bin ich eine emotionale Migrantin, ein Flüchtling in eine posttraumatische Belastungsstörung nach dem Maidan und nach dem Krieg."

Ein wichtiges Ereignis in der jüngeren Geschichte der ukrainischen Lyrik ist Marianna Kijanovs'kas Veröffentlichung von *Babyn Jar. Stimmen* (Babyn Jar. Holosamy, 2017), für das sie mit dem nationalen Ševčenko-Preis ausgezeichnet wurde. *Babyn Jar. Stimmen* ist ein polyphoner Bericht über das Massaker von 1941 in der Schlucht Babyn Jar in Kyjiv, bei dem Zehntausende von Juden von den Nazis ermordet wurden. In dem Buch, das aus etwa sechzig Gedichten besteht, gibt Kijanovs'ka denjenigen eine Stimme, die in der Vergangenheit ihre eigene Stimme verloren haben.

Alex Averbuch (geb. 1985) ist ein ukrainischer Dichter, der vor dem Hintergrund einer Migrationsgeschichte mit mehreren Sprachen arbeitet. Er wurde in Novoajdar im Gebiet Luhans'k geboren. Als Dichter und Literaturwissenschaftler arbeitete er in Israel, Kanada und den USA. Averbuch schreibt seine Texte auf Ivrit, Ukrainisch, Russisch und Englisch. Nachdem er seine Gedichte meistens auf Russisch geschrieben hatte, veröffentlichte er 2021 seinen ersten ukrainischsprachigen Gedichtband *Der Jüdische König* (Žydivs'kyj korol'). Seine neuste Lyrik beschäftigt sich mit ukrainisch-jüdischen Themen aus Vergangenheit und Gegenwart, die oft durch das Prisma einer Familiengeschichte gebrochen werden.

Nach der russischen Invasion erlebte die ukrainische Literatur einen Boom von Gedichten, die von Soldaten geschrieben wurden – sowohl von Dichtern, die zu Soldaten wurden, als auch von Soldaten, die durch die Kriegserfahrung zu Autoren wurden. Dmytro Lazutkin (geb. 1978) ist ein zweisprachiger Dichter, der seit den 2000er-Jahren sowohl auf Ukrainisch als auch auf Russisch veröffentlicht. Er kämpft seit 2023 als Soldat in der ukrainischen Armee. Im Jahr 2024 erhielt er den Ševčenko-Preis für seine 2022 erschienene Sammlung *Lesezeichen* (Zakladka). Jaryna Čornohuz (geb. 1995), die als Sanitärin bei den ukrainischen Streitkräften tätig war, wurde im selben Jahr für ihren Gedichtband *[dasein: verteidigung der anwesenheit]* ([dasein: oborona prysutnosti]) ebenfalls mit dem Ševčenko-Preis ausgezeichnet. Eine anerkannte Stimme der jüngeren Generation gehört Artur Dron' (geb. 2000), der 2020 seinen ersten Gedichtband veröffentlichte und seit 2022 bei der ukrainischen Armee ist. Sein zweiter Gedichtband *Hier waren wir* (Tut buly my), der den Alltag von Soldaten an der Front beschreibt, war ein bedeutendes literarisches Ereignis des Jahres 2024. Die Kämpfer Pavlo Vyšebaba (geb. 1986) und Jelyzaveta Žarikova (geb. 1989) sind ebenfalls führende Stimmen der heutigen Kriegslyrik. Tragischerweise finden sich in der zeitgenössischen ukrainischen Kriegsdichtung auch Namen von jungen Soldaten und Schriftstellern, die bei der Verteidigung der Ukraine gefallen sind. Maksym Kryvcov (geb. 1990) starb im Januar 2024, kurz nachdem seine erste Sammlung *Gedichte aus der Schießscharte* (Virši z bijnyci) 2023 erschienen war. Viktorija Amelina (geb. 1986), eine gefeierte Prosaschriftstellerin und Journalistin, starb 2023 in Kramators'k, als sie russische Kriegsverbrechen dokumentierte. Sie hatte nach der Invasion begonnen, Gedichte zu schreiben. Eine posthume Sammlung ihrer Gedichte mit dem Titel *Zeugnis* (Svidčennja) wurde 2024 veröffentlicht.

Seit 2022 kommt der ukrainischen Poesie eine wichtige Bedeutung bei der Popularisierung der ukrainischen Kultur im Ausland zu. Führende Namen der ukrainischen Poesie wie Kruk, Musakovs'ka, Kiva und Jakymčuk – wobei Schriftstellerinnen wegen der Wehrpflilcht einfacher ins Ausland reisen können als ihre männlichen Kollegen – sind im Ausland aktiv und nehmen dort an Festivals und Lesungen teil. Sie wurden so zu kulturellen Botschafterinnen ihres Landes. Gleichzeitig wurde in den zeitgenössischen Diskussionen über die Rolle von Literatur und Kultur in der Ukraine häufig die Verantwortung hervorgehoben, die Schriftsteller und Kulturschaffende im heutigen Umfeld tragen. Halyna Kruk hielt im Juni 2022 in Berlin eine fulminante Rede: „Wenn du tagelang vor dem verschütteten Keller eines Hochhauses ausharrst und hörst, wie drinnen deine Kinder und Enkel schreien, du sie aber nicht rausholen kannst, ist Poesie fehl am Platze. Die Geschehnisse sind ein starker Stoff, darüber könnte ein europäischer Autor ein Buch für die Ewigkeit schreiben, das noch und noch gelesen wird. Aber jemand, der das selbst erlebt hat, wird dieses Buch nicht schreiben. Denn keiner hat die Kraft, all das durchzustehen und anschließend anderen diesen Schmerz zu erklären." Sie endete ihren Auftritt mit dem Satz: „Leider kann Dichtung nicht töten."

Und 2023 sagte sie in Düsseldorf: „Ich erlebe, wie unsere Literatur zu ganz primitiven, grundlegenden Funktionen zurückkehrt. Es sind dies keine Funktionen des Ästhetischen, auch keine von Genuss oder Unterhaltung, sondern Formen des Gebets, der Beschwörung, des Fluchs, des Bekenntnisses oder Totengedenkens. Alles Phänomene und Funktionen, die auch die ursprüngliche, synkretistische Poesie schon kannte. Was im Zuge der Weiterentwicklung von Gesellschaften und der Ausdifferenzierung von Kulturen verkümmert, kommt in Zeiten des Krieges wieder zum Vorschein. Die ukrainische Lyrik gewinnt in diesem Krieg eine unerwartete Stärke, die sie von Fundamentalem und Archetypischem sprechen lässt, über Tiefen des menschlichen Geistes und der menschlichen Existenz, in die professionelle Dichter schon lange keinen Fuß mehr zu setzen wagten."

Übersetzungen

Sofia Andruchowytsch: Die Geschichte von Romana. Das Amadoka-Epos 1. Übersetzt von Alexander Kratochvil und Maria Weissenböck. Salzburg 2023.
Sofia Andruchowytsch: Die Geschichte von Uljana. Das Amadoka-Epos 2. Übersetzt von Alexander Kratochvil und Maria Weissenböck. Salzburg 2023.
Sofia Andruchowytsch: Die Geschichte von Sofia. Das Amadoka-Epos 3. Übersetzt von Alexander Kratochvil und Maria Weissenböck. Salzburg 2024.
Stanislaw Assejew: In Isolation. Texte aus dem Donbass. Übersetzt von Claudia Dathe und Sofiya Onufriv. Berlin 2020.
Stanislaw Assejew: Heller Weg. Geschichte eines Konzentrationslagers im Donbass 2017–2019. Berlin 2023.
Tamara Duda (Horicha-Zernja): Donezk Girl. Übersetzung Annegret Becker, Alexander Kratochvil, Lukas Joura. Jena 2024.
Molly Flynn (Hg.): Ukrainian New Drama after the Euromaidan Revolution. London, New York 2023.
Andrej Kurkow: Graue Bienen. Übersetzung Sabine Grebing und Johanna Marx. Zürich 2021.
Oksana Maksymchuk, Max Rosochinsky (Hg.): Words for War. New Poems from Ukraine. Boston 2017.
Haska Shyyan: Hinter dem Rücken. Übersetzt von Claudia Dathe. Berlin 2023.
Ostap Slyvynskyj. Wörter im Krieg. Übersetzt von Maria Weissenböck. Berlin 2023.
Olena Stjaschkina: Der Tod des Löwen Cecil ergab Sinn. Übersetzt von Jakob Wunderwald. Jena 2023.
Christian-Daniel Strauch, Oksana Molderf (Hg.): Zwischen Apokalypse und Aufbruch. Der Donbas-Krieg in ukrainischer Krisenliteratur. Leipzig 2021.
Artem Tschech: Nullpunkt. Übersetzt von Alexander Kratochvil und Maria Weissenböck. Düsseldorf 2022.
Serhij Zhadan: Internat. Übersetzt von Juri Durkot und Sabine Stöhr. Berlin 2018.

Weiterführende Literatur

Alexander Kratochvil: Posttraumatisches Erzählen. Trauma-Literatur-Gedächtnis. Berlin 2019.

Personen- und Werkregister

A
Achmatova, Anna 257
Adam, Georg 134
Afanas'eva, Anastasija 336
Aksakov, Ivan 119
Aksakov, Sergej 110
Alejchem, Šolem 361
Alexander der Große 259
Alexander II. 118, 163
Alexandriade 16
Aliev, Alim 344
Amelina, Viktorija 364
Ancyra, Nilus von 85
Andersen, Hans Christian 122
Andijevs'ka, Emma 276–278
Andreas von Ungarn 19
Andruchovyč, Jurij 248, 257, 306–311, 314–316, 326, 331, 333
Andruchovyč, Sofija 224, 331, 346, 354
Anna Jaroslavna (Agnes) 19
Antonyč, Bohdan-Ihor 246–249, 300, 309, 312
Aristoteles 16, 49, 62, 79
Arndt, Johann 77
Aseev, Stanislav 360
Augenzeugenchronik 83
Averbuch, Alex 363, 364

B
Babowal, Roman 278, 279
Bačyns'kyj, Julian 168, 169
Bączkowski, Włodzimierz 244
Bahr, Hermann 135, 144
Bahrjanyj, Ivan 262–265, 268, 274
Bajevs'kyj, Teodozy 67
Bajzdrenko, Mykola 165
Bakunin, Michail 163
Bałucki, Michał 187
Balyka, Boz'ko 50
Bandera, Stepan 243, 250
Baranovyč, Lazar 62
Barka, Vasyl' 85, 268–271, 273
Bars'kyj, Vasyl' 29
Barvinok, Hanna 112, 121
Basilius 15
Bažan, Mykola 212, 218–220, 236, 238, 283, 290
Baz'kevyč, Mychajlo 165
Beecher-Stowe, Harriet 120
Belentschikow, Valentin 206
Belinskij, Vissarion 97, 106, 112, 147
Bełza, Wadysław 245
Berdnyk, Oles' 294
Berg, Alban 314
Bernanos, Georges 269
Berynda, Pamvo 45
Bielski, Marcin 83
Bilec'kyj, Leonid 4
Bilec'kyj, Oleksandr 154
Bilocerkivec', Natalka 301, 325
Bilyk, Ivan 154
Blok, Natalija 361

Blumauer, Aloys 93
Bogoljubskij, Andrej 11, 20, 24
Bohuslavka, Marusja (Duma) 32, 33, 158
Bojanowska, Edyta 76, 97
Bojčuk, Bohdan 276–278
Bondar, Andrij 315
Bondar, Jurij 307, 308
Bondar-Tereščenko, Ihor 307
Borovyk, Vitalij 165
Borovykovs'kyj, Levko 97
Bortnyk, Januarij 229
Borys und Hlib 13, 14, 21, 22, 24, 27
Bourdieu, Pierre 6
Boy-Żeleński, Tadeusz 245
Bratkowski, Danylo 54
Brehm, Alfred 122
Brežnev, Leonid 318
Brjullov, Karl 100
Brodsky, Joseph 112, 312
Broniewski, Marcin 45
Broniewski, Wadysław 245
Büchner, Georg 314
Bulgakov, Michail 231, 339
Bulgarin, Faddej 147
Bunin, Ivan 155
Bürger, Gottfried August 97
Bužyns'kyj, Gavriil 71
Bykov, Dmitrij 339
Byron, George Gordon 103, 119, 157

C
Calderón de la Barca, Pedro 146
Camblak, Hryhorij 11, 21, 38
Čapaj, Artem 330
Carynnyk, Marko 278, 279
Casanova, Pascale 6
Čech, Artem 315, 346, 350–352
Čechov, Anton 195, 339
Čerednyčenko, Varvara 211
Čeremšyna, Marko 177, 178, 181–183
Černjavs'kyj, Mykola 110
Černyševskij, Nikolaj 112, 141, 359
Certelev, Nikolaj 125
Charčuk, Roksana 315
Chersons'ka, Ljudmyla 337
Chersons'kyj, Borys 336, 337
Chlebnikov, Velimir 277
Chłędowski, Walenty 124

Chmel'nyc'kyj, Bohdan 37, 42, 43, 52, 57, 83,
    105, 106, 115, 126, 148, 149, 158,
    169, 259, 283, 285
Chotkevyč, Hnat 177, 183, 187–189, 222
Chronik des Großfürstentums Litauen 28
Chruščëv, Nikita 286
Chrysostomos, Johannes 20, 45
Chvyl'ovyj, Mykola 200, 201, 209–221, 224,
    225, 236, 238, 240, 263, 271, 291,
    313, 350
Cicero 44, 62, 72, 85, 86
Čičibabin, Boris 291, 292
Cieglewicz, Kasper 129
Cilyk, Iryna 315, 350, 351
Claudel, Paul 269
Clemens von Alexandria 85, 87
Cornis-Pope, Marcel 7
Čornohuz, Jaryna 364
Čornovil, V'jačeslav 293
Čubaj, Hryhorij 300
Čupa, Oleksij 352
Čupryna, Jevhenija 337
Čuprynka, Hrycko 167, 168
Čuprynka, Jevhenija 323, 324
Cummings, Edward Estlin 275, 276, 278
Cvetaeva, Marina 277
Cymbal, Jaryna 228
Čyževs'kyj, Dmytro 4, 89
Czajkowski, Michał 129
Czapliński, Przemysław 7

D
Dante Alighieri 99, 104, 269
Danylo 14, 28, 54, 58, 255
Danylo Apostol 58
Danylo der Verbannte 14
Danylo, Fürst von Galizien 28
Danylo (Hegumenos) 29
Darwin, Charles 122
Del'vig, Anton 98
Denysenko, Larysa 327
Dereš, Ljubko 326–330
Derniv-Manuskript 80, 81
Deržavyn, Volodymyr 255, 263, 275, 276
Divovyč, Semen 82
Dmitriev, Jurij 238
Dmytrenko, Mychajlo 273
Dobroljubov, Nikolaj 120

Personen- und Werkregister 369

Dobrovský, Josef 31
Doncov, Dmytro 204, 245, 249–251, 256, 258, 259
Dončyk, Vitalij 5
Donskoj, Dmitrij 13, 24
Dostoevskij, Fedor 116
Dovhalevs'kyj, Mitrofan 79
Dovletchan, Natko 269
Dovženko, Oleksandr 239, 284, 286, 289, 314, 320
Doyle, Arthur Conan 227
Drač, Ivan 288, 289, 291, 300
Drahomanov, Mychajlo 121, 141, 142, 151, 152, 154, 157, 161–166, 169, 191, 250
Draj-Chmara, Mychajlo 223, 236, 237, 290, 291
Dron', Artur 364
Drozd, Volodymyr 295
Dubel't, Leontij 111
Dubynians'ka, Jana 339
Duda, Tamara 346, 352
Dyonisius Pseudo-Areopagita 85
Dzierżyński, Feliks 311
Dzjuba, Ivan 5, 284

E
Ekster, Oleksandra 222
Ellan-Blakytnyj, Vasyl' 211, 232
Eliot, Thomas Stearns 275, 277, 278
Elisabeth 58, 85
Ellan, Vasyl' 211
Ellis, Bret Easton 327
Engels, Friedrich 141
Ephrem der Syrer 20
Erckmann-Chatrian 122
Evangeliar von Zabludov 41
Evangelium von Peresopnicja 41

F
Fedjuk, Taras 308
Fed'kovyč, Jurij 121, 132–134, 139, 183
Fet, Afanasij 155
Förster, Elisabeth 250
Franke, August 77
Franklin, Simon 19

Franko, Ivan 3, 121, 134, 140–146, 149, 150, 152, 158, 172, 177, 178, 183, 188, 190, 191, 193, 201
Fülöp-Miller, René 79
Fylypovyč, Pavlo 223, 236

G
Galina, Maria 336
Galizisch-Wolhynische Chronik 28
Galjatovs'kyj, Ioanykij 61, 83
Galsworthy, John 248
Gasprinskij, Ismail 176
Gast, Peter 250
Gerhard, Johann 73
Geschichte der Ruthenen 84
Giedroyc, Jerzy 237, 244
Gizel', Inokentij 24, 36, 60
Goethe, Johann Wolfgang von 95, 119, 133, 193, 297, 298
Gogol', Nikolaj 59, 70, 76, 84, 91, 97–100, 103, 177, 185, 186, 215, 292, 295, 338, 339
Goldblatt, Harvey 89
Gončarov, Ivan 116
Gonta, Ivan 103
Gor'kij, Maksim 173, 234, 287
Goszczyński, Seweryn 127, 129
Grabowicz, George 5, 93, 101, 105, 219, 262, 275, 282, 308
Gregor der Große 15
Gregor von Nazianz 20
Gregor von Nyssa 15
Gremina, Elena 361
Gromov, Dmitrij 340
Gumilev, Nikolaj 257

H
Habsburg-Lothringen, Wilhelm von 333
Hagen, Mark von 1
Halan, Jaroslav 245, 246
Halyč, Maria 230
Hamartolos, Georgios 16
Hamsun, Knut 135
Hannibal 259
Hannover, Nathan 43
Harald II. (Angelsächsischer König) 28
Harald (Warägerkönig) 19

Hauptmann, Gerhard 135, 192, 195
Hegel, Georg Wilhelm Friedrich 2, 148, 152
Heine, Heinrich 133, 157, 192
Heinrich I. 19
Hemar, Jan 245
Hemingway, Ernest 276, 314
Hendrix, Jimi 329, 338
Herasymjuk, Vasyl' 296, 301, 362
Herbinius, Johannes 52
Herder, Johann Gottfried 124, 171
Herzen, Aleksandr 118, 120, 121, 163
Herzl, Theodor 146
Hetzel, Pierre-Jules 122
Hitler, Adolf 251, 284, 321
Hnatjuk, Volodymyr 176
Hnatyšak, Mykola 4
Hobbes, Thomas 74
Hoffmann, Ernst Theodor Amadeus 220
Hofmannsthal, Hugo von 246
Hohol', Vasyl' 70
Hollier, Denis 7
Holoborod'ko, Vasyl' 299
Holota (Duma) 32
Holovac'kyj, Jakiv 125, 127
Homer 16, 44, 224, 340, 346, 347
Hončar, Nazar 307
Hončar, Oles' 155, 283, 284, 308
Horaz 44, 67, 85, 95, 144
Horbatsch, Anna-Halja 188
Hordyns'kyj, Jaroslav 73
Hordyns'kyj, Svjatoslav 246
Horicha Zernja, Tamara 352
Horka, Lavrentij 80
Hornby, Nick 327
Horobčuk, Bohdan-Oleh 326
Hor'ska, Alla 292, 293, 296
Hosschius, Sidonius 86
Hrabjanka, Hryhorij 83
Hrebinka, Jevhen 96, 100, 113
Hrinčenko, Borys 110, 165, 166
Hruševs'kyj, Mychajlo 14, 30, 84, 151, 210
Hrycaj, Ostap 263
Hrycak, Jaroslav 141
Hryhoriv, Mychajlo 299
Hrynevyčeva, Katrja 245
Hucalo, Jevhen 288, 294, 302, 305
Hugo, Victor 165, 235
Hulak-Artemovs'kyj, Petro 95–98
Hulaševyč, Ivan 131
Humenjuk, Borys 362

Hundorova, Tamara 3, 135, 141, 191, 305, 306
Huxley, Aldous 204
Hypatius-Chronik 31

I
Ibsen, Henrik 135, 195
Igorlied 30
Igorlied 8, 17, 30, 31, 261
Ilarion 17, 18, 21, 22
Ilchuk, Yuliya 97, 99
Ilnytzkyj, Oleh 97
Ioannovna, Anna 58
Irvanec', Oleksandr 307, 309, 312, 313
Irzykowski, Karol 245
Ivan III. 13
Ivan IV. 311
Izbornik 15
Izdryk, Jurij 314–316, 329, 351
Izmailov, Vladimir 91
Izmaragd 16

J
Jachymovyč, Hryhorij 130
Jakymčuk, Ljuba 362, 364
Janovs'kyj, Jurij 229, 239–241
Janukovyč, Viktor 316, 343, 345
Jaremenko, Maksym 60
Jaroslav der Weise 9, 14, 18, 22, 27
Jasyns'kyj, Varlaam 65, 67
Javors'kyj, Stefan 59, 62, 67–69, 73
Jefremov, Serhij 2, 153, 154, 232, 236
Jermilov, Vasyl' 209
Ješkiljev, Volodymyr 314, 315
Johansen, Majk 210, 211, 217, 218, 220, 221,
    226–228, 235, 236, 272, 291
John, Elton 312
Józewski, Henryk 244
Juzefovič, Michail 109, 148

K
Kabanov, Aleksandr 336
Kačura, Jakiv 283
Kaganovič, Lazar' 216
Kalnofojs'kyj, Atanasij 52
Kalynec', Ihor 300, 310
Kalytko, Kateryna 363
Kamyš, Markijan 323, 326, 330

Kantemir, Antioch 72
Karadžić, Vuk 127
Karamzin, Nikolaj 10, 30, 84
Karmans'kyj, Petro 190
Karpa, Irena 326–329
Karpenko-Karyj, Ivan 155, 158
Kasprowicz, Jan 245
Katharina II. 12, 30, 57, 59, 76, 77, 86, 105, 119, 311
Kedryn-Rudnicki, Iwan 244
Keenan, Edward 30, 31
Kijanovs'ka, Marianna 326, 332, 337, 356, 363
King, Stephen 329
Kisiel, Adam 67
Kiva, Ija 362, 364
Klen, Jurij 85, 223, 224, 237, 262
Klonowic, Sebastian 53
Kobryns'ka, Natalja 135
Kobyljans'ka, Ol'ha 132, 134–136, 209, 314
Kobyljans'kyj, Antin 134
Kocarev, Oleh 326
Koch, Jurko 310
Kochanowska, Augusta 134
Kochanowski, Jan 68
Kocjubyns'kyj, Mychajlo 110, 165, 166, 171, 173–176, 183, 193, 201, 234
Koljada, Geo 209
Kollár, Jan 126
Kolomijčuk, Bohdan 330, 333, 334
Kolomyjec', Jurij 278
Kononenko, Jevhenija 331
Konopnicka, Maria 245
Konovalec', Jevhen 313
Konstantin der Große 19, 27, 46, 72, 75
Konys'kyj, Heorhij 76
Kopitar, Jernej 124
Kopysten'skyj, Zacharija 44
Kordun, Viktor 299, 300
Korjak, Volodymyr 212, 214, 234
Kornijčuk, Oleksandr 283
Korobčuk, Pavlo 326
Koroleva, Natalena 245
Korzeniowski, Józef 131, 188
Kosač, Jurij 4, 246, 262
Kosač, Ol'ha 191
Kosov, Syl'vestr 43, 52, 65
Kostec'kyj, Ihor 262, 268, 277
Kostec'kyj, Platon 244
Kostenko, Lina 209, 287, 288, 291, 296, 302, 305

Kostjuk, Hryhorij 262
Kostomarov, Nikolaj 94, 109–112, 115, 118, 120, 157, 166, 224, 250
Kosynka, Hryhorij 232–234, 272
Kotljarevs'kyj, Ivan 82, 92, 93, 96, 98, 100, 110, 113, 229, 308, 335
Kovalevs'kyj, Andrij 86
Kovaliv, Jurij 6
Kovalyns'kyj, Mychajlo 85, 86
Koverko, Oleh 278
Koželjanko, Vasyl' 308
Kozlanjuk, Petro 245
Koznarsky, Taras 5
Kracht, Christian 327
Kragielska, Alina 111, 224
Krasicki, Ignacy 95, 97
Krasiński, Zygmunt 147
Kravčenko, Uljana 245
Kravciv, Bohdan 245
Kropyvnyc'kyj, Marko 158
Kruk, Halyna 326, 363, 364
Krušel'nyc'kyj, Antin 246
Krušel'nyc'kyj, Ivan 246
Krylov, Ivan 97
Kryvcov, Maksym 364
Kuliš, Mykola 200, 212, 213, 221, 222, 235, 236, 291
Kuliš, Pantelejmon 59, 93, 109–112, 116, 118–121, 151, 166, 250
Kurbas, Les' 210, 221, 222, 226, 229, 235, 236
Kurbskij, Andrej 36, 44
Kurbskij, Ivan 44
Kurkov, Andrej 308, 318, 322–324, 337, 338, 346, 357, 358
Kuročkin, Maksim 361
Kvitka-Osnov'janenko, Hryhorij 82, 94, 96, 101, 113, 335
Kyjiver Chronik 28
Kylyna, Patrycija 276, 278

L
Ladyženskij, Oleg 340
Lam, Jan 187
Lavrinenko, Jurij 237
Lavrov, Petr 163
Lazutkin, Dmytro 364
Lem, Stanisław 359
Lenin, Vladimir 141, 164, 169, 203, 210, 213, 284, 289, 311, 338, 348, 358

Lepkyj, Bohdan 190, 244
Lermontov, Michail 103, 147, 155, 157, 162, 164
Levkova, Anastasija 344
Levšin, Platon 86
Lewicki, Joseph 124
Lichačev, Dmitrij 30, 35
Limnyčenko, Vasyl' 245
Lipomanus, Aloysius 61
Ljaševs'kyj, Varlaam 77
Ljaturyns'ka, Oksana 260, 261
Ljubčenko, Arkadij 201, 227, 237, 266
Ljubka, Andrij 330, 334
Ljučenko, Arkadij 212
Łobodowski, Józef 244
Lobysevyč, Opanas 82
Lomonosov, Michail 10, 62, 72
London, Jack 227
Longfellow, Henry Wadsworth 155
Lovecraft, Howard Phillips 329
Lozins'kyj, Josif 126
Lučkaj, Mychajlo 124
Luckyj, George S.N. 236
Lučuk, Ivan 307
Lucyšyna, Oksana 326, 363
Lukaš, Mykola 335
Lukian 85
Luk'janenko, Levko 293
Luther, Martin 72
Luzina, Lada 339
Lypa, Ivan 165
Lypa, Jurij 245, 255
Lypyns'kyj, V'jačeslav 168–170, 332
Lyšeha, Oleh 301
Lysenko, Mykola 131, 157, 191

M

Macejevyč, Arsenij 76, 77
Machar, Josef Svatopluk 257
Maj, Andrij 360
Majakovskij, Vladimir 208, 234, 246
Majstrenko, Ivan 262
Maksymovyč, Mychajlo 94, 106, 112, 125
Malalas, Johannes 16
Malanjuk, Jevhen 245, 255–257, 259, 275
Malczewski, Antoni 129
Maljarčuk, Tetjana 170, 327, 330, 332

Malkovyč, Ivan 296, 301
Mann, Thomas 311
Marčenko, Anatolij 359
Margarit 16
Markevyč, Opanas 121
Markovyč, Jakiv 73
Martens, Friedrich 163
Marti, Roland 14
Martial 44
Martovyč, Les' 177, 178, 181, 183–185
Marx, Karl 141, 169
Masaryk, Tomáš G. 254
Masłowska, Dorota 327
Matios, Maria 330, 331
Maximus der Bekenner 85
Mazepa, Ivan 12, 36, 37, 43, 57–59, 66–70, 73, 75, 76, 96, 105, 106, 129, 158, 190, 221, 256, 257
Mazon, André 30
Meller, Vadym 222, 223, 226
Mel'nykiv, Rostislav 307
Michnovs'kyj, Mykola 165–167
Mickiewicz, Adam 95, 97, 100, 104, 106, 111, 119, 129, 145, 147, 193
Miklosich, Franz 124
Miller, Henry 314
Miłosz, Czesław 332, 346
Miščenko, Julija 332
Mohyla, Petro 36, 42, 51, 60, 67
Mohyl'nyc'kyj, Antin 131
Mohyl'nyc'kyj, Ivan 124
Mohyl'nyj, Attyla 302
Morenec', Volodymyr 308
Morozov, Petr 73
Mosendz, Leonid 245, 259
Moser, Michael 12
Mstislav Volodymyrovyč 18
Mukařovský, Jan 4
Müller, Gerhard Friedrich 10
Murav'ev, Michail 233
Muret, Marc Antoine 80
Musakovs'ka, Julija 363, 364
Musin-Puškin, Aleksandr 30
Mušketyk, Ivan 308
Myched, Oleksandr 346, 350, 355, 356
Myrnyj, Panas 153
Myslavs'kyj, Samuil 86
Mysyk, Vasyl' 285
Mytkevyč, Ioasaf 85

N

Nabokov, Vladimir 359
Nalyvajko, Demian 45
Napoleon Bonaparte 93
Narežnyj, Vasyl' 59
Neborak, Viktor 307–309
Nečuj-Levyc'kyj, Ivan 121, 150, 157, 361
Nekraševyč, Ivan 82
Nekrasov, Nikolaj 122, 157
Neruda, Pablo 275
Nestorchronik 9, 10, 14, 15, 18, 19, 22, 26–28
Neubauer, Ernst Rudolf 132
Neubauer, John 7
Nevskij, Aleksandr 13, 24
Nietzsche, Friedrich 135, 250
Nikitin, Aleksej 337
Nikitjuk, Marysja 360
Nikolaus I. 104
Niżyńska, Joanna 7
Nomi, Klaus 312
Nomokanon 16
Novyc'kyj, Hryhorij 76

O

Ochorowicz, Julian 141
Odrowąż-Migałewicz, Inokentij 82
Ohonovs'kyj, Omel'jan 153
Okenfuss, Max 72
Oldi, Genri Laion 340
Oleska, Wacław z 124
Oles', Oleksandr 190, 258
Olewiński, Władysław 120
Ol'žyč, Oleh 245, 258, 259
Orenštajn, Jakiv 178
Orest, Mychajlo 263
Origenes 85
Orlyk, Pylyp 36, 67, 68
Ornovs'kyj, Jan 67, 68
Ortwin, Ostap 245
Orzechowski, Stanisław 53
Osadčyj, Mychajlo 294
Osipov, Nikolaj 93
Osmačka, Todos' 230, 271–275
Ostroh-Bibel 41, 77
Ostromir-Evangelium 15
Ostrovskij, Aleksandr 156
Otto I. 9, 26
Ovid 44, 253, 258
Owen, Robert 154

P

Pachlovska, Oxana 5
Pačovs'kyj, Vasyl' 190
Padura, Tomasz 129
Paleii 16
Panč, Petro 285
Paradžanov, Sergej 176, 297
Parandowski, Jan 245
Passek, Aleksandr 120
Passek, Vadim 91
Pasternak, Boris 284, 297
Pasternak, Leon 245
Paterik 25
Pavlyčko, Dmytro 289
Pavlyčko, Solomija 135, 271
Pavlyshyn, Marko 315
Pčela 16
Pelenski, Jaroslaw 10
Perkins, David 6
Pervomajs'kyj, Leonid 290
Peter I. 12, 36, 37, 58–60, 67–69, 71, 73, 75, 77, 96, 104, 105, 119, 147
Petljura, Symon 202, 244, 284, 314
Petrosanjak, Halyna 330, 334, 350, 353
Petrov, Viktor 4, 5, 119, 224, 228, 232, 233, 236–238, 262, 354
Petruševyč, Antin 131
Petryc'kyj, Anatol' 208
Pevnyj, Bohdan 276
Philon von Alexandria 85, 89
Picchio, Riccardo 14, 31
Pidmohyl'nyj, Valer'jan 153, 200, 225, 226, 228–231, 235, 236, 271, 272, 291
Pieracki, Bronisław 250
Piłsudski, Józef 169, 243, 244, 249
Pil'njak, Boris 214
Pisarev, Dmitrij 121
Platon 16, 49, 62, 85, 89
Pletnev, Petr 95, 110
Plokhy, Serhii 74, 75
Plutarch 44, 85, 86
Plužnyk, Jevhen 225, 228, 230, 236, 272, 277, 282, 291, 296
Počas'kyj, Sofronij 52
Podervjans'kyj, Les' 336
Pogodin, Michail 94
Pohribna-Koch, Ol'ha 310
Pokalčuk, Jurij 307, 308
Polacki, Simeon 36, 61, 62
Poliščuk, Valer'jan 85, 201, 208, 209, 235, 236

Poltorac'kyj, Oleksij 234, 237
Polubotok, Pavlo 106
Porphyrogenneta, Anna 9
Portnov, Andrij 4, 284
Potocki, Wacław 83
Povaljajeva, Svitlana 363
Prochas'ko, Taras 314, 316
Prokopovyč, Teofan 58, 59, 62, 70–72, 77, 78, 80
Proudhon, Pierre-Joseph 163
Pufendorf, Samuel von 74, 83
Puškin, Aleksandr 30, 91, 96, 97, 103, 104, 147, 155, 157, 158, 162, 164, 193, 221, 348–350
Putin, Vladimir 10, 13, 58, 338, 345, 346, 348, 358
Pylypčuk, Ihor 307
Pylypenko, Serhij 211, 212
Pyrkalo, Svitlana 327

Q
Quenstedt, Johann Andreas 73

R
Radyvylovs'kyj, Antonij 61, 87
Rafejenko, Volodymyr 356, 357
Rata, Petro von 11
Remy, Johannes 148
Rewakowicz, Maria 278
Rilke, Rainer Maria 30, 249, 290, 297, 298, 346
Rimbaud, Arthur 275, 276
Ripa, Cesare 70
Roth, Joseph 312
Rousseau, Jean-Jacques 95
Rozdols'kyj, Roman 141
Rozumovs'kyj, Kyrylo 82
Ruban, Vasyl' 76
Rubčak, Bohdan 276–278
Rudenko, Mykola 294
Rudnytsky, Ivan 204
Rus'ka Pravda 27
Ryleev, Kondratij 33, 91
Ryl's'kyj, Maksym 223, 224, 232, 236, 285, 290, 291
Rymaruk, Ihor 296, 301, 307, 308

S
Sadlovs'kyj, Roman 307
Sahajdačnyj, Petro 50, 67
Sakovyč, Kasian 50
Samčuk, Ulas 245, 262, 263, 265–268, 273
Šamraj, Ahapij 3
Sand, George 120
Sanin, Oles' 188
Sarbiewski, Maciej 45, 62, 68
Šaškevyč, Markijan 125, 126
Satanovs'kyj, Arsenij 36
Savka, Mar'jana 326, 332
Sbitnev, Ivan 91
Scarron, Paul 93
Ščerbak, Jurij 302
Ščerbyc'kyj, Volodymyr 284
Schiller, Friedrich 133
Schlözer, August 30
Schopenhauer, Arthur 136
Scott, Walter 109
Šelest, Petro 284
Semenko, Mychajl' 200, 201, 205–208, 210, 212, 219, 220, 234–236, 238, 239, 291, 324
Sencov, Oleg 358–360
Šeptyc'kyj, Andrij 245
Serapion von Vladimir 21
Ševčenko, Taras 5, 49, 59, 70, 84, 86, 95–97, 100–107, 109–117, 119–121, 132, 133, 140, 155, 157, 162, 163, 165, 166, 178, 180, 191, 206, 244, 251, 257, 265, 292, 293, 295, 297, 298, 308–310, 337, 350, 352, 358, 363, 364
Ševčenko, Taras 293
Ševčuk, Valerij 294, 295
Ševel'ov, Jurij 73, 89, 151, 251, 262, 270, 273, 275, 319
Shakespeare, William 119, 157, 220, 336
Shkandrij, Myroslav 228
Sienkiewicz, Henryk 42
Širjaev, Vasilij 100
Skarga, Piotr 45, 68
Skoropads'kyj, Pavlo 169, 250
Skovoroda, Hrihoryj 77
Skovoroda, Hryhorij 36, 57, 60, 77, 80, 84–90, 100, 297, 316
Skrypnyk, Mykola 213
Škurupij, Geo 208, 219, 220, 228, 236
Slabošpic'kyj, Mychajlo 275

Slavynec'kyj, Jepyfanij 36
Słowacki, Juliusz 106, 144, 147
Slypyj, Josip 245
Smirnova, Aleksandra 99
Smoljatyč, Klim 16
Smolyč, Jurij 227–229
Smotryc'kyi, Meletij 29
Smotryc'kyj, Herasym 45
Smotryc'kyj, Meletij 45, 46, 51
Snjadanko, Natalka 327, 330, 332
Snyder, Timothy 333
Sobiński, Stanisław 250
Šolochov, Michail 234
Solženicyn, Aleksandr 112, 284
Somov, Orest 59
Sorel, Julien 169
Sosjura, Volodymyr 210, 211, 221, 272
Spitzer, Gerhard 208
Srebnyc'kyj, Nikodym 85
Sreznevskij, Izmail 112, 113
Staff, Leopold 245
Stalin, Josif 32, 204, 216, 238, 281, 283–286, 288–291, 321
Staryc'kyj, Mychajlo 157, 191
Stasiuk, Andrzej 311
Stavrovec'kyj, Kyrylo 49
Stefanowska, Lidia 315
Stefanyk, Vasyl' 177–181, 183, 184, 232
Steinbeck, John 359
Stel'mach, Mychajlo 289
Stevenson, Robert Louis 227
Stjažkina, Olena 356, 357
Strauß, David Friedrich 115
Strindberg, August 135
Strugackij, Arkadij und Boris 340
Struk, Danylo Husar 255
Struve, Petr 112
Stryjkowski, Julian 245
Stryjkowski, Maciej 83
Stus, Vasyl' 219, 283, 290, 295–298, 305, 309
Štypel', Arkadij 336
Suleiman der Große 317
Sumarokov, Aleksandr 62, 72
Šumljans'kyj, Josyf 78
Šums'kyj, Oleksandr 232
Suraz'kyj, Vasyl' 45
Šuvalova, Iryna 363
Surius, Laurentius 61
Suvorin, Aleksej 162
Suzdal'-Vladimir-Chronik 28

Svekla, Oleksandra 211, 228
Sverstjuk, Jevhen 293
Svidzins'kyj, Volodymyr 224, 225, 282, 283, 296
Svitlyčnyj, Ivan 296
Svjatoslav Jaroslavyč 15
Svydnyc'kyj, Anatolij 150
Święcicki, Paulin 129
Šyjan, Has'ka 350, 353
Symonenko, Vasyl' 287, 288, 291
Szenwald, Lucjan 245

T

Tarkovskij, Andrej 155
Tarkovskij, Arsenij 155
Tarkovs'ka, Nadija 155
Tarnavs'kyj, Jurij 276–278
Tarnawsky, Maxim 172
Tatiščev, Vasilij 61
Tatlin, Vladimir 220
Teliha, Olena 245, 251, 259, 260
Theodosius 23
Theophilakt von Ohrid 20
Tjutjunnyk, Hryhir 288, 294
Tjutjunnyk, Jurij 240
Todors'kyj, Symon 77
Tolstoj, Lev 116, 322
Tomara, Stepan 85
Tredjakovskij, Vasilij 62
Trockij, Lev 202, 312
Trojanker, Rajisa 209, 211, 228
Trojanowska, Tamara 7
Tudor, Stepan 245
Tuptalo, Dmytro 59, 62, 69, 73, 77, 80, 83
Turgenev, Ivan 116, 120, 121, 152, 164, 165, 322
Turobojs'kyj, Iosif 71
Turov, Kirill von 17, 20, 21
Tuwim, Julian 257
Tver, Michail von 24
Twardowski, Samuel 54, 68, 83
Tyčyna, Pavlo 85, 210, 211, 218, 219, 221, 236, 268, 269, 282, 283, 297

U

Ugarov, Michail 361
Uhland, Ludwig 133

Ukrajinka, Lesja 4, 33, 135, 136, 140, 176, 177, 191–196, 201, 209, 222, 260, 319
Uljanenko, Oles 322–324
Uljanenko, Oles' 308
Uškalov, Leonid 88
Ust'janovyč, Mykola 131, 188
Uvarov, Sergej 112

V

Václav 21
Vahylevyč, Ivan 125, 128
Vakulenko, Volodymyr 346
Valuev, Petr 118, 122, 148, 150, 151
Varlaam und Iosaphat 16
Vasnecov, Viktor 339
Vasylkivs'ka, Ženja 276, 278
Vasyl' Kostjantyn Ostroz'kyj 12, 44, 45
Velyčko, Samijlo 54, 83
Velyčkovs'kyj, Ivan 65
Vergil 44, 67, 82, 93
Verne, Jules 122, 227, 235
Vikons'ka, Darija 245
Vil'de, Iryna 246
Vinhranovs'kyj, Mykola 287, 289, 291
Volodymyr 9, 13–15, 18, 26, 114, 257
Volodymyr Monomach 9, 14, 27
Voltaire 335
Vorobjov, Mykola 299
Vorobkevyč, Sydir 134
Voronyj, Mykola 165, 167, 168
Vorožbyt, Natalija 360, 361
Vovčok, Marko 120
Vovk, Vira 276, 277
Voznjak, Mychajlo 66
Vrubel', Michail 339
Vsevoložskij, Nikolaj 91
Vyhovs'kyj, Ivan 43, 64
Vynnyčenko, Volodymyr 201–205, 210, 232, 274
Vynnyčuk, Jurij 307, 316–318, 338, 348
Vyšebaba, Pavlo 364
Vyšens'kyj, Ivan 29, 46–49, 88
Vyšnja, Ostap 225, 226, 236, 237, 314

W

Waits, Tom 312
Walzel, Oskar 3
Wasiłewska, Wanda 245
Weber, Max 164
Wells, Herbert George 227
Welsh, Irvine 327
Winter, Eduard 72
Wittlin, Józef 245
Wölfflin, Heinrich 3

Z

Zabila, Natalja 209, 211, 228
Zabužko, Oksana 135, 191, 209, 306, 308, 316, 318–321, 324, 326, 338, 348, 353, 354
Zacharčenko, Olena 345
Žadan, Serhij 7, 296, 306–308, 310, 324, 325, 327–329, 339, 346–350, 361
Zadonščina 30
Zahrebel'nyj, Pavlo 285
Zaleski, Józef Bohdan 129
Zaliznjak, Maksym 256
Zamjatin, Evgenij 204
Zamoyski, Jan 50
Žarikova, Jelyzaveta 364
Zaslavskaja, Elena 348
Zborovs'ka, Nila 273
Željabov, Andrej 163
Želybors'kyj, Arsenij 78
Zemljak, Vasyl' 295
Zernikov, Adam 36
Zerov, Mykola 2, 150, 200, 201, 212, 223, 224, 235, 236, 263, 277, 290
Zerova, Sofija 224, 354
Zimin, Aleksandr 30
Zimorowic, Józef 54
Zimorowic, Szymon 54
Zinkevyč, Osyp 293
Zinoviïv, Klymentij 65
Zlatostruj 16
Žoldak, Bohdan 335
Žukovskij, Vasilij 97, 100
Žylenko, Iryna 295